D1691570

Studien zur Geschichte der Europäischen Integration (SGEI)
Études sur l'Histoire de l'Intégration Européenne (EHIE)
Studies on the History of European Integration (SHEI)

HERAUSGEGEBEN VON / EDITED BY / DIRIGÉ PAR
Jürgen Elvert

IN VERBINDUNG MIT / IN COOPERATION WITH / EN COOPÉRATION AVEC
Charles Barthel / Jan-Willem Brouwer / Eric Bussière / Antonio Costa Pinto /
Desmond Dinan / Michel Dumoulin / Michael Gehler / Brian Girvin /
Wolf D. Gruner / Wolfram Kaiser / Laura Kolbe / Johnny Laursen / Wilfried Loth /
Piers Ludlow / Maria Grazia Melchionni / Enrique Moradiellos Garcia /
Sylvain Schirmann / Antonio Varsori / Tatiana Zonova

Band / Volume 35

Philippe Hamman / Birte Wassenberg

MÉMOIRE D'EUROPE – MÉMOIRE DE PAIX

Témoignages de la région frontalière d'Alsace

Franz Steiner Verlag

Umschlagabbildung:
La frontière Strasbourg-Kehl en 1949, Archives de la ville de Kehl

Bibliografische Information der Deutschen Nationalbibliothek:
Die Deutsche Nationalbibliothek verzeichnet diese Publikation in der Deutschen
Nationalbibliografie; detaillierte bibliografische Daten sind im Internet über
<http://dnb.d-nb.de> abrufbar.

Dieses Werk einschließlich aller seiner Teile ist urheberrechtlich geschützt.
Jede Verwertung außerhalb der engen Grenzen des Urheberrechtsgesetzes
ist unzulässig und strafbar.
© Franz Steiner Verlag, Stuttgart 2021
Druck: Beltz Grafische Betriebe, Bad Langensalza
Gedruckt auf säurefreiem, alterungsbeständigem Papier.
Printed in Germany.
ISBN 978-3-515-12034-0 (Print)
ISBN 978-3-515-12036-4 (E-Book)

TABLE DES MATIÈRES

Philippe Hamman / Birte Wassenberg
Avant-propos 7

Stéphane Grimaldi
Mise en perspective 9

Ulrich Bohner
Préface 13

Philippe Hamman / Birte Wassenberg
Introduction 21

Chapitre 1er : Quels vécus de la construction européenne, de 1945 à nos jours ?

Birte Wassenberg
Un regard historique 41

Philippe Hamman
Un regard sociologique 77

Chapitre 2 : Quels vécus des espaces transfrontaliers de « proximité » ?

Birte Wassenberg
Un regard historique 113

Philippe Hamman
Un regard sociologique 149

Chapitre 3 : Des vécus multiples pour forger une identité commune ?

Birte Wassenberg
Un regard historique 187

Philippe Hamman
Un regard sociologique 223

Chapitre 4 : Témoignages

Ulrich Bohner	257
Paul Collowald	268
Jean-Paul Costa	276
René Eckhardt	279
Norbert Engel	282
René Gutman	289
Bruno Haller	292
Jean-Paul Heider	298
Robert Hertzog	304
Jean-Marie Heydt	313
Michel Hoeffel	322
Alain Howiller	328
Jean Hurstel	334
Claude Keiflin	339
Pierre Kretz	342
Michel Krieger	349
Hans-Christian Krüger	357
Catherine Lalumière	365
Karl-Heinz Lambertz	373
Kai Littmann	382
Léon Nisand	388
Lucienne Schmitt	389
Klaus Schumann	395
Anne Sforza	404
Roger Siffer	409
Marcel Spisser	411
Antoine Spohr	417
Gérard Traband	421
Catherine Trautmann	426
Hans Martin Tschudi	431
Robert Walter	437
Jean-Marie Woehrling	440
Karl von Wogau	456

Chapitre 5 : Biographies ... 469

Auteurs ... 481

Résumé/Zusammenfassung/Summary ... 483

AVANT-PROPOS

Philippe Hamman & Birte Wassenberg

Cet ouvrage prend sa source dans une coopération que nous avons initiée à l'automne 2012 avec la Maison de l'Europe Strasbourg – Alsace (MESA)[1], et tout spécialement Ulrich Bohner, qui en était le président. Il est juste de débuter par nos sincères remerciements à son endroit, lui qui a pris une part active aux contacts avec les « grands témoins » des coopérations transfrontalières et européennes en Alsace dont les propos forment la chair de nos analyses, qui a également accompagné, pour une part, le projet sur un plan matériel à travers la MESA, et enfin qui a fait montre d'une grande patience jusqu'à la finalisation du volume.

Cet opus a *de facto* un statut singulier à plus d'un titre, qui en fait aussi, à notre sens, l'originalité et la richesse. C'est ce dont nous voudrions convaincre le lecteur en préambule.

La première originalité consiste à proposer un exercice de pluridisciplinarité en actes, plutôt qu'en discours. Nous partons d'un même matériau – qu'on le nomme entretiens semi-directifs en sciences sociales ou archives orales en histoire – collecté *via* des interviews par un groupe d'étudiants de Sciences Po Strasbourg, formés et suivis à partir d'une grille que nous avons travaillée en commun. Nous en offrons une double analyse historique et sociologique, tout en restituant *in extenso* les propos tenus. Ceci permet au lecteur plusieurs niveaux de consultation : les témoignages en tant que tels, soit une parole précieuse de grands acteurs régionaux et des constructions de l'Europe, d'autant plus appréciable aujourd'hui car certains sont décédés depuis ; et l'analyse historique et/ou l'analyse sociologique pour qui s'y intéresse, voire – c'est notre souhait – qui souhaitera une mise en parallèle. Car si les deux regards sont distingués, y compris dans un souci pédagogique, c'est bien un projet commun qui a été mené de bout en bout.

La deuxième singularité touche précisément au processus de publication qui, du fait de contingences diverses que l'activité universitaire peut connaître, a été sensiblement décalé dans le temps par rapport à la conduite des entretiens, réalisés durant l'année 2012–2013. Il ne s'est pas agi d'un arrêt complet puisqu'il a fallu retranscrire toute cette riche matière et la mettre progressivement en forme, avant même de l'analyser. Mais il y a indéniablement un écart temporel qui s'est creusé. Quel sens alors à publier cet opus, au début de la décennie 2020 ? Cette question, nous nous la sommes posée, et avons rapidement convergé sur la valeur maintenue des témoignages engrangés, ainsi que des premières pistes d'analyse que nous avons progressivement dégagées. C'est pourquoi nous avons repris et finalisé l'ouvrage durant l'été 2020, à travers une relecture complète des témoignages, et mené à terme la rédaction des chapitres analytiques. Nous l'avons fait à l'aune

---

1 http://www.mesa-strasbourg.eu/

d'une actualité qui ne fait que renforcer la portée des paroles recueillies voilà plusieurs années, si l'on veut bien accepter qu'il s'agit, à chaque fois, de points de vue situés sur le monde social, d'une expérience délivrée dans sa subjectivité et dont le domaine de validité renvoie à ce que la personne a vécu au fil de sa trajectoire et vit au moment où elle s'exprime. Il ne s'agit donc aucunement de « plaquer » un cadre de compréhension qui serait celui de l'Europe en 2020, mais de s'imprégner de l'épaisseur du social qui ressort des témoignages exprimés en 2012–2013 et dont l'éclairage peut informer l'historien comme le sociologue, en particulier sur la moyenne durée, mais aussi sur la permanence ou non de ce qui peut faire actualité, consensus ou polémique, vis-à-vis des dynamiques européennes et transfrontalières vues d'Alsace.

Là réside peut-être un troisième intérêt de notre démarche : que peut nous apprendre aujourd'hui un recueil de témoignages conduit en 2012–2013, dans un contexte qui était déjà celui d'une « crise » de l'Europe – à la fois espace européen et organisations européennes –, aux incarnations qui se sont multipliées depuis. En effet, lorsque les interviewés s'expriment, on se situe après l'irruption de la crise financière puis économique mondiale de 2007–2008 et dans une configuration marquée par les conséquences de la « crise de la dette » dans la zone Euro, en particulier en 2010–2011 la crise de la dette publique grecque, qui va sensiblement occuper les esprits jusqu'en 2013. Par la suite, et sur toute une diversité de plans, se sont accrus les défis posés aux instances, aux décideurs et aux citoyens de l'Europe : crise migratoire et de l'espace Schengen en 2015, avec la problématique du *rebordering* ; impacts des attaques terroristes récurrentes connues dans de nombreux pays européens, toujours à rebonds bien après le 11 septembre 2001 ; montée de plus en plus visible de l'euroscepticisme sous différentes formes, des partis anti-européens – y compris s'ancrant au sein du Parlement européen – à des gouvernements membres de l'Union européenne (UE) mais affirmant une politique en rupture avec celle de l'UE ou sélective par rapport aux valeurs étendards de cette dernière – à l'instar du Premier ministre de la Hongrie, Viktor Orbán, en place depuis 2010 ; ou encore, depuis 2016, crise du *Brexit*, suite à la dénonciation du traité sur l'UE par le référendum britannique du 23 juin 2016, conduisant au retrait du Royaume-Uni de l'UE le 31 janvier 2020. Comment restituer tout cela sur des échelles de temporalités et d'espaces différentes, et quel avenir pour le projet européen ? Les témoignages d'acteurs rassemblés et analysés dans ce livre peuvent, modestement mais de façon incarnée, y apporter une pierre.

Nous laissons à présent le lecteur entrer dans ces histoires, et nous efforçons de l'y accompagner…

MISE EN PERSPECTIVE

Stéphane Grimaldi

L'Europe politique est une idée neuve. Mais elle est aussi le fruit d'une construction lente. Celle d'un continent qui puise ses racines culturelles et morales dans plusieurs histoires très anciennes qui se conjuguent ; celle des religions chrétiennes, celle des conquêtes, celle des empires, celle du commerce et des échanges qui n'ont cessé de l'animer et de la faire prospérer depuis des siècles et bien sûr, celle des guerres.

C'est particulièrement celle des guerres du XXe siècle qui retiendra mon attention. Il y a toutes sortes de guerres, civiles, ethniques, impérialistes, d'anéantissement, de frontières. Il y a même des « guerres justes ».

En 1945, les Européens se retrouvent ruinés et sidérés par la dévastation générale produite par leurs deux guerres, continentales puis mondiales, pratiquement consécutives. Après un demi-siècle et pratiquement neuf ans de guerre totale, une volonté occidentale émerge enfin, qui pour la première fois semble faire fi des nationalismes : la volonté d'une paix et d'une prospérité commune dont le socle sera un modèle démocratique commun et la réaffirmation de l'universalité des droits de l'Homme.

Mais voilà, il a fallu que peu ou prou nous provoquions deux guerres mondiales, comme il a fallu un affaiblissement moral, économique, démographique et bien sûr politique pour qu'enfin nous comprenions l'ardente aspiration des peuples à la paix. C'est au moment sans doute le plus chaotique et tragique de notre histoire moderne que nous avons donc enfin compris que, sans cette paix providentielle, l'Europe, encerclée par deux grandes puissances politiques et militaires qu'étaient les États-Unis et l'URSS, perdrait sa suprématie déjà largement entamée.

C'est bien en effet dans les décombres de nos villes, dans la dévastation de nos campagnes et dans la détresse de ces millions d'Européens endeuillés, déportés, déplacés, bombardés, que l'ardente obligation européenne est véritablement née, comme si nous ne pouvions être Européens sans ce crime préalable majeur que constituent les deux grandes guerres du XXe siècle.

Plus encore, la sidération provoquée par l'extermination de six millions de Juifs européens ou soviétiques dont 1,4 million d'enfants, et qui a fait l'objet de complicités monstrueuses bien au-delà de la folie nazie, a tragiquement révélé au monde une barbarie européenne sans précédent à laquelle on a donné un nom nouveau : « génocide » (apparu en 1944 sous la plume de Raphaël Lemkin et défini en 1948 par l'ONU). L'Europe, qui était aux yeux du monde un continent éclairé, est alors entrée dans une autre histoire, celle de l'ignominie. Son statut moral, curieusement peu entaché jusque-là par ses guerres et conquêtes coloniales, a perdu de sa force et par là-même de sa légitimité à s'imposer politiquement.

Ce désastre humain et moral initié par le chaos mortifère de la guerre de 1914–18 (qui révèle la possibilité de la mort de masse mécanique à une échelle inédite) est celui d'une Europe nationaliste, revancharde et paradoxalement pacifique, au point d'accepter de laisser prospérer par abdications successives l'Allemagne nazie entre 1933 et 1939. La France et l'Angleterre portent d'ailleurs à ce moment de l'histoire une très lourde responsabilité. Ayons toujours à l'esprit cette phrase extraordinaire et prophétique de W. Churchill qui, en 1938, après les accords de Munich, dira : « Vous avez voulu l'honneur et la paix, vous aurez le déshonneur et la guerre ». C'était une vérité prophétique que nos contemporains oublient facilement car ils pensent trop souvent que ces guerres étaient inéluctables.

Et pourtant cette Europe d'après-guerre, vaincue, brisée et tragiquement coupée en deux par ce sinistre « rideau de fer », va survivre et retrouver peu à peu, comme un convalescent épuisé, le chemin de la guérison et son indépendance politique et bien sûr économique. Ce cheminement vertueux est évidemment passé par un idéal de paix très largement porté par la menace d'une troisième guerre contre nos alliés communistes d'hier.

L'Europe occidentale va en effet se reconstruire dans la crainte de cette « guerre froide », rue par rue, village par village, au point de redevenir, grâce au soutien et à la protection parfois encombrante des Américains, un continent prospère qui, depuis 1945, garantit à ses citoyens le bien le plus précieux et le moins partagé de l'humanité : la paix.

Aujourd'hui, l'Europe est en effet un peuple de 500 millions de citoyens qui vit paisiblement depuis bientôt soixante-dix ans (à l'exception notable de la guerre en ex-Yougoslavie), alors même que le reste du monde n'a jamais cessé d'être en guerre depuis. Cette nation européenne comprend 28 États membres [27 en 2020 après le *Brexit*] qui, réunis, produisent 30% de la richesse mondiale.

Et pourtant, dès que la crise sort son sale museau, les dissonances anti-européennes se font entendre, comme si les peuples oublieux ignoraient ce que furent les guerres de leurs parents ou grands-parents, comme si cette histoire d'hier, ce « monde d'hier », appartenait à un passé révolu. Une sorte de mémoire ancienne que l'on vit par procuration en voyant des films ou en visitant des lieux comme le Mémorial de Caen ou d'autres.

Or, aujourd'hui, la seule question qui vaille est celle de notre destin commun. Au-delà des contestations souvent dues à une totale incompréhension du fonctionnement des institutions européennes (il faut bien le reconnaître, savamment entretenue !) et du sentiment répandu que l'Europe est appauvrie par sa complexité ou la dilution de ses moyens par effets de solidarité, il est une vérité fondamentale à laquelle chacun d'entre nous ne peut échapper : nous sommes en paix grâce à elle !

Mais pour comprendre la paix, il faut comprendre le mécanisme des guerres et ne pas les oublier. C'est bien l'un des enjeux de notre début de siècle.

Jamais dans l'histoire moderne nous n'avons vécu une telle période de prospérité, certes inégalement partagée, mais qui nous procure une sorte de confort collectif paresseux. Nul besoin de démontrer que seule une paix durable nous a permis de surmonter les catastrophes engendrées par les deux guerres mondiales que l'Europe a elle-même provoquées.

Or, depuis longtemps, aux places qui furent les miennes, j'ai toujours milité pour qu'une prise de conscience politique de la nécessité d'une histoire commune se fasse. De quoi s'agit-il ?

Notre maison commune n'a toujours pas d'histoire commune, alors même que les fondements politiques de notre Europe moderne sont évidemment à rechercher dans cette longue gestation historique. Nos fondements politiques sont un héritage, dont nos enfants ne peuvent appréhender ni l'origine, ni donc le sens, car on leur parle sans cesse de mémoire au lieu d'histoire et l'on croit résoudre la question du civisme et de la citoyenneté en faisant abstraction des origines philosophiques de notre destin commun. Nous développons alors par paresse et inculture un discours politique médiocre, privé de racines, et donc coupé de l'idée même de civilisation. Or, l'Europe, qui n'est en effet pas qu'un destin économique, ne peut se résoudre, si elle veut survivre à ses tensions nationalistes séculaires, à rejeter ou négliger, faute d'apprentissage, son histoire commune.

L'apprendre, c'est l'intégrer, l'admettre et la partager. C'est, je crois, l'un des enjeux majeurs des décennies à venir : écrire et partager notre histoire commune.

Qu'est-ce qu'une histoire commune ? À l'échelle d'une famille, c'est une somme d'informations, d'expériences et de récits qu'une communauté partage. Cette histoire familiale commune constitue un socle identitaire de référence à partir duquel vont se déterminer les descendants successifs qui en hériteront. Ce qui fait souvent la force d'une histoire familiale comme d'une histoire nationale, c'est l'homogénéité du récit. Même les divergences critiques se greffent au fond au récit, dont elles peuvent contester les sources ou les principes sans altérer son homogénéité fondamentale.

Si l'on prend le cas de notre Europe moderne qui, nous l'avons dit, vient de traverser les expériences de guerre les plus dévastatrices de son histoire, nous pouvons observer par exemple, à la simple lecture de nos manuels scolaires, dans différents pays de la communauté, que nous ne partageons ni le même récit, ni même les mêmes expériences de guerre.

Prenons la Pologne, cas absolument emblématique du malheur européen. Depuis des siècles, ce pays est en guerre contre ses deux voisins russe et allemand ou même suédois. Ce n'est pas une nation plus belliqueuse qu'une autre, mais elle a simplement le malheur d'être placée à la confluence de toutes les ambitions. C'est, avec l'ancienne URSS (23 à 25 millions de morts) et l'Allemagne (7 millions de morts), le pays européen qui a le plus tragiquement souffert de la guerre (6 millions de morts), après avoir été en vérité abandonné par la France (« Voulez-vous mourir pour Dantzig ? »). C'est le pays qui a subi deux occupations successives, celles des Allemands puis celle des Soviétiques jusqu'en 1989.

Ces deux occupations avaient pour préambule une guerre d'anéantissement conduite dès septembre 1939 par la complicité des nazis à l'ouest et des soviétiques à l'est. C'est en Pologne, c'est-à-dire au cœur de l'Europe, que les nazis ont installé les six camps d'extermination (Auschwitz-Birkenau, Treblinka, Sobibór, Majdanek, Chełmno, Bełżec) et la plupart des camps de concentration. C'est en

Pologne que se sont livrées de très grandes batailles, aussi bien en 1939 qu'en 1944 et 1945, qui ont dévasté le pays dans des proportions inédites, et notamment sa splendide capitale, Varsovie. C'est en Pologne que les Soviétiques ont procédé les premiers à l'élimination physique d'une élite militaire dans la sinistre forêt de Katyń.

Prenons le cas de l'Italie. Fasciste (et non nazie !), elle va traverser une période quasi euphorique jusqu'à la guerre pour ensuite se perdre dans des ambitions impériales en Afrique ou en Grèce. Toutes ses guerres seront peu ou prou des désastres et il faudra en fait attendre le « gouvernement de Salò » et l'occupation militaire allemande pour qu'à partir de novembre 1943, les premiers Juifs italiens, jusque-là relativement épargnés, soient déportés en Pologne. Elle subira une guerre terrible à partir de la Sicile qui la marquera et la ruinera, au point que, le 8 mai 1945, les Alliés censés occuper l'Allemagne seront toujours en Italie. Elle sera du côté des vaincus, contrairement à la France qui, en dépit de sa collaboration, sera elle du côté des vainqueurs grâce au génie politique du Général de Gaulle.

L'Angleterre n'a jamais par bonheur été envahie et elle a su sauver l'Europe en 1940, l'Allemagne nazie a perdu sa guerre contre l'URSS et sa chute est venue d'elle, la France maréchaliste, puis gaulliste, a survécu à la honte de sa collaboration policière, économique et politique, l'Europe centrale ancien empire des Habsbourg, est entrée dans l'hiver soviétique, etc.

Et pourtant, nous avons vécu la même guerre. Mais nous n'avons partagé ni les mêmes souffrances collectives, ni les mêmes conséquences, si bien que chaque pays membre raconte une histoire différente.

Ce puzzle d'histoires nationales ne constitue pas un récit commun. Sa trame pourrait être celle d'un peuple européen qui s'est fourvoyé dans l'antisémitisme, celle de populations civiles allemandes, belges, italiennes, françaises, anglaises... écrasées sous les bombes, celle de démocraties qui n'ont pas su ou voulu arrêter à temps la marche à la guerre ou sentir « le vent mauvais », celle d'un peuple qui surtout n'a pas cru à la lutte éternelle du bien contre le mal.

C'est pourquoi l'Europe est essentielle. Non seulement elle a su nous permettre de vivre en paix et pu nous relever de deux guerres mondiales, mais aujourd'hui elle est la seule qui puisse nous préserver du gigantisme à venir. Séparés, divisés, nous ne pesons rien face aux États-Unis, l'Asie ou bientôt l'Afrique, qui émergera rapidement. Séparés, divisés, nous n'avons pas la possibilité de mettre en commun notre histoire, la bonne comme la mauvaise, mais surtout celle de notre génie commun.

Mais pour que ceci soit possible, au-delà de la monnaie et des institutions, il nous faut un passé commun, mais surtout partagé.

PRÉFACE

Ulrich Bohner

En 2014, l'Europe – et le monde entier – commémorent le début de la Première Guerre mondiale, une des plus grandes catastrophes que l'humanité ait connue. Le paroxysme du nationalisme, de la haine de l'autre, de l'impérialisme, de l'absolutisme de l'État contre le peuple et les individus, l'ont emporté sur la lucidité de personnalités (trop rares hélas) qui revendiquaient le maintien de la paix et la solidarité des peuples au-delà des frontières. Jean Jaurès assassiné, les jeunes militaires enthousiastes, aveuglés et endoctrinés, partaient à la guerre la fleur au fusil. Une guerre horrible, où les jeunes finissaient par pourrir dans les fossés, et où les populations civiles payaient un tribut jamais atteint auparavant. En avril 1913, Jean Jaurès avait averti : « C'est la question de la paix seule qui est posée et elle contient toutes les autres ». Elle ne fut surpassée que par la Deuxième Guerre mondiale, vingt ans plus tard, provoquée par l'esprit revanchard, méprisant et intolérable de l'idéologie nazie – qui mena toute l'Europe à sa perte.

L'espace rhénan, et l'Alsace en particulier, figurent, plus que beaucoup d'autres régions européennes, parmi les victimes de ces conflits à répétition, car elle en était aussi un des principaux enjeux qui ont nourri de nombreux conflits territoriaux. En moins de cent ans, les frontières ont ainsi changé quatre fois, les habitants qui ne voulaient pas quitter leur terre ont dû changer autant de fois de nationalité, souvent contre leur gré. Ils ont connu des évacuations, des épurations les persécutions des juifs et tsiganes notamment et, enfin, des déportations ou des incorporations de force. On ne compte pas les drames familiaux et les problèmes juridiques auxquels de nombreuses personnes et familles se sont trouvées confrontées.

Les jolis paysages de l'Alsace et des Vosges sont ainsi parsemés de vestiges des guerres, à commencer par celle de 1870, en passant par les restes des fortifications et de la ligne Maginot, aux cimetières militaires de la Deuxième Guerre mondiale, dont certains se trouvent au cœur de Strasbourg. Parfois, les monuments portent modestement l'inscription « À nos morts », plutôt que « Morts pour la patrie », en tenant compte de la complexité de l'histoire au niveau de la région. Les horreurs de l'époque nazie trouvent particulièrement leur lieu de mémoire avec les restes du seul camp de concentration sur le sol français, le « Struthof ». Non loin de là se dresse aujourd'hui le Mémorial d'Alsace-Moselle, qui relate l'histoire mouvementée de notre région, notamment d'une guerre à l'autre. À Sélestat, capitale de l'humanisme rhénan, existe le Centre international d'initiation aux droits de l'Homme, inspiré par Lucienne Schmitt, en tant que projet éducatif pour les plus jeunes, et qui fait le lien entre les horreurs de l'époque nazie et les valeurs à la base de la construction européenne, la démocratie et les droits de l'Homme. Le cinéaste Jean-Marie Fawer en a tiré un documentaire sous le titre « Chemin de la mémoire et des droits de l'Homme ».

L'histoire complexe de l'Alsace s'est aussi traduite en littérature et au cinéma. À titre d'exemple, on peut citer le livre de Pascale Hugues « Marthe et Mathilde », et l'adaptation cinématographique qui en a été réalisée sous le titre « Les deux Mathilde ».

De nombreux historiens se sont intéressés à ces périodes troubles de notre histoire. À Strasbourg, l'ancien inspecteur général de l'Éducation nationale, Marcel Spisser, organise régulièrement des « cafés d'histoire » qui illustrent ces recherches. Il est, par ailleurs, aussi le président de l'association des Amis du Mémorial d'Alsace-Moselle (AMAM). De même, le Centre culturel alsacien du boulevard de la Victoire contribue également à cette recherche.

En 2011, la Fédération française des Maisons de l'Europe (FFME), présidée par Catherine Lalumière, a organisé sa première Université d'automne, qui a eu lieu, pour une large part, dans les locaux du Mémorial de Caen. Si une partie importante de ce Mémorial est évidemment consacrée au débarquement allié en Normandie en juin 1944, nous avons pu constater aussi qu'une dimension non négligeable du parcours du mémorial est consacrée à l'après-guerre et aux valeurs qui sous-tendent la construction européenne qui a suivi. Cette philosophie nous a été présentée de façon remarquable par le directeur général du Mémorial, Stéphane Grimaldi. C'est pourquoi nous l'avons invité, au Mémorial de Schirmeck, en juin 2012, pour le lancement de l'action « Mémoires d'Europe : Mémoire de paix » par la MESA. Le présent livre s'insère dans cette action. Et nous savons que le Mémorial d'Alsace-Moselle a désormais renforcé son approche de l'histoire d'après-guerre, des valeurs de la construction européenne qui a durablement marqué l'Alsace, par la présence de nombreuses institutions européennes.

L'année 2013 a été proclamée par l'Union européenne, « Année européenne des citoyens », un beau symbole à quelques mois de l'élection du Parlement européen (25 mai 2014) qui siège parmi nous, à Strasbourg. Cette Europe doit être, en effet, l'affaire de tous les citoyens européens, et pas de quelques « technocrates ». En juin 2013, la MESA a organisé une excursion à la Maison de Robert Schuman, considéré comme un des « pères de l'Europe ». Située à Scy-Chazelles, tout près de Metz, et donc dans l'espace Alsace-Moselle et l'espace rhénan, cette maison simple a hébergé pendant de longues années, cet homme d'État français qui avait été luxembourgeois et allemand pendant la première partie de sa vie. Lors de l'excursion, nous avons bénéficié d'une conférence donnée par Sylvain Schirmann, alors directeur de l'IEP de Strasbourg, et président du Comité scientifique de la Fondation Robert Schuman. À travers son exposé, on a pu comprendre qu'un homme comme Robert Schuman n'a pas pu construire les débuts de l'Europe seul, mais grâce à la complicité active d'autres Européens convaincus, dans différents pays. On a pu comprendre aussi que cette Europe n'aurait pas pu être lancée sans l'engagement actif de citoyens et d'associatifs – qui avait permis notamment l'organisation, par le Mouvement européen, du Congrès de la Haye en 1948, lequel a appelé de ses vœux à la création d'un « Conseil de l'Europe ». On a pu mesurer enfin, au moment où l'on commémore les cinquante ans du traité franco-allemand de l'Élysée et les cinquante ans de la disparition de Robert Schuman, toutes les difficultés et les embûches qu'il a fallu surmonter dans le processus de la réconciliation franco-allemande. Ce sont souvent ceux qui, hier, étaient activement engagés dans la résistance contre le nazisme qui ont ensuite emprunté le chemin de cette réconciliation et de la construction européenne, pour s'assurer du « jamais plus » : jamais plus de guerre fratricide, jamais plus de haine du voisin, jamais plus le mépris des droits de l'Homme et de la démocratie.

Et c'est encore une fois en Alsace, à Strasbourg, que l'on trouve une des spécificités qui attachent cette région rhénane, plus qu'aucune autre, à la mise en œuvre de la construction européenne. C'est ici que se trouve le siège de la première institution européenne, le Conseil de l'Europe, créé en 1949. Un lieu symbolique qui a été choisi volontairement pour affirmer l'attachement aux valeurs de l'humanisme rhénan et pour préfigurer la nécessaire réconciliation entre les ennemis d'hier. Ces valeurs sont celles de la paix, de la démocratie et des droits de l'Homme. Ce Conseil de l'Europe a vu sa composition s'élargir, au fil des années, mais surtout après 1989, de 10 à 47 États membres. C'est encore à Strasbourg qu'a été établi le siège du Parlement européen, de la CECA d'abord, des Communautés européennes en 1958 et enfin, aujourd'hui, de l'Union européenne avec ses 28 puis 27 membres en 2020. Il a fallu attendre 1979 pour que les États acceptent son élection directe par les citoyens.

Strasbourg héberge ainsi ces deux grandes institutions européennes. Elle est aussi le siège d'ARTE, chaîne de télévision franco-allemande à vocation véritablement européenne, très appréciée, et de l'Eurocorps, modèle réduit de ce que pourrait être demain une véritable armée européenne. Il ne faut pas oublier non plus la Fondation européenne de la science ou la plus ancienne des organisations internationales, la Commission internationale de la navigation rhénane. Nombreux sont également les organismes de coopération transfrontalière abrités à Strasbourg, comme l'Eurodistrict, aujourd'hui Groupement européen de coopération territoriale (GECT), basé sur un règlement de l'Union européenne de 2006, ou encore l'Euro-Institut. Enfin, nombreuses sont les Organisations internationales non gouvernementales (OINGs) regroupées autour du Conseil de l'Europe, ou encore les structures représentant les collectivités territoriales européennes comme le Congrès des pouvoirs locaux et régionaux du Conseil de l'Europe (CPLRE) et l'Assemblée des régions d'Europe (ARE). Les différentes collectivités territoriales (ville, département et région) se sont aussi associées pour créer, fin 2013, le « Lieu d'Europe », une grande maison proche des institutions européennes qui aura notamment vocation à accueillir des visiteurs qui viennent chercher, à Strasbourg, la possibilité de parfaire leurs connaissances sur l'évolution de la construction européenne. Enfin, l'Alsace est aussi une terre où cohabitent de nombreuses religions : les trois reconnues par le « concordat », le catholicisme, le protestantisme et le judaïsme, et de plus en plus, avec des variantes importantes selon les pays d'origine, l'islam.

Les droits de l'Homme constituent un élément essentiel de « l'Europe de et à Strasbourg ». La Convention européenne des droits de l'Homme, texte fondateur élaboré dès 1950 par le Conseil de l'Europe, est en effet un antidote puissant contre toute dérive technocratique de la construction européenne. En effet, quarante-sept États membres doivent répondre de leur législation et de leurs actes dans ce domaine. La Cour européenne des droits de l'Homme, compétente pour les quarante-sept États membres de l'organisation, siège également à Strasbourg. Son ancien président, Jean-Paul Costa, préside aujourd'hui l'Institut international des droits de l'Homme, d'excellente réputation, basé lui aussi à Strasbourg.

En 2012, le Comité norvégien du prix Nobel de la Paix, présidé par l'ancien Premier ministre Thorbiörn Jagland, a décidé d'attribuer le prix à l'Union européenne. Ce prix Nobel est amplement mérité, ne serait-ce que par le fait que l'Union européenne constitue aujourd'hui, et depuis ses origines, le ciment qui a permis de sauvegarder la paix entre ses États membres, ennemis « héréditaires » quelques années auparavant. Toutefois, l'octroi de ce prix constitue aussi un rappel des responsabilités considérables incombant à une puissance mondiale importante qu'est devenue l'Union européenne désormais, qu'elle veuille le reconnaître ou non. Quid des conflits ouverts ou larvés qui continuent en Europe, aux portes de l'Union, voire même les « conflits gelés » à l'intérieur (Chypre) ?

Quid surtout des conflits meurtriers qui font rage à quelques pas de chez nous, autour du bassin méditerranéen ? Quid des populations civiles qui souffrent, voire qui se noient devant nos côtes ? Ce prix Nobel est un appel adressé à l'Union européenne pour devenir plus active sur le terrain international, pour protéger des vies humaines et en faveur de la paix dans le monde.

Après une guerre, *a fortiori* après plusieurs, le vécu des citoyens ne facilite pas toujours l'entente entre les peuples. La première condition, la paix, est souvent précaire et ressemble davantage à l'absence de guerre qu'à une véritable solution assumée des conflits. Elle peut cependant permettre les premières coopérations, les partenariats, souvent à l'échelle locale. Les jumelages ont souvent joué un grand rôle, en permettant, à l'échelle locale, aux citoyens, à la société civile de se rencontrer, d'échanger, et de développer des actions ou projets communs. La réconciliation ne peut être immédiate. Elle est le fruit d'un long processus. L'expérience de l'espace rhénan a d'ailleurs souvent servi d'exemple dans des situations post-conflits plus récents en Europe, comme dans les Balkans (l'ex-Yougoslavie), dans le Caucase, voire même en Inde et au Pakistan.

L'Alsace, la plaine du Rhin supérieur, a encore une autre spécificité : c'est une région frontalière. Lors de la première confrontation européenne des régions frontalières, organisée par le Conseil de l'Europe à Strasbourg en 1972, le grand philosophe européen Denis de Rougemont avait rappelé que les frontières sont « les cicatrices de l'histoire ». À la fois, la nécessité pratique de coopérer y est plus forte qu'ailleurs, mais les préjugés et les ressentiments le sont aussi. Les difficultés sont encore accentuées par le fait que certains gouvernements craignaient que les efforts de coopération puissent faire germer une volonté de séparatisme. Les frontières issues des dernières guerres sont souvent ressenties comme fragiles. Les différences des systèmes administratifs, éducatifs et politiques sont autant d'éléments qui rendent cet effort plus difficile. La maîtrise insuffisante des langues crée également des obstacles.

Lorsque l'on regarde l'Alsace d'un point de vue européen, on doit aussi constater une autre spécificité. Si l'Alsace a toujours été soumise à de nombreuses migrations européennes, elle avait, contre toutes les vicissitudes, réussi à maintenir une certaine cohésion identitaire, linguistique et culturelle. Au cours des dernières décennies, l'Alsace est devenue, plus que jamais, une terre d'immigration ; seule une partie très faible de ce phénomène peut être attribuée directement aux institutions européennes qui siègent sur place. La majeure partie est due à de véritables migrations européennes, en partie de l'espace communautaire, mais aussi de la Turquie, de l'Afrique du Nord, et des différents pays de l'ancien empire colonial français. Quels sont les effets de cette réalité multiculturelle sur la perception de la construction européenne ?

Quand la MESA a voulu lancer ce projet « Mémoire d'Europe : Mémoire de paix », nous étions partis de trois idées simples :

1. De nombreux témoignages existent et ont été largement exploités sur la Deuxième Guerre mondiale, ses aspects militaires et civils, ses horreurs, la montée du nazisme, la Shoah et les camps de concentration. C'est très important, et il faut continuer à y travailler.

2. Cependant, l'Histoire ne s'arrête pas en 1945. Basée souvent sur la réflexion menée au cours de la Résistance, de nombreux hommes et femmes, citoyens ordinaires comme responsables politiques, se sont trouvés devant un nouveau défi : construire, sur les ruines de l'Europe totalitaire, une Europe pacifique, solidaire, respectueuse des droits de l'Homme et de la démocratie. Beaucoup moins de témoignages existent sur cette époque, de 1949 à nos jours – qui a vu certains succès de la construction européenne, mais aussi des vicissitudes, des retours en arrière, et les dangers d'un nouveau nationalisme, d'un nouveau fanatisme, d'une nouvelle exclusion de tout ce qui est différent, d'un populisme appelant aux sentiments xénophobes plutôt qu'à la réflexion, d'une re-nationalisation des concepts politiques, au détriment du désir d'Europe, de la volonté de construire une Europe solidaire pour tous.

3. Devant cette situation, il nous a paru intéressant de recueillir et d'analyser des témoignages de ceux qui ont vécu cette époque, au moins en grande partie, pour en garder une trace. Car on constate que, de plus en plus, les plus jeunes n'ont pas vécu l'évolution difficile de notre Europe. Ils ont tendance à prendre pour acquis les progrès de notre mode de vie : l'euro comme monnaie unique, la liberté de voyager, le droit d'élire, depuis 1979, un Parlement Européen qui tend à conquérir plus de compétences ou encore les possibilités d'échange offertes par « Erasmus ». Nous pouvons aujourd'hui échanger librement au-delà de nos frontières, y compris avec les nouvelles technologies. La Cour européenne des droits de l'Homme et d'autres institutions veillent au respect des droits de l'Homme. La faim a largement disparu de notre société européenne, même si la crise a engendré l'augmentation de la pauvreté et de la précarité. Le service militaire obligatoire et les sacrifices sanguinaires qu'il a souvent engendrés ont disparu dans un grand nombre de nos pays. Les témoignages ainsi récoltés devraient permettre aux plus jeunes de mieux comprendre ces évolutions de notre époque, et les mettre en

garde contre des retours en arrière, hélas toujours possibles, mais qui pourraient avoir des conséquences catastrophiques.

L'idéal aurait été de pouvoir collecter ainsi un grand nombre de témoignages, permettant de comprendre comment « l'homme de la rue », le citoyen ordinaire qui a vécu dans l'espace rhénan au cours des dernières décennies a vécu cette période, à travers des anecdotes de la vie quotidienne, et les perceptions – positives et négatives – des vicissitudes de ce qu'il est convenu d'appeler la « construction européenne ». En fin de compte, cette entreprise nous a paru trop vaste, devant les limites des moyens que nous pouvions engager.

Nous avons donc trouvé une approche, partielle certes, mais qui nous a paru néanmoins intéressante. C'est celle de mener des interviews avec un certain nombre de ce que nous avons appelé des « grands témoins », des personnes qui, engagées dans la vie publique comme acteurs politiques ou administratifs, comme acteurs du monde associatif, culturel, universitaire ou économique, ont vécu consciemment cette période, et en rapportent des souvenirs, bons ou mauvais. Nos ressources ne nous ont pas permis, et de loin, de solliciter toutes les personnalités qui auraient pu, légitimement, apporter leur témoignage sur cette époque. Le choix était donc nécessairement subjectif. Nous espérons néanmoins qu'il apportera au futur lecteur, voire au futur chercheur, quelques éclaircissements sur l'esprit dans lequel les dernières décennies ont été vécues dans notre espace rhénan. Dès lors, ce volume se veut une contribution modeste, un début de réflexion à un débat qu'il conviendra d'approfondir et de poursuivre au cours des années à venir.

Pour réaliser les interviews, et leurs retranscriptions, voire, dans certains cas, une analyse, nous avions fait appel à des étudiants en master de l'Université de Strasbourg, à travers l'Institut des hautes études européennes et l'Institut d'études politiques. Ces étudiants ont été encadrés par des professeurs d'histoire et de sociologie, auteurs du présent volume, Birte Wassenberg, historienne, et Philippe Hamman, sociologue. D'autres étudiants, en master de l'ITIRI, ont également participé à cet exercice dans le cadre de leur stage à la MESA en 2013. Qu'ils soient tous remerciés ici pour leur engagement et leurs compétences, sans lesquels le présent volume n'aurait pas pu être réalisé. L'approche du livre est donc basée sur deux analyses : historique et sociologique. Mais il s'agit surtout d'une aventure humaine, dans l'esprit de l'humanisme rhénan. Le fait même que de jeunes étudiants s'y engagent, dans des matières qui leur permettront demain d'occuper des postes clés dans notre société, et que leurs professeurs acceptent de consacrer une partie de leur cursus universitaire à cet exercice, nous conforte dans le désir d'Europe qui anime l'action de la MESA. Ils ont pu ainsi mener le dialogue avec 33 personnalités qui ont, à des degrés divers, façonné la vie alsacienne pendant la période de la construction européenne… Cette rencontre intergénérationnelle constitue une belle aventure humaine.

Notre étude n'a pas la prétention de répondre à toutes les interrogations. La crise économique, notamment de l'emploi, la mondialisation mal maîtrisée et mal comprise nous préoccupent aujourd'hui. Nous sommes confrontés aux difficultés de maîtriser le développement et l'évolution climatique, d'assurer une transition énergétique. Ces sujets sont des questions qui ont des incidences sur la façon dont nous vivons et comprenons le processus européen. Certains semblent considérer la tentation du « repli sur soi » comme une issue. Qu'en pensent et disent les témoins qui ont vécu presque soixante-dix ans de paix dans notre Europe, avec, en prime, la démocratie et le respect des droits de l'Homme ? S'agit-il d'un simple intermède ? Où sommes-nous face à un phénomène durable ? La crise sanitaire de la covid 19 en 2020 et ses effets négatifs sur la réalité des frontières renforcent encore ces questionnements. Le cas échéant, quels sont les moyens à mettre en œuvre pour que les acquis de la construction européenne soient ancrés dans la durée ?

Si le présent livre peut apporter, aux jeunes, aux moins jeunes et aux enseignants, quelques réflexions par rapport à ces questions, il aura été utile. Beaucoup d'entre nous, le lecteur le constatera, sont en effet animés par un véritable « désir d'Europe ». C'est cette idée et l'engagement qu'elle peut susciter que nous aimerions transmettre aux futures générations.

INTRODUCTION

Philippe Hamman & Birte Wassenberg

« Mémoire d'Europe, mémoire de paix » : c'est dans le cadre de ce projet lancé à l'automne 2012 par la Maison de l'Europe Strasbourg – Alsace, et en particulier Ulrich Bohner qui la présidait, que prend place le présent ouvrage. Il porte sur la mémoire de la construction de l'Europe depuis le sortir de la Seconde Guerre mondiale à partir du recueil de témoignages d'acteurs – à des titres divers – de ces processus, avec une focale volontairement centrée sur les perceptions en Alsace et dans le Rhin supérieur, terre de contrastes s'il en est, qui a particulièrement eu à connaître des conflits internationaux. L'histoire a été mouvementée entre la France et l'Allemagne, ennemis de trois guerres (1870–1871, 1914–1918 et 1939–1945), pour s'en tenir à l'époque contemporaine. C'est le Traité de Francfort de 1871 qui redécoupa, avec l'annexion de l'Alsace-Moselle au nouvel Empire allemand, les départements du Haut-Rhin, de la Meurthe, de la Moselle et des Vosges et amena à la création des départements de la Meurthe-et-Moselle et du Territoire de Belfort. Ces tracés ont été maintenus en 1918 lors du retour à la France des espaces annexés et peuvent marquer par la suite une frontière culturelle et linguistique – celle qui séparerait de la « France de l'intérieur ». Les lignes de fracture en même temps que leur labilité sur la longue durée font de l'Alsace un espace particulièrement significatif[1].

Faut-il rappeler que la ville de Strasbourg a connu cinq changements d'appartenance nationale depuis sa conquête en 1681 par Louis XIV ? Ces allers-retours lui ont valu d'être considérée en 1935 par Albert Demangeon et Lucien Febvre comme « la ville aux deux visages », autrement dit un « foyer intermédiaire entre les deux pays, entre les deux civilisations »[2]. Quant à la ville de Kehl, jouxtant Strasbourg de l'autre côté du Rhin, on dénombre pas moins de douze va-et-vient entre la France et les États germaniques depuis le XVIIe siècle. L'Alsace constitue une région-frontière, tant pour l'historien – Jean-Marie Mayeur y a analysé la constitution d'une « mémoire-frontière »[3] – que pour le géographe. Henri Nonn a

---

1 Hamman Philippe, *Sociologie des espaces-frontières*, Strasbourg, Presses universitaires de Strasbourg, 2013.
2 Demangeon Albert, Febvre Lucien, *Le Rhin, problèmes d'histoire et d'économie*, Paris, Armand Colin, 1935, p. 235.
3 Mayeur Jean-Marie, « Une mémoire-frontière : l'Alsace », in : Nora Pierre (dir.), *Les lieux de mémoire*, Paris, Gallimard, éd. Quarto, 1997, p. 1147–1168 (1ère éd., 1986).

souligné que les traits régionaux alsaciens se comprennent d'autant mieux qu'on les éclaire en regard de « l'environnement français et rhénan »[4].

À présent, comme pour mieux ramener les conflictualités géopolitiques au passé, l'histoire récente est emplie d'initiatives bilatérales. Par exemple, depuis les années 1950 s'est développé un mouvement de jumelages de communes, au sein de l'association des *Communes d'Europe*[5], présentés comme emblématiques de la réconciliation après-guerre et de l'engagement européen aujourd'hui[6]. En outre, l'Alsace est impliquée dans de nombreux projets interrégionaux et transfrontalières cités en modèle par les institutions européennes, avec le Bade-Wurtemberg, le sud du Palatinat et la Suisse du Nord-Ouest en particulier[7]. Peut-être là plus qu'ailleurs, on repère une interactivité des « lieux de lien »[8] qui passe par plusieurs niveaux et degrés de tensions et de mises en cohérence, à la fois.

L'intérêt de mobiliser des « grands témoins » n'en est que plus élevé, afin d'évoquer et de les entendre exposer leurs souvenirs et leur vision d'une construction européenne aujourd'hui largement associée à la figure de « Strasbourg, capitale européenne » – la métropole régionale accueillant à la fois le siège du Conseil de l'Europe et la Cour européenne des droits de l'homme, et, pour l'Union européenne (UE), le Parlement européen. S'il était besoin de nous rappeler que la présence de ces institutions ne va pas de soi mais se lit comme le résultat d'une histoire singulière, celle des rapports toujours complexes au projet européen, dans ses périmètres et ses incarnations organisationnelles, les débats à répliques sur un éventuel transfert du Parlement européen vers d'autres sites de l'Union, Bruxelles ou Luxembourg, devraient maintenir vive l'attention aux dynamiques toujours en train de se faire.

À ce titre, ce livre peut se lire à deux niveaux. D'abord, comme un (modeste et partiel) bilan « incarné » de la construction européenne vue d'une diversité de ses acteurs, ceux qui ont fréquenté voire ont eu en responsabilité ses institutions,

---

4   Nonn Henri, « L'Alsace dans son environnement français et rhénan », *Historiens et géographes*, 347, 1995, p. 17–64. Voir également Nonn Henri, *L'Alsace actuelle. Développement régional et métropolisation depuis les années 1950*, Strasbourg, Presses universitaires de Strasbourg, 2015.

5   Chombart-Gaudin Cécile, « Pour une histoire des villes et communes jumelées », *Vingtième Siècle*, 35, 1992, p. 60–66.

6   Hamman Philippe, « Entre voisins… Le transfrontalier. Le territoire du projet SaarLorLux », *Annales de la recherche urbaine*, 90, 2001, p. 199–207 ; Hamman, Philippe, « Les jumelages de communes, miroir de la construction européenne "par le bas" », *Revue des sciences sociales*, 30, 2003, p. 92–98 ; et Hamman Philippe, Ruß-Sattar Sabine, « Les répertoires d'action transfrontaliers des communes françaises et des communes allemandes : une mise en parallèle, de 1950 à nos jours », *Revue des sciences sociales*, 60, 2018, p. 14–25.

7   Hamman Philippe, *Sociologie des espaces-frontières*, op. cit., chap. 3 ; Wassenberg Birte, *Vers une eurorégion ? La coopération transfrontalière franco-germano-suisse dans l'espace du Rhin supérieur de 1975 à 2000*, Bruxelles, PIE – Peter Lang, 2007.

8   Nonn Henri *L'Alsace et ses territoires*, Strasbourg, Presses universitaires de Strasbourg, 2008. Voir aussi Hamman Philippe, « Frontières fluviales ou espaces-frontières ? Regards sociologiques », *Les cahiers du GEPE* (Groupe d'Étude sur le Plurilinguisme Européen), 11, 2019, en ligne : http://cahiersdugepe.misha.fr/index.php?id=3414.

l'ont promue ou observée dans ses territoires, ou encore en ont été des commentateurs ou des accompagnateurs inscrits dans le monde économique, social ou culturel. Corrélativement, les regards rassemblés proposent autant de jalons inscrits dans la profondeur de l'histoire – personnelle et institutionnelle – pour informer les évolutions du présent et se tourner vers l'avenir, toujours à construire ou asseoir.

Pris un à un, les acteurs nous livrent chacun un point de vue, qui donne une chair parfois méconnue à des dynamiques de relations internationales encore tantôt considérées sous le seul regard « macro » de l'inter-étatisme. Or, les institutions ne marchent pas comme un seul homme... Collectivement, c'est un retour sur comment l'Europe prend consistance, par quels truchements, avec quelles accélérations ou quelles difficultés, que permet le matériau original rassemblé, revisitant du coup, par un décalage du regard, un certain nombre de théories et de modes de penser l'Europe.

Le processus dit d'européanisation de l'action publique est couramment décrit suivant une conception « européano-centrée » du changement, qui place aux premières loges les institutions européennes. Aux interventions de ces dernières correspondraient les adaptations des structures politiques nationales et locales, qui suivraient des contraintes imposées « par le haut ». Telle est la conclusion notable d'un ensemble de travaux anglo-saxons « classiques »[9], également diffusés en France[10]. Tout en intégrant cette dimension, une approche par les acteurs et la diversité des cadres d'interaction permet de considérer également à la fois la pluralité des instances européennes – notamment dans les relations entre Conseil de l'Europe et Union européenne – et les éléments nationaux et infra-nationaux qui contribuent à l'intégration européenne et ses perceptions citoyennes. Les coopérations transfrontalières sont, de ce fait, pleinement intégrées dans notre démarche, pour ce qu'elles donnent à comprendre de l'Europe dans la diversité de ses territoires[11].

---

9   Voir notamment Andersen Svein, Éliassen Kjell (eds.), *Making Policy in Europe. The Europeification of National Policy-Making,* London, Sage, 1993 ; Héritier Adrienne, *Policy-Making and Diversity in Europe. Escape from Deadlock,* Cambridge, Cambridge University Press, 1999.

10 Hassenteufel Patrick, Surel Yves, « Des politiques publiques comme les autres ?: construction de l'objet et outils d'analyse des politiques européennes », *Politique européenne,* 1, 2000, p. 1–17.

11 À la suite de précédents travaux, notamment : Hamman Philippe, « La coopération urbaine transfrontalière ou l'Europe "par le bas" ? », *Espaces et sociétés,* 116–117, 2004, p. 235–258 ; Wassenberg Birte (dir.), *Vivre et penser la coopération transfrontalière, vol. 1 : Les régions frontalières françaises,* Stuttgart, Franz Steiner Verlag, 2010.

Qui plus est, les premières approches de l'Europe « par le bas » se sont souvent focalisées sur les entités régionales[12], au détriment de ces espaces à la fois construits et « vécus » que forment les bassins d'emploi et de vie dans leurs relations avec les différents cadres d'organisation politique et sociale. Cet angle est stimulant pour s'intéresser à la construction de nouvelles affiliations citoyennes, notamment européennes, aux limites entre deux ou trois États, comme c'est le cas dans le Rhin supérieur entre la France, l'Allemagne et la Suisse. Dans ce contexte, les scènes de représentation politique sont étroitement liées à des scènes de mobilisations socio-économiques et culturelles, que nous proposons de restituer dans leurs interactions. Il s'agit ainsi d'aller au-delà des discours relativement convenus de l'ouverture à l'Autre ou de l'engagement européen, qui sont les plus souvent mis en avant, mais ne rendent pas pleinement raison des contextualisations socio-historiques ou des dispositions à agir et des contraintes à intégrer, autant celles des mémoires de long terme et de leurs rémanences que celles des intérêts et des concurrences qui s'expriment ici comme dans toute arène décisionnelle.

Cette introduction invite à clarifier trois points de notre démarche : Quelle Europe visons-nous ? Quelle démarche méthodologique avons-nous mobilisée en termes empiriques ? Et quels sont les principaux axes d'analyse qui vont nous retenir ?

1. Un retour historique sur l'intégration européenne et la coopération transfrontalière

Le point de départ de ce livre portant sur « la mémoire de la paix », et dont les travaux ont débuté en 2010, a été la perspective du centenaire, en 2014, du début de la Première Guerre mondiale. Les préparatifs des manifestations du souvenir ont été importants et les historiens largement sollicités quant aux récits et aux lieux de mémoire de la « Grande guerre ». L'idée d'un projet sur « la mémoire de la paix », une mémoire qui est étroitement liée à l'histoire de la construction européenne après 1945, a émergé en quelque sort en contre-point à cette commémoration de la guerre. De fait, en Europe, il apparaît bien plus courant d'organiser le souvenir de moments de conflits que des moments de paix : ainsi, dans de nombreux États membres de l'Union européenne (UE), le 11 novembre et/ou le 8 mai sont des jours fériés en souvenir, respectivement de la fin de la Première et de la Deuxième Guerre mondiale, alors que le 9 mai est, certes, déclaré jour de l'Europe pour fêter la déclaration Schuman de 1950 relative à la création de la Communauté européenne du charbon et de l'acier (CECA), mais il s'agit davantage de fêter « l'Europe » que de commémorer la paix. De même, les lieux de

---

12 Par exemple : Balme Richard (dir.), *Les politiques du néo-régionalisme. Action collective régionale et globalisation*, Paris, Économica, 1996 ; Pasquier Romain, « L'européanisation "par le bas" : les régions et le développement territorial en France et en Espagne », in : Fontaine Joseph, Hassenteufel Patrick (dir.), *To change or not to change*, Rennes, Presses universitaires de Rennes, 2001, p. 171–188.

mémoire sont souvent plus des lieux de rappel des guerres et de leurs cicatrices – les champs de bataille, les monuments aux morts, etc. – que des lieux de commémoration de la paix. Or, cet usage commence à évoluer, par exemple avec l'initiative d'ériger, en 2004, une statue de la réconciliation franco-allemande devant le « pont de l'amitié » sur la frontière entre Strasbourg et Kehl, ou celle, en 2015, d'attribuer le prix de l'héritage culturel européen au « parc de commémoration du piquenique paneuropéen » à la frontière entre la Hongrie et l'Autriche, là où le rideau de fer est tombé.

Le manque de sensibilisation à la mémoire de la paix relève peut-être entre autres du fait que les historiens qui se sont spécialisés sur les questions de mémoire ne travaillent guère – ou pas encore suffisamment – sur la mémoire de la construction européenne. Pourtant, l'historiographie relative à la mémoire et aux lieux des mémoires est abondante. Par exemple, la façon dont les historiens approchent la mémoire a par exemple été abordée par Jacques Le Goff dans *Histoire et mémoire*. Les *Lieux de mémoires* en France sont traités dans la fresque magistrale dirigée par Pierre Nora, en trois tomes s'attachant à « La République », « La Nation » et « La France » ; ceux de l'Allemagne dans les trois volumes des *Mémoires allemandes* dirigés par Étienne François et Hagen Schulze. La mémoire « vécue » de la Deuxième Guerre mondiale ressort bien des *Mémoires de guerre* du Général de Gaulle (trois volumes : *L'Appel* : 1940–42, *L'Unité* : 1942–44, *Le Salut* : 1944–46), et la guerre d'Algérie est abordée par exemple par Benjamin Stora dans *La guerre des mémoires – La France face à son passé colonial*[13]. Une première approche des lieux de mémoire des Européens a été entreprise par Étienne François et Thomas Serrier en 2011, qui posent pour la première fois la question : l'Europe est-elle un espace de mémoire ?[14]. Ce travail pionnier est suivi, en 2016, par trois volumes dédiés aux *Erinnerungsorte in Europa* (lieux de mémoire en Europe) étudiés sous la direction de Pim Den Boer[15]. Toutefois, ces approches se focalisent plus sur le lien entre mémoire, culture et civilisation, voire entre mémoire et identité européenne qu'entre la mémoire, la paix et le processus de construction européenne.

Cependant, l'idée européenne est profondément liée à la conviction selon laquelle c'est uniquement par l'intégration européenne que l'on parviendra à sauvegarder la paix en Europe. « Et de l'union des libertés dans la fraternité des peuples naîtra la sympathie des âmes, germe de cet immense avenir où commencera pour le genre humain la vie universelle et que l'on appellera la paix de l'Europe »[16] :

---

13 Le Goff Jacques, *Histoire et mémoire*, Paris, Gallimard, 1988 ; Nora Pierre, *Les Lieux de mémoire*, Tomes 1–3, Paris, Gallimard, 1984 ; François Étienne, Schulze Hagen, *Deutsche Erinnerungsorte*, Munich, C.H. Beck, 2001 (traduction partielle en français : *Mémoires allemandes*, Paris, Gallimard, 2007) ; Stora Benjamin, *La guerre des mémoires – La France face à son passé colonial*, Paris, Éditions de l'Aube, 2011.
14 François Étienne, Serrier Thomas, *Lieux de mémoire des Européens*, Paris, La Documentation française, 2011.
15 Den Boer Pim (ed.), *Europäische Erinnerungsorte*, 1–3, Oldenbourg, De Gruyter, 2016.
16 Hugo Victor, *Choses vues (1887–1900)*, Paris, Gallimard, Quarto, 2002.

cette citation de Victor Hugo exprime avec éclat le concept à la base de toutes les aspirations européistes : la volonté de rassemblement qui transcenderait les inimitiés et les guerres, les nationalismes et les concurrences. Néanmoins, les historiens de la construction européenne n'ont pas tant retracé cette motivation comme un élément qui forge le projet européen en tant qu'il serait constitutif de la mémoire de la paix. Ils se sont plutôt intéressés aux différentes formes et interprétations de l'idée européenne ainsi qu'à la manière dont le processus d'intégration s'est réalisé après 1945. Aussi l'historiographie sur l'origine et le développement de l'idée européenne est-elle importante, partant déjà de la période de l'entre-deux-guerres[17]. Les recherches sur l'histoire de l'intégration européenne après la Deuxième Guerre mondiale ont ensuite été initiées par l'Allemand Walter Lipgens qui, en 1976, au sein de l'Institut universitaire européen de Florence, lance un programme de publications sur cette thématique dont le premier volume concerne les débuts de la construction européenne[18]. Walter Lipgens fait partie des historiens qui font pression en faveur d'une ouverture des archives européennes et qui sont à l'origine de la création, au début des années 1980, d'un groupe de liaison des historiens auprès de la Commission européenne[19]. Parmi les fondateurs figurent notamment l'Allemand Hans-Peter Schwarz, les Français René Girault et Raymond Poidevin, l'Italien Enrico Serra, le Luxembourgeois Gilbert Trausch, le Belge Michel Dumoulin et le Britannique Alan Milward. À partir de 1984, ce groupe lance une série de colloques scientifiques internationaux qui portent sur les étapes successives de la construction européenne – les débuts de la construction européenne (1948–1950), le plan Schuman et la naissance de la CECA (1950–1951), la relance et les traités de Rome créant la Communauté économique européenne (CEE) (1955–1957) – et qui donnent lieu à une série de publications sur l'histoire de l'intégration européenne[20]. Cette progression par étapes chronologiques permet à Jost Dülffer de comparer les travaux du groupe de liaison à une guirlande de l'Avent dont une bougie est allumée chaque dimanche de décembre. Et de parler de manière ironique de « l'histoire de Noël de l'intégration euro-

---

17 Girault René, Bossuat Gérard (dir.), *L'Europe des Européens*, Paris, Publications de la Sorbonne, 1993 ; Bossuat Gérard, *Les fondateurs de l'Europe*, Paris, Belin, 1994 ; Du Réau Élisabeth, *L'idée d'Europe au XXe siècle*, Bruxelles, Complexe, 1996 ; Chabot Jean-Luc, *Aux origines intellectuelles de l'Union européenne. L'idée d'Europe unie de 1919 à 1939*, Grenoble, Presses universitaires de Grenoble, 2005.

18 Lipgens Walter, *Die Anfänge der Europäischen Einigungspolitik, 1945–1950*, I. Teil : 1945–1947, Stuttgart, Ernst Klett Verlag, 1977.

19 Le Boulay Morgane, « Investir l'arène européenne de la recherche. Le "Groupe de Liaison" des historiens auprès de la Commission européenne », *Politix*, vol. 23, n° 89, 2010, p. 103–124.

20 Les volumes sont parus chez Bruylant/Bruxelles-Giuffrè/Milano-LGDJ/Paris-Nomos-Verlag/Baden-Baden : Poidevin Raymond (dir.), *Histoire des débuts de la construction européenne, mars 1948-mai 1950*, vol. 1, 1986 ; Schwabe Klaus (ed.), *Die Anfänge des Schuman-Plans, 1950/51*, vol. 2, 1988 ; Serra Enrico (ed.), *Il rilancio dell' Europa e i trattati di Roma; La relance européenne et les traités de Rome*, vol. 3, 1989 ; Trausch Gilbert (ed.), *Die Europäische Integration vom Schuman-Plan bis zu den Verträgen von Rom*, vol. 4, 1993.

péenne », suggérant ainsi qu'il s'agit d'une histoire quelque peu idéalisée[21]. À partir des années 1990, les colloques traitent aussi de questions spécifiques ou rapportées à certaines politiques communautaires, en abordant, par exemple « Élargissement, approfondissement et accélération », « Crises et compromis », « Acteurs et politiques » ou « L'Europe unie et l'Afrique »[22]. À côté de ces chantiers collectifs, les membres du groupe de liaison ont également effectué d'importantes recherches individuelles sur l'histoire de la construction européenne. Plusieurs biographies sont éditées sur des grandes personnalités européennes : celle de Robert Schuman par Raymond Poidevin, celle de Konrad Adenauer par Hans-Peter Schwarz, celle de Paul-Henri Spaak par Michel Dumoulin, ou encore celle de Joseph Bech par Gilbert Trausch[23]. Parmi les chercheurs du groupe de liaison, les centres d'intérêts et les convictions européennes divergent. Ainsi, le Britannique Alan Milward révise la vision d'une logique purement fonctionnaliste des débuts de l'intégration européenne en réintroduisant « les intérêts nationaux » comme des facteurs déterminants. Ses deux premiers livres, *The Reconstruction of Western Europe 1945–1971* et *The European Rescue of the Nation State*, relativisent le rôle moteur des idéaux européens défendus par les pères fondateurs de l'Europe – Jean Monnet, Robert Schuman, Konrad Adenauer, Paul-Henri Spaak – et celui des institutions européennes, notamment de la Commission européenne[24]. Loin d'être un « club » fermé, le groupe de liaison a su ouvrir la recherche à d'autres universitaires. En 1986, il lance une revue, la *Revue d'histoire de l'intégration européenne,* qui est la première à se consacrer exclusivement à l'histoire de la construction européenne. Elle paraît deux fois par an et se définit comme un forum permanent pour des jeunes chercheurs qui peuvent soumettre leurs communications sur un thème en lien avec le processus d'intégration européenne. Les sujets traités sont très variés : le rôle des institutions européennes (Cour de Justice, Commission, Parlement) ; les politiques communautaires (poli-

21 Dülffer Jost, « De l'histoire de l'intégration à l'histoire intégrée de l'Europe », in : Bossuat Gérard, Bussière Éric, Frank Robert, Loth Wilfried, Varsori Antonio (dir.), *L'expérience européenne. 50 ans de construction européenne 1957–2007, Des historiens en dialogue*, Bruxelles, Bruylant, 2010, p. 20.
22 Deighton Anne, Milward Alan (eds.), *Widening, Deepening and Acceleration: the European Economic Community, 1957–1963*, vol. 7, 1999 ; Loth Wilfried (ed.), *Crises and compromises, the European project, 1963–1969*, vol. 8, 2001 ; Varsori Antonio (ed.), *Inside the European Community. Actors and Policies in the European Integration from the Rome Treaties to the Creation of the "Snake" (1958–1972)*, vol. 9, 2005; Bitsch Marie-Thérèse, Bossuat Gérard (dir.), *L'Europe Unie et l'Afrique. De l'idée d'Eurafrique à la convention de Lomé I*, vol. 10, 2005.
23 Poidevin Raymond, *Robert Schuman, homme d'État (1886–1963)*, Paris, Imprimerie Nationale, 1986 ; Schwarz Hans-Peter, *Adenauer. Der Aufstieg. 1876–1952* (vol. 1) et *Adenauer. Der Staatsmann. 1952–1967* (vol. 2), Stuttgart, Deutsche Verlagsanstalt, 1986, 1991 ; Dumoulin Michel, *Spaak*, Bruxelles, Racine, 1999 ; Trausch Gilbert, *Joseph Bech : un homme dans son siècle. Cinquante années d'histoire luxembourgeoise (1914–1964)*, Luxembourg, Imprimerie Saint Paul, 1978.
24 Milward Alan, *The Reconstruction of Western Europe 1945–1971*, London, Methuen, 1984 ; et *The European Rescue of the Nation State*, London, Routledge, 1992.

tique des transports, politique agricole, etc.) ; les forces nationales dans le processus d'intégration ; les crises (crise de la chaise vide, crise économique des années 1970) ; les acteurs « extérieurs » (l'URSS, les États-Unis), etc. À côté du groupe de liaison, de nombreux chercheurs en histoire contemporaine se sont par la suite aussi intéressés à l'histoire de la Communauté européenne, en prenant d'autres angles de vue, comme, par exemple, un courant autour de Wolfram Kaiser qui met l'accent sur l'existence de réseaux d'acteurs transnationaux qui influencent directement le processus d'intégration européenne, à savoir la définition des politiques européennes et l'évolution du système de gouvernance communautaire[25]. Or, globalement, les travaux d'historiens de la construction européenne s'appuient surtout sur la méthodologie « classique » de recherche en histoire contemporaine, c'est-à-dire sur l'exploitation des documents d'archives.

Ce n'est que dans le cadre d'une recherche sur l'histoire des institutions communautaires que cette méthodologie s'ouvre à des méthodes sociologiques en prenant en compte des témoignages d'histoire « vécue ». Cette recherche a été lancée par Michel Dumoulin, du groupe de liaison, et a abouti à l'édition de trois volumes sur l'histoire de la Commission qui s'appuient sur de nombreuses interviews menées avec des « grands témoins » de la période étudiée[26]. Le travail sur la mémoire des institutions a ensuite été poursuivi par le service de recherche du Parlement européen qui a lancé plusieurs études sur son évolution historique[27], et par le Comité des régions qui vient de publier une étude pour son 25e anniversaire, basée sur la réalisation d'un certain nombre d'entretiens avec des fonctionnaires et des membres du Comité[28]. Cette publication sur la mémoire de la paix s'entend dans le prolongement de cette démarche. Elle s'insère dans le cadre d'une approche renouvelée de l'intégration européenne qui se penche sur l'histoire vécue de ce processus en recourant à une méthodologie croisée d'exploitation de sources et d'entretiens avec des témoins. Cette publication rejoint le courant de l'histoire immédiate, un courant encore assez nouveau parmi les chercheurs en histoire de la construction européenne.

Mais ce travail porte également sur la « mémoire de paix » dans un cadre géographique singulier : celui de la région frontalière d'Alsace au sein de l'espace franco-germano-suisse du Rhin supérieur. Ainsi, *via* les témoignages d'acteurs de

---

25 Kaiser Wolfram, « Bringing People and Ideas Back In: Historical Research on the European Union », in: Phinnemore David, Warleigh-Lack Alex, *Reflections on European Integration. 50 Years of the Treaty of Rome*, Basingstoke, Palgrave, 2009, p. 35.
26 *La Commission européenne, Histoire et mémoires d'une institution, 1958–1972 (vol. 1), 1973–1986 (vol. 2), 1986–2000 (vol. 3)*, Luxembourg, Opoce, 2007, 2014, 2019.
27 Kaiser Wolfram, *Shaping the European Union: The European Parliament and Institutional Reform. 1979–1989*, Study, Luxembourg, European Parliament, 2018 ; Warlouzet Laurent, *Reconstructing the Role of the European Parliament in the Completion of the Single Market. 1979–1989*, Study, Luxembourg, European Parliament, 2019 ; Wassenberg Birte, Schirmann Sylvain, *Le Parlement européen. 1979–1989. Culture et dynamique d'une nouvelle institution politique*, étude, Luxembourg, Parlement européen, 2019.
28 Wassenberg Birte, *Histoire du Comité des régions (1994–2019), 25 ans de contribution des villes et régions à la construction européenne*, Bruxelles, Comité des régions, 2020.

cette région transfrontalière, un lien est établi entre l'histoire de la construction européenne, d'une part, et l'histoire de la coopération transfrontalière, d'autre part. En effet, à l'image du processus d'intégration européenne, pour les pionniers de la coopération transfrontalière, l'objectif premier est la sauvegarde de la paix, surtout le long de la frontière franco-allemande. Alfred Mozer, d'origine allemande-néerlandaise, chef de cabinet de la première Commission européenne sous Walter Hallstein en 1958 et co-fondateur de l'Association des régions frontalières d'Europe (ARFE) en 1971, parle bien des frontières comme « cicatrices de l'histoire », qu'il s'agit de guérir : « On ne doit pas les oublier. Mais on ne devrait pas les cultiver »[29]. Les objectifs de la coopération transfrontalière et de la construction européenne se rejoignent ainsi autour du rétablissement et du maintien de la paix. Or, tout comme les historiens de la construction européenne, les spécialistes des *Border Studies* en Europe n'examinent pas les régions transfrontalières comme lieux de mémoire de la paix. C'est peut-être le cas parce que la coopération transfrontalière en Europe est un champ de recherche relativement nouveau, dans lequel les historiens s'investissent encore peu et où les questions de mémoire ne se trouvent pas (encore) au centre des préoccupations. L'étude de ces relations au niveau infranational, qui s'établissent après la Deuxième Guerre mondiale le long des frontières en Europe, ne remonte en effet qu'aux années 1970. La recherche sur la coopération transfrontalière s'insère dans le cadre d'une étude plus large sur la frontière qui a déjà fait l'objet de multiples travaux de plusieurs disciplines en sciences sociales. L'accent est souvent mis par des géographes sur la dimension (géo)-politique de la frontière qui se traduit, comme l'explique Michel Foucher, par son affirmation territoriale, c'est-à-dire par l'articulation du politique et du spatial[30]. Cette dimension est aussi soulignée par les politistes, comme Malcolm Anderson et Eberhart Bort, qui ont étudié les frontières en Europe de l'Ouest et en Europe de l'Est[31]. Un lien entre la frontière et la coopération transfrontalière est également établi dans les travaux collectifs animés par Anne-Laure Amilhat-Szary et Marie-Christine Fourny[32].

La dimension historique de la frontière a certes fait l'objet de deux ouvrages notables : l'un de Sabine Dullin et Sophie Cœuré sur les *Frontières du communisme* et l'autre de Michael Gehler et Andreas Pudlat sur *Grenzen in Europa* (Frontières en Europe)[33]. Pour autant, les travaux en matière de coopération trans-

---

29 Mozer Alfred, « Entwicklungspolitik zu Hause », in: *Entwicklungsregionen in der EWG*, Bonn, Schriften der Bundeszentrale für politische Bildung, 1973, p. 14.
30 Foucher Michel, *Fronts et frontières*, Paris, Fayard, 1986.
31 Anderson Malcolm, *Frontier Regions in Western Europe*, London, Frank Cass, 1983 ; Anderson Malcom, Bort Eberhart, *Boundaries and Identities: the Eastern Frontier of the European Union*, Edinburgh, International Social Science Institute, 1996.
32 Amilhat-Szary Anne-Laure, Fourny Marie-Christine (dir.), *Après la frontière, avec la frontière : nouvelles dynamiques transfrontalières en Europe*, Paris, Éditions de l'Aube, 2006.
33 Dullin Sabine, Cœuré Sophie, *Frontières du communisme. Mythologies et réalités de la division de l'Europe de la révolution d'Octobre au mur de Berlin*, Paris, La Découverte, 2007 ; Gehler Michael, Pudlat Andreas (eds.), *Grenzen in Europa*, Historische Europastudien Band 2, Hildesheim, Zürich, New York, Olms Georg Verlag, 2009.

frontalière viennent majoritairement de disciplines autres que l'histoire. Ainsi, les géographes, les spécialistes en aménagement du territoire et les juristes traitent des aspects techniques et des outils de coopération. Les sociologues et les économistes se concentrent sur les interactions entre groupes d'acteurs et sur la sphère socio-économique. Enfin, les chercheurs en sciences politiques et administratives tentent de développer des théories de la coopération ou examinent les processus de la gouvernance transfrontalière[34].

Les premiers travaux des géographes et des spécialistes en aménagement du territoire datent des années 1970. L'ouvrage le plus représentatif est sans doute celui de Victor Freiherr von Malchus, publié en 1975[35]. Dans les années 1980 et 1990, de nombreux géographes étudient les conséquences de la coopération transfrontalière sur l'évolution de l'espace et les politiques d'aménagement des territoires[36]. Dans les années 2000, des géographes se consacrent à nouveau au phénomène de la coopération transfrontalière. C'est notamment le cas de Gérard Traband qui a examiné la frontière de l'espace franco-allemand entre le Palatinat et l'Alsace (2008), et de Bernard Reitel qui consacre son dossier d'habilitation au thème des villes et des frontières (2010)[37]. Les recherches juridiques sur la coopération commencent dans les années 1980 et se concentrent, en priorité, sur les formes de la coopération transfrontalière et les obstacles que représentent les différents systèmes juridiques des pays concernés[38]. Ces travaux peuvent être limités à un espace juridique examiné, mais peuvent aussi concerner une forme de coopération spécifique (interétatique, interrégionale, intercommunale) ou encore une thématique ou branche de la coopération (environnement, gestion de l'eau, etc.). La sociologie s'intéresse quant à elle à la coopération transfrontalière à partir de la

---

34 Pour un état des lieux récent, lire Joachim Beck (ed.), *Transdisciplinary Discourses on Cross-Border Cooperation in Europe*, Brussels, Peter Lang, Euroclio series, vol. 107, 2019.
35 Malchus Viktor, Freiherr von, *Partnerschaft an europäischen Grenzen*, Bonn, Europa-Union Verlag, 1975.
36 Cf. par exemple pour l'espace rhénan : Arnold-Palussière Martine, *Die grenzüberschreitende regionale Zusammenarbeit auf dem Gebiet der Raumordnung. Fallstudie für das Rheintal: Elsass, Pfalz, Baden, Nordwestschweiz*, Hannover, Beiträge Akademie für Raumplanung und Landesforschung 71, 1983 ; Lezzi Maria, *Raumordnungspolitik in europäischen Grenzregionen zwischen Konkurrenz und Zusammenarbeit*, Dissertation, Universität Zürich-Irchel, Geographisches Institut, 1994 ; Becker-Marx Kurt, Jentsch Christoph (eds.), *Es ist Zeit für den Oberrhein*, Mannheim, Südwestdeutsche Schriften, 1996.
37 Traband Gérard, *Effacer la frontière*, Strasbourg, La Nuée Bleu, 2008 ; Reitel Bernard, *Villes et frontières. Un jeu de construction de territoires. Bâle, Berlin, Strasbourg*, Habilitation à diriger des recherches en géographie, Nanterre, Université de Paris Ouest-Nanterre-La Défense, 2010.
38 Beyerlin Ulrich, *Rechtsprobleme der lokalen grenzüberschreitenden Zusammenarbeit*, Berlin, Springer Verlag, 1988 ; Levrat Nicolas, *Le droit applicable aux accords de coopération transfrontalière entre collectivités publiques infra-étatiques*, Paris, Presses universitaires de France, 1994 ; Schoch Jörg, *Rechtliche Aspekte grenzüberschreitender Zusammenarbeit*, Bern, Berlin u.a., Peter Lang, 1997 ; Bussmann Annette, *Die dezentrale grenzüberschreitende Zusammenarbeit mit Deutschlands Nachbarländern Frankreich und Polen*, Baden-Baden, Nomos, 2005.

fin des années 1980. Elle interroge notamment sur le phénomène des travailleurs frontaliers et son épaisseur sociale, comme le montrent les publications de Philippe Hamman en 2006 et 2013[39]. Les questions économiques ont été abordées principalement par l'économiste suisse Remigio Ratti, à partir des années 1990[40].

La longue absence des historiens dans le champ de recherche de la coopération transfrontalière peut notamment s'expliquer par des difficultés d'accès aux archives sur des périodes qui dépassent la règle des 30 ans[41]. Cela peut aussi expliquer le fait que des cas d'études historiques sont plus abondants pour des régions transfrontalières à l'Ouest de l'Europe, où la coopération s'est développée dès les années 1950, que pour celles situées en Europe centrale et orientale, où elle ne démarre qu'après la chute du mur de Berlin en 1989. Toutefois, en ce qui concerne l'espace du Rhin supérieur, c'est-à-dire le cadre géographique de cette publication sur la mémoire de la paix, il a été déjà largement couvert par différents chercheurs en sciences sociales, y compris par les historiens[42].

En revanche, le lien entre coopération transfrontalière et intégration européenne a été peu exploité par des historiens. Il a déjà été examiné par des chercheurs en sciences politiques, notamment en liaison avec la dimension de l'Europe des régions[43] ou plus généralement pour élaborer des théories sur l'intégration transfrontalière en Europe[44]. Toutefois, certains travaux de politistes restent souvent conceptuels et sont en partie au moins influencés par la pensée régionaliste. Réinterroger les liens entre la coopération transfrontalière et la construction européenne a été la perspective adoptée par des historiens qui cherchent à com-

---

39 Hamman Philippe, *Les travailleurs frontaliers en Europe,* Paris, L'Harmattan, 2006 ; et *Sociologie des espaces-frontières…, art. cit.* Pour un point récent sur le phénomène, voir aussi Hamman Philippe, « Les travailleurs transfrontaliers, entre pratiques et représentations autour des frontières françaises de l'Est », in : Dziub Nikol (dir.), *Le transfrontalier : pratiques et représentations,* Reims, Éditions et Presses universitaires de Reims, 2020.

40 Ratti Remigio, Baggi Massimo, *Strategies to Overcome Barriers: Theoretical Elements and Empirical Evidence,* Bellinzona, Institut d'études économiques, 1990 ; Ratti Remigio, *Théorie de développement des régions-frontières,* Fribourg (Suisse), Imprimerie St. Paul, 1991.

41 Libera Martial, « Les historiens et la coopération transfrontalière : une rencontre tardive, mais fructueuse », in : Wassenberg Birte (dir.), *L'approche pluridisciplinaire de la coopération transfrontalière, Cahiers Fare,* n° 5, 2014, p. 151–165.

42 Beck Joachim, *Netzwerke in der transnationalen Regionalpolitik, Rahmenbedingungen, Funktionsweise, Folgen,* Baden-Baden, Nomos, 1997 ; Zoller Schepers Regula, *Grenzüberschreitende Zusammenarbeit am Oberrhein,* Dissertation, St. Gallen, 1998 ; Becker-Marx Kurt, Jensch Christoph (eds.), *Es ist Zeit für den Oberrhein,* Mannheim, Südwestdeutsche Schriften, 1996 ; Newrly Petra, *Transnationaler Regionalismus. Die grenzübergreifende Zusammenarbeit am Oberrhein,* Münster, LIT Verlag, 2002 ; Wassenberg Birte, *La coopération transfrontalière franco-germano-suisse dans l'espace du Rhin supérieur,* Bruxelles, Peter Lang, 2007.

43 Raich Silvia, *Grenzüberschreitende und interregionale Zusammenarbeit in einem Europa der Regionen,* Baden-Baden, Nomos, 1995.

44 Cappelin Ricardo, Batey Peter W.J. (eds.), *Regional Networks, Border Regions and European Integration,* London, Pion, 1993 ; Le Galès Patrick, Lequesne Christian (dir.), *Les paradoxes des régions en Europe,* Paris, La Découverte, 1997 ; Perkmann Markus, *Strategies of Institution-Building in the New European Polity,* Lancaster, Lancaster University Press, 2000.

prendre la contribution des acteurs locaux et régionaux au processus d'intégration européenne. Marie-Thérèse Bitsch est la première historienne à mettre l'accent sur le rôle des régions frontalières dans l'intégration européenne après 1945, lors d'un colloque sur *Le fait régional dans la construction européenne* à Strasbourg, en 2002[45]. Puis, en 2008, une recherche pluridisciplinaire a été lancée par le Centre des historiens *Frontières, acteurs et représentations d'Europe* (FARE) de l'Université de Strasbourg et de l'Euro-Institut de Kehl. Ce cycle s'est concrétisé à travers une série de six séminaires thématiques et d'un colloque final, en 2010, sur le thème « Construire des ponts à travers les frontières : vers une cohésion territoriale en Europe ? ». Le résultat se présente sous forme de six ouvrages intitulés *Vivre et penser la coopération transfrontalière*, parus entre 2009 et 2014 chez l'éditeur Steiner, à Stuttgart[46].

Néanmoins, la recherche historique sur la coopération transfrontalière s'est peu intéressée aux questions de mémoire. Citons toutefois le projet de recherche mené par Béatrice von Hirschausen sur les « frontières fantômes »[47]. Il se penche sur la mémoire des frontières en Europe centrale et orientales en partant du repérage de leurs traces sur certaines cartes thématiques, dans des paysages ou dans des représentations communes. Mais ce projet s'intéresse plus à la mémoire de la frontière comme élément douloureux, comme « cicatrice de l'histoire » que comme lieu de mémoire de la paix. Des travaux qui se rapprochent davantage du thème de la mémoire sont ceux qui abordent la réconciliation comme élément clé du processus de pacification dans les régions frontalières. On recense aisni quelques publications par des historiens sur la coopération transfrontalière comme outil en faveur de la réconciliation et le maintien de la paix, mais aussi sur la réconciliation du continent européen après la fin de la Guerre froide, aux frontières de l'Europe centrale et orientale[48]. Toutefois, ces travaux ne s'appuient pas sur des témoignages d'acteurs, mais constituent plutôt une analyse historique appuyées sur des sources documentaires.

C'est pourquoi il est intéressant de se détacher d'une histoire « classique » de la construction européenne et de la coopération transfrontalière dans l'espace rhé-

---

45 Bitsch Marie-Thérèse (dir.), *Le fait régional et la construction européenne*, Bruxelles, Bruylant, 2003.
46 Wassenberg Birte, Beck Joachim (dir.), *Vivre et penser la coopération transfrontalière (volumes 1–6) : Les régions frontalières françaises (1), Governance in deutschen Grenzregionen (2), The European Dimension (3), Les régions frontalières sensibles (4), Integration und (trans-)regionale Identitäten (5), Vers une cohésion territoriale ? (6)*, Stuttgart, Steiner Verlag, 2009–2014.
47 Von Hirschhausen Béatrice (dir.), « Phantom Borders », *L'Espace géographique*, vol. 46, n° 2, 2017, p. 97–173.
48 Paun Nicolae, Schirmann Sylvain (eds.), *Borders, Identities, Communities. The Road to Reconciliation and Partnership in Central and Eastern Europe*, Baden-Baden, Nomos, 2016 ; Klatt Martin, Wassenberg Birte (eds.), « Secondary Foreign Policy: Can Local and Regional Cross-Border Cooperation Function as a Tool for Peace-Building and Reconciliation? », *Regional and Federal Studies*, vol. 27, n° 3, 2017 ; Stokłosa Katarzyna (ed.), *Borders and Memories. Conflicts and Co-operation in European Border Regions*, Zurich, LIT Verlag.

nan, pour proposer une nouvelle approche, à la fois croisée entre Études européennes et *Border Studies* et qui s'appuie sur le recueil de témoignages. En s'appuyant sur des « grands témoins » d'une région frontalière, l'Alsace, l'histoire de la construction européenne se mélange indéniablement avec l'histoire d'une région frontalière qui a été marquée par de nombreux affrontements entre Français et Allemands. L'acteur, individu et citoyen, est ainsi placé au premier plan de cette analyse, en tant qu'il est à la fois initiateur et objet de cette double histoire vécue et en tant qu'il nous fait comprendre ce qui signifie la mémoire de la paix sur place, sur le territoire même de cette frontière franco-allemande, « cicatrice de l'histoire ».

2. Une démarche d'enquête par entretiens

Méthodologie courante en sciences sociales mais aussi, désormais, diffusée au titre des « archives orales » en histoire du temps présent, nous avons retenu une démarche empirique reposant sur la passation d'entretiens, afin de constituer un corpus de témoins susceptible de donner consistance au projet impulsé par la MESA et de permettre un réel travail comparatif entre les matériaux, pour poser des corrélations et croiser les points de vue sur l'objet. C'est pourquoi nous avons distingué analytiquement cinq groupes d'acteurs, interrogés pour le présent ouvrage : chaque groupe exprime une position qui est aussi une posture socialement située et dont le sens ressort dans la mise en relation avec les autres groupes et par rapport à la pluralité des scènes de la construction européenne et de ses lectures. Ces groupes de témoins sont les suivants :
1. Acteurs politiques et décideurs
2. Acteurs administratifs et techniciens
3. Acteurs de la culture et de la société civile
4. Acteurs universitaires
5. Acteurs économiques

On le conçoit, en effet, un décideur politique ou économique interrogé sur les choix qu'il a faits ne délivre pas le même discours qu'un observateur extérieur ou un associatif critique. Ce n'est pas une question de « vérité » du discours – il faut se défaire de l'illusion objectiviste, comme l'a largement montré Pierre Bourdieu[49] –, mais de points de vue, à lire comme tels[50] et qui peuvent être mis à distance grâce à leur rassemblement et la comparaison qu'ils autorisent.

L'entretien est non pas un prélèvement d'information – comme la lecture d'un journal, par exemple – mais une situation sociale de rencontre et d'échange. La qualité de l'interaction est donc importante pour sa réussite. Dans le cas présent, nous avons privilégié le recours à des entretiens semi-directifs, qui laissent une

---

49 Bourdieu Pierre, « L'illusion biographique », *Actes de la recherche en sciences sociales*, n° 62, 1986, p. 69–72.
50 C'est-à-dire comme autant de vues à partir d'un point de l'espace social.

part importante à l'échange *in situ*, permettant de faire émerger des hypothèses auxquelles on ne pensait peut-être pas au départ. En même temps, la grille d'entretien récurrente permet de s'assurer d'évoquer l'ensemble des points jugés importants, et ce avec les différents interlocuteurs. Les entretiens menés ont duré en moyenne une heure au moins et ont donné lieu à une retranscription intégrale, ensuite systématiquement validée par la personne interviewée.

Dans leur contenu, les interviews ont visé à rassembler à la fois des éléments factuels et des perceptions ou représentations du monde social, ce qui s'est traduit dans le protocole d'enquête. Par exemple, une question du type « Quels diplômes avez-vous acquis dans vos études ? » permettra de connaître des éléments de fait (tel ou tel diplôme délivré par telle ou telle institution). C'est moins net si on demande « Quelles études avez-vous menées ? », d'abord parce que cela ne désigne pas précisément un diplôme acquis, ensuite parce qu'on peut suivre des études dans différents contextes (on peut par exemple « étudier l'économie » en Faculté comme en Grande école...) : il y aura davantage de part laissée à la représentation que l'acteur se fait de ses propres études ; et l'on peut aussi inviter à donner un sentiment : « Les études que vous avez menées correspondent-elles aux fonctions/activités que vous avez exercées par la suite, notamment en rapport à des problématiques européennes ? ». Des questions factuelles ont donc été articulées avec des questions plus analytiques : demander « Combien d'années avez-vous travaillé dans une institution européenne ? En quoi a consisté votre travail ? » (recueil d'informations) diffère de : « Que pensez-vous de l'évolution des compétences du Parlement européen ? », « Selon vous, l'Eurodistrict est-il un projet de nature à associer le citoyen à la construction européenne ? », etc. (demande de prise de position, d'un sentiment personnel ou d'un vécu subjectif).

Partant du terrain et des entretiens, l'objectif est de parvenir à une généralisation contrôlée dans l'analyse, ce qui suppose de reproduire un nombre suffisant d'entretiens. Nous avons introduit, directement et par l'intermédiaire des membres de la MESA – que nous souhaitons ici remercier pour leur appui précieux –, une cinquantaine de sollicitations entre octobre 2012 et le printemps 2013, auprès d'acteurs de premier plan correspondant aux cinq catégories précitées et résidant pour la plupart en Alsace, ou à proximité dans le Rhin supérieur. Au final, au-delà des impossibilités de calendrier qui ont pu se manifester ou d'échanges non enregistrés que nous n'avons pu exploiter au même titre que les autres mais pour lesquels nous remercions sincèrement les personnes contactées, ce sont 33 « grands témoins » qui livrent leur parole. Que chacun et chacune reçoive les marques de notre gratitude : cette liste, à la fois diversifiée et prestigieuse, constitue la matière même du propos, celle de la mémoire citoyenne de la construction européenne et de ses conséquences dans l'espace du Rhin supérieur. Il s'agit de :

Ulrich Bohner
Paul Collowald
Jean-Paul Costa
René Eckhardt
Norbert Engel
René Gutman

Bruno Haller
Jean-Paul Heider
Robert Hertzog
Jean-Marie Heydt
Michel Hoeffel
Alain Howiller
Jean Hurstel
Claude Keiflin
Pierre Kretz
Michel Krieger
Hans-Christian Krüger
Catherine Lalumière
Kai Littmann
Karl-Heinz Lambertz
Léon Nisand
Lucienne Schmitt
Klaus Schumann
Anne Sforza
Roger Siffer
Marcel Spisser
Antoine Spohr
Gérard Traband
Catherine Trautmann
Hans Martin Tschudi
Karl von Wogau
Robert Walter
Jean-Marie Woehrling

La passation des entretiens a été réalisée par des étudiants de l'Institut des Hautes Études Européennes et de l'Institut d'Études Politiques de Strasbourg, dans le cadre d'un enseignement de Management interculturel dispensé au premier semestre 2012–2013 dans les Masters « Histoire des relations internationales et de la coopération transfrontalière » de l'IHEE et « Politiques européennes » de l'IEP. Nous sommes très reconnaissants à Anne Dussap, en charge de cet enseignement, de s'être associée au projet, et remercions vivement tous les étudiant.e.s qui se sont fortement impliqués, et ont réalisé, seuls ou en binôme, une ou plusieurs des interviews et les transcriptions minutieuses afférentes :

Beate Aïkeus
Simon Bernard
Bérangère Combre
Émilie Dissard
Fiona Georg
Miriana Gérard
Pauline Grelier
Flore Hennion
Amélia Houmaïri-Romy

Maria Carolina Kinderstuth
Mathieu Kittel
Audreen Lauby
Loreline Merelle
Annika Neil
Jean Pacevicius
George Pattison
Yann Robert
Florence Rollier
Maria Roth
Emanuela Rubbino
Béatrice Schneider
Marion Simon
Pauline Vogel
Lukas Wegmüller

Les témoignages ainsi recueillis forment une matière à part entière que nous avons restituée à travers de larges extraits référencés dans ce livre, permettant ainsi au lecteur plusieurs modes d'accès : celui qui voudra lire les acteurs « dans le texte » pourra se référer directement à cette parole, objet en tant que telle du 4e chapitre. Il disposera également d'un appareil de compréhension à travers les biographies rassemblées dans le chapitre 5, qui se fondent à la fois sur des informations données par les intéressés et des recoupements et compléments *via* des croisements d'autres sources (notices publiées sur Internet, etc.). Quant au lecteur qui préfère une vision comparative d'ensemble, il consultera les chapitres 1 à 3, fournissant des lignes de fuite problématiques adossées à de nombreux renvois au matériau exposé.

3. Une triple entrée analytique

Pour aborder un sujet protéiforme comme celui des mémoires d'Europe, il convient de discerner plusieurs échelles d'appréhension. Notre propos est organisé à partir de trois grandes thématiques, renvoyant aux témoignages à chaque fois, qui correspondent à autant de niveaux d'entrée : la construction européenne, ses processus et ses institutions, d'abord, dans un cadre large – l'Union européenne, entre approfondissements et élargissements, mais aussi la « Grande Europe » du Conseil de l'Europe – ; puis les dynamiques des coopérations transfrontalières inscrites dans les territoires et qui sont une autre façon de tester l'Europe *en train de se faire* pour les citoyens ; enfin les enjeux d'interculturalité sous-jacents à ces visions et ces pratiques, en même temps que les freins susceptibles d'apparaître dans des processus qui ne sont jamais simplement linéaires. C'est pourquoi nous n'avons pas retenu une présentation purement chronologique, ni de la construction européenne, ni du parcours des acteurs : à travers ces derniers, c'est bien la thématique « Mémoires d'Europe » qu'il s'agit de développer, et non une histoire de vie ou une biographie. C'est là aussi le sens du dialogue entrepris entre histoire et sociologie, dont l'organisation de l'ouvrage est le fruit. Successivement, nous posons trois questions, articulées entre elles :

Quels vécus de la construction européenne, de 1945 à nos jours ?

Dans ce premier chapitre, nous questionnons l'association classiquement posée entre le projet européen et l'œuvre de paix après le second conflit mondial, ainsi que les dynamiques d'intégration portées par les institutions communautaires et européennes, y compris dans leurs rapports à la citoyenneté.

Quels vécus des espaces transfrontaliers de « proximité » ?

Ce deuxième volet focalise sur l'exemple des coopérations transfrontalières interrégionales et inter-locales dans le Rhin supérieur, entre France, Allemagne et Suisse, et la question du lien de ces initiatives à l'Europe, en regard d'ancrages territorialisés, ceux-là même que l'on retrouve dans le cas de l'Eurodistrict Strasbourg-Ortenau, qui nous retient également.

Des vécus multiples pour forger une identité commune ?

Le troisième chapitre se concentre sur l'interculturalité et ses pratiques, c'est-à-dire les affiliations, identités et échelles de perception et d'action des modes d'européanisation, les identifications à l'Europe – et quelle Europe ? – et, au final, ce que ces enjeux nous apprennent de ce défi permanent qu'est le « vivre ensemble »[51], pour le présent et l'avenir.

À chaque fois, nous offrons une double mise en perspective historique et sociologique, qui fournit des clefs de compréhension complémentaires.

---

51 Plus largement, lire Hamman Philippe, « Penser la différence à l'aune des espaces-frontières : une proposition d'analyse sociologique », in : Denooz Laurence, Thiéblemont-Dollet Sylvie (dir.), *Le moi et l'autre*, Metz-Nancy, Presses universitaires de Nancy, 2011, p. 29–39 ; « Espaces-frontières et production du lien social : quelques propositions », in : Causer Jean-Yves, Raphaël Freddy, Cassilde Stéphanie (dir.), *Faire lien*, Strasbourg, Néothèque, 2012, p. 73–99 ; et « Frontières fluviales ou espaces-frontières ?... », *art. cit.*

CHAPITRE 1ᴱᴿ :
QUELS VÉCUS DE LA CONSTRUCTION EUROPÉENNE, DE 1945 À NOS JOURS ?

UN REGARD HISTORIQUE

Birte Wassenberg

Lorsqu'on aborde la question du vécu de la construction européenne, il faut tout d'abord se rendre à l'évidence que, d'un point de vue historique, la question de l'unification de l'Europe remonte plus loin que la fin de la Deuxième Guerre mondiale. En effet, le processus de construction européenne est intrinsèquement lié avec l'histoire de l'idée européenne, dont les origines peuvent être retracées (au moins) jusqu'au XIXe siècle, au Congrès de la Paix à Vienne – on sait que Victor Hugo parle, le 21 août 1849, d'ores et déjà des « États-Unis d'Europe »[1]. Son discours place ce terme en étroite relation avec l'objectif du maintien de la paix en Europe, car Victor Hugo envisage l'unification européenne comme un idéal humaniste favorisant la paix, la solidarité et la diplomatie, sans émettre des idées précises sur comment organiser institutionnellement ou politiquement cette Europe[2]. À partir de là, les concepts relatifs à l'unification européenne se multiplient. Ainsi, par exemple, Joseph Proudhon, dans son ouvrage *Du principe fédératif* de 1863 voit l'avenir de l'Europe dans une confédération d'entités politiques, alors que d'autres privilégient une approche économique de l'Europe, comme, par exemple, les libre-échangistes français Gustave de Molinari ou Paul de Leusse, qui développent des projets d'union douanière dès la fin des années 1880.

C'est à la sortie de la Première Guerre mondiale, en 1919, que l'on voit les premiers projets qui réfléchissent à comment réaliser l'unification européenne. Traumatisés par les effets de la guerre et sensibles à la formule de Gaston Riou « s'unir ou mourir »[3], de nombreux courants d'européistes se forment ainsi dans les années 1920. Ils sont très hétérogènes, mais ils s'accordent tous sur une priorité : celle de l'objectif de maintenir la paix en Europe. Pour l'analyse d'un recueil de témoignages sur la construction européenne, il faut donc tenir compte de cette convergence sur un même objectif et de cette diversité d'approches, laquelle fait partie de l'histoire de l'idée européenne comme un élément clé constitutif.

1. L'idée européenne : l'objectif de sauvegarder la paix

Pour les témoins rencontrés, cet objectif de sauvegarder la paix est toujours central dans le processus de la construction européenne. Lucienne Schmitt, née en 1930 dans le Haut-Rhin et qui porte le projet de création transfrontalière d'un

---

1 Cf. Wilhelm Frank, *Victor Hugo et l'idée des États-Unis d'Europe*, Luxembourg, Les Amis de la Maison de Victor Hugo, 2000.
2 Pour une description plus complète de cette période, cf. Bitsch Marie-Thérèse, *Histoire de la construction européenne,* Bruxelles, Complexe, 2008, p. 16–21.
3 Riou Gaston, *S'unir ou mourir*, Paris, Valois, 1929.

Chemin de la Mémoire et des droits de l'Homme, est d'ailleurs convaincue que c'est dès 1919 que cet objectif devient essentiel pour l'Europe : « Parce que c'est à ce moment-là qu'elle a été envisagée comme un moyen d'empêcher toute guerre de se refaire et donc d'instaurer un processus de paix... ».

Pour la plupart des autres témoins, l'œuvre de paix est en revanche liée à la construction européenne après 1945 et à leurs souvenirs de la Deuxième Guerre mondiale ou de la période qui l'a suivie. C'est particulièrement le cas pour les Allemands interrogés. Ainsi, Ulrich Bohner, né en 1944 à Birkenfeld, en Allemagne estime que « la construction de la paix est un des éléments essentiels de cette construction européenne », et Karl von Wogau, né en 1941 à Freiburg, insiste sur le fait que la Communauté européenne est avant tout un projet pour la paix, car elle a réussi à ce que, depuis 1945, il n'y a plus eu de guerre entre les nations européennes :

> Ich glaube, dass es außerordentlich wichtig ist, dass zwischen Europa und Frieden ein Zusammenhang besteht. In den vergangenen Jahrhunderten wurden zahllose Kriege geführt zwischen den europäischen Völkern und wir haben jetzt, seit 1945, Frieden zwischen den Ländern, die zur europäischen Gemeinschaft gehören. Infolgedessen ist die europäische Gemeinschaft in erster Linie ein Friedensprojekt.

Hans-Christian Krüger, né en 1935 à Berlin, explique qu'il y a eu une prise de conscience toute particulière de la part des Allemands, après la Deuxième Guerre mondiale et surtout après la découverte des atrocités du régime nazi, qu'il « ne faut plus jamais cela » et que le « renouvellement » de l'Europe ne peut se faire qu'en unissant les Européens.

> Natürlich hat der Krieg – für uns Deutsche der verlorene Krieg – eine besondere Bedeutung gehabt. Für einen Menschen, der 1935 geboren wurde, also zehn Jahre alt war, als der Krieg zu Ende war, wurden die Schrecken des Naziregimes erst nach dem Krieg bewusst; und dies waren wirklich schreckliche Verbrechen – durch den Staat, nicht durch einzelne Bürger. Da hat man tatsächlich das Gefühl gehabt, dass man das für alle Zeiten unmöglich machen muss. Das darf nicht wieder geschehen. Besonders ist allen Deutschen bewusst geworden, dass der Neuanfang nach dem totalen Zusammenbruch ein Anfang war, der nicht alleine ohne Mithilfe anderer Staaten zustande kommen konnte Die Schrecken des Krieges haben dazu geführt, dass die Europäer sich mehr und mehr zusammentaten.

Klaus Schumann, né en 1940 à Freiburg, a été profondément marqué par la Deuxième Guerre mondiale. D'où l'importance qu'il accorde au fait que l'Europe a permis la paix et qu'à présent il ne soit plus possible d'imaginer que les États membres de l'UE puissent se faire la guerre : « Disons que l'ancienne génération réfléchissait encore un peu, parce qu'ils avaient les expériences de ces situations, de ces réactions et ces contre-réactions après le conflit. Aujourd'hui, c'est différent. Il y a le prix Nobel de la paix pour l'Union européenne... ».

Si les Allemands sont donc particulièrement sensibles à l'objectif de la paix, les témoins français s'expriment peut-être de façon moins émotionnelle, mais tout de même avec vigueur. Ils s'accordent pour dire que la construction européenne est une œuvre de paix initiée par deux des belligérants de la Deuxième Guerre mondiale, la France et l'Allemagne. Pour certains, ce n'est pas chose évidente.

Ainsi, Catherine Trautmann, née en 1951 à Strasbourg, se rappelle d'un ressentiment envers l'Allemagne :

> J'avais hérité, comme enfant d'après-guerre, d'un certain ressentiment, par rapport au fait que comme mon père était résistant... S'il avait été déporté, il ne serait pas revenu et cela je le savais pertinemment. Donc, pour moi, les Allemands étaient restés des ennemis. Et dans la famille de ma grand-mère qui s'était divisée en deux, la moitié pour les Allemands, la moitié francophile, c'était un problème. Donc moi, je suis née dans ce contexte difficile pour une partie de ma famille alsacienne.

Mais c'est dans ce contexte que la construction européenne peut apparaître comme une solution pour la paix en Europe, C. Trautmann le confirme :

> Mon père s'était pourtant battu pour qu'après la guerre vienne la paix. Il m'avait même emmenée sur le chantier du Conseil de l'Europe pour m'expliquer que c'est là que cela allait se passer. Et j'ai ainsi commencé très vite à comprendre qu'il y avait là autre chose. Il y avait des drapeaux, j'ai vu que cela correspondait à des pays différents. Cela m'a beaucoup intéressée, à la fois comme solution, mais aussi comme projet.

En Alsace, la mémoire des guerres franco-allemandes depuis 1870, et tout particulièrement de la Deuxième Guerre mondiale, a été particulièrement douloureuse. C'est une région tiraillée et traumatisée par les annexions tantôt des Allemands, tantôt des Français, et Jean-Paul Heider, né à Strasbourg en 1939, le rappelle à l'exemple de sa propre histoire familiale :

> Vous savez, les gens de ma génération ont vécu pas mal de choses, et quand nos parents ou nos grands-parents nous parlaient de ce qu'ils avaient vécu, l'avènement de l'Europe était un signe très fort pour la paix. Puisque, comme vous le savez, l'Alsace est une région qui a tantôt été allemande, tantôt française. Moi-même, je suis né Français. Je m'appelais Jean-Paul. Un an après, j'étais Allemand et je m'appelais Hans-Paul, et cinq ans après je me suis de nouveau retrouvé Jean-Paul, sans parler un mot de français. Pour mes parents, c'était pire, puisqu'ils sont nés avant 1900. Ils ont fait l'école allemande, et en 1918 ils ont choisi la nationalité française sans parler un mot de français. Et, si on remonte plus loin, mes grands-parents ont changé cinq fois de nationalité.

Il en est de même pour Marcel Spisser, qui souligne : « étant né en 1939, pour moi la construction européenne, c'est d'abord ne plus se faire la guerre entre Européens ». Il lie immédiatement cette idée à la construction européenne, en soulignant que « c'était un peu l'esprit de Schuman lorsqu'il a créé la Communauté européenne du charbon et de l'acier, la première sensibilité de l'Europe ». En même temps, il fait aussi le lien à son histoire familiale :

> Mon père était toujours pour la réconciliation européenne à une époque où, en Alsace, beaucoup de gens en voulaient toujours aux « Boches ». J'avais un copain qui avait une tante à Kehl et à dix-sept ans, il n'avait toujours pas le droit d'aller à Kehl la voir. Elle avait le droit de venir, mais il n'était pas question pour ses parents que leur fils aille en Allemagne, traverse le pont du Rhin. C'est pour dire l'ambiance de l'époque... Aujourd'hui, on a de la peine à le comprendre. Je suis donc né là-dedans. Par conséquent, l'Europe pour moi, c'était d'abord ne plus se faire la guerre entre Européens.

Toutefois, pour quelques-uns, l'objectif de maintien de paix a déjà été accompli et la construction européenne peut donc être qualifiée de succès. C'est le cas de Paul Collowald, né en 1923 à Wissembourg, qui fait référence au projet du Jardin des

Deux Rives entre Strasbourg et Kehl, qu'il voit comme un symbole de la réussite du projet d'Europe de la paix :

> La paix ! Ben oui, vous pouvez traverser le Rhin sans problème. J'ai lu dans les *Dernières Nouvelles d'Alsace* qu'il y a eu une manifestation culturelle aux Deux Rives, eh bien, pour moi, ces deux rives c'est une image. C'est le Rhin. Le Rhin, il a été chanté par les poètes ! Mais ce que moi j'ai vécu, dans ma jeunesse, ce Rhin, chanté par les poètes… vous ne savez même plus ce que cela veut dire, la ligne Maginot et la ligne Siegfried ! Savez-vous ce que ça veut dire, ça ? C'étaient les deux lignes des forteresses, avec les canons ! Voilà ce qu'étaient les deux rives de mon temps ! Ce qui fait, je me dis que, quand même, on a fait des progrès ! Vous voyez ? [Aujourd'hui], jamais vous ne penseriez à des forteresses et à des canons !

C'est aussi le cas de Jean-Marie Woehrling, né à Mulhouse en 1947, et de Michel Krieger, né en 1944 à Obernai, qui estiment même que cet objectif de paix n'est aujourd'hui plus une priorité, car la paix est maintenant une chose acquise depuis plus de 70 ans : « Je pense qu'effectivement, ça a été une des toutes premières aspirations », affirme Michel Krieger ; et Jean-Marie Woehrling ponctue : « l'Europe se doit désormais de progresser sur des aspects plus techniques et plus actuels de la coopération, d'avoir une vision plus ambitieuse ».

Les deux témoins suisse et belge avancent également l'importance de l'œuvre de paix, comme le souligne Karl-Heinz Lambertz, originaire de la Communauté germanophone de Belgique : pour lui, les trois mots-clés qui caractérisent l'Europe sont « la paix, la prospérité et la solidarité ». L'idée européenne est née d'une leçon tirée déjà de la Première Guerre mondiale, à savoir que l'Europe ne peut se développer que si les guerres et conflits sont remplacés par une construction commune de l'Europe à l'avenir.

> Eine Lehre aus dem zweiten und sicher auch aus dem ersten Weltkrieg auf dem europäischen Kontinent. Der Kontinent kann sich nur entwickeln, wenn an die Stelle der kriegerischen Auseinandersetzungen eine gemeinsame Zukunftsgestaltung tritt.

En tant que Suisse, Hans-Martin Tschudi ne fait pas partie de l'UE et cette œuvre de paix n'est pour lui pas nécessairement liée à la Communauté européenne, car l'Europe est une diversité de nations et de cultures, mais aussi un contrat pour la paix : « Europa ist eine große Vielfalt der Nationen und der Kulturen, aber auch ein Friedenspakt ». À ce titre, il s'agit d'un objectif général pour tous les Européens, aussi pour ceux qui ne font pas partie de l'UE.

L'analyse des témoignages d'un point de vue historique montre donc que la convergence sur l'objectif du maintien de la paix est une constante qui peut être retracée jusqu'aux origines mêmes de l'idée européenne au XIXe siècle. Lorsque les témoins sont interrogés sur leur définition de l'unification européenne, on peut en revanche relever une diversité d'approches qui évoque celle des multiples projets pour l'Europe unie proposés dans la période de l'entre-deux guerres.

2. La définition de l'unification européenne : une diversité d'approches comparables à la période de l'entre-deux guerres

L'historiographie des différents projets d'unification européenne de la période de l'entre-deux guerres est abondante[4]. Les projets se différencient autant par rapport à la question « quelle Europe ? » que par rapport à celle « comment faire l'Europe ». Certains d'entre eux privilégient l'Europe culturelle, d'autres l'Europe économique, d'autres encore l'Europe politique[5]. Cette différenciation entre une Europe culturelle, économique et politique peut également être constatée chez les grands témoins.

2.1. L'Europe culturelle

L'idée de l'Europe culturelle chez les intellectuels des années 1920 s'appuie principalement sur la conviction que l'Europe n'est pas seulement un espace géographique, mais que c'est la civilisation européenne qui constitue la base de toute unité européenne. La culture européenne commune serait fondée, selon la plupart des penseurs, surtout sur l'héritage gréco-romain, mais aussi sur le christianisme et les valeurs humanistes de la Renaissance. Les écrits de Paul Valéry en 1924 vont en ce sens, tout comme les œuvres d'un certain nombre d'écrivains allemands, telles *Der Europäer* de Heinrich Mann, *Die Idee Europa* de Hugo von Hofmannsthaln ou encore les réflexions du philosophe espagnol Ortega y Gasset[6]. Ces écrits convergent sur l'idée que la seule possibilité de relever l'Europe après l'expérience désastreuse de la Première Guerre mondiale, d'éviter, comme l'exprime Oswald Spengler, le déclin de l'Occident[7], consisterait à s'appuyer sur cette culture commune partagée. Une grande partie des témoins interrogés identifie en effet l'unification européenne à un projet rassemblé autour d'une culture et une civilisation communes et autour d'une défense de valeurs humanistes de l'Europe.

---

4   À titre d'exemple, cf. Girault René, Bossuat Gérard (dir.), *L'Europe des Européens*, Paris, Publications de la Sorbonne, 1993 ; Bossuat Gérard, *Les fondateurs de l'Europe*, Paris, Belin, 1994 ; Girault René (dir.), *Identité et conscience européenne au XXe siècle*, Paris, Hachette, 1994 ; Du Réau Élisabeth, *L'idée d'Europe au XXe siècle*, Bruxelles, Complexe, 1996 ; Frank Robert, *Les identités en Europe au XXe siècle : convergences, diversité et solidarités*, Paris, Publications de la Sorbonne, 2004 ; Chabot Jean-Luc, *Aux origines intellectuelles de l'Union européenne. L'idée d'Europe unie de 1919 à 1939*, Grenoble, Presses universitaires de Grenoble, 2005.
5   Sur la période de l'Entre-deux-guerres et les différentes approches culturelle, économique et politique, cf. Schirmann Sylvain, *Quel ordre européen ? De Versailles à la chute du IIIe Reich*, Paris, Armand Colin, 2006, particulièrement p. 70–116.
6   Valéry Paul, « La crise de l'esprit », in : *Variété. Essais quasi politiques*, Paris, Gallimard, 1957 ; Ortega y Gasset José, *La révolte des masses,* Paris, Éditions Stock, 1961.
7   Spengler Oswald, *Le déclin de l'Occident*, Paris, Gallimard, 1931.

Pierre Kretz, écrivain alsacien, lie d'emblée la définition de l'Europe à une histoire commune, marquée par un patrimoine culturel et intellectuel, et il envisage l'unification européenne comme une « unité spirituelle » :

> L'histoire européenne est passionnante, du point de vue culturel, du point de vue des idées. Voir quelle unité spirituelle on peut tirer de là, c'est quelque chose de formidable, du point de vue de l'histoire, de la culture, de l'histoire des langues, des idées. Cette richesse que l'on a, les échanges en Europe, malgré les nationalismes, c'est quelque chose de formidable. Cela va puiser dans l'histoire : le fait, par exemple, que tous les intellectuels allemands allaient pendant des siècles en Italie pour se nourrir de la culture latine, le fait que les intellectuels, malgré les guerres, maintenaient toujours des échanges entre eux.

De même, pour Catherine Trautmann, ancienne Maire de Strasbourg et députée européenne, la construction européenne « n'est pas un projet uniquement matériel, c'est aussi un projet politique, au sens où la politique est une forme de civilisation et de culture ». Elle place ainsi l'économique et le politique au service de la culture. Jean Hurstel, ancien directeur du Centre européen de la jeune création à Strasbourg, va même plus loin car, pour lui, l'Europe s'apparente à un véritable « espace culturel » :

> Je suis très sensible aux aspects culturels donc c'est une possibilité d'échange tout à fait intéressante, d'ouverture tout simplement, au-delà de la nation justement, et c'est un espace naturel pour nous. On ne peut plus réagir uniquement en fonction d'un pays, mais en fonction d'un espace naturel qui s'appelle l'Europe, mais pas d'un point de vue politique, d'un point de vue géographique. C'est un espace.

Globalement, les témoins placent la culture au cœur de la définition de la construction européenne, comme par exemple Jean-Marie Woehrling, ancien magistrat et Secrétaire général de la Commission centrale pour la navigation sur le Rhin : « L'Europe, c'est d'abord une tradition, une culture, un certain nombre de valeurs ». Il souligne aussi à plusieurs reprises que les Européens partagent « une même conception de ce qui est public, commun, de l'intérêt général » : la « *res publica* » (la chose publique), héritage d'une appartenance commune à l'Empire romain.

Mais la définition culturelle de l'Europe n'est pas forcément basée sur le critère de l'homogénéité. Ainsi, Karl von Wogau, ancien parlementaire européen, et Jean-Marie Woehrling s'accordent tous deux pour affirmer qu'il existe une civilisation européenne, une seule Europe qui « a des expressions différentes » et « différents visages, différents niveaux », c'est-à-dire qu'elle comprend à la fois l'Europe géographique, l'Europe culturelle, l'Europe économique, l'Europe juridique ou encore l'Europe institutionnelle. Michel Krieger, artiste et peintre alsacien, souligne d'ailleurs qu'il y a « une Europe » mais qu'il faut d'abord la « définir à travers les spécificités des uns et des autres » pour « voir de quelle manière les dialogues et l'ouverture peuvent se concrétiser », dans la logique-même de la devise européenne « unie dans la diversité ». Sa vision ne se limite donc pas à celle d'une culture commune, d'un passé commun. Dans la définition qu'il donne, il y a l'idée d'une multi-dimensionnalité et d'une pluralité de l'Europe culturelle, idée que l'on retrouve d'ailleurs dans les traités fondateurs de la Communauté européenne en 1957.

2.2. L'Europe économique

L'idée de l'Europe économique est également défendue par de nombreux européistes dans la période de l'entre-deux-guerres. La libéralisation des échanges, un système de préférences économiques, un marché commun, une union ou au moins une trêve douanière, des ententes économiques, la cartellisation, voire un système monétaire européen sont autant de projets discutés tout au long des années 1920, jusqu'en 1929, lorsque la crise économique freine considérablement ces efforts. Les différents projets répondent d'abord à la nécessité de reconstruire l'Europe économiquement après la guerre, ce qui suppose aussi de repenser les pratiques économiques marquées par le protectionnisme et le dirigisme. John Maynard Keynes dénonce le premier ces pratiques dans son ouvrage *Les conséquences économiques de la paix* publié en 1919. Mais les méthodes proposées pour atteindre cet objectif divergent. Ainsi, le Luxembourgeois Émile Mayrisch mise sur une coopération entre les milieux économiques – et en particulier franco-allemands – qu'il développe en organisant des rencontres régulières dans son château de Colpach[8]. Un des résultats concrets est la mise en place d'ententes économiques : le premier cartel pour l'acier est effectivement créé en 1926. D'autres souhaitent la création d'une union douanière, comme le Comité français de l'Union douanière européenne (UDE), présidé par l'économiste Charles Gide, qui se constitue en 1927. L'élément fédérateur de ces initiatives vient du fait qu'elles placent l'Europe économique en priorité devant l'Europe politique.

Pour nos grands témoins, l'approche de l'Europe économique est un peu différente. Car la construction économique a progressé depuis la mise en place de la CECA en 1952 : il y a eu la réalisation d'un Marché commun, donc d'une union douanière, entre les six États fondateurs de la CEE en 1962, celle d'un Marché unique avec la libre circulation des biens, des personnes, des capitaux et des services en 1992, et celle d'une unification monétaire avec l'introduction d'une monnaie commune, l'euro, en 2002. Pour beaucoup de nos grands témoins, l'Europe économique est donc une réalité, qu'ils évaluent soit comme un succès, soit, dans le contexte de la crise économique qui secoue l'Europe depuis 2008, comme un échec.

Parmi les éléments de la construction européenne, incontestablement, l'euro est considéré comme un succès, même si l'introduction de cette monnaie a été associée à une augmentation des prix. Lucienne Schmitt affirme par exemple que « la monnaie unique est une bonne chose en soi », qu'elle « rapproche et facilite l'intégration », mais qu'il faut « un contrôle très rigoureux ». Elle illustre les

---

8 Bussière Éric, Dumoulin Michel (dir.), *Milieux économiques et intégration européenne en Europe occidentale au XXe siècle,* Arras, Artois Presses Université, 1998.

risques de cette unification monétaire par une comparaison intéressante du temps de l'occupation allemande lors de la Deuxième Guerre mondiale :

> Quand les Allemands en 1940 sont entrés en Alsace, impressionnants avec leurs uniformes impeccables et leurs bottes brillantes, et qu'ils entraient dans nos magasins, ils étaient éblouis par tout ce qu'ils trouvaient encore chez nous, qui ne se trouvait plus à l'époque en Allemagne, et les commerçants leur changeaient les Marks : 1 franc contre 1 Mark, ce qui n'était pas du tout le taux de change légal, mais ils ne protestaient pas. [...] Je pense que le commerce a eu un comportement similaire quand on a passé du franc à l'euro, peut-être pas dans tous les pays, mais il y a des cas assez manifestes d'augmentations.

Pour Jean-Paul-Heider, l'euro est même le symbole d'une unité plus profonde : « l'euro est quand même un lien très fort, de sentiment d'union. Et quand vous regardez les billets de banque, ceux qui ont conçu le sigle "euro" ont fait en sorte que, dans toutes les langues, celui-ci s'écrive de la même façon ».

L'Europe économique est aussi un moyen pour faire face à la mondialisation et pour placer l'Europe dans une position compétitive forte par rapport à d'autres puissances dans le monde, comme l'explique Klaus Schumann :

> Aujourd'hui, l'Europe doit se faire son identité, son unité afin qu'elle puisse jouer son rôle dans le monde pour devenir un de ces nouveaux pôles. Parce que, pour le moment, les pôles restent de loin les États-Unis évidemment, mais il y a aussi la Chine, et un pays comme l'Inde, avec plus d'un milliard d'habitants, a du potentiel. L'Europe, en dehors de la nécessité d'avoir une politique commune dans le domaine économique, monétaire, des finances, etc., doit être harmonisée pour arriver à cela.

Klaus Schumann appelle à approfondir l'intégration économique, à harmoniser davantage, un appel qu'Ulrich Bohner, ancien Secrétaire général au Congrès des pouvoirs locaux et régionaux au Conseil de l'Europe appuie, en réclamant « plus d'Europe », dans le sens d'une meilleure gouvernance européenne des politiques économiques et monétaires :

> Comme le disait en son temps François Mitterrand : « Ce n'est pas qu'on a un trop d'Europe, c'est qu'on n'a pas assez d'Europe », qu'il faut donc aller de l'avant pour créer des institutions européennes au-dessus des États membres, qui puissent assurer une gouvernance européenne notamment dans le domaine économique et social, qui est le domaine qui sous-tend la création par exemple d'une monnaie unique, l'euro.

Certains témoins constatent que la crise économique n'a pas seulement affaibli l'Europe économique, mais qu'elle remet aussi en cause le principe de solidarité européenne. Marcel Spisser, ancien professeur d'histoire-géographie en Alsace, qui pense que « le dernier grand moment européen, c'était la création de l'euro », regrette d'autant plus que : « Essentiellement, quand il y a une crise économique, les nations redeviennent plus égoïstes. Il y a un peu le chacun pour soi ». Selon lui, l'Europe économique n'est qu'un début pour arriver à une Europe plus humaniste, donc l'économie serait un moyen pour arriver à une intégration des peuples.

> Quand j'ai grandi, j'étais adepte de l'Union économique. Je trouvais d'ailleurs que cela n'allait pas assez vite. À l'époque, c'était en effet essentiellement une Europe économique : on voulait faire l'Europe par le marché commun. Progressivement, en étant enseignant et en ayant des contacts avec des professeurs allemands, je suis arrivé à l'idée que l'Europe se for-

mait sur les bancs de l'école, qu'il fallait d'abord commencer par rencontrer des étudiants et des élèves d'autres pays afin de voir ce qu'on pouvait faire ensemble. Ainsi, progressivement, ma vision de l'Europe s'élargissait.

Pour d'autres, la crise économique est révélatrice d'un processus de construction européenne trop axé sur l'intégration économique. Il y a donc un certain rejet de cette Europe des finances, de l'euro, de l'économie. Michel Hoeffel, pasteur et ancien vice-président de la Fédération protestante de France, affirme ainsi que « l'Europe s'est […] trop axée sur les notions de marché commun, de bien être, de l'euro, etc. ». Sur la même ligne de pensée, Jean Hurstel déplore que « l'Europe est devenue victime de l'austérité plutôt que le signe de la croissance et du partage ». Il pense par exemple que la décision européenne, après la crise économique mondiale de 2007–2008, de confier le remboursement des dettes au secteur privé bancaire a été « une terrible réponse à une vraie question » et finit par s'exclamer : « C'est l'Europe néo-libérale, ça ne fonctionne pas ».

D'autres encore utilisent la crise de l'euro comme un moyen d'analyser le concept d'Europe économique et de l'amender, notamment en y ajoutant un volet social. Ainsi, Karl-Heinz Lambertz, ancien président du Comité des régions, est-il convaincu de la nécessité d'une plus grande cohésion pour pallier les injustices sociales. Selon lui, il faut plus d'intégration européenne pour une meilleure distribution des richesses en Europe :

> Wenn man sich dann auch noch die Ungleichheit bei der Verteilung von Reichtümern ansieht und viele Menschen mit zwei Dollar oder weniger pro Tag auskommen müssen, dann läuft in dieser Welt etwas fundamental schief. Und wenn wir daran etwas ändern wollen, dann brauchen wir auf jeden Fall ein starkes Europa, das sich diese Veränderungen mit auf die Fahnen schreibt.

La crise de l'euro n'est donc pas tant une remise en question du principe de la monnaie unique, elle est symptomatique d'un manque de coordination et d'un cadre dans lequel cette monnaie pourrait fonctionner correctement. Selon Karl-Heinz Lambertz, ce cadre nécessite une intégration européenne plus poussée aussi dans le domaine fiscal, par exemple.

> Die Eurokrise ist eine sehr komplexe Angelegenheit. Sie ist auf jeden Fall bezeichnend dafür, was schiefläuft. Das Thema Euro hat von Anfang an auf wackeligen Füßen gestanden, aber es war ein wichtiger Fortschritt. Es hätten viel schneller weitere wirtschaftliche Integrationen stattfinden müssen. Auch im Bereich der Fiskal- und Abgabenpolitik müssen gewisse Rahmenbedingungen geschaffen werden, wenn man mit einer gemeinsamen, starken Währung arbeiten will. Der Euro an sich ist nicht die Schwäche. Die Schwäche sind die Rahmenbedingungen.

Enfin, pour Karl von Wogau, l'intégration économique précède l'intégration politique ; elle est donc un moyen pour atteindre l'objectif d'une union politique de l'Europe. L'ancien l'eurodéputé reprend la position déjà adoptée au début des années 1990 par le chancelier Helmut Kohl, dans le cadre des négociations sur l'union politique lors de la Conférence intergouvernementale à Maastricht : « Nous autres Allemands, nous sommes prêts à aller dans la direction de la monnaie mais en même temps il faut faire une union politique ». Il est intéressant de noter que Karl von Wogau adopte une position nationale lors de l'entretien qui est mené au moment de la crise économique de 2012, comme pour souligner la légitimité de l'Allemagne à assumer le rôle de chef de file du mouvement « unioniste », traitant d'une main de fer avec ses partenaires pour démontrer que l'union politique est la seule voie possible pour une sortie de crise économique : « L'union monétaire, on l'a faite ; l'union politique n'est pas encore là », affirme-t-il.

2.3. L'Europe politique

L'union politique est également une des préoccupations des grands témoins. Ils sont pour la plupart des Européens convaincus et souhaitent une forme de construction politique pour l'Europe qui dépasse le cadre de la coopération intergouvernementale. Mais l'opposition entre l'Europe supranationale et l'Europe des États, qui a déjà fait l'objet de nombreuses discussions pendant l'entre-deux guerres, est toujours présente dans la réflexion sur l'Europe politique.

Lorsqu'on regarde l'histoire de l'idée européenne, les projets d'unification politique de la période de l'entre-deux-guerres sont très nombreux et de nature différente. Le premier et le plus célèbre est sans doute celui de la *Pan Europe* proposé en 1922 par le comte Richard de Coudenhove-Kalergi[9]. Pour lui, l'Union paneuropéenne s'insère parmi quatre autres empires : la Pan Amérique, l'Union soviétique, l'Empire Britannique et la Pan Asie. Il envisage ainsi l'Union européenne sans participation du Royaume-Uni et de la Russie. Moins médiatisée, une deuxième proposition est lancée presqu'en même temps par le Danois Hans Christian Heerfordt[10]. Son « initiative scandinave » de 1924 prévoit la création d'une fédération européenne avec des institutions supranationales fortes dès le départ. Or, les « États-Unis des nations européennes » de Heerfordt ne correspondent pas à une approche géographique de l'Europe, mais englobent tous ceux qui appartiennent à la civilisation européenne. Il veut une Europe politique fondée sur l'Europe culturelle.

La question de savoir qui ferait partie de l'Europe politique unie divise effectivement déjà largement les européistes de l'époque. Il y a la vision universaliste, non-géographique, qui s'oppose aux projets fondés sur l'idée d'une Europe continentale avec un noyau fort franco-allemand. Ainsi, en 1929, le discours du ministre des Affaires étrangères français, Aristide Briand, devant l'Assemblée générale de la SDN, en faveur de l'instauration d'une sorte de « lien fédéral » entre les peuples européens, va plutôt dans le sens d'une coopération européenne fondée sur un rapprochement franco-allemand[11]. Globalement, les européistes de cette période ne sont pas d'accord sur la méthode d'intégration européenne : faut-il

---

9   Coudenhove-Kalergi Richard, *Paneurope*, Paris, Presses universitaires de France, 1988.
10 Heerfordt Hans Christian, *L'Europe nouvelle I*, Copenhague, 1924, Paris, 1926.
11 Keller Odile, Jilek Lubor (dir.), *Le plan Briand d'union fédérale européenne*, Genève, Fondation des archives européennes, 1991.

d'abord une confédération et ensuite une fédération ? Faut-il des structures supranationales ou une coopération intergouvernementale entre les États ? Les intergouvernementalistes souhaitent utiliser les structures existantes, comme le proposent les membres de la SDN. Mais plus tard, pendant la guerre, les mouvements de résistance sont plus fédéralistes. En 1941, le manifeste de Ventotene *Pour une Europe libre et unie*, rédigé par Altiero Spinelli et Ernesto Rossi, et le livre du socialiste français Léon Blum plaident par exemple pour une fédération européenne qui protège les valeurs fondamentales, la démocratie, la justice sociale et les droits de l'Homme, et dans laquelle la souveraineté des États doit être limitée[12]. En 2012, malgré l'existence de l'UE et après plus de 60 ans de construction européenne, ce tiraillement entre une Europe fédérale et une Europe intergouvernementale se fait encore ressentir dans les approches à l'Union politique développées par nos grands témoins.

Ainsi, Hans-Christian Krüger proclame d'emblée qu'il voit cette Europe comme une fédération et que c'est ce que beaucoup d'Allemands pensent : « Ich sehe die Europäische Union als eine Art staatliches Gebilde. Für mich ist das eine – Ich sage Ihnen ganz offen, was ich denke, aber das denken viele Deutsche –, eine Art von Föderation ». De son côté, Catherine Trautmann n'hésite pas à évoquer l'éventualité d'une Europe avec une souveraineté « partagée » qu'il faudrait envisager à l'avenir :

> En conséquence, on est aujourd'hui à un moment où tout le monde est en train de constater qu'il faut opérer des choix, et que ces choix touchent la question de la souveraineté. La souveraineté nationale, la souveraineté européenne. Jacques Delors me disait – moi je suis sur cette thèse et j'essaye de la traduire dans la coopération avec les parlements nationaux – : « Je pense que nous devons construire une souveraineté partagée, cela se construit, une souveraineté partagée ». Cela ne se décrète pas. Il faut évidemment l'établir, il faut le justifier par la loi.

Elle exprime aussi un certain scepticisme, voire une déception, car elle constate que le projet écarté de la Constitution européenne de 2004 est une occasion manquée sur la voie de cette souveraineté partagée : « Si on avait pu le faire par une constitution, c'aurait été plus facile. On avait au fond la règle de base à laquelle il fallait se conformer. Maintenant, c'est plus compliqué ». Jean Hurstel traduit également une attitude fédéraliste envers l'Europe politique, en critiquant le fonctionnement des institutions communautaires qui ne ressemble pas (encore) à celui d'un État : « Vous connaissez bien le problème européen. Vous avez un Parlement, une Commission, un Conseil des ministres. La Commission n'est pas élue. L'autre, c'est une Europe des nations avec le Conseil des ministres. Et le Parlement, bon, il essaye de faire son travail entre les deux ». Il regrette donc que l'Europe se trouve encore au stade de la coopération intergouvernementale : « On est dans une Europe des nations encore, on est à mi-chemin entre l'Europe fédérale, une vraie démocratie européenne, et une [Europe] des nations. Il faudra déci-

---

12 Hersant Yves, Burand-Bogaert Fabienne, *Europe. De l'Antiquité au XXe siècle. Anthologie critique et commentée*, Paris, Robert Laffont, 2000.

der un jour ou l'autre si on va vers la fédération ou l'Europe des nations ». Son intervention illustre bien ce tiraillement entre l'Europe fédérale et l'Europe des États, qui, depuis la période de l'entre-deux guerres, n'est pas résolu.

Pourtant, Paul Collowald rappelle que l'objectif de la fédération avait été inscrit dès le départ dans le processus d'intégration européenne, à partir de la déclaration Schuman du 9 mai 1950 qui comporte « par deux fois [...] le mot de "Fédération européenne" ». Il ajoute que la CECA incarne également l'idée de la supranationalité : « Vous avez un aspect institutionnel, cela n'existait nulle part ailleurs, avec la Haute Autorité de la CECA, dose de supranationalité. Donc, le 9 mai, c'était à la fois une vision, un texte, et une volonté politique ». En affirmant que, pour lui, « la construction européenne, c'est cela ! », il regrette par la suite que l'UE n'est pas (encore) devenue une fédération, qu'elle est « unijambiste » car, si la Banque centrale européenne est indépendante, elle ne s'insère pas dans une Union politique fédérale.

> Et nous n'avons pas encore de constitution. Nous ne sommes pas encore dans une fédération européenne, même si la Banque centrale de Francfort est un produit quasi-fédéral. Produit déséquilibré, puisque la Banque centrale n'est pas dans une fédération, elle est la Banque centrale dite « indépendante », dans un dispositif bancal. Bancal – vous voyez ce que cela veut dire ? On est actuellement, du point de vue institutionnel, une Europe handicapée. Un peu unijambiste.

Pour Karl von Wogau, l'Union politique dépend surtout de la puissance politique de l'UE : « Je crois que l'union politique, c'est la politique étrangère et de sécurité commune, c'est ça que les pères de l'Europe voulaient en 1952 et en 1954, commencer par la sécurité extérieure, parce que le but principal de l'Union européenne ce n'est pas l'économie, c'est la paix ». Il établit ainsi un lien fonctionnel étroit entre l'union économique, l'union politique et le maintien de la paix.

À côté de ces témoins à conviction fédéraliste, il y a aussi des voix plus sceptiques quant à l'objectif d'une union politique fédérale. Ainsi, Hans-Martin Tschudi défend le point de vue suisse, celui d'une méfiance face à une Europe intégrée, dans laquelle toute compétence sera transférée au niveau central, à Bruxelles. Cette idée d'un centralisme fédéral serait la motivation principale pour les Suisses d'avoir une image plutôt négative de l'UE.

> Zurzeit finden Sie aber keine Mehrheit in der Schweiz für eine weitere Annäherung an Europa, weil die Menschen, die hier leben eher ein negatives Bild Europas haben. Sie erleben die 28 Regierungschefs, die sich nicht einigen können. Die Angst vor der EU kommt auch daher, dass immer mehr vergemeinschaftlicht werden soll. Erst die Eurozone, dann die geplante Bankenüberwachung, die Gemeinsame Außen- und Sicherheitspolitik (GASP) usw. Brüssel wird immer zentraler und das ist für einen Schweizer schwierig.

Sans s'y rallier, Anne Sforza défend, de son côté, le constat que l'Europe ressemble plus à une Europe des États qu'à une Europe sur le chemin vers une fédération : « Les États qui sont dans l'Union, pour beaucoup, leurs premières prérogatives sont leurs intérêts nationaux. Ils n'ont plus vraiment conscience qu'ils doivent travailler pour une unité européenne ». En précisant qu'elle ne préconise pas une « Europe des États », elle souligne néanmoins que « pour le moment, on ne peut pas les contourner » et qu'on est très loin d'une Europe des peuples : « Regardez un petit peu : lorsque vous voyez M. Barroso en train de faire ses commentaires, qu'est-ce qui compte, pour lui ? C'est d'avoir une entente entre les différents États, pour l'instant. Ce n'est pas ce dont je rêve ! Mais on est loin d'une union des peuples ».

Par rapport à l'opposition entre ces deux approches de l'Union politique, celle d'une Europe intergouvernementale d'un côté et celle d'une fédération de l'autre, Ulrich Bohner nous livre une analyse intéressante. Il rappelle le concept d'une Europe à plusieurs vitesses, dans laquelle les États participent à différents types de coopération, à différents degrés d'intégration :

> Je crois qu'il y a un débat assez large en ce moment en Europe pour dire que peut-être certains pays vont avancer plus vite ensemble que d'autres, et que donc les réalités vont se modifier. On a déjà aujourd'hui des réalités juridiques différentes. Vous avez les pays qui sont membres de l'espace Schengen, vous en avez d'autres membres de l'Union européenne qui ne le sont pas. Par contre, vous avez des pays qui ne sont pas membres de l'Union européenne, tels que la Norvège, la Suisse ou l'Islande et qui sont quand même membres de l'espace Schengen. L'euro, tout le monde n'a pas voulu participer à cette aventure, donc là aussi le nombre de pays est différent. Donc, il se peut que ces différences structurelles – qui n'étaient pas en tant que telles prévues au départ dans le traité de l'Union européenne – trouveront peut-être aussi une consécration dans des traités qui permettront à certains pays d'avoir une union un peu plus étroite que celle que nous avons en ce moment entre les [...] États membres de l'Union européenne.

Ulrich Bohner conclut : une Europe « à géométrie variable, à plusieurs vitesses, cela me semble être quelque chose que l'on peut très bien imaginer, à condition toutefois que cela reste ouvert et que quelqu'un qui dise aujourd'hui : "non, je ne veux pas m'engager" pourrait en faire partie demain ou dans trois ans ou dans dix ans ». C'est une conclusion qui dépasse largement le cadre des réflexions de la période de l'entre-deux guerres, où les différents projets d'unification européenne se trouvent souvent en concurrence et où il n'est pas prévu de pouvoir évoluer d'une approche de l'unification vers une autre. L'Europe à plusieurs vitesses ou à géométrie variable est donc plutôt une vision qui s'insère dans le contexte de l'après-1945, quand la construction européenne est en train d'être réalisée et quand plusieurs types d'organisations européennes – concurrentes et/ou complémentaires – sont mises en place.

3. La réalité de la construction européenne après 1945

La mémoire des grands témoins sur le processus de construction européenne concerne principalement la période de l'intégration européenne après la Deuxième Guerre mondiale. C'est notamment l'histoire de la réalisation des idées d'unification européenne qui se matérialise par la mise en place d'organisations européennes. Elle s'intègre dans un processus de construction européenne qui commence rapidement après 1945 dans un contexte de guerre froide[13].

Ce sont les projets d'organisation économique européenne qui aboutissent en premier[14]. En juin 1947, les États-Unis lancent le plan Marshall pour la reconstruction économique de l'Europe. À la suite de cette proposition, la première organisation européenne, l'Organisation européenne de coopération économique (OECE), est créée le 16 avril 1948. L'objectif est d'assurer que les Européens coopèrent pour la répartition et la gestion de l'aide américaine. Parallèlement, l'Europe militaire se met en place après le coup de Prague de février 1948, qui permet aux communistes de prendre le pouvoir en Tchécoslovaquie. La division de l'Europe est faite et, pour se protéger, cinq États d'Europe de l'Ouest[15] signent le Pacte de Bruxelles, le 17 mars 1948. Un an plus tard, le 4 avril 1949, l'Europe occidentale se lie militairement aux États-Unis : l'Alliance atlantique constitue la base de l'Organisation du traité de l'Atlantique nord (OTAN), mise en place en 1950.

Mais ce sont surtout les deux organisations européennes qui se trouvent au cœur des témoignages des personnalités de l'espace frontalier alsacien : d'une part, le Conseil de l'Europe, dont la création par dix États membres fondateurs intervient un mois après la constitution de cette Europe « atlantique », le 5 mai 1949[16]. Puis, d'autre part, l'Europe communautaire, lancée à peine un an après la mise en place du Conseil de l'Europe à Strasbourg, le 9 mai 1950, lorsque Robert Schuman fait une déclaration pour la création d'un pool du charbon et de l'acier, qui sera réalisé avec le traité de Paris instaurant la CECA le 18 avril 1951. Cette Europe des Six, constituée sur la base d'une intégration autour du noyau franco-allemand[17], crée la Communauté économique européenne (CEE) en 1957 et se transforme en Union européenne (UE) en 1992.

Alors que l'histoire de ces deux organisations européennes s'insère dans l'histoire d'un certain nombre d'autres organisations européennes et atlantiques – l'OECE en 1948, l'OTAN en 1950, puis l'Union européenne occidentale (UEO) en 1954 et l'Association européenne de libre-échange (AELE) en 1960 –, les témoins rencontrés restent largement focalisés sur le Conseil de l'Europe et sur l'Europe communautaire. C'est sans doute parce que l'histoire de la construction européenne est marquée par la relation qui s'établira entre le Conseil de l'Europe, la « grande Europe » avec ses dix États membres fondateurs, et la CECA, la « pe-

---

13 Sur les débuts de la construction européenne, cf. Bitsch Marie-Thérèse, *Histoire de la construction européenne, op. cit.*, p. 34–42.
14 Les différentes organisations européennes sont décrites plus en détail dans : Fondation Jean Monnet pour l'Europe, *Formes d'Europe : de l'Union européenne et d'autres organisations*, Paris, Économica, 2018.
15 La France, le Royaume-Uni, l'Italie et les trois pays du Benelux.
16 La France, le Royaume-Uni, l'Italie, les trois pays du Benelux, la Suède, la Norvège, le Danemark et l'Irlande.
17 Il s'agit de la France, de l'Allemagne, de l'Italie et des pays du Benelux.

tite Europe » des Six[18]. Mais c'est aussi parce que ces deux organisations européennes sont implantées à Strasbourg, le Conseil de l'Europe avec son siège principal et l'UE avec le siège du Parlement européen, et qu'elles font donc partie de l'espace de vie de nos témoins.

3.1. Le Conseil de l'Europe

Le Conseil de l'Europe, domicilié à Strasbourg, est créé par un traité signé le 5 mai 1949, à Londres. C'est la première organisation européenne qui inscrit dans ses statuts l'objectif de « réaliser une union plus étroite entre ses membres »[19]. En 2008, il comporte 47 pays-membres européens, de « l'Atlantique à l'Oural », selon l'expression du Général De Gaulle. Les trois valeurs fondamentales sur lesquelles est fondée cette organisation européenne sont les droits de l'Homme, la démocratie et l'État de droit[20]. Ainsi, dès son origine, le Conseil de l'Europe affiche sa fonction de gardien de ces valeurs fondamentales en Europe.

Institutionnellement, le Conseil de l'Europe est une organisation intergouvernementale : il est doté d'un Comité des ministres, l'organe décisionnel, où siègent les délégués des gouvernements, et d'une Assemblée parlementaire « délibérante » composée de parlementaires nationaux des États-membres[21]. Cette architecture bicéphale est le résultat de divergences apparues au Congrès de La Haye, en mai 1948, entre la vision britannique d'une Europe intergouvernementale et celle, plus fédéraliste et majoritairement française, du mouvement européen[22]. Le champ d'action du Conseil de l'Europe est très vaste, mais très vite, les droits de l'Homme deviennent le champ d'action prioritaire : le 4 novembre 1950, la Convention européenne de protection des droits de l'Homme (CEDH) est signée à Rome[23]. Elle prévoit un mécanisme pour garantir leur protection, notamment par

---

18 Sur les relations entre ces deux organisations européennes, cf. Berrod Frédérique, Wassenberg Birte (dir.), *Les relations entre le Conseil de l'Europe et l'Union européenne. Complémentarité ou concurrence ?*, Cahier Fare, n° 10, Paris, L'Harmattan, 2016 ; Berrod Frédérique, Wassenberg Birte, *Les relations entre le Conseil de l'Europe et l'Union européenne de 1949 à nos jours. Vers un partenariat stratégique ?*, Strasbourg, Éditions du Conseil de l'Europe, 2019.
19 Sur les débuts de l'histoire du Conseil de l'Europe, cf. Bitsch Marie-Thérèse (dir.), *Jalons pour une histoire du Conseil de l'Europe*, Actes du Colloque de Strasbourg (8–10 juin 1995), Berne, Peter Lang, 1997.
20 Wassenberg Birte, *Histoire du Conseil de l'Europe (1949–2009)*, Bruxelles, Peter Lang, 2012.
21 Molinié Jacques, *Un exemple de coopération intergouvernementale : le Conseil de l'Europe*, Paris, Presses universitaires de France, 1972 ; Brummer Klaus, *Der Europarat. Eine Einführung*, Wiesbaden, Verlag für Sozialwissenschaften, 2008.
22 Guieu Jean-Michel, Le Dréau Christophe (dir.), *Le Congrès de l'Europe à La Haye (1948–2008)*, Bruxelles, Peter Lang, 2009.
23 Benoît-Rohmer Florence, Klebes Heinrich, *Le droit du Conseil de l'Europe. Vers un espace juridique européen*, Strasbourg, Conseil de l'Europe, 2005 ; Sudre Frédéric, *La Convention européenne des droits de l'Homme*, Paris, Presses universitaires de France, 2004.

la mise en place d'une Cour européenne des droits de l'Homme, instituée à Strasbourg en 1959 et transformée en Cour unique et permanente en 1998[24].

À la fin des années 1980, un autre rôle clé se dessine pour le Conseil de l'Europe : celui d'une organisation paneuropéenne, pouvant accueillir les pays de l'Europe centrale et orientale[25]. Effectivement, après la chute du Mur de Berlin le 9 novembre 1989, trois vagues d'élargissement se suivent rapidement. Entre 1990 et 1993, il accueille d'abord les pays de l'Europe centrale et orientale, puis les pays de l'ex-Union soviétique, dont notamment la Russie en 1996 et, à partir de 2000, le Conseil de l'Europe s'élargit aux pays des Balkans.

L'analyse de l'histoire de la construction européenne révèle une grande faiblesse du Conseil de l'Europe, à savoir sa marginalisation progressive par rapport à la CEE[26]. Celle-ci semble être plus attractive que le Conseil de l'Europe et, à partir des années 1960, elle prend de plus en plus d'ampleur, si bien que le Conseil de l'Europe est quelque peu mis dans l'ombre, voire oublié, tant par les spécialistes de la construction européenne que par l'opinion publique. En ce qui concerne nos grands témoins, deux constats ressortent. D'abord, ils voient pour la plupart le Conseil de l'Europe comme une organisation positive, notamment dans sa fonction de gardien des valeurs fondamentales européennes. Ensuite, ils voient la marginalisation par rapport à l'UE comme une erreur, ils la regrettent et souhaitent reconnaître une place plus importante du Conseil de l'Europe au sein de l'architecture européenne.

Une des raisons à cette attitude positive est que nos interlocuteurs ont pour beaucoup été amenés à travailler étroitement avec le Conseil de l'Europe à Strasbourg. Ce qui est essentiel pour eux, c'est que le Conseil de l'Europe a été la première organisation européenne qui a été mise en place en 1949 pour réaliser le rêve de l'unification européenne et qu'il a été une condition préalable à la création de l'UE. Hans-Christian Krüger, qui a été commissaire de la Commission européenne des droits de l'Homme et secrétaire général adjoint du Conseil de l'Europe, souligne ainsi que « le Conseil de l'Europe a été le père ou la mère, peut-être le grand-père ou la grand-mère de l'Union européenne » :

> Der Europarat ist Vater oder Mutter, vielleicht Großvater oder Großmutter der Europäischen Union. Daran besteht kein Zweifel. Er war der erste europäische Zusammenschluss von Staaten. Das war ein wichtiger Schritt, der 1947 begonnen hat und 1949 am 5. Mai seinen Abschluss fand. Der Europarat bildete insofern eine Plattform für den Zusammenschluss von den sechs Staaten, die die Europäische Gemeinschaft für Kohle und Stahl dann gegründet haben.

---

24 Conseil de l'Europe, *La Cour européenne des droits de l'Homme*, Strasbourg, Éditions du Conseil de l'Europe, 2020.

25 Huber Denis, *Une décennie pour l'Histoire. Le Conseil de l'Europe 1989–1999*, Strasbourg, Conseil de l'Europe, 1999 ; Bauer Hans-Joachim, *Der Europarat nach der Zeitenwende (1989–1999). Zur Rolle Straßburgs im gesamteuropäischen Integrationsprozess*, Münster, Hamburg, London, Regensburger Schriften zur Auswärtigen Politik, 2000.

26 Wassenberg Birte, « Les relations entre le Conseil de l'Europe et l'Union européenne : entre concurrence et coopération de 1949 à nos jours », in : Berrod Frédérique, Wassenberg Birte, *Les relations entre le Conseil de l'Europe et l'Union européenne, op. cit.*, p. 17–29.

Pour Pierre Kretz, le Conseil de l'Europe constitue même « le premier embryon d'institution européenne ». Il ajoute que « c'est pour moi l'institution de référence en Europe, elle signifie une exigence démocratique et se rapporte donc à la Cour européenne des droits de l'Homme évidemment, qui statue sur des affaires extrêmement importantes ».

En effet, pour la plupart des témoins, l'atout du Conseil de l'Europe tient en ses trois missions principales : le maintien d'un régime démocratique, d'un État de droit ainsi que le respect des droits de l'Homme. Anne Sforza, qui a travaillé au Conseil de l'Europe et qui était Secrétaire général adjointe à l'Institut international des droits de l'Homme, affirme ainsi que « le Conseil de l'Europe [...] a une grande valeur éthique, puisque son originalité, c'est la Cour européenne des droits de l'Homme ». Selon elle, cette valeur ajoutée du Conseil de l'Europe s'est encore consolidée avec son élargissement à l'Est après 1989 et avec le renforcement du rôle de la Cour européenne des droits de l'Homme :

> Le Conseil de l'Europe reste extrêmement précieux dans l'établissement de la démocratie, non seulement dans les pays qui sont devenus démocratiques après la chute du Mur, mais aussi comme gardien de la démocratie dans les anciens pays du Conseil de l'Europe. Et puis, il y a l'importance de la Cour européenne, à tel point qu'elle n'arrive plus à travailler vraiment correctement vu le nombre de requêtes qui lui sont présentées.

Klaus Schumann, ancien directeur des Affaires politiques au Conseil de l'Europe, confirme que « les ingrédients de la démocratie européenne, vous les trouvez dans les statuts du Conseil de l'Europe : démocratie pluraliste, défense des droits de l'homme et État de droit. Cela, c'est la trilogie créée et ancrée dans les statuts du Conseil de l'Europe, qui sont devenus des obligations pour tous ceux qui voulaient rejoindre ce projet ».

Pour beaucoup, le domaine de la protection des droits de l'Homme est particulièrement important au sein du Conseil de l'Europe. Ainsi, Hans Christian Krüger affirme que c'est une fonction unique de cette organisation européenne qui restera : « Und die besondere Bedeutung des Europarates wird bestehen bleiben: Das sind die Menschenrechte, die es in dem Maße nicht woanders gibt ». Ulrich Bohner, ancien secrétaire général du Congrès des pouvoirs locaux et régionaux, souligne aussi l'importance de la Cour européenne des droits de l'Homme, qui peut condamner chacun des 47 États-membres du Conseil de l'Europe pour non-respect des droits fondamentaux :

> Il y a surtout la Cour européenne des droits de l'Homme au Conseil de l'Europe à Strasbourg qui est compétente pour les quarante-sept États membres du Conseil de l'Europe et qui peut prendre des arrêts contre des États membres, qui condamne les États membres par exemple à verser des indemnités aux personnes dont les droits de l'Homme n'ont pas été respectés. Mais ces décisions influencent également la législation dans les États membres, dans la mesure où l'arrêt qui stigmatise certains comportements d'un État membre doit être exécuté par ce dernier.

Cet impact sur l'ordre juridique des États membres est aussi confirmé par le juriste Jean-Marie Woehrling, qui est d'avis que ce n'est pas seulement le droit communautaire qui compte, mais également les conventions du Conseil de l'Europe : « Il y a bien sûr ce que j'ai appelé l'européanisation du droit, c'est-à-dire le développement d'un droit européen au sens strict du terme, c'est-à-dire ce qu'on appelait le droit communautaire, le droit de l'Union européenne. Mais, à côté, il y a d'autres institutions européennes qui, elles aussi, font un travail d'harmonisation, de rapprochement, comme le Conseil de l'Europe ».

L'artiste Michel Krieger évoque à plusieurs reprises l'importance du rôle de la Cour européenne des droits de l'Homme, qui intervient notamment sur la question des minorités, thématique qui le touche tout particulièrement. Pour lui, il faut que « l'Europe puisse faire entendre sa voix davantage qu'aujourd'hui en faveur des Roms ». Au vu de ce témoignage, il semble donc plus convaincu par l'efficacité du Conseil de l'Europe que par celle de l'UE. À travers sa profession d'artiste, Michel Krieger communique également ses impressions quant au rôle et à la place du Conseil de l'Europe, souvent accusé à tort de n'être qu'une « pâle copie » de l'UE. L'artiste se fait d'emblée l'avocat du Conseil de l'Europe et soutient que cette institution fait « des choses concrètes [...] très pertinentes, puisque ça concerne chaque citoyen ». Il donne l'exemple d'une structure autonome créée par le Conseil de l'Europe, les Itinéraires Culturels, qui « remettent en mémoire tout ce qu'on a connu, tout ce qui a fait l'Europe, cette particularité ». De fait, ces Itinéraires permettent de créer un lien visible entre le passé culturel commun des Européens – la fondation de l'édifice Europe – et le présent, qu'est l'œuvre juridique et économique que les Européens ont entrepris de bâtir ensemble.

En revanche, il est intéressant de noter que plusieurs témoins pointent aussi la concurrence, voire la rivalité potentielle entre le Conseil de l'Europe et l'UE. Jean-Marie Woehrling cite pour exemple la création du Congrès des pouvoirs locaux et régionaux du Conseil de l'Europe et celle du Comité des régions de l'UE, créant ainsi à l'échelle européenne des doublons qui ne font qu'ajouter de la complexité à l'architecture des institutions européennes. Pourtant, le magistrat souligne que les deux institutions semblent coordonner leurs efforts autour de la question de l'adhésion de l'UE à la Convention européenne des droits de l'Homme : « On n'est pas satisfait sur le plan intellectuel d'avoir deux institutions qui, d'une certaine manière, sont en concurrence [...]. [Mais] globalement, ça fonctionne bien ». Jean-Marie Woehrling plaide par ailleurs pour une coopération entre les deux institutions qui jouerait davantage sur leur complémentarité plutôt que sur leur concurrence, permettant de surcroît une meilleure visibilité de l'architecture des institutions européennes auprès des citoyens européens.

C'est également le cas de Catherine Trautmann, qui, en tant qu'ancien parlementaire européenne, voit le Conseil de l'Europe plutôt à partir de la perspective communautaire :

> Ce que je regrette, c'est qu'on n'a pas une articulation suffisante par exemple avec le Conseil de l'Europe, c'est-à-dire avec l'instance qui a été l'instance d'accueil de ces pays qui se tournaient vers l'Europe et qui y sont rentrés. Le Conseil de l'Europe est une machine à produire des règles de droit et une culture, une pratique démocratique, à la fois sur le plan local, avec le Conseil des pouvoirs locaux, mais aussi sur le plan des fondamentaux : la culture, le social, etc. Le Conseil de l'Europe a une charte culturelle, une charte sociale, ce que nous n'avons

pas à l'Union européenne, c'est même un peu l'inverse. Et c'est cela qui est intéressant, on devrait beaucoup plus rapprocher ces institutions.

Elle explique que les conventions du Conseil de l'Europe servent pour élaborer les directives de l'UE et qu'il faudrait donc plus coopérer, surtout en matière de droits de l'Homme : « On a intérêt à ce que les conventions du Conseil de l'Europe, que l'on relaye souvent dans des directives, soient au fond des bases de l'édifice puisqu'en somme le Conseil de l'Europe traite directement de l'application de la Convention européenne des droits de l'Homme ». C'est aussi l'avis du pasteur Michel Hoeffel : « On a tout intérêt à valoriser davantage tout ce qui se fait au niveau du Conseil de l'Europe, qui appréhende des problèmes de vie. Il faudrait mettre en avant les questions de la justice à la Cour européenne des droits de l'Homme, mais il y a bien d'autres aspects que l'on méconnaît ». Il regrette d'ailleurs la position de faiblesse du Conseil de l'Europe :

> Mais ce Conseil de l'Europe est un peu l'enfant pauvre dans la construction de cette grande maison qu'est l'Europe et dans la perception que les gens en ont, c'est dommage. Pour utiliser une image, je dirais que le Conseil de l'Europe, c'est là où le terrain est travaillé, labouré, hersé, que les questions qui sont en l'air sont appréhendées.

D'autres témoins expliquent cette mise à l'écart du Conseil de l'Europe par rapport à l'UE. Klaus Schumann y voit des raisons historiques :

> Si on parle un peu de l'histoire des différentes institutions européennes, il y avait une espèce de schisme à l'intérieur du Conseil de l'Europe. Parce qu'il y avait toujours parmi les pays membres du Conseil de l'Europe, surtout parmi les parlementaires, les fédéralistes qui voulaient aller au-delà du statut du Conseil de l'Europe, c'est-à-dire pousser vers une union politique européenne. Et il y a eu des grands débats, et à l'époque il y avait des initiatives de certains parlementaires de l'Europe des Six qui voulaient pousser le Conseil de l'Europe à aller au-delà de la coopération, vers l'intégration politique.

Selon lui, le Conseil de l'Europe est donc victime d'une structure intergouvernementale qui a été mise en place en 1949, parce que certains États n'étaient pas d'accord avec l'objectif d'une fédération : « parce que la création du Conseil est un acte politique de réserve. C'est-à-dire, coopération d'accord, mais on garde notre souveraineté nationale, et surtout les pays scandinaves et les Anglais n'étaient pas prêts ». Il fait ainsi montre d'une analyse historique approfondie, conforme à l'historiographie sur le processus de la construction européenne. La même analyse est apportée par Paul Collowald, ancien responsable des relations publiques au Parlement européen :

> Le Conseil de l'Europe était plein d'espoir, mais il avait un boulet attaché : nos amis britanniques et scandinaves. On s'est tout de suite aperçu que, au Conseil de l'Europe, vous aviez les Français, les Italiens, les Belges qui voulaient aller de l'avant, et, de l'autre côté, les Anglais qui avaient toujours cette position qu'ils ont manifestée en 1950 à l'encontre de toute forme de supranationalité. D'ailleurs, lorsque Schuman et Spaak ont institué le Conseil de l'Europe, Ernest Bevin, qui était le ministre des Affaires étrangères britannique, a dit : « Oui, le mot est très bien : Conseil de l'Europe ». Ils n'avaient en effet même pas prévu d'assemblée !

Paul Collowald a vécu les débuts de la mise en place du Conseil de l'Europe et peut donc donner un aperçu précis du problème de départ, l'impossibilité de s'accorder sur l'évolution envers une structure fédérale : « En quelque sorte, le Conseil de l'Europe est né dans une certaine allégresse. Assez rapidement, on a vu ses limites, ce qui fait que Paul-Henri Spaak, qui était le premier président de l'Assemblée consultative, élu au mois d'août 1949, a donné sa démission en décembre 1951, parce que du haut de sa tribune de président, il voyait devant lui des gens qui freinaient, notamment les Britanniques, alors que lui-même était un Européen très convaincu ». Il se rappelle aussi de la déception à Strasbourg, notamment des jeunes fédéralistes :

> À l'extérieur, je me souviens, il y a eu des manifestations d'étudiants qui sont allés aux frontières brûler les poteaux et tout cela. Ils sont venus devant le Conseil de l'Europe et ils ont plus ou moins insulté ce président de l'Assemblée consultative du Conseil de l'Europe, qui venait leur parler... Pour ces étudiants et pour ces fédéralistes de l'époque, ce Conseil de l'Europe était nul, puisqu'il était impuissant. Voilà. Vous voyez donc que ce sont des sentiments mélangés.

Klaus Schumann et Paul Collowald rappellent ainsi pourquoi, le 9 mai 1950, Robert Schuman fait une déclaration pour annoncer la création d'une nouvelle organisation européenne, la CECA. Nos témoins ont conscience que l'histoire des deux organisations européennes que sont le Conseil de l'Europe et l'UE est liée, et que c'est en raison de la frustration des fédéralistes de ne pas voir la réalisation d'une union fédérale au sein du Conseil de l'Europe qu'est née l'idée de la « petite Europe » des Six, réalisée par la création de la CECA, puis la CEE et enfin de l'UE en 1992.

3.2. L'Union européenne

Lorsqu'on regarde l'histoire de l'UE, on remarque en effet une interdépendante dès le départ avec celle du Conseil de l'Europe, car la mise en place de la CECA en 1952 se fait en opposition à la structure intergouvernementale représentée par ce dernier[27]. Les deux organisations répondent à des logiques d'intégration européenne différentes : la « petite Europe » des Six États fondateurs de la CECA revêt un caractère supranational alors que le Conseil de l'Europe maintient son fonctionnement intergouvernemental. Ceci conduit également à adopter des méthodes de travail très différentes. En effet, la CECA procède selon la méthode du « fonctionnalisme »[28] : elle est une organisation d'intégration sectorielle qui se limite, au départ, à la production du charbon et de l'acier[29].

---

27   Berrod Frédérique, Wassenberg Birte, *Les relations entre le Conseil de l'Europe et l'Union européenne de 1949 à nos jours, op. cit.*, p. 3–10.
28   Schwok René, *Théories de l'intégration européenne. Approches, concepts et débats*, Paris, Montchrestien, 2005.
29   Spierenburg Dirk, Poidevin Raymond, *Histoire de la Haute Autorité de la Communauté européenne du charbon et de l'acier*, Bruxelles, Bruylant, 1993.

Or, quand les traités de Rome sont signés le 25 mars 1957 instaurant la CEE, puis quand l'UE est créée le 7 février 1992 avec le traité de Maastricht, cette « petite » Europe va étendre, au fil des décennies, ses compétences matérielles bien au-delà de l'intégration économique. Elle ne reste pas non plus dans le cadre géographique des Six, s'élargissant, dès 1973, à trois nouveaux États membres, le Royaume-Uni, l'Irlande et le Danemark, puis à trois États du Sud jusqu'en 1987 (la Grèce, le Portugal, l'Espagne). Par rapport au Conseil de l'Europe, la CEE s'efforce donc de développer son identité propre et son rôle spécifique dans l'architecture des organisations européennes[30]. C'est d'abord une vocation à la fois économique et supranationale en intégrant un nombre plus limité d'États européens prêts à abandonner une partie de leur souveraineté, dans le cadre du fonctionnement de ce qui était alors le Marché commun. L'originalité de la CEE réside aussi dans le fait que cet abandon de souveraineté s'accompagne de l'introduction d'un droit communautaire qui prime sur les ordres juridiques nationaux[31].

Après la chute du Mur de Berlin en 1989, l'intégration de la CEE progresse rapidement. Le chemin vers l'union politique et monétaire est tracé par le traité de Maastricht de 1992. L'UE renforce sa structure institutionnelle par la mise en place de trois piliers : un premier pour le domaine communautaire, un deuxième pour la Politique étrangère et de sécurité commune (PESC) et un troisième pour les Affaires intérieures et la justice, les deux derniers étant des piliers de coopération intergouvernementale[32]. Ces réformes ne suffisent pas à préparer l'UE à intégrer d'emblée des pays d'Europe centrale et orientale – contrairement au Conseil de l'Europe. En 1995, l'UE s'élargit seulement à l'Autriche, à la Finlande et à la Suède. Ce n'est qu'en 2001 que le traité de Nice ouvre la voie vers l'élargissement de l'UE à l'Est, qui fera d'elle également une organisation paneuropéenne. Les deux organisations évoluent alors dans un sens qui brouille leur distinction : l'UE comprend jusqu'à 28 États membres qui sont également membres du Conseil de l'Europe ; elle a largement dépassé l'intégration économique ; elle défend des droits fondamentaux largement identiques à ceux promus par le Conseil de l'Europe ; enfin sa Cour de justice intervient dans les mêmes domaines que la Cour européenne des droits de l'Homme[33]. Pour autant, l'UE n'est pas arrivée aux 47 États membres du Conseil de l'Europe. En 2020, le Royaume-Uni a quitté l'Union et, aujourd'hui, avec ses 27 États membres, elle ne compte parmi ses membres ni la Turquie ni la Russie, deux puissances géopolitiques qui pèsent

---

30 « Introduction », in : Berrod Frédérique, Wassenberg Birte (dir.), *Les relations entre le Conseil de l'Europe et l'Union européenne, op. cit.*, p. 3–10.

31 Constantinesco Vlad, « La souveraineté est-elle soluble dans l'Union européenne ? », *L'Europe en formation*, n° 368, 2013, p. 119–135.

32 Dülffer Jost, « De l'histoire de l'intégration à l'histoire intégrée de l'Europe », in : Gérard Bossuat, Éric Bussière, Robert Frank, Wilfried Loth, Antonio Varsori (dir.), *L'expérience européenne. 50 ans de construction européenne 1957–2007. Des historiens en dialogue*, Bruxelles, Bruylant, 2010, p. 20.

33 Berrod Frédérique, « Une Europe, deux Cours ou le double "je" des identités européennes », in : *ibid.*, p. 29–53.

pourtant très lourdement dans les relations internationales. C'est aussi une UE qui est en crise depuis la décennie 2000, d'abord l'échec de la Constitution européenne en 2005, la crise économique en 2008 et en 2012, puis la crise migratoire en 2015 et la crise du Brexit depuis 2016. Même si l'UE est donc largement prédominante par rapport au Conseil de l'Europe, elle est toutefois critiquable, ce qui est aussi relevé par nos interlocuteurs.

Toutefois, pour la plupart des grands témoins, c'est l'UE qui représente désormais l'organisation clé au sein de l'architecture européenne. Pour Klaus Schumann, le Conseil de l'Europe a ainsi constitué la première étape vers une intégration européenne plus poussée qui s'est réalisée avec la création de la CECA : « Le Conseil de l'Europe, c'était un peu l'alliance pour la coopération civile et pour la démocratie. Il y avait quand même un lien, une alliance à l'Ouest qui s'est fortifiée parce qu'il y avait un danger potentiel. Cela a aidé pour créer d'abord le Conseil de l'Europe et après la CECA ». Plus particulièrement, K. Schumann considère que, grâce à l'existence de l'Assemblée consultative du Conseil de l'Europe, l'idée de Monnet et de Schuman a pu être débattue :

> Parce que l'Assemblée du Conseil de l'Europe était le premier forum ouvert. Si vous faites un peu l'historique de cette assemblée, vous trouvez tous les débats pour l'initiative Schuman pour la Communauté de défense, et toutes les autres initiatives européennes sont à un certain moment sorties de l'Assemblée parlementaire du Conseil de l'Europe, parce que c'est là qu'on pouvait les discuter publiquement. Ce n'est pas comme des conférences diplomatiques qui sont derrière des portes fermées.

Ce qui est essentiel, confirme Paul Collowald, c'est la dynamique qui a été créée par cette approche d'intégration européenne des Six, qui a finalement amené à l'UE : « Il est arrivé un jour, lors d'un sommet, où l'on a confié au Premier ministre belge Tindemans le soin de créer une Union européenne. Et hop ! Un nouveau terme ! Union européenne. […] Les années passent, et vous avez le traité de Maastricht – on arrive au début des années 1990 – et, à ce moment-là, il y a le terme d'Union européenne ». Selon lui, l'UE va de pair avec l'idée d'un partage de la souveraineté, et c'est ce qui la distingue par rapport à d'autres organisations européennes :

> Dans toutes les institutions internationales vous aviez l'unanimité et le véto. Le déterminant est donc le partage de la souveraineté. Il faut faire prendre conscience aux pays : « Chers messieurs, vous n'existez plus, France, Allemagne, Belgique, vous existerez encore si vous êtes unis ». Partagez ainsi une souveraineté nationale, qui n'existe pratiquement plus en réalité, et fabriquez-vous une souveraineté européenne réelle, solide, efficace face aux États-Unis, face à la Chine, face à l'Inde, etc. Ça, c'est le point déterminant, le partage de la souveraineté.

Hans-Christian Krüger partage cet avis, en ajoutant que le changement du nom de la CEE en Union européenne est essentiel, parce qu'il souligne le caractère supranational de cette organisation européenne. Ancien haut fonctionnaire du Conseil de l'Europe, il constate que l'UE est devenue « une union politique » au moment du traité de Maastricht en 1992 :

> Das Wichtigste ist, dass durch eine Wirtschaftsgemeinschaft eine politische Gemeinschaft entstanden ist. Daher auch die Namensänderung. Europäische Gemeinschaft war noch damals

> der Ausdruck, den man verwandte, nachdem man die Europäische Gemeinschaft für Kohle und Stahl als erste supranationale Institution schuf. Das ist eben der Unterschied zwischen dem Europarat und den anderen Institutionen. Supranational heißt, dass Hoheitsrechte übertragen wurden. Aber das Wesentliche ist, dass die Europäische Union durch den Vertrag von Maastricht als politische Union entstand und jetzt durch den Vertrag von Lissabon.

Hans-Christian Krüger est aussi convaincu que le processus d'intégration n'est pas encore terminé, qu'il continue parce que l'union politique peut toujours encore être poussée plus loin. Il compare ce processus avec une phrase du Faust de Goethe : « Si je dis à l'instant "Reste donc ! Tu me plais tant !" Alors tu peux m'entourer de liens ! Alors, je consens à m'anéantir ».

> Die ganze Entwicklung zu einer politischen Union ist noch nicht zu Ende. Sie ist im Gange. Und sie wird auch noch eine ganze Weile im Gange sein. Nie wird man sagen können: „Jetzt ist alles erreicht". Insofern bin ich ein Faust-Anhänger, Goethes Faust. „Werd ich zum Augenblicke sagen: Verweile doch! Du bist so schön! Dann magst Du mich in Fesseln schlagen, dann will ich gern zugrunde gehen". Es wird immer so sein, dass man sich weiterentwickelt. Da bin ich sehr zuversichtlich, dass man auch weiterhin zusammenwächst.

C'est donc cette supranationalité qui est la force de l'UE par rapport au Conseil de l'Europe, comme le confirme aussi Anne Sforza, qui constate un passage de domaines d'activités du Conseil de l'Europe vers l'UE : « Beaucoup de ces thèmes extrêmement valables et précieux sur lesquels le Conseil de l'Europe a travaillé sont passés davantage à l'Union européenne, de sorte qu'on peut se poser des questions sur le futur du Conseil de l'Europe ». Selon elle, c'est la preuve qu'il y a eu une « construction à deux vitesses » et qu'avec la création de l'UE, les moyens de l'Europe communautaire ont été progressivement augmentés de sorte à mettre le Conseil de l'Europe en difficulté : « C'est-à-dire qu'avec la création de ce qu'on appelait les Communautés et ensuite l'Union européenne, et les moyens que possède l'Union par rapport au Conseil de l'Europe, c'est forcément plus difficile [pour le Conseil de l'Europe] ».

Quant aux institutions de l'UE, les grands témoins préfèrent largement le Parlement européen par rapport à la Commission européenne. Pierre Kretz affirme ainsi que « le Parlement a tout de même prouvé que c'est un vrai contrepoids à Bruxelles ». Pour lui, Bruxelles est synonyme de la Commission européenne, une figure négative et liée à « l'Europe veut ceci » ou « l'Europe veut cela » : « Le problème, c'est l'exécutif qui parle au nom de l'Europe et qu'on ne connait qu'à peine. Pour la population européenne, la Commission européenne aurait l'image de [celle] qui nous empêche de pêcher les poissons qu'on veut, des régulations sur l'eau, etc. C'est connoté négativement ». Paul Collowald apporte quelques nuances par rapport à cette analyse. Il fait comprendre que Bruxelles devient une sorte de bouc émissaire pour toutes les institutions de l'UE, alors qu'en réalité, l'exécutif de l'UE, c'est le Conseil et les décisions seraient donc prises par les États membres :

> Donc il est facile, si vous êtes souverainiste, de dire « Bruxelles, ce sont tous des bureaucrates, ils ne comprennent rien à la réalité du terrain où nous sommes ». Alors, c'est facile, la bureaucratie, Bruxelles, mais finalement quand on dit « Bruxelles », on ne sait pas ce que c'est, parce que Bruxelles, c'est la capitale de la Belgique jusqu'à présent ! Mais cela veut

dire que chaque fois qu'il y a un certain nombre de décisions qui déplaisent dans un pays, on dit : « C'est la faute à Bruxelles », alors que ce sont les gouvernements qui l'ont décidé !

En revanche, il souligne aussi l'importance du Parlement européen dans l'architecture institutionnelle communautaire. Il rappelle que la place du Parlement européen était « très minime au départ, parce qu'il fallait prendre des décisions, mettre en marche cette machine », mais que son pouvoir a augmenté constamment : « Au début, il avait juste un petit partage de pouvoir budgétaire. Et là, depuis successivement Maastricht et maintenant Lisbonne, […] nous sommes quasiment dans la cogestion dans au moins quatre-vingt problèmes de la vie courante de l'Europe. Donc, tout au long de ces années […], le Parlement européen a eu beaucoup plus de pouvoirs qu'on ne le pense ». Catherine Trautmann, qui a l'expérience de parlementaire européenne, pense toutefois que l'image du Parlement européen dans l'opinion publique pourrait encore être améliorée : « Le Parlement européen reste une assemblée tout à fait exceptionnelle, mais en même temps différente de ce à quoi les gens sont habitués. Et donc ils ont un peu de mal à se projeter dans un système et dans un espace qu'ils ne comprennent pas forcément. C'est la faiblesse de l'Union… ».

Il est évident que beaucoup de nos grands témoins ont une image très positive de l'UE notamment parce qu'ils ont eux-mêmes une expérience professionnelle en son sein ou en lien avec une organisation européenne – que ce soit le Conseil de l'Europe ou une institution communautaire. Cette expérience leur donne aussi l'avantage de cerner de l'intérieur l'histoire de la construction européenne, ses organisations et leur fonctionnement. Ce vécu personnel de l'histoire de l'intégration européenne les distingue par rapport à une opinion publique souvent plus sceptique par rapport à l'UE.

4. Le vécu de l'histoire de l'intégration européenne

Les historiens de la construction européenne n'ont que récemment commencé à travailler à l'appui de témoignages oraux. L'histoire orale est souvent liée à l'étude de l'histoire immédiate, c'est-à-dire des périodes qui dépassent le cadre de la règle des 30 ans, déterminante pour l'accès aux archives[34]. En effet, la méthodologie des historiens s'appuie pour l'essentiel sur l'exploitation de sources écrites, et les entretiens avec des acteurs ne servent qu'accessoirement, comme un appui à l'analyse de ces sources. Or, cette étude place l'accent sur des témoignages d'histoire vécue qui deviennent ainsi le cœur de l'investigation. Elle s'insère donc dans le cadre d'une nouvelle approche de l'intégration européenne qui vise à écrire une histoire vécue en utilisant une méthodologie croisée d'exploitation de sources et d'entretiens avec des témoins.

---

34 Garcia Patrick, « Histoire du temps présent », in : Delacroix Christian, Dosse François, Offenstadt Nicolas (dir.), *Historiographies. Concepts et débats*, Paris, Gallimard, 2020, p. 282–294.

L'analyse historique des récits de nos grands témoins s'insère donc dans le courant de l'histoire immédiate, un courant qui est encore assez nouveau parmi les chercheurs en histoire de la construction européenne. Il a été lancé par le groupe des historiens auprès de la Commission européenne avec l'édition de trois volumes sur l'histoire de la Commission, puis il a été poursuivi par le Parlement européen qui a lancé plusieurs études sur son évolution historique, ainsi que par le Comité des régions[35]. Ce qui est important dans la lecture historique des témoignages, c'est qu'il s'agit d'une histoire de la construction européenne subjective, basée sur le vécu individuel des personnes interrogées. En croisant cette histoire subjective avec les faits objectifs du processus d'intégration européenne, le regard des témoins peut tout à fait diverger par rapport à ces derniers, compte tenu des sentiments qu'ils nourrissent vis-à-vis des organisations européennes, les périodes de construction clés, etc. Mais c'est également une histoire de la construction territorialisée, c'est-à-dire, vécue à partir de la région frontalière d'Alsace qui se cristallise pour le lecteur[36].

Ce qui apparaît clairement, c'est qu'en fonction de leur vécu, de leur expérience familiale et professionnelle, ce sont différents moments clés de la construction européenne qui sont priorisés, d'une part, et que l'histoire de l'intégration européenne se mélange avec leur vie personnelle, d'autre part : ce ne sont pas les témoins qui s'insèrent dans le cadre de l'histoire de la construction européenne, mais c'est eux qui l'écrivent, elle devient leur propre histoire.

4.1. Les moments clés de la construction européenne

Du point de vue historique, il n'est pas facile d'identifier les moments clés de la construction européenne. Du point de vue institutionnel, on peut citer la mise en place des principales organisations européennes, comme l'OECE en 1948, le Conseil de l'Europe en 1949 ou la CECA en 1950, la CEE en 1957, l'AELE en 1960 ou alors l'UE en 1992[37].

Mais ensuite, les moments clés dépendent notamment du point de vue de chaque organisation européenne. Ainsi, pour le Conseil de l'Europe, il est incontestable que la période de sa mise en place de 1948 à 1954 est un moment clé, avec l'adoption notamment de la CEDH en 1950 ou la Convention européenne culturelle en 1954. Un deuxième moment clé est par la suite l'ouverture du Conseil de l'Europe à l'Est après la chute du Mur de Berlin en 1989, avec le moment

---

35 Voir l'introduction de ce volume, point 1 : Un retour historique sur l'intégration européenne et la coopération transfrontalière.
36 Jureit Ulrike, Tietze Nicola (eds.), *Postsouveräne Territorialität. Die Europäische Union und ihr Raum*, Hamburg, Hamburger Edition, 2015.
37 Wassenberg Birte, « The Council of Europe's Role in the History of European Integration », in : Fondation Jean Monnet pour l'Europe, *Formes d'Europe…, op. cit.*, p. 267–301.

phare du discours de Mikhaïl Gorbatchev sur « une maison commune européenne »[38].

Or, pour la CEE/l'UE, les moments clés sont différents[39]. D'un point de vue juridique, la réforme des traités constitue définitivement une étape importante dans l'évolution des institutions communautaires, d'abord avec l'Acte unique en 1987 sur le Marché unique, puis le traité de Maastricht en 1992 sur l'UE, les traités sur les réformes institutionnelles d'Amsterdam en 1997 et de Nice en 2000 et, enfin, le traité de Lisbonne en 2007[40]. Mais il est aussi possible de citer des moment clés dans la mise en route de politiques européennes, par exemple celle de la politique agricole commune (PAC) en 1962, de la politique régionale en 1975, la création du système monétaire européen en 1978, les accords de Schengen sur la libre circulation en 1985, etc.[41]. D'autres moments clés sont ceux des grandes crises dans l'histoire de l'intégration européenne, telles le véto du Général De Gaulle à l'entrée du Royaume-Uni en 1963, la crise de la chaise vide en 1965, ou les crises plus actuelles : crises économiques de 2008 et de 2012, crise du Brexit à compter de 2016, etc. À l'inverse, il y a aussi les grandes avancées de cette construction européenne comme l'élection du Parlement européen au suffrage universel en 1979, la réalisation de l'Union monétaire en 2002, l'élargissement à l'Est en 2004 ou l'adoption de la Constitution européenne en 2004, même si cette dernière échoue ensuite en 2005[42].

Il est intéressant de noter que, pour la génération des grands témoins interrogés, qui sont nés entre 1923 et 1951, le début de la construction européenne après 1945 est crucial. Ulrich Bohner commence d'emblée par citer la période du Congrès de La Haye en 1948, quand les européistes débattent de l'idée européenne et envisagent comment la réaliser, un évènement qui est à l'origine de la création du Conseil de l'Europe en 1949 :

> Je pense que, historiquement, la volonté de construction européenne était largement liée à la prise de conscience des personnes, souvent d'ailleurs il s'agissait de personnes qui étaient issues de la résistance de la dernière guerre. Ce sont eux qui avaient fait, en 1948, le Congrès de La Haye du mouvement européen, qui était le précurseur de la création du Conseil de l'Europe et ensuite de l'Union européenne.

De son côté, Klaus Schumann commence par citer le discours de Winston Churchill en 1946, qui appelle à la création des « États-Unis d'Europe » : « L'Europe

---

38 Wassenberg Birte, « Le rôle du Conseil de l'Europe dans la réconciliation Est-Ouest (1988–1993) », in : Schirmann Sylvain (dir.), *Guerre et Paix. Une destinée européenne ?*, Publications de la maison Robert Schuman, Peter Lang, Bruxelles, 2016, p. 181–195.
39 Bitsch Marie-Thérèse (dir.), *La construction européenne, enjeux politiques et choix institutionnels*, Bruxelles, PIE-Peter Lang, 2007.
40 Kaiser Wolfram, Leucht Brigitte, Rasmussen Morten (eds.), *The History of the European Union. Origins of a Trans- and Supranational Polity. 1950–1972*, Abingdon, Routledge, 2009.
41 Cf. à ce sujet *L'expérience européenne. 50 ans de construction européenne 1957–2007, Des historiens en dialogue, op. cit.*
42 Cf. Bitsch Marie-Thérèse, *Histoire de la construction européenne, op. cit.*

des pères fondateurs, c'était l'Europe d'après-guerre, c'était le "plus jamais ça", le refus de refaire les bêtises du passé. Vous avez tous les mouvements, vous avez le fameux discours de Churchill à Zurich, vous avez le Congrès de La Haye qui donnaient déjà tous les ingrédients pour créer les États-Unis d'Europe ». Il mentionne ensuite la création du Conseil de l'Europe « qui reprenait une grande partie de ce que vous trouvez dans les actes de La Haye », mais, ensuite, il passe à une autre étape de la construction européenne qui lui paraît essentielle : celle du plan Schuman et de la création de la CECA. Il est intéressant qu'il mélange cette histoire avec l'adoption de la CEDH en 1950 qu'il estime exceptionnelle : « Cela aussi, c'est quelque chose. Imaginez-vous aujourd'hui qu'un tel nombre de pays doivent élaborer un texte contraignant comme la Convention européenne des droits de l'Homme. Cela n'arrivera plus jamais ». Il estime que « c'était possible à ce moment-là parce qu'il y avait encore le souvenir du passé et l'actualité à l'époque : la guerre de Corée. C'était plus ou moins le danger d'un autre conflit mondial ». En réalité, la guerre de Corée qui éclate en juin 1950 n'est pas à l'origine de la CEDH, qui remonte déjà au Congrès de La Haye. C'est plutôt le projet d'une Communauté européenne de défense (CED) qui est lancé dans le contexte de la guerre de Corée et qui ne voit pas le jour, parce que le traité n'est pas ratifié en France. Klaus Schumann a donc une vision idéalisée lorsqu'il parle des années 1950 : « Ce qui a été créé à ce moment-là, au début des années 1950, nous sert encore aujourd'hui ». Jean-Paul Heider, ancien conseiller régional d'Alsace, a une vision plus réaliste de cette période. Il mentionne également l'étape cruciale de la CECA, mais se rappelle aussi du projet corolaire de la CED qui n'avait pas été accueilli favorablement par tout le monde, surtout en Alsace :

> Bon, j'étais un peu trop jeune à l'époque quand il y avait la CECA. Mais disons que cela m'avait beaucoup intéressé car il y a eu, pour nous les Alsaciens, une période assez difficile, avec le projet d'armée intégrée. Cela a jeté un froid. Il y avait ceux qui étaient pour et ceux qui étaient contre. C'était une idée qui n'était pas mauvaise sur le fond, mais qui est venue trop tôt. Cela risquait de compromettre tout ce qui avait été fait jusqu'à présent.

Pour Paul Collowald, en revanche, la construction européenne a bien débuté avec la déclaration Schuman le 9 mai 1950, et il parle même d'une révolution : « Vous avez eu une sorte... j'avais utilisé le terme de quasi-révolution, mise en marche après le 9 mai avec la CECA, qui avait un terrain limité ». Il enchaîne ensuite avec la création de la CEE en 1957, qui est, selon lui, la deuxième étape importante de l'intégration :

> Ensuite, la CEE a bénéficié d'un champ élargi à presque tous les problèmes, le commerce, les transports, l'agriculture, etc. On s'est alors posé la question de comment mettre en route tout cela et on s'est dit qu'il fallait établir un calendrier. Donc il y a eu un calendrier. À partir de telle date, on abaisserait les droits de douane, à partir de telle date, on ferait ceci, on ferait cela, etc. C'est ainsi qu'on a construit progressivement ce qu'on a appelé, pour faire court, le marché commun...

Pour d'autres grands témoins, les moments clés de la construction européenne sont forcément liés avec le processus de réconciliation franco-allemande. Ainsi, Anne Sforza souligne « [qu]'après la guerre, la réconciliation franco-allemande, c'était basé là-dessus. C'était certainement très nouveau et très courageux à l'époque [...] pour les gens qui avaient vécu les drames de la guerre, parler et tendre la main aux Allemands, cela n'a pas dû être facile, et ils l'ont fait ». Elle pointe ensuite également une personnalité clé de cette période, Pierre Pflimlin, qui était maire de Strasbourg entre 1958 et 1983 : « Et là, la pierre angulaire, c'était Pierre Pflimlin. C'était vraiment l'œuvre de sa vie. C'était absolument, du premier au dernier jour, l'œuvre de sa vie. Il n'y a que lui qui ait compris ça. Il avait aussi une formation double, franco-allemande. Cela a beaucoup compté et il y a consacré sa vie ». Hans-Christian Krüger met aussi l'accent sur la réconciliation franco-allemande, mais il se réfère surtout au couple franco-allemand de Konrad Adenauer et Charles de Gaulle, qui, en janvier 1963, signent le traité de l'Élysée pour sceller l'amitié franco-allemande :

> Dabei war die deutsch-französische Freundschaft, die sich in erster Linie durch Konrad Adenauer und Charles de Gaulle entwickelt hat, die sich untereinander verstanden haben, von besonderer Bedeutung. Diese Freundschaft zwischen Franzosen und Deutschen, die vielleicht nicht von jedem Einzelnen getragen wird, aber von den Staaten, ist von besonderer Bedeutung.

On constate aussi que les moments clés de la construction européenne identifiés spontanément par les grands témoins sont en lien avec leur environnement professionnel. En effet, Karl von Wogau affirme que « pour moi, la journée la plus importante était le 2 mai 1998 », jour où ont été prises les dernières décisions officielles relatives à la mise en circulation de l'euro. Cette affirmation semble d'autant plus évidente que l'eurodéputé siégeait à ce moment-là en tant que président de la Commission économique et monétaire du Parlement européen et avait également été désigné comme rapporteur. Ainsi, l'euro représente pour lui l'un des symboles forts de l'Europe, au même titre que le drapeau et l'hymne européens. Dans cette optique, il est également le seul à mentionner la signature du traité de Schengen en 1985 qui instaure le principe de la libre circulation des personnes (sans contrôle aux frontières).

Pour le juriste Jean-Marie Woehrling, l'UE démarre en 1992 : « On a commencé par créer plusieurs Communautés européennes, ensuite on les a édifiées, ensuite on est passé au terme Union européenne », explique-t-il. Toutefois, selon lui, c'est aussi un processus continu : « Le projet de construction au niveau communautaire a été permanent, il y a quand même une unité du début à la fin de tous les grands principes ». Il est intéressant de noter que Jean-Marie Woehrling semble aussi marqué par la question de l'élargissement de l'UE en 2004. Il faut en effet rappeler que cet élargissement représentait un vrai défi pour les juristes, qui devaient s'assurer que l'UE et plus précisément ses institutions sont en mesure d'absorber le choc que représente l'arrivée de dix nouveaux membres, sans que cela ne porte préjudice au fonctionnement de l'Union.

Il y a deux autres périodes qui ont particulièrement marqué les grands témoins. La première est la période de la Commission Delors avec le projet du Marché unique qui est adopté en 1985. Marcel Spisser souligne ici le rôle clé du président de la Commission Jacques Delors. Pour lui, lors de la crise économique en

2012, « on n'avait plus de personnalité vraiment décidée à se battre », et il estime que « le dernier, c'était Delors – cela nous ramène à l'époque de Mitterrand. C'est peut-être aussi dû au fait que cela marchait bien à l'époque des Trente glorieuses ; là c'était l'euphorie ». La deuxième période est celle de la fin de la guerre froide en 1989. Michel Krieger considère ainsi que l'un des moments marquants pour la construction européenne a été la chute du Mur de Berlin et l'ouverture vers l'Est de l'Europe, qui lui ont permis d'entreprendre un voyage à Saint-Pétersbourg, jusque-là interdite d'accès aux Européens de l'Ouest, et d'y rencontrer des confrères artistes :

> Moi, dans mon domaine, puisque j'étais élu à la ville de Strasbourg, je crois que c'était en 1989… une des premières missions qu'on avait, et que j'ai prise en compte, c'était l'ouverture vers l'Est de l'Europe. C'était la chute du Mur de Berlin qui a été un élément déterminant. Et puis il s'est concrétisé d'une manière très symbolique, mais aussi d'une manière concrète. Et donc l'idée d'ouvrir cet espace européen, d'un seul coup, d'Ouest en Est jusqu'à la Russie était pour nous un challenge assez extraordinaire.

Pour Ulrich Bohner, cette ouverture à l'Est est un processus qui a déjà commencé plus tôt, depuis l'*Ostpolitik* allemande des années 1970 et la tenue de la Conférence sur la sécurité et la coopération en Europe (CSCE). Elle a son apogée lors de l'appel de Gorbatchev pour une maison commune européenne au Conseil de l'Europe en 1989 :

> Cela a mis beaucoup plus longtemps ailleurs, mais je crois que cette fonction de paix liée au respect des droits de l'Homme et de la démocratie s'est imposée aussi au-delà du rideau de fer, petit à petit, par la nouvelle *Ostpolitik* de Willy Brandt, le travail de la CSCE et, enfin, avec l'époque de Gorbatchev en l'Union soviétique. Je me rappelle de son discours devant l'Assemblée parlementaire du Conseil de l'Europe en juillet 1989, où il nous a parlé de la « maison commune européenne ». Peut-être qu'il ne croyait pas lui-même que l'évolution allait être aussi rapide, elle a d'ailleurs été plus rapide pour certains pays et moins pour d'autres, mais, quand même, elle a été extrêmement rapide.

Mais, pour certains, cet élargissement à l'Est a été trop rapide : selon eux, c'est, certes, une période clé de la construction européenne, mais pas forcément une période positive pour l'UE. Pierre Kretz affirme en effet qu'« avant la chute du Mur, la construction européenne était, en tout cas on le sentait ici, un désir, quelque chose d'excitant. On avait l'impression que l'histoire avançait », mais que cela l'est de moins en moins paradoxalement avec la chute du mur. Il tente une explication :

> Car le sentiment que j'ai, c'est que les pays de l'ex-bloc soviétique qui ont intégré l'UE l'ont fait non pas par désir, mais plutôt par nécessité : ils voulaient, d'un point de vue géopolitique, tourner le dos à l'ex-Union soviétique et sentaient qu'ils devaient trouver un nouvel espace non imaginaire. Car, pour moi, c'était un espace imaginaire, et donc positif, excitant ! Pour eux, non, c'était un espace stratégique pour la construction d'infrastructures lourdes etc., c'est-à-dire pour bénéficier de la PAC, etc. On le voit bien, c'est évident : la Hongrie est rentrée dans l'UE pour cette raison, la Pologne aussi. D'ailleurs, ils affirment de temps en temps qu'ils ne veulent pas de Bruxelles à la place de Moscou. C'est pourtant quelque chose de totalement différent. Quand j'entends cela, je me dis que rien ne les obligeait à entrer dans l'UE. Bref, ce manque de désir d'Europe « plombe » la construction européenne.

Un élargissement trop rapide de l'UE en 2004 aurait donc créé plus de problèmes que d'avantages. Karl-Heinz Lambertz nuance cette analyse en ajoutant qu'il y aurait eu deux moment clés qui ont rendu ce processus plus difficile : d'abord, l'échec du traité de Nice en 2000 qui aurait dû faciliter l'élargissement avec une réforme adaptée des institutions communautaires, puis l'élargissement de l'UE de 15 à 27 États membres en 2004 et 2007 qui a lieu sans avoir réussi cette réforme institutionnelle.

> Es hat zwei Entwicklungen gegeben, die das Ganze erschwert haben. Einerseits ist der Nizza-Vertrag gescheitert, der eine bedeutende Integration, eine Veränderung, eine Anpassung an die neuen Gegebenheiten enthielt. Und dann ist ohne diese angepassten Strukturen die EU-Erweiterung von 15 auf 27 geschehen. Das hatte natürlich eine Menge von negativen Effekten auf der Ebene des operationellen Handelns zur Folge. Hätte man in Nizza damals die EU richtig reformiert und auf diese neuen Herausforderungen vorbereitet, dann sähe es heute in Europa ganz anders aus.

Les souvenirs des moments clés de l'histoire de la construction européenne ne sont donc pas tous positifs. Nos grands témoins critiquent certaines étapes de l'histoire de l'UE. Ainsi, par exemple, Jean-Paul Heider pense que les institutions européennes se sont développées, mais « qu'on est peut-être allé un peu trop vite, parce qu'aujourd'hui, à combien sommes-nous ? Alors qu'au début on était à six ». Il ajoute que, selon lui, déjà l'élargissement au Royaume-Uni en 1973 était une erreur : « Moi, vous me l'excuserez, je trouve que c'était une erreur de faire rentrer les Anglais. C'était la plus grande erreur de Georges Pompidou. Les Anglais ont défendu leur bifteck. Si les Européens ont accepté le *Give me my money back*, ce n'est pas l'affaire des Anglais. C'est l'affaire des Européens. Il fallait dire non ». C'est aussi l'avis de Catherine Trautmann qui pense que « si on a systématiquement des pays qui veulent profiter des moyens de l'Union sans partager ses règles et sans apporter leur contribution positive, c'est clair qu'au bout d'un moment ce n'est plus supportable. C'est le cas du Royaume-Uni qui exerce sa présence comme un chantage ». En même temps, cela lui donne l'occasion de mettre l'accent, elle aussi, sur la période clé de la Commission Delors qui a introduit, au milieu des années 1980, le principe de la cohésion sociale :

> C'est la question à laquelle Jacques Delors, pendant qu'il était président de la Commission, a donné une orientation et a proposé des moyens. Les politiques de cohésion, c'était chercher l'équilibre territorial pour ne pas avoir uniquement un équilibre au niveau des gouvernants, donc permettre aux régions d'évoluer et de trouver un niveau d'égalité et d'équité territoriale avec les autres. Cela a très bien fonctionné, c'est une des politiques les plus claires et les plus appréciées par les Européens ».

Pour chaque témoin se profilent donc d'autres moments clés de l'histoire de la construction européenne, positifs ou négatifs. On constate aussi quelques manques : le processus d'élaboration, puis d'échec du projet de Constitution européenne entre 2001 et 2005 est peu évoqué, tout comme les développements plus récents de la construction européenne après l'adoption du traité de Lisbonne, y compris les périodes de crises économiques à partir de 2008. En effet, la plupart des souvenirs de la construction européenne concernent les débuts du processus dans les années 1950, la période Delors des années 1980 ou encore la période d'élargissement du Conseil de l'Europe et de l'UE après la chute du Mur de Berlin.

Mais l'analyse des témoignages révèle que le vécu de la construction européenne ne se limite pas à l'identification de périodes clés ou de personnalités marquantes de ce processus. Nos grands témoins font au contraire partie intégrante de cette histoire et ils se l'approprient.

4.2. L'appropriation de l'histoire

L'appropriation de l'histoire de la construction européenne chez nos grands témoins s'effectue à travers des souvenirs d'enfance, de périodes d'activités professionnelles ou d'expériences personnelles, lorsqu'ils ont été en contact direct ou lorsqu'ils ont participé à des moments de l'intégration européenne. Ils considèrent ainsi en quelque sorte qu'ils ont contribué à écrire cette histoire et ils l'écrivent de manière subjective, ce qui ne correspond pas toujours aux faits historiques.

Ainsi, le souvenir d'enfant sollicité par Marcel Spisser est d'avoir vécu le discours de Winston Churchill lors duquel ce dernier appelle à la création des États-Unis d'Europe : « Ayant connu la fin de la guerre et ayant été élevé dans un milieu très européen, je me souviens de mon père rentrant un soir, il avait assisté à un discours de Churchill à l'Université de Strasbourg, où Churchill disait qu'il fallait faire les États-Unis d'Europe, qu'il n'y aurait plus de guerre en Europe, un peu comme le fameux texte de Victor Hugo, c'était tout à fait cela ». En réalité, ce discours était prononcé en 1946 à Zurich et le discours de Winston Churchill à l'Aubette à Strasbourg, en août 1949, qui est prononcé à l'occasion de la tenue du premier Conseil des ministres du Conseil de l'Europe, évoque plusieurs fois « l'Europe unie », mais jamais les « États-Unis d'Europe ».

Pour sa part, Paul Collowald s'approprie l'histoire de la déclaration du 9 mai 1950 de Robert Schuman sur la création de la CECA :

> C'est peut-être une simple date dans les livres d'histoire, moi, c'est du vécu ! J'étais ici à Strasbourg, j'étais journaliste et le 9 mai 1950, on reçoit par téléscripteur de l'Agence France Presse, avec les techniques de l'époque, des paragraphes. Qu'est-ce que j'y découvre ? Ce qui se passe à Paris. Je découvre ce que Robert Schuman venait de déclarer, ce même Robert Schuman – c'est la chance du jeune journaliste que j'étais – que j'avais eu la chance de rencontrer au mois d'août 1949, déjà ministre des Affaires étrangères à l'époque ».

En effet, lors de l'ouverture du Conseil de l'Europe à Strasbourg en août 1949, le directeur du Foyer de l'étudiant catholique le présente à Robert Schuman. Il est ravi : « Robert Schuman, qui faisait dix centimètres de plus que moi, m'a regardé gentiment – je me souviens toujours encore de la scène – et il m'a dit : "Tiens, je crois que le kougelhof diminue, le riesling aussi. Écoutez, je crois que c'est la fin de la réception. Venez, vous aurez votre dédicace. Accompagnez-moi, nous allons à la préfecture, où je loge pendant mon séjour strasbourgeois" ». Paul Collowald raconte ensuite sa discussion avec Robert Schuman et il est convaincu qu'il s'agit là déjà d'une sorte d'annonce du plan Schuman « en avance » :

> Alors, Robert Schuman m'a dit : « C'est absolument fondamental, puisque à mes yeux, ce que nous faisons maintenant dans l'après-guerre, c'est pour l'avenir, donc c'est pour la jeunesse. Et pour cet après-guerre, le problème le plus important va être le problème allemand ». Nous étions le vendredi 12 août 1949 – je m'en souviens – et Robert Schuman a ajouté que dans quarante-huit heures, il y allait avoir les premières élections allemandes. En effet, le dimanche 14 août 1949, l'Allemagne établissait son *Grundgesetz* : c'est leur constitution. Ils n'avaient pas de gouvernement, ils n'avaient pas de parlement, et Schuman, devant le jeune journaliste que j'étais, a pensé tout haut : « Qu'est-ce qui va sortir des urnes ? Comment va-t-on vivre cet après-guerre ? Est-ce qu'on va recommencer Versailles et ses néfastes conséquences ? Est-ce qu'on va trouver des solutions, une solution, peut-être européenne ? » Voilà. Et alors – je reviens au 9 mai 1950, qui est la date fondamentale –, quand je décrypte cela, je dis : « C'est la réponse à toutes les questions ! ». À toutes les questions, au fond, que se posait Schuman.

Il est évident que Paul Collowald se sent impliqué personnellement dans cette période de préparation du plan Schuman, il est convaincu qu'il fait partie de cette partie de l'histoire de l'intégration européenne au début des années 1950 et il en est très fier.

Cette appropriation de la construction européenne est aussi présente chez l'ancien parlementaire européenne Karl von Wogau, qui a effectivement participé, à partir de 1984–1985, au sein de la Commission économique et monétaire du Parlement européen au projet de la monnaie unique. Il raconte comment s'est négociée l'unification monétaire au sein de l'UE :

> J'ai longtemps travaillé là-dessus, mais, pour moi, la journée la plus importante était le 2 mai 1998 quand les décisions finales sur la monnaie européenne étaient prises. C'était un samedi, parce que le samedi, les bourses sont closes et, le matin, il y avait la décision du Parlement européen, où j'étais rapporteur, qui a dit « oui ». Puis, à midi, on voulait décider qui serait le chef de la Banque centrale, Duisenberg ou Trichet, et c'était le déjeuner le plus long de l'histoire car ça a commencé à midi et ça a terminé à quatre heures du matin… À l'époque, cette nuit-là, j'ai téléphoné toutes les heures pour me renseigner chez un des participants où on en était et j'avais téléphoné la dernière fois à trois heures du matin, disant qu'on négociait encore entre Jean-Claude Juncker, Chirac et Helmut Kohl. Et puis, à quatre heures du matin, j'ai retéléphoné encore une fois, j'ai dit « Où en sommes-nous ? », l'homme de l'autre côté me disait « Moi, je suis le portier ». Et puis je disais « Il y a encore quelqu'un d'autre qui est là ? ». « Non ». Et puis, à six heures du matin, j'ai entendu à la radio qu'on avait pris la décision que c'était Duisenberg et, à ce moment, la monnaie européenne était devenue irréversible.

L'histoire de la monnaie unique est donc vécue par Karl von Wogau à la fois comme une histoire faisant partie de sa vie professionnelle, par sa fonction au Parlement européen à ce moment-là, mais elle apparait aussi comme une expérience personnelle extrêmement émotionnelle, avec le vécu en direct de cette question liée à la nomination du chef de la nouvelle Banque centrale européenne qui se décide en huis clos par les chefs d'État et de gouvernement, pendant la nuit, comme dans un film.

Cette même impression de suspens et d'émotion ressort du propos de Klaus Schumann lorsqu'il rapporte son expérience au Conseil de l'Europe de l'idée de la Confédération européenne avancée fin décembre 1989 par François Mitterrand. Ce projet envisage un cadre de coopération politique paneuropéenne qui permet d'associer les pays de l'Est sans nécessairement les intégrer tout de suite dans la CEE. Le projet est extrêmement mal reçu par les pays de l'Est qui se sentent rejetés par la Communauté, mais il est également mal vécu au sein du Conseil de l'Europe, qui affiche sa vocation d'organisation paneuropéenne et qui considère que c'est lui qui doit accueillir ces pays dans un premier temps. Klaus Schumann s'en rappelle :

> Vous savez, à l'époque, en 1990, il y a eu une initiative de Mitterrand : la Fédération européenne. Mitterrand voulait voir cela se profiler, et Madame Lalumière, la secrétaire générale du Conseil de l'Europe à cette époque-là, qui était socialiste et qui sortait du même cercle intérieur du président, entend cela à la radio et téléphone à Paris et dit « Mais hé ! Qu'est-ce que c'est que ça ? C'est moi ! C'est le Conseil de l'Europe ! ». Ce qu'il proposait, c'était à peu près ça. Il voulait proposer, en dehors de l'Union européenne, une autre structure pour accueillir les pays des nouvelles démocraties. Évidemment, ils lui ont dit « Non, non, non ! ».

Le projet de la Confédération européenne échoue 13 juin 1991 aux Assises de Prague, mais, selon Klaus Schumann, François Mitterrand aurait ainsi contribué à une mise à l'écart du Conseil de l'Europe qu'il qualifie même de « mort » pour l'organisation européenne :

> Vous savez, les politiques, ils veulent faire quelque chose qui est lié à leur nom, ils ne veulent pas prendre quelque chose qui existe déjà et l'améliorer ou lui donner une nouvelle impulsion, mais ils veulent créer quelque chose. Et ça, c'était la seule raison ! Mitterrand, il avait le culot après onze ans et demi – et cela n'a pas marché et Havel, président tchèque, lui a dit à un certain moment : « On ne veut pas de ta fédération » – de venir faire un discours à l'Assemblée du Conseil de l'Europe avec son « J'ai toujours pensé au Conseil de l'Europe ». Mais là, le Conseil de l'Europe, politiquement, il était déjà mort, parce que la suspicion dans les pays de l'Est était toujours la même : Ils veulent nous exclure ou tenir en dehors de l'Union européenne. Ce n'était pratiquement plus récupérable...

D'autres témoins ont vécu une expérience de l'histoire de la construction européenne qui est moins connue et qu'on ne retrouve pas forcément dans les livres académiques. Ainsi, Pierre Krieger raconte sa contribution personnelle à la réunification du continent européen après la chute du Mur de Berlin en 1989. Il a en effet participé à un projet de régate de voiliers de l'Europe de l'Ouest qui part pour Saint-Pétersbourg en Union soviétique pour marquer le symbole de la fin de la guerre froide et de l'ouverture à l'Est :

> La première chose, pour mettre ça à notre manière en application, ça a été aussi un défi. On s'était dit : « il y a la Perestroïka, pour la première fois on peut aller en Russie avec moins de difficultés que par le passé », on allait saisir cette chance. L'idée, c'était de monter une régate de voiliers de l'Europe occidentale et des pays scandinaves, des voiliers qui venaient de tous ces pays-là pour aller à Saint-Pétersbourg, qui était encore à l'époque un port non-accessible aux navires occidentaux, en tout cas aux voiliers de plaisance. On avait ici à Strasbourg armé un bateau, avec un petit équipage, avec des élus, on était tout fraîchement intronisés. Donc on a réussi à mobiliser une soixantaine de voiliers, et notre voilier aux couleurs de la ville et de l'Europe est parti de Strasbourg, a remonté le Rhin, est sorti dans la mer du Nord et puis ensuite a navigué jusqu'à Saint-Pétersbourg, sans savoir si effectivement, on allait pouvoir être accueilli dans cette ville.

Son projet est un véritable échange car les voiliers sont accueillis pendant une quinzaine de jours, mais lorsqu'ils repartent vers l'Ouest, ils emmènent des

Russes, « ceux qui avaient été choisis pour naviguer sur ces bateaux et qui venaient pour la première fois en Europe occidentale ». Pour Pierre Krieger, cette action, qui coïncide avec l'époque où Gorbatchev avait été reçu au Conseil de l'Europe en 1989, « a été vraiment un moment très fort de cette ouverture, de ces échanges qu'on a initiés et qui furent les premiers dans ce contexte-là ».

Mais il y a aussi du vécu moins positif de l'histoire de la construction européenne. Ainsi, Jean-Marie Woehrling et Jean-Paul Heider font part de leur expérience désespérante avec la bureaucratie bruxelloise, c'est-à-dire avec la Commission européenne. Jean-Marie Woehrling porte un regard extérieur sur les institutions communautaires, étant lui-même ancien Secrétaire général d'une autre organisation européenne, la Commission centrale pour la navigation sur le Rhin. Il raconte l'histoire « absurde » d'abord de la volonté d'implication de la Commission européenne dans les affaires de son organisation et ensuite du désistement de cette implication, lorsqu'elle s'avère difficile à mettre en œuvre :

> Pour donner un exemple dans mon domaine, pour montrer l'absurdité de la chose : la Commission pour la navigation du Rhin est compétente pour le Rhin. Comme c'est le fleuve le plus important, le plus moderne, le plus développé, elle a développé des réglementations très poussées, alors que les autres fleuves européens se sont internationalisés beaucoup plus tardivement, leur activité est plus faible, etc. À l'évidence, nous sommes les leaders de la navigation internationale : c'est nous qui donnons le « la » en la matière. Lorsqu'on a créé un grand marché de la navigation intérieure de l'Union européenne, composé quand même à 70% du Rhin et à 30% du reste, deux choses se sont produites. Tout d'abord, la Commission européenne voulait absolument faire des règlements à notre place, puisqu'il fallait que ce soient des règlements communautaires pour montrer qu'elle faisait des choses, alors qu'en réalité elle ne faisait que du copier-coller de ce qu'on avait fait nous. Par ailleurs, elle nous a expliqué que ça ne pouvait plus être nous qui décidions, parce que nous étions 6 États et que l'Union, c'est 27 États, et que ce n'était pas démocratique si 6 décident à la place de 27, et que par conséquent, il fallait remplacer ce qu'on faisait déjà très bien, pour le faire fonctionner dans le système communautaire, pour que ça devienne plus légitime, plus démocratique. Une fois cette étape réalisée, on s'est rendu compte qu'en réalité l'Union était incapable de faire fonctionner tout cela, parce que sur les 27 États il n'y en a que 6 – les 6 que nous représentons – qui s'occupent de ces problèmes-là. Quand on fait une réunion pour 27 États, il n'y en a que 6 qui sont là, ça ne représente pas le quorum, on ne peut pas prendre de décision. On s'est donc rendu compte que tout cela ne fonctionnait pas, et maintenant on est en train de revenir en arrière. Ils nous disent : « faites-le vous-mêmes » et puis on va prendre un règlement qui consistera à dire que ce que fait la Commission centrale vaut pour l'ensemble de l'Europe. C'est une illustration un peu cynique et sarcastique du fonctionnement, mais c'est la réalité du train-train ordinaire du fonctionnement des institutions européennes.

Cette expérience est partagée par Jean-Paul Heider, qui regrette l'accumulation d'un pouvoir centralisateur de la Commission européenne. « À l'époque où j'étais au Parlement européen, la grande mode, c'était que les décisions se prennent au niveau le plus approprié, le plus près du citoyen », mais il ajoute ensuite : « On ne le fait plus. On ne délègue plus. Bruxelles réglemente à tort et à travers. Et c'est ce qui, dans l'esprit des gens, crée des confusions : si seulement Bruxelles faisait la synthèse des décisions des différents pays membres de l'Union européenne au lieu d'imposer aux pays de l'Union européenne des réglementations qui ne correspondent pas toujours aux intérêts des populations. C'est là où il y a le côté technocratique ». Mais ses anciennes fonctions à la fois de parlementaire européen et de conseiller régional le rendent plus nuancé. Il donne ainsi l'exemple du grand hamster d'Alsace pour illustrer que ce sont en effet les États membres de l'UE qui décident de confier plus de pouvoir à la Commission européenne et qui s'en plaignent par la suite :

> Alors, c'est bien facile pour un pays, que ce soit la France, l'Allemagne ou quelqu'un d'autre, de dire : « Ah, mais c'est Bruxelles qui a décidé ». Oui, mais pourquoi ? Parce qu'on a donné à Bruxelles, à la Commission, des pouvoirs. L'exemple typique, c'est le grand hamster. En Alsace, il y a une sorte de hamster qu'on appelle le grand hamster et qui vit dans les champs, surtout autour de Strasbourg, dans les champs de luzerne, il creuse des terriers. Avec l'exploitation agricole, il y en a de moins en moins. Et, aujourd'hui, la Commission à Bruxelles reproche à la France de ne pas avoir pris de mesures pour préserver cette espèce animale et nous impose des pénalités très importantes. Mais pourquoi ? C'est parce que les Français ont demandé à la Commission de Bruxelles d'édicter des règles. Mais si vous demandez à Bruxelles de mettre en place des réglementations et qu'après, lorsque la réglementation se retourne contre vous, vous êtes fâché, vous voulez descendre dans la rue et manifester, ce n'est pas sérieux.

Ces quelques exemples du vécu de la construction européenne de nos grands témoins montre que l'histoire orale est plurielle : certains témoins font part de leur expérience personnelle de grands moments dans l'histoire de l'intégration, d'autres nous apportent des anecdotes sur un moment précis ou sur un projet, parfois peu connu et qui peut apparaître comme un détail dans la grande histoire des organisations européennes. Le vécu peut aussi être positif ou négatif, mais il y a un élément qui réunit les récits de tous les interlocuteurs : ils sont convaincus d'avoir participé personnellement à l'écriture de cette histoire de la construction européenne et ainsi d'avoir apporté leur part à l'unification de l'Europe.

UN REGARD SOCIOLOGIQUE

Philippe Hamman

La construction européenne peut se lire comme un processus de production d'un niveau d'organisation sociétale, de même qu'au cours des siècles passés, en Europe, ont pris place des dynamiques monopolistiques qui ont conduit à l'émergence de l'État[1], autre construit social, objet de fétichisation au cours de l'histoire[2]. On se souvient de l'expression de Jacques Delors, président de la Commission européenne de 1985 à 1995, qualifiant l'Union européenne d'OPNI : objet politique non-identifié, au titre de sa gouvernance sui generis, qui ne correspond pas aux modèles institutionnels classiques de la confédération ou de la fédération d'États. On comprend dès lors que, comme les États – ou plus encore, puisque le processus de naturalisation ne renvoie pas aux mêmes échelles temporelles –, on a affaire, lorsqu'il est question des institutions européennes, au produit de conditions politiques, économiques, sociales et culturelles d'émergence : toute organisation est artificielle, et fait l'objet d'un travail politique d'imposition de naturalité et d'objectivation par des énonciations ainsi que, territorialement, la fixation de frontières[3]. Sur ce plan, la lecture courante qui se limite à l'analyse des frontières d'État et ne prend pas en considération la spécificité de ces espaces doit être mise à distance[4]. C'est l'un des premiers apports des « mémoires d'Europe » ici réunies.

L'intégration européenne correspond à un dispositif de marquage, incluant des pratiques et des jeux d'alliances diversifiés, qui mérite d'être interrogé. Que peut-on, par exemple, apprendre des dynamiques d'appartenance, quelles qu'elles soient, à la fois « par le centre » – les institutions européennes – et « par les bords » – la diversité des territoires, les frontières de l'Europe... ? On se situe ainsi à la croisée de problématiques sociales, économiques, politiques, linguistiques et culturelles, à travers la combinaison d'un espace, d'une profondeur historique et de projets sociaux (à la fois en termes d'énoncés, de mobilisations et de réalisations collectives). Avant de poser la question d'éventuelles hybridations (chapitre 3), on peut repérer quels modes d'institutionnalisation ont été lancés,

---

1 Élias Norbert, *La dynamique de l'Occident*, Paris, Calmann-Lévy, 1990 (1ère éd. française, 1975 ; original, 1939).
2 Spyer Patricia, *Border Fetichisms: Material Objects in Unstable Spaces*, New York, Routledge, 1998.
3 Le cas de l'imposition de l'État en France est très significatif : Nordman Daniel, *Frontières de France. De l'espace au territoire. XVIe-XIXe siècle*, Paris, Gallimard, 1998, p. 11.
4 Burnett Alan D., Taylor Peter J., *Political Studies from Spatial Perspectives*, New York, Wiley and Sons, 1981, p. 291.

avec quelles contraintes et quels objectifs, dans un rapport permanent entre coopérations et tensions.

En effet, « l'Europe » apparaît fréquemment, sur la scène publique et médiatique, associée à des débats houleux. Il suffit de penser, par exemple, concernant l'adhésion à l'Union des nouveaux États membres à l'Est, à la figure-repoussoir du « plombier polonais » venant concurrencer à bas coûts les artisans français sur le territoire national. Elle a été notamment mobilisée par les tenants du « non » au cours de la campagne pour le référendum français du 29 mai 2005 sur le Traité constitutionnel européen, spécialement autour du projet de « directive Bolkestein » – texte sur la libéralisation des échanges de services traitant des rapports entre les réglementations des pays d'origine et d'activité. À travers cet épisode et ses rebonds réguliers[5], on voit qu'il en va en permanence de dynamiques en train de se faire, renvoyant certes à toute une dimension procédurale – fréquemment critiquée, au demeurant, comme la marque d'une bureaucratie bruxelloise – mais aussi à des enjeux processuels à réactualiser. Ce rapport au temps est central ; il a fréquemment été posé à travers la métaphore de la cathédrale toujours en construction. Après l'attribution du prix Nobel de la Paix 2012 à l'Union européenne, on pouvait ainsi lire dans la presse :

> La construction européenne ressemble en réalité beaucoup à la construction des cathédrales. Un chantier dangereux, risqué, mettant en œuvre des énergies communes pour relever des défis que beaucoup considèrent impossibles[6].

En regard de la diversité des cadres et des pratiques nationales, et des attachements que les uns et les autres peuvent y porter, ne serait-ce que par effet de routinisation, on voit apparaître, au fil de moments de conflictualité comme celui de la « directive Bolkestein », les enjeux futurs de l'intégration européenne, économique mais aussi sociale, ainsi que la place de l'Europe et des États dans la mondialisation, avec les reconfigurations identitaires qu'elle emporte. Ceci nécessite un questionnement lui-aussi pluriel, articulant comparaisons internationales et transnationales[7] dans une sociologie sensible à la dimension des échelles cognitives et pratiques et à ce qui se noue à leur rencontre.

Le double « non » des Français et des Néerlandais au projet de Constitution européenne lors des référendums organisés en mai et juin 2005, le « non » des Irlandais au Traité de Lisbonne, et plus récemment l'arrivée au pouvoir dans plusieurs États de gouvernements eurosceptiques et, bien sûr, le *Brexit*[8] ont rappelé

---

5   On peut, par exemple, penser aux propos d'Emmanuel Macron le 25 août 2017 lors d'une tournée en Europe de l'Est, ciblant explicitement la Pologne comme pourvoyeuse de travailleurs détachés au sein de l'UE.
6   *Les Échos*, 16/12/2012 : http://lecercle.lesechos.fr/economie-societe/international/europe/22 1156364/ cathedrale-europeenne-consacree
7   Hassenteufel Patrick, « De la comparaison internationale à la comparaison transnationale. Les déplacements de la construction d'objets comparatifs en matière de politiques publiques », *Revue française de science politique*, 55 (1), 2005, p. 113–132.
8   Ces évolutions renforcent, en termes réflexifs, l'intérêt des témoignages recueillis il y a désormais quelques années.

que la construction européenne ne s'apparente nullement à un processus linéaire ou quasi-automatique. C'est d'autant plus l'occasion de revenir sur la raison d'être de ce qui a d'abord été bâti, ou du moins justifié, comme une œuvre de paix au sortir de la Deuxième Guerre mondiale (1). Ceci suppose d'analyser les dynamiques d'intégration et les institutions européennes dans leur pluralité, et non comme unique ou unitaire (2).

Auparavant, d'un point de vue sociologique, il convient de préciser à quel titre les acteurs rencontrés s'expriment et quel est leur profil, c'est-à-dire leur trajectoire sociale et professionnelle : par commodité, nous renvoyons à cet égard le lecteur aux notices biographiques rassemblées à la fin de l'ouvrage, qui permettront de saisir à la fois l'épaisseur du propos et son domaine de validité, en rapport aux propriétés sociales des différents témoins retenus. En particulier, on peut se demander pourquoi et à quel moment ces acteurs ont été amenés à porter de l'intérêt aux enjeux européens. Regrouper les témoignages dans le quatrième chapitre de cet ouvrage permet de fournir ces éléments de compréhension, entretien par entretien. Nous en synthétisons ici transversalement les points saillants, en les appuyant sur quelques illustrations parmi d'autres.

L'apport central consiste à rompre nettement avec l'idée de prédispositions décisives ou de chemins tout tracés – l'illusion du « tout petit déjà », pourrait-on dire[9]. Les souvenirs des témoins le montrent bien, il n'y a pas de parcours linéaire ou pleinement cohérent, mais toujours des effets de circonstances, de configurations, de réseaux, etc. L'extrait suivant de l'entretien avec Catherine Lalumière est particulièrement significatif :

> On ne peut pas dire que j'ai fait mes études avec l'idée de devenir un jour ou fonctionnaire ou élu européen, absolument pas, pas du tout. [...] C'est les hasards de la vie. En réalité, progressivement, sous l'influence de mon mari. En le suivant, je suis entrée au Parti socialiste, j'ai été dans les coulisses. Au début, je n'avais pas du tout de responsabilité, puis lorsque François Mitterrand a pris la tête du Parti socialiste, là j'ai trouvé que cela commençait à devenir plus intéressant. Il m'a confié quelques responsabilités dans l'appareil dirigeant du parti, ce qui fait qu'en 1981 j'ai été dans l'équipe gouvernementale, mais pas du tout sur des questions européennes. Simplement, à un moment donné, j'ai été ministre de la Consommation [...]. À cette époque-là, sous l'impulsion de l'Allemagne, a été instauré un conseil des ministres qui s'est appelé le Conseil « Marché intérieur ». [...] Hasard de la vie, les ministres qui devaient y aller étaient tous surchargés. [...] On s'est dit que Catherine Lalumière s'occupait de la consommation et qu'elle irait suivre les travaux du marché intérieur, notamment au premier semestre 1984 où la France était à la présidence tournante. [...] J'ai donc présidé des conseils « Marché intérieur ». On ne peut pas dire que j'étais très rodée, mais cela s'est bien passé et, vous savez, dans le microcosme – surtout à l'époque où l'on n'était pas très nombreux – les réputations se font très vite [...]. À la fin de l'année 1984 lorsqu'il y a eu un remaniement ministériel, Claude Chesson a quitté les Relations extérieures et il a été remplacé par [...] Roland Dumas, et Roland Dumas a proposé à François Mitterrand que je le remplace aux Affaires européennes. [...] Voilà comment l'on devient europhile ou acteur en Europe, c'est le hasard. Ma jeunesse, ma scolarité, ne m'avaient pas du tout préparée à cela, pas du tout.

---

9   Voir l'article classique de Bourdieu Pierre, « L'illusion biographique », *Actes de la recherche en sciences sociales*, 62–63, 1986, p. 69–72.

À l'inverse, il ne s'agit pas non plus d'ignorer la réalité de milieux de sensibilisation et de socialisation, renvoyant à plusieurs séries de références croisées, comme le passé de la guerre vécue en Alsace-Moselle ou le rôle de la démocratie chrétienne, dans le cas d'Antoine Spohr :

> Je sais que dans ma famille par exemple, l'idée européenne était très bien accueillie, comme une évidence et ce, pour une raison : [...] c'était la démocratie chrétienne, c'était Robert Schuman, qui était ministre, président du Conseil, etc. C'est la personnalité qui, dans nos régions, a de toute évidence fait passer le projet comme quelque chose de noble, de serein. Je crois que cela, c'est à la fois local et international. Encore que, un grand ras-le-bol de la guerre y ait largement contribué.

Autre exemple, Bruno Haller évoque pour sa part la Jeunesse étudiante chrétienne (JEC) et les prolongements associatifs qui s'en sont suivis :

> J'ai commencé relativement jeune à m'intéresser à l'Europe. En effet, dès l'âge de onze ans, je me suis engagé dans les organisations de jeunesse, d'abord dans le scoutisme, ensuite l'action catholique. Dans ce cadre, j'ai été responsable fédéral pour l'Alsace de la Jeunesse étudiante chrétienne et ai participé à la création du premier conseil de la jeunesse du département du Bas-Rhin. C'est dans le monde associatif que j'ai trouvé l'ouverture sur les problèmes de société et les questions européennes.

Plus largement, le « passage à l'Europe » s'analyse comme un prolongement possible d'engagements nationaux pour un certain nombre d'acteurs. C'est vrai dans différents univers. Ce peut être le cas pour des associatifs, à l'instar de Jean-Marie Heydt :

> Ma porte d'entrée pour moi a été par la lorgnette de la question sociale. À l'époque je participais en France à une association nationale qui s'appelle le Carrefour national de l'action éducative en milieu ouvert (AEMO). C'est le rassemblement de professionnels de l'action sociale en France à l'époque, puis cela s'est fait en Europe. Des professionnels du travail social y interviennent, essentiellement dans le cadre judiciaire. [...] Et ce réseau européen qui est né a obtenu le statut participatif d'OING au Conseil de l'Europe. C'est comme cela, en représentant cette organisation internationale – c'est le I en plus d'ONG – au Conseil de l'Europe.

Le constat se vérifie également dans l'ordre judiciaire. Par exemple, Jean-Paul Costa rejoint la Cour européenne des droits de l'Homme après une première carrière au Conseil d'État en France :

> Ma carrière professionnelle n'était pas vraiment européenne. J'ai fait des études classiques : droit et Sciences Po à Paris, puis le concours d'entrée à l'ENA. Au Conseil d'État, j'ai été principalement dans la branche juridictionnelle, à la section du contentieux. J'ai eu la grande chance en 1998 de devenir juge de la Cour européenne des droits de l'homme, ce qui a été le couronnement de ma carrière professionnelle. Et ensuite, j'ai encore eu plus de chance, si je puis dire. Ce, lorsque le président de la Cour, à la fin de 2006, a dû partir à cause de la limite d'âge, c'était le juge suisse [Luzius Wildhaber]. Mes collègues m'ont alors élu président de la Cour à sa place, et j'ai pu occuper ces fonctions pendant presque cinq ans jusqu'en 2011.

Enfin, en regard de milieux professionnels et de sociabilité qui peuvent jouer en se cumulant ou pas à différents moments de l'existence, sont également ressorties, en termes de temporalités, des configurations plus ou moins favorables au portage et à la diffusion de l'idée d'Europe depuis le milieu du XXe siècle. Par exemple, Robert Hertzog tout comme Bruno Haller soulignent qu'à l'heure actuelle le militantisme pro-Europe est devenu moins visible que dans les années 1960 dans le milieu universitaire, en particulier à Strasbourg, suivant leurs souvenirs :

> Au début des années 1960, la vie sociale et politique en milieu étudiant était assez intense. Certains professeurs étaient très militants de la cause européenne, même dans leurs enseignements. [...] Un enseignant remarquable, qui avait un grand ascendant intellectuel sur les étudiants, était Guy Héraud, propagandiste convaincu de la cause européenne et auteur d'ouvrages originaux sur le fédéralisme et l'Europe des ethnies. Bref, le milieu universitaire connaissait un activisme pro-européen que l'on ne retrouve plus aujourd'hui [Robert Hertzog]

> Au début des années 1960, j'ai fréquenté la faculté de droit de Strasbourg et certains professeurs nous parlaient déjà dans leurs cours de la construction européenne et du Conseil de l'Europe. Je pense notamment au professeur de droit public Guy Héraud. Il était régionaliste sur le plan national et fédéraliste au niveau européen. Il était surtout enthousiaste et j'ai suivi son enseignement avec beaucoup d'intérêt [Bruno Haller].

C'est, plus généralement, le rôle endossé par des « passeurs » entre des univers et des niveaux d'intervention différents qui transparaît de la sorte[10].

1. De la guerre et de la paix

« Mémoire d'Europe : Mémoire de paix » : ce titre retenu par le projet lancé par la MESA affilie d'emblée le projet européen à la promotion de la paix après la Seconde Guerre mondiale. Pour autant, y a-t-il là une évidence, et pour qui ? Ceci induit deux questions : d'une part, comment les grands témoins rencontrés définissent-ils la construction européenne et, de l'autre, endossent-ils la lecture de l'Europe comme œuvre de paix entre les nations ?

1.1. Comment définir la construction européenne ?

Les acteurs interrogés fournissent une définition de la construction européenne déclinée sur trois plans, en interaction, à savoir : un constat, celui d'une « culture européenne » ; un projet de mise en commun à partir de ces éléments partagés mais aussi en rupture avec les guerres qui ont prévalu historiquement ; et un instrument, celui des constructions institutionnelles.

Au premier niveau, il est régulièrement question d'une culture européenne. Notion floue, elle peut être exprimée en termes de « civilisation », au sens d'un construit socio-historique de long terme, comme par Catherine Lalumière :

> L'Europe, c'est essentiellement des manières de penser, des manières de vivre, une culture, une civilisation. Pour moi, le concept d'Europe, [...] ce n'est pas l'aspect géographique qui me semble le plus caractéristique, c'est que, au fil des siècles, trois millénaires presque, l'Europe représente pour moi cela : une civilisation essentiellement.

---

10 Sur cette problématique, cf. Hamman Philippe, Méon Jean-Matthieu, Verrier Benoît (dir.), *Discours savants, discours militants. Mélange des genres*, Paris, L'Harmattan, 2002.

Il convient alors, suivant Antoine Spohr, d'être conscient d'une « européanité » :

> Il y un truc que l'on oublie un peu trop souvent, c'est qu'il faut que les Européens prennent conscience de leur « européanité ». […] Il y a un fond commun, partagé. Il y a une culture européenne, dans la musique, la peinture, etc., et cette culture a rayonné ! L'Europe de la culture a beaucoup plus rayonné sur la planète et migré dans le monde entier que le TGV ou EADS. […] Concernant l'aspect civilisationnel, il y aussi l'aspect en Europe des systèmes sociaux, qui sont fantastiques ! […] Allez expliquer cela à un Américain !

C'est sur ces fondements qu'à un deuxième niveau, un projet européen se serait développé. Par opposition aux guerres entre États, il est affirmé comme projet humaniste par plusieurs interlocuteurs, à l'instar de Catherine Lalumière :

> Le projet européen, c'est un changement de paradigme énorme, évidemment. […] Pendant tous ces siècles qui ont bâti la civilisation européenne, on a malheureusement constaté que c'étaient des siècles où les peuples d'Europe ont été constamment en concurrence […]. Souvent, il s'agissait de conflits armés et, à partir de 1945, il y a ce changement incroyable d'optique : […] cette Europe décide de s'unir, de se rassembler. […] Et quel est ce projet ? En réalité, c'est celui de faire vivre la civilisation européenne, ce modèle de société que nous avons forgé et qui est un modèle de société qui était original. […] C'est un équilibre entre trois grandes exigences : des exigences économiques, le bien-être, le niveau de vie ; des exigences de justice sociale. […] Puis il y a une troisième composante de ce modèle de société à l'européenne qui sont les valeurs humanistes, les droits de l'Homme, la démocratie, l'État de droit.

Troisièmement, la mise en œuvre des objectifs passe par la création d'institutions qui l'incarnent et en assurent le fonctionnement. C'est bien dans cet ordre que le Grand rabbin René Gutman restitue sa pensée du chaînage européen :

> On ne la [l'Europe] conçoit pas forcément comme une confédération étatique, mais plutôt fondée sur ses mémoires, ses cultures, ses traditions. Ce qui fait que, pour moi, la construction européenne est effectivement basée sur un socle qui est sa tradition judéo-chrétienne, sa culture gréco-latine, ses racines culturelles et philosophiques. C'est cela pour moi la construction européenne, avant d'être socio-politique et institutionnelle.

La construction institutionnelle est présentée par Catherine Lalumière comme un outil d'implémentation par rapport au projet de civilisation :

> La construction européenne, c'est un effort pour rassembler des États, pour rassembler des peuples et les faire travailler ensemble et mener à bien un projet. Ce n'est pas un projet limité dans le temps, ni un petit projet, c'est un projet de civilisation. […] La construction européenne est donc un instrument, un outil. L'architecture institutionnelle est au service de ces objectifs.

Et, ajoute Bruno Haller, dans ces scènes institutionnelles et au-delà des grands principes, construire l'Europe passe *in fine* par des réseaux et des intermédiaires, c'est-à-dire aussi cultiver de l'interpersonnel entre acteurs qui donnent corps aux processus :

> [Parlant de ses fonctions au Conseil de l'Europe :] Cela m'a fait découvrir l'importance de la formation de multiplicateurs de l'idée européenne et de la constitution d'un réseau de connaissances et d'amis, qui partagent les mêmes valeurs de démocratie, de respect de la dignité humaine, de justice et de solidarité et sont engagés dans leurs pays respectifs. Dans une orga-

nisation internationale, les projets se réalisent bien plus vite et mieux avec les contacts personnels !

1.2. Le domaine de validité de l'équation Europe = paix

Le projet européen est classiquement considéré, de façon centrale, comme une œuvre de paix. Si ce constat est largement vérifié dans le corpus d'entretiens, la corrélation apparaît plus particulièrement marquée auprès de ceux qui ont connu la guerre : est-ce alors une question de génération ? Ou est-ce aussi une question de définition du rapport à la paix et à la guerre, et de son actualisation dans la configuration actuelle ? L'attribution à l'Union européenne du prix Nobel de la Paix en 2012 retient également l'attention, en ce sens.

1.2.1. L'association classique à l'œuvre de paix

Nombreux sont les interviewés à acter le lien direct entre la construction européenne lancée après le second conflit mondial et l'objectif de paix entre les nations. Citons quelques extraits :

> L'idée d'Europe est une idée judicieuse, d'autant plus après la guerre franco-prussienne et deux guerres mondiales épouvantables. Le thème de la réconciliation, pas seulement franco-allemande mais en général, me semblait vraiment très important [Jean-Paul Costa]

> [L'Europe] a cette capacité à générer une forme de paix, d'ailleurs on l'a vu après la guerre avec la réconciliation franco-allemande. […] Le fait est qu'il n'y a pas eu de conflit en Europe depuis, hormis les Balkans, où il s'agissait de conflits tribaux non réglés à la suite de la dislocation de l'Empire austro-hongrois [René Gutman]

> Moi je pense qu'incontestablement, l'Europe est l'exemple d'une œuvre de paix dans la mesure où, grâce à la construction européenne, elle a quand même permis le dialogue entre les États, et elle a donc permis d'éviter les conflits, y compris dans les moments les plus durs [Jean-Marie Heydt].

En ce sens, les premiers moteurs de socialisation à l'Europe ont été la guerre, pour ne pas la reproduire encore, et la réconciliation franco-allemande. Les entretiens convergent sur ce point :

> La construction européenne, je considère que c'est la conséquence de la Seconde Guerre mondiale. Il fallait trouver un moyen de ne plus revivre ce cauchemar […]. C'était l'occasion de réconcilier la France et l'Allemagne, deux peuples qui se sont combattus pendant des siècles, et la construction européenne a permis justement d'instaurer la paix en Europe, ce qui est un grand progrès par rapport à ces guerres [Claude Keiflin].

> La construction européenne, je pense, c'est d'abord un refus de la guerre. Cela a été la plupart des pères de l'Europe qui ont vécu ce drame, que ce soit Churchill, Robert Schuman, Spaak et d'autres. C'est l'intégration des pays européens pour qu'ils ne puissent plus se faire la guerre [Robert Walter].

La dimension des rapports de force entre États sur la scène internationale est rappelée à l'origine de la construction européenne. Il en serait d'abord allé de la paix et de la guerre, c'est-à-dire d'une nouveauté fondamentale par rapport à la grille d'analyse traditionnelle de l'inter-étatisme dans les relations internationales :

> C'est une œuvre tout à fait originale, générée par la volonté commune de différents États de coopérer. C'est quelque chose de très innovant dans l'histoire de l'humanité, où jusque-là les rapports avec les autres États étaient fondés sur des conquêtes et des rapports de force souvent violents [Gérard Traband]
>
> Pourquoi est-ce que les pères de l'Europe ont voulu mettre ensemble le charbon et la sidérurgie ? C'est parce qu'il s'agissait des deux moteurs des armes de guerre, de la fabrication des armes de guerre. Ils se sont dit « si on met les deux ensemble à travers la Communauté européenne du charbon et de l'acier [CECA], il n'y aura plus jamais de guerres », et ils avaient raison [Alain Howiller].

Dans ce rapport de la paix et de la guerre, on trouve aussi, en écho à la réconciliation, des motifs à agir de concert face à une incarnation répulsive, à savoir s'éloigner du risque soviétique, comme le rappelle Robert Hertzog :

> Le discours sur la paix et la réconciliation des peuples était extrêmement important dans les années 1950. À côté de Monnet ou Schuman, un des « pères cachés » de l'Europe a été Staline ! La peur de l'Union soviétique a poussé les Européens de l'Ouest à s'unir rapidement après 1945, avec le Conseil de l'Europe d'abord, la CECA et la CEE ensuite, et l'OTAN en arrière-plan. L'URSS a été un facteur d'incitation important, sur le plan politique et stratégique ; n'oublions pas le projet avorté mais très avancé de Communauté européenne de défense.

Ce n'est donc pas une vision idéalisée des origines que portent la plupart des personnalités rencontrées. Ainsi de Norbert Engel, qui accorde pragmatiquement au projet européen le crédit de la paix vue l'absence de guerre, au sens des conflits antérieurs :

> Je n'entre pas du tout dans cet émerveillement qui consiste à dire que « l'Europe est notre chance, l'Europe est notre salut », non. Je pense que l'Europe est une voie que nous avons prise [...]. Mais l'Europe n'est pas un miracle. Les partisans d'une idée européenne insistent beaucoup là-dessus : [...] On a eu trois guerres opposant l'Allemagne et la France, en l'espace de soixante-dix ans – de 1870 à 1945 – et cela fait exactement le même temps que l'on vit absolument sans la moindre guerre. [...] Est-ce que cela signifie que si l'Europe ne s'était pas constituée progressivement, l'on aurait refait une guerre ? Pas nécessairement. Il n'empêche qu'il est légitime que l'Europe puisse se prévaloir de ceci, puisqu'il n'y a pas eu de guerre.

1.2.2. L'instance de ceux qui ont connu la guerre

Parmi les interrogés, l'énonciation du poids de la guerre est spécialement nette chez celles ou ceux qui l'ont vécue personnellement ou dans leur famille. La dimension structurante de la Deuxième Guerre mondiale ressort avec force dans les mémoires des personnes qui l'ont directement subie, et rattachent dès lors le projet européen d'abord à ces références. Le témoignage de Léon Nisand est parlant :

> J'allais au lycée Fustel de Coulanges, un lycée de Strasbourg, et j'étais en seconde, deuxième, quand la guerre a éclaté, en 1939. Cette entrée en guerre était un véritable bouleversement. [...] On n'osait même pas rêver ce qui était en train d'être tenté à ce moment-là. C'est-à-dire une Europe unie en un bloc économique, politique, culturel, humain, avec une recherche humaine de la vie. On n'osait pas rêver de ces conceptions, encore actuelles, autour de l'Homme.

En même temps, c'est à la mémoire de la Shoah que Léon Nisand renvoie, et à la figure du juif et sa persécution :

> Je suis né dans les milieux juifs, et ça ce n'est pas quelconque. [...] Il suffit d'un vote défavorable des autres ; nous avons derrière nous le nazisme, les pogroms, la destruction, [...]. On en a tué six millions... en Europe ! C'est pour cela que j'en parle. [...] Cela n'a pas le droit de se reproduire.

Cette sensibilité se retrouve au sein de la génération qui a grandi dans l'immédiat après-guerre, et dont les parents ont été confrontés au conflit. Roger Siffer livre ce témoignage personnel :

> Déjà il y a vingt ans, j'ai fait une chanson sur la gloire de l'Europe parce que j'ai eu le bonheur d'avoir un père qui a été incorporé de force sous les nazis, qui a été blessé en Russie, etc., qui avait donc toutes les raisons d'en vouloir à l'Allemagne [...]. Et il a tout de suite, depuis mon plus jeune âge, parlé d'amitié franco-allemande, de construction européenne. Ainsi, c'était chez moi.

C'est ce vécu, dont la mémoire reste vivace, qui fait de l'Europe un projet suscitant l'enthousiasme, à l'exemple de Gérard Traband, qui s'y arrête longuement :

> Je suis né en 1948. Mon enfance s'est déroulée dans une ambiance encore très marquée par l'après-guerre. Lors de nos repas de famille notamment, tôt ou tard nous tombions toujours sur le problème de la guerre. L'Europe, pour nous, était une utopie fantastique. [...] Dans le cadre de son travail, mon père allait régulièrement faire des enquêtes en Allemagne et de temps en temps, il m'emmenait. [...] Je me souviens des dégâts sinistres à Mannheim. J'ai notamment été très impressionné par les ruines du château et de l'opéra de Karlsruhe. J'ai tout cela en mémoire. Pour nous, l'Europe était une nécessité. Il fallait qu'elle se construise. [...] Mon oncle était dans l'armée allemande, mon père l'était également du côté français, puis réfugié dans le Limousin ; il ne fallait plus que cela se reproduise.

1.2.3. Un changement progressif de référentiel ?

Le registre de la paix est-il pour autant pleinement explicatif du projet européen tel qu'il s'est développé depuis 1948 ? Ce n'est pas une corrélation unique que traduisent les interviewés, malgré l'insistance relevée plus haut. Ainsi, Catherine Lalumière évoque-t-elle ce qui aurait été dès l'origine un double projet, contre la guerre *et* pour la démocratie :

> Je pense que pour les pères fondateurs [...], en fait, au tout début, ils voulaient la paix, mais c'est un projet qui est d'abord contre et ensuite pour. Contre plusieurs choses : contre l'hypernationalisme d'abord, car toute cette génération a vu ce à quoi la montée du nationalisme au XIXe siècle a abouti au XXe, deux guerres mondiales épouvantables. [...] Ils sont contre les totalitarismes, car cette génération a été marquée par les années 1930 et ce qui a suivi. [...] À

l'inverse, ils vont être pour la démocratie, pour les droits de l'Homme, pour l'État de droit et tout ce qui va avec. Il ne faut jamais oublier que le premier texte qui a été adopté après la Seconde Guerre mondiale au niveau européen a été la Convention européenne des droits de l'Homme.

De plus, les références de légitimation d'un projet comme celui de la construction européenne se comprennent en regard de configurations sociopolitiques et historiques – l'après-guerre est un exemple en soi. Elles sont susceptibles d'évolutions permanentes. C'est bien ce que dit Alain Howiller :

> C'était au départ une œuvre de paix entre les nations, mais progressivement on a cru que l'on pouvait aller au-delà de la paix et essayer de construire quelque chose qui rende service au peuple.

Ces évolutions peuvent être en partie confirmatives, par exemple s'agissant de l'importance des relations bilatérales entre la France et l'Allemagne au sein de l'Europe :

> À l'époque, l'Europe, le projet européen était le moteur pour le rapprochement franco-allemand. Cela a été pour moi l'origine de cette amitié franco-allemande, et aujourd'hui, c'est inversé, c'est l'amitié franco-allemande qui est le moteur de l'Europe [René Eckhardt].

Elles peuvent aussi se déporter des motifs initiaux :

> Le problème de la guerre était une évidence. Aujourd'hui, chez les jeunes générations, elle n'a plus lieu d'être [Gérard Traband]

> La légitimation de l'Europe par la paix ne signifie plus rien aujourd'hui pour les jeunes générations. Elle est acquise [Robert Hertzog].

Le programme sur les identités européennes lancé à la fin des années 1990 par René Girault et Robert Frank[11] a étudié ce paradoxe apparent : les avancées de l'intégration européenne peuvent contribuer à sa désaffection. Les motivations premières – volonté de paix et de réconciliation, protection contre la menace soviétique – ne sont plus aussi opérantes dès lors que les Communautés européennes puis l'Union ont permis d'atteindre en partie ces objectifs. Concomitamment, la « conscience européenne », souvent identifiée à des représentations négatives – la peur d'une invasion soviétique, par exemple – doit, à partir des années 1970, se reconstruire autour d'images positives, plus difficiles à faire émerger. Il en va de même pour produire une identité européenne, confrontée non seulement aux affiliations nationales, mais aussi à l'émergence d'une série d'allégeances concurrentes possibles, telles les identifications régionale ou transnationale (voir *infra* les chapitres 2 et 3).

L'argument de la paix peut dès lors avoir perdu de son acuité aujourd'hui, à la différence des générations précédentes. C'est pourquoi Norbert Engel estime que le discours doit être repositionné en direction de la jeunesse :

---

11 Frank Robert (dir.), *Les identités européennes au XXe siècle. Diversités, convergences et solidarités*, Paris, Publications de la Sorbonne, 2004.

J'ai été professeur de philosophie pendant treize ans. Si l'on apprend quelque chose lorsque l'on fait un peu de philosophie, c'est la distance aux choses. Vous savez, les gens ont peu de sens de la profondeur historique. […] Médiatiquement, on peut retourner une population entière en trois mois. C'est-à-dire qu'il ne faut pas se faire trop d'illusions sur cette histoire-là. Je veux dire, s'il y a un point où je pense que l'Europe a pu œuvrer pour la paix, mais c'est le seul, c'est avec les programmes Erasmus et autres, qui ont conduit les jeunes – moi je le vois, j'ai trois enfants – à se rencontrer en Europe. Moi, ce qui me frappe, c'est que pour eux, quand ils avaient déjà quatorze ou quinze ans, aller à Berlin, à Rome, à Lisbonne ou à Bruxelles, c'était comme pour moi aller à Paris et peut-être même moins. C'est-à-dire que ce n'est pas simplement avoir dans sa tête une autre géographie […], mais c'est aussi faire des connaissances avec des tas de gens qui ne sont pas tout à fait comme vous.

Roger Siffer focalise aussi sur les enjeux du présent :

Cette Europe de paix, pour moi, on l'a derrière nous. […] Moi, j'ai des enfants, ils en ont strictement rien à faire des différences d'un pays à l'autre. Donc, maintenant, parler d'Europe de paix, c'est aussi se poser des questions sur la position de l'Europe par rapport, par exemple, au conflit israélo-palestinien ou par rapport au Mali […]. Donc la paix, c'est quelque chose d'un peu subliminal, c'est un petit peu relatif, c'est un petit peu difficile à cerner.

Autrement dit, si le travail de paix est reconnu, la problématique de la guerre s'est modifiée aujourd'hui et prend d'autres formes que le seul affrontement militaire entre États. Kai Littmann l'exprime :

C'est déjà un garant de paix, c'est quelque chose de tout à fait évident. Nous vivons actuellement une période de paix extrêmement prolongée pour ce continent […]. Par exemple, entre la France et l'Allemagne, il y a toujours eu des guerres fratricides extrêmement violentes et maintenant, depuis soixante-dix ans, on a la paix dans le noyau de l'Europe. Même si, on le sait bien, il y a des guerres à la périphérie européenne, il y avait la guerre de Yougoslavie […]. Je sais aussi que la guerre a changé de physionomie, elle est aujourd'hui plus économique que militaire.

Quatre arguments principaux sont avancés par les acteurs rencontrés. Tout d'abord, il s'agit des transformations des conflits sur la scène internationale, qui suivent un double mouvement de globalisation et de régionalisation[12]. Robert Hertzog note :

L'Europe n'est pas très efficace dans les conflits actuels, y compris ceux en son sein même, faute d'oser s'assumer en tant que « puissance » et de se doter des institutions en conséquence. On l'a vu en ex-Yougoslavie ; elle est peu pressante sur la Serbie et le Kosovo. Elle ne sait pas régler le problème de la Moldavie, Transnistrie. […] Qui s'occupe de cela en Europe ? Madame Ashton [Haute Représentante de l'Union pour les affaires étrangères] ? Le Conseil de l'Europe ? L'OSCE, avec les Américains ? Tous, personne ?

---

12   Pour un panorama de ces évolutions, voir par exemple Devin Guillaume, *Sociologie des relations internationales*, Paris, La Découverte, 2018 (4e éd.) ; et Diane Éthier, *Introduction aux relations internationales*, Montréal, Presses de l'Université de Montréal, 2010.

Un deuxième facteur concerne la montée en puissance de la « guerre économique »[13] au temps de la mondialisation, comme le mentionne Robert Walter :

> Pour moi, l'Europe aujourd'hui, c'est d'abord un contrepoids important aux États-Unis et au monde émergent comme la Chine ou l'Inde. [...] À ce niveau-là, il y a des erreurs monumentales de la Commission, qui libéralise le marché et désarme l'Europe face au protectionnisme chinois ou américain. Il faudra un jour que les Européens attaquent quelque peu la Commission et demandent à leurs députés de faire une législation plus protectionniste.

Le troisième élément tient à la pluralité des signifiants du registre de la paix ; il ne s'agit plus nécessairement de la paix entre États, mais aussi de la question sociale. L'Europe est jugée faible sur ce plan très actuel, selon Norbert Engel :

> Il y a deux formes de paix. Il y a une paix entre nations, c'est l'image que nous avons des grandes guerres mondiales du XIXe et du XXe [...]. À cette forme de guerre, nous avons substitué des micro-conflits, aux confins des empires pour y vendre des armes. Ensuite, il y a une autre paix, c'est la paix sociale. Et de ce point de vue-là, je crois que l'Europe n'y contribue pas du tout. [...] L'Europe [...] n'a pas encore fait la preuve que dans une période de récession, ou de pénurie, elle est capable d'empêcher dans un pays quelconque des révoltes sociales ou une casse sociale.

Enfin, on peut estimer que le discours général de la paix, en produisant du consensus, a laissé ouvert bien des enjeux, sociaux, on l'a dit, mais aussi celui de l'Europe politique :

> L'objectif d'une plus grande intégration politique de l'Europe existe depuis le début, mais personne n'en a tracé les formes. [...] Infiniment plus présente et concrète dans la vie de tous, l'Europe en tant que projet politique est devenue moins visible [Robert Hertzog]

Il reste que l'héritage de la paix est hautement symbolique. L'attribution du prix Nobel de la paix à l'Union européenne le 12 octobre 2012 le corrobore[14]. D'abord, parce qu'à l'occasion de la remise du prix le 10 décembre, le président du comité Nobel n'a pas éludé les controverses sur le sens actuel de la construction européenne, déclarant :

> Sauvegarder ce qui a été gagné et améliorer ce qui a été créé pour nous permettre de résoudre les problèmes menaçant la communauté européenne aujourd'hui, c'est la seule façon de résoudre les problèmes provoqués par la crise financière[15].

Ensuite, parce que cette récompense décernée à l'UE d*onne* à voir les rapports parfois complexes entre l'Union et le Conseil de l'Europe, spécialement en termes de légitimité sur cet enjeu historique de la contribution à la paix. Antoine Spohr l'exprime clairement :

> Pour moi, c'est le Conseil de l'Europe qui méritait le prix Nobel de la paix. C'est lui qui s'occupe de l'union entre les peuples, de justice, de droits de l'Homme, de questions sans les-

---

13 Par exemple, Delbecque Éric, Harbulot Christian, *La guerre économique*, Paris, Presses universitaires de France, Que sais-je ?, 2010.
14 Voir http://www.lemonde.fr/europe/article/2012/12/10/dans-la-tourmente-l-europe-recoit-le-prix-nobel-de-la-paix_1804085_3214.html (consulté le 20/08/2020).
15 *Ibid*.

quelles il n'y a pas de paix. J'ai publié le jour de l'annonce du prix, un article intitulé « Erreur de rive ». Il s'agissait de l'Ill bien sûr[16].

Catherine Lalumière se veut plus consensuelle, mais laisse aussi percevoir les tensions concrètes :

> Je sais un petit peu l'amertume qu'ont ressenti les gens du Conseil de l'Europe, en se disant « Quand même, c'est nous ! C'est nous qui avons les vraies valeurs pacifiques ». Moi, j'interprète ce prix comme un prix qui est donné à l'Europe. Cela a été attribué à l'Union européenne parce qu'elle est plus connue que le Conseil de l'Europe dans le monde entier. […] Le Conseil de l'Europe en réalité est inclus dans le prix donné à l'Union européenne. […] Ne faisons pas de querelle de boutique entre l'Union européenne et le Conseil de l'Europe, ce sont deux organisations qui sont très proches, qui ont les mêmes objectifs et qui reposent sur la même philosophie […]. Le succès principal des Européens est qu'ils ont su pacifier leur continent.

Pour Claude Keiflin, c'est le signe qu'il manque une incarnation unique et visible du projet européen :

> Ce prix Nobel est donc justifié […]. Quant à la polémique […], elle demeure secondaire. Il serait mieux qu'il y ait un Président de l'Europe unie, que l'Europe soit un peu plus fédérale qu'elle ne l'est, et dans ce cas cette question n'aurait pas lieu d'être. Ceux qui représentent actuellement l'Europe ne sont pas assez connus pour l'incarner vraiment.

2. De la pluralité des dynamiques d'intégration et des institutions européennes

Les analystes des systèmes politiques en Europe évoquent fréquemment un double mouvement, *a priori* contradictoire : d'une part, l'émergence de niveaux supplémentaires de décision (au niveau supra-national, infra-national, et en parallèle aux États par des acteurs privés) ; de l'autre, les États-nations qui continuent à défendre, non sans succès, leur autorité et une partie de leurs fonctions historiques. Aucun des deux processus ne l'emportant définitivement, on aboutit à la coexistence durable de plusieurs niveaux de « juridiction », ce qui est censé permettre de trouver les solutions pertinentes aux niveaux adéquats[17]. Que pensent les grands témoins de l'organisation et du fonctionnement des institutions européennes à l'heure actuelle ? Ce questionnement peut être déplié autour de plusieurs enjeux interconnectés, et restitué dans des dynamiques de moyen terme : tout d'abord, l'Europe correspond-elle à un édifice unique ou recouvre-t-elle des réalités différentes, aujourd'hui et à travers la construction dont elle est issue ? Quelles problématiques saillantes se dégagent dans le processus d'intégration pour le qualifier, c'est-à-dire en saisir les avancées mais aussi les limites ? *Quid*, enfin, du

---

16 Allusion aux sièges respectifs du Parlement et du Conseil de l'Europe à Strasbourg. Voir le site de Mediapart : http://blogs.mediapart.fr/blog/aspohr/121012/le-prix-nobel-de-la-paix-une-erreur-de-rive (consulté le 20/08/2020).
17 Scharpf Fritz, *Governing in Europe: Effective and Democratic?*, Oxford, Oxford University Press, 1998.

Conseil de l'Europe, alors que la focale se place le plus souvent – sauf à Strasbourg ? – sur les instances de l'Union ?

2.1. Une ou plusieurs Europe ?

On ne s'en étonnera pas, le juriste Robert Hertzog qualifie d'emblée le processus d'intégration européenne de construction *sui generis*, délicate à comparer :

> L'UE est un modèle inédit et incomparable. On lui applique des critères ou des qualificatifs tirés d'autres modèles et l'on fait des comparaisons qui sont, par nature, médiocrement pertinentes. Ce n'est pas un quasi-État, ce n'est pas une organisation internationale classique : c'est un solide bâtard.

Ceci posé[18], on ne sera pas davantage surpris d'entendre les acteurs rencontrés évoquer plusieurs Europe. Ce qui frappe, c'est le mode du clivage, binaire ou ternaire, que l'on peut interpréter comme un signe de tensions au sein du projet européen, en même temps que de déclinaisons plurielles.

Une première dualité – attendue – se situe entre l'Union et le Conseil de l'Europe. Elle peut s'entendre au sens processuel, celui de l'histoire des initiatives de rapprochement européennes après la Seconde Guerre mondiale ; c'est cette lecture que donne Gérard Traband, évoquant la création du Conseil de l'Europe, puis de l'Union :

> Au départ, il y eut le Conseil de l'Europe. [...] Vous aviez là un processus qui réunissait un nombre de pays européens assez considérable. À son intérieur, un noyau s'était mis en place, formé des six pays fondateurs signataires du traité de Rome, qui donnera naissance au marché commun. [...] Nous sommes passés ensuite à l'Union européenne, étant donnée la dimension politique supplémentaire représentée par le Parlement européen élu au suffrage universel.

Mais le clivage n'est pas uniquement rapporté à la chronologie ou aux différences de périmètre : la « Grande Europe » du Conseil et l'Europe plus intégrée de l'Union. Il est vrai que les élargissements successifs – en 2013, l'UE compte 28 membres et le Conseil de l'Europe 47 membres – ont pu brouiller cet aspect, quant aux conséquences sur les sentiments d'affiliation à l'Europe (nous y reviendrons dans le chapitre 3). Il est davantage question de deux visions de la construction européenne, comme l'exprime Kai Littmann :

> Pour moi, il y a plusieurs Europe, il y a l'Europe humaniste des valeurs démocratiques, qui est plutôt l'Europe de Strasbourg, et une Europe technocratique, qui est l'Europe de Bruxelles. Les deux ne sont pas tout à fait compatibles.

Cette (dés)association duale se retrouve dans les propos de Catherine Lalumière :

> On dit souvent que l'on a commencé par l'économie et par le marché commun : c'est faux. [...] La première composante de tout ce projet [...] est celle de rétablir en Europe la démocratie, les droits de l'Homme et tout ce qui va avec : l'esprit de réconciliation, le respect de

---

18 Quermonne Jean-Louis, *Le système politique de l'Union européenne*, Paris, Montchrestien, 2015 (9e éd.).

l'autre, etc. Ce sont des valeurs. Par la suite, [les pères fondateurs] vont compléter ce projet avec l'économie, [...] parce que, en gens intelligents, ils ont compris qu'en faisant travailler ensemble des gens sur des chantiers très matériels, la reconstruction véritablement, on allait souder des solidarités. Et c'est ce qu'ils ont inauguré avec la CECA.

Par extension, Gérard Traband pose une distinction entre Europe de l'économie et Europe du droit :

> L'Europe n'est pas seulement un marché, c'est également beaucoup de droit. La Charte des droits fondamentaux de l'Union européenne est quelque chose d'extraordinaire, aussi bien que la Cour européenne des droits de l'Homme. C'est un marché, bien sûr, de par la construction du marché commun, du « grand marché » de 1993, et de par la mise en circulation de l'euro. Cette dimension est certes importante, mais il ne faut pas être naïf. L'Europe, c'est beaucoup de droit pour le respect le droit des personnes. C'est essentiel et vecteur de paix.

Jean-Marie Heydt va même plus loin dans la distinction, en dégageant trois lectures différentes des coopérations européennes, et ce dès l'origine, durant l'après-guerre :

> Pourquoi, quand certains ont voulu faire une Europe à dominante humaniste en tant que telle, qui est devenu le Conseil de l'Europe, d'autres voulaient en faire une Europe économique ? Cela a donné déjà deux pousses dans cette construction européenne. [...] C'est déjà là un élément de non détermination. [...] Les intérêts économiques de certains pays ne se retrouvaient pas dans le supranational, ils ont donc créé l'AELE, l'Association européenne de libre-échange, qui est encore une autre pousse qui est venue à côté. Cela fait donc [qu']autour des années 1950 *grosso modo*, il y a déjà trois pousses de cette construction.

Deuxième dualisme : on retrouve une césure proche pour qualifier l'Union européenne aujourd'hui. Il y aurait derrière un même terme deux Europe, économique ou humaniste :

> Je pense que l'Europe a totalement oublié sa vocation sociale, on est en train de sacrifier à l'Europe humaniste une Europe bancaire [Kai Littmann]
>
> Je pense qu'il y a plusieurs facettes à l'Europe. Il y a la caricature : l'Europe économique, l'Europe humaniste [Jean-Marie Heydt].

Cette position est fréquemment reprise, à l'instar de Roger Siffer :

> Il y a deux Europe. [...] Moi, je suis pour l'Europe des gens et pas pour l'Europe de la TVA. Il y a donc une Europe économique [...]. Ça c'est une des choses, mais ce qui est pour moi le plus important, c'est une Europe de l'Humain [...]. C'est cette Europe-là qui m'intéresse, j'ai une sainte horreur de toutes les frontières, pas seulement les frontières politiques, mais les frontières que les gens peuvent avoir dans la tête, l'intolérance, le non-respect du droit à la différence. Chacun a le droit d'être différent.

Ce premier mode de scansion relatif à l'UE se double, pour nos interlocuteurs, d'un second, à savoir des dynamiques européennes différentes par secteurs d'intervention et en fonction de degrés d'intégration. Catherine Lalumière explique :

> Il y a l'Europe agricole, l'Europe de tel secteur, l'Europe de l'énergie, etc. En ce sens, oui, il y a plusieurs Europe. Mais il y a un autre sens : [...] si l'on prend les différents pays qui sont membres ou qui sont candidats à le devenir, ceux-ci ne sont pas tous d'accord sur le degré d'intégration à consentir à l'Europe. Ils veulent plus ou moins garder leur souveraineté, d'où l'idée de cercle concentrique.

C'est peut-être ce qui fait dire à Antoine Spohr qu'il y a bien plusieurs Europe, avec une place singulière du Royaume-Uni, liée à ses résistances face à l'intégration – propos qui connaît un écho singulier aujourd'hui avec le *Brexit* :

> L'Europe est un consensus peut-être mou, de vingt-huit peuples – UE –, quarante-sept peuples – Conseil de l'Europe – et pourtant un des peuples qui devrait être écarté s'il le souhaite, c'est les Anglais, qui ont du mal à renoncer à la nostalgie de l'empire, qui n'ont pas souscrit à la Charte des droits fondamentaux, ne sont pas dans l'euro ni dans Schengen, etc.

Plus généralement, ces non-choix entre une pluralité de visions de l'Europe induisent des difficultés au présent, estime Jean-Marie Heydt :

> Cela a toujours été un rapport de force entre les États, parfois consensuel quand on est dans le Conseil de l'Europe, parfois au vote quand on est dans l'Union européenne, mais ça a toujours été cela. Et comme ces questions importantes, à mon sens, n'ont pas été posées et n'ont pas été résolues, on est dans ce débat aujourd'hui […] par rapport aux crises que l'on connaît.

Cette diversité de conceptions du projet européen, de ses contours et de ses objectifs, permet de relire le processus socio-historique qui a pris place de 1948 à nos jours, de la CEE (créée en 1957) à l'Union européenne (depuis le 1er novembre 1993), en passant par les Communautés (établies en 1967). Les propos d'acteurs reviennent sur le modèle courant dit du *spill over* ou de l'engrenage. Inspirée des travaux de David Mitrany, selon lequel tout mouvement d'intégration procède nécessairement d'une dynamique fonctionnaliste[19], cette thèse a été approfondie par Ernst Haas[20] à travers la notion de « débordement », par émulation, de la construction économique européenne vers une unification politique, et reprise à leur compte par de nombreux décideurs[21].

À un premier niveau, on note un certain nombre de discours confirmatifs, à la fois quant à la dimension processuelle et la place de l'économie. Ainsi, Catherine Lalumière rejoint-elle une hypothèse de continuité du projet d'intégration européenne : « Je pense que c'est pareil. Simplement, ce n'est pas au même degré de réalisation ». Quant au poids de l'économie dans le processus d'intégration communautaire, il est reconnu par la plupart des interrogées ; par exemple, Claude Keiflin est très clair :

> C'est d'abord le charbon et l'acier, et plus tard l'Acte unique, la monnaie unique, soit des thématiques économiques avant tout, en dehors de la réconciliation franco-allemande et de la paix. C'est par l'économie que s'est d'abord construite l'Europe.

Y compris le Grand rabbin René Gutman pose le primat de la variable économique sur la dimension culturelle, tout en liant les deux volets :

---

19 Mitrany David, *A Working Peace System: an Argumentation for the Functionalist Development of International Organizations*, London, Oxford University Press, 1943.
20 Haas Ernst B., *The Uniting of Europe: Political, Social and Economic Forces. 1950–1957*, Stanford, Stanford University Press, 1958.
21 Voir par exemple : http://www.nouvelle-europe.eu/la-crise-de-l-integration-europeenne-au-prisme-du-neo-fonctionnalisme (consulté le 20/08/2020).

> C'est l'économie qui permet au fond religieux ou culturel de perdurer […]. Cela aurait été inconcevable que cela ne tienne qu'à un fond culturel ou philosophique. De même, si cela n'avait été qu'une Europe économique, cela aurait manqué de sens, de transcendance. Je crois qu'il y a une alchimie qui fait que l'Europe fonctionne.

Pour autant, personne ne prône de vision simplificatrice ; comme le dit bien Catherine Lalumière :

> La construction européenne est un processus, c'est une courbe, d'évolution plus ou moins rapide selon les périodes, mais cela ne peut pas être quelque chose de définitif. C'est un être vivant.

Il ne saurait y avoir de processus écrits d'avance, pas plus qu'il n'y a d'aboutissement ; il s'agit de dynamiques toujours pendantes, inscrites sur le temps long :

> Les temps historiques et humains nécessaires pour réaliser les changements ne sont pas les mêmes selon les domaines considérés, les composantes sociétales, idéologiques, culturelles. C'est également vrai pour l'Europe elle-même et cela explique qu'on avance par à-coups, compromis et segments incomplets, alors qu'on voudrait pouvoir concevoir un bel édifice et l'ériger d'une seule fois [Robert Hertzog].

Plus précisément, la longue durée se conjugue avec des temps rapprochés. Les souvenirs exprimés décrivent à la fois l'importance de l'interpersonnel (par exemple, entre chefs d'État) et d'événements majeurs qui viennent s'imposer (comme la chute du Mur en 1989 et l'effondrement du bloc soviétique). Écoutons par exemple Catherine Lalumière :

> J'ai connu le trio Kohl-Delors-Mitterrand avec des profils différents, des personnalités différentes, mais en commun une foi dans l'Europe très grande et une bonne entente entre les trois. Et cela, c'était très favorable. Évidemment, l'équation personnelle des gens compte. À partir de 1989, […] la chute du mur de Berlin a bouleversé le paysage dans lequel nous étions et évoluions. Il faut avoir connu l'Europe coupée en deux.

Le processus de construction européenne se situe alors dans les interactions entre dynamiques de long terme et épisodes de saillance :

> Évidemment, il y a des dates ou des actes plus visibles et importants que d'autres : le TUE [Traité sur l'Union européenne], par exemple ! Mais, répétons-le : on est dans un processus continu où les dates charnières apparentes ne sont souvent que la conséquence de phénomènes enclenchés bien auparavant. Chaque fait important a été le résultat d'une quantité d'événements préliminaires sans lesquels la nouvelle percée n'aurait pu réussir [Robert Hertzog].

2.2. Quels points de saillance ? De l'économie et de la démocratie dans l'intégration européenne

Par rapport aux visions et aux dynamiques de l'Europe ainsi dégagées, on peut souligner à tout le moins deux grands enjeux, souvent mis en opposition, dans ce qui fait aujourd'hui l'Union européenne. Il s'agit, d'une part, des questions économiques, déclinées autour d'aspects saillants : les mises en cause récurrentes d'une « Europe de la finance » – au détriment d'une Europe des peuples, plus sociale, etc. – et la monnaie unique, l'euro. En contrepoint, on repère un discours sur la citoyenneté et l'inscription démocratique du projet et du fonctionnement de l'Union. Il s'incarne là aussi dans deux déclinaisons principales : les critiques itératives du « déficit démocratique » et les attentes portées à l'endroit du Parlement européen.

2.2.1. Le répertoire économique

Évoquer une « Europe de la finance », pour s'en départir et la critiquer, est devenu une expression courante, et qui revient régulièrement sur la scène publique et médiatique, en regard de la crise économique mondiale depuis 2007 et des difficultés sociales, notamment lorsque des initiatives tendraient à s'y attaquer – à l'exemple en 2013 du projet de taxation des transactions financières[22] –, en vain, forcément... L'image de la domination économique est bien implantée. Des travaux de science politique établissent d'ailleurs une distinction entre une opposition « idéologique » aux fondements de la construction européenne (principe de supranationalité, etc.) et une opposition à l'Union européenne dans sa configuration actuelle[23]. Il est d'autant plus intéressant d'écouter les « grands témoins » à cet égard.

Majoritairement, on retrouve un discours selon lequel l'Europe de l'économie l'a emporté sur le projet démocratique – avec un jeu d'ombre et de lumière entre ces deux aspects –, y compris en décentrant le champ des droits de l'Homme en direction du Conseil de l'Europe :

> L'Union européenne risque d'être tentée d'emprunter le chemin, qui est un peu une erreur, qui est celui de se focaliser trop exclusivement sur l'économie, en perdant de vue les valeurs, la philosophie politique qui avait été privilégiée au tout début. [...] Bruxelles n'a pas renié la démocratie et les droits de l'Homme, [mais] elle a confié ses valeurs au Conseil de l'Europe [Catherine Lalumière]

> Si l'économie a été la première manière de résoudre le *casus belli* de la concurrence dans des secteurs clés, elle a pris le pas maintenant sur les aspects plus civilisationnels. C'est l'économie qui l'emporte dans l'Union européenne désormais, au détriment de tout ce qui touche au domaine de l'humain, entraînant nécessairement un déficit démocratique. Parce que c'est des questions d'experts, de business [Antoine Spohr].

Dans les propos recueillis, une seconde incarnation du répertoire de la coopération économique concerne l'euro. Par opposition avec la finance désincarnée évoquée précédemment, la monnaie unique suscite une forte adhésion, à l'instar de Norbert Engel : « Je crois que l'élément le plus important de la construction européenne est essentiellement le fait d'avoir une monnaie ». Ce peut être parce qu'on dépasse

---

22 Par exemple, *Libération*, 24/04/2013 : http://www.liberation.fr/economie/2013/04/24/l-europe-de-la-finance-craint-de-boire-la-taxe_898788 (consulté le 20/08/2020).
23 Kopecky Petr, Mudde Cas, « The Two Sides of Euroscepticism: Party Positions on European Integration in East Central Europe », *European Union Politics*, vol. 3, n° 3, 2002, p. 297–326.

les enjeux strictement économiques. Ainsi, selon Robert Walter, l'euro est l'incarnation même, par son existence, d'une démarche politique d'intégration européenne acceptée par les États :

> Au niveau de la monnaie unique, on sait tous que beaucoup de choses en Europe, sans les relations franco-allemandes, n'auraient pas eu lieu. On sait tous que cette monnaie unique, les Allemands n'étaient pas pour. Puis cela a été la monnaie d'échange de la réunification. Donc elle existe.

Plus encore, c'est sa praticité et sa dimension très concrète pour simplifier les échanges et les déplacements au quotidien qui sont mises en avant par l'ensemble des acteurs, à partir de leurs expériences :

> Ayant beaucoup voyagé, je constate que l'euro est un énorme progrès pour aller à l'étranger sans avoir à changer de monnaie ; j'ai encore à la maison vingt porte-monnaie avec des pièces de chaque pays ! [Claude Keiflin]

> L'euro a considérablement facilité les échanges, c'est un élément de mesure commun. Je ne parle même pas du confort pour les citoyens, qui est énorme [René Eckhardt]

> C'est une monnaie pratique qui est acceptée partout. La comparaison des prix s'en trouve extrêmement simplifiée. Auparavant, les banques prenaient des commissions lors de chaque acte de change. [...] L'euro reste une très bonne chose, qui simplifie considérablement le quotidien lorsque l'on traverse la frontière [Gérard Traband].

Dans le cas de l'euro, c'est fréquemment d'abord une pratique personnelle qui guide l'appréciation positive des acteurs. Roger Siffer parle de son vécu transfrontalier d'artiste au quotidien :

> J'en suis évidemment tout à fait content, j'ai applaudi cette initiative des deux mains. Être obligé de changer de l'argent pour aller en Allemagne... En plus, dans mon métier, c'était extrêmement difficile [...]. Pour ce qui est des charges sociales, par exemple. En Allemagne, les artistes les payent eux-mêmes. En France, c'est l'employeur qui les paye. Donc, quand je travaille en Allemagne, je ne suis pas couvert socialement. Pour les virements d'argent, à l'époque où il y avait encore des Marks, j'avais dû ouvrir et j'ai toujours un compte en Allemagne, de même qu'à Bâle pour que les institutions puissent virer l'argent dans leur pays sans qu'il n'y ait de pertes à la sortie et afin que cela ne soit pas trop compliqué.

C'est surtout à partir de leurs expériences que les témoins généralisent le discours :

> Je pense que l'euro est un outil indispensable à la construction européenne. Je pense que, d'abord, quand on a de l'expérience, on se rend bien compte de la facilité que cela a apporté. Quand je vais en Italie ou en Espagne – j'ai aussi la charge d'être président du Centre Nord-Sud à Lisbonne –, je ne me pose plus la question de la monnaie [Jean-Marie Heydt].

Or, les acteurs rencontrés présentent des propriétés sociales distinctives et une pratique de l'international, de proximité ou à plus longue distance, qui n'est pas celle du citoyen *lambda*. Ils semblent ainsi confirmer de fait que l'adhésion à l'Europe et ses réalisations croît en fonction des hiérarchies sociales et du capital culturel – on y reviendra au 3e chapitre. René Gutman relève précisément le fait que les perceptions de l'euro peuvent varier en fonction de la position socio-économique, tout en s'exprimant très positivement :

> L'euro, c'est une chance et aussi une malchance. Une malchance au niveau des conséquences économiques que cela a pour certaines personnes. Mais cela n'est pas du fait de l'euro, plus de la conjoncture économique... Parfois, on est un peu estomaqué, en prenant des exemples prosaïques de conversion. De mon temps, on n'avait rien en en dessous de dix francs, aujourd'hui c'est deux euros ! Mais c'est une chance, parce que pouvoir traverser [...] non seulement les ponts et les frontières, mais aussi le système économique sans changer de monnaie [...]. Pour moi cela fait partie du génie de l'Europe !

À un niveau davantage macro, l'euro est vu comme un support efficace de comparabilité des systèmes, favorisant les échanges :

> C'est un élément de mesure commun. [...] Aujourd'hui, il s'agit de quelque chose qui a amplement facilité les échanges commerciaux internationaux [René Eckhardt].

Cette fonction de l'euro est aussi saluée par Jean-Marie Heydt, qui en souligne l'applicabilité concrète, au-delà de la sphère économique, également en matière d'intégration sociale :

> Sur un plan économique, je pense que si, par exemple, dans le Conseil de l'Europe l'on a créé des textes sur des minima vitaux, on n'a pas pu les chiffrer parce que l'on n'a pas de référence commune. [...] Cela fait que l'euro a cet autre avantage, celui de pouvoir avoir au niveau européen des textes qui aient des points de référence communs. [...] Je pense que l'euro est incontournable.

On le comprend, pour Jean-Marie Heydt, l'euro facilite la comparaison entre données nationales, comme le chiffrage d'écarts de ressources ou de normes sociales, sachant que cette comparabilité accrue favorise *in concreto* l'intégration européenne, en rendant les choses plus directement appréhensibles par les uns et les autres – c'est, du reste, particulièrement le cas dans les régions frontalières, avec les relations de travail ou la consommation transfrontalières (voir le 2e chapitre).

Lorsque des nuances sont apportées, c'est non pas pour se défaire de l'euro, mais pour aller plus loin. Par exemple, selon Alain Howiller, ce qui peut poser question n'est pas l'euro en soi, mais sa mise en place sans une structure fédérale qu'il matérialiserait :

> Je pense que c'était une idée positive [...]. Il est bien évident que dans une période de difficultés il y a des gens qui se disent que si on avait eu une monnaie nationale, on aurait pu dévaluer. On gagnerait 25% et on n'aurait pas besoin de se fatiguer, la compétitivité on l'aurait. [...] Ce qui est dommage, [c'est que l']on aurait dû faire la structure fédérale d'abord, c'est-à-dire acquérir un pouvoir de décision, [...] et que l'euro soit l'expression, la monnaie de ce pouvoir. [...] On a mis la charrue avant les bœufs.

Catherine Lalumière confirme avec ses mots, en évoquant une question de gouvernance de l'outil et non de monnaie en elle-même :

> Je pense que l'euro était une très bonne décision qui nous a rendu beaucoup de services. [...] Ce n'est pas l'euro qui est malade, mais c'est la gouvernance de l'euro qui était insuffisante.

Dans un sens peu éloigné, Antoine Spohr réclame une Europe politique :

> L'euro, c'est une excellente chose, mais dans le principe seulement, pour le moment. Car dès que l'on aborde l'idée même de constituer une entité politique, avec des règles économiques sinon identiques, au moins proches, naissent les réticences.

Norbert Engel est également favorable à un processus qui témoigne d'interdépendances de fait :

> C'est-à-dire que c'est la pire des choses que de s'arrêter en chemin. Lorsque les gens disent que l'euro est un désastre, en même temps, s'il n'y avait pas eu l'euro aujourd'hui, il n'y aurait plus d'Europe. Déjà. C'est justement par l'euro, avec qui tout le monde se tient par la barbichette, que cela permet de continuer. [...] Moi, je considère que c'est positif.

2.2.2. Le répertoire démocratique

S'agissant des modes de gouvernance européenne, il a été souvent relevé que l'Europe institutionnelle n'incarne pas la démocratie telle qu'elle est pensée et traduite dans les instances de gouvernement au niveau des États membres[24]. Aussi les critiques sont-elles courantes à l'encontre d'un système de décision vu comme complexe et à la faible légitimité démocratique, du moins peu lisible, lorsque l'on pense aux perceptions des pouvoirs du Parlement européen.

Quid du « déficit démocratique » ?

Les acteurs interrogés sont assez partagés quant à la problématique dite du « déficit démocratique » de l'Union européenne. D'un côté, on pointe la faiblesse du fonctionnement démocratique des institutions, que traduirait tout spécialement le problème du rapport entre responsabilité et pouvoir, exprimé par Robert Hertzog :

> Il n'y a même pas les apparences visibles pour les citoyens d'une vie politique démocratique européenne. [...] Le gouvernement européen rend-il des comptes ? Dans une certaine mesure, un peu plus la Commission que le Conseil. Les commissaires sont-ils vus comme les ministres de l'UE ? [...] Dans l'UE, le couple responsabilité/pouvoir est très mal organisé. M. Barroso[25] ou M. Van Rompuy[26] ne peuvent pas faire état d'une légitimité personnelle, acquise devant le suffrage universel sur un programme ou même une orientation générale.

Plus nettement encore, René Eckhardt cible le primat de la gestion technocratique des impératifs financiers dans l'Union, associée au registre du déficit démocratique :

> Aujourd'hui, plus de 70% des lois de finances sont dictées par Bruxelles, par des Commissions à Bruxelles. Il s'agit de fonctionnaires, je n'ai rien contre les fonctionnaires, mais je pense qu'aujourd'hui [...] il faudrait un véritable ministère des Finances, [...] qui gère la politique financière européenne.

---

24 Lacroix Justine, Coman Ramona (dir.), *Les résistances à l'Europe. Cultures nationales, idéologies et stratégies d'acteurs,* Bruxelles, Éditions de l'Université de Bruxelles, 2007.
25 Président de la Commission européenne entre novembre 2004 et novembre 2014.
26 Président du Conseil européen depuis la création de cette fonction le 1er janvier 2010, jusqu'en novembre 2014.

Alain Howiller part d'une focale élargie, où il distingue :

> Je crois qu'il y a trois niveaux de déficit démocratique : le déficit au niveau du peuple, le déficit au niveau des peuples, c'est-à-dire les dirigeants qui prennent les décisions seuls, et le déficit au niveau des Parlements.

Du coup, il ne réclame pas forcément une place plus grande pour l'expression citoyenne directe, c'est-à-dire le référendum :

> Sur [...] tout ce qui concerne les dispositions concernant le sauvetage de l'euro, on a dit « c'est scandaleux, les États ont fait leurs petites magouilles, il aurait fallu soumettre au peuple ». Oui et non, dans la mesure où d'abord ces systèmes ne sont pas en eux-mêmes des systèmes démocratiques. Ils ont été élaborés à force de compromis, qui sont des compromis sur la base de l'unanimité, comme je le disais. Ils ne correspondent pas fatalement aux intérêts authentiques du peuple. Le peuple les aurait donc peut-être rejetés et cela aurait été dommage.

Norbert Engel nuance également ; il est difficile de pratiquer la démocratie, sans risque d'immobilisme :

> Jean-Jacques Rousseau disait que la démocratie ne seyait qu'aux petits États. C'est-à-dire que nécessairement de grandes masses impliquent un déficit démocratique. J'ai été deuxième adjoint au maire à Strasbourg, vice-président de la Communauté urbaine. C'était à partir du moment où l'on a commencé à renforcer les procédures démocratiques en termes de consultation des citoyens, etc. Or, la société fonctionne plus rapidement : on n'y construit plus rien ainsi.

Il n'est somme toute guère question, parmi les interviewés, d'en appeler davantage au peuple, dont l'europhilie semble peu évidente. Jean-Marie Heydt se démarque, évoquant la clarté de la pratique suisse de la votation :

> Le déficit démocratique, je crois qu'il existe, il ne faut pas le nier [...]. Pourquoi les femmes et les hommes politiques de l'époque, et encore aujourd'hui, n'ont pas eu ce courage de poser la question clairement à leurs électeurs ? Est-ce qu'ils pensent que leurs électeurs ne sont pas suffisamment mûrs pour répondre ? Je ne sais pas. Alors, c'est peut-être ma déformation helvétique qui me fait penser cela, mais lorsque l'on a des votations en Suisse [...], on a ceux qui ont déposé le texte référendaire, qui argumentent pourquoi ils sont pour ce texte-là, afin que les gens votent dans ce sens-là [...]. De l'autre côté, il y a la position fédérale qui argumente pourquoi ils sont contre le fait que l'électeur, le citoyen-électeur, vote pour ce texte-là. Tout cela est dans un livret qui vous est adressé dans votre langue, [...] et vous y voyez les pour et les contre, c'est écrit.

Au-delà, il est intéressant de constater – autre effet de position ? – que le même associatif prône d'abord la participation organisée, c'est-à-dire la place des ONG, et donc son propre rôle dans le système décisionnel communautaire, en se posant comme garant du fonctionnement démocratique par un dialogue institutionnalisé (ce qui rejoint une posture classique de porte-parole de la « société civile » au niveau local et national également) :

> Il faut être prudent sur une chose, autant je suis favorable pour la Conférence des OING et des ONG en général, et que la société civile en général doit pouvoir participer beaucoup plus, mais j'insiste sur le fait que la société civile, pour participer, doit être organisée. Si c'est pour avoir des mouvements [...] comme [les Indignés] en Espagne et en Grèce... Vous rassemblez des milliers de personnes sur une place, mais est-ce que l'on sait si dans ces milliers il y a une

dominante sur un point ou est-ce que ce n'est pas un ensemble d'individus, […] qui vont chacun rouspéter : « Moi, j'en ai marre de ne pas avoir assez d'argent. Mais en fait, j'en ai marre parce que ma voisine, parce que mon patron, parce que… » […]. C'est une somme de revendications et on ne peut pas y faire grand-chose [Jean-Marie Heydt].

Quid de la place du Parlement européen et de son fonctionnement ?

Le Parlement européen représente la démocratie, par l'expression du suffrage. Gérard Traband rappelle que l'élection de représentants à une même assemblée est historiquement un symbole fort, même s'il a pu se banaliser :

> Pour mon père, c'était quelque chose d'incroyable ! Nous trouvions incroyable le fait que des Européens se rassemblent en un jour J pour aller voter. J'ai vécu cette première élection comme un évènement très important, même si, comment dirais-je, l'engouement a sérieusement diminué depuis, si l'on regarde le taux de participation actuel… Cette dimension politique est essentielle, portée par des représentants élus au suffrage universel, et non par des délégués, des assemblées ou, comme au Conseil de l'Europe, des représentants de divers gouvernements.

On comprend dans le même sens le *satisfecit* de Catherine Lalumière quant au renforcement des pouvoirs du Parlement européen :

> Je crois que le Parlement européen, élu au suffrage universel direct, est une très bonne institution démocratique. […] Il grignote des pouvoirs supplémentaires. C'est bien, il est dans son rôle.

De même que le souhait de Kai Littmann en faveur du pouvoir d'initiative législative :

> En tant que seule institution démocratiquement élue par tous les Européens de l'Union européenne, elle devrait en principe être le seul pouvoir décisionnel de l'Europe. Par contre, aujourd'hui, […] le Parlement ne peut pas proposer de textes de lois, cela ne peut l'être qu'uniquement par la Commission, qui, elle, n'est pas démocratiquement élue.

Norbert Engel nuance toutefois en se référant aux équilibres structurants du projet européen, entre l'expression démocratique du suffrage et celle des États :

> Un renforcement démocratique signifierait d'abord que ce Parlement soit doté de pouvoirs plus importants. Mais c'est là que l'on se heurte déjà aux premiers problèmes, car les pays y ont des représentations plus ou moins importantes en fonction de leur population. Comment peux-t-on empêcher des pays à très forte population, comme l'Allemagne ou la France, d'imposer leur loi à des petits ? Mais, en même temps, vous savez qu'il faut toujours défendre les forts contre les faibles.

Les critiques qui se sont exprimées portent essentiellement sur l'élection des députés et le poids du cadre national qui reste prévalant en France, y compris dans les perceptions de carrière :

> Les électeurs se sentent parfois, même très souvent, frustrés. Ils ont l'impression de ne pas connaître le parlementaire européen et de ne pas pouvoir l'influencer. […] Je prends toujours le cas français. Les partis politiques qui y choisissent leurs candidats n'ont pas vraiment le souci de l'Europe. Ils désignent les candidats […] parfois pour donner un lot de consolation à

quelqu'un qui n'a pas été élu sur le plan national. Ce n'est pas le critère le plus stimulant ! [Catherine Lalumière]

Je trouve qu'il [le Parlement européen] fait du bon travail, c'est un contrepouvoir, mais je regrette beaucoup que les eurodéputés français ne lui accordent pas la place qu'il mérite [...]. La manière que certains ont de sauter sur l'occasion d'une élection nationale pour se faire élire et quitter le Parlement européen est plutôt scandaleuse ! [Claude Keiflin]

Les députés [...] ont pris politiquement un poids toujours plus important. Le problème reste pourtant celui de leur représentativité. En France, nos parlementaires européens profitent de toutes les occasions qui se présentent à eux, en terme de fonctions nationales, pour quitter ce Parlement européen [Gérard Traband].

Plus précisément, Robert Hertzog pose le problème de l'absence de responsabilité des eurodéputés dans un tel contexte :

Le cœur, l'essence, de la démocratie, c'est l'obligation pour des responsables publics de rendre compte. [...] Les parlementaires européens rendent-ils compte à qui que ce soit ? Certainement pas aux électeurs, avec qui ils n'ont pratiquement aucun contact, du moins en France. Étant sur des listes de parti, le plus important est qu'ils plaisent à l'apparatchik qui les placera en bonne position, peu importe ce qu'ils ont fait ou non pour l'Europe.

La proposition d'élection de députés transfrontaliers, formulée par Alain Howiller, visant à briser les cadres nationaux, fait d'une certaine façon écho à ce travers largement dénoncé :

Les députés européens devraient être élus sur la base d'une circonscription électorale régionale et non pas sur la base d'une circonscription nationale répartie à la proportionnelle. Et dans cette circonscription électorale, qui serait peut-être Strasbourg ou le Bas-Rhin ou n'importe, et non pas la France, on répartit ensuite en fonction des voix. On devrait prévoir en particulier pour les zones frontalières, une zone électorale qui dépasserait les frontières. Par exemple, une zone qui serait à cheval entre les députés européens du Bade-Wurtemberg et d'Alsace. On y ferait une zone électorale commune et on y élirait un député. Il aurait certainement plus de visions sur les besoins du voisin et ses propres besoins [...]. On aurait là une espèce de nouvelle catégorie de députés européens, qui seraient des députés véritablement européens parce qu'ils ne seraient pas nationaux, mais transfrontaliers.

La question du siège du Parlement européen à Strasbourg est un autre sujet récurrent dans le Rhin supérieur. La plupart des témoins ont adopté une posture de légitimation du site de Strasbourg. Robert Hertzog se démarque, en proposant de favoriser un compromis avec des compensations. Il dénonce une politique du *statu quo* chez les décideurs en Alsace, qui ne voudraient pas prendre de risque sur un sujet politiquement sensible :

Le problème bien connu du Parlement européen vient du caractère illogique et peu pratique – on ne peut le nier – de son installation loin de l'exécutif et de ses services. Plus que jamais, on met l'accent sur les surcoûts, dans un contexte où chaque économie est bonne à prendre. Ma position personnelle, que j'ai eu l'occasion d'exposer par écrit au plus haut niveau, en 2001, était qu'il fallait négocier l'échange du Parlement avec une autre institution européenne et obtenir une compensation de niveau équivalent, en poids et visibilité. [...] À Strasbourg, on ne connaît qu'une seule posture légitime, la défense du *statu quo*, contre vents et marées. On m'a dit que c'était le testament politique de Pierre Pflimlin[27] : ne jamais lâcher le Parlement européen. [...] Or, ayant dîné avec une grande partie du gotha politique franco-européen passé par Strasbourg [...], je n'ai entendu *aucun* responsable politique français, de Michel Rocard à Simone Veil, dire en privé que le Parlement européen était assuré de rester ancré à Strasbourg, ni que la situation actuelle était satisfaisante.

Cette lecture apparaît isolée. Au contraire, pour Robert Walter, il n'y a rien à négocier, en l'absence d'un autre siège de l'UE à Strasbourg – et de revenir même sur l'argument des coûts :

> Si la France avait d'autres sièges, on pourrait en discuter, mais étant donné qu'il n'y a que le siège du Parlement [...]. C'est un combat à mener, je suis persuadé que le Parlement doit rester à Strasbourg, d'autant plus que l'argument des coûts est de moins en moins valable. Tout est numérisé, tout est dématérialisé, donc l'argument qu'il faut déplacer des tonnes de papier ne tient plus.

De plus, face à la critique de l'éclatement de l'institution sur plusieurs lieux, désormais, c'est une posture offensive qui est majoritairement endossée par les personnalités alsaciennes, réclamant un siège unique du Parlement européen à Strasbourg, à l'instar de Claude Keiflin :

> S'il ne fallait qu'une seule capitale parlementaire, cela pourrait très bien être Strasbourg. [...] Cela serait marquer encore plus d'indépendance de la part du Parlement que de s'installer en totalité et en permanence à Strasbourg !

Kai Littmann abonde, avançant un argument d'équilibre institutionnel parmi les instances européennes :

> Bruxelles fera tout son possible pour ne pas renforcer le rôle du Parlement. C'est une raison de plus pour laquelle je suis pour un Parlement en siège unique, pas à Bruxelles, mais à Strasbourg.

Cette position est ouvertement endossée et défendue par les élus strasbourgeois et alsaciens. Le 17 mai 2013 a été annoncée officiellement la création d'une « task force » composée d'élus des différents groupes du Conseil municipal de Strasbourg et de représentants des exécutifs du Bas-Rhin et de la Région Alsace. L'objectif affiché est de faire pièce, au niveau national et européen, à la campagne *SingleSeat* (un seul siège) des tenants de la localisation à Bruxelles[28]. Très impliquée, Catherine Trautmann, présidente de la délégation socialiste française au Parlement européen, n'élude pas le travail d'argumentation à mener :

> Pour répondre à la campagne *SingleSeat*, nous avons besoin d'un argumentaire précis. Il nous faut, par exemple, le coût de fonctionnement et du m² de chaque lieu de travail à Bruxelles.

Mais elle se réclame aussi, précisément, du répertoire de la « légitimité démocratique » :

---

27 Figure historique de la vie politique alsacienne, maire de Strasbourg de 1959 à 1983, puis président du Parlement européen de 1984 à 1987.
28 *Dernières Nouvelles d'Alsace* (quotidien régional), 17/05/2013 : http://www.dna.fr/actualite/2013/05/17/siege-du-parlement-europeen-la-task-force-lancee-en-juin

> C'est ici [à Strasbourg] que nous avons gagné les batailles des prérogatives du Parlement ; parce qu'ici, il est indépendant.

On le voit, ceci reprend, face aux remises en question périodiquement exprimées[29], l'efficace de l'énonciation clivée des deux pôles de lecture de l'Europe, associant Bruxelles à la technocratie et à l'économie, face à une Europe de la légitimité du suffrage universel et des peuples.

2.3. La place du Conseil de l'Europe

On estime, en sciences sociales, que l'efficience de la mise en réseau et de la production de collectifs est d'autant plus grande que deux modes de liens, « forts » et « faibles », parviennent à être combinés[30]. Peut-on lire la construction européenne à partir d'une telle proposition ? On pourrait y être tenté, en rapport à la dialectique entre les objectifs d'intégration fédérale ou d'organisation confédérale, en relation aussi avec les statuts différents entre l'Union européenne et le Conseil de l'Europe correspondant, sur la scène internationale, davantage à une organisation d'intégration supranationale dans le premier cas, et à une instance de socialisation et de partage de valeurs dans le second. Ceci conduit à décentrer le regard, couramment tourné vers l'Union plus que le Conseil de l'Europe, pour entendre les témoins sur cette dernière institution.

Effet de configuration locale – l'« Europe de Strasbourg » vue de Strasbourg ? – ou de meilleure connaissance de l'institution de la part des acteurs rencontrés, qui la pratiquent ou en suivent du moins l'activité et l'actualité, en tout cas les sentiments exprimés valorisent globalement la place et le rôle du Conseil de l'Europe. Les propos font ressortir plusieurs lignes de champ, traduisant la légitimité historique du Conseil, ses domaines d'action privilégiés et son ouverture à la société civile. Son rôle de liant dans les relations internationales et de cadre intermédiaire pour les adhésions à l'Union européenne se dégage également, non

---

29 On peut notamment mentionner la polémique renouvelée à l'occasion des élections européennes au printemps 2019 : Annegret Kramp-Karrenbauer, présidente du parti conservateur allemand CDU, a publiquement plaidé pour un siège unique à Bruxelles, parlant de Strasbourg comme d'un « anachronisme ». La secrétaire d'État française aux Affaires européennes, Amélie de Montchalin, a quant à elle souligné lors d'une visite à Strasbourg : « Il faut redonner tout son sens politique à la présence ici du Parlement européen », mettant en avant à la fois « l'identité européenne », « le moteur franco-allemand essentiel au fonctionnement de l'Europe » et « la proximité avec les citoyens ». In : *Le Figaro*, 16/04/2019 : https://www.lefigaro.fr/flash-actu/europeennes-le-siege-du-parlement-a-strasbourg-pas-un-enjeu-electoral-montchalin-20190416 (consulté le 20/08/2020).

30 « Weak ties provide people with access to information and resources beyond those available in their own social circle; but strong ties have greater motivation to be of assistance and are typically more easily available. I believe that these two facts do much to explain when strong ties play their unique role » : Granovetter Mark, « The Strength of Weak Ties », *American Journal of Sociology*, vol. 78, n° 5, 1973, p. 1360–1380 ; « The Strength of Weak Ties : a Network Theory Revisited », *Sociological Theory*, n° 1, 1983, p. 201–233, cité p. 209.

sans être vu parfois comme la marque d'une position seconde par rapport à l'Union, justement. Enfin, on ne s'en étonnera pas, il a aussi été question dans les entretiens de la place du Conseil de l'Europe à et pour Strasbourg.

2.3.1. Une légitimité historique première ?

Un premier point d'ancrage est historique, et porte sur le rôle du Conseil après la Seconde Guerre mondiale. Bruno Haller commence par rappeler que la fondation du Conseil de l'Europe a précédé la construction de l'Union :

> Indéniablement, l'aventure européenne a commencé à Strasbourg. C'est bien là qu'un souffle européen extraordinaire s'est levé en août 1949 lorsque le Comité des ministres présidé par Robert Schuman et l'Assemblée présidée par Édouard Herriot se sont réunis pour mettre en route la première institution européenne. À cette époque, ils ne savaient pas exactement comment ils allaient faire, mais ils voulaient reconstruire l'Europe et lui apporter un avenir meilleur.

De même, Alain Howiller associe le Conseil de l'Europe à la réconciliation franco-allemande :

> Au départ, le Conseil de l'Europe, c'était l'institution strasbourgeoise, et Strasbourg symbolisait le rapprochement franco-allemand.

2.3.2. Reconnaître les compétences du Conseil de l'Europe

La plupart des témoins s'emploient à souligner l'importance des missions du Conseil de l'Europe, à l'instar de Gérard Traband :

> Le Conseil de l'Europe, c'est aussi la Cour européenne des droits de l'Homme, des programmes culturels, ce sont près de deux mille fonctionnaires.

Alain Howiller décline les domaines d'action privilégiés que sont la démocratie, la jeunesse, la culture, et les droits de l'Homme :

> Pour moi, le Conseil de l'Europe [...], c'est en même temps l'illustration de la démocratie parlementaire et de la démocratie tout court en Europe [...]. Ce, avec une ouverture qui me paraît extrêmement importante, celle sur les droits de l'Homme [...]. Et aussi une ouverture, que l'on ne connaît pas et que l'on pratique peu, sur la culture, les jeunes, à travers notamment le Centre européen de la jeunesse (CEJ) [...], qui fait un travail d'Istanbul jusqu'à Bratislava en passant par Bruxelles pour essayer de rapprocher des animateurs de mouvements de jeunes, etc.

L'action de la Cour européenne des droits de l'Homme est plus particulièrement soulignée. Jean-Paul Costa, qui l'a présidée, explique son rôle à travers l'exemple de la liberté d'expression :

> Il existait, depuis la grande loi sur la presse de 1881 [en France], un délit d'offense aux chefs d'État étrangers. [...] Et, un jour, des journalistes, condamnés à des peines d'amende par les juridictions françaises pour avoir offensé un chef d'État étranger, le roi du Maroc, sont venus se plaindre devant la Cour de Strasbourg. La Cour a dit que ce jugement était disproportionné

et que c'était incompatible avec l'article 10 de la Convention qui garantit la liberté d'expression et la liberté de la presse. La France a donc été obligée d'abroger cet article. [...] Résultat, depuis cinquante ans qu'elle existe, la Cour européenne des droits de l'Homme a obligé, par ses arrêts, tous les pays à harmoniser leurs systèmes législatif et réglementaire, la jurisprudence de leurs juridictions suprêmes, afin de se conformer à la jurisprudence de la Cour. [...] C'est donc un élément fondamental de la construction européenne.

Le processus, toujours en cours en 2020[31], d'adhésion de l'UE à la Convention européenne des droits de l'Homme matérialise la surface acquise par la Cour, en même temps qu'il repose la question des relations UE-Conseil de l'Europe et de leurs ordres juridiques. Là aussi, Jean-Paul Costa l'explique longuement au cours de l'entretien, et pose l'enjeu interinstitutionnel sous-jacent :

Le problème majeur sera la logique selon laquelle, dans certaines affaires au moins, ce sera la Cour de Strasbourg qui aura le dernier mot. C'est là, à mon avis, l'obstacle psychologiquement le plus important. Nos collègues de Luxembourg se considèrent en effet, de la même manière que la Cour européenne des droits de l'Homme, comme une juridiction souveraine en Europe, et ils vont avoir, dans quelques cas certes rares, presque exceptionnels, l'impression qu'ils ne seront plus une juridiction souveraine, mais qu'il y aura toujours quelqu'un au-dessus d'eux.

Deuxièmement, l'inclusion de la « société civile » aux travaux du Conseil de l'Europe a également fait l'objet d'insistance au cours des entretiens. Autrement dit, là où l'« Europe de Bruxelles » serait associée à l'activité des lobbyistes, l'« Europe de Strasbourg » bénéficierait d'une image d'ouverture aux représentants de la société civile. C'est ce que note par exemple René Gutman :

C'est important au niveau symbolique déjà, car on y trouve tous les responsables des religions et les Organisations non gouvernementales. On crée des lieux de rencontres et de dialogue. Il y a aujourd'hui, sous l'égide du Conseil de l'Europe, des rencontres, des colloques, en plus des réunions au sein de la Conférence des rabbins européens. [...] On se rencontre souvent entre représentants religieux catholiques, juifs, protestants, musulmans et même bouddhistes.

Le Grand rabbin fait ainsi une distinction par rapport aux institutions de l'Union européenne, y compris le Parlement, qui lui semblent plus « lointaines ». Contrairement à ce qu'on pourrait penser en y voyant une institution défendant surtout de grands principes, il accorde plus de concrétude aux activités du Conseil de l'Europe :

Je le connais moins bien, il m'est arrivé de participer à des réunions, des rencontres à Bruxelles, mais je n'y ai pas la même relation que j'ai avec le Conseil de l'Europe. J'ai le sentiment que c'est peut-être plus, pas plus théorique, mais plus administratif que le Conseil de l'Europe. Le Conseil de l'Europe est plus porté sur des initiatives plus humaines, voire peut-être plus concrètes. Le Parlement européen vit plutôt à Bruxelles et je n'y ai pas vraiment de contacts.

---

31 Voir https://www.coe.int/fr/web/human-rights-intergovernmental-cooperation/accession-of-the-european-union-to-the-european-convention-on-human-rights (consulté le 20/08/2020).

Ce sentiment est partagé par Jean-Marie Heydt, dans le secteur social, qui juge le Conseil de l'Europe plus accessible que l'Union pour les associatifs, avec, là encore, la perception de pouvoir agir :

> En dehors de l'enrichissement personnel, [...] on se rend compte qu'on peut faire avancer les choses quand même de par cette place tout à fait unique que l'on a, surtout dans la configuration du Conseil de l'Europe, que jamais on ne pourrait avoir à l'Union européenne. [...] Et au niveau du Conseil de l'Europe, la question sociale est abordée sous l'angle de l'humain et du devenir humain. Mais, comme on est dans l'intergouvernemental, les États le reprennent s'ils le veulent bien. Du coup, la question sociale n'est pas la question centrale. Néanmoins, je pense que le fait de pouvoir la porter, la vivre et la faire avancer, [...] au niveau européen, c'est très important parce que cela a forcément une répercussion au niveau local.

J.-M. Heydt fournit un exemple précis de sensibilisation de décideurs de premier plan, qui sont approchés :

> La question de la pauvreté est pour le coup un point essentiel au niveau social. Et je crois qu'on est arrivé [en 2012] au Conseil de l'Europe à faire une journée où tout le monde était véritablement présent. La présidente déléguée des ministres était là [...]. Le nouveau président du Congrès des pouvoirs locaux, qui venait d'être élu la veille, était également présent [...]. Le président de l'Assemblée parlementaire a été empêché, mais il a envoyé le président de commission. [...] Simplement, d'arriver à cela, [...] de convaincre ces gens [...] d'être présents, de prendre du temps, [...] d'écouter d'autres gens en situation de pauvreté, malgré leurs difficultés à s'exprimer, surmontées par leur volonté de faire savoir leur douleur, [...] de sortir de cette bulle dans laquelle ils sont. Arriver à faire tout cela dans un lieu qui est une organisation internationale intergouvernementale, moi je trouve que c'est un signe d'avancement.

2.3.3. Un réseau efficace de production de liant ou une institution secondaire ?

Les propos précédents le suggèrent, le Conseil de l'Europe constitue une scène de production de lien et de mises en contact. En termes d'efficacité pratique, Jean-Marie Heydt souligne la dimension de l'informel lors des rencontres tenues au Conseil. Elle serait très utile justement car « en marge », et l'on sait le rôle des échanges non officiels et de la « diplomatie parallèle » dans les relations internationales :

> À titre d'exemple, lorsque, du côté du Conseil de l'Europe, nous avons des réunions ministérielles [...], avec ma casquette de président de la Conférence des Organisations non gouvernementales internationales [OING], on participe à ces réunions-là. Ce sont des réunions à huis clos. Vous avez toujours la réunion en elle-même sur le thème du débat et vous avez la possibilité d'avoir des réunions, des rencontres parallèles qui se font. [Elles servent] à ce que des représentants des États [...] puissent rencontrer leur homologue d'un autre pays où des tensions fortes existent. Et, à ce moment-là, sans le feu des projecteurs, des journalistes et autres choses, ils peuvent dialoguer des sujets qui fâchent, et ils peuvent avancer sur certains points. C'est une diplomatie informelle, mais c'est peut-être une diplomatie intelligente.

Alain Howiller n'est pas loin lorsqu'il évoque une institution qui ne peut entrer dans des rapports de force, mais est bien capable d'influence :

> C'est une institution qui n'a pas toujours les moyens de ses ambitions, mais qui a à un certain moment joué un rôle déterminant, que cela soit sur Chypre, ou dans des tas d'autres conflits, au Kosovo ou d'autres. Mais, au fond, le Conseil de l'Europe, [...] c'est le Vatican des riches. C'est un peu cela, si j'ose utiliser ces termes. [...] On ne sait pas combien il y a de divisions !

Un second point concerne le rôle exercé, de fait, par le Conseil de l'Europe comme « antichambre » de l'Union. Plusieurs témoins l'ont pointé :

> Il constitue l'antichambre de l'Union européenne. Tout d'un coup, il y eut une vingtaine de pays supplémentaires, dont les pays de l'Est, qui sont venus au Conseil de l'Europe. Des consulats se sont ouverts à Strasbourg et nous sommes passés d'une vingtaine à une quarantaine de membres. C'était assez extraordinaire [Gérard Traband].

Il y aurait là une fonction utile mais limitée, et plus encore à mesure que l'élargissement de l'Union européenne s'est fait :

> Le Conseil de l'Europe a été pendant longtemps la porte d'entrée, le sas de communication, de l'Union européenne, comme la chambre du sous-marin où l'on fait rentrer l'eau afin de s'y extraire. Cela a été le sas d'entrée dans l'Europe étroite ou dans l'Europe proprement dite. Il est évident qu'à partir du moment où l'Europe grossit, le Conseil de l'Europe perd progressivement de son sens. Le Conseil de l'Europe est donc pour moi une sorte d'antichambre d'accueil. C'est là où l'on fait attendre les invités avant de les faire passer éventuellement au salon [Norbert Engel].

Bruno Haller, au titre de ses fonctions à l'Assemblée parlementaire du Conseil de l'Europe, insiste sur l'utilité de l'activité développée, par exemple la procédure d'« admission conditionnelle » dans le cadre des nombreuses négociations menées. Ceci va dans le sens d'une institution « intermédiaire », entre des instances et des univers différents[32], ce qui ne veut pas dire secondaire. Il voit dans la non-reconnaissance de la portée de cette posture une marque des tensions inter-institutionnelles avec l'Union européenne :

> On a parfois appelé le Conseil de l'Europe, avec une connotation péjorative, l'antichambre de l'Union. À mon avis, le Conseil a été une antichambre très efficace sans laquelle l'intégration dans l'Union de huit pays d'Europe centrale et orientale n'aurait pas été possible dès l'année 2004. Personnellement, je ne suis pas choqué par cette appellation. Par contre, ce qui m'a souvent frustré, c'est que l'on ne reconnaisse pas le travail accompli par le Conseil de l'Europe pour la construction européenne. Mais, entre les institutions, il n'y a pas de place pour des sentiments !

Cette concurrence point également dans les propos de René Eckhardt : « Le problème, c'est que le Conseil de l'Europe ne travaille pas suffisamment avec l'Union européenne ». Catherine Lalumière rappelle également la phrase du général De Gaulle qui, en parlant du Conseil de l'Europe, évoquait « cette organisation qui dort au bord du Rhin ».

Bruno Haller ne cache pas la prévalence de l'Union dans les négociations interinstitutionnelles. Parmi les exemples qu'il fournit dans l'entretien, il y a une entrevue avec Jacques Delors :

---

32 Sur la portée des scènes d'entremise, Hamman Philippe, Méon Jean-Matthieu, Verrier Benoît (dir.), *Discours savants, discours militants, op. cit.*

> En substance, le Président Delors répondit [...] que sa fonction exigeait qu'il mette en œuvre toutes les compétences prévues par le Traité de Rome, que la communauté avait pour objectif de créer une entité intégrée, que l'intégration était en quelque sorte la voie noble de la construction européenne par rapport à la coopération intergouvernementale, qui était la méthode du Conseil de l'Europe. [...] Cela étant, Jacques Delors avait raison. Il fallait accepter l'évidence.

Le Conseil de l'Europe apparaît aussi, à sa défaveur, comme une institution assez peu connue, voire confondue avec l'Union et dès lors invisibilisée, comme le relèvent plusieurs témoins :

> Le Conseil de l'Europe est malheureusement encore moins connu des gens que le Parlement européen. Les gens ne savent pas ce qu'on y fait, on confond parfois les deux et les quarante-sept pays traitent de sujets souvent fondamentaux, mais souvent peu connus du public. Ainsi, début octobre 2012, la Ville de Strasbourg et le Conseil de l'Europe ont organisé un Forum mondial de la Démocratie, mais ces sujets passent au-dessus de la tête de 95% des gens ! [Claude Keiflin]

> Malheureusement, le Conseil communique très mal, et d'ailleurs la plupart des gens ne connaissent même pas la différence entre le Conseil de l'Europe et le Conseil des ministres. C'est vraiment dommage, cette institution devrait être beaucoup plus valorisée [Kai Littmann].

Qui plus est, les enjeux endossés par le Conseil de l'Europe apparaissent moins « communicants » que d'autres :

> Si le Parlement européen est méconnu, alors le Conseil de l'Europe l'est encore plus. Pour moi, il n'évoque malheureusement pas beaucoup de choses suffisamment concrètes [René Eckhardt].

La difficulté à communiquer est également signalée par Kai Littmann, qui parle d'une posture trop technique du Conseil de l'Europe et de la Cour européenne des droits de l'Homme :

> Ce sont des institutions qui ont des communications extrêmement techniques, voire presque ennuyeuses. Il faut vraiment déchiffrer dans leurs communiqués ce qu'ils font de bien pour le relater. [...] Par exemple, je connais un grand nombre de journalistes, des collègues, qui ne se donnent plus la peine de déchiffrer les messages de ces institutions européennes, car ils jugent cela trop compliqué et que cela n'intéressera pas le lecteur. Ceci est vraiment dommage, parce que, d'après moi, ce sont ces institutions qui représentent l'Europe démocratique et l'Europe des valeurs humaines, exactement le contraire de cette Europe froide et financière.

2.3.4. Le Conseil de l'Europe à Strasbourg

Dans les modes d'association et de mise à distance binaires entre deux Europe tels qu'on vient de l'entendre, et qui sont largement entretenus, on en appelle régulièrement à des symboles, ici entre l'« Europe de la démocratie » et Strasbourg. Cette lecture métaphorique visant à établir un grandissement légitimateur existe sur l'ensemble de la période considérée ; il suffit d'entendre Alain Howiller :

> C'est aussi l'expression du symbole que représente Strasbourg. Parce que s'il [le Conseil de l'Europe] a choisi Strasbourg comme siège, ce n'est pas tout à fait par hasard, mais du fait [...] du rapprochement franco-allemand.

Toutefois, preuve que les symboles sont des construits sociaux par excellence, Robert Walter nuance la portée de ce choix, avançant une autre lecture. Cela a aussi pu signifier la volonté de maintenir le Conseil de l'Europe comme une institution relativement faible, avec le non-choix d'une capitale nationale :

> Dès 1949, on choisit Strasbourg comme siège du Conseil de l'Europe. Alors, c'est vrai que si tout le monde positive cette décision, en disant « voilà, on a voulu faire de Strasbourg le pôle européen, ville symbole de l'Europe », il y en a d'autres qui ont étudié les textes. [...] C'est parce que justement on voulait minorer le rôle de l'Union. Les États se sont dit, une petite ville, Strasbourg, voilà, ça ne va pas manger trop de pain, on va faire quelque chose de gentil, mais cela ne va pas prendre de l'ampleur.

Nombreux sont néanmoins les acteurs alsaciens interrogés qui ont insisté sur l'apport conséquent de visibilité que représente le Conseil de l'Europe pour Strasbourg, à l'international, plus que le Parlement européen, si l'on en croit Robert Hertzog :

> Strasbourg a énormément gagné par les changements de périmètre et de poids des institutions européennes, notamment par l'extraordinaire extension du Conseil de l'Europe après 1990. [...] Dans les réunions internationales ou dans des groupes de travail locaux, on entend constamment dire *Strasbourg* pour désigner les services centraux du Conseil de l'Europe, qui produisent un flux impressionnant et régulier d'experts, d'élus locaux et nationaux, de membres des gouvernements et des ministères, dont on n'a guère conscience dans la société alsacienne, y compris chez beaucoup de responsables publics, toute l'attention étant braquée sur le Parlement européen. [...] J'ai rencontré des centaines d'étrangers sur tout le continent qui, grâce au Conseil de l'Europe, ont une image positive et plaisante de la ville, loin de ce qui existe avec le Parlement européen.

Bruno Haller est évidemment convergent ; le Conseil de l'Europe serait un garant du rayonnement de Strasbourg à l'étranger, et ce bien avant l'installation des bâtiments du Parlement européen :

> Je me souviendrai toujours du plaisir que j'éprouvais lors de mes missions en Europe centrale et orientale en voyant les images du Conseil de l'Europe et de la cathédrale de Strasbourg aux informations télévisées de ces pays. Grâce au Conseil, son rayonnement est devenu paneuropéen. [...] Sans le Conseil, Strasbourg ne serait pas devenue la deuxième ville diplomatique de France, avec une soixantaine d'ambassades, consulats généraux et consulats qui y sont établis en permanence, une ville devenue internationale grâce aux nombreux fonctionnaires et experts européens qui y vivent en bonne harmonie avec la population locale. [...] Il est fort probable que, sans la présence du Conseil de l'Europe, le Parlement ne serait pas venu à Strasbourg. N'oublions pas que celui-ci siégea dans l'hémicycle du Conseil jusqu'en 1999 ! Grâce à cela, le Parlement est toujours à Strasbourg, qui, avec les deux assemblées du Conseil de l'Europe et de l'Union européenne, peut légitimement se considérer comme la cité de la démocratie parlementaire européenne.

Alain Howiller est, par contre, plus mesuré s'agissant de la perception locale de ces atouts à Strasbourg, signalant que le quartier des institutions européennes apparaît un peu « à part » dans la ville, vu comme un entre soi :

> C'est un peu dommage par rapport aux Strasbourgeois, mais ce n'est pas une institution proche. C'est idiot, mais c'est comme cela. Les gens considèrent cela comme une espèce de périmètre européen avec des gens qui circulent avec des plaques vertes, mais il n'y a pas

d'intégration dans la cité. Et pourtant, quand vous savez, les institutions européennes à Strasbourg, c'est près de cinq mille emplois. Mais qui le sait ? Personne.

La question de la connaissance européenne est ainsi posée dans la diversité de ses acceptions : rôle et fonctionnement des institutions européennes, dans leurs domaines de compétences et par rapport aux États, mais aussi dans ce qu'elles induisent localement, ici à Strasbourg, et plus largement dans les régions transfrontalières comme le Rhin supérieur. C'est l'objet du deuxième chapitre de réfléchir à cette Europe « vue des territoires », à l'exemple des coopérations transfrontalières.

Les processus d'européanisation ne correspondent pas à un plan unique, vertical ou horizontal ; ils se révèlent proprement transversaux[33]. Dès lors, les initiatives européennes – notamment les programmes interrégionaux d'« étiquetage » des régions transfrontalières, qui renvoient au pouvoir de division légitime du monde social[34] – ne peuvent se comprendre en dehors de la mobilisation (favorable ou défavorable) des acteurs inscrits dans les territoires en question[35]. Cette dernière ne peut être pensée hors d'un rapport complexe à l'Europe, dont on a vu la pluralité historique et contemporaine, comme référence et comme cadre d'action, s'identifiant ensuite concrètement *via* des espaces intermédiaires et concurrentiels.

---

33 Hamman Philippe, *Sociologie des espaces-frontières, op. cit.*
34 Sorbets Claude, « Expressions extrêmes : frontières, limites, bords. Le monde tel qu'il se découpe », *Les Cahiers du LERASS,* n° 25, 1992, p. 159.
35 Balme Richard, « La politique régionale communautaire comme construction institutionnelle », in : Mény Yves, Muller Pierre, Quermonne Jean-Louis (dir.), *Politiques publiques en Europe,* Paris, L'Harmattan, p. 287–304.

CHAPITRE 2 :
QUELS VÉCUS DES ESPACES TRANSFRONTALIERS DE « PROXIMITÉ » ?

UN REGARD HISTORIQUE

Birte Wassenberg

La mémoire des témoins sur la construction européenne a montré que la sauvegarde de la paix est un élément clé pour eux. Ils ont vécu ce processus à partir d'un territoire frontalier, celui de l'Alsace, où la frontière occupe une fonction dialectique. D'une part, elle est perçue comme source de souvenirs douloureux, de guerres, de conflits, de pertes. D'autre part, avec la construction européenne lancée après la Deuxième Guerre mondiale, elle est aussi signe d'espoir et de réconciliation des peuples européens.

L'Alsace s'insère en effet dans une région franco-germano-suisse pionnière de la coopération transfrontalière[1]. Dans l'espace du Rhin supérieur, territoire où trois frontières nationales se croisent, celle de l'Allemagne, de la France et de la Confédération suisse, la relation dialectique de la frontière comme cicatrice de l'histoire et comme lieu de réconciliation se dessine comme un fil rouge pour l'évolution de la coopération transfrontalière[2]. Cette région est évidemment marquée par le poids historique de l'affrontement franco-allemand, depuis la Guerre de Trente ans jusqu'à la fin de la Deuxième Guerre mondiale. Elle est aussi marquée par l'existence de plusieurs frontières naturelles : une, fluviale, le Rhin, et des frontières correspondant à trois chaînes de montagne : les Vosges du côté français, les Alpes du côté suisse et la Forêt-Noire du côté allemand[3]. Néanmoins, à partir des années 1960 se développe dans cette région une coopération transfrontalière intense qui peut être qualifiée aujourd'hui comme l'une des plus anciennes et expérimentées en Europe, certains l'identifiant même à un « modèle » de l'intégration européenne[4]. Elle évolue d'abord en parallèle et indépendamment du processus d'intégration européenne, mais les acteurs locaux et régionaux partagent le même objectif : sauvegarder la paix[5]. Pour les pionniers de la coopération transfrontalière en Europe, comme Alfred Mozer, l'un des fondateurs de l'Association

---

1   Cf. Wassenberg Birte, *Vers une eurorégion ? La coopération transfrontalière franco-germano-suisse dans l'espace du Rhin supérieur de 1975 à 2000*, Bruxelles, Peter Lang, 2007.
2   Wassenberg Birte, « Frontières, coopération transfrontalière et intégration européenne », in : Wassenberg Birte, Aballéa Marion (dir.), *Frontières, géopolitique et relations internationales*, Cahiers Fare, n° 16, 2019, p. 43–65.
3   Kutter Markus, *Kopfgeburt einer Nation: das Dreieckland*, Basel, Wiese Verlag, 1988, p. 21–22.
4   Nagelschmidt Martin, *Das oberrheinische Mehrebenensystem*, Basel, Schwabe, 2005, Schriften der Regio, 20.
5   Wassenberg Birte, « Qu'est-ce qui motive la coopération transfrontalière dans l'espace franco-germano-suisse ? Approche historique », in : Wassenberg Birte (dir.), *Vivre et penser la coopération transfrontalière (Vol. I) : les régions frontalières françaises*, Stuttgart, Steiner Verlag, 2009, p. 95–117.

des régions frontalières d'Europe (ARFE) en 1971, le but principal la coopération transfrontalière est en effet de « surmonter les frontières nationales » et ainsi de « guérir les cicatrices de l'histoire »[6].

Pour analyser le vécu de cet espace transfrontalier de proximité, il faut donc tenir compte de cet objectif commun de la paix, tout comme il faut aussi tenir compte d'une histoire particulière de la coopération franco-germano-suisse. Enfin, il convient toujours de garder à l'esprit ce double symbole de la frontière, expression d'une tension paradoxale entre la séparation et l'intégration, qui se ressent surtout dans les régions transfrontalières, car il s'agit de territoires qui se trouvent à proximité immédiate et tangible de la frontière[7].

1. La coopération transfrontalière du Rhin supérieur : un modèle pour la paix ?

Le désir de sauvegarder la paix est un motif qui se trouve à la fois chez les fondateurs de l'intégration européenne et chez les acteurs de la coopération transfrontalière dans l'espace rhénan. Mais, dans la région du Rhin supérieur, derrière cet objectif de paix se dessine aussi une vision qui tend à considérer la coopération transfrontalière comme un moyen d'intégration de l'espace régional, qui est franco-germano-suisse.

En effet, la coopération transfrontalière est initiée du côté suisse, à Bâle, par des acteurs privés bâlois. Ils créent, en 1963, la *Regio Basiliensis*, une association dont le but est de développer la coopération avec les voisins dans le département français du Haut-Rhin et le pays de Bade[8]. La principale motivation n'est donc pas la paix, elle est d'abord d'ordre économique, c'est-à-dire permettre l'expansion de l'agglomération de Bâle. Or, les pionniers de la *Regio Basiliensis* sont aussi portés par un idéal : ils souhaitent, par la coopération, guérir les « cicatrices » laissées par les deux guerres mondiales au sein de la population de la région du Rhin supérieur. Si l'origine de la coopération de l'espace rhénan est suisse, elle s'étend ensuite rapidement à toute la région du Rhin supérieur, englobant progressivement toute la frontière franco-allemande le long du Rhin, de Bâle à Karlsruhe, et impliquant non seulement les cinq cantons de la Suisse du Nord-Ouest (Bâle-Ville, Bâle-Campagne, Soleure, Argovie et Jura), mais toute la Région Alsace en France, ainsi qu'une grande partie du Land de Bade-Wurtemberg et la partie sud du Land Rhénanie-Palatinat en Allemagne. À partir des années 1970, de nombreuses instances de coopération sont créées, de sorte à développer

---

6 Mozer Alfred, „Entwicklungspolitik zu Hause", in: *Entwicklungsregionen in der EWG, Schriften der Bundeszentrale für politische Bildung*, Bonn, 1973, p. 14.
7 Elvert Jürgen, „Grenzen", in: Wassenberg Birte, Beck Joachim, *Vivre et penser la coopération transfrontalière (Vol. 4): les régions frontalières sensibles*, Stuttgart, Steiner Verlag, 2011, p. 25–33.
8 Briner Hans J., „Überwindung der Grenzen, Problematik einer Grenzregion", *Jahrbuch der Neuen Helvetischen Gesellschaft*, 1974, p. 2.

un véritable système de gouvernance à niveaux multiples aux échelons local, régional et national[9]. Or, chez les grands témoins, on constate que l'histoire de la coopération institutionnelle n'est pas prioritaire et que la plupart d'entre eux préfèrent adopter une approche très large de ce qui représente la coopération transfrontalière, une approche qui est souvent marquée par leur expérience personnelle et professionnelle plutôt que par les étapes historiques de la coopération institutionnelle.

1.1. Une définition très large de la coopération transfrontalière

Contrairement à d'autres espaces frontaliers, l'histoire institutionnelle de l'espace du Rhin supérieur est longue, car il s'agit d'une région pionnière où la coopération commence dès les années 1960 et qui se développe ensuite rapidement et de manière continue[10].

Globalement, trois phases de ce développement institutionnel peuvent être discernées[11]. La première étape correspond à la phase de la mise en place des associations *Regio* au sud de l'espace du Rhin supérieur, autour de la ville de Bâle. Après la création de la *Regio Basiliensis* en 1963, deux autres *Regios* sont formées des côtés français et allemand : la *Regio* du Haut-Rhin à Mulhouse, en 1965, et la *Regio* Fribourg, en 1985. Ensemble, ces instances représentent plutôt l'échelle locale de la coopération transfrontalière, renforcée en 1995 avec leur fusion dans une seule association, la *Regio TriRhena*. La deuxième étape est celle de l'institutionnalisation de cette coopération transfrontalière, entre 1975 et 1991, avec la mise en place d'un cadre légal par les États français, allemand et suisse. En effet, en 1975, un accord intergouvernemental, l'accord de Bonn, crée des instances officielles : une commission intergouvernementale franco-germano-suisse, où siègent des membres des ministères des Affaires étrangères et deux comités régionaux, l'un, bipartite, pour la coopération franco-allemande, au nord, et l'autre, tripartite, pour la coopération trinationale, au sud[12]. L'espace géographique de la coopération est également fixé, s'étendant à toute la région du Rhin supérieur, de

---

9 Wassenberg Birte, « Geschichtlich gewachsene Governance am Oberrhein (1975–2009) », in: Beck Joachim, Wassenberg Birte (eds.), *Grenzüberschreitende Zusammenarbeit leben und erforschen (Vol. 2): Governance in deutschen Grenzregionen*, Stuttgart, Steiner Verlag, 2011, p. 139–165.

10 Wassenberg Birte, *Vers une eurorégion, op. cit.* Voir également « Historiographie de la coopération transfrontalière », in : Wassenberg Birte (dir.), *L'approche pluridisciplinaire de la coopération transfrontalière. Les jalons pour un travail de recherche pluridisciplinaire, Cahiers Fare*, n° 5, 2014, p. 9–15.

11 Wassenberg Birte, « Die Entwicklungsgeschichte der grenzüberschreitenden Zusammenarbeit am Oberrhein seit 1963 », in: Prettenhofer-Ziegenthaler Anita, Kißener Michael, Kusber Jan (eds.), *Zwischenräume. Grenznahe Beziehungen in Europa seit den 1970er Jahren*, Innsbruck, Studienverlag, 2011, p. 25–49.

12 Witmer Jürg, *Grenznachbarliche Zusammenarbeit, das Beispiel der Grenzregionen von Basel und Genf*, Dissertation, Universität Zürich, 1979, p. 156.

Bâle, le long du Rhin, jusqu'à Karlsruhe-Landau. À partir de 1991, la coopération institutionnelle est gérée par la Conférence du Rhin supérieur, qui a son siège à Kehl en Allemagne[13]. À partir de 2000, sur la base d'un nouvel accord intergouvernemental signé à Bâle, l'espace de coopération est élargi aux cinq cantons de la Suisse du nord-ouest[14]. La troisième phase, à partir de 1991 est celle de l'européanisation, quand l'espace rhénan devient un terrain pour la mise en œuvre de la politique régionale européenne, avec le programme communautaire Interreg qui soutient la réalisation de projets transfrontaliers. L'histoire institutionnelle atteint son apogée en 2010, quand la Région métropolitaine trinationale du Rhin supérieur est créée pour mettre en place une véritable gouvernance à niveau multiple. Cette gouvernance doit également impliquer les instances de coopération locales, qui ont vu le jour à partir des années 2000, à savoir les quatre Eurodistricts qui sont mis en place dans la région[15].

L'histoire de la coopération transfrontalière franco-germano-suisse du Rhin supérieur est donc riche et longue, ayant abouti à de nombreuses structures et projets de coopération transfrontalière, mais, de manière surprenante, cette histoire n'est que très peu évoquée par les grands témoins.

Seul le témoin suisse Hans-Martin Tschudi, ancien *Regierungsrat* à Bâle et coordinateur de la coopération des cantons suisses au sein de l'association *Regio Basiliensis*, donne un aperçu assez détaillé sur les instances de coopération transfrontalière dans l'espace du Rhin supérieur. D'abord, il définit cette coopération comme une coopération « classique » avec les voisins proches, qui s'effectue au niveau local ou régional : « Es ist eine klassische Zusammenarbeit mit einem unmittelbaren Nachbarn. Wenn eine Gemeinde mit einer anderen Gemeinde zusammenarbeitet, ist es auch grenzüberschreitende Zusammenarbeit, genauso zwischen Kanton und Land ». Il précise bien que c'est l'échelon infranational qui est important, car, pour lui, la coopération entre États, « c'est autre chose », car elle est basée sur des traités intergouvernementaux : « Einen Unterschied gibt es mit der Zusammenarbeit zwischen zwei Nationen. Es gibt Staatsverträge, d.h. völkerrechtliche Verträge ». Hans-Martin Tschudi cite ensuite surtout les structures communales de coopération, à savoir les Eurodistricts, mais il évoque également la Conférence du Rhin supérieur, l'organe exécutif de la coopération institutionnelle qui traite de pratiquement « tous les domaines » relevant de la vie quotidienne des citoyens (environnement, culture, économie, éducation, etc.).

> Aus Erfahrung kann ich sagen, dass seit dem 2. Weltkrieg im Oberrheingebiet viel gemacht und strukturiert wurde. Kommunal haben wir die Eurodistrikte, die unmittelbar miteinander arbeiten – Basel-Colmar-Mülhausen-Lörrach, etc. – mit einer klaren Struktur: Ein Quasi-Parlament und eine Exekutivebene. Bei der Oberrheinkonferenz ist es genau dasselbe: Wir haben 1975 das Bonner Abkommen [Staatsvertrag] unterschrieben und eingesetzt. Wir haben ein Generalsekretariat in Kehl: vier Sekretäre, die dort koordinieren, zwölf bis dreizehn Aus-

---

13 Cf. https://www.conference-rhin-sup.org/fr/.
14 À savoir les deux demi-cantons de Bâle, et les cantons d'Argovie, du Jura et de Soleure.
15 Ce sont l'Eurodistrict Stasbourg-Ortenau (2005), Pamina (2001), l'Eurodistrict Région Fribourg/Centre et Sud Alsace (2005) et l'Eurodistrict trinational de Bâle (2007).

schüsse. Alle Themen der täglichen Politik, sobald sie eine grenzüberschreitende Bedeutung haben, werden besprochen: Naturschutz, Soziales, Kultur, Wirtschaft, Bildung usw.

Il est intéressant de noter que d'autres témoins spécialistes de la coopération transfrontalière du Rhin supérieur font abstraction des instances de gouvernance et abordent la coopération sans se référer à l'histoire institutionnelle. Ainsi, Jean-Paul Heider, ancien responsable du programme Interreg à la Région Alsace et ancien vice-président de l'ARFE, donne plutôt des exemples de projets concrets, comme celui du bateau-pompe sur le Rhin des sapeurs-pompiers franco-allemands, pour expliquer ce qu'est la coopération transfrontalière :

> C'est cela qui a fait progresser. Par exemple, avec les fonds européens, on a pu financer un bateau-pompe sur le Rhin. Parce que, vu le nombre de bateaux sur le Rhin et qu'il n'y avait pas de service incendie, un jour, l'idée est venue que cela serait quand même mieux d'avoir un même bateau-pompe commun sur le Rhin, qui puisse intervenir du côté allemand, du côté suisse, du côté français. En effet, si Bâle brûle, le Rhin est pollué. Si le port au pétrole de Strasbourg brûle, la ville de Strasbourg est en danger. [...] Et cela, c'est l'Europe. J'ai parlé de la brigade franco-allemande, à ce niveau, il y a des sapeurs-pompiers franco-allemands.

Pour Jean-Marie Woehrling, qui a participé à l'élaboration de l'Accord de Karlsruhe en 1996 entre l'Allemagne, la France, la Suisse et le Luxembourg pour mettre en place un premier outil transfrontalier juridique, le Groupement local de coopération transfrontalière (GLCT), ce n'est pas l'histoire institutionnelle qui est importante, mais plutôt le fait qu'il s'agisse d'une « coopération transfrontalière des autorités publiques ». Il décrit ensuite cette coopération à partir des problèmes juridiques qu'il s'agit de surmonter :

> Mais il y avait un problème : comment faire pour que les autorités publiques de part et d'autre de la frontière, les communes, les administrations, les écoles, les services de pompiers, puissent travailler ensemble ? Il y avait à l'origine une problématique juridique : on nous expliquait que ce n'était pas faisable, qu'il y avait des obstacles juridiques. Moi, je me suis beaucoup battu pour démontrer que ces obstacles juridiques étaient en partie fictifs, qu'on pouvait en tout cas les surmonter.

Jean-Marie Woehrling se montre ensuite sceptique par rapport à cette coopération, qu'il considère comme « techniquement faisable », mais qui manque, selon lui, de volonté : « Ça ne se fait toujours pas beaucoup. C'est-à-dire qu'en réalité, si on regarde ce qui se fait concrètement au niveau des autorités publiques, des collectivités territoriales, des services publics, pour travailler plus étroitement ensemble, ça reste essentiellement des choses anecdotiques ».

Cette nécessité d'une volonté pour coopérer est exactement l'un des critères que Karl-Heinz Lambertz, ancien ministre-président de la Communauté germanophone de Belgique et ancien président de l'ARFE, cite comme une condition préalable à la réussite de la coopération transfrontalière. Karl-Heinz Lambertz, originaire de la région frontalière entre la Belgique et l'Allemagne, donne une définition très large et presque banale de la coopération transfrontalière comme « coopération entre voisins » : « Grenzüberschreitende Kooperation lässt sich mit einem Begriff beschreiben: Zusammenarbeit zwischen Nachbarn ». Mais il ajoute ensuite qu'il faut trois éléments pour la réussir ; il faut avoir le droit de coopérer, il faut le vouloir et il faut pouvoir le faire : « Aber ich kann Ihnen drei Begriffe geben, die für den Erfolg grenzüberschreitender Zusammenarbeit entscheidend sind: Dürfen, Wollen und Können ». Concernant le premier critère, il explique que la coopération au-delà d'une frontière nationale doit d'abord être autorisée. Les acteurs doivent ensuite vouloir coopérer, ce qui n'est, selon lui, pas toujours évident à cause des conflits frontaliers présents ou passés. Enfin, le troisième critère, le « pouvoir coopérer », met l'accent sur des compétences interculturelles et linguistiques indispensables afin de pouvoir comprendre le voisin de l'autre côté de la frontière et ainsi pouvoir réussir la coopération transfrontalière :

> Dürfen heißt, dass es erlaubt sein muss, über die Staatsgrenze hinaus zu kooperieren. Das ist gar nicht so evident, wie wir aus der Vergangenheit wissen, und existiert in manchen Städten heute noch, wenn sie z.B. an grenzüberschreitende Kooperation in Weißrussland und der Ukraine denken. Wollen heißt, dass man es nicht nur in Worten, sondern auch in Taten wollen muss. Das ist eine schwierige Angelegenheit und dort kann auch ein Konflikt entstehen. Etwas Gemeinsames benötigt Zeit zum Wachsen und das beschreibt das dritte Niveau der Integration: Das Können. Dafür ist viel Interkulturelle Kompetenz notwendig. Man muss nicht nur die Sprache des Nachbarn kennen, sondern auch seine Situation, seine Mentalität. [...] Wenn das ein Fremder ist, ergeben sich daraus besondere Schwierigkeiten. Und manchmal sind Nachbarn sehr viel fremder, als man auf den ersten Blick erkennen kann.

À côté de cette définition conceptuelle de la coopération transfrontalière qui ressemble presque à une théorie, d'autres témoins nous livrent une approche beaucoup plus terre-à-terre. Sans se référer à l'histoire de la coopération institutionnelle dans l'espace rhénan, Anne Sfroza, répond à la question « comment définiriez-vous la coopération transfrontalière idéalement ? » tout simplement de la manière suivante : « Au point de vue physique, que l'accès soit plus facile ! J'ose espérer qu'avec le tram, que nous espérons tous, ce soit très facile » [liaison Strasbourg-Kehl ouverte en 2017]. C'est donc traverser physiquement la frontière qui est l'essence de la coopération transfrontalière selon elle. Pour Michel Hoeffel, en revanche, c'est la notion du travail transfrontalier qui se trouve au cœur de la coopération, plus que la volonté d'un rapprochement avec le voisin : « Quand on regarde de près, il y en a, de la coopération, mais plus par intérêt que par conviction. C'est-à-dire qu'on est content de trouver du travail, en Allemagne et en Suisse, mais la conviction de ce rapprochement, de cette fraternité, c'est encore autre chose ». Le pasteur précise donc qu'il y a bien une différence entre la coopération transfrontalière par intérêt – pour le travail, pour la consommation – et la coopération transfrontalière dans le but de la réconciliation des peuples frontaliers. Pour Lucienne Schmitt, justement, la coopération transfrontalière, ce n'est pas le travail frontalier, ni le commerce transfrontalier, mais l'échange entre les populations transfrontalières dont elle se souvient personnellement, à partir d'une première rencontre sportive familiale en Allemagne :

> Je ne parlerai pas des travailleurs transfrontaliers, ni des échanges de services et de marchandises, ni des jumelages, leur rôle est manifeste. Je n'oublie pas pour autant que la première coopération transfrontalière dans notre famille était la participation de notre sportive à une rencontre de natation à Waldkirch, en Allemagne, par la suite, il y eut une rencontre à Séles-

tat. Actuellement les programmes d'échanges scolaires permettent une vraie fraternisation. Les programmes européens – Erasmus, Comenius… – sont une réussite.

Pour beaucoup d'interviewés, la coopération transfrontalière est aussi étroitement liée au processus d'intégration européenne. Ils la définissent en lien soit avec la coopération franco-allemande, soit la construction européenne, voire les deux. C'est le cas de l'ancien maire de Strasbourg et députée européenne Catherine Trautmann, qui affirme : « [La coopération transfrontalière], c'est un outil européen par excellence, parce qu'[elle] permet d'agir à la dimension européenne ». Klaus Schumann, ancien haut fonctionnaire au Conseil de l'Europe, établit même un lien entre la coopération transfrontalière et les pères fondateurs de l'Europe. Il pense qu'elle est l'un des piliers de la construction européenne, parce que les personnalités clés de l'Europe communautaire comme Robert Schuman, Konrad Adenauer ou Alcide de Gasperi étaient « des hommes de frontières » :

> Oui ! C'est un des piliers. Parce que cela consolide, parce que normalement, malheureusement, les conflits éclatent souvent sur la frontière. D'ailleurs, pour revenir aux pères de l'Europe, ceux qui ont lancé toute la machine à la fin des années 1940-début des années 1950, Schuman, Adenauer et Gasperi, c'étaient des hommes des frontières, qui y sont nés et qui y ont vécu. Schuman était Lorrain, il est né à Luxembourg parce que sa mère ne voulait pas accoucher sous l'Empire allemand car à l'époque la Lorraine faisait partie, comme l'Alsace, de l'Allemagne. Gasperi, c'était un homme du Tyrol du Sud, la zone conflictuelle entre l'Italie et l'Autriche. Adenauer était de la Rhénanie et a connu l'occupation par la France après la Première Guerre mondiale. Il s'agissait de gens qui ont été imprégnés par les problèmes conflictuels de leur région et qui voulaient les dépasser. C'est pour cela que les coopérations transfrontalières sont effectivement indispensables, afin de consolider l'idée européenne.

Cette vision est confirmée par Karl von Wogau, qui l'applique à l'histoire des relations franco-allemandes : « Si vous regardez les gens qui ont travaillé surtout à Bonn, Berlin et Paris pour le rapprochement des deux pays, c'est des gens qui vivaient à la frontière. Si vous prenez des personnalités comme Pierre Pflimlin, c'étaient toujours ou très souvent des gens qui connaissaient aussi les difficultés, les déchirements qu'il y avait dans le passé dans cette région frontalière… ». Les « hommes de frontières » seraient donc sensibles à la problématique de la frontière, ce qui les incite à s'impliquer en faveur du rapprochement franco-allemand et de l'intégration européenne. Mais l'ancien parlementaire européen, fondateur du groupe Kangourou et qui lutte pour la libéralisation des échanges en Europe, donne également une définition économique de la coopération transfrontalière. Pour lui, c'est aussi un commerce à travers les frontières et ce commerce est facilité par le principe de la libre circulation garantie par l'UE :

> D'un côté, si vous regardez ce qui s'est passé pour les petites et moyennes entreprises dans notre région, je vous donne un petit exemple : une entreprise de Freiburg qui vendait du fromage, et aussi du fromage français, et le chef de cette petite entreprise m'a décrit que c'était extrêmement difficile de le faire. Alors Colmar choisissait les fromages et ensuite il passait une demi-journée à remplir des paperasses parce que, pour chaque fromage, les règles étaient différentes. Donc faciliter ce commerce entre les deux pays était une chose qui devait être faite à Strasbourg et à Bruxelles parce que c'était changer les règles, qui fait en sorte qu'on a maintenant aboli ces contrôles aux frontières, et donc on peut acheter du fromage avec la même monnaie et sans les paperasses du passé.

De la même façon, pour Hans-Christian Krüger, la coopération transfrontalière est liée à la libre circulation de la monnaie, donc l'unification monétaire de l'UE. Il mentionne une période clé de l'intégration européenne pour affirmer que les flux transfrontaliers ont pu avancer ainsi depuis les années 1950. La coopération transfrontalière est pour lui en quelque sorte un résultat de la construction européenne plutôt qu'un processus parallèle ou complémentaire à celle-ci :

> Also ich finde das Grenzüberschreitende ist für den Bürger eine sehr wichtige Maßnahme. Ich erinnere mich noch, wie es war, als wir z.B. große Schwierigkeiten hatten mit dem Geldumtausch. Der war nicht frei. Der französische Franc war nicht frei konvertierbar. Es gab eine gewisse Begrenzung, wenn man nach Deutschland hinüberging und dort Mark kaufen musste. Der Geldfluss war nicht frei. Und man kann über den Euro sagen, was man will, aber er hat es geschafft, dass wir in Europa frei sind. Also die grenzüberschreitende Verbindung, sowohl was die tatsächlichen Übergänge betrifft, als auch die Kooperation, die stattfindet, sind von erheblicher Bedeutung. Ich sehe im grenzüberschreitenden Verkehr seit 1950 eine enorme Entwicklung.

Ulrich Bohner, ancien secrétaire général du Congrès des pouvoirs locaux et régionaux du Conseil de l'Europe, considère également que la coopération transfrontalière « est un élément constitutif de la construction européenne ». Il explique cela aussi par le fait d'avoir passé toute son enfance dans une région frontalière. La coopération transfrontalière y est vécue comme une nécessité : « Quand on vit ainsi dans une région frontalière, ce sont des réalités qui ont été ressenties très durement ». Ulrich Bohner illustre ici le fait que, dans les régions frontalières, le besoin de construction européenne se fait remarquer tout particulièrement, un besoin de réconciliation et un besoin de reconstruction de liens avec les voisins, au-delà d'une frontière « cicatrice de l'histoire ».

Ce besoin est identifié, parce que la frontière est vécue sur le terrain et au quotidien par les acteurs transfrontaliers. C'est là un élément qui s'avère également essentiel pour la mémoire de l'espace frontalier chez nos grands témoins.

1.2. Une histoire vécue

L'histoire de la coopération transfrontalière dans l'espace du Rhin supérieur n'est, pour les interrogés, pas seulement un fait historique, elle fait partie d'une expérience personnelle vécue à partir de l'implantation dans cet espace frontalier. Il s'agit donc d'une histoire « territorialisée » qui lie, en fonction de l'origine géographique et des fonctions professionnelles des témoins, à la fois l'histoire régionale et l'histoire européenne et qui établit ainsi une connexion subjective entre la coopération transfrontalière et la construction européenne. Cette histoire « territorialisée » s'insère dans une approche nouvelle de l'histoire globale, à partir de l'échelon local, qui a été présentée lors du Holberg Prize Symposium en 2010 *Doing Decentered History: the Global in the Local*[16]. Appliquée à la coopération

---

16 Zemon Davis Nathalie, « Decentering History: Local Stories and Cultural Crossings in a Global World », *History and Theory*, vol. 50, n° 2, 2011, p. 188–202.

transfrontalière en Europe, cette approche vise à montrer que l'histoire de l'intégration européenne est en effet un puzzle constitué à partir de nombreuses histoires des territoires frontaliers. C'est une approche qui se base sur une perspective croisée entre la géographie et l'histoire et qui envisage le processus de construction européenne à partir des régions frontalières, où sont créées des dynamiques de coopération à différentes échelles, qui s'insèrent ensuite dans le processus général d'intégration européenne au sein de l'UE[17]. Joachim Beck a théorisé cette approche comme un « néo-institutionnalisme territorialisé », qui envisage l'intégration européenne à partir des acteurs institutionnels infra-étatiques dans les régions frontalières[18]. Or, cette théorie focalise sur le développement objectif de la gouvernance transfrontalière par la création de nouvelles formes d'institutions, alors que les témoins nous révèlent plutôt une histoire subjective qui est basée sur l'expérience des relations et projets transfrontaliers qu'ils ont vécus.

Ainsi, Paul Collowald situe les débuts de la coopération transfrontalière dans l'espace rhénan aux années 1960, quand le maire de Colmar, Joseph Rey, organise avec la ville de Freiburg une rencontre à Bruxelles. Il établit d'emblée un lien entre l'histoire transfrontalière et la construction européenne :

> C'était au début des années 1960. Il y a Fribourg en face, l'Allemagne. Ils ont découvert, sur le terrain, Colmar, Fribourg, qu'ils avaient des intérêts communs. […] Cette découverte sur le terrain s'est faite par Joseph Rey. Il a téléphoné à Bruxelles et a dit : « Écoutez, nous faisons une association, une communauté d'intérêts et nous voulons aller à Bruxelles discuter avec la Commission de la CEE, présidée par Walter Hallstein ». Son vice-président était Robert Marjolin et j'étais son porte-parole. J'ai […] dû organiser ce voyage dans des conditions un peu compliquées […]. Et pourtant, nous l'avons fait !

La même liaison entre l'Europe communautaire et l'espace transfrontalier est établie par Karl Von Wogau, originaire de la région de Freiburg, pour qui la coopération transfrontalière fait partie des impératifs de son travail de parlementaire européen, mais aussi parce qu'il a vécu dans cet espace franco-germano-suisse et qu'il a lui-même, en tant que frontalier travaillant à Bâle, fait l'expérience des difficultés pour traverser la frontière. Il met donc l'accent sur la libre circulation comme principe fondateur de cette coopération transfrontalière.

> La coopération transfrontalière, pour moi, a été un élément très important du travail que j'ai fait au Parlement européen parce que si on regarde notre région, il y a le transfrontalier entre l'Allemagne et la France, et, d'autre part, aussi la Suisse. Et avant de devenir parlementaire européen, je travaillais pour une entreprise suisse à Bâle, Sandoz. Le matin, je me levais pour aller en Allemagne et puis je passais en Suisse. Ensuite, mon parking était en France, et quand je commençais à travailler, j'avais déjà fait deux pays de la Communauté et un pays tiers. Donc j'ai vu de très près quelles sont les difficultés qui sont causées par les vieilles frontières.

---

17 Reitel Bernard, Wassenberg Birte, *La coopération territoriale en Europe. Une perspective historique*, Luxembourg, Commission européenne, 2015, p. 30–33.
18 Beck Joachim, « Prospects of Cross-Border Cooperation in Europe: Capacity-Building and the Operating Principle of Horizontal Subsidiarity », *International Public Administration Review*, vol. XI, 2013, p. 7–24.

Karl von Wogau a en effet été l'un des co-fondateurs d'un intergroupe parlementaire (Kangourou) qui s'est battu tout particulièrement pour la libre circulation en Europe. Il souligne également l'importance des contacts entre élus de la région transfrontalière, qui peuvent, selon le principe d'une gouvernance « bottum-up », faire remonter des projets vers les capitales : « Moi personnellement, j'ai encore beaucoup de contacts avec les gens du même parti européen qui se rencontrent deux fois par an, il y a une rencontre entre les hommes politiques du pays de Bade de la CDU et de l'UMP en Alsace, et c'était très important pour faire des initiatives à Berlin et des initiatives communes à Paris ».

Le début des années 1960 est également le point de départ pour la coopération transfrontalière selon Michel Hoeffel, qui met également l'accent sur les relations transfrontalières : « Moi, au niveau Église – j'ai commencé mon travail en 1960 en Alsace du Nord, et avec le recul, quand on y réfléchit, c'était très proche de la fin de la guerre –, mais j'avais d'emblée la conviction qu'il fallait qu'il y ait de l'action transfrontalière ». L'établissement de relations transfrontalières constitue selon lui aussi une contribution au processus de réconciliation franco-allemande, car « à l'époque, ce n'était pas évident en Alsace d'avoir des relations fréquentes avec des Allemands ». Pour lui, cette coopération transfrontalière s'établit par exemple notamment par la création de jumelages entre paroisses. Son souvenir du début de la coopération transfrontalière correspond donc à la période du traité de l'Élysée sur la réconciliation franco-allemande en janvier 1963.

Pour Pierre Kretz, la coopération transfrontalière est également rattachée à des relations avec les voisins qu'il a nouées dans le domaine culturel : « Pour moi, la coopération transfrontalière, je la vis en tant qu'acteur culturel de manière assez régulière. Depuis longtemps, parce que ma langue maternelle est le dialecte et que j'ai animé des spectacles en dialecte qui suscitaient de l'intérêt de l'autre côté de la frontière, car nous partageons la même langue. C'est ainsi que j'ai commencé depuis très longtemps à avoir des contacts de l'autre côté de la frontière, à travers le théâtre ». Or, il est intéressant de noter qu'il identifie comme période clé de l'histoire transfrontalière non pas les années 1960, mais le début des années 1970, quand il y a eu des manifestations communes des populations frontalières contre les centrales nucléaires installées le long du Rhin en Suisse, en Allemagne et en France :

> Dans les années 1970, post-68, il y a eu de forts mouvements de contestation contre des projets d'implantation de centrales nucléaires dans la pleine du Rhin. Fessenheim […] était en construction lorsque j'avais entre vingt-cinq et trente ans. Et il y avait beaucoup de contestations, du fait qu'il s'agisse d'une zone sismique, etc. Et à l'époque, à Wyhl, près de Fribourg, il y avait également un projet de centrale nucléaire, qui a suscité de fait un mouvement de contestation de part et d'autre du Rhin contre l'implantation de ces centrales et aussi contre l'ouverture d'industries chimiques extrêmement polluantes, notamment à Marckolsheim [Haut-Rhin]. Pour le coup, les Badois et les Alsaciens étaient réunis pour mener ces luttes ensemble. Et je pense qu'un jour, quand on parlera de l'histoire du Rhin supérieur, on dira que c'est la première fois qu'on s'est battu ensemble.

Pierre Kretz met ainsi l'accent sur les relations transfrontalières que ce soit pour tisser des liens ou pour défendre une cause commune. Lucienne Schmitt ajoute à cela un élément qui n'est pas souvent mis en avant dans l'histoire de la coopération transfrontalière : la protection des droits de l'Homme. Partant de son expérience professionnelle en tant que fondatrice du Centre international d'initiation aux droits de l'Homme à Sélestat, elle lie la coopération transfrontalière avec un projet qu'elle a réalisé ensemble avec les Allemands, à savoir un film sur le « Chemin de la Mémoire et des droits de l'homme », qui facilite un travail d'interprétation commune de l'histoire, notamment celle de la Deuxième Guerre mondiale.

> Cette réalisation transfrontalière englobe Sainte-Marie-aux-Mines – où il y a un tunnel dans lequel des détenus ont fabriqué des armements pendant la guerre. Il y en a un autre à Urbès, également dans le Haut-Rhin, on a réuni des lieux de mémoire. Nous avons le triste privilège, en Alsace, d'avoir le seul camp de concentration et d'extermination, qui était Natzweiler, et nous l'avons donc inclus dans ce Chemin de la mémoire et des droits de l'Homme, ainsi que des lieux de travail forcé, des lieux de rétention, des cimetières, et puis, pour finir de façon optimiste, j'ai mis Sélestat et Rastatt, qui sont des lieux d'information, parce qu'il faut aussi dans la mémoire ne pas considérer continuellement que le tragique.

Selon elle, ce travail de commémoration commune est une condition préalable à la coopération transfrontalière, il s'agit d'une véritable « route » de la réconciliation franco-allemande : « Nous avons fait une erreur, en nommant ce trajet "un chemin", on aurait dû mettre "route". Donc nous nous rencontrons pour ce genre de réflexion, il y a une coopération pour l'avenir du "chemin" ».

Pour d'autres témoins, la coopération transfrontalière est pour l'essentiel le souvenir ou le vécu de projets communs. Hans-Martin Tschudi cite d'emblée l'exemple emblématique de l'aéroport transfrontalier Bâle-Mulhouse, qui a été construit à partir de 1946 par les autorités locales, avant même la conclusion d'un accord intergouvernemental franco-suisse en 1949. Ce projet transfrontalier, appelé aussi le « miracle de Blotzheim », du nom du le petit village où l'aéroport est implanté, est, selon lui, la preuve d'une initiative « bottum-up » qui a abouti à la réalisation d'une infrastructure transfrontalière essentielle, devenue aujourd'hui, de facto, un aéroport tri-national franco-germano-suisse, le seul de ce type qui existe en Europe :

> Das erste Produkt war der heutige Euroairport Mülhausen-Basel-Freiburg. 1947/48/49 wurden die Staatsverträge zwischen Frankreich und der Schweiz entschieden. Man hat dort abgemacht, dass die Schweiz das Geld bringt und Frankreich das Land. Wir haben diesen ersten Flugplatz, der ganz klein ist, gebaut. Das „Miracle de Blotzheim" hat es geheißen, weil das Dorf so heißt. Seitdem ist es ein großer Flughafen geworden, binational aber faktisch trinational, da die Deutschen im Verwaltungsrat sitzen. Der hat über fünf Millionen Passagiere und entwickelt sich wunderbar.

Pour Marcel Spisser, le projet transfrontalier par excellence est le livre scolaire franco-allemand, à l'élaboration duquel il a participé et qui avait été pensé comme le point de départ pour un manuel commun d'histoire européenne :

> Vu avec du recul, la chose la plus intéressante que j'ai pu faire, c'est de participer à une équipe qui faisait un manuel d'histoire commun, le même pour les Français et les Allemands. Ce devait être l'embryon d'un manuel européen : vous vous rendez compte si on enseignait l'histoire de la même façon en Allemagne, en Pologne, en Italie, etc. ?

La coopération transfrontalière n'est donc pas, selon Marcel Spiesser, limitée au territoire de l'espace du Rhin supérieur, mais lié au traité bilatéral franco-allemand de l'Élysée en 1963. Il cite comme point de départ la décision prise en 2003, lors d'une réunion à l'occasion du 40ᵉ anniversaire de ce traité à Berlin avec des élèves de l'Abibac :

> Étaient présents le chancelier Schröder et le président Chirac et il y avait une jeune fille très véhémente qui disait aux deux hommes d'État, à toute l'assemblée qui était là : « Nous vous supplions. En Abibac, nous avons déjà un programme analogue dans les deux pays. Nous voulons un manuel d'histoire commun aux deux pays ». C'est tellement rare que l'on écoute ce que disent les étudiants. J'étais très content parce que Chirac et Schröder se sont dits quelques mots à l'oreille puis se sont levés tous les deux et chacun a dit dans sa langue : « Nous nous engageons à faire un manuel d'histoire commun entre la France et l'Allemagne ». Tout le monde s'est dit « Ce n'est pas possible, c'est du bluff », certains ont même insinué que les deux chefs d'État avaient trop bien mangé à midi et trop arrosé leur repas. Bref, ils se sont engagés. Et, contrairement à toute attente, c'est allé très vite : deux ou trois mois.

Marcel Spisser ne pense donc pas aux festivités de ce 40ᵉ anniversaire dans le territoire transfrontalier, à Strasbourg et à Kehl, qui est pourtant une date clé dans l'histoire de la coopération transfrontalière, car c'est à ce moment-là que les deux chefs d'État et de gouvernement français et allemand font la déclaration de la création d'un Eurodistrict. Il se réfère plutôt à ce projet d'un manuel scolaire binational lancé dans la capitale allemande, à Berlin, parce qu'il y a personnellement contribué. C'est une expérience positive, selon lui, qui montre aussi le chemin de la réconciliation franco-allemande réussi, car il souligne que, malgré quelques problèmes au départ, le projet a été un véritable succès. « On s'est mis au boulot avec des réunions tantôt à Berlin, tantôt à Paris. C'était passionnant », dit-il, et il ajoute :

> Au départ, on s'était attendu à ce qu'il y ait des discussions sur la Deuxième Guerre mondiale, mais alors là : aucun problème, les Allemands ont exactement la même vision sur les horreurs de la guerre que nous, ils admettent que leurs ancêtres ont fait des camps, etc. On n'a eu aucune discussion sur le problème de la Deuxième Guerre mondiale. Contrairement à toutes les attentes, on a fait le premier manuel, on a commencé par Terminale et on est allé à rebours. Le manuel de Terminale a été un grand succès.

Mais il y a aussi des expériences moins positives de la coopération transfrontalière. Ainsi, par exemple, Jean-Marie Woehrling pense que beaucoup de projets transfrontaliers « ne représentent rien de concret ». Il cite l'exemple de la création d'un site internet qui répertorie les spectacles dans les principaux théâtres du Rhin supérieur pour prouver que la coopération transfrontalière ne fonctionne pas :

> Et finalement, ce n'est pas ce site que personne ne connaît qui fera que des gens iront de Strasbourg à Freiburg pour aller au théâtre. D'abord, s'ils ne veulent pas prendre la voiture, il faudrait qu'il y ait des trains qui circulent, ce qui n'est toujours pas le cas. Aujourd'hui, pour aller de Strasbourg à Freiburg, il n'y a pas de train direct : il faut changer à Offenburg et, à partir de 22 h, vous rentrez à 4 h du matin. Je dirai qu'on est toujours encore au début de la coopération transfrontalière. Elle est devenue de plus en plus une sorte de rêve, avec quelques éléments marginaux, qui s'imaginent qu'entre Strasbourg et l'Ortenau.

Alors que Jean-Marie Woehrling évalue la réalité transfrontalière à partir de la situation actuelle, Ulrich Bohner prend une perspective historique et constate les progrès de cette coopération depuis ses débuts dans les années 1960. Il se rappelle que, dans son enfance, il n'était pas facile de traverser la frontière, alors que c'est devenue une évidence aujourd'hui :

> Déjà dans mon quotidien, oui. Je peux circuler très facilement aujourd'hui entre Strasbourg et Kehl et d'autres parties de l'Allemagne, c'est des choses qui ont réellement changé. Je me rappelle très bien, par exemple, ma mère qui vivait à Sarrebruck, à son décès, il y avait des choses à déménager et j'avais une camionnette que j'avais louée, dans laquelle j'avais mis toutes sortes de choses. J'arrive à la frontière et on me dit : « Qu'est-ce que vous avez amenez là ? », « Ce sont des affaires d'héritage ». « Oui, mais alors vous devez nous faire une liste ». Voilà. Aujourd'hui, vous prenez votre petit camion, vous passez la frontière, et on ne vous dira rien. Donc la réalité quotidienne c'est aussi cela, c'est de pouvoir vivre normalement sans qu'on vous embête à chaque frontière.

En faisant référence à la libre circulation, Ulrich Bohner lie à nouveau l'histoire de la coopération transfrontalière à l'histoire de l'intégration européenne, et tout particulièrement à l'histoire d'une « Europe sans frontières ».

2. L'espace du Rhin supérieur : un modèle de l'intégration européenne ?

À partir de la fin des années 1980, les régions transfrontalières sont de plus en plus identifiées comme laboratoires, voire comme modèles d'une « Europe sans frontières ». Afin de faciliter la coopération transfrontalière, la Commission européenne décide en effet d'accompagner les régions frontalières par des politiques structurelles qui soutiennent financièrement leurs projets transfrontaliers.

Ces nouvelles politiques sont mises en place dans le cadre de la réforme de la politique régionale qui voit la création, en 1988, des fonds structurels européens[19]. En 1990, elles prennent la forme d'un programme d'initiative communautaire Interreg pour le soutien à la coopération transfrontalière. Interreg participe à la mise en œuvre de la vision communautaire d'une « Europe sans frontières ». Car, à partir de 1991, grâce au soutien financier que la Commission européenne accorde à travers les différentes périodes de programmation Interreg, les régions frontalières deviennent pour elle des régions clés en Europe, qui ont un potentiel économique et intégratif et qui forment un « laboratoire pour l'intégration européenne »[20]. La coopération transfrontalière est désormais reconnue comme un facteur de l'unité européenne nécessaire à la croissance économique et à la cohésion sociale dans l'UE. Cette fonction d'intégration de la coopération transfrontalière devient réalité depuis la réalisation du marché unique et s'est encore renfor-

---

19 Wassenberg Birte, « Les politiques structurelles européennes », in : Moullé François (dir.), *Frontières*, Bordeaux, Presses universitaires de Bordeaux, 2017, p. 245–267.
20 Lambertz Karl-Heinz (ed.), *Die Grenzregionen als Labor und Motor kontinentaler Entwicklungen in Europa. Berichte und Dokumente des Europarates sowie Reden zur grenzüberschreitenden Zusammenarbeit in Europa*, Zürich/Baden-Baden, Dike/Nomos, 2010, p. 4.

cée pour nombre de régions frontalières suite à l'Union monétaire et à l'introduction de l'euro. Avec l'abaissement des frontières économiques, la mobilité à l'intérieur de l'Union s'observe principalement aux régions frontalières : ce sont les endroits où les succès et les échecs de l'intégration européenne économique sont visibles[21].

Pour les régions frontalières, cela signifie un véritable repositionnement. En effet, avec la mise en place du marché unique, il s'agit de les préparer aux conditions de ce marché, qui leur offre la chance de profiter de l'ouverture des frontières et de transformer leur situation périphérique en situation de régions « centrales »[22]. Les régions frontalières ne sont alors plus considérées comme des régions désavantagées, mais comme des pionnières de la réalisation du modèle de l'Europe sans frontières. Cela signifie pour elles l'opportunité de se développer vers un espace économiquement intégré. Ainsi, la coopération transfrontalière ferait bénéficier la construction européenne des dynamismes des régions frontalières, qui développent ensemble « un vrai partenariat, une synergie et une solidarité, à l'image de ce que devrait constituer une Europe unie »[23]. Autrement dit, l'objectif de la coopération transfrontalière vise désormais à supprimer les frontières économiques entre régions voisines appartenant à des États différents pour faciliter la libre circulation.

2.1. Le modèle de l'Europe sans frontières

Les grands témoins associent en effet l'histoire de la coopération transfrontalière à l'histoire de l'Europe sans frontières qu'ils ont vécue pour la plupart personnellement dans la région frontalière du Rhin supérieur. Le modèle de l'Europe sans frontières est un élément fondateur du processus d'intégration européenne lancé au début des années 1950 par les six États fondateurs de la CECA. En effet, l'un des objectifs énumérés est déjà de créer une « Europe sans frontières »[24]. Cet objectif vise principalement la suppression des frontières économiques et se réalise d'abord avec la création de la CEE en 1957, qui prévoit la mise en place d'un marché commun sans frontières douanières. C'est à partir du milieu des années 1980 que cette vision d'une « Europe sans frontières » connaît un véritable succès, même si elle continue à être focalisée sur les aspects économiques. Le projet de l'Acte unique européen élargit ainsi la suppression des frontières douanières à d'autres types de barrières économiques car il vise à instaurer un marché unique

---

21 Lambertz Karl-Heinz, *Stand der grenzüberschreitenden Zusammenarbeit*, Rapport, Congrès des pouvoirs locaux et régionaux, 13 octobre 2009, p. 84.
22 Brunn Gerhard, Schmitt-Egner Peter, *Grenzüberschreitende Zusammenarbeit in Europa*, Baden-Baden, Nomos, 1998, p. 13–16.
23 Ricq Charles, *Les cantons frontaliers et l'intégration européenne, Acte Unique européen, 1992*, Actes du symposium du 28 octobre 1988 à Genève, p. 56.
24 « Introduction », in : Bitsch Marie-Thérèse, *Histoire de la construction européenne*, Bruxelles, Bruylant, 2006.

où circulent librement non seulement les marchandises, mais aussi les personnes, les services et les capitaux. En janvier 1985, Jacques Delors, alors président de la Commission européenne, annonce que, pour atteindre les objectifs des traités CEE, « toutes les frontières internes en Europe » devront être éliminées[25]. Son Livre blanc sur l'accomplissement du marché intérieur constitue la base pour l'Acte unique signé le 17 février 1986 par les douze États membres de la CEE et qui prévoit de créer un marché unique « sans frontières » à l'horizon de 1992[26]. Ce projet est aussi lié aux premiers accords de Schengen conclus en 1985 entre la France, l'Allemagne et les trois pays du Benelux, qui envisagent la suppression des contrôles des personnes aux frontières et qui sont ensuite intégrés dans le traité d'Amsterdam de l'UE en 1997[27]. Dans ce contexte, les régions frontalières sont souvent identifiées comme des lieux d'expérimentation ou des laboratoires d'intégration européenne, car elles sont censées tester et appuyer la suppression des obstacles à la libre circulation[28].

Les différents témoignages des acteurs de l'espace rhénan confirment cette vision en se félicitant notamment des avancées de cette « Europe sans frontières » depuis les accords de Schengen. Hans-Christian Krüger souligne ainsi que ces accords constituent un progrès considérable sur le chemin envers la libre circulation en Europe : « Persönlich bin ich begeistert vom Schengener Abkommen. Schengen ist eine wesentliche Errungenschaft, sodass man jetzt frei über die Grenzen gehen kann und nicht mehr kontrolliert wird ». Il cite pour preuve le discours du président allemand Joachim Gauck lors dans sa visite dans la région frontalière en 2012, lors de laquelle il avoue qu'il « n'aurait jamais pensé pourvoir traverser les frontières sans contrôles ». Joachim Gauck, qui est originaire de l'Allemagne de l'Est, a été marqué par le rideau de fer, ce qui montre aussi l'importance de cette « Europe sans frontières » à partir de l'expérience de la guerre froide :

> Und ich werde auch nicht vergessen, wie Herr Gauck hierherkam. Vor einem Jahr hat er hier einen Preis von einer Kulturstiftung bekommen – und da hat er seine Rede begonnen, dass er sich das nie hat träumen lassen, über eine Grenze zu gehen, ohne kontrolliert zu werden, dass man ohne den Pass vorzeigen zu müssen herübergehen kann. Und das ist heute der Fall.

Pour Pierre Kretz, pouvoir traverser la frontière signifie un véritable progrès de la construction européenne, même s'il pense que, dans la région frontalière, tout le

---

25 Reitel Bernard, Wassenberg Birte, Peyrony Jean, « European Territorial Cooperation », in: Eduardo Medeiros (dir), *European Territorial Cooperation. Theoretical Approaches to the Process and Impacts of Cross- Border and Transnational Cooperation in Europe*, Heidelberg, Springer, 2018, p. 7.
26 Leboutte René, *Histoire économique et sociale de la construction européenne*, Bruxelles, Peter Lang, 2008, p. 81–104.
27 Cf. Cunha Alice, Silva Marta, Frederico Rui (eds.), *The Borders of Schengen*, Bruxelles, Peter Lang, 2015.
28 Beck Joachim, « Grenzüberschreitende Zusammenarbeit im Prozess der europäischen Integration », in: Wassenberg Birte, Beck Joachim (eds.), *Living and Researching Cross-Border Cooperation (Vol. 3): The European Dimension*, Stuttgart, Steiner Verlag, 2011, p. 129–151.

monde ne va pas forcément aller de l'autre côté du Rhin : « Mais le fait que les gens circulent aussi facilement d'un côté à l'autre, c'est qu'il y a quelque chose qui avance, malgré tout ». On sent donc une hésitation, une certaine prudence par rapport à « l'Europe sans frontières ».

En effet, nos grands témoins mettent l'accent sur le fait que « l'Europe sans frontières » n'est pas facile à établir, car, à partir de la perspective de la région frontalière, on est conscient du fait que la frontière est un « obstacle », physique et psychologique, qu'il faut d'abord traverser. En mettant l'accent sur l'existence de la frontière naturelle, Jean-Paul Heider souligne ainsi que, pour traverser la frontière dans l'espace du Rhin supérieur, il faut d'abord construire des ponts.

> Par exemple, sur le Rhin, entre Strasbourg et la vallée rhénane, il n'y avait pas de pont autrefois. Le deuxième pont qui s'est construit s'est fait à Huningue [ville du Haut-Rhin à la frontière entre la Suisse et l'Allemagne]. Depuis, vous avez trois ou quatre ponts qui se sont faits avec un peu d'argent européen. Et aujourd'hui, on peut traverser le Rhin à de nombreux endroits. Et cela aussi permet de se rapprocher les uns des autres.

Il est aussi intéressant de remarquer que les entretiens se rejoignent sur l'évocation du souvenir « historique » de la traversée difficile de la frontière franco-allemande. Cet élément est utilisé de manière implicite et explicite pour approuver ce qui est vu comme un progrès : l'ouverture des frontières due à la libre-circulation consacrée par la convention de Schengen. C'est Jean-Marie Woehrling qui en fait la description la plus émotionnelle, en réponse à la question qui porte sur sa vision des effets concrets de la coopération transfrontalière au quotidien :

> Je me souviens encore quand on traversait la frontière, on était intimidés par des douaniers qui vous faisaient comprendre que c'était déjà le début quasiment de la haute-trahison simplement que d'aller dans le pays voisin. Quand vous reveniez, on vous suspectait de revenir avec des produits interdits. On vous demandait ce que vous aviez fait à l'extérieur [...]. Aujourd'hui, tout cela n'existe plus. Les gens traversent librement.

Intimidation, suspicion, trahison : Jean-Marie Woehrling utilise des termes puissants pour évoquer un ressenti qui a visiblement laissé des traces dans son esprit et qui fait partie des moteurs de son implication franco-allemande et européenne.

Karl von Wogau aborde lui aussi ce souvenir d'une frontière infranchissable : « Unmittelbar nach dem Krieg war es fast unmöglich dort die Grenze zu überschreiten, in jedem Fall war es außerordentlich kompliziert [...] ». Il y a donc un aspect hautement symbolique du franchissement de la frontière que Karl von Wogau explique un peu plus loin : « [...] war es für mich auch aus regionalen Gründen sehr wichtig, dass wir schrittweise die Grenzen zwischen den Mitgliedsländern der Gemeinschaft und speziell zwischen Frankreich und Deutschland, abgeschafft haben ». Pour montrer l'acquis des accords de Schengen et les effets visibles de « l'Europe sans frontières », il donne l'exemple de son vécu quotidien « Ce matin, quand je me suis levé, j'ai pris l'autoroute allemande d'abord, ensuite je suis passé en France. Il n'y avait pas de contrôle à la douane ». Michel Krieger n'esquive pas non plus cette occurrence du souvenir d'une frontière fermée : « Chez nous, elle est omniprésente, cette frontière. Dans les années 1960, pour franchir le Rhin [...] il fallait montrer patte blanche, un papier administratif, et c'est avec ça qu'on arrivait à rentrer d'un pays à l'autre ». Pour Ulrich Bohner, les souvenirs des frontières fermées remontent même à la période de l'occupation de l'Allemagne par les forces alliées après la Deuxième Guerre mondiale :

> Les premières frontières que j'ai connues étaient les frontières entre l'Allemagne et le reste de l'Europe, entre les différentes zones d'occupation de l'Allemagne, parce que c'était ainsi. Je vivais près de la Sarre. La Sarre était un pays particulier, sous mandat français, mais avec une frontière douanière assez étanche, et j'ai vécu des situations où mon grand-père, qui voulait aller réparer sa maison en Sarre, était revenu un jour après l'expiration de son visa. Il a dû passer deux ou trois jours en prison à cause de ça. Aussi, j'ai connu les passeports qui se remplissaient de visas pour passer simplement ces frontières très proches.

C'est la raison pour laquelle Ulrich Bohner considère qu'on a fait énormément de progrès et que l'ouverture des frontières est « un élément absolument essentiel ». On voit donc bien là l'importance du « traumatisme de la frontière » dans l'implication de ces personnes en faveur d'un mieux-être transfrontalier, inter-nations et européen, et dans leur reconnaissance commune des effets positifs de la construction européenne. Mais Ulrich Bohner rappelle aussi que la libre circulation ne signifie pas que toute frontière a disparu. Dans la région frontalière, de nombreux obstacles administratifs et législatifs existent encore, qui rendent cette libre circulation difficile, pour les travailleurs frontaliers tout comme pour les citoyens plus largement :

> Par contre, il faut voir aussi que ces frontières existent toujours. Ici, en Alsace, il y en a de plus en plus qui travaillent d'un côté de la frontière, qui vivent de l'autre côté. Cela pose encore beaucoup de problèmes en termes d'impôts, en termes de sécurité sociale, en termes de traitements médicaux. Je pense que cela influe beaucoup sur la réalité de vie de chacun d'entre nous et qu'il est très important de trouver des solutions à ces problèmes. Je prends aussi un exemple tout simple, si vous prenez le téléphone portable, vous partez à cinq kilomètres d'ici, vous téléphonez ici, vous avez une communication de l'étranger, et donc vous la payez en tant que telle. Voilà des choses qui ne sont pas très raisonnables.

La mémoire d'une frontière difficile à franchir est tout particulièrement pesante dans cette région frontalière. Jean Hurstel parle même d'une « histoire d'un problème de frontière » en rappelant qu'il y a « des photos où les gens se rencontraient aux postes frontières, de part et d'autre de la barrière, où ils se parlaient de part et d'autre de la barrière ». Selon lui, cette histoire-là est toujours présente dans les mémoires et elle n'est pas encore passée : « La frontière existe […], c'est une frontière historique qui perdure ». La même analyse est apportée par Karl von Wogau, qui pense que « les vieilles frontières commencent à exister dans les cerveaux des gens [malgré] tout ce que nous avons fait pour ouvrir les frontières entre les pays membres de la Communauté ».

Mais il y a aussi quelques voix plus critiques par rapport à la réalisation de « l'Europe sans frontières » dans l'espace transfrontalier. Ainsi, Hans-Martin Tschudi souligne que, depuis que la Suisse a adhéré à l'espace Schengen en 2008, il n'y a, certes, plus de contrôles aux frontières, mais que cela pose aussi des problèmes pour la criminalité transfrontalière : « Das ist aber ein großes Problem für die Kriminalität. Zugenommen hat die Einbruchsrate an den Grenzen, weil es keine Kontrolle mehr gibt ». De son côté, Anne Szorza pense qu'il n'est toujours pas facile de traverser la frontière entre Strasbourg et Kehl.

> Écoutez, quand je pense qu'accéder à la frontière est devenu une entreprise hors du commun – bon, les travaux qui ont lieu à l'heure actuelle pour ouvrir Strasbourg vers la frontière, j'ose espérer qu'un jour au moins cela, que ce soit en voiture ou en train, se passe bien. Il y a toujours encore des problèmes. L'autre jour, les gens étaient bloqués avec le petit train qui fait la navette entre Strasbourg et Kehl. Il était arrêté pendant cinq heures sur les voies parce que le contrôleur allemand et le contrôleur français ne parlaient pas la même langue. Cela s'est passé tout récemment !

Lucienne Schmitt, si elle se félicite qu'on peut passer aujourd'hui « d'un pays à l'autre vraiment sans problème », avertit tout de même que les États peuvent, s'ils en ressentent le besoin, avoir recours à une réintroduction de contrôles aux frontières : « Je crois que ce sont certains États qui sont en train de fortifier les frontières au lieu de les dissoudre, vous ne trouvez pas qu'on est tenté de refermer un peu les frontières ? Je ne l'espère pas, mais on y voit quand même un certain danger… ». Certes, une telle « ré-frontiérisation » est autorisée par les accords de Schengen pour une durée limitée en évoquant des raisons de sécurité, mais ce que Lucienne Schmitt ressent ici est un phénomène plus profond : celui d'un retour de la frontière qui ressemble à un repli sur la nation, un phénomène qui va à l'encontre de la construction européenne et, en même temps, de la coopération transfrontalière. C'est donc une prise de conscience des maux d'une frontière « cicatrice de l'histoire » qui pousse les témoins à vouloir chercher un remède par l'Europe. Il semble donc clair que la situation géographique à la frontière franco-allemande revêt une signification toute particulière pour les grands témoins. La tentation est grande d'utiliser cet argument pour dessiner de part et d'autre de la frontière une forme d'inconscient collectif, structuré autour de la conscience aiguë d'une séparation qui est tout aussi mentale que physique, à laquelle les témoins refusent d'adhérer.

Toutefois, en somme, l'expérience de non grands témoins de la coopération transfrontalière en Alsace montre qu'ils la voient en étroit lien avec « l'Europe sans frontières » et qu'ils considèrent cet idéal comme un objectif à la fois pour l'intégration européenne et pour les territoires frontaliers. Mais considèrent-ils que l'espace du Rhin supérieur peut être identifié comme un laboratoire, voire comme un modèle de ce processus d'intégration ?

2.2. Un laboratoire et modèle de l'intégration européenne

Jusqu'aux années 1980, la coopération transfrontalière dans l'espace du Rhin supérieur et le processus d'intégration européenne se sont développés en parallèle, sans lien apparent. Or, cela change dans le contexte du marché unique en 1987, qui ouvre la possibilité pour les régions frontalières de devenir des laboratoires, voire des modèles de l'intégration européenne, car c'est dans ces régions que le principe de la libre circulation va d'abord être expérimenté et où les conséquences se font ressentir[29]. Pour l'espace du Rhin supérieur, ce nouveau lien entre la coopération transfrontalière et l'intégration européenne aboutit à une « européanisation » des relations de voisinage. En effet, l'Europe communautaire joue désormais un rôle beaucoup plus important pour le développement et l'approfondissement de celles-ci et pour les acteurs transfrontaliers sur place, l'un des objectifs de la coopération transfrontalière devient désormais de contribuer au processus d'intégration européenne[30].

Concrètement, ce changement qualitatif intervient en 1989–1990, lorsque la Commission européenne décide de mettre en place un projet-pilote – le prédécesseur d'Interreg – dans cinq régions européennes, dont la région franco-allemande au nord de l'espace du Rhin supérieur, *Pamina*, fait partie[31]. L'idée est de stimuler des projets transfrontaliers, en donnant la possibilité aux acteurs transfrontaliers de les faire cofinancer, à hauteur de 50%, par la CEE. En 1990–1991, cette approche est généralisée avec l'introduction du programme Interreg pour toutes les régions frontalières (internes et externes) des États-membres de la CEE, ce qui signifie pour l'espace du Rhin supérieur que les cantons suisses peuvent aussi y participer[32]. La Commission européenne accorde aux régions transfrontalières, par le moyen de ce programme, explicitement un rôle de laboratoire de l'intégration européenne. Car il vise à créer une dynamique d'intégration dans les régions transfrontalières pour soutenir la réalisation des quatre libertés prévues par l'Acte unique : la libre circulation des biens, des capitaux, des services et des personnes[33]. Mais cela leur offre aussi la chance de profiter de l'ouverture des frontières pour transformer leur situation périphérique en situation de régions « centrales ».

Avec Interreg, qui connaît cinq grandes périodes de programmation entre 1990 et 2020, la frontière dans l'espace rhénan devient en effet source d'innovation. Plus de 600 projets sont développés dans des domaines d'intervention les plus divers : transports, environnement, éducation, aménagement du territoire,

---

29 Mestre Christian, « La Communauté économique européenne et le développement de la coopération transfrontalière », in : *Les régions de l'espace communautaire*, Nancy, Presses universitaires de Nancy, 1992 ; Grom Ingrid, *Die grenzüberschreitende Zusammenarbeit als Beitrag zur Förderung der europäischen Integration*, Verlag Dr. Köster, Berlin, 1995.
30 Wassenberg Birte, « L'impact du programme Interreg sur la coopération transfrontalière dans l'espace du Rhin supérieur (1989–2008) », in : Dumoulin Michel, Elvert Jürgen, Schirmann Sylvain (dir.), *Encore ces chers voisins*, Stuttgart, Steiner Verlag, 2014, p. 147–165.
31 Beck Joachim, *Netzwerke in der transnationalen Regionalpolitik*, Baden-Baden, Nomos, 1997, p. 136–140.
32 Communication de la Commission européenne C(90) 1562/3 aux États-membres fixant les orientations pour des programmes opérationnels dans le cadre d'une initiative communautaire concernant les zones frontalières (INTERREG) JOCE n°C215/4 du 30.08.1990.
33 Köhler Thomas, « Die Interreg-Programme und die Rolle der Europäischen Kommission als wesentlicher Akteur der grenzüberschreitenden Zusammenarbeit », in: Beck Joachim; Wassenberg Birte (eds.), *Living and Researching Cross-Border Cooperation (Vol. 3): The European Dimension*, Stuttgart, Steiner Verlag, p. 243–253.

recherche et innovation, etc.[34] La région du Rhin supérieur devient ainsi une région pilote de la construction européenne[35]. Il en est de même pour beaucoup d'autres régions frontalières et, selon la Commission européenne, c'est la preuve que concernant la coopération transfrontalière, il s'agit là d'une fonction-modèle pour l'intégration européenne[36].

Or, il est intéressant de constater que, pour la plupart des grands témoins, ce n'est pas le programme Interreg qui constitue l'élément clé pour identifier l'espace du Rhin supérieur comme un modèle pour l'Europe. Très peu de témoins mentionnent ce programme et, s'ils le font, c'est pour le qualifier plus comme un outil pour la coopération transfrontalière que comme un label d'une intégration européenne modèle. Ainsi, les deux anciens acteurs activement impliqués dans la gestion d'Interreg dans la régions transfrontalière, Hans-Martin Tschudi et Jean-Paul Heider, citent le programme communautaire uniquement comme un atout parmi d'autres pour avancer dans la coopération transfrontalière. Hans-Martin Tschudi affirme en effet que le programme Erasmus est tout aussi important : « [Ich stelle] fest, dass die EU sehr gute Programme macht: Interreg ist das beste Beispiel dafür, aber auch Erasmus für Studenten ». De son côté, Jean-Paul Heider, ancien responsable du programme Interreg à la Région Alsace, avance, certes, « que le programme Interreg, avec très peu de moyens, a permis de faire un tas de choses », mais lorsqu'on lui pose la question du caractère modèle de la région du Rhin supérieur pour l'Europe, il fait aussi référence au programme Erasmus :

> Écoutez, cela a toujours été le cas. En tant qu'étudiants, vous connaissez Erasmus ? Ce n'est pas seulement une bourse ! C'était un humaniste qui a porté ses connaissances de l'Université de Bâle, l'Université de Fribourg, l'Université de Strasbourg, jusqu'en Hollande. C'est cela ce qu'on appelle l'humanisme rhénan.

En effet, pour Jean-Paul Heider, le programme Erasmus rappelle l'humanisme rhénan, un élément fédérateur historique, qui, lui, aurait un caractère modèle pour l'Europe, beaucoup plus qu'un programme comme Interreg, qui n'est qu'un simple outil de financement pour des projets de la coopération transfrontalière. De même, Hans-Martin Tschudi est d'avis que ce n'est pas Interreg qui rend l'espace du Rhin supérieur exemplaire, mais le fait qu'il s'agisse d'une « région pionnière » de la coopération transfrontalière, située « au cœur de l'Europe », au sein de l'axe de la « banane bleue » :

> Es ist eine Pionierregion, weil wir früh begriffen haben, dass man aus dieser Region noch viel mehr machen könnte, uns ganz früh für diese Kooperation organisiert haben und dieselbe Sprache haben. Wir präsentieren den Touristen den gemeinsamen Raum. Die einzelnen Orte der Region sind nicht bekannt, aber die Region selber, da sie größer ist. Wir verkaufen diese

---

34 Le site http://www.interreg-rhin-sup.eu/ fournit une liste complète de tous les projets réalisés depuis le programme Interreg I.
35 Cf. Barnier Michel, Commissaire européen, « Préface », in : *Les 10 ans d'Interreg*, brochure, Région Alsace, Strasbourg, mai 2000.
36 Reitel Bernard, Wassenberg Birte, « Les programmes Interreg », in : *La coopération territoriale en Europe. Une perspective historique, op. cit.*, p. 30–33.

Region gemeinsam als eine starke Region im Herzen Europas. Es ist die sogenannte „blaue Banane".

Il n'est pas étonnant que notre témoin suisse reste prudent par rapport à un lien trop poussé entre la région transfrontalière du Rhin supérieur et l'Europe communautaire, mais il est plus surprenant que d'autres acteurs clés en Alsace comme Jean-Marie Woehrling soient relativement critiques par rapport au programme communautaire. Parlant des projets Interreg financés par l'Eurodistrict Strasbourg-Kehl, il pense ainsi qu'il « y a [...] des sommes considérables qui sont investies là-dedans, notamment par Interreg, mais concrètement, ça reste des bribes et rien de véritablement fondamental, structurel, ce qui fait que les gens entre Strasbourg et Kehl ne vont pas de l'autre côté pour autre chose que pour aller faire des courses ». Cela montre clairement que, selon lui, Interreg ne favorise pas forcément l'intégration européenne, et il ne considère pas la région du Rhin supérieur comme une région modèle pour l'Europe :

> Non, je ne suis pas d'accord, ce sont des choses qu'on se raconte pour se faire plaisir. Mais au niveau du Rhin supérieur, on n'a pas un bilan considérable. On a effectivement, si vous regardez le nombre d'articles, le nombre de rapports, le nombre de réunions, de conférences qui sont faites sur le sujet, on est peut-être effectivement les champions, mais au niveau des résultats, de la réalité de l'intégration, du rapprochement, de la communauté de vues, d'intérêts et de projets, on n'est pas bons.

Jean-Marie Woehrling est même convaincu que ce caractère « modèle » pourrait plus facilement s'appliquer dans d'autres régions transfrontalières : « Je pense notamment à la frontière germano-polonaise, où il se passe beaucoup plus de choses. Je ne parle pas de la frontière entre les Pays-Bas et l'Allemagne, où l'intégration est vraiment très avancée ». Comme explication pour ce manque d'intégration dans l'espace rhénan, il évoque « des blocages fondamentaux qui ne sont pas d'ordre institutionnel [...] mais qui sont de l'ordre de la mémoire, de la culture, de la conception-même que l'on se fait du voisin ». Ce sont des facteurs comme la langue commune qui continue à se perdre, l'histoire commune qui n'est pas connue ou les échanges qui sont faibles, qui sont la preuve pour lui que le Rhin supérieur n'est pas une région modèle en Europe.

Mais d'autres témoins défendent l'opinion inverse. Ainsi, Klaus Schumann affirme d'emblée que, en ce qui concerne la coopération transfrontalière, « notre région en est un peu un modèle ». Comme Hans-Martin Tschudi, qui pense que c'est grâce au caractère pionnier de la coopération dans la *Regio* que la région du Rhin supérieur a pu devenir un modèle pour l'Europe. Il ajoute que ce sont les Suisses et les Allemands, profitant d'un système politique fédéral, qui ont pu faire avancer ce modèle d'intégration européenne « par le bas », contrairement aux Français qui étaient freinés par leur centralisme :

> C'est ici dans la région du Rhin supérieur que la coopération transfrontalière a pris son essor avec la *Regio Basiliensis*, qui a été lancée à la fin des années 1950, dont l'inspiration venait tout de même de la société civile et de certains maires courageux. Il n'y avait pas « d'en haut », au contraire, parce que l'Allemagne et la Suisse avaient l'avantage d'être des systèmes fédéraux. C'est-à-dire qu'il y a plus d'autonomie et de responsabilités pour les communes,

pour les petits maires, qu'en France. Paris regardait cela d'un œil noir au début, mais on ne pouvait pas être contre l'Europe, ils ne pouvaient pas intervenir.

Pour Klaus Schumann, le Rhin supérieur n'est pas seulement un modèle d'intégration en soi, mais ce modèle est sollicité par d'autres régions frontalières, d'abord en Europe de l'Ouest et ensuite en Europe centrale et orientale : « C'est grâce à l'initiative locale et régionale que cela s'est développé et est devenu un modèle, d'abord en Europe occidentale, le long du Rhin, puis dans d'autres régions frontalières : les Pyrénées, en Italie, etc. Et c'est devenu après 1989-90 le nouveau modèle pour l'Europe centrale et orientale ». Pour illustrer cette fonction de modèle pour d'autres régions frontalières, il cite notamment le cas de la Pologne, qui « a été tout de suite très réceptive et même activiste pour développer des coopérations transfrontalières, des Eurorégions sur toute la frontière ».

Or, pour beaucoup de témoins, c'est plus la fonction de « laboratoire » que de « modèle pour l'Europe » qui caractérise l'espace du Rhin supérieur. Ulrich Bohner explique, par exemple, cette fonction par le fait que les acteurs transfrontaliers dans la région ont dû surmonter la mémoire du passé conflictuel, de la frontière « cicatrice de l'histoire » pour réussir la coopération transfrontalière :

> C'est sûr qu'ici, dans l'espace du Rhin supérieur, d'abord, il y a quand même l'histoire qui pèse très lourd. Il y a eu pendant des centaines d'années, mais surtout au cours du siècle dernier, plusieurs conflits meurtriers entre les pays, qui ont aussi, dans la mesure où les frontières ont bougé, affecté beaucoup les personnes, les individus et les familles. Ainsi, parfois quelques-uns se sont retrouvés à changer cinq ou six fois de nationalité en l'espace d'une centaine d'années, et ce n'est pas facile à vivre, surtout quand ensuite cela se complique par des données politiques telles qu'on les a connues sous le régime nazi. Donc je crois que c'est important dans une telle région qui a été frappée de ce poids de l'histoire de pouvoir se mettre autour d'une table et de coopérer ensemble, de faire des projets d'avenir ensemble. Parce que ce qui est important dans ce domaine, c'est de pouvoir formuler des projets d'avenir en étant conscient du passé, mais en regardant quand même vers le futur. Ce n'est pas une tâche facile, et je pense qu'ici, dans l'espace du Rhin supérieur, c'est une tâche qui a pris du temps, mais qui a aussi réussi.

Comme Klaus Schumann, Ulrich Bohner voit ici par contre aussi une fonction de modèle pour d'autres régions transfrontalières, en citant le cas des régions dans les Balkans, dans l'ex-Yougoslavie ou dans le Caucase, « qui sont encore dans des conflits ou qui étaient encore récemment dans des conflits meurtriers avec leurs voisins ». En effet, il affirme que « quand on peut leur dire et parfois, quand ils viennent en visite, leur montrer comment on peut vivre ici dans l'espace du Rhin supérieur le long d'une frontière, cela a aussi un côté très encourageant et ça a effectivement un côté de modèle, oui ».

D'autres interprètent cette fonction de laboratoire d'intégration d'une manière beaucoup plus pragmatique. Ainsi, Karl von Wogau pense que la région du Rhin supérieur révèle, comme un microscope d'une Europe unie, tous les problèmes qui persistent encore pour réussir l'intégration européenne : « Comme avec une loupe, on voit tous les problèmes qui existent dans les régions frontalières, on les voit de tout près. Donc le petit commerçant qui achète du fromage, disons à Berlin, n'a pas le même problème que celui qui vit près de la frontière ». La situation frontalière permet d'assumer cette fonction de laboratoire d'intégration et, comme précise Karl von Wogau, aussi celle de « la connaissance l'un de l'autre » : « Il y a plus d'Allemands qui parlent français dans la région frontalière et vice versa. Aussi, on a fait de grands efforts dans ce domaine, on a aussi les jumelages entre des communes de la frontière, des maires qui se rencontrent très régulièrement ». L'importance des jumelages franco-allemands comme laboratoire de l'intégration européenne est regardée, en revanche, avec plus de scepticisme par Jean Hurstel : « Vous savez, les gens ont des relations multiples. Ils sont jumelés d'abord, enfin… ça n'a pas été une réussite non plus, on se rencontre une fois dans la vie pour bouffer ensemble, c'était bien, mais bon, c'est largement insuffisant ». Ce scepticisme est également présent chez Lucienne Schmitt, qui limite la fonction de laboratoire pour l'Europe au phénomène des travailleurs frontaliers : « De toute façon, il y a beaucoup d'Alsaciens qui travaillent en Allemagne et les deux régions sympathisent. Mais quant à être un laboratoire, cela me paraît excessif ». À son avis, pour que le Rhin supérieur puisse être un véritable laboratoire de l'intégration européenne, il faudrait « comme dans un laboratoire, des possibilités d'expérimentation et de mesures, conditions difficiles à réaliser dans la conjoncture actuelle ».

Certains estiment pourtant que la région transfrontalière est tout de même un laboratoire « personnel » d'expérimentation de l'Europe, comme l'explique par exemple Pierre Kretz : « Moi, je fais mon petit laboratoire à moi tout seul, avec mes expériences en Allemagne : je vois comment la littérature est gérée là-bas, je vois comment elle est gérée ici, et j'en tire mes conclusions et je dis aux gens ici : "Regardez ce qu'il se passe de l'autre côté !". Pour moi, cela est un laboratoire personnel ». Il s'agit donc d'un laboratoire de la rencontre avec l'autre, avec le voisin pour mieux le connaître, et c'est dans ce domaine-là que la région du Rhin supérieur peut fonctionner comme un modèle d'une Europe vécue au quotidien, ainsi que le confirme aussi Paul Collowald :

> Ce sont des hommes et des femmes, des citoyens, qui ont une vie quotidienne et si on leur simplifie la vie quotidienne, des deux côtés du Rhin, pour vivre, pour un emploi ou pour faire des achats… C'est la vie des gens. Il faut leur simplifier la vie, ils vivent l'Europe à leur façon. Parce qu'ils peuvent mieux se connaître. Dites-vous qu'ils étaient des ennemis héréditaires, donc, si vous arrivez à une vie locale, simple et évidente, vous êtes dans un sacré progrès.

Pour l'ancienne maire de Strasbourg, Catherine Trautmann, en revanche, la fonction de laboratoire est beaucoup plus institutionnelle. Elle déclare que « la région du Rhin supérieur est un laboratoire européen » en ajoutant que [la ville] « l'a affirmé dans la feuille de route économique de l'agglomération ». Elle cite ensuite toute une série d'activités que la ville de Strasbourg a mis en œuvre afin de faciliter la coopération transfrontalière et donc de pratiquer cette expérimentation de l'Europe sur le terrain :

> Je l'ai traduit dans le passé par ce petit accord entre l'Allemagne et la France pour pouvoir échanger les administrateurs entre le port de Kehl et le port de Strasbourg. On s'est retrouvé, maintenant que j'ai repris la présidence du port autonome, pour avancer, on a avec la Maison de l'emploi un partenariat pour travailler à l'échelle du bassin de vie. Maintenant, on est en

train de travailler avec les syndicats, les entreprises, avec les services publics de l'emploi, les collectivités, et on voit par là que cette complémentarité est excellente. On travaille sur le plan culturel, sur le plan étudiant, la carte culture commune dans le Rhin supérieur, les projets communs de recherche, des diplômes, des écoles trinationales.

La vision la plus englobante du concept de « laboratoire d'Europe » est donnée par Karl-Heinz Lambertz. Comme ancien président de l'ARFE, il ne se limite pas à l'exemple de l'espace du Rhin supérieur, mais précise que toutes les régions frontalières sont des laboratoires d'intégration européenne, parce qu'elles révèlent ce qui fonctionne bien ou moins bien dans la mise en œuvre des politiques communautaires :

> Hinzu kommt, dass für die europäische Integration sehr oft feststellbar ist, dass das, was an europäischen Initiativen oder Gesetzgebungen in einer Grenzregion gut funktioniert, auch anderswo in Europa gut funktioniert; und das, was da nicht gut funktioniert, auch anderswo nicht gut funktioniert. Darin kann man einen gewissen Laboratoriumseffekt sehen.

Mais Karl-Heinz Lambertz explique par ailleurs que cette fonction de laboratoire conduit à adopter une nouvelle perspective sur l'intégration européenne, car les régions frontalières ne regardent plus seulement ce qui se passe au niveau de leur capitale, mais ce qui ce qui se passe chez le voisin. La coopération transfrontalière permet ainsi d'identifier des modèles d'orientation de l'autre côté de la frontière, plutôt que de rester avec des modèles nationaux. « Aus all diesen Gründen ist grenzüberschreitende Zusammenarbeit nicht nur für die Nachbarn selbst, sondern auch für andere von großer Bedeutung, weil es oft einen Paradigmenwechsel bedeutet, dass man nicht mehr nur zur eigenen Hauptstadt schaut, sondern sich umdreht und den Nachbarn wiedersieht ». L'analyse de Karl-Heinz Lambertz pointe donc une coopération transfrontalière qui devient un modèle d'intégration européenne parce que l'approche des acteurs n'est plus nationale, mais transnationale.

Or, cette intégration par l'échange interculturel avec le voisin n'est possible que lorsque les « cicatrices de l'histoire » sont guéries et qu'il n'y a plus tant de méfiance entre les populations frontalières. C'est particulièrement difficile dans une région comme l'Alsace, qui est marqué par le poids douloureux des conflits entre la France et l'Allemagne. Il n'est donc pas étonnant de réaliser que la mémoire de la coopération transfrontalière des grands témoins est focalisée tout particulièrement sur la coopération franco-allemande.

3. La coopération franco-allemande

Pour la plupart des témoins originaires de la région frontalière d'Alsace, la frontière entre la France et l'Allemagne est ressentie comme une vraie « cicatrice de l'histoire ». Par conséquent, la coopération transfrontalière est évaluée principalement comme un processus de réconciliation franco-allemande[37].

---

37 Wassenberg Birte, « La frontière, objet d'intégration ou cicatrice de l'Histoire. L'étude du cas de l'espace du Rhin supérieur », in : Camiade Martine, Wassenberg Birte (dir.) *Coopération*

Or, historiquement, la coopération transfrontalière dans l'espace du Rhin supérieur n'a pas été initiée ni par les Allemands, ni par les Français. Ce sont des acteurs suisses, à Bâle, qui ont lancé l'association de la *Regio Basiliensis*[38]. Il est vrai que les statuts de la *Regio* sont déposés le 25 février 1963, seulement un mois après la signature du traité de l'Élysée entre la France et l'Allemagne le 22 janvier 1963. Mais, en réalité, aucun lien n'existe au départ entre cette coopération transfrontalière franco-germano-suisse au niveau local et la coopération bilatérale franco-allemande au niveau intergouvernemental. Alors que la coopération dans la *Regio* autour de la ville de Bâle se développe dans les années 1960 de manière très dynamique, du côté allemand et français ce ne sont que les régions autour des villes de Freiburg et de Mulhouse qui sont activement impliquées[39]. Pour que la coopération transfrontalière s'élargisse à tout l'espace franco-allemand qui longe le Rhin de Bâle à Karlsruhe, il faut attendre la conclusion du traité intergouvernemental franco-germano-suisse de Bonn en 1975. Ce n'est qu'à partir de ce moment-là qu'un comité bipartite est créé pour s'occuper de la coopération franco-allemande au nord de l'espace du Rhin supérieur. Qui est plus, ce comité est une instance relevant de la coopération institutionnelle, réunissant non pas des acteurs de la société civile ou des élus locaux, mais des fonctionnaires de différents ministères des Länder en Allemagne et de la préfecture en France.

Une véritable coopération transfrontalière franco-allemande n'est alors initiée qu'en 1988, par des élus locaux dans la région du Mittlerer Oberrhein, du Palatinat du Sud et de l'Alsace du Nord. Ils font une déclaration à Wissembourg, qui est à l'origine de la création d'une communauté de travail transfrontalière dénommée PAMINA[40]. Pour l'espace franco-allemand entre Strasbourg et Kehl, il faut même attendre 1999 pour qu'une communauté de travail équivalente, la Communauté Centre, soit créée[41]. Cette dernière n'est d'ailleurs pas particulièrement dynamique et il n'est donc pas étonnant de voir que l'idée d'un Eurodistrict entre Strasbourg et Kehl n'est réalisée que lorsque les chefs d'État et de gouvernement de la France et de l'Allemagne l'initient. On voit donc que la coopération franco-allemande sur le terrain, notamment entre Strasbourg et Kehl, n'est pas évidente, et les grands témoins le confirment. Ils sont tous sceptiques par rapport à la coopération institutionnelle dans le cadre de l'Eurodistrict, alors qu'ils considèrent les relations franco-allemandes en soi comme essentielles pour accomplir le processus de réconciliation.

---

transfrontalière en Europe : au-delà des cicatrices de l'Histoire, Recerc, numéro spécial 1, article 2, 2017 : recerc.eu.
38   Wassenberg Birte, « Qu'est-ce qui motive la coopération transfrontalière dans l'espace franco-germano-suisse », *art. cit.*, p. 95.
39   Wassenberg Birte, *Vers une eurorégion ?*, *op. cit.*, p. 68–72.
40   Beck Joachim, *Netzwerke in der transnationalen Regionalpolitik*, *op. cit.*, p. 136.
41   « La Communauté de travail CENTRE », brochure, Landratsamt Ortenaukreis, Offenbourg, 2001.

3.1. L'Eurodistrict

Pour la coopération institutionnelle, la mise en place d'un Eurodistrict Strasbourg-Kehl marque un aboutissement important au niveau local de coopération transfrontalière. Mais il a fallu du temps avant que l'idée ne se concrétise. Ainsi, plusieurs initiatives locales lancées à partir des années 1980 échouent à cause de mésententes entre les municipalités de Kehl et de Strasbourg[42]. Le projet est finalement décidé au plus haut niveau intergouvernemental du couple franco-allemand : ce sont le président Jacques Chirac et le chancelier Gerhard Schröder qui lancent la mise en place de l'Eurodistrict, lors du 40e anniversaire du traité de l'Élysée, qui a lieu en 2003 à Strasbourg et à Kehl. Les deux chefs d'État et de gouvernement proposent de créer un véritable espace de vie qui serait harmonisé économiquement et administrativement dans l'espace Strasbourg-Kehl/Ortenau, dont les habitants seraient les premiers bénéficiaires. Sur la base de leur déclaration commune, la Communauté urbaine de Strasbourg et l'Ortenaukreis signent, en 2005, une convention pour l'établissement de l'Eurodistrict Strasbourg-Ortenau. Le concept de cet Eurodistrict est à la fois local, économique et politique[43]. Il s'agit d'établir des zones intercommunales de développement transfrontalier, ainsi que de promouvoir la coopération politique entre les municipalités impliquées. L'Eurodistrict comprend au départ l'Eurométropole de Strasbourg, du côté français, et l'Ortenaukreis du côté allemand, avec les villes d'Achern, Kehl, Lahr, Oberkirch et Offenbourg[44].

L'Eurodistrict Strasbourg-Kehl/Ortenaukreis acquiert rapidement une personnalité juridique. En effet, pendant et après sa campagne électorale de 2007, le candidat socialiste à la mairie de Strasbourg, Roland Ries, utilise le renforcement du district comme une partie de sa stratégie de défense du siège du Parlement européen à Strasbourg. Sous son impulsion, la France adopte un arrêté préfectoral le 1er février 2010, qui confère à l'Eurodistrict un caractère juridique, sous forme d'un Groupement européen de coopération territoriale (GECT)[45]. Dès lors, de nombreuses activités sont lancées dans l'objectif d'améliorer la vie quotidienne pour les personnes qui vivent dans l'Eurodistrict : sur la mobilité, la santé, le bilinguisme, la culture ou la participation citoyenne[46].

---

42 Wassenberg Birte, « Histoire du projet d'Eurodistrict Strasbourg-Kehl au sein de la dynamique de la coopération transfrontalière du Rhin supérieur », in : Grossouvre Henri, Maulin Éric (dir.), *Eurodistrict Strasbourg-Ortenau. La construction de l'Europe réelle*, Vevey, Salde, 2009, p. 87–88.
43 Wassenberg Birte, Woessner Raymond, « Strassburg: Metropolisierung unter politischem Zwang », in: *Europäische Metropolregion Strasbourg, Regio Basiliensis*, vol. 52, n° 3, 2011, p. 183–191.
44 Frey Michael, « Geplante Eurodistrikte am Oberrhein », *Schriften der DHV,* Speyer, 2004–2005, p. 7. Plus tard, en 2013, le périmètre français est élargi : les communautés de communes du Pays d'Erstein, du Rhin, et de Benfeld et environs rejoignent l'Eurodistrict.
45 Statuts du GECT Eurodistrict Strasbourg-Ortenau, 15.04. 2019 : www.eurodistrict.eu.
46 http://www.eurodistrict.eu/fr/.

L'Eurodistrict pourrait donc *a priori* être qualifié de projet-phare pour la coopération franco-allemande. Or, pour la plupart de nos grands témoins, en 2012, cet Eurodistrict ne fonctionne pas, et ils le considèrent plutôt comme un échec, voire même une déception par rapport à leurs attentes. D'emblée, Karl von Wogau déclare ainsi que « l'Eurodistrict, malheureusement, c'était une idée qui existe depuis longtemps, qui n'a pas abouti » et, pour preuve, il rappelle l'histoire de cet échec depuis une des premières initiatives lancées par le maire de la ville de Strasbourg Pierre Pflimlin dans les années 1980 :

> Je me rappelle des négociations que nous avions dans les années 1980 pour créer un Eurodistrict et je crois que Pierre Pflimlin avait prévu le siège de l'Eurodistrict, un Eurodistrict avec des règles spéciales et aussi de l'espace pour les autres institutions européennes. Il avait prévu un espace où on pouvait intégrer la Commission et le Conseil, et malheureusement cela n'a pas abouti et, de temps en temps, il y a de nouvelles initiatives. […] Donc, maintenant, il faut aller pas à pas pour peut-être plus tard arriver à un vrai Eurodistrict, parce qu'en ce moment, ce n'est pas encore ce qu'on a voulu dans le passé.

Klaus Schumann est encore plus catégorique ; il pense qu'on n'a pas besoin de l'Eurodistrict Strasbourg-Kehl car la coopération transfrontalière doit se faire sans forcément créer des cadres rigides institutionnels : « L'Eurodistrict est pour moi un flop complet. On fait de la bonne coopération transfrontalière, ce qui est bien, mais vous n'avez pas besoin d'une structure telle, cela se fait de toute façon. Cela se fait entre communes et maires de bonne volonté, il n'y a pas besoin de conseil de l'Eurodistrict… ». Il donne également un exemple concret pour illustrer que l'Eurodistrict n'arrive pas à faciliter la vie quotidienne des citoyens frontaliers : « Dans le domaine de la santé, pour l'Eurodistrict, depuis sept ans ils travaillent pour une carte de santé, ce qui serait normal, que vous ayez votre carte verte et que vous puissiez aller à Offenburg ou à Kehl si vous y trouvez un médecin qui vous semble plus fiable. Depuis sept ans, ils ne sont pas capables de la faire, mais là aussi il y a différents intérêts qui sont là, c'est triste ». Pourtant, Klaus Schumann estime qu'on aurait intérêt à coopérer dans cet espace transfrontalier, si l'on regarde, par exemple, le domaine de l'environnement, mais qu'il n'y a pas suffisamment de volonté politique pour le faire :

> On pourrait aussi parler d'une politique de protection de l'environnement, parce que la pollution, elle est identique ici comme à Kehl. Il y a une agglomération portuaire industrielle Strasbourg-Kehl, c'est la même pollution, mais les règlements sont différents de l'autre côté comme ici. Alors il faut se mettre ensemble, il faut harmoniser, mais il n'y a pas de politiques qui ont le courage de le faire.

Pourtant, la plupart des grands témoins pensent que l'idée de l'Eurodistrict est bonne, mais que la réalisation n'a pas (encore) réussi. Ulrich Bohner, par exemple, souligne qu'il « y a une structure ici que l'on appelle l'Eurodistrict, qui est intéressante, mais qui mériterait sans doute d'avoir davantage de compétences et de moyens pour être mieux ressentie dans la vie quotidienne des citoyens ». Selon lui, il faudrait « des compétences juridiques […] et des moyens pour que cette structure puisse gérer des choses qui soient finalement plus importantes pour les citoyens ». Il cite ensuite les domaines des transports, de la protection civile et des hôpitaux, pour affirmer que « l'intérêt politique pour une telle construction gagnerait si, à l'intérieur de ce district, on avait vraiment des moyens pour mener des politiques qui auraient des influences plus grandes sur le quotidien des citoyens ». Pierre Kretz est également de l'avis qu'on pourrait aller « beaucoup plus loin » avec l'idée de l'Eurodistrict. Mais, selon lui, la barrière de la langue s'est fortifiée entre l'Alsace et ses voisins allemands :

> Ma génération d'Alsaciens, c'est-à-dire née dans les années 1950, était encore majoritairement dialectophone, donc l'allemand ne posait pas de problème. Maintenant, les enfants dialectophones ne représentent plus que 2 ou 3% des enfants, c'est même plus symbolique. Et, du coup, il y a une barrière de la langue que je trouve très préoccupante. Avant, il y avait la barrière nationale : le Rhin était une frontière, bien que nous parlions la même langue. Cette barrière-là est tombée, ce qui est bien, mais maintenant il y a une frontière linguistique.

Jean-Paul Heider est, au contraire, convaincu que le dysfonctionnement de l'Eurodistrict est un problème politique. « L'Eurodistrict Strasbourg-Ortenau a dormi pendant très longtemps », dit-il, en ajoutant : « Et j'espère qu'ils vont se réveiller. Parce qu'ils auraient pu faire beaucoup plus de choses ». Il pointe le problème de la différence de taille des deux villes qui crée une certaine méfiance, notamment de la petite ville de Kehl, qui craint une « colonisation » strasbourgeoise. « Mais il y avait des problèmes politiques, puis aussi un problème de poids : vous avez Strasbourg qui est important et vous avez Kehl qui n'est pas une ville très grande. Donc, du côté allemand, on a dû agrandir à l'*Ortenaukreis*. Du point de vue population, c'est pratiquement l'équivalent de Strasbourg, mais ce n'est pas une collectivité ». Jean-Paul Heider pense alors que l'Eurodistrict n'est pas encore suffisamment développé :

> Disons que l'idée n'est pas assez exploitée. Parce qu'il s'agit tout de même d'un endroit extraordinaire, avec le pont qui relie les deux rives. Mais, quelquefois, ça a l'air très triste, parce que ceux qui s'attendent à voir un jardin sont quelquefois déçus ! C'est dommage. Deux villes comme Strasbourg et Kehl, qui ont un endroit pareil, il faut l'utiliser à fond. C'est une question d'argent. À mon avis, il faut faire des investissements.

Il en est de même pour Paul Collowald, pour lequel « cela fait des années que j'entends parler de l'Eurodistrict », et qui, pourtant, trouve l'idée « formidable ». Il dénonce ensuite le fait que « l'Eurodistrict [...] est un mot comme ça un peu bureaucratique » et ajoute qu'il y aurait une « lenteur » qui fait que, depuis les années 1960, il y a des avancées au niveau institutionnel, mais non pas sur le plan du rapprochement des citoyens : « Quels ont été les progrès dans ce domaine ? C'est à la fois un processus lent, où vous avez des avancées au niveau des institutions, au niveau des gouvernements, mais il faut aussi faire bouger cela au niveau des mentalités. Et on n'en est pas encore au bout ». Jean-Marie Woehrling se déclare aussi en principe en faveur de l'Eurodistrict, mais il en fait un bilan sombre : « Vous regardez au niveau des associations, des différentes activités publiques, on a très peu de choses : un Eurodistrict qui tourne à vide, la coopération entre les écoles qui est toujours encore embryonnaire, la coopération entre les radios publiques qui représente une émission tous les six mois à peu près... ». Il est d'avis que l'erreur de l'Eurodistrict est de ne pas avoir assez ciblé le projet sur les citoyens :

> D'ailleurs, cet Eurodistrict, on n'a pas voulu en faire une affaire des citoyens, alors que c'était d'abord une affaire de citoyens. Si on m'avait consulté là-dessus, j'aurais dit qu'il fallait organiser des élections au Conseil de l'Eurodistrict, qui soient des élections à la base. Les gens des deux côtés auraient voté pour des représentants communs. Là, il se serait passé des choses ! Il existe des associations qui sont en faveur de l'Eurodistrict qui font des choses. Mais elles ont été tenus à l'écart parce que les politiques officiels de part et d'autre ont voulu que ça reste une affaire de politiques. C'est le principal problème.

En effet, à la question de savoir si, finalement, les gens ne s'imaginent pas une région unique dans cet Eurodistrict, Michel Hoeffel répond : « Certains, sans doute que oui, mais la majorité non ». Mais il y a aussi une voix plus optimiste. Marcel Spisser pense ainsi qu'au niveau des échanges, l'Eurodistrict a progressé : « Il y a beaucoup de partenariats d'échanges d'élèves. Il y a des gens de Kehl et d'ailleurs qui viennent ici et, inversement, il y a des échanges de documentation entre professeurs ».

Il est aussi intéressant de noter que certains témoins lient l'idée de l'Eurodistrict au projet du Jardin des Deux Rives, qui a été inauguré en 2004, au moment de la déclaration par les chefs d'État et de gouvernement sur la création de l'Eurodistrict, mais qui n'est, en réalité, pas un produit de ce dernier, car il s'agit d'un projet Interreg déjà lancé bien avant. Ainsi, Anne Sforza pense que la passerelle sur le Rhin symbolise l'Eurodistrict : « Elle est bien, elle est très belle esthétiquement ». Même si notre interlocutrice ajoute ensuite qu'« elle n'est pas très fréquentée, parce qu'elle est un peu trop loin pour le commun des gens qui veulent traverser ». Pour Michel Krieger, qui a initié le Jardin des Deux Rives, c'est évidemment un projet phare de la coopération franco-allemande :

> C'est là que j'ai pris cette initiative de symboliquement travailler sur la frontière, de permettre aux gens de se l'effacer de leur propre paysage beaucoup plus facilement. Alors, effectivement, la frontière, je dirais la frontière naturelle, c'est le Rhin. Cette frontière, on ne l'effacera pas. Par contre, ce qu'on peut faire, c'est comment réagir sur cette frontière naturelle pour essayer de faire dialoguer davantage les deux rives. C'était juste après la réélection de notre équipe à la tête de la ville de Strasbourg que j'avais fait la proposition d'intervenir sur les deux rives en tout premier lieu, en créant un jardin, un jardin qui soit commun à la ville de Strasbourg et à la ville de Kehl, et que le Rhin ne soit plus perçu comme une séparation mais comme une centralité. Et de créer, par la même occasion, à travers ce jardin, un nouvel espace de la citoyenneté européenne.

Michel Krieger se rappelle des négociations entre la mairie de Strasbourg et celle de Kehl, qui, selon lui, n'ont pas été difficiles : « Le concret, c'était déjà pouvoir entamer dans ce but-là un dialogue avec nos amis allemands pour d'abord leur faire partager l'idée. Ça n'a pas été d'une grande difficulté : Catherine Trautmann, avec son homologue, le maire de Kehl, s'était investie. Ensuite, il y a eu les régions : la région Alsace, le Land Bade-Wurtemberg, le cercle s'est très vite agrandi ». Par contre, il se rappelle ensuite des difficultés administratives et juridiques pour réaliser le projet :

> Et puis après, il fallait effectivement rentrer dans les détails, et c'est là que les choses deviennent très compliquées parce qu'on n'a pas le même espace juridique. Pour illustrer un peu l'absurdité de la situation : par exemple, le pont de l'Europe, il a un garde-corps, et je l'ai fait faire pour [...] le 50e anniversaire de la création du Conseil de l'Europe : j'avais lancé l'idée d'inviter, il y avait à l'époque 40 pays membres du Conseil de l'Europe, et donc j'avais eu l'idée de demander à 40 personnalités européennes, dans chacun des pays, une personnalité du monde culturel, du monde artistique..., je leur ai demandé de me faire un court texte sur la notion de frontière, dans leur propre langue. Ils ont fait leur texte, et ces quarante textes jalonnent la traversée du pont de l'Europe, de part et d'autre, c'est incrusté sur les garde-corps. Ce projet a failli ne pas se faire, tout simplement parce que la hauteur du garde-corps en France, elle est de quatre-vingt-dix centimètres, en Allemagne d'un mètre vingt. Et donc il a fallu pendant des mois et des mois négocier pour savoir qui allait avoir raison et celui qui laisserait sa prérogative à l'autre. Cela a duré des semaines et des semaines de négociations.

Cette petite anecdote montre bien les difficultés pour réaliser concrètement la coopération franco-allemande sur le terrain. Michel Krieger pense, néanmoins, que cette coopération est un succès : « [Mais] ça a été fait, le jardin a été réalisé aussi, en 2004, il a été inauguré et avec ça il y a eu aussi la réalisation d'une passerelle pour piéton de Marc Mimram, qui accentue ce lien qu'est devenu le Rhin entre la France et l'Allemagne ». Il met aussi l'accent sur le fait que ce passage sur le Rhin est symbolique, car il s'agit de l'illustration de la frontière « couture », cicatrice de l'histoire, c'est-à-dire d'un processus réussi de la réconciliation franco-allemande. « Ce n'est rien d'autre qu'un paysage qui rejoint un autre paysage qui est le même, vu qu'il est des deux côtés du Rhin, et c'est ce qui était important à découpler et à s'approprier à nouveau. C'est une situation géographique qui, dans le temps, a été commune à nous tous et qui, par les vicissitudes de l'histoire, s'est séparée ».

3.2. Le modèle de la réconciliation franco-allemande

Dès le départ, l'objectif de la réconciliation était une motivation clé pour les fondateurs de la *Regio Basiliensis*. Ainsi, les pionniers suisses, comme Peter Gloor ou Hans Briner, souhaitent par la coopération guérir les « cicatrices » laissées par les deux guerres mondiales au sein de la population de la région du Rhin supérieur. Le désir de sauvegarder la paix est un motif qui se trouve également chez les fondateurs de l'intégration européenne et chez les acteurs de la réconciliation franco-allemande au niveau intergouvernemental[47]. Mais un véritable lien entre le processus bilatéral de réconciliation dans le cadre du traité de l'Élysée et la coopération transfrontalière dans l'espace rhénan n'est établi qu'avec la déclaration par les deux chefs d'État et de gouvernement sur l'Eurodistrict Strasbourg-Kehl en

---

47 Wassenberg Birte, « Grenzorte: von der Konfrontation zur Kooperation. Das Beispiel des Oberrheins », in: Defrance Corine, Pfeil Ulrich (eds.), *Verständigung und Versöhnung. Deutschland nach dem Zivilisationsbruch*, Brüssel, Peter Lang, 2016, p. 362–366.

2003, dont la réalisation présente pour eux une sorte de modèle de la réconciliation franco-allemande au niveau local[48].

Si nos grands témoins ne voient pas un grand succès dans la réalisation institutionnelle de cet Eurodistrict, ils reconnaissent sa fonction modèle pour la réconciliation franco-allemande. En effet, plusieurs projets dans l'Eurodistrict visent à « effacer » la frontière du Rhin, même s'ils ne sont pas forcément initiés par l'Eurodistrict lui-même. Les plus significatifs sont sans doute les deux projets Interreg réalisés en 2004, à savoir le Jardin des Deux Rives, qui consiste en l'aménagement des deux rives du Rhin pour des activités de loisir des populations riveraines, ainsi que la construction d'un nouveau pont sur le Rhin pour les piétons et les cyclistes, qui est aussi appelé le « pont de l'amitié »[49].

Or, ces progrès de la coopération transfrontalière franco-allemande entre Strasbourg et Kehl ne signifient pas que le processus de réconciliation est terminé ni qu'il y ait toujours des relations d'amitié ou une entente interculturelle parfaite avec les voisins[50]. En effet, au début des années 2000, l'Infobest Kehl-Strasbourg avait établi une étude rassemblant les souhaits et les avis de la population sur la coopération, et les résultats de ces travaux sont surprenants : les habitants, s'ils traversent régulièrement la frontière pour effectuer leurs achats et s'ils sont globalement favorables à la coopération, identifient de nombreuses difficultés interculturelles (des problèmes linguistiques, des différences administratives, d'éducation, etc.) qui les empêchent de se rapprocher du voisin, de forger des liens autres que commerciaux, ou de se sentir appartenir à une communauté transfrontalière[51]. Les cicatrices de l'histoire ne semblent donc, plus de 50 ans après la Deuxième Guerre mondiale, pas encore avoir guéri totalement[52].

Cette relation dialectique entre un processus de réconciliation franco-allemande facilité par la coopération transfrontalière, d'une part, et la « persistance » de la frontière[53], d'autre part, est fortement ressentie par la plupart de nos grands témoins. Mais ils regardent le processus de réconciliation avec une profondeur historique, car, pour eux, ce n'est pas avec le projet de l'Eurodistrict que ce processus est né le long de la frontière franco-allemande. Ainsi, par exemple, Karl

---

48 Déclaration commune franco-allemande à l'occasion du 40e anniversaire du traité de l'Élysée, 22/01/2003.
49 http://www.eurodistrict.eu/fr/.
50 Sur cette thématique, cf. Wassenberg Birte, « Le management interculturel des relations transfrontalières, l'exemple du Rhin supérieur », in : Bitsch Marie-Thérèse (dir.), *Le fait régional et la construction européenne*, Bruxelles, Bruylant, 2003, p. 406–430.
51 Beck Joachim, « L'espace transfrontalier du Rhin supérieur vu par les citoyennes et les citoyens : résultats d'un sondage », Brochure du 8e Congrès tripartite, Région Alsace, octobre 2002.
52 Lambertz Karl-Heinz, Ramakers Joëlle, « Vielfalt und Hürden kennzeichnen die grenzüberschreitende Zusammenarbeit in Europa », in: Beck Joachim, Wassenberg Birte (eds.), *Grenzüberschreitende Zusammenarbeit leben und erforschen (Band 5): Integration und (trans-) regionale Identitäten*, Stuttgart, Steiner Verlag, 2013, p. 61–73.
53 « Introduction », in: Wassenberg Birte (ed.), *Castle-talks on Cross-Border Cooperation. Fear of Integration? The Pertinence of the Border*, Stuttgart, Steiner Verlag, 2017, p. 35–44.

von Wogau souligne que l'amitié entre la France et l'Allemagne n'est pas quelque chose « qui va de soi-même », et il fait référence à Pierre Pflimlin qui avait vraiment vécu de près tout ce qui se passait dans le passé : « Il disait que l'amitié franco-allemande, c'est un miracle ». Il raconte ensuite une anecdote pour illustrer le long chemin de la réconciliation franco-allemande : « Je me rappelle d'un ami allemand, qui avait 80 ans à l'époque, qui me disait "Quand j'étais jeune, j'ai haï les Français", et un sénateur français du même âge qui me disait "À l'époque, quand j'étais jeune, j'ai haï les Allemands" ». Sa conclusion est que ce processus a aujourd'hui réussi : « Entendre ça aujourd'hui est presque incompréhensible, et je crois que c'est ça le grand progrès ». Mais Karl von Wogau souligne aussi la dialectique d'une frontière qui persiste encore dans la vie quotidienne transfrontalière, en donnant cet exemple concret :

> Non, ce n'est pas encore un grand espace ouvert. Je crois que la langue fait encore une différence et je crois qu'il y a encore la frontière, parfois elle existe encore dans le cerveau. Par exemple, une chose tout à fait simple : un Allemand de Freiburg, est-ce qu'il prend l'autoroute française ou le train français ou, quand c'est plus proche, préfère-t-il prendre l'autoroute en Allemagne ? Je crois que très souvent, avec un certain automatisme, les Français choisissent un côté et les Allemands l'autre côté. Donc je crois que là il y a encore un apprentissage à faire... Je crois qu'il faut un travail continuel, il faut se rencontrer pour comprendre ce que font et comment font les autres.

Pour Pierre Kretz, le processus de réconciliation franco-allemand est même « irréversible ». Il pense que ce qui est important, c'est que « les barrières psychologiques tombent », et il donne également un exemple concret pour illustrer le changement des mentalités : « Par exemple, on est une région frontalière et beaucoup de personnes achètent à Kehl en ce moment. Je crois que 40 ou 50% des transactions immobilières dans le secteur de Kehl, ce sont en fait des Français qui achètent. Mais cela, dans les années 1970 ou 1980, était inimaginable ». Pour montrer ensuite le chemin de réconciliation parcouru par toute une génération, il explique : « J'ai vu un ami de ma génération qui a acheté à Kehl, je lui ai demandé pourquoi. Il m'a répondu : "Il y avait un bon rapport qualité-prix et cela me plaisait..." Et il m'a dit : "Ah, si mon père savait ça !", car son père avait été élevé dans un contexte très différent : "Soit, on a fait la paix avec les Allemands, mais bon, il ne faut pas exagérer, on ne va pas aller habiter là-bas !" ».

Il est intéressant de noter que, pour nombre de témoins, le processus de réconciliation franco-allemande dans la région frontalière est facilité par l'existence d'une culture et d'une langue communes. Toute la dialectique entre cette unité culturelle historique et les guerres franco-allemandes, qui ont fait de la frontière une ligne de séparation, est souvent évoquée. Jean Hurstel parle ainsi d'abord de l'unité linguistique dans l'espace rhénan pour ensuite qualifier la frontière franco-allemande comme un « temps coagulé dans l'espace » et « un front stabilisé par l'histoire », mais il finit par affirmer que la coopération transfrontalière existe pour cette raison « spontanément ». Ses propos oscillent donc entre qualifier l'espace frontalier comme un lieu de séparation et un lieu d'échange, où la réconciliation est facilitée par un héritage culturel commun :

> J'ai vécu pendant 15 ans en Lorraine à la frontière. À la sortie de la ville, il y avait une borne avec F : France, et D : Deutschland. Les gens parlaient la même langue d'un côté et de l'autre, le Plat lorrain, qui est parlé en Sarre aussi. Ils avaient une histoire commune, c'est ça la frontière, c'est du temps coagulé dans l'espace. C'est vrai, il n'y a pas de frontières naturelles. C'est un front stabilisé par l'histoire, ensuite par un traité diplomatique, tout ce que vous voulez. Et quand on voit cette histoire franco-allemande, là où elle a lieu, et vous vous dites que, pour transporter ces bornes quelques kilomètres plus loin, il a fallu quelques milliers de morts, plutôt quelques millions, bon vous vous dites que c'est vrai que cette coopération transfrontalière existe déjà spontanément.

Cette unité culturelle est aussi soulignée par d'autres témoins. Ainsi, pour Marcel Spisser, les responsables régionaux dans l'espace rhénan s'appuient sur la langue et la culture communes pour faire avancer la coopération franco-allemande : « Nos politiques régionaux se sont beaucoup impliqués et, après le président Zeller, le président Richert », affirme-t-il, en ajoutant que « l'Alsace était la plus intéressée, parce que le franco-allemand y est beaucoup développé par des partenariats, par l'option "langues et cultures régionales" ». Il en est de même pour Hans-Christian Krüger, qui prend l'exemple de la ville de Strasbourg, marquée par la culture alémanique qui, selon lui, ne constitue pas uniquement un lien entre la France et l'Allemagne, mais également avec la Suisse. En énumérant des personnalités culturelles comme Goethe, Herder et Klopstock, il souligne cette unité culturelle et conclut que c'est pour cette raison que la ville de Strasbourg est importante pour la relation franco-allemande.

> Straßburg ist eine Symbolstadt. Ob das heute noch eine so große Rolle spielt, ist eine andere Frage. Eine uralte Stadt, die diese beiden Kulturen, die deutsche und die französische Kultur, in sich vereint. Politisch ist Straßburg Französisch, aber kulturell ist es eine Stadt, die sicherlich viel, nicht vom Germanischen, sondern vom Alemannischen hat. Damit finden Sie hier auch eine Verbindung zur Schweiz, weil es ein alemannisches Volk ist, das auf der anderen Seite des Rheins gelebt hat und das hier im Elsass gelebt hat. Aber Straßburg ist zweifellos eine alte Kulturstadt. Nicht umsonst waren Goethe, Herder, Klopstock und alle möglichen Leute hier. Aber auch für die europäische, für die deutsch-französische Einigung ist die Stadt von großer Bedeutung.

Hans-Christian Krüger va donc bien au-delà du processus de réconciliation franco-allemande. Pour lui, la ville de Strasbourg symbolise d'ores et déjà une intégration européenne et franco-allemande. L'ancienne maire de Strasbourg Catherine Trautmann appuie cette idée. Pour elle, la coopération franco-allemande est essentielle pour faire avancer l'intégration européenne :

> Ce dont je suis convaincue, c'est que la coopération franco-allemande fait grandir l'Europe et lui donne des moyens de performance, de compétence, de compréhension. Et une fois qu'on a résolu un problème à l'échelle de ces deux pays, qui sont les deux premiers pays contributeurs, on a rendu service aux autres. La coopération, pour moi ce n'est pas seulement une coopération pour être tranquille avec ses voisins, non, c'est véritablement un axe de l'action politique, majeur.

Mais il y a aussi des voix plus critiques qui pensent que cette unité culturelle n'existe plus. Jean-Marie Woehrling défend la thèse que la réconciliation franco-allemande a réussi, mais que la frontière culturelle s'est tout de même affirmée. Il met donc encore une fois l'accent sur la dialectique de la frontière, à la fois élément de « couture » et élément de séparation dans une région frontalière :

> Au fur et à mesure que la frontière a disparu sur le plan politique, elle s'est recréée sur le plan culturel. Aujourd'hui, vous avez une frontière qui est, à certains égards, plus opaque qu'elle ne l'était, mettons en 1930. On avait deux États ennemis, l'un en face de l'autre, mais, du côté alsacien, on avait des Alsaciens et du côté badois, des Badois : ils parlaient la même langue, ils avaient le souvenir d'une histoire commune de 400 ans. Aujourd'hui, il n'y a plus de frontières, tout le monde est ami, mais vous avez d'un côté des Français moyens qui ne savent plus rien de l'Allemagne, et de l'autre des Allemands moyens qui ne savent plus rien de la France. C'est ça la réalité de la coopération transfrontalière.

Le problème de la disparation progressive de la langue régionale commune est aussi évoqué par Jean-Paul Heider et Michel Hoeffel. Ainsi, Jean-Paul Heider souligne que les échanges entre jeunes Français et Allemands sont un facteur important pour la réconciliation, mais que ce processus doit être appuyé par une politique de soutien à l'apprentissage de la langue de l'autre : « Le seul regret que j'ai, c'est que vue la difficulté de la langue française, le gouvernement allemand [...] n'a pas assez insisté contre la volonté des parents qui est celle qu'en Allemagne, comme en France, les parents ne veulent que l'anglais. Alors que, pour la compréhension des uns et des autres, il vaut mieux parler la langue du voisin ». Michel Hoeffel pense également que la politique d'appui au bilinguisme n'est pas suffisant. Il est d'avis que c'est aussi parce qu'« au départ, il y avait une certaine mauvaise volonté, puisque tout le monde n'épousait pas l'idée de la réconciliation franco-allemande telle qu'Adenauer et de Gaulle l'avaient conçue et on a perdu du temps ». Il cite ensuite l'exemple de sa petite fille qui était inscrite dès la maternelle dans une classe bilingue, où « les enseignants ne maîtrisaient pas correctement l'allemand », ce qui fait que cette petite fille « n'est jamais arrivée au degré de connaissance de la langue allemande comme on aurait pu l'espérer ». Sa conclusion est pessimiste : « Quand pendant des années quelqu'un fait l'effort d'un enseignement bilingue, cela devrait déboucher forcément sur le bilinguisme ».

Lier le processus de réconciliation franco-allemande au bilinguisme signifie ne pas se contenter d'une relation apaisée de manière superficielle, mais développer une relation bilatérale approfondie, qui permette des contacts réguliers et intenses entre Français et Allemands. Ceci est donc particulièrement représentatif d'un regard à partir d'un territoire frontalier, où les échanges franco-allemands ne se limitent pas à une occasion unique ou à des rencontres périodiques peu intenses, mais où le contact entre Français et Allemands fait partie de la vie quotidienne. Cela signifie également un travail sur le passé commun qui n'est pas facile à effectuer car il a été marqué par des souvenirs de confrontation. Travailler ensemble sur la mémoire de la guerre n'est pas évident, comme l'explique Lucienne Schmitt par sa propre expérience de la mise en place d'une exposition sur les lieux de mémoire au musée à Rastatt, en Allemagne :

> L'exposition de la *Erinnerungsstätte für die Freiheitsbewegungen in der deutschen Geschichte* ne commence pas en 1848, mais avec la guerre des paysans, et donc inclut l'Alsace qui n'était pas encore française à l'époque ! À Rastatt donc, ils ont réalisé un musée qui montre les mouvements vers la liberté, depuis la guerre des paysans jusqu'à nos jours. Seu-

lement, il y a pour nous un problème : ce qui nous avait frappé, c'était la salle consacrée à la « Rose Blanche », « die Weiße Rose », mouvement de jeunes contre le nazisme. Hans et Sophie Scholl étaient parmi les plus jeunes de ces résistants qui ont été décapités. Le problème, c'est que la période nazie a disparu du musée afin de laisser la place à la lutte pour la liberté en Allemagne de l'Est.

Pour les partenaires alsaciens de l'association qui est responsable de cette exposition à Rastatt, éliminer la partie sur la résistance allemande au profit des mouvements contre le régime de la République démocratique allemande n'est pas bien reçu. Mais, en revanche, Lucienne Schmitt souligne que les relations au sein de l'association entre Français et Allemands permettent de discuter de ces divergences de vue et que c'est cela qui est important pour le processus de réconciliation : « Vous voyez que la Culture et l'Histoire aussi peuvent jouer un rôle dans le rapprochement des peuples et la construction d'une Europe de paix ».

Cela montre, en somme, que le processus de réconciliation franco-allemande n'est pas terminé, mais qu'il s'agit en effet dans la région frontalière d'un processus continuel qui nécessite un véritable travail d'apprentissage et de communication interculturels. Si l'histoire bilatérale de la réconciliation franco-allemande dans le cadre du traité de l'Élysée est donc souvent citée comme un modèle d'une coopération politique réussie, il peut être soutenu que la région frontalière d'Alsace est un terrain d'expérimentation où cette réconciliation est vécue au quotidien et où les manquements et les besoins futurs de la coopération franco-allemande remontent à la surface. Nos témoins vivent cet espace très différemment, soit comme un modèle de l'intégration franco-allemande, soit comme un espace où de nouvelles frontières culturelles – principalement linguistiques – rendent la coopération franco-allemande de plus en plus difficile. Mais, globalement, ils s'accordent pour dire que la région frontalière est exemplaire d'un processus de réconciliation qui a réussi mais qui doit être continué et renouvelé sans cesse.

UN REGARD SOCIOLOGIQUE

Philippe Hamman

Ce second volet d'analyse propose d'aborder les rapports à l'Europe et à la construction européenne « vus des territoires ». Questionner les processus d'européanisation à la lumière du local[1], c'est-à-dire examiner concrètement comment prennent forme, sens et réalité des politiques communautaires aux niveaux local et régional, comment elles s'y inscrivent dans la matérialité du social, permet de renouveler le regard sur la recomposition des espaces d'intervention de l'action publique. Les politiques européennes transforment ces cadres territoriaux. Cela se repère nettement dans les régions frontalières, à travers les redéfinitions de périmètres (administratifs et socio-économiques) qui s'y opèrent[2]. Il en va également de la production et de la diffusion de politiques européennes, c'est-à-dire quel rôle joue la Commission européenne pour amener vers un référentiel communautaire des entités infra-nationales comme les régions, afin de favoriser sa propre position face aux États membres[3] et, en même temps, comment des politiques produites par les instances européennes font l'objet d'appropriations territorialisées, par des acteurs, des groupes et des réseaux[4].

Les processus d'européanisation se comprennent ainsi dans leurs rapports à la géométrie variable des niveaux d'administration et des territoires. Pensés en relation, les espaces locaux constituent un point de départ pertinent pour l'analyse de ces mécanismes[5], plus nombreux et entremêlés que la seule verticalité observée par Claudio Radaelli, à savoir :

1 Au sens de Pasquier Romain, Weisbein Julien, « L'Europe au microscope du local. Manifeste pour une sociologie politique de l'intégration communautaire », *Politique européenne*, n° 12, 2004, p. 5–21.
2 Voir notamment Newhouse John, « Europe's Rising Regionalism », *Foreign Affairs*, vol. 76, n° 1, 1997, p. 67–84 ; Palard Jacques, « Les régions européennes sur la scène internationale : conditions d'accès et système d'échanges », *Études internationales*, vol. 30, n° 4, 1999, p. 653–678 ; Perkmann Markus, « Cross-border Regions in Europe: Significance and Drivers of Regional Cross-Border Co-Operation », *European Urban and Regional Studies*, vol. 10, n° 2, 2003, p. 153–171.
3 Tömmel Ingerborg, « Transformation of Governance: The European Commission's Strategy For Creating a "Europe of the Regions" », *Regional and Federal Studies*, vol. 8, n° 2, 1998, p. 52–80.
4 Alvergne Christel, Taulelle François (dir.), *Du local à l'Europe. Les nouvelles politiques d'aménagement du territoire*, Paris, Presses universitaires de France, 2002 ; Pasquier Romain, *Le pouvoir régional. Mobilisations, décentralisation et gouvernance en France*, Paris, Presses de Sciences Po, 2012.
5 Pasquier Romain, « L'européanisation "par le bas" : les régions et le développement territorial en France et en Espagne », in : Fontaine Joseph, Hassenteufel Patrick (dir.), *To Change or Not to Change*, Rennes, Presses universitaires de Rennes, 2001, p. 171–188.

> La construction, la diffusion et l'institutionnalisation de règles formelles et informelles, de procédures, de paradigmes, de styles, de savoir-faire et de normes et croyances partagées qui sont d'abord définis et consolidés dans les décisions de l'Union européenne puis incorporés dans la logique des discours, des identités, des structures politiques et des politiques publiques à l'échelon national[6].

Pour le montrer, nous avons choisi de nous concentrer sur l'espace trinational du Rhin supérieur (France-Allemagne-Suisse), dans lequel l'Alsace et ses collectivités territoriales sont largement impliquées, en combinant ce regard situé au niveau des régions européennes de coopération avec une focale dédiée au projet d'Eurodistrict Strasbourg-Ortenau. Il s'agit ainsi de restituer la diversité des coopérations interlocales, qui peuvent se situer aussi bien à l'échelon interrégional qu'urbain (intercommunal ou métropolitain). Cette entrée permet, en outre, de considérer en tant que tel le rapport à l'Europe – et à quelle Europe ? – au sein de ces initiatives : sont-elles d'abord mues par les « évidences » de la « proximité », ainsi qu'il est courant de l'entendre ? On travaillerait plus « naturellement » de concert avec son voisin... Ou s'agit-il – autre discours fréquent – d'un cadre expérimental à petite échelle, un effet de « laboratoire » directement rapporté aux ressorts et aux programmes de la construction européenne ? La problématique de l'européanisation de l'action publique territoriale émerge de la sorte. Elle mérite d'être interrogée par-delà les expressions du sens commun et en lien avec les changements des échelles de pertinence des politiques locales à l'heure actuelle, qui amènent à penser ensemble l'Europe et ses espaces.

C'est pourquoi nous déclinons notre propos en trois temps, qui s'articulent entre eux. De façon liminaire, nous abordons la question de l'action publique territoriale au défi des changements d'échelles (1). Il importe ensuite, de façon centrale, de questionner les différentes définitions de la coopération transfrontalière, dans le rapport parfois conjoint, parfois disjoint à l'Europe et à la territorialisation, en retenant l'exemple des coopérations transfrontalières dans le Rhin supérieur (2). Enfin, nous centrons la focale au niveau métropolitain, à travers le cas de l'Eurodistrict Strasbourg-Ortenau (3). À chaque fois, conformément à la démarche de l'ouvrage, les paroles d'acteurs sont mobilisées et mises en corrélation comme matériau riche de sens.

1. Configuration des coopérations transfrontalières : l'action publique territoriale au défi des changements d'échelles

Les frontières d'État ont toujours été liées, dans les représentations qu'elles suscitent, à un regard en termes d'échelles. Daniel Nordman explique :

> À chaque fois s'est posée la question [...] des relations entre des objets de taille, de forme, de structure différentes. S'agissant des frontières, l'interrogation pouvait d'emblée se formuler

---

6   Radaelli Claudio, « Wither Europeanization? Concept Stretching and Substantive Change », *European Integration online Papers (EioP)*, vol. 4, n° 8, 2000, p. 1–25, cité p. 3.

de façon simple : quel rapport existe-t-il […] entre le Rhin, qui depuis deux millénaires hante les imaginations, et telle île instable où se rencontrent les chasseurs des deux rives ?[7]

Plus précisément, une hypothèse de discontinuité entre échelles s'impose, contre un certain nombre de lectures courantes de l'emboîtement :

> Les conflits […] microscopiques ne constituent pas des éléments qui, savamment ajustés les uns aux autres, s'additionneraient pour composer *in fine* la globalité, comme si l'unité minimale n'était que le modèle réduit d'une catégorie générale, comme si des lignes partielles pouvaient être aboutées et s'allonger en une frontière unifiée, ou encore comme si tout n'était, des discussions internationales à la gestion locale, qu'affaire d'échelles enchâssées et hiérarchisées, combinées en un heureux bouclage. [Les] lieux sont innombrables, non parce qu'ils se juxtaposent dans un tissu indéfini, mais parce qu'ils s'ajoutent les uns aux autres dans des stratifications étanches, inégales, discordantes[8].

Penser par les échelles permet ainsi de mieux saisir ce qui se joue dans les espaces-frontières[9] où se nouent des coopérations, que ce soit au niveau urbain ou régional, à commencer par les changements d'échelles et leurs incidences.

C'est pourquoi, pour le sociologue, interroger la spatialité de l'action publique et les territoires dans lesquels elle s'inscrit – qu'ils soient locaux, nationaux, européens… – renvoie à la question des échelles d'observation. Cette dernière est d'autant plus aiguë lorsqu'on aborde la façon dont les espaces sociaux sont construits, se délitent et se recomposent et le rôle que tiennent des intermondes entre ces espaces, eux-mêmes labiles. Or, c'est spécialement le cas des coopérations transfrontalières, qui débordent la lecture classique des relations internationales portées par les États ou les grandes organisations mondiales ou continentales. On se retrouve dès lors confronté à un ensemble d'énoncés « chargés », à commencer par les discours sur la construction de l'Europe, abordés au chapitre 1, et qui, on l'a vu, opposent de façon courante l'intégration « par le haut » – associée à la Commission de Bruxelles, en tant que bureaucratie aux mains de technocrates faisant pâtir le projet européen d'un lourd « déficit démocratique » – et « par le bas »[10] – où il est question, à l'inverse, des vertus de la participation et de la proximité, incarnées dans les promesses de la « citoyenneté européenne » ou encore de « l'Europe des régions »[11]. Dans ce deuxième volet, le lien avec les coopérations territoriales semble plus aisé et présenté de façon positive.

Ces perspectives – qu'il ne s'agit pas d'endosser telles quelles – sont l'occasion de s'interroger. À un premier niveau, se pose l'enjeu de l'échelle d'appréhension, à considérer comme un construit et non un donné : aucune échelle

---

7   Nordman Daniel, *Frontières de France. De l'espace au territoire. XVIe-XIXe siècle*, Paris, Gallimard, 1998, p. 13–14.
8   *Ibid.*, p. 512.
9   Sur ce concept et ses applications analytiques dans le Rhin supérieur, voir Hamman Philippe, *Sociologie des espaces-frontières. Les relations transfrontalières autour des frontières françaises de l'Est*, Strasbourg, Presses universitaires de Strasbourg, 2013.
10 Par exemple, Pasquier Romain, « L'européanisation "par le bas"… », *art. cit.*
11 Voir notamment Hrbek Rudolf, Weyand Sabine, *Das Europa der Regionen: Fakten, Probleme, Perspektiven*, Munich, Beck, 1994.

n'est « naturelle », aucune n'est *ex ante* plus favorable qu'une autre pour organiser la vie sociale, ou coopérer. Rappelons les termes de Jamie Peck :

> Functions... do not naturally reside at any one scale, but are variously institutionalised, defended, attacked, upscaled, and down-scaled in the course of political-economic struggles. Correspondingly, the present scalar location of a given regulatory process is neither natural nor inevitable, but instead reflects an outcome of past political conflicts and compromises[12].

Il s'agit de réfléchir aux coopérations transfrontalières dans la pluralité de leurs dimensions (économique, politique, culturelle...) et de leurs cadres d'application (entre villes, entre régions...), restituée par l'ensemble des témoins interrogés. Ceci permet de ne pas en rester aux débats – souvent centraux en géographie – qui partent du double constat de l'émergence et de l'institutionnalisation de nouveaux espaces étatiques[13] et du lien fort entre les échelles spatiales et la réussite des modes de coordination économiques[14], pour caractériser la production des échelles spatiales et des changements d'échelles, à l'instar des travaux en termes de *rescaling*[15]. Les échelles spatiales ne se limitent pas à une verticalité local-global ou global-local qui s'imposerait *ex ante*[16]. Erik Swyngedouw écrit :

> Scale (at whatever level) is not and can never be the starting point for sociospatial theory, the kernel of the problem is theorizing and understanding « process »[17].

À cela s'ajoute, de façon centrale, le problème du continuum des échelles spatiales. Il se résume à travers l'image des poupées russes, de tailles différentes, empilées les unes sur les autres, en contact donc, mais aussi se masquant l'une l'autre de l'extérieur, sauf si on les dispose en enfilade de la plus petite à la plus grande ou inversement, c'est-à-dire avec un ordonnancement bien réglé. Les échelles spatiales désignent toute une déclinaison de cadres et de niveaux d'action et d'organisation du social. On peut citer par exemple : le quartier, la ville, l'agglomération, le local, l'inter-local, le régional « national », le national, le transfrontalier, le bilatéral (trilatéral...) et le régional « européen », puis l'européen et l'international/mondial. L'enjeu est-il alors d'articuler tout cela, à la façon des petits personnages de poupées ? Comme l'a relevé Dominique Desjeux, les espaces et les rapports sociaux sont des « grandeurs », qualitatives ou quantitatives,

---

12 Peck Jamie, « Political Economics of Scale: Fast Policy, Interscalar Relations, and Neoliberal Workfare », *Economic Geography*, n° 78, 2002, p. 331–360, cité p. 340.
13 Notamment Brenner Neil, *New State Spaces – Urban Governance and the Rescaling of Statehood*, Oxford, Oxford University Press, 2004.
14 Swyngedouw Erik, « Excluding the Other: the Production of Scale and Scaled Politics », in: Lee Roger, Wills Jane (eds.), *Geographies of Economies*, London, Arnold, 1997, p. 167–176.
15 Sur les échelles en géographie, Herod Andrew, Wright Melissa, *Geographies of Power: Placing Scale*, Oxford, Blackwell, 2002.
16 Hamman Philippe, « Espaces et circulations des expertises territoriales », in : Bombenger Pierre-Henri, Christen Guillaume, Piquette Élodie (dir.), *Du global au local. Connaissances expertes et savoirs territoriaux*, Rennes, Presses universitaires de Rennes, 2011, p. 173–189.
17 Swyngedouw Erik, « Neither Global nor Local : "Glocalisation" and the Politics of Scale », in: Cox Kevin (ed.), *Spaces of Globalization*, New York, Guildford Press, 1997, p. 137–166, cité p. 141.

dont la mesure varie en fonction de l'échelle, macro- ou micro-sociale[18]. Philippe Boudon souligne avec raison qu'il existe alors une discontinuité : « Quand la taille change, des choses changent », soit la part relative de chaque élément. Aussi les échelles, et à chaque fois les espaces en question, représentent-elles un point de vue, un cadre de référence, ce qu'il nomme « un désignateur souple »[19]. Ce qui apparaît à l'observation à une échelle disparaît à une autre : c'est la représentation de la carte routière, selon que l'on a une carte de l'Europe, de la France, d'une région, une carte d'état-major d'un canton, le plan d'une ville, etc. On comprend ainsi que la réalité sociale ne peut se ramener à une seule équation, et encore moins lorsqu'il en va d'espaces mouvants et en transformation, comme c'est le cas au niveau des territoires et des échanges transfrontaliers, qui redéfinissent en permanence des catégories et des cadres d'action, à partir de ce qui fait lien et frontière à la fois[20]. Or, c'est le rôle des échelles d'observation de donner également la position de l'observateur, et donc d'évaluer le domaine de validité de ce qu'il énonce : ceci constitue une des conditions du passage à l'action, que ce soit pour décider, routiniser ou innover, au même titre qu'une condition de son interprétation.

Cette posture est d'autant plus sensible que l'on repère ces dernières années des changements de normes, de pratiques et de techniques de la coopération interinstitutionnelle, comme l'a souligné la littérature[21]. Les périmètres d'action et les espaces de partenariats sont toujours objets de recompositions possibles ; il est en permanence question – en creux ou expressément, les entretiens le font comprendre – d'atteindre la « bonne » taille de l'institution en rapport à l'exercice de ses compétences[22]. Ceci apparaît avec netteté dans le cadre de déclinaisons transfrontalières, en focalisant sur la labilité des frontières. Par exemple, Robert Hertzog relève l'enjeu que constituent les échelles de perception et d'action (en termes de périmètres plus ou moins étendus et de perspective, verticale ou horizontale) pour l'Alsace et son développement transfrontalier :

> On vit l'Europe spécifiquement ici et on en bénéficie, à l'évidence. On pourrait en bénéficier bien davantage si l'on avait une vision stratégique et plus horizontale que celle du regard

---

18 Desjeux Dominique, *Les sciences sociales*, Paris, Presses universitaires de France, 2004 ; et *L'empreinte anthropologique du monde. Méthode inductive illustrée*, Bruxelles, Peter Lang, 2018.

19 Boudon Philippe, *De l'architecture à l'épistémologie, la question des échelles*, Paris, Presses universitaires de France, 1991, p. 6–23.

20 Hamman Philippe, « Penser la différence à l'aune des espaces-frontières : une proposition d'analyse sociologique », in : Denooz Laurence, Thiéblemont-Dollet Sylvie (dir.), *Le moi et l'autre*, Metz-Nancy, Presses universitaires de Nancy, 2011, p. 29–39.

21 Notamment : Négrier Emmanuel, *La question métropolitaine. Les politiques à l'épreuve du changement d'échelle territoriale*, Grenoble, Presses universitaires de Grenoble, 2005 ; Ben Mabrouk Taoufik, *Le pouvoir d'agglomération en France. Logiques d'émergence et modes de fonctionnement*, Paris, L'Harmattan, 2007.

22 Sur cet impératif récurrent, dans le cas français, lire Offner Jean-Marc, « Les territoires de l'action publique locale. Fausses pertinences et jeux d'écarts », *Revue française de science politique*, vol. 56, n° 1, 2006, p. 27–47.

tourné vers les institutions communautaires. [...] Les Alsaciens pourraient se ruer en masse [dans le Bade-Wurtemberg], s'ils s'y préparaient, s'ils étaient mobiles et... savaient suffisamment bien l'allemand. Notre situation nous offre des opportunités extraordinaires, que l'on exploite mal. Et sûrement pas au bon niveau, car il ne faut pas rester sur la bande transfrontalière, mais regarder l'Allemagne en profondeur.

Les controverses sur le sujet ne sont pas nouvelles : on peut dater de la fin des années 1990 le développement en sciences sociales de travaux sur les relations inter-locales – à commencer par les intercommunalités[23] – et l'européanisation des politiques locales, qui n'éludent pas une dimension verticale. Au contraire, d'une pensée de l'interaction est né en science politique le vocable à succès des analyses *top-down* (« par le haut ») et *bottom-up* (« par le bas »)[24]. C'est aussi le signe d'importations anglo-saxonnes alimentant les débats, à l'instar de la notion de gouvernance[25].

Au cours des années 2000, on repère en France des évolutions portant à la fois sur les échelles de l'action publique territoriale et sur les instruments de sa mise en œuvre. Ceci se comprend en étroite relation avec une double dynamique : la diffusion de cadres et de normes d'action renouvelés – en France, la loi Chevènement pour l'intercommunalité, par exemple[26] –, ainsi que l'établissement d'un rapport différent des collectivités à l'État, compte tenu d'une professionnalisation des élites locales et de l'appareil technique qui les entoure. Dans ce contexte transformé, les institutions locales prennent en charge, à des degrés divers, nombre de domaines auparavant associés à la compétence de l'État : politiques de formation, de transports, politiques sociales et culturelles, etc. Certains vont jusqu'à parler de « collectivités providence »[27]. Dès lors, l'interdépendance entre échelles d'action ne peut simplement être rapportée à la nécessité d'une coopération fonctionnelle – celle dont il est fréquemment question dans les discours sur l'« Europe des régions », par exemple[28]. Les échelles s'apprécient sur plusieurs plans à la fois : institutionnel, social, politique et identitaire, ce qui ne peut se résumer à une fonctionnalité des liens. Focaliser sur les régions frontalières s'avère une clef de compréhension des transformations en cours, pour les institutions

---

23 Par exemple : Gaxie Daniel (dir.), *Luttes d'institutions. Enjeux et contradictions de l'administration territoriale*, Paris, L'Harmattan, 1997 ; Le Saout Rémi (dir.), *L'intercommunalité. Logiques nationales et enjeux locaux*, Rennes, Presses Universitaires de Rennes, 1997 ; Moquay Patrick, *Coopération intercommunale et société locale*, Paris, L'Harmattan, 1998.
24 Fontaine Joseph, Hassenteufel Patrick (dir.), *To Change or Not to Change ? Les changements de l'action publique à l'épreuve du terrain*, Rennes, Presses universitaires de Rennes, 2002.
25 Voir par exemple Marks Gary, « An Actor-Centred Approach to Multi-Level Governance », *Regional and Federal Studies*, vol. 6, n° 2, 1996, p. 20–36.
26 Loi du 12 juillet 1999 « relative au renforcement et à la simplification de la coopération intercommunale ».
27 Faure Alain, Muller Pierre, « Objet classique, équations nouvelles », in : Faure Alain, Leresche Jean-Philippe, Muller Pierre, Nahrath Stéphane (dir.), *Action publique et changements d'échelles : les nouvelles focales du politique*, Paris, L'Harmattan, 2007, p. 9–19, cité p. 18.
28 Hrbek Rudolf, Weyand Sabine, *Das Europa der Regionen, op. cit.*

comme pour les acteurs. Car, concernant ces derniers, le changement d'échelles représente aussi une mise en question de leur identité vécue et/ou perçue dans leur espace de référence. Les formules de coopérations transfrontalières entre collectivités le traduisent, ainsi que les migrations pendulaires des travailleurs frontaliers, qui « vivent » à la fois la consistance et l'incomplétude des entre-deux, faisant au quotidien la navette entre lieu de résidence et lieu d'emploi[29]. Corrélativement, on aborde les rapports entre démocratie et territoire : qui gouverne, qui assume les responsabilités « locales » en contexte multi-niveaux, avec, en creux, la place du citoyen. La gouvernance des coopérations inter-locales, y compris par-delà les frontières étatiques et dans le lien à l'Europe, illustre cette problématique, qui a fortement retenu l'attention des témoins interviewés.

La « pluralité de plans » correspondant à une situation[30] arrive alors au centre du questionnement de l'action, notamment en termes d'ouverture au contradictoire, selon laquelle les acteurs et les institutions parviennent à interagir même sur la base d'interprétations divergentes. C'est vrai, par exemple, par rapport aux compétences communales différentes entre la France et l'Allemagne, les régimes de protection sociale qui divergent sur un certain nombre de droits et de devoirs d'un État à un autre en Europe et qu'expérimentent les travailleurs et les résidents transfrontaliers, etc. Alain Howiller pointe ces différences de système comme une contrainte pesant sur la coopération transfrontalière, en même temps qu'un révélateur de la place qu'y prennent les rapports inter-institutionnels :

> Un gros problème, c'est que l'on assemble des partenaires qui ne sont pas égaux sur le plan institutionnel. Je m'explique. Par exemple, lorsque l'on a créé l'Eurodistrict [Strasbourg-Ortenau], le problème s'était posé. Côté français, comme nous sommes un État centralisé, on a absolument voulu que l'État français soit représenté dans l'Eurodistrict. Mais les Allemands ont dit : « On ne comprend pas, l'Eurodistrict est un projet transfrontalier, qu'est-ce que l'État vient faire là-dedans ? C'est régional ». Alors, il a presque fallu provoquer une crise pour que le préfet puisse siéger à l'Eurodistrict. La contrepartie a été finalement, pour que les Allemands acceptent le préfet, la mise en place du siège de l'Eurodistrict à Kehl et non pas à Strasbourg. C'est le compromis traditionnel de l'unanimité ou de l'unanimisme. Au final, on a rassemblé des personnes qui n'ont pas les mêmes compétences.

En même temps, c'est aussi par ces tensions qu'une consistance des espaces-frontières s'établit. La conflictualité n'exclut pas la coopération ; au contraire, les

---

29 Hamman Philippe, *Les travailleurs frontaliers en Europe : mobilités et mobilisations transnationales*, Paris, L'Harmattan, 2006 ; *Sociologie des espaces frontières*, op. cit., chap. 4 ; et « Les travailleurs transfrontaliers, entre pratiques et représentations autour des frontières françaises de l'Est », in : Dziub Nikol (dir.), *Le transfrontalier : pratiques et représentations*, Reims, Éditions et Presses universitaires de Reims, 2020 ; « Cross-border worker », in: Wassenberg Birte *et al.* (ed.), *Critical Dictionary on Cross Border Cooperation in Europe*, Brussels, Peter Lang, 2020 ; ainsi que Belkacem Rachid, Pigeron-Piroth Isabelle (dir.), *Le travail frontalier : pratiques, enjeux et perspectives*, Nancy, Presses universitaires de Nancy, 2012.

30 Soulet Marc-Henry, « Identités transverses. L'ici et l'ailleurs dans les relations sociales », in : Vrancken Didier, Dubois Christophe, Schoenaers Frédéric (dir.), *Penser la négociation. Mélanges en hommage à Olgierd Kuty*, Bruxelles, De Boeck, 2008, p. 217–225.

deux vont fréquemment de pair, et des compromis pratiques peuvent se dégager, en termes transactionnels[31], ainsi que des affiliations nouvelles (renvoyant à la question des identifications, comme nous le verrons dans le chapitre 3). Dans ce rapport permanent entre « textures » et « coercitions »[32], les premières marquent un « supplément irrépressible de significations » – ce qui se joue en propre dans les intersections instauratrices de liens[33] –, et les deuxièmes « pas tant une structure matérielle objective et univoque fonctionnant durablement et régulièrement, mais plus simplement des raideurs contre lesquelles bute l'action, imposant en quelque sorte des limites qui doivent être conçues comme mouvantes, intermittentes, médiates… »[34]. La question souvent laissée en instance est celle de la saisie concrète de l'intermonde ; les paroles d'acteurs fournissent un certain nombre de réponses et de pistes corrélatives.

2. Quelle(s) coopération(s) transfrontalière(s) : relations interlocales ou européanisation ?

Les témoignages recueillis font ressortir un double questionnement de ce que désigne « la » coopération transfrontalière en Europe. D'une part, cela touche à la diversité des conceptions et des pratiques, mais aussi des filiations que ce terme recouvre *in situ*, et à la façon dont le registre va être mobilisé par tel ou tel acteur ou organisation. D'autre part, il en va du rapport à l'Europe pour des relations qui s'avèrent inscrites dans des territoires, c'est-à-dire la question de l'intégration européenne réalisée par le local ou de l'usage localisé de références perçues comme légitimantes, voire l'absence de corrélation évidente.

---

31 Sur l'analyse des relations transfrontalières en termes de transactions sociales, voir Hamman Philippe, *Sociologie des espaces frontières, op. cit.* ; et « From "Multilevel Governance" to "Social Transactions" in the European Context », *Swiss Journal of Sociology*, vol. 31, n° 3, 2005, p. 523–545. Plus largement, cf. aussi Hamman Philippe, « Borders and Cross-Border Cooperation in Europe from a Sociological Perspective », in: Joachim Beck (ed.), *Transdisciplinary Discourses on Cross-Border Cooperation in Europe*, Brussels, Peter Lang, 2019, p. 123–145.
32 En s'inspirant de Martuccelli Danilo, *La consistance du social. Une sociologie pour la modernité*, Rennes, Presses universitaires de Rennes, 2005.
33 Hamman Philippe, « Espaces-frontières et production du lien social : quelques propositions », in : Causer Jean-Yves, Raphaël Freddy, Cassilde Stéphanie (dir.), *Faire lien*, Strasbourg, Néothèque, 2012, p.73–99.
34 Soulet Marc-Henry, « Identités transverses », *art. cit.*, p. 224.

2.1. Des coopérations fonctionnelles ou intégrées ?
La pluralité des lectures de la coopération transfrontalière

Les relations transfrontalières donnent lieu à une diversité d'approches possibles – fonctionnelles, pragmatiques ou plus critiques –, qui dégagent toute la diversité des liens transfrontières tels qu'ils sont noués par différents acteurs et groupes.

Dans une tradition anglo-saxonne, en particulier après la Deuxième Guerre mondiale et le discrédit de la géopolitique allemande[35], les études des frontières se portent principalement sur leurs fonctions. En géographie politique, les frontières ont été généralement lues comme des marqueurs de souveraineté des États – en témoignent les travaux de l'Américain Richard Hartshorne[36] ou de l'Australien Victor Prescott[37]. À cela s'ajoute une perspective davantage économique, dans laquelle les frontières sont appréhendées comme des barrières au fonctionnement du marché (y compris avant l'établissement des Communautés européennes et la problématique de la libre-circulation). Plusieurs auteurs allemands tels August Lösch[38] et Herbert Giersch[39] et, plus récemment, le Néerlandais Peter Nijkamp[40] ont qualifié l'impact des frontières comme produisant des discontinuités dans les processus posés comme « normaux » de la circulation et des échanges de personnes, de marchandises, de l'information ou des connaissances. Les barrières relevées tiennent à la fois de la distance physique et des différences administratives et politiques. Parmi les témoins rencontrés, René Eckhardt note en ce sens les difficultés à monter des projets économiques transfrontaliers, c'est-à-dire à susciter des investissements mais aussi à savoir profiter des subsides européens :

> J'ai créé en 1990 la Confédération européenne des associations de PME et c'est là que j'ai compris que les patrons des PME françaises ne saisissent pas toujours l'intérêt de l'Europe. Pour eux, toutes les démarches qu'il faut réaliser sont très compliquées : pour recevoir des subventions, pour accéder aux marchés, etc. On se trouve donc dans une situation où la France n'utilise pas ses subventions. Même la Suisse, qui ne fait pas partie de l'UE, consomme davantage de subventions européennes que la France. Il manque une culture européenne.

Dans certains milieux économiques, les régions frontalières peuvent être considérées comme des territoires périphériques et passifs. En témoignent la métaphore

---

35 Que l'on pense aux travaux de Friedrich Ratzel sur le *Raumsinn* ou de Karl Haushofer, qui ont pu donner prise aux théories de l'« espace vital » : Korinmann Michel, *Quand l'Allemagne pensait le monde : grandeur et décadence d'une géopolitique*, Paris, Fayard, 1990.
36 Hartshorne Richard, *The Nature of Geography*, Lancaster, Penn., Association of American Geographers, 1939.
37 Prescott Victor, Triggs Gillian D., *International Frontiers and Boundaries: Law, Politics and Geography*, Leiden, Martinus Nijhoff Publishers, 2008.
38 Lösch August, *The Economics of Location*, Jena, Fischer, 1940.
39 Tumlir Jan, « Strong and Weak Elements in the Concept of European Integration », in: Machlup Fritz, Fels Gerhard, Müller Groeling Hubertus (eds.), *Reflections on a Troubled World Economy: Essays in Honour of Herbert Giersch*, London, Macmillan, 1983.
40 Nijkamp Peter, Traistaru Iulia, Resmini Laura (eds.), *The Emerging Economic Geography in EU Accession Countries*, Aldershot, Ashgate, 2003.

des « déserts » et le diptyque entre les notions de « cœur », désignant le centre économique et politique d'un pays, et de « périphérie », quant aux territoires frontaliers. La place accordée au développement des espaces frontaliers se limite à la vérification des impacts négatifs des frontières. Suivant ce modèle dit de la frontière-périphérie, les emprises du centre s'exercent à la fois sur le plan juridique (l'édiction des lois nationales), politique (la mise en œuvre des politiques publiques nationales), économique (notamment par rapport aux déterminants susceptibles de peser sur l'implantation des entreprises) et culturel (la langue, etc.) : la frontière désigne une limite par rapport à un extérieur, mais pas nécessairement un territoire reconnu comme particulier[41].

Cette lecture fonctionnaliste peut aussi s'incarner dans un discours de la nécessité des coopérations transfrontalières pour le développement économique territorial :

> C'est un mal nécessaire. Imaginez une entreprise où vous ne pouvez travailler qu'à 90%. D'un côté, vous avez les Vosges agissant comme une barrière naturelle et psychologique, et, de l'autre côté, vous avez une frontière qui est le Rhin. Alors, […] en tant que chef d'entreprise, vous jugez que sur l'autre rive il y a un marché avec un pouvoir d'achat supérieur au vôtre et avec une population aussi importante que la vôtre, avec peut-être même une répartition géographique plus intéressante parce qu'il n'y a pas une métropole, mais une série de petites villes [dans l'*Ortenaukreis*]. C'est donc un mal nécessaire [René Eckhardt].

De façon proche, le Grand rabbin René Gutman pointe le primat de rapports fonctionnels économiques dans le Rhin supérieur :

> Avant tout, y a-t-il une géographie, y a-t-il une philosophie de la frontière ? C'est quelque chose de très symbolique, comme lieu de séparation et comme lieu de passage. Comment a-t-on vécu cette frontière, comme un arrêt ou bien un pont, un passage ? C'est cela qu'il faudrait se demander ! Et en fonction de cela, on pourrait dire que, essentiellement, cela se vit de façon très pragmatique, économique : les gens vont travailler, les frontaliers passent la frontière chaque jour. […] Comme tout passage depuis le Moyen-Âge, cela sert de lieu d'échanges économiques avant tout.

Au contraire, il ne peut guère avancer de réalités très abouties dans le domaine confessionnel :

> On ne sait pas si cela se concrétise au niveau des religions. On a eu des occasions de faire un véritable travail transfrontalier, sur le plan spirituel, des rencontres transfrontalières, judéo-chrétiennes […]. On a eu des opportunités de travailler, se rencontrer, mais cela n'a pas encore rencontré trop de succès… [René Gutman].

L'intégration économique et politique des Communautés européennes puis de l'Union a impulsé un développement accru des coopérations trans-frontières, au sens générique, c'est-à-dire à la fois transfrontalières (dans un cadre de relative proximité et de continuité territoriale) et transnationales, de façon plus large. Dans

---

41 Rokkan Stein, Urwin Derek, « Introduction: Centres and Peripheries in Western Europe », in: Rokkan Stein, Urwin Derek (eds.), *The Politics of Territorial Identity*, London, Sage, 1982 ; Rokkan Stein, Urwin Derek, *Economy, Territory, Identity. Politics of Western European Periphery*, London, Sage, 1983.

ce contexte, l'analyse de l'impact des frontières est mise en corrélation avec les différences socio-économiques, politiques et administratives entre les espaces voisins pour l'établissement de la coopération transfrontalière.

Une première filiation se rapporte à la place de l'analyse économique, qui insiste sur l'importance des relations économiques transfrontalières par rapport au facteur (géo)politique[42]. L'économiste Remigio Ratti a formulé une typologie ternaire des frontières : les frontières-barrières, les frontières-filtres et les frontières ouvertes. Pour lui, lorsque les régions sont isolées par la frontière-barrière, les disparités persistent ; c'est seulement dans le cas de frontières ouvertes que se forment des économies transfrontalières. De ce point de vue, R. Ratti montre que les régions frontalières dans l'Union européenne ne peuvent plus être vues comme des zones de protection et de fermeture. Elles sont devenues des espaces de contact, ce qu'il qualifie d'« espaces actifs » et de « laboratoires d'intégration ». En analysant les choix stratégiques des acteurs économiques, il note que les réseaux coopératifs représentent une meilleure stratégie afin de surmonter les obstacles. En même temps, R. Ratti pointe le rôle d'importance joué par l'existence d'« espaces de soutiens », renvoyant aux institutions publiques, à commencer par les collectivités territoriales, et donc à la place de l'action publique[43]. C'est en ce sens que la coopération transfrontalière peut être lue comme un outil adapté pour éviter la duplication de services et d'infrastructures. Le cas de l'Euro-Aéroport Bâle-Mulhouse-Fribourg est significatif, même s'il n'a pas toujours fait école. Par exemple, Gérard Traband et Robert Walter le relèvent :

> Il est évident qu'il doit y avoir des connexions, les plus intenses possibles, de part et d'autre de la frontière. La coopération transfrontalière concerne, de manière générale, l'aménagement du territoire. Il s'agit d'éviter les doublons. Nous en avons eu un récemment avec l'aéroport de Karlsruhe Baden-Baden, qui a été construit à quelques dizaines de kilomètres à vol d'oiseau de l'aéroport de Strasbourg Entzheim ! [Gérard Traband]

> Il y a des choses très pratiques où l'on a intérêt à coopérer, pour diminuer les coûts, des hôpitaux par exemple. Pourquoi un habitant de Kehl n'utiliserait pas les services d'urgence des hôpitaux de Strasbourg, ou un habitant de Wissembourg, les hôpitaux de Karlsruhe ? Pour éviter des doublons [Robert Walter].

Dans cette logique, la formation de relations économiques par-delà la frontière peut aboutir à une économie plus efficace et dynamique, où l'ambiguïté et la complexité, qui existent toujours autour d'une frontière, sont réduites, et la communication et la diffusion de l'information deviennent plus importantes[44].

---

42   Sparke Matthew, « From Geopolitics to Geoeconomics: Transnational State Effects in the Borderlands », *Geopolitics*, vol. 3, n° 2, 1998, p. 62–98.
43   Van Geenhuizen Marina, Ratti Remigio (eds.), *Gaining Advantage from Open Borders: an Active Space Approach to Regional Development*, Aldershot, Ashgate, 2001.
44   Suarez-Villa Luis, Giaoutzi Maria, Stratigea Anastasia, « Territorial and Border Barriers in Information and Communication Networks: a Conceptual Exploration », *Journal of Economic and Social Geography*, vol. 83, n° 2, 2008, p. 93–104.

Les témoins sont plusieurs à attirer l'attention sur un autre changement d'échelle, non plus seulement entre le local, le national et l'Europe, mais relatif aux processus de globalisation économique et de mondialisation :

> Nous fonctionnons comme cela, nous fonctionnons hors de nos frontières qui sont devenues trop petites ! La planète est devenue trop petite ! [Léon Nisand]

> Pour moi, l'Europe, c'est un strapontin pour l'escalier du monde. Je sais qu'il y a des gens qui disent : « Ceux-là ils ne sont pas dans l'Europe, ceux-là ils sont trop loin ». C'est le problème de la Turquie. Est-ce que la Turquie peut intégrer l'Europe ou non ? Alors, rien à faire : moi c'est le monde qui m'intéresse [Roger Siffer].

Comme le soulignent Ricardo Cappellin et Peter W.J. Batey[45], au travers de la coopération transfrontalière, des espaces voisins peuvent devenir plus compétitifs en contexte de mondialisation, en utilisant leur capacité commune accrue de négociation.

Le lien peut rapidement être fait sur le plan économique ; Alain Howiller livre ici une anecdote parlante sur la relativité des échelles de perception, qui valent aujourd'hui de plus en plus pour les échanges :

> Un jour, j'étais à Boston et le directeur de la foire de Boston me dit qu'il avait une fille qui fait des études à côté de Strasbourg, à Salzbourg. Il y a cinq ou six cents kilomètres entre les deux, ce n'est pas tout à fait à côté ! Mais pour lui, ça l'était.

Quant au Grand rabbin René Gutman, il prend également acte d'espaces de références élargis et invite à intégrer des perceptions elles aussi extensives :

> Les Amériques sont déjà en Europe, sous diverses formes : institutions, culture, qu'on le veuille ou non. [...] L'Europe n'aura d'avenir qu'en s'ouvrant sur l'Extrême-Orient. [...] On pense que, parce que nous sommes les religions du Livre, l'islam, le christianisme et le judaïsme, cela nous suffit, nous contente. Mais on ne se rend pas compte que ce langage, ces écritures sont inaudibles dans l'Extrême-Orient.

Le cadre des régions européennes de coopération retient également l'attention. Le point central est le rôle de l'Union européenne dans le développement de la coopération transfrontalière à travers l'établissement des Eurorégions, à partir de l'initiative communautaire Interreg lancée en 1990. Markus Perkmann a classifié les régions transfrontalières en Europe en fonction de l'intensité des coopérations[46]. En 2003, sur les 73 régions transfrontalières qu'il recense en Europe, seules 30 peuvent être qualifiées, selon lui, de régions d'intense coopération. Il montre que la coopération est plus intense lorsque les autorités locales, et non pas régionales, s'engagent dans des coopérations, et note que plus de 85% des cas

---

45 Cappelin Ricardo, Batey Peter W.J. (eds.), *Regional Networks, Border Regions and European Integration*, London, Pion, 1993.
46 Perkmann Markus, *Cross-Border Cooperation, Euroregions and the Governance of Cross-Border Economies*, Lancaster, Lancaster University, 1997 ; Perkmann Markus, Sum Ngai-Ling (eds.), *Globalisation, Regionalisation, and Cross-Border Regions*, London, Macmillan, 2001.

« positifs » renvoient à des territoires dans lesquels sont impliquées des régions allemandes, qui seraient motrices.

Parallèlement, M. Perkmann a aussi relevé des effets d'aubaine liés à la captation des subsides européens, en particulier s'agissant d'initiatives transfrontalières situées autour des frontières avec les nouveaux membres et les pays voisins de l'Union, c'est-à-dire les frontières externes. Dans ces derniers cas, il pointe des Eurorégions assez peu intégrées, avec pour but premier d'accéder aux financements européens (ce qui existe également autour des frontières internes, dans une moindre proportion). Parmi les interrogé.e.s, des critiques portent sur cet opportunisme des nouveaux États, en particulier à l'Est, qui n'adhéreraient pas à un projet. René Eckhardt note :

> Je pense que le grand problème, qui a été mal géré, c'était l'ouverture à un certain nombre de pays qui n'avaient pas les moyens de rentrer dans l'Europe. J'ai beaucoup travaillé avec les Ukrainiens ou les Croates, et, lorsqu'ils sont rentrés dans l'Europe, leur seul objectif, c'était de chercher comment faire pour obtenir le maximum de subventions de l'Europe. Ce n'était pas réfléchir à ce qu'ils pouvaient apporter à l'Europe. C'était plutôt : qu'est-ce que l'Europe va pouvoir m'apporter ?

De façon générale, les statistiques confirment que l'établissement des Eurorégions est lié au lancement de programmes de financement. Par exemple, il n'y avait aucune Eurorégion sur la frontière entre l'Allemagne et l'Autriche avant l'adhésion de l'Autriche à l'Union ; entre 1994 et 1998, pas moins de cinq Eurorégions sont établies.

Enfin, les frontières constituent des constructions sociales, ce qui a partie liée avec les perceptions, les identités et les comportements des acteurs engagés dans les formes et processus de coopération. Il y a des frontières dans les têtes ; les grands témoins y sont souvent revenus, d'abord pour relever un frein aux échanges :

> [Les frontières] sont symboliques, elles ne sont que symboliques, mais encore très fortes pour différentes raisons. Des raisons psychologiques, le repli sur soi français, la centralité, une difficulté à accueillir l'autre, qui jouent forcément dans le rapport interhumain. Il y a des méconnaissances de la langue, de la culture allemande, c'est clair. Les Français ne sont pas connus pour être polyglottes. Ce sont des petites choses, mais chaque chose s'ajoute à l'autre [René Gutman].

Précisément, Henk Van Houtum a montré que la frontière n'est pas qu'une barrière physique, mais aussi affective et mentale. Étudiant le comportement des entreprises autour des frontières nationales en Europe, il pointe le rôle de la « distance mentale », qui pousse les investisseurs à s'orienter vers les espaces proches du centre d'un pays, quand bien même il serait plus intéressant de se localiser à proximité de la frontière[47].

---

47 Berg Eiki, Van Houtum Henk (eds.), *Mapping Borders Between Territories, Discourses and Practices*, Aldershot, Ashgate Publishers, 2003.

Ces frontières demeurent notamment par l'intermédiaire – plus ou moins conscient, mais intégré – de matérialisations symboliques, à l'exemple, donné par Alain Howiller, des lignes de signalisation routières :

> On dit souvent que les frontières se sont effacées, mais elles se sont reconstruites dans les têtes. C'est vrai qu'il n'y a pas homogénéité, il y a des différences. [J'ai] un ami berlinois […]. Et pendant longtemps, il m'a dit : « Quand je traverse la frontière, bon je sais bien qu'il y a le Rhin, mais il y a quelque chose de différent qui me dit que je ne suis plus en Allemagne ». […] Sur les routes allemandes, la couleur utilisée était le blanc et en France la couleur utilisée était le jaune. C'est marrant. […] Maintenant, ce détail est réglé. Mais c'est vrai qu'il n'y a pas une harmonisation générale et c'est tant mieux.

En cela, les espaces frontaliers donnent à voir un paradoxe apparent, celui d'une intégration interrégionale de fait, qui coexiste avec la permanence de différenciations mentales ; Gérard Traband le relève :

> Le Rhin supérieur est totalement intégré au niveau économique, et nombre d'investisseurs allemands agissent en Alsace. […] Les consommateurs comparent les prix. Le marché du travail est lui aussi intégré, avec 60 000 frontaliers qui passent la frontière chaque jour. Mais la frontière psychologique persiste néanmoins, à l'exemple de l'écho que prit la soi-disant « invasion » des poids lourds qui parcouraient auparavant l'Allemagne, avant que ce pays ne mette en place des taxes.

2.2. La coopération transfrontalière correspond-elle à un processus d'européanisation ?

La portée des modes et des pratiques de coopération transfrontalière s'analyse sur une diversité de plans et d'échelles : les relations interinstitutionnelles qui se nouent et se recomposent se doublent du rapport à l'Autre pour les habitants des régions frontalières. Se développent des initiatives de rapprochements entre collectivités publiques, entre organisations et associations, et entre citoyens mobilisés sur tel ou tel enjeu commun de part et d'autre de la frontière nationale. C'est bien cet éventail qui frappe et ressort, à première lecture, des entretiens menés.

Transversalement, on peut parler d'un ensemble de coopérations directes de voisinage entre autorités infra-étatiques des espaces frontaliers, dans une diversité de domaines et avec la participation d'acteurs de différents niveaux[48]. Cette définition écarte les formes de coopération entre des collectivités d'espaces non-contigus, ne partageant pas une même frontière. En creux, il est alors question d'une position particulière des espaces frontaliers, qui se jouxtent de part et d'autre d'une frontière et peuvent, à l'inverse, être plus éloignés des centres décisionnels nationaux. C'est en ce sens que certains y voient un terrain plus particulièrement propice pour rendre concrets les rapports à l'Europe :

---

48 En s'inspirant de la définition générique proposée par Birouste Georgette, « Vécus frontaliers, évolution du concept de frontière », in : Desplat Christian (dir.), *Frontières*, Paris, Comité des travaux historiques et scientifiques (CTHS), 2002, p. 335–346.

> Je pense que la région est l'entité la mieux adaptée pour faire aimer l'Europe aux gens. Cependant, c'est à condition que nos femmes et nos hommes politiques jouent le jeu pleinement. Et lorsque l'on voit l'élu du petit village alsacien du bord du Rhin travailler avec son homologue de l'autre côté, […] si l'ensemble des élus, pas seulement les grands élus régionaux, arrivent à s'imprégner de cela, […] que tout ne se passe pas qu'à Paris, qu'ils sont bien dans un pays européen à côté d'un autre pays européen et qu'il y a un lien, je pense qu'ils arriveront par cet exemple régional et donc interrégional, transfrontalier, à susciter l'envie d'Europe chez les autres, chez les concitoyens. Moi j'y crois [Jean-Marie Heydt].

Ce témoignage comprend plusieurs assertions : d'abord, qu'il y a un lien entre coopération transfrontalière et construction européenne ; deuxièmement, qu'on ne se situe pas uniquement dans un domaine de relations interlocales entre des collectivités voisines ; et troisièmement, que la proximité géographique entre acteurs joue un rôle dans l'opérationnalisation des liens ; et, par conséquent, quatrièmement, qu'on a affaire à des espaces expérimentaux exemplaires susceptibles de dégager des pratiques de portée plus large pour l'Europe – ce modèle réduit et précurseur de l'Europe de demain reposerait en particulier sur les Euro-régions. Or, il n'y a pas de définition unique de ce que recouvrent ces dernières. Pour preuve, on peut lire deux formulations différentes dans un même ouvrage, *Les politiques du néo-régionalisme*, dirigé par Richard Balme. Selon la première, de R. Balme : « L'euro-région est définie sommairement comme une association régionale de coopération transfrontalière »[49]. On se situe ici sur un plan organisationnel et procédural. Tandis que Claude Olivesi met davantage en avant la dimension substantielle et la finalité politique :

> Ni entités administratives, ni collectivités territoriales de droit communautaire, elles peuvent, en revanche, être définies comme association régionale de coopération transfrontalière cherchant à promouvoir des relations plus étroites sur la base de caractères et intérêts communs[50].

Ces deux lectures ont en commun de poser l'Euro-région comme un *processus* et non un état. Le cas du Rhin supérieur le corrobore avec netteté : si les échanges économiques et de personnes sont mis en avant, la faiblesse des bases juridiques transfrontalières apparaît également[51]. Robert Hertzog note sans détour :

> Notre droit n'a pas de définition, ni de régime pour la coopération transfrontalière, expression qui recouvre une infinité de pratiques d'une utilité très variable.

Par rapport à ces différentes mises en équivalence, les témoignages permettent de déplier un certain nombre de cheminements et de dégager des dialectiques, no-

---

49 Balme Richard (dir.), *Les politiques du néo-régionalisme. Action collective régionale et globalisation*, Paris, Économica, 1996, cité p. 122.
50 Olivesi Claude, « Du développement structurel à l'espace euro-méditerranéen : les îles et la construction européenne », in : Balme Richard (dir.), *Les politiques du néo-régionalisme*, op. cit., p. 132.
51 Il faut attendre les Accords de Karlsruhe du 23 janvier 1996, traité-cadre de droit international, pour que soit établie par les États la possibilité d'une base juridique transfrontalière, avec la fondation des Groupements locaux de coopération transfrontalière (GLCT).

tamment entre l'institué et l'instituant, les collectivités territoriales et les citoyens, s'agissant de dynamiques toujours pendantes.

2.2.1. Le Rhin supérieur, « laboratoire » de la construction européenne ?

Pour certains, nous aurions dans le Rhin supérieur un « laboratoire de l'Europe ». Cette expression, devenue courante, traduit la relation souvent revendiquée entre coopération transfrontalière et intégration européenne, espaces frontaliers et Europe, ce qu'il convient justement de clarifier. L'arrière-plan est celui de la mise en place au début de la décennie 1990 du programme européen Interreg. Ce dernier traduit un changement d'objectif de la coopération entre régions, dans le sens de la promotion d'espaces d'intégration en Europe par des pratiques exemplaires de terrain : le fameux « laboratoire ». Cette orientation s'incarne aussi bien dans les programmes Interreg successifs[52] que par la création de nouvelles instances, à l'exemple, dans le Rhin supérieur, du Conseil rhénan, en 1997, comme organe de conseil et de coordination politique, où siègent des élus régionaux des trois pays. La place croissante de la Commission européenne, cherchant à s'autonomiser par rapport aux États dans le cadre de la politique régionale européenne, coïncide à ce moment avec l'émergence d'acteurs institutionnels locaux et régionaux en tant qu'alliés des institutions communautaires[53].

Parmi les grands témoins rencontrés, significativement, ce sont surtout des acteurs qui ne sont pas originaires ou ne vivent pas dans une région frontalière qui entretiennent l'idée de territoires « naturellement » enclins à expérimenter des relations renforcées dans le sens de l'intégration européenne. On peut citer par exemple Catherine Lalumière :

> Durant toute ma jeunesse et mes études [...], je n'étais pas du tout branchée sur les questions européennes. [...] Il s'agissait de Rennes, en Bretagne, ce n'était pas Strasbourg. L'Europe, c'était loin. La région n'était pas frontalière de l'Allemagne, de la Belgique, de l'Italie, etc. [...] Forcément une avant-garde, parce que [...] le travail en commun est beaucoup plus facile également par rapport à des régions très éloignées les unes des autres. On peut presque dire que la coopération transfrontalière est le laboratoire qui doit précéder ce que l'on fera ensuite avec des régions plus éloignées.

Au contraire, en Alsace, les acteurs sont plus rares à endosser cette posture. Par exception, Roger Siffer reprend ce discours, qui se veut de « bon sens », à son compte :

> Il faut commencer par le premier voisin, c'est plus simple, il est à cinq minutes d'ici... Ce, avant d'aller en Hongrie, en Roumanie, en Espagne ou au Portugal, qui est quand même plus loin, d'une part, et culturellement très différent. Je veux dire, entre un Alsacien et un type du pays de Bade, la différence n'est quand même pas énorme. C'est pratiquement le même dia-

---

52 Pour un descriptif de ces programmes européens, voir le site de la Mission Opérationnelle Transfrontalière : www.espaces-transfrontaliers.org (consulté le 20/08/2020).
53 Balme Richard, « Les relations internationales des régions », in : Jacques Palard (dir.), *Vers l'Europe des régions*, Paris, La Documentation française, n° 806, 1998, p. 28.

lecte, c'est la même nourriture, c'est la même construction de maison. C'est donc le plus facile. Il faut commencer par là pour ensuite augmenter la dose.

R. Siffer reconnaît que le terme de « laboratoire de l'Europe » devient très usité voire galvaudé, mais ne le rejette pas :

> Je trouve qu'il y en a pas mal de laboratoires. C'est un laboratoire, un petit peu petit dans la mesure où utiliser le Rhin supérieur comme préfiguration européenne, c'est la réaliser entre cousins... [...] Mais c'est toujours bon à prendre.

Localement, des réserves sont majoritairement exprimées, sur plusieurs plans. Tout d'abord, d'autres espaces frontaliers peuvent prétendre, autant sinon plus que le Rhin supérieur, être des « laboratoires », que ce soit au sens de territoires pionniers ou marqués par des flux socio-économiques transfrontaliers importants. Gérard Traband restitue ainsi l'exemple alsacien parmi d'autres :

> Je crois qu'il ne faut pas exagérer. Les premières coopérations transfrontalières ont été l'œuvre des décideurs à la frontière germano-hollandaise. Eux seuls sont en mesure de considérer leur région comme un « laboratoire », du fait qu'historiquement ils ont été les premiers. Le phénomène transfrontalier prend des proportions considérables à Genève et Bâle. Il est, pour ainsi dire, plus violent dans cette région avec 95 000 frontaliers [...]. C'est, à n'en pas douter, énorme. Cette situation va même jusqu'à avoir des répercussions politiques : les partis politiques « anti-frontaliers » y ont obtenu un nombre très respectable de voix.

Robert Hertzog est aussi nuancé :

> L'Alsace, par sa position géographique, sa culture, son histoire, a un rapport à l'Europe plus spontané et profond que d'autres régions. Mais aucune région ne peut prétendre être un modèle pour les autres.

Ensuite, le fait que les acteurs des coopérations transfrontalières soient davantage confrontés aux pratiques qu'aux seuls discours, dans un espace comme le Rhin supérieur, explique que l'accent est plutôt mis sur les obstacles, notamment en raison des différences entre systèmes administratifs nationaux :

> Mais la coopération transfrontalière est assez difficile, parce que, d'un côté l'Allemagne est un pays fédéral, les cantons suisses sont aussi très autonomes, alors qu'en France tout passe par Paris. Dans les comités tripartites, c'est toujours le préfet, représentant de l'État, qui préside, ce que les Allemands ont du mal à comprendre. D'ailleurs, cela énervait tellement Erwin Teufel, ancien ministre-président du Bade-Wurtemberg [de 1991 à 2005], de voir les élus alsaciens assis derrière le préfet, qu'il assistait peu à ces réunions [Claude Keiflin].

C'est dire que les relations de « proximité » ne vont pas de soi, y compris en raison de concurrences interlocales et de perceptions d'équilibres relatifs, par exemple entre Strasbourg et Karlsruhe :

> Il y avait un projet de capitale européenne de la culture, Strasbourg était candidate pour 2013, c'était au départ un projet commun avec Karlsruhe, et ça aurait vraiment été un projet européen. Mais finalement cela a capoté. Je crois que la municipalité de Strasbourg ne voulait pas tellement partager, parce qu'entre les deux villes, c'est quand même Strasbourg la plus connue et qui entendait tirer le meilleur bénéfice. Mais, là encore, c'est un échec de la construction européenne, parce qu'on a préféré une candidature strictement strasbourgeoise à une candidature transfrontalière. Et peut-être que si on avait réussi, Marseille n'aurait pas été choisie... [Claude Keiflin].

De même, Robert Hertzog souligne que l'Eurodistrict Strasbourg-Ortenau, lancé en janvier 2003 avec force publicité par les présidents Chirac et Schroeder, devait précisément être un « laboratoire » exemplaire, et ne l'a guère été dix ans plus tard :

> Jamais l'Alsace n'a été mise en avant, ni n'a servi d'exemple ou de laboratoire. Même l'Eurodistrict est retombé comme un flan, pour devenir une coopération transfrontalière comme il en existe beaucoup d'autres, alors que le terme avait été pensé comme unique et avait été reçu ainsi après la déclaration Schröder-Chirac qui en annonçait la création.

Norbert Engel va plus loin, en pointant le construit politique et social que constitue par définition la métaphore du « laboratoire ». Il suggère un parallèle avec une autre propriété parfois avancée quant à l'ouverture à l'Autre, celle de l'« humanisme rhénan » :

> Alors ça, c'est du pipeau ! Moi, chaque fois que j'ai entendu parler de l'humanisme rhénan, je me suis écroulé de rire. D'abord, car c'est une impropriété sémantique, c'est-à-dire que l'humanisme touche l'humanité dans son entier, donc je ne vois pas ce que c'est qu'un humanisme rhénan. Je ne vois pas véritablement en quoi les humains au bord du Rhin seraient plus humains que les autres humains ! Je n'ai jamais rien compris à cela. C'est-à-dire que lorsque l'on parle de « laboratoire », quel est ce laboratoire ? C'est qu'effectivement, un paysan badois peut parler avec un paysan alsacien, *via* le *Hochdeutsch* [haut allemand].

2.2.2. Poids des cadres nationaux ou poids de l'institution ?

En regard des discours naturalisant le lien du Rhin supérieur à l'Europe en tant qu'espace exemplaire, les témoignages permettent également de revenir sur l'hypothèse inverse, à savoir le poids des cadres et des routines nationales comme frein aux rapprochements transfrontaliers et confirmation d'un rôle central des États. De ce point de vue, la critique courante du centralisme ou des superpositions d'instances ne doit pas masquer le processus d'institutionnalisation qui marque la sphère transfrontalière elle-même.

En termes diachroniques[54], les perceptions de ce qui se noue dans le transfrontalier varient en fonction de cadres nationaux : la centralisation de l'administration publique puis la décentralisation en France, l'État fédéral en Allemagne et en Suisse, ou encore la lecture du « pont vers l'Union européenne » dans le cas helvétique. Cette diversité des situations étatiques en présence (États fédéraux, unitaires, formes intermédiaires…) interagit dans les modes de coopération transfrontalière. Dans le cas du Rhin supérieur, les réformes de décentralisation de 1982–1983 en France ont ouvert la voie à un nouveau moment de la coopération, par rapport à la décennie 1970 marquée par l'intergouvernementalisme, celui d'une « association de coopération entre régions ». Ce processus *a priori* franco-français a eu un impact sur l'ensemble des acteurs régionaux français, allemands

---

54 Wassenberg Birte, *Vers une eurorégion ? La coopération transfrontalière franco-germano-suisse dans l'espace du Rhin supérieur de 1975 à 2000*, Bruxelles, PIE – Peter Lang, 2007.

et suisses parties prenantes aux formules de partenariat du « pays des trois frontières »[55].

Robert Walter insiste sur le poids de ces différences handicapant des démarches transfrontalières : « La méconnaissance totale des systèmes de fonctionnement du pays voisin. Ils sont totalement différents ». Il donne un exemple relatif au départ du Tour de France qui s'est tenu à Strasbourg en 2006, se voulant une occasion de visibilité de l'Eurodistrict Strasbourg-Ortenau :

> Il y a des choses absurdes, comme lorsque le Tour de France est passé à Strasbourg, il y a quelques années et que le ministère de l'Intérieur avait refusé que les secouristes français et allemands [...] travaillent ensemble. Tout simplement parce que les règles étaient différentes dans chaque pays.

Gérard Traband, de son expérience de conseiller général dans le nord de l'Alsace, ajoute :

> Il n'existe rien de plus complexe. La prise de décision peut parfois être longue et est sans cesse soumise au compromis. Il est nécessaire de décoder chez l'autre ce qui relève de ses méthodes de fonctionnement, de son système administratif, etc.

De son côté, Norbert Engel, ancien adjoint au maire de Strasbourg, relève les effets des différences d'organisation en France et en Allemagne au niveau des procédures des collectivités territoriales (et pas seulement de l'État), lorsqu'il s'agit de faire vivre concrètement une coopération :

> J'ai toujours eu l'impression [...] que les circuits de décision en Allemagne étaient plus courts que les nôtres. J'avais l'impression, lorsque je discutais avec des Allemands, qu'ils pouvaient prendre de manière déterminée en réunion une décision et la rendre rapidement exécutoire. Alors que chez nous il faut toujours considérer le prochain budget, il faut l'assentiment de l'Assemblée. Ensuite, il faut avoir tel autre assentiment, mais le maire va alors demander un financement croisé avec le président du Conseil régional, etc.

Dans le même sens, Antoine Spohr note que le balancement classique affaires internes-extérieures des États se retrouve pratiqué au sein de la ville de Strasbourg :

> Ce qui me surprend un peu à ce sujet, c'est qu'à Strasbourg aujourd'hui l'on ait nommé le poste d'un adjoint au maire « Adjoint aux questions internationales et européennes ». Je considère que les questions européennes sont des questions intérieures. Tant que l'on considérera que c'est l'étranger, on n'aura pas progressé dans la prise de conscience d'appartenir à une entité réelle.

Ces inscriptions nationales amènent à limiter les coopérations à une politique incrémentale, par des expérimentations sur des points précis :

> On ne fait pas de grandes choses, mais de petits pas, parce qu'il y a des systèmes qui sont différents dans les États centralisés, les régions n'y ont pas les mêmes pouvoirs. C'est un peu le talon d'Achille, à mon avis, de la coopération transfrontalière. Avec quand même une chose, [...] c'est qu'il est difficile de rapprocher des structures différentes, aux pouvoirs différents [Alain Howiller].

---

55 *Ibid.*, p. 155 *sq.*

Sous ce rapport complexe, c'est la prégnance des inscriptions institutionnelles qui se donne à voir et suscite des commentaires. On touche à la question des équilibres dans les partenariats transfrontaliers, et la difficulté que peut constituer une disparité entre institutions :

> Lorsque j'étais élu [à Strasbourg], j'ai mené deux ou trois réunions avec la ville, en partenariat avec Karlsruhe, pour une candidature commune comme Capitale européenne de la Culture. [...] J'ai eu ordre du maire de me dégager, puisque les sommes mises sur la table étaient sans commune mesure avec celles que moi je pouvais mettre sur la table, la balance était trop inégale. À ce niveau-là, il y a aussi des problèmes de dimension, de taille critique. Lorsque le Bade-Wurtemberg discute avec l'Alsace, c'est sûr que pour lui, l'alter ego est le Rhône-Alpes et non l'Alsace, trop petite. [...] Pour que la coopération transfrontalière fonctionne bien, il faut quand même qu'il y ait un certain équilibre des finances [Norbert Engel].

La coopération transfrontalière ne peut être abstraite d'espaces concurrentiels aux frontières :

> Face à la Commission [européenne], les acteurs étatiques, régionaux et locaux se placent dans des formes alternées de concurrences et d'alliances (infranationales, nationales ou transfrontalières) [...]. Dans cette perspective, s'associer ou ne pas s'associer à un projet, chercher à le soutenir ou à le saboter, est révélateur des intérêts défendus ou convoités par chaque acteur[56].

Les relations transfrontalières peuvent représenter une « niche » pour des décideurs locaux, c'est-à-dire une situation où un investissement en ressources minimal permet de tirer des bénéfices supérieurs. Mais cette vision limite l'approfondissement des rapports, compte tenu des mises réduites, ce qui est précisément assumé par des acteurs devenant progressivement des « entrepreneurs transfrontaliers ».

Dès lors, se dégage un paysage institutionnel de plus en plus compliqué, avec la multiplication d'instances de coopération transfrontalière, à mesure que l'on empile des structures et des appareils administratifs au fil du temps. C'est bien ce qui se dégage du propos de Kai Littmann, soulignant que face à un poids croissant des structures, la coopération dépend au final de l'investissement personnel de certains acteurs – ce qui manifeste un signe de « semi-institutionnalisation » toujours contrainte :

> Il y a une sorte de mille-feuille administratif dans le Rhin supérieur. Il y a aujourd'hui à peu près mille fonctionnaires ou employés administratifs qui ont marqué sur leur carte de visite le titre de transfrontalier [...]. Chacun fait semblant de travailler pour le transfrontalier, mais je crois que, pour deux tiers de ces personnes, il y a un problème linguistique [...]. Je pense qu'il y a un trop plein d'organisations. Je constate depuis un certain nombre d'années que la qualité de fonctionnement de ces institutions dépend non pas de la qualité des institutions, mais de l'engagement personnel des responsables.

Robert Hertzog ne dit pas autre chose, lorsqu'il met en garde de ne pas trop institutionnaliser la coopération transfrontalière, sans quoi les instances peuvent devenir des carcans procéduraux au détriment du fond des dossiers :

---

56 Dupeyron Bruno, *L'Europe au défi de ses régions transfrontalières. Expériences rhénane et pyrénéenne*, Berne, Peter Lang, 2008, p. 246.

Selon mon expérience, il est plus judicieux de chercher à régler ces affaires sans trop de formalisme, plutôt que de mettre en place de complexes structures qui imitent les institutions publiques, mais néanmoins sans pouvoir réel. […] J'ai participé aux conseils d'autres organisations transfrontalières, comme l'Euro-Institut. On y passait les deux tiers de la réunion à discuter de la structure et de son fonctionnement : budget et comptes, contrats, organigramme, personnel, locaux. Peu de temps était consacré aux activités elles-mêmes, laissées à la discrétion des personnels ».

2.2.3. Transfrontalier = local ou Europe ?

Les témoignages conduisent à penser ensemble les deux modes de référence précédemment relevés : peut-on davantage parler de rapports interlocaux ou d'intégration européenne lorsqu'il est question de coopération transfrontalière ? Dans les partenariats intercommunaux ou interrégionaux, n'y a-t-il qu'une question d'espaces et de niveaux d'application d'un même projet, celui d'une plus grande unité de l'Europe ? Cette problématique de l'européanisation est portée par certains acteurs plutôt que d'autres : il n'y a pas d'évidence qui se serait imposée d'entrée de jeu. La question se pose à la fois sur le plan des contenus des politiques engagées et sur celui des territoires d'application – sachant qu'une dimension peut masquer l'autre, comme le note René Gutman : « On est tellement proche de l'Allemagne que cette proximité peut occulter la dimension européenne de Strasbourg ! ». C'est d'autant plus le cas en Alsace, où l'histoire régionale est fréquemment mobilisée. Le discours de la place particulière de l'Alsace transparaît d'un certain nombre d'entretiens, y compris lorsqu'il est question du lien à l'Europe :

> Je pense qu'il y a une place très spéciale pour l'Alsace dans l'Europe. D'abord, c'est une région qui a énormément souffert, plus que les autres pays, du dernier conflit mondial, du fait même des Malgré-nous[57] [Robert Walter]

> L'Alsace [est] indéniablement une région particulière où on ne peut éviter de se poser des questions fondamentales sur la destinée et l'identité, sur la guerre et la paix, sur l'entente et la coopération entre les peuples [Bruno Haller].

Appuyée sur les différents témoignages, une lecture configurationnelle permet d'interroger ce que désigne le *bottom*, ce « local » parcouru par des acteurs et des réseaux enclenchant diversement des dynamiques au succès variable, depuis plusieurs décennies maintenant – que l'on pense aux jumelages de communes depuis les années 1950[58].

---

57 Expression désignant les Alsaciens (et les Mosellans) enrôlés de force dans l'armée allemande pendant la Seconde Guerre mondiale.
58 Hamman Philippe, « Les jumelages de communes, miroir de la construction européenne "par le bas" », *Revue des sciences sociales*, n° 30, 2003, p. 92–98 ; Hamman Philippe, Ruß-Sattar Sabine, « Les répertoires d'action transfrontaliers des communes françaises et des communes allemandes : une mise en parallèle, de 1950 à nos jours », *Revue des sciences sociales*, n° 60, 2018, p. 14–25.

Norbert Engel effectue cette remise en perspective historique, qui montre un processus non-linéaire et dont le centre de gravité a pu changer en même temps que les échelles d'action. Ceci disjoint les deux dynamiques des relations de proximité et de l'intégration européenne, même si elles peuvent, en certaines circonstances, aller dans le même sens ; la corrélation n'est du moins pas automatique :

> Cette coopération transfrontalière, je l'ai vu régresser. À l'époque, au moment de la grande réconciliation franco-allemande, il y avait des jumelages entre les villes, etc. Globalement, ce transfrontalier microscopique, « micro-transfrontalier », fonctionnait beaucoup mieux que ce que l'on a vu ensuite. Par exemple, la ville de Strasbourg était jumelée avec Stuttgart, avec Dresde, et il y avait énormément de choses qui se passaient entre les villes : échanges d'expositions, échanges de pièces à l'opéra, etc. C'était effectivement la culture qui en était le fer de lance. Désormais, il ne se passe plus rien. Quelque part, l'Europe a un peu « vidé », desquamé, les initiatives individuelles ou « micro-initiatives ». Bon, il n'y a plus de poste de douane, c'est très important. Les gens peuvent circuler plus librement. [...] Mais [...] est-ce que c'est la conséquence de l'Europe ou est-ce que c'est tout simplement car les postes frontières entre l'Allemagne et la France ont disparu ? Cela se serait-il passé autrement sans l'Europe ?

De même, René Eckhardt distingue les relations franco-allemandes – auxquelles il rattache le transfrontalier au titre du principe de contiguïté – et la construction européenne, contre toute vision trop unique :

> Je crois qu'elle [la coopération transfrontalière] se serait faite de toute manière, même en dehors de l'Europe. L'Europe a été un élément fédérateur autour d'un projet. Je pense que cela se serait réalisé de toute manière. Mais, encore une fois, je pense que l'Europe est une chose et que la France et l'Allemagne en est une autre. [...] Le rapprochement du Rhin était inéluctable.

Concrètement, trois positions sont possibles et se retrouvent en fonction des interviewé.e.s. Un premier groupe d'acteurs met en avant le rapport du transfrontalier à l'Europe, comme une modalité particulière témoignant d'un référentiel européen – et, en particulier, vu comme intégrateur :

> Je pense que sans ce travail préalable des pères fondateurs de l'Europe, ici, à l'interface entre la France et l'Allemagne, nous n'aurions jamais eu ce degré d'échange [Kai Littmann].

> Aujourd'hui, je n'ai pas cessé d'être militant, parce que je pense que le traitement des espaces transfrontaliers, particulièrement entre la France et l'Allemagne, est la préfiguration d'une possibilité d'intégration européenne politique, je veux dire d'une Europe fédérale. On montre déjà que l'on est capable de le faire là où on est côte à côte [Antoine Spohr].

Pour autant, ainsi que Gérard Traband le rappelle, les coopérations transfrontalières ont d'abord été soutenues par le Conseil de l'Europe, avant l'Union, ce qui relativise la connexion fédéraliste :

> Au départ, l'association des relations transfrontalières avait comme seul porte-parole le Conseil de l'Europe. Ce n'est qu'après 1975 que l'Union européenne commença à se mêler de cela. Elle créa, par l'intermédiaire de son fonds de soutien FEDER, le programme Interreg. Auparavant, seul le Conseil de l'Europe promouvait ce type de coopération.

Pour d'autres – et ce sont les plus nombreux parmi les témoins –, la coopération transfrontalière est d'abord inscrite dans des espaces de proximité, sans vision uniformisante. Robert Walter l'exprime :

> Le transfrontalier, pour moi, c'est de mettre des choses en commun, d'utiliser la proximité pour mieux se connaître et monter des projets binationaux ou trinationaux plus facilement. C'est vrai que j'ai monté énormément de projets, avec des artistes, avec des acteurs, avec des festivals de musique, et je crois qu'il y a des fois une erreur de vouloir balayer les frontières. Il faut qu'on reste tout d'abord nous-mêmes. [...] Et ensuite, on travaille ensemble et on monte des projets. Ce sont des projets d'autant plus enrichissants.

C'est prioritairement à travers le prisme local, et ses motifs à agir de concert, que les mises en relation sont expliquées :

> Je crois que c'est d'abord une coopération inter-locale. [...] Ce sont des syndicats, en quelque sorte, d'intérêts communs. [...] Alors, que ce soit un sous-produit de l'Europe... Certes, si l'Europe n'existait pas, on ne se rapprocherait pas, il y aurait toujours des frontières, en effet. Mais le véritable cadre authentique, c'est de trouver des solutions, des ponts, des chemins de fer qui sont d'intérêts locaux. Donc, à mon avis, la coopération transfrontalière est avant tout d'intérêt local [Alain Howiller].

Alain Howiller poursuit en livrant cette anecdote caractéristique du rôle qu'il attribue à la proximité ; l'échelle d'un *Land* (État fédéré) important comme le Bade-Wurtemberg semble déjà trop vaste :

> Si vous allez au Bade-Wurtemberg, à Stuttgart, ils s'en fichent un peu du transfrontalier, contrairement à ce que nous nous imaginons. D'ailleurs, le maire de Stuttgart ne savait même pas qu'il y avait un jumelage entre Stuttgart et Strasbourg depuis plus de vingt ans, il l'a découvert. Et pourtant Stuttgart n'est pas loin.

Jean-Marie Heydt s'inscrit également dans une lecture inter-locale. Il souligne un jeu des décideurs sur la diversité des cadres de référence, qui peut s'expliquer stratégiquement, selon lui, comme le fait de disposer d'explications toutes faites lorsque des obstacles se présentent, alors que ces derniers trouvent souvent leur source dans le territoire lui-même :

> Je pense que l'Europe aurait bon dos si on lui mettait sur le dos cette question-là. Moi je pense que c'est quelque chose de local. Si les élus d'Alsace et les élus du Bade-Wurtemberg se côtoyaient plus régulièrement [...], s'il y avait un véritable travail ensemble plus fréquent, et pas seulement au niveau de la région [...], peut être que cela avancerait. Ce n'est pas l'Europe. Bien sûr que l'Europe va avancer sur un point ou sur un autre. Certains diront que ce sont les Allemands, la taxe poids lourds, tout est venu sur le réseau alsacien et nous, en Alsace, on n'aurait pas pu bouger parce que Paris n'aurait pas voulu, on met cela sur le dos national. Ce sont des excuses vraies, mais ce n'est pas la véritable excuse.

Enfin, pour un troisième groupe d'acteurs, la coopération transfrontalière se définit à la fois dans la relation au local et à l'Europe et, plus précisément, dans le rapport entre ces échelles d'action. Ainsi, Gérard Traband développe-t-il les deux volets :

> D'après moi, la coopération transfrontalière concerne des zones limitrophes aux frontières. C'est là où nous ressentons les aspects les plus négatifs liés à ces dernières. La coopération transfrontalière est là pour gommer ces points négatifs et établir des solidarités entre deux ter-

ritoires. Je parle de solidarité au niveau des problèmes environnementaux, au niveau des transports, etc. [...] Elle est devenue peu à peu une préfiguration de ce que pouvait être l'Europe, dans la mesure où il s'agit de faire travailler ensemble des systèmes qui n'ont pas les même normes, pas les mêmes méthodes de travail, pas les mêmes cultures ni les mêmes représentations.

Incarnation de l'épaisseur des espaces-frontières, la coopération transfrontalière viserait ainsi d'abord à produire du lien, plus qu'à prétendre faire par elle-même – ce qui distingue cette posture des deux précédentes :

> J'ai découvert que la plupart des problèmes transfrontaliers ne trouvaient pas leur résolution dans les institutions locales, mais dépendaient de la compétence des États, de la sécurité sociale, de l'institution de gestion des hôpitaux, de l'ANPE [Pôle Emploi], des sociétés de télécommunications, etc. Cela débouchait rarement sur des actions que pouvaient prendre les partenaires. Le plus souvent, il fallait entreprendre des démarches auprès des autorités respectivement compétentes [Robert Hertzog].

2.2.4. Quelle place pour le citoyen ?

L'enjeu d'une plus grande ouverture du « petit monde » du transfrontalier se dégage également, et de deux façons : ouverture vers l'Europe, on l'a dit, mais aussi, au sein même des espaces frontaliers, à l'endroit des citoyens. Plusieurs interlocuteurs l'ont pointé, l'Union européenne intervient désormais dans des domaines très divers qui se retrouvent dans la quotidienneté ; Catherine Lalumière l'énonce :

> C'est vraiment tous les secteurs qui ont été touchés. Les produits que nous avons, que vous avez, c'est très probable qu'ils soient aux normes européennes, harmonisés par l'Europe. Le papier que l'on a doit être fait avec de la pâte à papier importée selon les règles du commerce international de l'Europe. Je crois que c'est absolument partout que l'on retrouve l'influence européenne.

Pour autant, il convient de relativiser la perception du citoyen en général, et des habitants des espaces frontaliers en particulier, par rapport à ces processus :

> Aux *DNA*[59], on a fait pas mal d'enquêtes sur la perception du transfrontalier par les gens : en fait, beaucoup de personnes ne vont jamais de l'autre côté [en Allemagne], seule une minorité est vraiment impliquée. Dans la vie de tous les jours, ce n'est pas une réalité. Au final, très peu de personnes bénéficient effectivement de l'ouverture des frontières [Claude Keiflin].

Ce témoignage recadre l'image de flux massifs fortement entrelacés. Il existe de réelles interdépendances socio-économiques, à l'exemple des travailleurs frontaliers, ou d'habitants de quartiers proches de l'agglomération strasbourgeoise qui vont faire leurs courses à Kehl en empruntant le tramway transfrontalier[60]. Mais

---

59 *Dernières Nouvelles d'Alsace* (*DNA*), quotidien régional.
60 Hamman Philippe, « Frontières fluviales ou espaces-frontières ? Regards sociologiques », *Les cahiers du GEPE* (Groupe d'Étude sur le Plurilinguisme Européen), 11, 2019, en ligne : http://cahiersdugepe.misha.fr/index.php?id=3414.

elles n'apparaissent pas généralisées ou intégrées en tant que telles dans les consciences de tout un chacun.

Ceci peut s'expliquer par la conjonction de deux séries de facteurs, que les acteurs rencontrés ont soulignées. À un premier niveau, et au même titre que pour la construction européenne en général – comme nous l'avons vu dans le premier chapitre –, des avancées reconnues comme telles par les générations précédentes ne le sont plus tant à présent, une fois routinisées. C'est le cas de l'ouverture des frontières et de la libre circulation des personnes et des marchandises, permettant précisément d'aller faire des achats courants sans formalité outre-Rhin, par exemple. Les témoins convergent :

> Pendant que j'étais étudiant, et même avant pour aller en vacances, il fallait passer la frontière et la douane. Même pour aller en Allemagne, on avait peur en revenant avec quelques produits, alors que maintenant les Allemands viennent faire leurs courses en France et vice versa. Quand on n'a pas connu les frontières, on ne peut pas imaginer le progrès que cela représente ! [Claude Keiflin]

> C'est par exemple aller à Kehl sans devoir m'arrêter à la douane et pouvoir acheter ce que je veux à Kehl et réciproquement […]. Cela, c'est évident, et c'est amusant ce côté que l'on vit au quotidien, parce qu'on ne s'en rend plus compte. Moi, j'ai vécu le temps où il y avait les douaniers et tous ces trucs-là, mais on ne s'en rend pas compte. « Ah, c'est normal ». Non, ce n'était pas normal [Alain Howiller].

Selon Kai Littmann, cette dimension pratique peut toujours rendre concrets des sentiments d'appartenance à l'Europe, mais cela supposerait de revoir la politique de communication des institutions :

> Quand on vit dans le Rhin supérieur, […] vous réfléchissez : « Vais-je faire mes courses en Allemagne parce qu'il y a ça et ça qui est moins cher ? », ou « vais-je chercher mon fromage en France parce qu'il est meilleur qu'en Allemagne ? ». Vous êtes déjà dans une Europe vécue dans le quotidien. […] C'est pour cela que j'aimerais beaucoup que l'Europe se dépoussière, communique mieux, positivement, moins techniquement. Les gens, ils n'ont pas envie de regarder les défauts : « Aujourd'hui, le ministre des Finances a augmenté le taux d'intérêt de 0,5% ». Les gens, ils ne comprennent pas cette Europe-là.

À cela s'ajoute le fait que le citoyen est concrètement peu associé aux collaborations mises en place :

> À mon avis, [c'est] beaucoup d'études, beaucoup de travail de rapprochement, mais le tout loin du peuple, loin des gens qui ne sont pas mis au courant [Alain Howiller].

En effet, la coopération transfrontalière devient aussi un objet de concurrence entre collectivités, en même temps qu'un support d'échanges : elle constitue un espace de contacts, en particulier entre grandes villes et institutions régionales, ce qui représente une échelle de maillages élargis. On tient pour preuve le lancement le 1er mai 2009 du projet de « Région métropolitaine trinationale (RMT) du Rhin Supérieur », fondée le 9 décembre 2010 et définie, dans la déclaration de création, comme « un réseau fonctionnel des acteurs de la politique, de l'économie, des sciences et de la société civile pour réaliser la cohésion territoriale ». On se situe ici dans un processus de production d'un espace-frontière par les réseaux. La RMT associe le Conseil régional d'Alsace, le *Land* de Bade-Wurtemberg et celui de Rhénanie-Palatinat, ainsi que des villes comme Strasbourg, Colmar, Mulhouse, Baden-Baden et Bâle. Une question se pose, qui reste ouverte à l'heure actuelle : le pilotage de la RMT est-il régional, au titre de l'espace d'action mis en avant et des instances de cet échelon, ou correspond-il plutôt à un « retour » des grandes villes en Europe – notamment analysé par Patrick Le Galès[61] –, c'est-à-dire en l'espèce celui des métropoles du Rhin supérieur face aux collectivités régionales ? La mise en place de la RMT peut alors sembler trop « virtuelle », insuffisamment en prise avec le citoyen, ainsi que le regrette Kai Littmann :

> Maintenant, on a créé une structure, la région métropolitaine du Rhin supérieur, qui est totalement virtuelle, qui n'a pas de bureau, qui n'a pas de visage, qui n'est pas palpable. Par exemple, si vous appelez la mairie de Mulhouse en France ou la mairie de Freiburg en Allemagne, et que vous leur demandez de parler du Rhin supérieur, eh bien les gens ne sauront même pas de quoi vous parlez. Il n'y a pas de point de chute pour les citoyens, qui ne peuvent pas identifier cette région métropolitaine à quelque chose. C'est une occasion loupée énorme. On entend depuis dix ans qu'il faudrait que ce soit fait pour les citoyens, mais ce sont vraiment des belles paroles qui n'ont jamais été remplies par un véritable sens.

En fait, les élus peuvent être rassurés par un cadre qui reste « contrôlable », économiquement et politiquement. C'est en ce sens que se comprend l'exclusion d'acteurs jugés trop « militants », y compris dans le cas de projets affichant la promotion de la citoyenneté transfrontalière. Kai Littmann souligne :

> Connaissant beaucoup d'organisations de la société civile, [je sais que] cela fait longtemps que des associations tendent la main aux institutions publiques, mais échouent. Il n'y a pas vraiment d'intérêt pour une véritable coopération.

Un manque de « vision » du transfrontalier est aussi relevé :

> Disons qu'il a peut-être manqué [...] de penseurs, de poètes, de personnes ayant pu donner une âme à cette dimension-là. C'est devenu trop vite un passage essentiellement d'ordre économique ou commercial. Pendant des années, on allait juste outre-Rhin pour acheter de l'essence ; désormais, c'est l'épicerie... Il a peut-être manqué le pendant qui aurait pu donner à cette situation une autre dimension. [...] Bien sûr, il y a des atouts économiques, l'aéroport de Baden et ses *low cost*, c'est juste, mais il est dommage que face à cette augmentation de lieux d'intérêts économiques, on n'arrive pas à contrebalancer suffisamment par autant d'imagination sur le plan culturel, de la pensée ou de l'écriture [René Gutman].

D'aucuns tiennent alors la faiblesse de la coopération transfrontalière, en termes de politiques et d'acteurs, pour gage de son existence, notamment à travers une recherche maximale de compromis qui l'auto-limite :

> J'ai eu l'occasion de participer à la création d'un manuel transfrontalier d'histoire-géographie à l'intention des écoles primaires [...]. L'Histoire apparaissait très peu et ne se préoccupait que de quelques considérations sur l'époque médiévale. Dans le transfrontalier, c'est exactement le même problème. Nous préférons faire silence sur un problème, plutôt que de le soulever. Au final, nous progressons encore plus lentement. Comme la règle d'or est celle de l'unanimité, eh bien le compromis est maximal. Les décisions s'en trouvent indubitablement

---

61 Le Galès Patrick, *Le retour des villes européennes. Sociétés urbaines, mondialisation, gouvernement et gouvernance*, Paris, Presses de Sciences Po, 2011 (1ère éd., 2003).

bancales et affaiblies, en raison de cette recherche absolue du compromis. Mais, soyons réalistes, il est en effet très difficile de faire autrement [Gérard Traband].

Le juriste Robert Hertzog positionne quant à lui la coopération transfrontalière comme l'expression d'un entre-deux, qui en fonde la réalité mais aussi les limites inhérentes, entre des systèmes nationaux qui restent prégnants :

> Cette société originale [...] a besoin d'administration et de régulations, qui se font ici dans un contexte juridique et politique particulier. L'existence de deux législations distinctes, de part et d'autre de la frontière, restera indéfiniment, en dépit des déclarations lyriques parfois entendues sur le sujet. Le rôle des institutions de coopération transfrontalière est d'aider à concilier ces deux législations dans une infinité de cas concrets. Souvent, c'est par bricolage.

Cet autre témoin regrette la lenteur des projets transfrontaliers :

> Sur le plan culturel, au sens large, la coopération transfrontalière [a] quelque chose de positif. Je regrette simplement qu'elle soit tellement lente à avancer. [...] Combien de temps a-t-il fallu pour que l'on crée un jardin d'enfants bilingue à Strasbourg ? Il a fallu un temps énorme et je crois que c'est dommage [Jean-Marie Heydt].

In fine, deux entrées analytiques peuvent être pensées ensemble. Dans une problématique de l'invention territoriale en rapport à des processus d'institutionnalisation, se dégage un couple de tensions au sein duquel la frontière s'avère centrale. Les programmes Interreg correspondent à une évolution de politiques réglementaires vers des politiques d'investissement dans les années 1990. En parallèle à cette évolution, on peut noter le fait que, parmi les élus qui investissent le champ du transfrontalier, nombreux sont ceux qui présentent des propriétés de multipositionnement : plus que d'autres, ils peuvent signifier un entre-soi, des affiliations régionales, etc., mais aussi être des passeurs entre échelles de perception et d'action. Par exemple, Robert Hertzog se situe à la fois au niveau de scènes interlocales dans le Rhin supérieur, et élargies, dans le cadre du Conseil de l'Europe :

> J'ai participé, comme élu ou comme représentant de l'Université, à la plupart des structures de coopération transfrontalière, y compris au conseil de l'Eurodistrict. Je suis consultant du Conseil de l'Europe depuis longtemps, et de façon plus intensive depuis le milieu des années 1990 dans une quinzaine de pays d'Europe de l'Est [...], en Ex-Yougoslavie, en Albanie ou en Turquie.

On peut alors d'autant mieux comprendre le fait que la coopération transfrontalière s'incarne en des politiques souvent objectivement limitées, mais vues comme gratifiantes par des acteurs locaux, qui les rapportent à de la « diplomatie de proximité »[62], désignant « une politique valorisante, développée à un niveau européen accessible, grâce à l'utilisation de ressources restreintes et asymétriques »[63]. Cela signifie, en termes d'européanisation, que les relations verticales (« par le haut » et/ou « par le bas ») sont couplées à des logiques horizontales et transver-

---

62 Henrikson Alan K., « Facing Across Borders: The Diplomacy of Bon Voisinage », *International Political Science Review*, vol. 21, n° 2, 2000, p. 121–147.
63 Dupeyron Bruno, *L'Europe au défi de ses régions transfrontalières*, op. cit., p. 4.

sales. Celles-ci se comprennent dans la compétition politique et territoriale entre élus et collectivités à un même niveau, et dans l'interaction entre plusieurs échelles, pour le développement économique, urbain, régional, etc. La mise en place de la Région métropolitaine trinationale l'illustre parmi d'autres. Sur ce plan, la scène transfrontalière offre de nouvelles opportunités et de nouvelles ressources valorisables localement et pensées comme telles, sans nécessairement de lien direct avec la construction européenne[64].

3. La construction métropolitaine transfrontalière dans le Rhin supérieur : l'exemple de l'Eurodistrict Strasbourg-Ortenau

Les modes de coopération transfrontalière, on l'a vu, se comprennent à différentes échelles en interaction – notamment intercommunale et interrégionale – et par rapport à la production de cadres renouvelés d'action publique[65]. Il s'agit donc de ne pas trop opposer la frontière et les réseaux ; ces derniers ne sont pas mécaniquement synonymes de dé-territorialisation[66]. Sur ce plan, la notion d'agglomération transfrontalière, qui s'est diffusée à partir de la fin des années 1990[67], est à présent supplantée par celle de métropolisation[68], sachant que le terme de « métropole transfrontalière » correspond initialement, en France, à un appel à coopération « pour un rayonnement européen des métropoles françaises » lancé en 2004–2005 par la DATAR[69].

L'agglomération de Strasbourg représente un exemple significatif, où la particularité géographique frontalière s'analyse comme une ressource, mais aussi comme une contrainte modelant les projets urbains. Elle permet d'interroger *in concreto* le rapport entre territoires métropolitains et territoires métropolisés, comme l'a relevé Henri Nonn[70], c'est-à-dire entre des périmètres et des dynamiques urbaines toujours en mouvement. Lorsque la loi Solidarité et renouvellement urbains (SRU) du 13 décembre 2000 a formellement permis l'élaboration d'un Schéma de cohérence territoriale (SCOT) transfrontalier, Strasbourg s'est engagée parmi les premières collectivités dans ce domaine. La zone d'étude com-

---

64 Hamman Philippe, *Sociologie des espaces frontières*, *op. cit.* ; « Les jumelages de communes… », *art. cit.* ; et « La coopération urbaine transfrontalière ou l'Europe "par le bas" ? », *Espaces et Sociétés*, n° 116–117, 2004, p. 235–258.
65 Hamman Philippe, « Borders and Cross-Border Cooperation in Europe… », *art. cit.*
66 Hamman Philippe, *Sociologie des espaces frontières*, *op. cit.*
67 Hamman Philippe, « La coopération urbaine transfrontalière… », *art. cit.* ; « Vers un intérêt général transfrontalier ? Projets communs de part et d'autre de la frontière franco-allemande », *Annales de la recherche urbaine*, n° 99, 2006, p. 102–109.
68 Négrier Emmanuel, *La question métropolitaine*, *op. cit.*
69 Voir : https://www.cget.gouv.fr/sites/cget.gouv.fr/files/atoms/files/travaux-16_datar.pdf (consulté le 20/08/2020), pour une mise en perspective.
70 Nonn Henri, *L'Alsace et ses territoires*, Strasbourg, Presses universitaires de Strasbourg, 2008, chap. 4 ; et *L'Alsace actuelle. Développement régional et métropolisation depuis les années 1950*, Strasbourg, Presses universitaires de Strasbourg, 2015.

prend la « Région de Strasbourg », ce qui est une appellation vague, et le *Kreis* d'Ortenau, avec Offenburg comme chef-lieu. Si Strasbourg est la ville la plus importante, avec 280 966 habitants en 2017, la partie allemande comprend un réseau dense de villes petites et moyennes. De plus, le potentiel économique est réel côté allemand, les flux de frontaliers alsaciens allant chaque jour y travailler l'attestent[71]. Or, pour les décideurs strasbourgeois, « la capitale de l'Europe » a naturellement vocation à piloter une planification transfrontalière, ce qui peut irriter les élus allemands. Les tensions se sont en particulier cristallisées sur deux points : le jardin des Deux Rives et l'Eurodistrict, sur lesquels reviennent les témoignages rassemblés.

Le projet du jardin des Deux Rives consiste en l'aménagement d'un jardin public sur les deux bords du Rhin, réunis par une passerelle pour les piétons et les cyclistes, comme symbole de la réconciliation franco-allemande. Norbert Engel salue cette symbolique de la jonction :

> Pour moi, le jardin des Deux Rives devait – mais ça c'est dans ma tête – et doit toujours porter l'ambition d'une ville que j'aime bien, qui est celle de Budapest. À Budapest, il y a le Danube, et il s'agissait de deux villes différentes à l'origine, Buda et Pest, qui sont devenues une seule ville. Le Danube est devenu tout simplement un fleuve intérieur de ces deux villes, comme l'Ill est un fleuve intérieur à Strasbourg.

Le portage politique de ce dossier a été compliqué à Strasbourg par le changement de municipalité, lorsque Fabienne Keller (UMP) succède en 2001 à Catherine Trautmann (PS) : cette dernière avait soutenu l'initiative, qui n'enthousiasme guère la nouvelle majorité dirigée par Fabienne Keller (ville) et Robert Grossmann (Communauté urbaine). Souhaitant d'abord se différencier, ils ne s'y rallient que pour éviter une polémique naissante en France et en Allemagne. Gérard Traband relève :

> À cette époque, Madame Keller et Monsieur Grossmann étaient aux manettes à la communauté urbaine et à la mairie. Ce dernier n'était pas le plus disposé envers les Allemands ! Cela a été un long chemin de croix. Il y a eu le jardin des Deux Rives, engagé par l'équipe précédente.

La question ressurgit en 2004. Dans le cadre de la tradition de la *Gartenschau*, exposition tournante dans les villes allemandes et qui est l'occasion de réaliser des aménagements paysagers, Kehl a été retenue pour organiser une déclinaison de l'édition de l'été 2004. C'est devenu officiellement un projet commun scellant la coopération entre Strasbourg et Kehl, incluant une dimension festive. Mais le « Festival des Deux Rives » n'a pas attiré le public espéré. On lui a reproché un prix d'entrée prohibitif et un cloisonnement dans la programmation : il y a eu jux-

---

71 Hamman Philippe, Pigeron-Piroth Isabelle, « Les frontaliers alsaciens travaillant en Allemagne et en Suisse : profil statistique et regard sociologique », in : Belkacem Rachid, Pigeron-Piroth Isabelle (dir.), *Le travail frontalier : pratiques, enjeux et perspectives*, Nancy, Presses universitaires de Nancy, 2012, p. 217–235 ; Hamman Philippe, « Les travailleurs transfrontaliers, entre pratiques et représentations autour des frontières françaises de l'Est », *art. cit.*

taposition de deux festivals, un sur chaque rive, plus qu'une organisation proprement transfrontalière. Si bien qu'on en est arrivé au règlement des comptes, *stricto sensu*, avec des actions en justice pour savoir à quelle collectivité il incombe d'éponger le déficit de près de 8 millions d'euros pour la manifestation[72].

Derrière cet épisode, c'est la politisation locale forte et la personnalisation des coopérations transfrontalières qui transparaît, et que souligne aussi Kai Littmann :

> Je le connais très bien [le jardin des Deux Rives]. On s'est battu avec une bande de copains pour que la passerelle des Deux Rives soit construite. À l'époque, on avait des sacrées rixes avec le « tandem » Keller-Grossmann à Strasbourg. J'ai organisé à l'époque des tables rondes pour le festival des Deux Rives, pour les associations françaises. Je les ai organisées en Allemagne, parce qu'à Strasbourg on ne voulait pas que les associations participent. C'étaient des trucs archi-politiques. Je me souviens que [...] cette action de ne pas permettre aux associations françaises de participer avec leurs propres productions de programmes, leurs manifestations, [était très mal vécue] du côté strasbourgeois, et pendant très longtemps cela ne m'a pas fait de grands amis à la mairie de Strasbourg.

Gérard Traband évoque également les conséquences de la « brouille » du jardin des Deux Rives dans la perception des élus allemands. Ces derniers deviennent plus réservés par la suite, notamment à propos de ce qui est construit, côté français cette fois, comme le dossier phare du tramway transfrontalier Strasbourg-Kehl :

> Ensuite, le gros projet du tram, qui eut beaucoup de mal à passer auprès du conseil municipal de Kehl. Ce dernier avait fait l'expérience de la passerelle Mimram et du jardin des Deux Rives, projets pour lesquels les sommes qui avaient été annoncées ont été très largement dépassées.

Plus encore, un deuxième épisode à rebonds concerne l'Eurodistrict. En janvier 2003, le président français Chirac et le chancelier allemand Schroeder ont décidé, avec le soutien des institutions européennes, de créer à Strasbourg le premier Eurodistrict, qui se lisait comme une Communauté urbaine transfrontalière, quand bien même, pour des oreilles françaises, il peut évoquer une réalité périmée : le district urbain. Le fait que l'initiative soit venue « d'en haut » a souvent été avancée par la suite comme une explication aux épreuves pratiques qu'elle a connues :

> [L'Eurodistrict] rencontra tout d'abord des difficultés à démarrer. Chirac et Schröder s'étaient rencontrés sans concerter les communes et sans n'accorder aucun budget [Gérard Traband]

> [Cela s'est fait] sans concertation préalable avec les autorités locales. L'explication est prosaïque : en janvier 2003, les sherpas chargés de préparer le sommet fêtant à Berlin les quarante ans du Traité de l'Elysée étaient en panne de projets à annoncer dans la déclaration finale. L'un d'eux trouva l'idée d'Eurodistrict dans les dossiers, et la voilà lancée ! [Robert Hertzog].

Ainsi, alors que, dans un premier temps, il semblait acquis que l'Eurodistrict prendrait la forme d'un Groupement local de coopération transfrontalière (GLCT), on a appris en février 2005 qu'il allait être officiellement créé par une simple convention de partenariat – signée le 17 octobre 2005. La presse régionale est d'em-

---

72 *Kehler Zeitung* (quotidien régional), 07/03/2005.

blée interrogative, titrant : « Eurodistrict *a minima* ? »[73]. Sur le fond, seuls quelques contenus sectoriels et de portée réduite[74] sont concrétisés au cours des années suivantes. La critique du « simplement festif » et de l'infra-institutionnel souvent avancée à l'encontre des jumelages de communes[75] peut de la sorte être réinvoquée dans ce qui devait être une figure d'approfondissement inédite. Les témoins sont nombreux à relativiser l'« innovation » de l'Eurodistrict et de ce qui s'y fait (ou pas) ; elle s'avère en fait rapidement réencastrée dans les routines des mandats électoraux :

> Je pense que cela serait la vocation de la capitale européenne de Strasbourg, de créer dans ce périmètre-là un véritable laboratoire. Par contre, pour créer un laboratoire, il faut être courageux, il faut innover, et malheureusement le terme « innovation » est quelque chose qui, dans les milieux politiques, est très mal vécu. Les gens sont élus pendant un laps de temps relativement court et, tout de suite après les élections, la première préoccupation est celle de la réélection. Pour les projets qui demandent plus de temps, on ne s'en occupe pas, on les laisse de côté. C'est dommage, on pourrait faire un peu plus [...]. On fait des coopérations entre administrations, on fait des manifestations sportives, on fait des événements que l'on pourrait parfaitement avoir fait sans un Eurodistrict, par exemple. [...] Pour beaucoup d'entre eux, [...] ils se battent pour une échéance, une échéance afin de sauvegarder leurs boulots, et ce n'est pas du tout de belles idées altruistes [Kai Littmann].

Après l'élection du socialiste Roland Ries à la mairie de Strasbourg en 2008, l'affichage est à plus de volontarisme. Le lancement à Strasbourg le 19 novembre 2008 du projet européen « Expertise de la gouvernance dans les agglomérations transfrontalières », au sein duquel s'insère l'Eurodistrict Strasbourg-Ortenau, constitue une occasion. Dans son discours, Roland Ries déclare vouloir « passer de la coopération à la codécision », tout en impliquant les citoyens, « afin que l'Europe n'apparaisse plus comme une construction lointaine faite par des spécialistes »[76]. L'ambition est affirmée de « faire de l'Eurodistrict Strasbourg-Ortenau un symbole au moins aussi fort pour les Européens que peut l'être Washington D.C. pour les Américains »[77]. La reprise à son compte par R. Ries d'un tel « grand projet » – l'Eurodistrict comme zone « à part », comme l'est Washington D.C. – a retenu l'attention. Des déceptions sont d'autant plus exprimées par la suite, sur le registre de l'occasion manquée, à l'instar du juriste Robert Hertzog, autour de ce qui aurait pu être une « capitale du droit » :

---

73 *DNA*, 27/02/2005.
74 Par exemple : « L'organisation conjointe du "kilomètre-solidarité" avec la Ville de Kehl. Les élèves de niveau CM2 ont, pour la première fois, couru ensemble dans le cadre du Jardin des Deux Rives, les élèves plus jeunes courant pour leur part à Strasbourg et à Kehl. L'intégralité des fonds recueillis a été reversée à une association strasbourgeoise d'aide aux enfants handicapés » : site Strasbourg.eu : http://archive.today/YkKdD.
75 Hamman Philippe, « Les jumelages de communes... », *art. cit.* ; Hamman Philippe, Ruß-Sattar Sabine, « Les répertoires d'action transfrontaliers des communes françaises et des communes allemandes... », *art. cit.*
76 *L'actualité transfrontalière* (Lettre de la MOT), n° 45, 2008, p. 1.
77 « Roland Ries, l'Eurodistrict et Washington D.C. », *DNA*, 04/04/2008.

> L'idée ancienne, à laquelle j'ai adhéré, qui consistait à faire de Strasbourg-Kehl un Eurodistrict, doté d'un statut très dérogatoire, sur le modèle de Washington D.C., est définitivement enterrée. Il aurait fallu anticiper, oser un discours audacieux et charpenté donnant de Strasbourg une image spécifique et cohérente au regard de la construction européenne, avec une synergie entre l'UE et le Conseil de l'Europe. On aurait pu vouloir créer ici la capitale du droit et de l'État de droit européen, grâce à la présence conjointe des deux Cours européennes […], qui aurait assuré un rayonnement exceptionnel. C'est sans doute trop tard […]. On va donc persévérer dans le statu quo, cahin-caha.

De même, selon Norbert Engel, ancien adjoint au maire de Strasbourg, l'Eurodistrict aurait un intérêt plus net s'il correspondait à un régime d'exception, ce qui semble utopique :

> L'Eurodistrict, il faudrait obtenir […] une situation fiscale d'exception comme la zone réservée de Shenzhen en Chine, ou comme Monaco en France […]. Aujourd'hui, comment voulez-vous faire passer le fait que les gens qui vont s'y installer y paieraient moins d'argent que partout ailleurs en Allemagne ou en France ?

À l'inverse, René Eckhardt critique pareille vision d'exceptionnalité, qu'il estime déconnectée des réalités :

> On a commencé à rêver, en voulant faire le Washington District du Rhin. C'était la grenouille qui voulait se faire aussi grosse que l'éléphant… Il y a eu énormément d'erreurs, et on n'a pas su intéresser la population. Il y a des choses qui se font, et qui sont assez intéressantes, mais que la population ne connaît pas. Enfin, et encore une fois, on n'avait pas le budget !

Jean-Marie Heydt pointe un manque de visibilité de la structure sur les projets concrets :

> Dans la vie de tous les jours, je ne vois pas l'Eurodistrict. […] Si je le voyais dans la vie de tous les jours, ce serait par exemple avec le tram, construit dans le cadre de l'Eurodistrict. Pas un tram CTS [Compagnie des transports strasbourgeois], mais un tram « Eurodistrict »…

D'autres sont plus incisifs quant au pilotage politique :

> On a créé une espèce d'entité politique très partielle, approuvée par les États et tout ça… bien ficelée. Mais c'est toujours confisqué par les gens parfois avides d'un pouvoir, même un petit, qui, une fois installés, laissent retomber leur enthousiasme, ne militent plus vraiment, ne sont plus ardents [Antoine Spohr].

En particulier, la volonté affirmée d'implication citoyenne ne correspond pas à la perception des témoins, qui dépeignent plutôt une initiative confinée et peu connue :

> Il faudrait réaliser un sondage dans la rue pour demander aux gens ce qu'ils pensent de l'Eurodistrict. Ils ne savent même pas ce que c'est, parce que ce n'est pas lisible, ce n'est pas visible [Roger Siffer].

L'Eurodistrict serait surtout un en-soi, qui n'associe pas assez les habitants :

> L'Eurodistrict, cet exemple en sommeil… […] Et la société civile, c'est nous, nous on est toujours un peu sur la touche dans ces histoires-là, car on parle en notre nom, mais il n'y a pas d'élection à la base, c'est un peu dommage [Antoine Spohr].

Plus encore, on est frappé par la faible visibilité de la structure parmi les personnes interviewées, alors même qu'elles sont engagés dans la coopération transfrontalière et/ou la construction européenne. Nombre d'entre elles disent ne guère connaître l'Eurodistrict Strasbourg-Ortenau. C'est le cas de Catherine Lalumière – « Je ne connais pas le fonctionnement, j'ai entendu parler, mais je ne connais pas... » –, comme de plusieurs personnalités alsaciennes, qui, par exemple, ne connaissant pas le nom du président de l'instance au moment de l'entretien :

> Maintenant, c'est, je crois, un député allemand... [Claude Keiflin]

> Peut-être est-ce l'homme qui représente l'arrondissement d'Offenburg ? [Gérard Traband]

> Le président a été Roland Ries un temps, mais je ne sais pas si c'est encore lui. Non, je ne sais pas. C'est l'Allemand ? [Jean-Marie Heydt].

On saisit que les coopérations pratiques se jouent pour une part ailleurs. Certaines problématiques transfrontalières viennent à être inscrites sur l'agenda politique dans la mesure où des pressions sociales se sont structurées – les enjeux des mobilités de travail et de résidence transfrontalières sont exemplaires[78] –, tandis que d'autres initiatives institutionnelles, précisément à l'exemple de l'Eurodistrict, n'aboutissent pas à des incarnations aussi concrètes car elles ne reposent pas sur une même épaisseur sociale et économique. Roger Siffer le met en avant:

> Les Alsaciens, ils font déjà l'Eurodistrict. Ils vont tous acheter à Kehl, au moins leurs cigarettes. Nous le vivons donc, ce côté transfrontalier, au quotidien. C'est peut-être pour ça que les Alsaciens, ils n'en ont pas vraiment besoin, car il existe déjà. Cela n'existe pas dans la structure ni dans l'administration, mais ça existe dans le quotidien.

Plus qu'à un échec, c'est aussi à une « renormalisation » de l'initiative dans les routines de l'action publique locale et transfrontalière que l'on a assisté au cours de la décennie écoulée. Les vicissitudes de l'Eurodistrict traduisent ces dimensions politique et interpersonnelle croisées, ainsi que l'exprime Robert Walter :

> C'est vrai que c'est un accouchement très difficile, qui s'est fait par forceps. [...] Catherine Trautmann était trop intéressée par son poste de ministre de la Culture à Paris [...]. Je trouve que, autant du temps de Robert Grossmann ou de Fabienne Keller, ces derniers ont eu carrément une politique anti-allemande, très présente chez Robert Grossmann, autant on trouve chez Roland Ries une politique positive. Mais il a nommé comme responsable de la politique franco-allemande une personne [...] qui n'est pas du tout aimée chez les Allemands.

Les acteurs rencontrés insistent sur un double processus, *a priori* contradictoire, mais se rejoignant autour de la fermeture de l'univers politico-administratif, à savoir le poids des questions de personne et la tendance à l'institutionnalisation. Kai Littmann estime que « c'est une histoire de dix ans de ratés. [...] On ne s'est limité qu'à administrer l'administration ! ». Ce peut être également le signe, pour les décideurs, d'une posture qui « oblige », en rapport avec d'autres agglomérations transfrontalières. En effet, la volonté de « relance » se comprend aussi par

---

78 Hamman Philippe, *Sociologie des espaces frontières, op. cit.*, chap. 4 ; *Les travailleurs frontaliers..., op. cit.*

rapport à l'ensemble des initiatives urbaines transfrontalières le long de la frontière franco-allemande : Eurodistrict Fribourg / Centre et Sud Alsace, Eurodistrict trinational de Bâle, etc. Qui plus est, ces initiatives sont à relier avec la place première acquise par les Eurorégions dans les projets transfrontaliers. La déception exprimée par l'un des tenants initiaux du projet d'Eurodistrict le montre, lorsqu'il parle de passer désormais à l'échelle régionale :

> Je suis président de la plus ancienne association, qui s'appelle Initiative Eurodistrict, créée en 1992, mais dont il ne reste plus grand-chose aujourd'hui, juste quelques employés car les gens n'en ont rien à faire de l'Eurodistrict, car un enfant qui n'est pas né au bout de 10 mois est mort. Il faut oublier cet Eurodistrict, il faut travailler sur l'Eurorégion du Rhin supérieur, pour que les gens croient encore en quelque chose [René Eckhardt].

Échelles et acteurs interagissent dans des intermondes structurants, dans les coopérations transfrontalières peut-être plus qu'ailleurs : les rapports entre identité et politiques publiques présentent de nombreuses facettes liées au franchissement d'une frontière[79]. Les initiatives examinées se définissent comme des processus toujours en construction et non des construits « durcis » ou un aboutissement rêvé. Ceci explique l'indétermination relative des périmètres transfrontaliers et interrégionaux dans le Rhin supérieur :

> Va-t-il de Bâle jusqu'à Karlsruhe, jusqu'à Mannheim ? Voilà, les contours sont assez flous... Quand on parle du Rhin supérieur, c'est toujours des définitions assez floues [Robert Walter].

À travers cette approche processuelle et les exemples considérés, les frontières se révèlent en tant que territoires dotés de dynamiques anthropologiques propres. Les identifications et les appartenances apparaissent comme un enjeu central de la profondeur des pratiques sociales qui se développent et s'organisent dans les cadres intermédiaires transfrontaliers[80]. Elles peuvent être sources de méconnaissance, d'incompréhension, mais aussi d'échanges interculturels – c'est l'objet du chapitre 3. Kai Littmann fait bien saisir l'importance (et les difficultés) de cette dimension interculturelle lorsqu'il évoque une césure entre les scènes institutionnelles et la société civile, en lien avec les représentations des différents acteurs :

> Nous sommes dans une région trinationale, avec l'Alsace, donc la France, le pays de Bade en Allemagne et le nord-ouest de la Suisse. Dans ces trois pays, le terme de « société civile » évoque des choses complètement différentes. Cela débute donc à un niveau aussi basique que cela. Afin d'approfondir le transfrontalier, il faudrait nécessairement passer par un travail de définition pour que les gens comprennent de quoi l'on parle.

On le comprend, l'univers transfrontalier est très codifié, ce qui suppose d'acquérir la maîtrise de ces codes et de gérer les compétences et les susceptibilités des uns et des autres – tout au contraire du registre du cela-va-de-soi entre voisins :

---

79 Cherqui Adeline, Hamman Philippe (dir.), *Production et revendications d'identités*, Paris, L'Harmattan, 2009.
80 O'Dowd Liam, Wilson Thomas M. (eds.), *Borders, Nations and States*, Aldershot, Avebury, 1996.

> Sans le savoir, vous marchiez sans arrêt sur les plates-bandes de quelqu'un […]. Vous avez entraîné une très belle manifestation franco-allemande, et vous vous dites : « Mais tout le monde doit être d'accord, c'est super ! ». Du coup, vous vous rendez compte qu'il y a quelque part, quelqu'un dans un bureau, dans une administration, qui se dit : « Attendez, mais la culture, c'est dans mon domaine ! Vous n'avez pas le droit de le faire… ». Et vous vous rendez compte que ce n'est pas la qualité de votre action, mais l'implication politique qui régit la chose transfrontalière. […] Et vous ne le savez même pas, vous ne le comprenez même pas. C'est pour cela que, malheureusement, organiser la vie transfrontalière est quelque chose qui demande un effort énorme au niveau personnel [Kai Littmann].

La définition des métropoles et régions transfrontalières qui se développent aujourd'hui en Europe ne peut donc se limiter uniquement à l'aspect administratif et aux motivations institutionnelles et juridiques des coopérations. Ces espaces s'apparentent à un tissu, variable, de relations humaines et sociales plus ou moins denses, plus ou moins approfondies et revendiquées. C'est sous cet angle que la relation souvent présupposée entre liens transfrontaliers et construction européenne se révèle au concret, dans sa complexité, qui est celle, plus largement, des dynamiques d'identification.

CHAPITRE 3 :
DES VÉCUS MULTIPLES POUR FORGER UNE IDENTITÉ COMMUNE ?

UN REGARD HISTORIQUE

Birte Wassenberg

Les historiens ont commencé à travailler sur la question de l'identité européenne essentiellement à partir de la fin des années 1980. En effet, un programme de recherche sur les identités et les consciences européennes a été mis en place en 1989, dans le cadre du groupe de liaison des historiens de la Commission européenne, piloté par René Girault, et poursuivi par Robert Frank. Ce collectif était à la recherche d'indicateurs d'identité européenne et procédait à partir d'approches historiques comparatives, comme l'explique Jost Dülffer dans son bilan historiographique *De l'histoire de l'intégration à l'histoire intégrée de l'Europe*[1]. L'identité européenne y est analysée d'abord à partir de l'européanisation des sociétés nationales (Maurizio Bach), ensuite en examinant la « la conscience » européenne (Klaus Schwabe et Rainer Hudemann), et, enfin, à travers l'opinion publique européenne (Martin Kirsch, Alexander Schmidt-Gerning)[2].

Du côté français, les historiens traitent de l'identité européenne à partir de recherches sur l'idée de l'Europe (Jean-Luc Chabot, Élisabeth du Réau) ou sur les groupes d'influence et les acteurs européens (Gérard Bossuat)[3]. Ces travaux tentent de montrer une interrelation sophistiquée entre les sociétés et les cultures européennes et aboutissent, en 2002, à un numéro spécial de la *Revue d'histoire de l'intégration européenne* qui est dédié au thème « European public sphere and European identity in 20th century history »[4]. Plus tard, les historiens de la construction européenne qui analysent les multi-réseaux se sont aussi intéressés à la question des identités européennes. Fidèles à leur approche transnationale, ils ont surtout cherché par quels moyens les réalisations sociales et culturelles ont pu transcender les frontières. Cette approche caractérise par exemple les travaux de

---

1 Dülffer Jost, « Le bilan historiographique. De l'histoire de l'intégration à l'histoire intégrée », in : Bossuat Gérard, Bussière Éric, Frank Robert, Loth Wilfried, Varsori Antonio (dir.), *L'expérience européenne. 50 ans de construction européenne 1957–2007. Des historiens en dialogue,* Bruxelles, Bruylant, 2010, p. 11–35.
2 Bach Maurizio (ed.), *Die Europäisierung nationaler Gesellschaften*, Opladen, Westdeutscher Verlag, 2000 ; Hudemann Rainer, Schwabe Klaus (ed.), *Europa im Blick der Historiker*, Berlin, De Gruyter, 1995 ; Kaelble Hartmut, Kirsch Martin, Schmidt-Gernig Alexander (ed.), *Transnationale Öffentlichkeit und Identitäten im 20. Jahrhundert*, Frankfurt, Campus, 2002.
3 Chabot Jean-Luc, *Aux origines intellectuelles de l'Union européenne. L'idée de l'Europe unie de 1919 à 1939*, Grenoble, Presses universitaires de Grenoble, 2013 ; Du Réau Élisabeth, *L'idée de l'Europe au XXe siècle*, Bruxelles, Paris, Complexe, 2008 ; Bossuat Gérard, Saunier Georges (dir.), *Inventer l'Europe. Histoire nouvelle des groupes d'influence et des acteurs de l'unité européenne*, Bruxelles, Peter Lang, 2003.
4 « European public sphere and European identity in 20th century history », *Revue d'histoire de l'intégration européenne*, vol. 8, n° 2, 2002.

Michael Gehler et Wolfram Kaiser sur les réseaux démocrates-chrétiens, ainsi que ceux de Jürgen Mittag sur les partis politiques et l'identité européenne[5].

Tous ces travaux se heurtent néanmoins à quelques problèmes que pose la recherche sur l'identité de l'Europe. Privée de symboles, elle est de surcroît confrontée à l'émergence de toute une série d'identités concurrentes : identité nationale, mais aussi régionale, occidentale et atlantique, ou transnationale. Ces facettes multiples de l'identification européenne ressortent également comme une caractéristique principale chez nos grands témoins. On constate à travers leurs récits une différentiation d'abord entre ce qu'ils estiment être l'identité de l'Europe et ensuite comment ils s'identifient eux-mêmes avec cette Europe telle qu'ils la vivent au quotidien.

1. L'identité de l'Europe

L'identité de l'Europe est un sujet qui est étroitement lié avec l'histoire de la première Organisation européenne dont l'objectif est d'unifier les Européens : le Conseil de l'Europe. En effet, les limites de l'Europe sont déjà évoquées par Winston Churchill dans son discours de Zürich du 19 septembre 1946, quand il lance l'idée de la création du Conseil de l'Europe. En lisant entre les lignes de ce discours, on constate que, selon lui, « la famille européenne » se créera sans la Grande-Bretagne, la Russie et l'Amérique : « La Grande-Bretagne, la famille des peuples britanniques, la puissante Amérique, et, j'en ai confiance, la Russie aussi [...] doivent être les amis et les soutiens de la nouvelle Europe et défendre son droit à la vie et à la prospérité »[6].

En effet, lorsque le Conseil de l'Europe se met en place en 1949, ni l'Amérique, ni l'Union soviétique n'en font partie. En revanche, le Royaume-Uni est membre fondateur de l'Organisation de Strasbourg. Car les prémisses de la Guerre froide ont déjà changé la donne : avec le rideau de fer qui s'établit entre l'Europe de l'Ouest et l'Europe de l'Est, le Conseil de l'Europe devient une famille d'Europe occidentale, créée à peine un mois après la mise en place de l'Organisation du traité de l'Atlantique Nord (OTAN). Par conséquent, aucun pays d'Europe centrale et orientale ne peut s'y joindre jusqu'à la chute du mur en 1989. Mais lorsque le rideau de fer est levé, la question sur les limites de l'Europe se pose à nouveau pour le Conseil de l'Europe, car c'est la première Organisation européenne à accueillir non seulement les pays d'Europe centrale et orientale issus de l'ancien bloc soviétique, mais qui se voit confrontée, après la dissolution de l'URSS en septembre 1991, à de multiples demandes d'adhésion d'anciennes républiques soviétiques, y compris celle de la Russie, qui pose sa candidature au

---

5   Gehler Michael, Kaiser Wolfram (ed.), *Transnationale Parteienkooperation der Europäischen Christdemokraten*, Munich, Saur, 2004 ; Mittag Jürgen (ed.), *Politische Parteien und europäische Integration. Entwicklung und Perspektiven transnationaler Parteienkooperation in Europa*, Essen, Klartext, 2006.
6   Churchill Winston, Discours de Zürich, 9 septembre 1946.

Conseil de l'Europe dès 1992. C'est à ce moment-là qu'un débat de fond est lancé au sein de l'Assemblée parlementaire du Conseil de l'Europe sur les limites géographiques, culturelles et politiques de l'Europe[7]. Les parlementaires cherchent à définir des critères pour l'identité l'Europe et il est intéressant de constater que nous retrouvons les mêmes catégories de critères chez nos grands témoins : une série de critères géographiques, d'une part, et une série de critères politico-culturels, basée sur des valeurs communes, d'autre part[8].

1.1. Les limites de l'Europe

Les débats sur l'élargissement du Conseil de l'Europe se tiennent dans un premier temps en juin et en octobre 1992, sur la base d'un rapport présenté par Gerhard Reddemann, membre allemand du groupe Parti populaire européen et président de la Commission des affaires politiques. Ils se posent notamment par rapport à la question de savoir où se situe la limite géographique à l'Est du continent européen[9]. Les statuts du Conseil de l'Europe sont assez vagues : l'éligibilité est régie par les articles 3 et 4, qui stipulent notamment que pour être invité à devenir membre « un État doit être européen »[10].

Tout le problème réside dans l'interprétation du mot « européen ». Les débats sur les limites de l'Europe concernent principalement la Russie et les trois républiques caucasiennes (l'Ukraine, l'Arménie et l'Azerbaïdjan). Déjà à cette époque, il n'y a aucun consensus sur le sujet. Comme l'exprime par exemple un membre français de l'Assemblée, qui n'hésite pas à remettre en cause les limites géographiques telles que fixées par le général de Gaulle : « La Russie des tsars – puis l'Union soviétique – s'est étendue jusqu'au littoral oriental du continent asiatique, tandis que le général de Gaulle place la frontière orientale de l'Europe à l'Oural, qui pourtant ne constitue pas une ligne de partage nette et naturelle »[11]. Pour d'autres, en revanche, cette ligne est claire et l'Europe s'arrête au Caucase, comme le soutient ce parlementaire : « Les frontières historiques du continent européen… incluent le territoire de l'ancienne URSS jusqu'à l'Oural » et toute

---

7   Wassenberg Birte, « Les limites de l'Europe : l'opposition à l'admission de la Russie au Conseil de l'Europe (1992–1996) », in : Wassenberg Birte, Clavert Frédéric, Hamman Philippe (dir.), *Contre l'Europe ? Anti-européisme, euroscepticisme et alter-européisme dans la construction européenne de 1945 à nos jours (vol. I) : les concepts*, Stuttgart, Steiner Verlag, p. 353–379.
8   Bitsch Marie-Thérèse, « L'élargissement du Conseil de l'Europe vers l'Est : les débats sur l'appartenance à l'Europe », in : Du Réau Élisabeth, *Les identités européennes au XXe siècle*, Bruxelles, Bruylant, 1998.
9   Conseil de l'Europe, Assemblée parlementaire, rapport Reddemann du 16 juin 1992, Doc 6629.
10 Klebes Heinrich, « L'élargissement du Conseil de l'Europe vers l'Est : réalisation du rêve des pères fondateurs », *Les cahiers de l'Espace Europe*, 10 mai 1997, p. 3.
11 Débats de l'Assemblée parlementaire (DAP) du 30 juin 1992, p. 220.

extension au-delà de ces limites serait « inopportune »[12]. D'autres encore doutent fondamentalement d'une vision géographique qui soit limitative de l'Europe : « On ne saurait s'en remettre aux historiens et aux géographes qui veulent limiter l'Europe politique à l'espace continental entre l'Atlantique et l'Oural »[13]. Ce débat au Conseil de l'Europe montre donc les hésitations des parlementaires pour appliquer un critère clair par rapport à la limite de l'Europe à l'Est du continent et c'est aussi le cas des grands témoins.

En 2012, au moment des entretiens, la question sur les limites géographiques de l'Europe se pose toujours par rapport à la pertinence du périmètre géographique des 47 États-membres du Conseil de l'Europe, c'est-à-dire par rapport à ce que les historiens de la construction européenne appellent la « grande » Europe[14]. Les doutes concernent par exemple aussi bien la Turquie, un pays qui fait pourtant partie du Conseil de l'Europe depuis 1950, et la Russie, qui a intégré l'Organisation de Strasbourg depuis 1996, ainsi que les trois pays du Caucase. Pour nos grands témoins, le débat sur l'identité géographique de l'Europe n'est pas clos, notamment, parce qu'il s'agit aussi d'évaluer si ces pays pourraient un jour intégrer l'autre Organisation européenne, à savoir l'UE. Alors que nos entretiens ont été menés en 2012 et 2013, année où la Croatie rejoint l'UE, portant le nombre de ses États-membres à 28, la préoccupation principale des grands témoins n'est pas ce petit pays balkanique, mais plutôt de savoir où sont les limites de l'Europe à l'Est et si la Turquie doit faire partie de l'UE ou non.

Peu de témoins hésitent sur la pertinence du grand élargissement de l'UE aux pays d'Europe centrale et orientale en 2005–2007. Catherine Trautmann avoue, par exemple, que par rapport au débat sur la question : « Faut-il approfondir avant d'élargir, faut-il élargir avant d'approfondir ? », il n'y avait pas vraiment de choix, car la réduction à une identité de l'Europe limitée à l'Ouest était un héritage de la guerre froide qu'il fallait surmonter. Elle qualifie même cela d'« impératif historique » : « Comme je vous disais, à un moment il y a un impératif historique, et face à un impératif historique on prend des décisions. Et il faut savoir justement si on joue la paix sur le continent, on élargit ».

Pour la Russie et les pays du Caucase, il y a des avis différents. Klaus Schumann, qui est ancien haut fonctionnaire du Conseil de l'Europe, affirme d'emblée que la Géorgie, l'Arménie et l'Azerbaïdjan « sont reconnus comme pays européens ». Il explique par ailleurs que les limites de l'identité géographique de l'Europe vont bien au-delà de la Russie et des pays du Caucase, et affirme que « ça va jusqu'à Vladivostok aujourd'hui » : « Pourquoi pas ! ». Selon lui, on peut avoir toutes les discussions sur le fait de savoir pourquoi la Russie est ou ne devrait pas être au Conseil de l'Europe, comme on peut avoir une discussion pourquoi la Turquie est ou ne devrait pas être au Conseil de l'Europe, mais c'est un fait : « Mais ça, c'est l'Europe », dit-il. Pour illustrer le fait que les limites géo-

---

12 *Ibid.*, p. 231.
13 *Ibid.*
14 *Les enjeux de la grande Europe. Le Conseil de l'Europe et la sécurité démocratique*, Strasbourg, La Nuée Bleue-Éditions du Conseil de l'Europe, 1996.

graphiques à l'Est de l'Europe sont en effet difficiles à fixer, il nous fait part d'une anecdote qui remet en cause la vision du général de Gaulle d'une Europe « de l'Atlantique à l'Oural » :

> Il y a la fameuse phrase de De Gaulle qui disait « L'Europe va de l'atlantique à l'Oural ». Le général est devenu président de la République et il a fait une visite en Union soviétique. Il y a eu également une visite au-delà de l'Oural quelque part en Sibérie où il a donné sa conférence de presse finale avant de repartir à Paris. Un petit malin journaliste lui a posé la question : « Jusqu'où va donc l'Europe, mon général ? ». Et alors le général De Gaulle a réfléchi un petit peu et avec un petit sourire, parce qu'il voyait venir l'autre, il a répondu : « Monsieur, vous savez, l'Europe, ça va d'un bout à l'autre ».

En fait, cette anecdote prouve, selon Klaus Schumann, que l'Europe ne peut pas être « arrêtée » à l'Est selon des critères purement géographiques mais que les limites de l'Europe dépendent plutôt de la volonté des pays de se définir eux-mêmes comme appartenant ou non au continent européen ; il s'agit d'une Europe « en tant que communauté des peuples et même des individus » :

> La Russie fait partie de l'Europe, si la Russie veut bien faire partie de l'Europe. Dans le Caucase, la Géorgie, l'Arménie certainement et l'Azerbaïdjan, on peut en discuter, mais étant donné que l'on a la Turquie, il faut aussi donner le droit aux Azerbaïdjanais d'en faire partie.

Pour d'autres, tout comme en 1992, l'identité géographique de l'Europe ne s'étend pas au-delà du Caucase. Ainsi, bien que le Conseil de l'Europe intègre les trois pays caucasiens, Paul Collowald ne les identifie pas à l'Europe : « Moi, personnellement, je ne ressens pas le Caucase comme européen ». Toutefois, il avoue qu'il peut y avoir d'autres critères qui jouent pour l'identité européenne, notamment culturels : « Je sais qu'il y a des valeurs là-bas, qui peuvent être chrétiennes, parce que les Arméniens sont des vieux chrétiens ». Il estime donc que « les frontières de l'Europe ne sont donc pas encore définies, de la même manière que le projet européen est lui-même inachevé dans toute son expression, y compris dans la définition de ses frontières ». Cette perspective de limites géographiques variables de l'Europe est aussi celle d'Ulrich Bohner, qui, en tant qu'ancien haut fonctionnaire du Conseil de l'Europe, a bien conscience que l'Organisation européenne de Strasbourg représente « la grande Europe », mais que ce périmètre ne doit pas forcément aussi être appliqué à l'UE. Comme Klaus Schumann, il fait également référence à l'anecdote sur les limites de l'Europe du général de Gaulle « de l'Atlantique à l'Oural » pour soutenir que l'on ne peut pas fixer définitivment les limites géographiques de l'Europe.

> Il y a une anecdote qui raconte que le général De Gaulle, qui était attaché à l'idée de « l'Europe de l'Atlantique à l'Oural », est un jour allé en Russie – ou en Union soviétique en son temps – et on l'avait emmené quelque part en Sibérie, à Novossibirsk, et il est revenu à Moscou et un journaliste mal avisé lui a reposé cette question : « Quelle sont les frontières de l'Europe ? ». Alors il aurait répondu : « Nous voulons une Europe d'un bout à l'autre » et c'est un peu la philosophie qui est la mienne, mais à condition que l'on se base sur des principes.

Ulrich Bohner pense donc que l'identité de l'Europe se définit plus par rapport à l'adhésion à des principes communs que par rapport à des limites géographiques :

« Il est vrai que l'on a eu beaucoup de débats sur les frontières de l'Europe », dit-il, et il ajoute : « Je ne suis pas un grand partisan de ce débat parce qu'en fait, c'est plutôt un consensus sur des principes qu'il faut dans cette Europe, que sur des frontières géographiques ». C'est ainsi qu'il évalue l'adhésion de la Russie au Conseil de l'Europe d'une manière plutôt critique :

> Autrement dit, pour traduire cela concrètement, la Russie, à l'heure actuelle, elle a certes adhéré au Conseil de l'Europe, elle se soumet à un certain nombre de procédures, y compris la juridiction de la Cour européenne des droits de l'Homme, mais on se rend bien compte par ailleurs que son approche des droits de l'Homme ou même de l'État de droit n'est pas parfaite. Si elle n'est peut-être pas parfaite nulle part, elle laisse en revanche beaucoup à désirer dans la Russie d'aujourd'hui, dans la Russie de Vladimir Poutine.

C'est aussi pour cette raison qu'Ulrich Bohner pense que les limites géographiques de l'Europe sont variables et que la Russie ne peut pas pour l'instant adhérer à l'UE : « Donc je pense qu'à ce stade, la Russie n'a pas vocation à rentrer dans l'Union européenne, elle ne le souhaite pas d'ailleurs, mais si un jour les choses évoluent, pourquoi pas ». En revanche, pour lui, d'autres pays comme l'Ukraine, mais aussi les pays candidats à l'UE dans les Balkans, y compris la Turquie, auraient vocation à entrer dans l'Europe, et il n'hésite pas à appliquer un critère géographique pour affirmer cette identité européenne balkanique.

> Il y a des pays qui sont peut-être beaucoup plus proches, tels que la Turquie ou l'Ukraine, et surtout aussi les pays des Balkans, qui sont issus du conflit yougoslave, là c'est plutôt une question de progression sur un certain nombre de normes. Mais, pour les Balkans, qui sont en fait une tâche blanche à l'intérieur de l'Union européenne, il n'y a pas de doute qu'ils ont vocation à adhérer à cette Union.

Or, beaucoup de grands témoins sont très sceptiques par rapport à l'appartenance de la Russie ou de la Turquie à l'Europe. Pour Lucienne Schmitt, concernant la Russie, la difficulté serait surtout son passé historique : « Si vous prenez un pays qui était autrefois, aussi bien sous les Tsars que sous le régime communiste, tout à fait dictatorial, les personnes ne réagissent pas de la même manière ». En revanche, elle pense que la Turquie souffre d'un refus de la part de l'UE qui n'est pas forcément justifié : « L'ensemble du pays de la Turquie désire entrer dans l'Europe et je pense que l'ensemble de l'Europe ne désire pas que la Turquie entre. Elle aime bien que la Turquie fasse tampon entre le Moyen Orient et l'Europe actuelle. On aime bien les Turcs en Turquie… ». Quand elle se pose finalement la question « Alors, où sont les limites [de l'Europe] ? », elle répond craindre que « les limites actuelles ne restent pour un bon moment ».

Pour sa part, Marcel Spisser est convaincu que « l'Europe s'arrête à l'Oural et aux détroits du Bosphore et des Dardanelles », et donc, selon lui, « dans l'Europe géographique, il n'y a pas la Turquie, ni la Russie ». Mais il ajoute un élément intéressant d'analyse : « Ceci étant, j'exclus la Russie pour le moment parce qu'elle n'a nulle envie de faire partie de l'Europe, donc on ne peut pas la forcer ». Pour illustrer ce propos, il cite, lui aussi, le général de Gaulle qui, pendant la Guerre froide, limitait « l'Europe, de l'Atlantique à l'Oural », mais qui, ensuite, « prévoyait plus loin ». Marcel Spisser hésite donc à fermer les portes définitivement à la Russie, tout comme à la Turquie, un pays qu'il ne situe pas géographiquement en Europe, mais dont il estime qu'il fait partie de l'héritage culturel européen et qui, selon lui, fait preuve d'une grande volonté d'adhésion :

> Alors évidemment je serais prêt à faire une exception pour la Turquie, parce que géographiquement elle n'est pas dans l'Europe, mais elle a une partie dans l'Europe, Istanbul. Ensuite, elle a un énorme héritage européen du fait qu'elle a succédé à l'Empire byzantin, qui a succédé à l'Empire grec. Ensuite, il y a chez les Turcs une volonté de faire partie de l'Europe. Économiquement, c'est un atout pour nous. Sur la question des droits de l'Homme, ce n'est pas au point, mais il faut des efforts énormes pour arriver à respecter les droits de l'Homme. Le jour où les Turcs les respecteront, je pense qu'ils pourront faire partie de l'Europe, mais ce n'est pas dans l'air du temps.

En plus de la volonté d'intégration, Marcel Spisser énumère aussi des critères d'évaluation politiques pour fixer les limites géographiques de l'Europe. Concernant l'adhésion de la Turquie à l'UE, il parle par exemple d'avantages économiques pour l'Union, il mentionne ensuite l'appartenance de la Turquie à l'OTAN et il voit un risque d'islamisation si cette adhésion est refusée à long terme : « Tout ceci sont autant de raisons qui font qu'on peut les considérer avec un peu de sympathie », conclut-il. C'est également l'avis d'Anne Sforza, qui inclut d'emblée la Turquie dans l'Europe, en arguant : « Il vaudrait mieux l'avoir dedans que dehors. Parce qu'actuellement, elle s'islamise. Ce n'était pas le cas avant. Actuellement, tout ce qui concerne les droits de l'Homme, c'est en danger. S'ils étaient davantage impliqués dans l'Europe, ils seraient obligés de reconsidérer leur attitude ».

Ce critère politique est aussi évoqué par d'autres grands témoins. Ainsi Michel Hoeffel fait remarquer, par rapport aux limites de l'Europe, qu'il se fait « difficilement une opinion, parce qu'il y a des enjeux de la grande politique ». À propos de la Turquie, il pense qu'on « ne va forcément pas devoir refuser son adhésion à l'Europe parce qu'il y a une majorité de musulmans par exemple, donc c'est très complexe » ; et il estime que « c'est la même chose par rapport à la Russie ». La réflexion sur l'identité géographique de l'Europe devient donc géopolitique ici, comme le confirme sa réflexion suivante : « Jusqu'où s'ouvre-t-on et accepte-t-on leur influence et leur présence ? Les refusons-nous ? Mais c'est de la grande politique. L'enjeu est de savoir s'il vaudrait mieux qu'ils soient de notre côté, ou contre nous ». Le débat géopolitique sur l'adhésion de la Turquie à l'UE est aussi mentionné par Ulrich Bohner, pour lequel la Turquie a fait beaucoup de progrès sur le chemin du respect des droits de l'homme ; son adhésion à l'UE devient une question de « négociation » avec cette dernière.

> Le débat le plus chaud, c'est souvent sur la Turquie, mais moi je ne vois pas personnellement pourquoi le système turc en tant quel tel serait incompatible avec les principes de l'Union européenne. La Turquie est d'ailleurs membre du Conseil de l'Europe depuis les débuts, depuis 1950, avant même l'Allemagne. Elle a beaucoup évolué dans le respect des droits de l'Homme. […]. Je pense qu'il y a des évolutions possibles, il y a des évolutions souhaitables. À la fin, cela se négocie, il faut que la Turquie remplisse certaines conditions et il faut aussi qu'il y ait une vraie volonté politique pour adhérer à cette Europe, volonté politique qui risque d'être d'autant plus forte que l'Europe fera preuve aussi de la volonté de s'unir vraiment.

Plusieurs des grands témoins voient donc l'identité géographique de l'Europe avec la Turquie plutôt qu'avec la Russie. Michel Krieger ne trouve ainsi absolument aucune contre-indication à une adhésion de la Turquie à l'UE, bien au contraire. L'artiste affirme en effet : « Les Turcs, moi je les aime bien, […] je trouve que c'est un pays qui est fabuleux, c'est la porte d'entrée vers l'Europe et je pense qu'on a tout intérêt effectivement à faire cette porte avec la Turquie et non pas avec la Turquie à l'extérieur ». L'opinion n'est pas argumentée et ne semble d'ailleurs pas nécessiter pour lui d'explication supplémentaire.

Mais d'autres refusent catégoriquement l'adhésion de la Turquie à l'UE, comme par exemple Paul Collowald, qui estime qu'il ne s'agit pas d'un pays « européen » :

> Écoutez, la Turquie n'est pas un pays européen, mais il faut avoir, j'allais dire, des relations très particulières avec la Turquie… Actuellement, et pour encore quelques années, l'Union européenne est dans l'incapacité de recevoir en son sein, comme membre, la Turquie. Je ne comprends pas très bien l'obstination de la Turquie, parce que d'abord, je le redis, nous sommes dans l'incapacité de recevoir un pays de cette situation à la fois économique, politique et de l'endroit géographique où elle se trouve.

Il en est de même pour Karl von Wogau, qui explique son refus de l'adhésion de la Turquie par la crainte de « créer un précédent ». Puisque, selon lui, la Turquie n'est pas pour sa majeure partie « en Europe », on verrait bientôt « tous les autres pays qui environnent la Méditerranée […] recommencer à poser leur candidature ». Il cite le cas du Maroc notamment, qui expliquait pour la défense de son européanité que Gibraltar était un accident géographique. Le parlementaire européen pense que « la Turquie est un allié de l'Europe qui est très important, qui a un rôle stabilisateur qui est extrêmement important pour le Proche et le Moyen-Orient », mais il trouve en même temps que ce pays « peut exercer ce rôle mieux quand elle n'est pas membre de la Communauté européenne ».

L'opinion de Jean-Marie Woehrling est à la fois plus ferme et plus nuancée. Au lieu de totalement exclure la possibilité d'une intégration de la Turquie à l'UE, comme le fait Karl von Wogau, il émet un jugement critique parfois sévère de la politique intérieure et extérieure turque, à partir duquel il justifie une incompatibilité qui exclut cette potentielle intégration pour le moment. Lorsqu'il évoque les étapes déterminantes du processus d'intégration européenne, il estime que « ne devraient faire partie de l'Union européenne que des États qui veulent vraiment réaliser l'idée européenne ». Selon lui, « à l'évidence, les turcs ne veulent pas réaliser l'idée européenne. Ils veulent profiter d'un certain nombre d'avantages des institutions européennes ». Sur la question précise de son adhésion, il reconnaît, contrairement à Paul Collowald, que la Turquie est un pays européen, puisqu'elle « fait déjà partie du Conseil de l'Europe, [et qu']elle est associée à l'Union européenne ». Mais, selon lui, les Turcs ont une très forte identité nationale et ne veulent pas réellement participer au projet européen. Donc, même s'il n'y a pas de divergence fondamentale avec ce pays, qui reste un allié stratégique, économique et géopolitique fondamental sur le plan mondial, Jean-Marie Woehrling souligne « simplement une inadéquation par rapport à son adhésion à l'Union européenne ». Dans ce cadre, il évoque aussi le problème de l'intégration difficile des populations turques en Europe, qui restent étroitement attachées à leur identité nationale d'origine. C'est un problème encore aggravé par la politique extérieure turque qu'il critique de manière virulente lorsqu'il juge « insupportable de voir le Premier ministre turc faire des discours en Allemagne pour inciter les citoyens turcs à ne pas s'intégrer à l'Allemagne ». C'est donc pour toutes ces raisons, à la fois pratiques et plus conceptuelles, que le juriste appui sa vision d'une Europe sans la Turquie.

On voit donc bien qu'il y a de réelles divergences entre les grands témoins en ce qui concerne leur définition géographique de l'identité européenne. Certains ont une vision de la « grande Europe » et y incluent sans hésiter des pays comme la Turquie, la Russie ou les pays du Caucase. D'autres préfèrent limiter l'Europe aux frontières de l'UE des 28 – aujourd'hui 27 – États-membres et ne souhaitent pas d'adhésion ni de la Russie ni de la Turquie. D'autres encore hésitent et ne fixent pas de limites géographiques pour l'Europe en arguant que l'appartenance à l'Europe dépend plus d'une volonté politique et d'une adhésion à une communauté de valeurs que de critères géographiques.

1.2. Une identité de valeurs communes

En effet, au moment du débat au sein du Conseil de l'Europe sur l'admission de la Russie en 1992, les membres de l'Assemblée parlementaire avaient déjà réalisé que le critère géographique à lui seul n'était pas suffisant pour décider de l'européanité d'un État et ne devrait donc pas être déterminant pour décider de la « compatibilité » d'un État à cette Organisation européenne[15]. L'européanité serait plus basée sur le partage d'un certain nombre de principes communs et l'admission devrait donc être décidée plutôt selon des critères politiques et culturels de l'identité européenne. Au sein du Conseil de l'Europe, il y a trois valeurs fondamentales qui sont protégées et qui figurent dans les statuts de l'Organisation européenne : le respect des droits de l'homme, de la démocratie et de l'État de droit. Définir un État comme « européen » signifie donc de veiller à ce que ces valeurs ne soient pas abaissées pour assurer le maintien du Conseil de l'Europe comme une « communauté de valeurs »[16].

En effet, pour nos grands témoins, l'identité européenne est en majorité caractérisée par cette communauté des valeurs, plus que par des critères géographiques d'européanité. Mais, là encore, il faut préciser ce que signifie exactement cette communauté de valeurs. Pour beaucoup, c'est incontestablement le respect de la Convention européenne des droits de l'homme qui doit ainsi être une condition obligatoire pour devenir membre du Conseil de l'Europe[17]. Mais, au-delà de ce critère, il est très difficile de préciser ce qu'est la culture européenne – s'il y en a

---

15 Wassenberg Birte, « Les limites de l'Europe... », *art. cit.*, p. 353–354.
16 Klebes Heinrich, « L'élargissement du Conseil de l'Europe vers l'Est... », *art. cit.*, p. 12.
17 Débats de l'Assemblée parlementaire (DAP) du 30 juin 1992, p. 225.

une. Ainsi, durant les débats au Conseil de l'Europe en 1992, les délégués s'accordent, par exemple, pour ne pas limiter l'Europe culturelle à une « philosophie chrétienne occidentale »[18]. Les débats entre les parlementaires révèlent aussi que le critère culturel d'européanité est très contesté et donne lieu à des interprétations très différentes en fonction de leur origine nationale ou de l'affiliation politique[19]. À défaut d'un contenu très clair des valeurs culturelles communes, le seul facteur sur lequel les parlementaires s'entendent en 1992 et qui pourrait constituer un critère convaincant serait « l'existence d'un sentiment d'appartenance à l'Europe ou la volonté affirmée de faire partie de l'Europe »[20]. Cette hésitation par rapport à la communauté culturelle européenne existe également chez les interwiewés. Tout comme en 1992, en 2012–2013, il n'est pas aisé de définir exactement l'identification culturelle commune de l'Europe.

Ainsi, le témoignage de Karl von Wogau vis-à-vis de l'identité européenne montre que l'identité culturelle de l'Europe est complexe et plurielle. D'emblée, ce dernier évoque l'existence d'une identité européenne fondée sur une « civilisation [...] qui a des expressions différentes dans les différentes nations de l'Europe ». Mais il affirme tout de même l'existence d'une identité commune, fondée sur un ensemble de symboles importants : « le drapeau européen », « l'hymne européen » ou « l'Euro ». À propos de la monnaie unique, Karl von Wogau explique qu'au moment où il s'y est intéressé, il y voyait une question cérébrale, « une question de mathématiques », mais que c'est en réalité « une question [...] profondément émotionnelle ». Le parlementaire européen se réfère ici à des grandes étapes de cette construction identitaire de l'UE et notamment aux symboles par lesquels l'UE s'est justifiée, s'est revendiquée en tant que communauté, voire union politique. Or, pour Karl von Wogau, la culture européenne se base aussi sur un patrimoine culturel partagé, comme il le décrit ci-après :

> Notre tradition européenne qui est la tradition grecque, la tradition de la loi romaine, qui est la tradition de l'ère chrétienne qui est extrêmement importante, qui est la tradition du siècle des Lumières, de la Réforme, ce sont des développements que nous autres Européens avons vécu ensemble.

Pour Klaus Schumann, il n'y a pas de conflit entre une Europe culturelle plurielle et l'identité commune européenne basée sur des valeurs communes, car il fait référence au principe fondateur de la construction européenne d'une « unité dans la diversité » : « L'Europe, c'est tout de même une histoire commune, une culture commune et il y a la grande richesse de la diversité qu'il ne faut pas toucher. Je crois que n'importe quelle forme que l'Europe prendra n'entamera cette richesse ». C'est aussi l'avis de Jean-Marie Woehrling qui parle même de la possibilité d'un partage de la diversité européenne : « Pour moi, être européen, c'est

---

18 *Ibid.*, p. 221.
19 Courcelle Thibaut, « Le Conseil de l'Europe, enjeux et représentations », thèse de doctorat, Université Paris 8, 2008, p. 482.
20 Bitsch Marie-Thérèse, « L'élargissement du Conseil de l'Europe vers l'Est... », *art. cit.*, p. 146.

avoir cette envie de partager l'ensemble des cultures de l'Europe, de bénéficier de cette richesse commune. C'est, quand on est à Florence, à Edimbourg, à Breslau, se sentir chez soi dans tous ces pays-là et se sentir une connivence avec ces différentes expressions de ce qui est une identité commune ».

Pour certains grands témoins, il est plus facile de s'entendre sur une identité culturelle commune si elle est définie par rapport à l'extérieur, c'est-à-dire pour s'affirmer face aux autres cultures dans le monde. Ainsi, Hans-Christian Krüger pense qu'il existe une identité européenne contrairement à une identité asiatique ou américaine : « Ich glaube, dass es eine europäische Identität gibt. Im Gegensatz zu einer asiatischen oder amerikanischen Identität gibt es eine europäische Identität ». La raison qu'il avance serait l'héritage culturel de l'Europe, notamment car les grands écrivains, les musiciens et les philosophes seraient tous européens et auraient eu une « importance considérable pour l'humanité » [bedeutend für die Menschheit].

> Ich glaube, dass Europa eine besondere kulturelle Rolle gespielt hat. Sehen Sie die großen Musiker, die kamen alle, jedenfalls in den vorigen Jahrhunderten, aus Europa. […] Die große klassische Musik stammt doch eigentlich aus Europa. Die große Literatur und auch die Philosophie stammen aus Europa.

La force de l'héritage culturel européen commun est aussi soulignée par Hans-Martin Tschudi, qui estime que l'Europe doit se souvenir de « ses racines culturelles » qui proviennent des Romains, des Grecs, de la tradition humaniste et dans lesquelles il inclut également la protection des droits de l'homme, l'innovation et la richesse économique.

> Europa muss sich auf seine Stärken zurückbesinnen und darf seine kulturellen Wurzeln nicht vergessen. Wir kommen von den Römern, den Griechen, wir haben eine humanistische Tradition, wir sind den Menschenrechten verpflichtet, wir sind immer noch innovativ und wirtschaftlich stark. Europa sollte sich in seiner Geschichte wiederfinden und diese Trümpfe ausspielen.

Pour Karl-Heinz Lambertz, les valeurs communes européennes sont même une protection contre les facteurs de la globalisation. L'identité européenne commune serait donc un atout pour s'affirmer face aux autres : « Es gibt gemeinsame Werte in Europa und die prägen die Menschen. Es gibt auch das Leben auf einem gemeinsamen Kontinent und je mehr es globale Gefährdungen gibt, um so deutlicher wird das ».

Toutefois, lorsqu'il s'agit du patrimoine religieux commun, les témoins hésitent à inclure des valeurs chrétiennes comme l'un des critères de sélection pour l'identité de l'Europe. Michel Krieger, par exemple, lorsqu'il est interrogé directement sur sa vision du rôle de la religion en Europe, se défend explicitement de toute appartenance religieuse et nie au phénomène une importance centrale en Europe : « Je ne souhaiterais pas personnellement privilégier l'une au détriment d'une autre. Qu'il y ait des religions, qu'il y ait des gens qui ont besoin de vivre avec une religion, c'est leur liberté ». Selon lui, elle ne doit juste pas être imposée à ceux qui n'y verraient pas d'intérêt. De même, Anne Sforza, si elle n'exclut pas les fondements religieux de l'Europe, ne souhaite pas leur accorder une place prioritaire pour l'identification européenne : « Je ne voudrais pas que cela devienne un pôle solidifié, que l'on fasse constamment référence aux religions ». Elle avance toutefois que ces fondements sont chrétiens et qu'ils servent à se distinguer par rapport à d'autres cultures religieuses : « Chrétiens, oui. Et nous devons avoir le courage, au moins, de l'assumer. Je ne dis pas qu'il faut en faire un porte-drapeau, loin de là. Mais justement, par rapport à l'Islam, qui est revendiqué fortement, je ne pense pas que nous devrions rester comme ça… ». Même Michel Hoeffel, qui est un homme de l'Église, ne souhaite pas accorder à la religion un rôle prépondérant au sein de l'UE :

> Je ne suis pas pour un contenu religieux fort. Je suis de ceux qui disent que nous sommes des partenaires et que nous avons notre contribution à apporter. Je n'étais pas partant pour l'inscription dans le préambule du traité constitutionnel d'une référence telle. […] Non, je préfère que ce soit au niveau de l'investissement des personnes que cela apparaisse.

Car Michel Hoeffel nous rappelle que l'héritage chrétien n'est pas seulement un héritage « positif » si l'on regarde par exemple l'histoire des guerres de religion :

> Il y a sûrement une part d'héritage chrétien, mais il ne faut pas prétendre être un élément déterminant. Lorsque je regarde l'héritage chrétien, les guerres de religion, deux siècles de persécutions des protestants en France, lorsque je regarde tout ça, je me dis qu'il n'y a pas de quoi s'enorgueillir non plus, de l'héritage chrétien ! D'où mon attitude d'être un peu plus modeste.

Pour d'autres, en revanche, la religion reste un facteur déterminant dans la formation de l'identité européenne, même si elle a perdu son influence dans l'Europe contemporaine. Pierre Kretz, par exemple, affirme qu'« historiquement, la religion a joué un rôle extrêmement fort en Europe, elle a structuré les sociétés ». Il est le seul témoin qui rappelle également que le processus de construction européenne et de la réconciliation franco-allemande après la Deuxième guerre mondiale a été menée par des hommes politiques chrétiens-démocrates : « Ce n'est pas pour rien que De Gaulle et Adenauer ont célébré en 1962 la réconciliation franco-allemande devant la cathédrale de Reims ». Toutefois, il avoue que « c'est clair qu'aujourd'hui, la religion catholique a perdu beaucoup de son influence ». De même, Jean-Paul Heider souligne que le patrimoine religieux, même s'il est affaibli aujourd'hui, reste important pour l'identité européenne car il constitue toujours un élément constitutif de la culture européenne : « Disons que, en Europe aujourd'hui, même si les gens pratiquent moins la religion qu'autrefois, c'est quand même un ciment, parce que la religion dépasse le cadre de la religion, c'est une question de culture ».

Jean-Marie Woehrling est également convaincu que l'identité européenne est fondée sur une « histoire commune, des valeurs qui sont en grande partie des valeurs de notre histoire religieuse ». Sans aller jusqu'à défendre l'inscription d'une référence chrétienne dans la Constitution européenne, il rappelle que « la première institution européenne, c'était l'Église catholique ». Selon lui, l'élément religieux a effectivement son importance pour la construction européenne, mais il pense aussi que l'identité européenne n'est pas statique, qu'elle est toujours en mouvement et s'imprègne donc de multiples éléments. À la question de savoir s'il estime qu'il existe une identité européenne reposant sur certains éléments fondateurs, il répond en effet que « l'identité est toujours une construction ». Plutôt qu'une œuvre abstraite, préexistante, ou déjà figée, il souligne ainsi qu'il « faut continuer à dessiner cette identité européenne ». Malgré tout, selon lui, le facteur religieux fait partie de ces éléments fondateurs :

> Dans cette construction qui est un choix, qui est une œuvre humaine, qui n'est pas quelque chose de prédéterminé, pour moi, il y a un certain nombre de choses qui touchent à la manière dont on est les uns par rapport aux autres, la solidarité, une certaine vision de l'ordre, une certaine façon de faire prévaloir l'intérêt général sur l'intérêt particulier, des choses qui me paraissent être la base de l'identité européenne. Évidemment, l'histoire commune, des valeurs qui sont en grande partie des valeurs, disons, de notre histoire religieuse aussi.

Sa pensée rejoint en cela l'opinion de Karl von Wogau, mais qui insiste plus sur l'importance de la religion pour définir l'identité culturelle de l'Europe : « La civilisation européenne est une civilisation chrétienne, [...] une culture qui s'est développée autour de la religion chrétienne ». Il l'explique ensuite à partir de sa propre expérience, son territoire : « Si, par exemple, je passe dans ma région, déjà si je regarde les noms des villes et des villages, c'est Sankt Peter, c'est Sankt Ulrich, donc partout nous voyons que la civilisation européenne est une culture qui s'est développée autour de la religion chrétienne ». Toutefois, il ne s'enferme pas dans une vision focalisée sur le patrimoine religieux chrétien car il met aussi l'accent sur d'autres éléments unificateurs de la culture européenne :

> Et de ce fait, je crois que notre tradition européenne, c'est la tradition grecque, la tradition de la loi romaine, la tradition de l'ère chrétienne qui est extrêmement importante, la tradition du siècle des Lumières, de la Réforme, ce sont des développements que nous Européens avons vécu ensemble. Si vous regardez la peinture, c'était Florence, c'était la Flandre, c'étaient les peintres espagnols, donc ce sont des développements – la Renaissance –, des développements européens communs, et c'est quelque chose qu'il faut tenir, ces traditions, il faut les tenir en considération et elles sont importantes aussi pour l'avenir de l'Europe.

Karl von Wogau finit toutefois en insistant sur le socle chrétien de la culture européenne : « Mais tout de même, en ce qui concerne notre identité, je crois que cette identité, ce passé et aussi le présent chrétien est un élément très important ». C'est peut-être aussi parce qu'il est membre du parti chrétien-démocrate allemand (la CDU) qui revendique, comme son nom l'indique, un attachement aux traditions chrétiennes.

Or, il y a d'autres témoins qui insistent aussi sur l'importance du facteur religieux pour l'identité européenne. Selon Marcel Spisser, par exemple, les valeurs chrétiennes sont même les « racines » de la culture européenne : « J'étais contre le fait que l'on supprime les "racines", c'est un non-sens, parce que ces racines, c'est un fait historique que l'on ne peut pas nier. L'Europe a des racines judéo-chrétiennes et grecques ». Néanmoins, Marcel Spisser ajoute un autre élément intéressant à son analyse de l'identité culturelle européenne : la laïcité. Il affirme :

> Je pense que les pays européens ont des racines judéo-chrétiennes, mais il y a aussi eu d'autres apports, que j'accepte. Je suis très tolérant. Mais on ne peut pas refuser un fait historique. Et l'idéal, ce serait d'arriver dans tous les pays européens à une laïcité à la française,

> c'est-à-dire laisser à chacun le droit de pratiquer la religion qu'il veut, sans vouloir l'imposer aux autres par un enseignement, par des pratiques.

C'est aussi l'avis de Lucienne Schmitt, qui voit dans la chrétienté, certes, un élément constitutif de l'identité européenne, mais qui entrerait en conflit avec le principe de la « liberté de conscience ». Pour permettre une pluralité de religions compatible avec l'identité européenne, elle prône ainsi la laïcité qui, selon elle, peut être la seule solution pour une citoyenneté européenne commune et égalitaire.

> Donc, comment trouver le juste milieu entre la liberté de conscience, la liberté de manifester sa religion et une citoyenneté qui demanderait un retour en arrière... Je ne sais pas, moi, je ne vois pas d'autre citoyenneté que laïque, c'est-à-dire tolérante et où toutes les religions peuvent coexister dans la sphère privée.

Lucienne Schmitt est donc convaincue qu'aucun critère de l'identité européenne, religieux ou autre, ne doit être exclusif. Pour elle, la base de l'humanité doit être les droits de l'homme, et même si le Conseil de l'Europe et l'UE forment une communauté de valeurs qui exige le respect des droits de l'homme, ces derniers sont universels et ne sont donc pas exclusivement « européens » : « Les droits de l'Homme exigent l'égale dignité et un traitement équitable et humain de tous les hommes. Même si l'Europe était unifiée, unie et harmonieuse, elle ne devrait pas être une forteresse fermée aux autres continents. D'ailleurs, la mondialisation le rendrait impossible... ». Indirectement, Lucienne Schmitt pose ici la question de savoir si une identité européenne basée sur une communauté de valeurs incarnée dans le respect des droits de l'homme, la démocratie et l'État de droit existe vraiment, car il s'agit là aussi de valeurs universelles défendues par la communauté internationale des Nations-Unies.

La majorité de nos grands témoins avance néanmoins cette spécificité de l'identité culture européenne fondée sur les principes fondateurs inscrits dans les statuts du Conseil de l'Europe. Par exception, Jean Hurstel affirme qu'il n'y aurait pas une identité européenne :

> Est-ce qu'il y a une identité européenne ? Je n'y crois pas du tout. Il n'y a pas d'identité européenne, on la cherche depuis longtemps. Selon les nations, les héritages sont extrêmement différents. Et justement c'est ça qui est intéressant, ce n'est pas de trouver une identité européenne.

Pour Jean Hurstel, l'identité est personnelle et dépend des expériences individuelles de chacun :

> L'identité, c'est une construction personnelle de chacun, qui vient d'horizons extrêmement différents. Nous sommes tous formés par ce qui nous a été transmis par les paroles des parents, des grands-parents, ce que nous transmettons à notre tour, voilà, c'est une dynamique l'identité, ce n'est pas une substance. Il s'agit de constructions en permanence en changement.

Cette interprétation individualisée de l'identité européenne pointe en quelque sorte un facteur essentiel des témoignages recueillis : nos grands témoins s'identifient en effet eux-mêmes par rapport à l'Europe non tant par rapport aux critères géographiques, politiques ou culturels de l'européanité, mais plutôt en fonction de leur propre expérience de cette Europe sur le terrain, dans la région frontalière d'Alsace. Ceci change la perspective de l'identification européenne : elle devient une identité territorialisée.

2. L'identification européenne dans la région transfrontalière

L'identification européenne est une question que les historiens ont principalement abordée à partir de l'analyse de sondages effectués auprès de la population européenne. Ils ont notamment dépouillé les données disponibles depuis 1974 dans les « Eurobaromètres », qui sont des sondages organisés par la Commission européenne[21]. Le groupe de recherche sur les « identités européennes » a ainsi pu mettre en évidence un paradoxe dans l'histoire de l'intégration européenne : les grandes avancées de l'Europe auraient contribué d'une certaine manière à la désaffection des populations européennes à son égard[22]. Car les moteurs de la construction européenne – volonté de paix, refus du déclin face aux États-Unis, défense contre la menace soviétique, désir de croissance économique – s'affaiblissent au moment où la CEE permet justement d'atteindre ces objectifs. Ce constat montre que l'identité européenne n'est pas seulement marquée par une adhésion positive à l'idée de l'unification de l'Europe, mais également par des émotions négatives, par exemple la peur d'une invasion soviétique, et que la construction européenne se fait sous la contrainte de menaces extérieures[23].

Il n'y a donc pas forcément une identification automatiquement positive à l'Europe, comme le révèlent Anne Dulphy et Christine Manigand en 2004 dans une analyse comparative des opinions publiques nationales, à partir de l'interprétation des enquêtes Eurobaromètre[24]. Leur point de départ est le constat de la rupture de pente observée en 1991 dans la courbe de soutien public à l'intégration européenne : c'est la fin du « consensus permissif » reposant sur un sentiment collectif plutôt favorable à l'Europe communautaire dans les pays fondateurs[25]. De même, Marie-Thérèse Bitsch et Wilfried Loth, dans le cadre d'un colloque sur *Les cultures politiques, opinions publiques et intégration européenne*, organisé en 2005 à Luxembourg, montrent que la construction européenne n'est pas un processus linéaire et que l'unification européenne peut aussi susciter des craintes,

21 Crespy Amandine, Verschueren Nicolas, « Les résistances à l'Europe : une approche interdisciplinaire des conflits sur l'intégration européenne », in : Wassenberg Birte, Clavert Frédéric, Hamman Philippe (dir.), *Contre l'Europe ?, op. cit.*, p. 121–138.
22 Frank Robert (dir.), *Les identités européennes au XXe siècle. Diversités, convergences et solidarités*, Paris, Publications de la Sorbonne, 2004.
23 Trunk Achim, *Europa, ein Ausweg. Politische Eliten und europäische Identität in den 1950er Jahren*, Munich, Oldenbourg, 2007.
24 Dulphy Anne, Manigand Christine (dir.), *Les opinions publiques face à l'Europe communautaire. Entre cultures nationales et horizon européen*, Bruxelles, Peter Lang, 2004.
25 Lindberg Leon, Scheingold Stuart, *Europe's Would Be Polity. Patterns of Change in the European Community*, New Jersey, Prentice Hall, 1970.

voire l'hostilité, latente ou déclarée de la population, à cause notamment des transformations politiques, sociales et économiques qu'elle est susceptible d'entraîner dans les pays membres. Robert Frank parle même à ce moment-là d'une « crise de l'identité et de la conscience européennes des Européens »[26].

Notre étude, basée sur une approche méthodologique d'histoire orale, met d'emblée en évidence deux points saillants par rapport à ces travaux antérieurs des historiens de la construction européenne. D'abord, malgré le contexte de crise économique européenne qui marque nos témoins en 2012–2013, l'attitude de ces derniers, qui peut aussi être rapportée à leur position sociale ou leur carrière professionnelle, demeure majoritairement positive par rapport au projet européen. Ensuite, leur propre identification européenne dépend très largement de leur ancrage territorial dans une région frontalière. Elle est donc marquée à la fois par l'idée de l'Europe sans frontières et par celle d'une Europe des régions.

2.1. Une identité liée à l'Europe sans frontières

Dans l'espace du Rhin supérieur, l'identité européenne est vue en étroite relation avec la fonction de la région frontalière comme modèle d'intégration qui devient un lieu d'ancrage pour l'identité européenne, comme le souligne le président de la Région Alsace, Adrien Zeller, dès 1996 :

> Aujourd'hui, les régions frontalières sont une des pierres angulaires de l'Europe nouvelle, parce que leurs habitants connaissent les mêmes réalités que leurs voisins, parce qu'elles sont le lieu privilégié de l'expérimentation européenne au quotidien. Ainsi, face aux eurosceptiques et face aux europessimistes, les Alsaciens, en harmonie avec leurs voisins allemands et suisses, choisissent de vivre pleinement la réalité européenne nouvelle[27].

En effet, la réalisation du marché unique (entre 1985 et 1992) et de l'Union monétaire (entre 1992 et 2002) change la qualité des échanges dans les régions transfrontalières, et la frontière acquiert une notion positive au sein de l'UE. Elle devient un symbole de l'identité européenne matérialisée par la libre circulation des biens, des capitaux, des services et des personnes, qui devient visible en premier lieu dans les espaces frontaliers, comme le constate le géographe Michel Foucher :

> Il est significatif de l'esprit des promoteurs de l'idée européenne que l'abolition des barrières frontalières […] ait été considérée comme une « liberté » fondamentale […]. C'est d'ailleurs

---

26 Frank Robert, « Conclusion », in : Bitsch Marie-Thérèse, Loth Wilfried, Barthel Charles (dir.), *Cultures politiques, opinions publiques et intégration européenne*, Bruxelles, Bruylant, 2007, p. 467–474.
27 Zeller Adrien, Président du Conseil régional d'Alsace, in : *Les Régions dans la construction de l'Europe*, actes de colloque, Strasbourg, Assemblée des Régions d'Europe, 22 mai 1996, p. 11.

pourquoi les confins des États nationaux sont aussi devenus des laboratoires d'ouverture et des pépinières d'acteurs européens engagés[28].

Appliqué à l'espace du Rhin supérieur, l'effet du marché unique et de l'unification monétaire peut être mesuré par la progression constante de la mobilité transfrontalière. À la fin des années 1990, une analyse de 80 études réalisées sur les questions de la mobilité transfrontalière des habitants dans l'espace du Rhin supérieur révèle des échanges non négligeables dans les domaines du travail, de la consommation et des loisirs[29]. L'introduction de l'Euro en 2002 accroît encore cette tendance, surtout pour la partie franco-allemande : les transactions commerciales entre Français et Allemands dans l'espace entre Strasbourg et la région de l'*Ortenaukreis* (Kehl et Offenburg), par exemple, augmentent sensiblement[30].

Toutefois, ces études révèlent aussi que cette mobilité accrue n'est pas forcément la preuve d'une prise de conscience européenne. L'habitude de la population transfrontalière d'effectuer les achats de l'autre côté de la frontière n'est pas forcément un indicateur pour une identité européenne : il peut s'agir tout simplement d'un comportement de consommateur rationnel pour bénéficier des offres économiques dans le pays voisin. Il en est de même s'agissant de profiter des structures de loisirs du pays voisin, que ce soit l'hôtellerie, des parcs d'attraction, les centres thermaux ou nautiques, etc. Car l'activité de loisirs ne va pas forcément de pair avec un véritable échange avec le voisin qui aiderait à forger le sentiment d'une appartenance à une communauté de valeurs européenne.

Il y a donc une certaine ambivalence entre une identité européenne affichée qui est liée au modèle de l'Europe sans frontières et une identification européenne réellement vécue, ensemble avec le voisin de l'autre côté de la frontière, qui est beaucoup moins évidente, parce que la frontière reste une « cicatrice de l'histoire », notamment dans la région d'Alsace. Marcel Spisser explique bien cette ambivalence :

> Oui, assez curieusement, la frontière existe encore dans nos mentalités alsaciennes, notamment chez les gens de mon âge, même si économiquement la frontière n'existe plus en réalité. Pour eux, il y a encore des séquelles de leur jeunesse, de la guerre.

Il en est de même pour Paul Collowald, qui souligne que son identité européenne n'est pas la même que celle des autres Français, parce qu'il est un « homme de la frontière » qui a été « secoué par l'histoire » :

> Peut-être parce que je suis un homme des frontières, le fait que j'ai un vécu différent de collègues ou d'amis de Toulouse ou de Bordeaux… C'est différent pour moi, nous sommes tous des Français, de Bordeaux, de Toulouse ou de Strasbourg, nous sommes des Français, oui !

28 Foucher Michel, « Les nouvelles frontières de l'Union européenne », *Revue internationale de politique comparée*, vol. 2, n° 3, 1995, p. 452.
29 Beck Joachim, « L'espace transfrontalier du Rhin supérieur vu par les citoyennes et les citoyens : résultats d'un sondage », in : *Rapport du 7e Congrès tripartite sur l'aménagement du territoire*, Région Alsace, Neustadt, 26 novembre 1999, p. 7–15.
30 Prognos, « Diagnostic socio-économique et analyse Afom, programme Interreg IV Rhin supérieur », étude, Bâle, 2006, p. 55 *sq.*

> Mais moi, je vis en tant que Français différemment, parce que j'ai des racines en Alsace, mes ascendants sont Lorrains, mais je suis né en Alsace. Je suis Français. Je suis Européen. Moi je n'ai aucun problème de vivre dans ces trois dimensions. J'ai tellement été secoué par l'histoire.

Pour Paul Collowald, l'identité européenne se présente donc comme une solution pour réconcilier l'identité régionale et nationale, ce qui n'est pas aisé pour des Alsaciens qui ont été tiraillés au cours de l'Histoire entre la France et l'Allemagne. Mais la frontière est aussi identifiée comme une véritable cicatrice par des grands témoins allemands. Ainsi, Karl von Wogau estime qu'« il y a encore la frontière » et qu'elle existe, comme il l'exprime, « encore dans le cerveau ». Il l'illustre par un exemple très concret, qui fait référence aux habitudes de transport des citoyens français et allemands dans la région frontalière :

> Par exemple, une chose tout à fait simple : un Allemand de Freiburg, est-ce qu'il prend l'autoroute française ou le train français quand c'est plus proche, ou préfère-t-il prendre l'autoroute en Allemagne ? Je crois que très souvent, avec un certain automatisme, les Français choisissent un côté et les Allemands l'autre côté. Pour moi, la gare de Mulhouse, c'est une gare TGV donc une gare qui est proche et très importante et qui n'est pas vraiment utilisée par les gens de l'autre côté de la frontière.

Karl von Wogau est donc convaincu que les habitudes d'utiliser les transports du côté national sont le miroir de frontières qui demeurent encore dans les mentalités alors qu'en réalité, le principe de la libre circulation permettrait de faire usage du réseau européen « sans frontières » des transports ferroviaires et de routes dans la région. Ainsi, il conclut que « là, il y a encore un apprentissage à faire » parce qu'il faut voir que « les mentalités sont différentes » et qu'il faut donc « un travail continuel, il faut se rencontrer pour comprendre ce que font et comment font les autres ». Il fait ici allusion à la nécessité d'un travail interculturel qui permettrait de dépasser l'Europe sans frontières dans sa dimension simple d'une libre circulation pour arriver à une véritable identité européenne partagée.

Cette sensibilité attachée à la frontière lorsqu'il s'agit de définir l'identité européenne est soulignée aussi par d'autres grands témoins. Ainsi, par exemple, Pierre Kretz avoue que, pour lui, le facteur déterminant est « le fait d'être Alsacien [...], d'habiter aux frontières ». Comme Paul Collowald, il est conscient que les Alsaciens se distinguent en cela parmi les autres Français et qu'ils ont donc une autre perception des identités régionale, nationale et européenne : « Quand je parle de l'Europe, j'ai l'impression que les "Français de l'intérieur" n'ont pas la même sensibilité que nous. Quand on habite aux frontières, je pense que l'on a une vision différente de l'identité française, européenne, et de l'identité régionale ». Lui aussi lie cette identité européenne marquée par la frontière à l'histoire de l'Alsace, et notamment à l'expérience des guerres franco-allemandes :

> Je pense que j'ai été sensibilisé très jeune à ces questions par le contexte familial, qui joue un rôle important : mon père parlait beaucoup de l'histoire, de la guerre, mon grand-père me racontait la guerre de 1914. Cela dépend de notre « jus familial ». Dans ma famille, ils m'ont beaucoup parlé de cela et donc j'ai développé très tôt un intérêt [pour l'Europe].

Mais la frontière n'est pas uniquement importante pour l'identification européenne des seuls témoins Alsaciens. Ce facteur serait plus largement prégnant pour tous les habitants d'une région frontalière. Karl-Heinz Lambertz l'explique pour la Communauté germanophone de Belgique, dont il est originaire. Il souligne qu'il s'agit d'une petite région qui a été notamment marquée dans l'Histoire par le déplacement de la frontière entre la Belgique et l'Allemagne.

> Die deutschsprachige Gemeinschaft Belgiens ist eine sehr kleine Region, die ihre Existenz aus dem Versailler Vertrag ableitet, wo man die Staatsgrenze zwischen Deutschland und Belgien verschoben hat und aus diesem Gebiet ein Stück Belgien gemacht hat, nachdem es früher zu Deutschland-Preußen gehört hatte.

Karl-Heinz Lambertz énumère ensuite les nombreuses frontières auxquelles est confrontée cette région, les frontières nationales – avec l'Allemagne, les Pays-Bas et le Luxembourg – mais également les frontières « régionales » avec plusieurs *Länder* allemands et, en Belgique, avec la Flandre et la Wallonie.

> Und dieses Gebiet ist auch eine Grenzregion in vielfältiger Hinsicht. Es ist Staatsgrenze und hat drei Nachbarn: Niederlande, Deutschland mit zwei verschiedenen Bundesländern, nämlich Rheinland-Pfalz und Nordrhein-Westfalen und Luxemburg. Zum Innern des Landes ist der unmittelbare Nachbar das französische Sprachgebiet, also die Wallonie. Aber die Flamen sind auch nur ein paar Kilometer entfernt. […] Diese innerbelgischen Grenzen spielen auch eine große Rolle. Und deshalb ist dieses Gebiet sehr stark mit dem Phänomen "Grenze" konfrontiert.

Selon lui, l'identité européenne dans une telle région ne peut être forgée qu'en relation avec le « phénomène » de la frontière, car il est omniprésent : « So ist man konfrontiert mit vielen Grenzen und einer kleinen Oberfläche sowie wenigen Kilometern, die man vom einen zum anderen Punkt zu fahren braucht, um an der nächsten Grenze zu sein ». En effet, sur ce petit territoire, on est constamment amené à traverser des frontières, soit nationales, soit culturelles et linguistiques, et ceci expliquerait cette importance de la frontière pour la formation d'une identité européenne : « Sei es eine Staatsgrenzüberschreitung, sei es eine Sprachgrenzüberschreitung. Da hat das Phänomen Grenze und der Umgang damit in der gesamten Geschichte der deutschsprachigen Gemeinschaft […] immer eine große Rolle gespielt ». C'est aussi pour cette raison que le principe de l'Europe sans frontières apparaît important pour nos grands témoins. Jean-Marie Woehrling livre une description émotionnelle de cette identité européenne vécue en relation avec l'Europe sans frontières :

> Je me souviens encore quand on traversait la frontière, on était intimidés par des douaniers qui vous faisaient comprendre que c'était déjà le début quasiment de la haute-trahison simplement que d'aller dans le pays voisin. Quand vous reveniez, on vous suspectait de revenir avec des produits interdits. On vous demandait ce que vous aviez fait à l'extérieur […]. Aujourd'hui, tout cela n'existe plus. Les gens traversent librement.

Intimidation, suspicion, trahison : notre interlocuteur utilise des termes puissants pour évoquer un ressenti qui a visiblement laissé des traces dans son esprit et qui fait, à n'en pas douter, partie des moteurs de sa défense véhémente du principe de la libre circulation au sein de l'intergroupe Kangourou du Parlement européen.

Pour Michel Krieger, la libre circulation semble aussi un élément indispensable de sa vision de l'unité européenne. Dans cet espace relativement réduit, « la circulation se fait beaucoup plus rapidement », constate-t-il, et il ne s'imagine plus l'espace frontalier sans cette facilité de déplacement : « J'imagine qu'on ne pourrait plus vivre comme on vivait à un certain temps avec une frontière pratiquement hermétique ». On pourrait penser d'abord que Michel Krieger limite l'identification à l'Europe sans frontières au simple fait que la population frontalière puisse effectuer ses achats de l'autre côté de la frontière, lorsqu'il dit qu'« aujourd'hui, il y a beaucoup d'habitants d'ici qui vont se fournir dans les supermarchés allemands parce que la nourriture y est moins chère ». Mais, ensuite, il élargit cette notion à la libre circulation des étudiants et il voit l'identité européenne comme le garant d'échanges entre artistes, universitaires et étudiants, entre idées. Il dégage même l'impression que l'Europe sans frontières peut dépasser le cadre européen et que l'identité européenne tend donc vers une identité ouverte sur le monde : « Dans le cadre universitaire et au niveau étudiant, c'est extraordinaire de pouvoir aller dans d'autres pays, pas uniquement et forcément européens mais dans d'autres pays dans le monde. C'est peut-être vers cela que la mission européenne devrait davantage s'engager... ».

Toutefois, globalement, pour les grands témoins, l'identité européenne reste un élément profondément ancré dans la région frontalière. Mais est-ce que cela amène certains d'entre eux à relier cette identité à un modèle d'une « Europe des régions » ?

2.2. Une identité de l'Europe des régions

L'identité européenne des personnalités interrogées est forcément appréhendée à partir d'une perspective régionale. Dans l'historiographie de l'intégration européenne, avec l'accélération du processus d'intégration dans les années 1990, les régions de l'UE sont en effet identifiées de plus en plus comme des vecteurs de la construction européenne, grâce au principe de subsidiarité[31]. De leur côté, les travaux sur l'histoire de la coopération transfrontalière montrent que ce nouveau positionnement de la région au sein de la construction européenne a aussi des conséquences pour les régions transfrontalières : elles font désormais partie de l'intégration européenne et contribuent à forger l'identité européenne[32]. Selon des analyses de science politique, elles constitueraient même des exemples originaux d'intégration qui construisent « un nouveau niveau de conscience, de culture, d'identité régionale transfrontalière », et qui témoignent de la complexité et du

---

31 Brunn Gerhard, Schmitt-Egner Peter, *Grenzüberschreitende Zusammenarbeit in Europa*, Baden-Baden, Nomos, 1998, p. 12–13.
32 Voir à ce sujet le numéro spécial « Les Euro-régions » de la *Revue de la coopération transfrontalière*, janvier-février 1999, p. 1–30.

pluralisme nécessaires à la construction européenne[33]. L'identité européenne se forgerait donc dans les régions transfrontalières par la réalisation du concept d'« Europe des régions »[34].

Ces analyses, qui lient la coopération transfrontalière à l'idée d'une « Europe des régions », ne peuvent pas être détachées des théories sur le régionalisme en Europe telles qu'elles ont été développées, par exemple, par Donald J. Puchala, Rudolph Hrbek ou Fritz Scharpf[35]. Ces derniers soulignent l'interdépendance entre la régionalisation et l'intégration européenne. Ils affirment le rôle structurant que jouent des cultures régionales dans le processus d'intégration européenne et l'importance du régionalisme pour l'avancée de cette intégration. La culture régionale est ici complémentaire à la création de l'identité européenne[36]. L'idée des régions en tant que « troisième niveau de gouvernement dans le processus d'intégration européenne »[37] est d'abord développée par Udo Bullmann, puis utilisée par des spécialistes de la coopération transfrontalière. Georg Brunn, par exemple, soutient que l'avenir de la construction européenne dépend, dans une large mesure, du degré de régionalisme et que le régionalisme en Europe apparaît surtout sous forme d'institutionnalisation transfrontalière[38]. Un postulat réunit ces travaux théoriques sur le régionalisme en Europe : l'identité européenne se forgerait dans les régions et non pas dans les États. Cela pourrait avoir comme conséquence que l'identité régionale et européenne sont bien compatibles entre elles, mais pas forcément avec l'identité nationale. Mais qu'en est-il de l'identité régionale dans l'espace du Rhin supérieur ? L'Europe des régions est-elle une possibilité envisagée par nos grands témoins, et ce concept est-il compatible avec l'identité nationale ?

Des travaux sur l'histoire de la coopération transfrontalière dans l'espace rhénan ont déjà révélé que le lien entre l'identité européenne et l'Europe des régions n'est pas forcément évident dans la région frontalière d'Alsace[39]. Certes, les partenaires allemands et suisses peuvent souscrire au principe du régionalisme en

---

33 Gross Bernd, Schmitt-Egner Peter, *Europas kooperierende Regionen, Rahmenbedingungen und Praxis transnationaler Zusammenarbeit deutscher Grenzregionen in Europa*, Baden-Baden, Nomos, 1994, p. 34.

34 Vedovato Guiseppe, « Les relations transfrontalières dans la nouvelle Europe intégrée des régions », *Revista di Studi internazionali*, vol. 61, n° 4, 1994, p. 571.

35 Hrbek Rudolf, Weyand Sabine (eds.), *Das Europa der Regionen, Fakten, Probleme, Perspektiven*, München, Beck, 1994.

36 Kohler-Koch Beate, « Intégration européenne : décomposition ou réémergence des États nationaux », *Sciences de la société*, n° 34, 1995, p. 13.

37 Bullmann Udo, *Die Politik der dritten Ebene, Regionen im Europa der Union*, Baden-Baden, Nomos, 1994, p. 19.

38 Brunn Georg, « Regionalismus in Europa », in : Nitschke Peter (ed.), *Die Europïsche Union der Regionen*, Opladen, Leske & Budrich, 1999, p. 19–38.

39 Wassenberg Birte, « Identité européenne et coopération transfrontalière : quels liens ? L'exemple de l'espace du Rhin supérieur depuis les années 1990 », in : Denéchère Yves, Vincent Marie-Bénédicte (dir.), *Vivre et construire l'Europe à l'échelle territoriale de 1945 à nos jours*, Bruxelles, Peter Lang, 2010, p. 191–221.

Europe, leurs États étant organisés de manière fédérale, mais la Confédération helvétique n'appartient pas à l'UE et ne peut donc pas adhérer à un concept d'une Europe des régions qui vise à faciliter l'unification politique européenne. Quant à la France, la tradition jacobine d'un État centralisé et unitaire fait que le régionalisme rencontre généralement de la méfiance, pouvant mettre en péril les fondements mêmes de l'État. Le régionalisme est rapidement associé au danger de séparatisme, surtout dans le cas de l'Alsace, une région qui a été disputée pendant des siècles entre la France et l'Allemagne[40]. Pour l'espace du Rhin supérieur, l'Europe des régions ne se prête donc pas facilement comme un concept réaliste : il se heurte au problème d'une identité européenne associée à l'ultra-régionalisme qui pourrait mettre en péril l'existence des États. Cette analyse est partagée par la majorité de nos grands témoins.

Pierre Kretz pense ainsi qu'une Europe des régions où les États sont appelés à disparaître n'est pas possible parce que l'État a sa légitimité comme « un maillon qui va rester », qui « a sa place, car c'est le reflet d'une histoire avec ses bons et ses mauvais côtés ». En se référant à l'État français, il affirme que « c'est le produit d'une histoire et on ne peut pas dire qu'il n'a plus de raison d'être », concluant « n'imagine[r] pas bien que cela puisse disparaitre ». Même s'il pense qu'on « pourrait imaginer une Europe des régions, avec une espèce de fédération des régions », Pierre Kretz « n'aime pas beaucoup cela ». Pour expliquer sa position, il parle de « micro-nationalismes » qui sont, selon lui, aussi néfastes que les nationalismes dans les années 1930 :

> Car je crains les micro-nationalismes en Europe, je trouve que ce que l'on voit en Flandre, en Catalogne, au Pays basque, en Italie du Nord, etc., même s'il y a des raisons historiques à cela, ce sont des micro-nationalismes, disons les choses telles qu'elles sont. J'ai une espèce d'allergie par rapport à cela, que ce soit des nationalismes de grands États ou de petites régions. « Nous, les Alsaciens, sommes les meilleurs ! », cela me met en colère. Quel que soit le nationalisme, il est idiot. Même si c'est un petit nationalisme, il est aussi débile que le nationalisme français ou allemand des années 1930 !

Notre interlocuteur pense en effet que les « mico-régions nationalistes » n'ont pas de sens, parce qu'en Alsace « nous sommes vaccinés ». Il n'y aurait pas en Alsace de nationalisme ou d'autonomisme du type de celui que l'on trouve en Bretagne et ceci pour des raisons historiques : « Car les mouvements autonomistes des années 1920 et 1930 ont pour la plupart rallié le nazisme. Donc, après la guerre, on ne pouvait plus se dire autonomiste ». Selon Pierre Kretz, l'Europe des régions risque donc de rappeler en Alsace un temps de ralliement avec l'Allemagne nazie.

Pour Michel Hoeffel, l'Europe des régions suscite encore un danger supplémentaire : celui de l'ultra-régionalisme, qui souligne les particularismes au lieu de se réunir autour des points communs d'une identité européenne. Il explique que « l'affirmation "Je suis Européen" vient rarement en premier lieu en Alsace » et qu'« il y a encore du chemin à faire pour cela » : « On est dans une région un peu

---

40 Speiser Béatrice, « Europa am Oberrhein. Der grenzüberschreitende Regionalismus am Beispiel der oberrheinischen Kooperation », *Schriften der Regio*, 13, 1993, p. 23.

particulière en Alsace. Chez l'Alsacien prédomine un peu l'idée qu'on est autre, qu'on est différent. On est volontiers Français, mais on est quand même d'abord Alsacien ». Le régionalisme alsacien empêcherait donc en quelque sorte l'émergence d'une identité européenne. Lucienne Schmitt a également peur d'un virement ultra-régionaliste de l'Alsace. Alors qu'elle soutient l'idée d'une Europe fédérale, elle est consciente qu'en Alsace, le risque qu'entraîne l'affirmation d'une identité régionale trop prononcée est de se différencier par rapport aux autres d'une manière qui empêcherait le façonnage d'une identité, voire d'une citoyenneté européenne commune.

> Voyez, Sélestat, vous vous promenez, vous voulez savoir dans quelle rue vous êtes, dans les trois-quarts des rues de la vieille ville vous avez les noms en alsacien en plus. Donc, non seulement on est franco-français, mais en Alsace on n'est pas tout à fait franco-français, on est encore alsacien, et chez les Alsaciens il y a trois groupes : ceux qui parlent l'alsacien, ceux qui ne parlent pas l'alsacien et ceux qui parlent le patois. Donc, déjà entre eux, ce n'est pas la même citoyenneté, mais ils ont les mêmes institutions. Cette revendication identitaire de l'alsacien, on sent quand même que, comment dire, ce n'est pas du fanatisme, mais cela peut être une semence de discorde.

L'analyse de Michel Krieger est différente. Il pense qu'une Europe des régions pourrait exister, car, selon lui, « toutes les régions, c'est un enrichissement pour tout le monde ». Mais ensuite, il avertit que cela ne doit pas devenir « une nostalgie », en expliquant que l'Europe des régions pourrait mener à « tout effacer », « tout perdre ». C'est donc de l'amalgame de toutes les cultures dont il a peur, qui pourrait effacer la diversité dans une Europe des régions unifiée et il convient de mettre « des garde-fous » pour éviter une telle évolution.

Pour Paul Collowald, en revanche, le problème de l'Europe des régions en Alsace viendrait surtout de la culture politique française. Ainsi, l'organisation centraliste de l'État français ne serait pas compatible avec le concept d'une fédération européenne, où les régions joueraient un rôle principal, contrairement à la République fédérale d'Allemagne, où ce concept serait tout à fait envisageable.

> Si vous êtes dans une fédération – allemande –, vous vivez différemment, psychologiquement et politiquement, ce que vit un Français – centralisé, jacobin, etc. Donc cela, c'est déjà une différence majeure, parce que, dans la *Bundesrepublik*, vous avez évidemment le fédéral, mais vous avez le *Bundesrat* [Conseil fédéral allemand], avec les *Länder* qui sont représentés. Donc le citoyen de Stuttgart a une autre conception que celui de Montpellier. Pour le Français, l'État, c'est tout.

Paul Collowald n'est pas fondamentalement opposé au concept d'une Europe où il y aurait un partage de souveraineté, car, selon lui, l'État n'est plus l'échelon adapté pour résoudre tous les problèmes de gouvernance européenne : « Le lien avec l'Europe, c'est que l'État aujourd'hui, l'État français comme l'État italien ou britannique, – on revient au partage de la souveraineté – doit savoir qu'il ne peut plus résoudre tout seul les problèmes ». Mais il n'est pas tout à fait clair si cette Europe fédérale qu'il imagine laisse aussi une place aux régions, car il pourrait s'agir uniquement d'un partage de souveraineté entre États-membres de l'UE.

La vision de Karl von Wogau n'est pas la même. Il défend l'Europe des régions comme une approche qui permettrait de développer une identité européenne proche des citoyens :

> Oui, je crois que pour les citoyens des grands pays, l'Europe des régions est très importante. Si vous prenez le Luxembourg, c'est un petit pays qui est quand même une nation et une région. Mais, pour l'Allemagne et pour la France, je crois que la région est très importante parce que la région est plus proche du citoyen. Donc si toute décision doit passer par Berlin ou par Paris, ça devient plus lent et c'est parfois ressenti comme trop éloigné du citoyen. Et donc je crois que cette idée régionale, aussi en connexion avec l'idée de subsidiarité – qui veut que les décisions sont prises aussi proches du citoyen que possible – que ces deux idées sont très importantes.

Ce concept de l'Europe des régions se base sur l'idée d'une gouvernance européenne à multiples niveaux, dans laquelle, au sein de l'UE, les régions, les États et les institutions européennes travaillent ensemble pour faire avancer la construction européenne, et qui n'est pas celle des mouvements (ultra-)régionalistes qui défendent la disparition de l'État-nation au profit des régions en Europe. Parmi nos grands témoins, Jean-Marie Woehrling livre une analyse très exhaustive du lien entre l'identité européenne, le concept d'Europe des régions et l'État. Il constate, en effet, que « "l'Europe des régions" est pour le moment un terme, un slogan » mais que « ce n'est pas encore une réalité », surtout si l'idée de l'Europe des régions est liée à celle d'une disparition des États au profit de l'échelon régional de gouvernance.

> L'idée de l'Europe des régions, c'est que les États cèdent une partie de leur rôle aux régions et que ce soient ces régions qui forment alors l'Europe. Pour les éléments les plus radicaux, c'est vraiment la dissolution des États au profit des régions. Certains s'imaginent qu'on pourrait faire éclater les États, qu'on aurait après une cinquantaine de régions qui pourraient construire l'Europe, et que ça marcherait mieux que l'Europe des États.

Jean-Marie Woehrling pense donc que l'Europe des régions ne correspond pas à la réalité de l'Europe, que c'est « un peu théorique, même si l'idée est jolie ». Car, selon lui, « cette idée d'un rôle éminent des régions dans la construction européenne, même si ça ne passe pas par cette forme radicale, ne s'est pas tellement concrétisée. Il y a eu des tentatives en ce sens, mais c'est resté quelque chose de marginal. L'Europe des régions est un effort, une idée, un projet qui est resté à un stade non-achevé ». Pour appuyer son raisonnement, il évoque ensuite la Charte de l'autonomie régionale qui n'a pas abouti parce que « la conception même de ce qu'est une région en Europe est tellement différente d'un pays à l'autre qu'on n'a pas réussi à en faire quelque chose ». Mais il pense toutefois que, pour certaines régions, le concept d'Europe des régions a une grande importance parce qu'elle permet d'« avoir un autre niveau de réalisation de l'Europe ». Et il ajoute que cette identification régionale de l'Europe n'est pas en concurrence avec d'autres échelles d'identité, que ce soit au niveau national ou européen, car il « ne faut pas le voir comme une concurrence, comme une alternative mais plutôt comme une autre scène sur laquelle il se passe autre chose ».

En effet, les grands témoins se posent très vite la question de savoir si les différents types d'identités – régionale, nationale et européenne – sont compatibles ou si elles se trouvent plutôt en concurrence les unes par rapport aux autres.

3. L'identité régionale versus l'identité européenne : complémentaire ou concurrentielle ?

L'identification européenne de nos grands témoins se situe, certes, dans le cadre géographique d'une région frontalière, mais cela pose d'emblée la question du lien entre identité européenne et identité (trans)régionale[41]. Pour la Commission européenne qui tente, à partir de l'introduction du programme Interreg en 1991, de promouvoir une « identité transnationale » dans les régions transfrontalières, l'identité régionale et l'identité européenne vont forcément de pair[42]. Or, certains acteurs de la coopération transfrontalière défendent l'identité régionale de l'espace du Rhin supérieur plutôt comme une identité spécifique, liée à une histoire et culture communes.

Pour les « idéalistes » de la coopération rhénane, l'identité régionale de l'espace du Rhin supérieur se base en effet sur l'existence d'une histoire commune qui est marquée, à travers les siècles, par une grande volonté de rapprochement, économique, politique et culturel, et qui n'a pas forcément de lien avec l'histoire de la construction européenne. Elle trouve son fondement plutôt dans l'expérience des civilisations communes au niveau régional. D'abord, la civilisation celtique donne l'idée d'une communauté aux trois frontières (*Dreieckland*) qui se trouve entourée de cinq sommets, les *Belchen* (au Sud, la Forêt Noire, les trois ballons d'Alsace à l'Ouest et les Vosges au Sud). La civilisation romaine apporte à la région du Rhin supérieur ensuite la « Pax Romana », caractérisée par l'harmonie culturelle, la prospérité et le calme. Enfin, les civilisations alémanique et francique apportent une unité linguistique à la région (par l'introduction de la langue alémanique)[43]. Ainsi, lorsque les pionniers suisses de la coopération transfrontalière créent l'association *Regio Basiliensis* à Bâle, en 1963, ils mettent l'identité régionale commune en avant pour créer un esprit *Regio* au sein de la population, qui n'a, *a priori*, aucun lien avec l'idée d'unification européenne. L'identité régionale se construit selon eux autour de l'objectif de conjurer un mythe du passé

---

41 Wassenberg Birte, « Identité européenne et coopération transfrontalière… », *art. cit.*
42 Beck Joachim, Wassenberg Birte (eds.), *Grenzüberschreitende Zusammenarbeit leben und erforschen (Band 5): Integration und (trans-)regionale Identitäten*, Stuttgart, Steiner Verlag, 2014.
43 Wassenberg Birte, *Vers une eurorégion ? La coopération transfrontalière franco-germano-suisse dans l'espace du Rhin supérieur de 1975 à 2000*, Bruxelles, Peter Lang, 2007, p. 33–35.

commun en mettant en avant les éléments unificateurs de l'histoire rhénane pour rapprocher les populations transfrontalières[44].

Cette identité régionale chez nos grands témoins est-elle alors compatible avec l'identité européenne ou s'agit-il d'une identité concurrentielle, réservée aux partenaires de l'espace du Rhin supérieur ? Et s'agit-il d'une identité complémentaire ou en opposition à l'identité nationale ?

3.1. Une identité régionale complexe

Les travaux sur l'histoire de la coopération transfrontalière montrent que les fondateurs de la *Regio Basiliensis* en 1963 sont des défenseurs d'une identité régionale de l'espace du Rhin supérieur, basée sur l'histoire commune de cet espace. Il s'agirait donc d'un « espace de vie issu de l'histoire », dans lequel « les guerres, les rivalités politiques et les luttes spirituelles ont souvent relégué au second plan ce qu'on pourrait appeler l'histoire des relations, qu'il s'agisse de relations économiques et commerciales, ou de relations personnelles ou culturelles »[45]. Cette volonté d'union se retrouverait dans une identité régionale, propice au développement d'un sentiment d'appartenance commune des populations suisses, allemandes et françaises, comme le souligne un de nos grands témoins, Hans-Martin Tschudi, *Regierungsrat* (conseiller d'État) de Bâle et porte-parole des cantons suisses lors du 9e Congrès tripartite le 16 septembre 2004, à Bâle : « La création d'un réseau [...] dans l'espace rhénan contribue à l'intégration et au développement d'une conscience régionale collective dans la région du Rhin supérieur »[46].

Mais un regard plus approfondi sur l'histoire de la région du Rhin supérieur révèle qu'il n'y a pas seulement des éléments d'union, mais également des éléments de séparation, et qu'il dépend dès lors du point de vue de chacun de savoir quels sont les éléments qu'il privilégie lorsqu'il se trouve confronté à des personnes de l'autre côté de la frontière. Il peut alors se sentir soit proche, soit éloigné de son voisin, éprouver un lien d'amitié ou une hostilité envers lui. Ainsi, d'un côté, l'identité régionale de l'espace rhénan comme force d'union trouve, certes, son fondement dans l'expérience des civilisations et cultures communes[47]. Et la communauté linguistique, basée sur la présence des dialectes, fait que, lorsque la coopération transfrontalière est initiée par des acteurs locaux dans la région de Bâle, la barrière linguistique entre le français et l'allemand est estompée et la

---

44 Wassenberg Birte, « Coopération franco-germano-suisse et identité régionale (1963–2007). L'identité régionale favorise-t-elle la coopération transfrontalière dans l'espace rhénan ? », in : Libera Martial, Wassenberg Birte (dir.), *L'Europe au cœur, études pour Marie-Thérèse Bitsch,* Bruxelles, Peter Lang, 2009, p. 141–163.
45 Baumert Roger, « La Regio », thèse de doctorat, Université de Strasbourg, 1968, p. 15.
46 Tschudi Hans-Martin, Déclaration lors du 9e Congrès tripartite, Bâle, 16 septembre 2004.
47 Wassenberg Birte, « Coopération franco-germano-suisse et identité régionale... », *art. cit.*, p. 142.

communication fonctionne bien[48]. Comme le constate l'historien Roger Baumert en 1968 : « De tous temps, les contacts personnels entre les habitants de la *Regio* se trouvaient facilités par la communauté de langue »[49]. Or, de l'autre côté, l'histoire de la région du Rhin supérieur souffre également d'éléments séparateurs, qui ne favorisent pas l'identification régionale commune. Après le traité de Westphalie en 1648, l'Alsace est ainsi séparée de l'Allemagne et l'élément séparateur de la frontière nationale est ensuite renforcé par le temps des conflits et des guerres entre la France et l'Allemagne, qui s'accélère à partir de 1840[50]. Après la victoire de Bismarck en 1870, commence le tiraillement de l'Alsace entre la France et l'Allemagne, qui ne cessera qu'après la Deuxième Guerre mondiale. La complexité de cette histoire de l'espace rhénan résulte donc en une identité régionale qui n'est pas forcément homogène. Si elle s'appuie sur des éléments unificateurs de l'histoire, elle peut favoriser la coopération transfrontalière et l'idée d'une région commune. Si elle souligne les éléments séparateurs, elle peut, au contraire, aboutir à des attitudes de démarcation, de méfiance, voire de rejet du partenaire transfrontalier. Cette dialectique de l'identité régionale est ressentie par beaucoup de nos grands témoins.

Ainsi, Jean-Paul Heider rappelle que pour la génération qui a vécu la Deuxième Guerre mondiale, l'identité régionale alsacienne est encore bien marquée par les éléments séparateurs de cette région transfrontalière : « On arrivera à résoudre ces problèmes, en réunissant les jeunes. Ce ne sont pas les vieux comme moi qu'il faut convaincre… Certains de ma génération ont besoin d'être convaincus, mais c'est trop tard ». Il pense toutefois que les jeunes en Alsace « intègrent l'idée que l'Europe est une entité » et que les éléments séparateurs de l'histoire doivent être surmontés pour pouvoir aboutir à une identité européenne commune : « Ces 40 000 jeunes Alsaciens qui sont morts [pendant la guerre], doivent interpeller les Alsaciens, pour dire : aujourd'hui, nous sommes Européens, défendons l'Europe et faisons avancer les choses ». Pour Jean-Paul Heider, l'identité régionale n'est donc pas incompatible avec l'identité européenne.

Mais il y a aussi des grands témoins qui ne s'identifient pas à cette région frontalière. Michel Krieger se distancie par exemple clairement vis-à-vis d'une appartenance régionale trop poussée. Sans rejeter son expérience de la région, il s'éloigne d'une identité alsacienne, en rattachant ce choix à son statut d'artiste. Il dit en effet « par rapport à mon expérience avec l'Alsace par exemple, je ne suis pas du tout, déjà en tant qu'artiste, le porte-drapeau de l'Alsace, je ne me revendique pas en tant qu'artiste comme Alsacien » – avant d'évoquer ses affinités avec la Bretagne, où il se rend régulièrement. Il évoque et explique cette revendication d'un statut d'artiste « apatride » lorsqu'il présente le monde des artistes, qui sont, selon lui, libérés de la contrainte des frontières géographiques, géopolitiques et mentales « pour la bonne raison qu'effectivement on ne défend pas une nationali-

---

48 Stolz Peter, Wyss Edmund, « Soziologische Regio Untersuchung », *Schriften der Regio*, 2, 1965.
49 Baumert Roger, « La Regio », *op. cit.*, p. 27.
50 Grasser Jean-Paul, *Une Histoire de l'Alsace*, Paris, Éditions Jean-Paul Gisserot, 1998, p. 9.

té, mais plutôt une forme de créer qui, elle, n'a en elle-même pas de frontière. [...] Le but d'un artiste, c'est de faire connaître son travail, et donc notre travail ça n'avait pas grand intérêt de le montrer uniquement dans une petite région comme l'Alsace ». Il voit donc l'identité régionale comme une limite, une forme de frontière mentale, et, à ce titre, la refuse en investissant son état d'artiste. C'est pourquoi il préconise de « faire sauter, sans doute, des étapes et [de converger] vers une vue d'ensemble beaucoup plus intégrée », lorsqu'il se voit interrogé sur la compatibilité des différents niveaux d'assimilation identitaire. Michel Krieger conserve donc une sorte de distance vis-à-vis de la région alsacienne, dont il dit qu'elle est fixée dans un certain traditionalisme, peu enclin aux revendications et évolutions sociales.

La plupart des interrogés se revendiquent au contraire de cette identité régionale, indépendamment du fait qu'ils soient de nationalité française, allemande ou suisse. Jean-Marie Woehrling, par exemple, apparaît très attaché à son identité régionale d'Alsacien, ainsi que le prouvent certains éléments de sa biographie comme la présidence du Centre culturel ou le rôle qu'il a pris pour la création de l'Institut du droit local alsacien-mosellan. C'est d'ailleurs moins par ses paroles que par certains exemples de son engagement associatif qu'on ressent chez lui l'importance de cette identification régionale, même s'il n'hésite pas à se définir « en tant qu'Alsacien ». Sa vision de la région montre d'ailleurs comment l'identité alsacienne peut être vécue en parfaite harmonie avec les identités nationales allemande et française. Car il affirme que « la définition de l'Alsace, de la culture alsacienne, c'est la rencontre entre la culture française et la culture allemande. Il n'y a rien de spécifiquement alsacien en dehors du fait qu'on est entre la France et l'Allemagne ». La vision de l'espace rhénan de Jean-Marie Woehrling est celle d'une région et de peuples unis par des liens historiques, culturels et linguistiques forts par-delà une frontière qu'il ne faut malgré tout pas prétendre ignorer, mais plutôt chercher à dépasser. L'identité rhénane est donc compatible avec l'identité régionale alsacienne qui, elle-même, intègre des éléments de la culture française et allemande. Quant à la compatibilité entre l'identité régionale et nationale, Jean-Marie Woehrling pense qu'il y a à la fois un État européen, un État français et un État alsacien, si l'on définit la notion d'État d'une manière large. Il n'y aurait donc pas d'incompatibilité entre ces trois niveaux d'État.

> Alors il y a les institutions qu'on appelle les États qui existent. Mais l'État lui-même, c'est quelque chose de plus abstrait qui existe déjà au niveau européen. On peut dire qu'il y a déjà un État européen, puisqu'il existe une population européenne, des institutions européennes, un droit européen, etc. L'État, c'est une organisation politique. On peut dire que les États fédérés sont aussi des États : même en Suisse, les cantons se considèrent comme des États. Il faut d'abord être sensible à la multiplicité du concept d'État. À mon sens, il y a également, d'une certaine manière, un État alsacien – bien sûr moins bien développé que l'État français –, de même qu'il existe un État européen, qui n'est pas encore aussi développé que l'État français. L'État, c'est cette idée d'une construction, d'une organisation de la vie commune et il faudrait en quelque sorte ne pas laisser aux États nationaux le monopole de ce terme.

De la même manière, Anne Sforza est fière de son identité régionale, qu'elle place même avant l'identification à la nationalité française. Elle dit en effet qu'elle se sent alsacienne « avant d'être Française » et « fière d'être Alsacienne ». Elle met d'ailleurs l'accent sur un élément unificateur de cet espace rhénan qui est la pratique de la langue alémanique : « Moi, je parle encore le dialecte d'origine. Je trouve que cela m'a permis, quand j'étais toute jeune, d'avoir déjà deux langues, en fait. […] À partir de là, je trouve que les Alsaciens, s'ils réfléchissent, cela vous donne une ouverture supplémentaire ». L'identité régionale alsacienne, qui est marquée par la langue régionale, l'alsacien, proche de l'allemand, est donc pour elle un atout pour l'ouverture aux autres. En quelque sorte, Anne Sforza estime ici que l'identité régionale soutient le sentiment d'appartenance à une identité (trans-)régionale, voire européenne commune. Elle aide au façonnage d'une identité européenne.

L'Allemand Karl von Wogau fait également preuve d'un attachement profond à l'identité régionale qui, selon lui, est un maillon indispensable pour son identification à l'Europe. Il se définit en effet d'abord comme « Freiburger » et « Badener ». Il est intéressant de noter que sa référence à l'identité régionale s'articule autour de la « *Heimat* », ce terme allemand impossible à traduire littéralement en français. Terre ou pays natal, refuge ou patrie, il désigne plutôt une sorte de sentiment universel de sécurité, de familiarité, la maison de l'enfance, ou celle où l'on se sent chez soi. Alors qu'il commence par dire que sa « *Heimat* », c'est « l'Europe », Karl von Wogau précise sa pensée ensuite en expliquant qu'elle est pour lui « une zone transfrontalière, qui se situe de part et d'autre de la frontière ». Identité régionale et européenne vont donc de pair pour lui, avec une légère préférence accordée à la première, qui est ancrée dans le territoire de la région frontalière. Mais on voit bien que son attachement à la région, et, par là-même, sa vision de la région dépassent les frontières. Car sa conception d'une unité régionale véritable s'appuie sur les éléments unificateurs de cette région transfrontalière, puisqu'il se réfère à une zone géographique qui orbite autour d'une petite chapelle du XVIIIe siècle, repère symbolique qui unit dans sa vision des paysages de plaines où la frontière nationale a disparu. L'Europe, sa « *Heimat* », s'imprègne donc des caractéristiques d'une région transfrontalière géographiquement homogène.

> Pour moi, j'ai toujours senti l'Europe comme ma patrie, ce qu'on appelle la Heimat [en allemand]. La Heimat, c'est quelque chose de très proche, donc je considère ma Heimat, tout lieu où l'on peut voir la Erentrudiskapelle, parce que j'ai toujours habité à Munzingen, c'est un petit village près de la frontière. Derrière, il y a une petite montagne avec des vignes et, dans ces vignes, il y a une chapelle qui est là, la Erentrudiskapelle, et si on la regarde, on peut la voir si on est sur la Forêt Noire et on peut aussi voir la Erentrudiskapelle de l'Alsace.

Marcel Spisser qualifie cette identité de « rhénane », c'est-à-dire, selon lui, non pas seulement régionale, mais transrégionale et qui englobe toute la région transfrontalière franco-germano-suisse. Il l'explique ainsi : « Il y a une identité que j'appellerais rhénane. Souvent, quand on discutait pour le manuel [d'histoire franco-allemand], le délégué venant de Fribourg me disait : "Nous, nous sommes quand même des Rhénans, on va essayer de se réconcilier les uns les autres".

C'est donc une mentalité que d'être Rhénan, on y a un grand passé commun ». Notre témoin suisse, Hans-Martin Tschudi, est du même avis. En soulignant qu'il a été élevé « à la frontière », il met l'accent sur les traits d'union de la région transfrontalière qui sont, selon lui, notamment une culture et une langue communes : « Wir sind an der Grenze aufgewachsen und damit haben wir gemerkt, dass wir dieselbe Kultur haben. […] Wir sind im Elsass oder in Baden-Württemberg und in Basel alle Alemannen. Wir sprechen alle denselben Dialekt ». Hans-Martin Tschudi appelle cette identité transrégionale commune « alémanique » et il insiste sur le fait que c'est l'unité culturelle qui permet aux populations frontalières d'Alsace, du Bade-Wurtemberg et de la Suisse du Nord-Ouest de ressentir une identité commune. Il s'agit d'un « pays aux trois frontières » qui est uni dans la diversité. Hans-Martin Tschudi reprend ainsi l'un des éléments de l'identité européenne tel que figurant dans les traités fondateurs de la Communauté européenne.

> Ich habe ganz früh realisiert, dass wir Grenzen haben, aber dass wir offen sind, dass wir dieselbe Kultur haben, dieselbe Sprache. Wir lieben das Elsass aufgrund der Eigenart, aufgrund der Natur, den kulinarischen Eigenarten, der Weinstraßen etc. Wir sind ein Dreiland, das eine große kulturelle Vielfalt hat und deshalb einzigartig ist.

Néanmoins, il y a aussi des grands témoins qui constatent la disparition progressive de ce sentiment d'appartenance à une identité transrégionale rhénane. C'est notamment par rapport au facteur linguistique que de nouvelles frontières identitaires sont remarqués. Ainsi, la diminution de la présence du dialecte alsacien amènerait à une perte d'identité régionale et une perte d'affiliation avec les voisins « alémaniques » du côté allemand et suisse. En effet, Michel Hoeffel regrette « que l'on n'a pas su utiliser suffisamment cette chance et la politique linguistique telle qu'elle a été conduite depuis 1945 », ce qui a fait que « l'usage ou la connaissance de la langue allemande a quand même reculé peu à peu ». Alors que sa génération, c'est-à-dire « ceux qui sont nés avant la guerre et qui ont eu comme première langue l'allemand », est bilingue, « ceux de [s]on âge qui se sont arrêtés à l'âge de 14 ans lisent encore souvent le journal en allemand, mais cela s'arrête là ». Pierre Kretz est d'accord avec cette analyse : « Ma génération d'Alsaciens, c'est-à-dire née dans les années 1950, était encore majoritairement dialectophone, donc l'allemand ne posait pas de problème », dit-il, et il déplore ensuite que « maintenant, les enfants dialectophones ne représentent plus que 2 ou 3% des enfants, c'est même plus symbolique ». Pierre Kretz explique qu'il y a donc une nouvelle barrière identitaire qui s'érige entre Français et Allemands d'un côté et de l'autre de la frontière :

> Du coup, il y a une barrière de la langue que je trouve très préoccupante. Avant, il y avait la barrière nationale : le Rhin était une frontière, bien que nous parlions la même langue. Cette barrière-là est tombée, ce qui est bien, mais maintenant il y a une frontière linguistique.

L'identité régionale est donc complexe, surtout dans une région transfrontalière, où il peut s'agir d'une identification qui peut ou qui ne peut pas être partagée avec les voisins de l'autre côté de la frontière dont l'affiliation nationale est différente. Il peut s'agir d'une identité régionale ou une identité transrégionale, constitutive ou non d'une identification européenne. Cette complexité est bien explicitée par Karl-Heinz Lambertz qui souligne que l'identité se trouve toujours dans une relation de tension entre un ancrage régional et une ouverture envers l'extérieur. Il pointe aussi le fait que cette identité régionale évolue en fonction du degré d'ouverture et qu'elle n'est donc pas figée :

> Identität steht immer in einem Spannungsverhältnis zwischen Verankerung und Öffnung. Wenn ich mich regional verankere mit meiner Eigenart, mit meiner regionalen Identität, aber gleichzeitig öffne, verändere ich meine Identität. Das ist ein dynamischer Prozess, weil man nicht zwei Identitäten in einem Körper haben kann.

Selon lui, il y aurait trois étapes déterminantes pour la fabrique de l'identité d'une région : premièrement, il doit y avoir assez de points communs pour pouvoir affirmer une identité particulière régionale ; puis, ces points communs doivent avoir une influence sur les populations qui habitent dans cette région ; et enfin, la population doit avoir la volonté de s'identifier avec cette région.

> Es gibt drei Etappen, die für die Identität einer Region entscheidend sind. Erstens müssen genügend Gemeinsamkeiten vorhanden sein, um überhaupt sagen zu können, dass dies eine Region ist. Erst dann kann die regionale Identität Einfluss auf den Einzelnen nehmen. « Was ist das Gemeinsame der Menschen, die diese Regionen bewohnen, das die Region identifiziert? ». Und dann kommt das letzte Element: Identität kann nur Bestand haben, wenn sich die Menschen auch mit der Region identifizieren. Das ist ein sehr willensabhängiges Problem.

Selon Karl-Heinz Lambertz, ces trois étapes peuvent amener dans une région transfrontalière à ce qu'on se sente appartenir à une identité culturelle commune, ou alors, elles peuvent aussi aboutir à une opposition entre les populations frontalières : « Entscheidend ist dann, ob das zu Interrelation oder zu Gegnerschaft führt ». L'identité régionale peut ainsi s'avérer incompatible avec l'identité transrégionale. Globalement, ceci ne semble pas être le cas pour nos grands témoins de l'espace rhénan. L'identité régionale et transrégionale sont ressenties comme allant de pair. Mais qu'en est-il de leur identification nationale et/ou européenne ? Ces deux niveaux identitaires sont-ils compatibles ?

3.2. Une identité multiple

Au regard de la complexité de l'identité régionale, la question qui se pose est de savoir si l'identité régionale peut s'insérer dans une identité multiple, à différentes échelles, régionale, nationale et européenne. L'espace du Rhin supérieur constitue un terrain d'expérimentation riche de sens : on peut y aborder *in situ* la construction d'une offre politique inédite en même temps que de nouvelles affiliations citoyennes, notamment européennes, aux limites entre deux États[51]. Et les frontières participent aux constructions identitaires, à travers les dualismes divergents

---

51 Withol de Wenden Catherine, *La citoyenneté européenne*, Paris, Presses de Sciences Po, 1997.

que sont l'ici et l'ailleurs, dont le dépassement est au centre des relations transfrontalières.

Mais l'historiographie de la coopération transfrontalière révèle plutôt une identité régionale concurrentielle, voire incompatible avec l'identité nationale et européenne. Ainsi, dans étude sociologique sur la *Regio*, Uwe Fichtner identifie, dès 1988, l'émergence d'une « conscience régionale » dans l'espace du Rhin supérieur[52]. Cette étude définit l'espace transfrontalier comme une zone de contact et d'échanges, dans laquelle les habitants s'identifient surtout par rapport à des références régionales. Ceci amènerait à la formation d'une mentalité typiquement frontalière qui pourrait évoluer vers une conscience régionale transfrontalière. L'identification régionale à l'espace du Rhin supérieur serait ainsi en train de se forger et les prémices d'un « substrat idéologique commun » semblent émerger[53]. Mais cette étude ne parle pas d'identité européenne, car, pour un ressortissant suisse, l'identité régionale de la *Regio* est spécifique et n'a pas de lien avec l'UE. En revanche, l'étude fait explicitement référence à l'identité nationale, qui rentrerait « en concurrence avec l'identification régionale »[54].

Dans les années 1990, les sondages effectués sur la coopération transfrontalière révèlent même un paradoxe dans la relation entre identité régionale et européenne. Ainsi, les travaux des *Informations-und Beratungsstellen* (Infobst) du Rhin supérieur témoignent de ce que la population effectue, certes, des déplacements et des échanges avec le pays voisin, mais n'y voient pas le signe d'une identification (trans)régionale ou européenne[55]. Au contraire, le déficit démocratique que l'UE déplore depuis le traité de Maastricht deviendrait aussi une préoccupation de la coopération transfrontalière et semble révéler une relation de double négation identitaire : un rejet d'identification européenne qui entrainerait le rejet d'identité (trans)régionale. Enfin, une étude réalisée par l'institut franco-allemand de Ludwigsburg en 2006 pour le 10e Congrès tripartite « Quel avenir pour l'espace rhénan », semble pointer une véritable relation concurrentielle entre identité régionale et identité européenne. L'étude révèle que les personnes interrogées se définissent seulement en troisième position – après l'appartenance à l'État et à la commune – comme citoyens de l'Europe (34%) et qu'en plus, l'appartenance à la région transfrontalière ne vient qu'après, en quatrième position (31%)[56]. Même si la coopération transfrontalière est évaluée par la population comme très positive et recueille majoritairement la confiance parmi les habitants de la région du Rhin supérieur, la réponse à la question de savoir si la coopération transfrontalière a créé une identité régionale dans le Rhin supérieur est ambiguë :

---

52 Fichtner Uwe, « Grenzüberschreitende Verflechtungen und Regionales Bewusstsein in der Regio », *Schriften der Regio*, 10, 1988, p. 155.
53 *Ibid.,* p. 172.
54 *Ibid.,* p. 27–49.
55 Beck Joachim, « L'espace transfrontalier du Rhin supérieur vu par les citoyennes et les citoyens : résultats d'un sondage », Strasbourg, INFOBEST Kehl/Région Alsace, 1999.
56 *Ibid.,* p. 45.

seulement 50% dans les milieux économiques, administratifs et dans les communes l'affirment et d'autres le nient (autour de 35%).

Le sondage n'est d'ailleurs pas forcément représentatif de l'avis général de la population du Rhin supérieur : en effet, d'autres interrogations sur la coopération transfrontalière ont souvent relevé l'ignorance de l'espace transfrontalier commun du Rhin supérieur. Les acteurs institutionnels de la coopération sont eux-mêmes sceptiques par rapport au développement d'une identité régionale. Plus d'un tiers de ces acteurs ne pensent pas que la coopération transfrontalière a créé une identité commune[57]. L'identification régionale spécifique à l'espace rhénan fait donc défaut et sa relation avec l'identité nationale et européenne semble plutôt concurrentielle.

Ce n'est pas le cas de nos grands témoins pour qui l'identité est multiple et intègre à la fois des éléments d'identification régionale, nationale et européenne. Pratiquement tous les grands témoins ressentent ainsi une identité « à plusieurs niveaux » qu'ils estiment être une caractéristique principale de ce que doit être l'identité européenne.

Hans-Christian Krüger affirme ainsi qu'il est Allemand et Européen et il place l'identité nationale en premier : « Ich bin ein Deutscher und Europäer ». Mais en même temps, il ajoute que l'identité européenne est une identité qu'il a « apprise », qui n'existe pas « en soi » mais qui s'est affirmée avec le temps : « Aber sicherlich ist das eine europäische Identität, die ich mir angeeignet habe. Sie war nicht von vornherein da. Aber man hat sie sich angeeignet. Und heute bin ich bestimmt ein Europäer, European, Européen ». Contrairement à l'identité nationale, l'identité européenne s'acquiert donc par la culture, par exemple avec l'apprentissage des langues étrangères. Il cite ensuite Wolfgang von Goethe pour expliquer ce processus d'acquisition de l'identité européenne :

> Ja sicherlich, denn dadurch, dass man Sprachen lernt, fängt man an, eine europäische Identität zu entwickeln. Damit entwickelt sich erst das Europäische. Aber es ist eine Kultur. Man muss es erwerben. Es wird einem nicht geschenkt. Auch da wieder Goethe : « Was du ererbt von deinen Vätern hast, erwirb es, um es zu besitzen ». Das gilt für Vieles. Das wird Ihnen nicht in den Schoß gelegt. Man muss es suchen. Man muss auch sehen, dass man die europäische Identität entwickelt.

Karl von Wogau, qui se revendique comme étant à la fois « Fribourgeois », « Badois », « Allemand » et « Européen », nous livre une analyse détaillée de ses identités multiples : « Je crois que nous avons différentes couches d'identité. On a une identité régionale et une nationale et aussi européenne », affirme-t-il. Selon lui, l'identité européenne est importante car « il faut être conscient du fait que, nous autres Européens, nous avons une identité commune ». Klaus Schumann exprime la même pensée en donnant un exemple encore plus personnel. Il explique que son histoire familiale incarne elle-même cette identité à multiples niveaux, car elle est marquée par le mélange de nationalités différentes, française et polonaise, par

---

57 *Quel avenir pour l'espace rhénan, les attentes des acteurs et des citoyens*, Ludwigsburg, Fondation entente franco-allemande, 2007.

l'expérience de la Deuxième Guerre mondiale et par l'affrontement entre Allemands et Français, mais aussi par ses deux filles qui sont Alsaciennes. Sa conclusion est de se réclamer « citoyen du Rhin supérieur », une identité qui réconcilierait ses différentes couches d'identités régionale, nationale et européenne :

> Moi, je suis marié à une Française qui est moitié française moitié polonaise, son père était même officier polonais. Je suis né au moment où la guerre a commencé, mon père a fait la guerre contre la Pologne. Mon beau-père a été expulsé par les Allemands et il s'est sauvé en France et a rejoint l'armée française, et, trois mois plus tard, quand les Allemands ont bougé vers l'ouest et ont envahi la France, il a été fait prisonnier des Allemands et a passé cinq ans dans un « Stalag » [camp pour les soldats et sous-officiers] dans les Vosges. [...] Ma femme est moitié française, alors j'ai fait la réconciliation avec l'Est et j'ai deux filles qui sont alsaciennes. Je me considère comme citoyen du Rhin supérieur, comme Européen, citoyen du Rhin supérieur.

Pierre Kretz insiste sur la nécessité d'admettre des identités multiples. « Je trouve que les gens jouent très souvent une identité contre l'autre », déplore-t-il, et l'illustre à partir du problème des immigrés turcs en Alsace : « C'est le cas des Turcs vivant en Alsace, par exemple : on peut se sentir Turc, Alsacien, Européen, tout à la fois ! ». Il souligne ensuite qu'il n'a jamais eu « cette envie » de faire jouer une identité contre l'autre : « Le fait de revendiquer une certaine identité culturelle alsacienne ne m'a jamais fait renier mon identité française. Les identités se construisent et s'enrichissent en se confrontant aux autres ». Mais Pierre Kretz pense aussi que réconcilier l'identité régionale, nationale et européenne n'est pas suffisant. Pour lui, l'identité peut même tendre vers une identité de « citoyen du monde », et la solution serait donc de ne pas utiliser l'identité régionale pour se replier sur soi, mais, au contraire, pour s'ouvrir au monde.

> Il n'y a pas que du négatif dans le retour aux identités régionales [...]. Si c'est un repli identitaire, évidemment c'est catastrophique, mais si c'est une interrogation sur comment vivre dans la pensée du « Penser global, agir local », alors c'est positif. C'est-à-dire que j'agis local, je suis dans les associations et je participe aux initiatives de la région, mais je sais aussi que je suis citoyen du monde et que je suis Européen. Je sais que ce que je fais ici dans mon village, dans mon quartier ou dans mon canton, cela n'a un sens que si je le projette dans une vision plus globale. Si cela consiste à dire « Je suis Alsacien, nous sommes les meilleurs », là, c'est la frustration et la fermeture. Je comprends qu'avec la mondialisation, la globalisation, les gens veulent se retrouver dans leur petite *Heimat*. Ce n'est pas négatif en soi, sauf s'ils se referment comme des huîtres et rejettent les autres.

Ulrich Bohner va encore plus loin. Selon lui, il est impossible d'avoir une identité « unique » : « Pour moi, l'identité n'est surtout pas une notion unique, on n'a pas une identité, on a des identités. Ce sont des identités collectives auxquelles on participe de façon plus ou moins intense, et c'est l'ensemble de ces identités collectives qui permet à chacun de former son identité personnelle ». Il ajoute que le nationalisme et le populisme « occultent » ce concept d'identité multiple, parce que ces idéologies politiques sont focalisées sur l'illusion de l'exclusivité de l'identité nationale. Au contraire, selon Ulrich Bohner, « c'est important que les gens puissent admettre que l'on peut être Français et en même temps être Alsacien, Européen, catholique ou protestant, ou juif ou musulman, que l'on peut avoir le français ou l'alsacien comme langue maternelle, mais que l'on peut aussi vivre en Alsace et avoir le turc, l'arabe ou l'italien comme langue maternelle, et cela forge l'identité ». Il fait donc aussi référence aux langues comme un élément clé de cette identité multiple. Pour expliquer son rejet d'une identité unique, il cite ce que Amin Maalouf appelle dans un de ses livres les « identités meurtrières », « c'est-à-dire des gens qui ont une identité, seule et unique, c'est-à-dire que l'on n'est pas Français et Européen, on n'est pas Français et Alsacien, on est Français tout court et on n'est pas Français protestant, pour être un bon Français il faut être un Français catholique ». Il ne peut pas adhérer à ce concept, car il est convaincu qu'il n'y a pas seulement différents niveaux d'identité (régionale, nationale, européenne) mais aussi que l'identité régionale et nationale sont en soi déjà multiples, car imprégnées par différentes influences culturelles : « Et d'ailleurs, l'identité même d'une région et d'un pays aujourd'hui devient multiple parce que l'on vit dans des sociétés multiculturelles où l'influence d'autres éléments culturels est de plus en plus importante autour de nous » ; et il ajoute : « si on accepte ceci, c'est une grande richesse ». Ulrich Bohner fait donc de l'identité à multiples niveaux un principe de base pour le façonnage de l'identité individuelle de chacun et il pense que cette identité peut avoir de nombreuses facettes.

> Quand on parle d'identité, je crois qu'il faut admettre l'idée que l'identité de chaque personne, qu'elle soit européenne ou autre, est multiple. On a différents éléments qui déterminent notre identité individuelle. Donc je peux très bien me sentir Allemand d'origine, Français d'adoption, Européen de volonté, mais je suis aussi citoyen du monde. Je peux avoir telle ou telle religion qui contribue à mon identité, j'ai ma langue maternelle qui contribue à mon identité, j'ai des langues d'adoption qui y contribuent aussi. Voilà, pour moi c'est cela la réalité, c'est le vécu de notre Europe.

Il n'y a que Jean Hurstel qui doute de l'échelon européen identitaire. Il ne nie pas l'existence d'une identification européenne, mais, pour lui, cette dernière se limite à une simple distinction par rapport à des ressortissants d'autres continents : « Si je rencontre un habitant d'Amérique du sud, je lui dirais "je suis Européen". Il ne dira pas qu'est-ce que ça veut dire Européen, il me demandera de quel pays je suis, ce sont donc des questions par rapport à une identité pour situer quelqu'un mais ça ne va pas plus loin ». Et à la question de savoir si le fait de se sentir Européen pourrait aider à approfondir la construction européenne, à rallier les citoyens lorsqu'on ne s'identifie pas en tant que Français ou en tant qu'Allemand mais en tant qu'Européen, il répond que ce n'est pas le cas, parce que l'identification se fait par rapport à l'origine locale, régionale ou nationale, mais pas par rapport à l'Europe. Pour lui, l'identité européenne se limite au passeport de couleur rouge que l'UE édite pour les citoyens européens et s'arrête là.

> Non, ça ne fonctionne pas comme ça. Les gens se disent « je suis Français, je suis de Strasbourg, je suis de tel pays ». Ils ne vous diront jamais « je suis Européen ». Sur le passeport, c'est marqué « Europe », c'est l'ouverture des frontières qui a provoqué ça. C'était plutôt positif. Et en même temps, personne ne dira « je suis Européen ».

Cette vision n'est pas partagée par la plupart des grands témoins. Marqués par leur expérience de vie en relation avec la construction européenne et la coopération transfrontalière, et par le territoire d'une région frontalière, ils croient globalement que l'identité européenne permet non seulement de se démarquer par rapport à d'autres cultures et origines nationales dans le monde, mais également de réconcilier plusieurs identités – régionales, nationales – et de vivre cette devise de l'unité dans la diversité, comme le décrit Karl-Heinz Lambertz suivante :

> Aber das Markante an Europa ist seine Vielfalt. Und wahrscheinlich ist das das prägende Element der europäischen Identität. Das kann man besonders gut verstehen, wenn man aus Belgien kommt, wo sich zwei große Identitäten und Sprachen gegenüberstehen. Und da kommt dann dieses von mir eben angesprochene Vernetzen, Austauschen, voneinander Lernen und sich gegenseitig Beeinflussen ins Spiel. Das nenne ich europäische Identität.

En ce sens, l'identité européenne ne serait finalement pas un échelon parmi d'autres dans les affiliations identitaires, mais l'échelon permettant de mettre en harmonie, de réconcilier tous les différents niveaux d'identité. Cela signifie que l'identité régionale, nationale et européenne, sont non seulement compatibles mais complémentaires, voire mutuellement indispensables pour assurer la cohérence de l'identité personnelle des personnalités interviewées dans l'espace frontalier du Rhin supérieur.

UN REGARD SOCIOLOGIQUE

Philippe Hamman

La troisième thématique qui se dégage des entretiens concerne les perceptions et le vécu des processus d'européanisation dans le sens d'une possible dynamique d'hybridation des références, c'est-à-dire d'interculturalité. Cette problématique, peut-être plus complexe encore que les précédentes, renvoie aux affiliations et aux échelles de perception et d'action : comment aborder les identités régionales et nationales en Europe (1), en même temps que ce qui pourrait fonder une commune appartenance à l'Europe (2) ? Catherine Lalumière pose bien le problème ; les identifications peuvent être promues au titre d'une Europe de la diversité, mais un risque de repli est toujours possible :

> Des identités, qu'est-ce que c'est ? Ce sont des caractéristiques d'un individu, d'un groupe. Et essentiellement ces caractéristiques sont culturelles. Nous avons la chance en Europe d'avoir des groupes et des cultures très diverses, les identités sont donc très diverses. C'est une richesse. […]. Ceci étant, le concept d'identité peut aussi être dangereux. Si l'on considère que ce qui doit primer est le groupe seul, qui possède telles caractéristiques et qui se replie sur lui-même […], il s'agit alors de l'identité fermée. Cela, c'est terriblement dangereux.

L'espace du Rhin supérieur est riche de sens : on peut y aborder *in situ* la construction d'une offre politique inédite en même temps que de nouvelles affiliations citoyennes, notamment européennes, aux limites entre deux États[1]. Les frontières participent de constructions identitaires, à travers les dualismes divergents que sont l'ici et l'ailleurs, dont le dépassement est au centre des relations transfrontalières. Or, comme l'ont remarqué Anssi Paasi[2] et Anke Strüver[3], les frontières sont les produits des interactions, dans nos récits quotidiens, des processus de représentation de Soi et de l'Autre, c'est-à-dire qu'elles perpétuent nos perceptions et nos identités. Aussi, même si dans l'Union européenne les frontières entre les États matérialisées par les postes de douane disparaissent, les frontières mentales, elles, sont bel et bien susceptibles de demeurer, sous des déclinaisons plurielles et peut-être de plus en plus diverses.

Objet peu légitime pourtant que celui de l'identité, pour une analyse sociologique, si on lit Rogers Brubaker, condamnant : « Les sciences sociales et humaines ont capitulé devant le mot "identité" », à la polysémie jugée dangereuse,

---

1 Wihtol de Wenden Catherine, *La citoyenneté européenne*, Paris, Presses de Sciences Po, 1997.
2 Paasi Anssi, « Regional Transformation in the European Context: Notes on Regions, Boundaries and Identity », *Space and Polity*, vol. 6, n° 2, 2002, p. 197–201.
3 Strüver Anke, *Stories of the "Boring Border": The Dutch-German Borderscape in People's Minds*, Münster, LIT Verlag, 2005.

équivoque, et assise sur le sens commun et la vie quotidienne[4]. La mise en garde conduit à se départir de toute vision fixiste. Selon Claude Dubar, l'identité correspond toujours à des processus, en se situant « à la source d'une même *vision du monde* qui est à la fois conditionnée par la trajectoire antérieure et contingente à la situation actuelle ». Il en va donc en permanence de modes de production et de revendications, qui peuvent faire écho aux dynamiques-mêmes de l'européanisation, dont on a vu qu'elles sont fluctuantes et toujours en mouvement[5].

Complexité supplémentaire mais aussi ouverture pour la réflexion qui nous anime, les processus d'identification peuvent être vus, construits et reconnus à plusieurs niveaux[6]. L'individu lui-même est amené à endosser des rôles très différents[7]. En même temps, les identifications renvoient à la production des groupes, et elles peuvent être entendues comme une identité collective, dans des cadres géographiques et sociaux plus ou moins vastes, y compris au niveau transnational. Ceci conduit à réfléchir sur les interactions entre ces différentes échelles, où l'on trouve des recompositions témoignant de ce que Norbert Élias a qualifié de « transformations de l'équilibre nous/je »[8]. Cette intrication de l'individu à la société permet de penser le paradoxe apparent du développement conjoint de particularismes territorialisés et de relations élargies – qui est d'emblée celui des dynamiques européennes[9].

En géographie, l'hypothèse de la construction de l'identité par le territoire est centrale : « la limite, la représentation, le temps, la durée, la liaison espace-temps, la langue, la relation (le lieu et le lien)... » sont ainsi associés[10]. Ceci évoque la pluralité des identifications, qui se font aussi par distinction, c'est-à-dire par des usages de frontières. C'est là un enjeu sensible pour l'Europe, qui renvoie à la fois aux frontières internes et extérieures de l'Union, aux conditions d'adhésion au Conseil de l'Europe, et à la dualité consacrée entre approfondissement et élargissement. De plus, si, de façon générale, l'identité est définie comme un rapport à soi dans le rapport à l'autre (pour Claude Dubar notamment), à une échelle plus

---

4   Brubaker Rogers, « Au-delà de l'identité », *Actes de la recherche en sciences sociales*, n° 139, 2001, p. 66–85.
5   « L'identité n'est pas définitivement fixée et peut, dans certaines circonstances et à certaines conditions, se transformer réellement en même temps que se modifie la position du groupe dans l'espace social de référence » : Dubar Claude, « Une sociologie (empirique) de l'identité est-elle possible ? », in : Guth Suzie (dir.), *Une sociologie des identités est-elle possible ?*, Paris, L'Harmattan, 1994, p. 25–31, cité p. 26.
6   Cherqui Adeline, Hamman Philippe (dir.), *Production et revendications d'identités*, Paris, L'Harmattan, 2009.
7   Lahire Bernard, *L'Homme pluriel. Les ressorts de l'action*, Paris, Nathan, 1998 ; Voegtli Michaël, « Du Jeu dans le Je : ruptures biographiques et travail de mise en cohérence », *Lien social et politiques*, n° 51, 2004, p. 145–158.
8   Élias Norbert, *La société des individus*, Paris, Fayard, 1991 (trad. fr., original 1939).
9   Pour un cadre d'analyse, voir Devin Guillaume, « Norbert Élias et l'analyse des relations internationales », *Revue française de science politique*, vol. 45, n° 2, 1995, p. 305–327.
10 Bonnemaison Joël, Cambrezy Luc, Quinty-Bourgeois Laurence (dir.), *Les territoires de l'identité*, t. 1 : *Le territoire, lien ou frontière ?*, Paris, L'Harmattan, 1999, cité p. 11.

réduite, l'identité se lit autant comme un ensemble de permanences qui caractérisent un groupe dans un cadre local ou régional. Elle renvoie à une configuration physique mais aussi à une durée, une histoire partagée et construite comme telle par les « pouvoirs locaux » ou autres porte-parole, remaniant symboliquement les éléments d'appartenance en tant que spécificité, et cela toujours par rapport à d'autres lieux, à d'autres groupes.

Les témoignages engrangés restituent l'importance d'un double canal de production d'identifications : à la fois l'investissement des institutions et des décideurs *via* l'action publique pour participer de la (re)création d'affiliations identitaires, et le fait que l'identité d'un territoire – qu'il soit local, régional, national, européen... – prend sa signification à travers ceux qui vivent ces espaces, c'est-à-dire la question de savoir, en interaction avec une offre institutionnelle, comment des habitants, en liaison avec ce qu'ils sont, c'est-à-dire leurs propriétés sociales, peuvent imprimer une identité à un lieu, une activité, etc.

La question des communications avec l'autre se devine, elle est aussi celle des publics, des pédagogies et des énonciations, en faisant le choix de mettre en avant l'ordinaire ou, au contraire, l'extra-ordinaire, c'est-à-dire la proximité à l'autre ou ce qui le singularise, se tourner vers celui qui nous ressemble ou apparaît différent, etc. On peut lire en ce sens l'invite de Robert Walter à produire une identité européenne par davantage de symboles d'appartenance, comme la promotion de l'hymne européen :

> Je crois qu'on y arrivera, de la même façon que l'Alsace a un drapeau. [...] Certaines régions ont un hymne, le pays de Bade a le *Badnerlied*, tout autant vivable, crédible, à côté d'un hymne national ou fédéral, ou à côté d'un drapeau national ou fédéral. Le même processus est possible pour un drapeau, un hymne européen. [...] Un jour, tout le monde verra que c'est bien.

D'autres, comme Roger Siffer, prônent une certaine prudence, qui est aussi une bonne appréciation de la problématique des identités, à différentes échelles ; ce qui fait le groupe rapproche et éloigne à la fois :

> J'avais une espèce d'image en disant que je suis pour une région Alsace, mais à condition que l'on sépare le Bas-Rhin du Haut-Rhin, que dans le Bas-Rhin l'on sépare le val de Villé, d'où je suis originaire, du reste, que dans le val de Villé l'on sépare le village de Dieffenbach, que dans le village de Dieffenbach l'on sépare ma maison des autres maisons, et que dans ma maison l'on me laisse m'asseoir où je veux m'asseoir. Ma démarche est donc plutôt au niveau de l'individu qu'au niveau du groupe d'individus. [...] Dès que l'on est plus que deux, moi, comme le disait Brassens, cela m'inquiète. [...] Le vivre ensemble, pour moi, c'est l'addition des individus et pas l'addition des groupes. Parce que l'addition des groupes, cela donne fatalement du nationalisme, et du chauvinisme, [...] alors que l'addition des individus [...] donne [...] juste du vivre ensemble.

1. Saisir les identifications régionales et nationales en contexte d'européanisation

On distingue classiquement trois principaux courants d'analyse de l'action publique communautaire dans ses rapports avec les territoires. Une première lecture est dite néo-fonctionnaliste : dans cette perspective, les programmes et subsides communautaires représentent un vecteur de convergence des ordres étatiques à la faveur de la Commission[11] ou d'une organisation des pouvoirs sur plusieurs niveaux, de type fédérale, autour du principe de subsidiarité[12]. À cette vision intégrative vient répondre l'intergouvernementalisme, pour les tenants duquel, au contraire, les États membres acceptent les aides régionales européennes dans la seule mesure où cela leur permet de renforcer leur propre position à l'intérieur du jeu communautaire[13]. Enfin, l'approche néo-institutionnaliste souligne le poids des institutions dans la mise en œuvre territoriale des programmes européens[14], notamment en France, s'agissant des processus d'apprentissage normatif de la part des acteurs infra-nationaux et locaux[15]. Les usages des cadres européens renvoient à l'expertise nécessaire pour se les approprier, et aux acteurs qui y parviennent plus que d'autres, dans des espaces de circulations et de transactions – les coopérations transfrontalières examinées au chapitre précédent l'illustrent. En particulier, la place des régions retient l'attention. Elle se traduit par un débat entre régionalisation et régionalisme, ainsi que sur le rôle de l'État aujourd'hui en Europe. Nous pourrons alors mieux saisir, dans un troisième temps, la dimension des identifications plurielles et multiniveaux qui accompagnent les processus d'européanisation, telles que les perçoivent les acteurs interrogés.

1.1. Quelle est la place de l'État aujourd'hui en Europe ?

Un point nodal du débat autour des espaces-frontières, comme le Rhin supérieur, et des liens qui s'y forgent tient à ce que ces dynamiques trans-frontières font à l'État-nation et à ce que l'État-nation leur fait. Il y a différentes façons de placer le

---

11 Stone Sweet Alec, Sandholtz Wayne, « Integration, Supranational Governance, and the Institutionalization of the European Polity », in : Stone Sweet Alec, Sandholtz Wayne (eds.), *European Integration and Supranational Governance*, Oxford, Oxford University Press, 1998.
12 Sidjanski Dusan, *L'avenir fédéraliste de l'Europe*, Paris, Presses universitaires de France, 1992.
13 Anderson Jeffrey J., « Skeptical Reflections on a Europe of the Regions : Britain, Germany and the European regional Development Fund », *Journal of Public Policy*, vol. 10, n° 4, 1990, p. 417–447.
14 Smyrl Marc, « Does European Community Regional Policy Empower the Regions ? », *Governance*, vol. 10, n° 3, 1997, p. 287–309.
15 Smith Andy, « La Commission, le territoire et l'innovation. La mise en place du programme LEADER », in : Mény Yves, Muller Pierre, Quermonne Jean-Louis (dir.), *Politiques publiques en Europe*, Paris, L'Harmattan, 1995, p. 305–318.

curseur, qui reste toujours flexible. Dans un sens, il est question d'une relative déterritorialisation des États : ils verraient leur souveraineté pour le moins écornée[16], à la faveur de régions européennes se constituant suivant un mode de gouvernance (territoriale) qui romprait avec le modèle du gouvernement (national). L'État n'aurait alors d'autre choix que de partager un certain nombre de ses prérogatives avec les collectivités infra-étatiques[17]. En cela, il est question d'une gouvernance à niveaux multiples (*multi-level governance*), où l'Europe est vue comme une opportunité pour des groupes et des institutions qui se mobilisent face aux États, à travers un jeu sur l'émergence d'une gouvernance communautaire contre des arrangements historiques nationaux[18]. Ce cadre théorique interroge toutefois peu ce que produisent les coopérations interrégionales et les échanges transfrontaliers en tant que tels[19].

Dans le sens contraire, ces mêmes transformations correspondraient à un « jeu à deux niveaux » qui, loin de les affecter véritablement, permettrait aux États de renforcer leur position dans des arènes de négociations internationales (*bargaining tables*), ce qui vaudrait comme une marque de re-territorialisation[20]. Cette deuxième approche rend attentif aux enjeux actuels de l'Europe dans le monde. Léon Nisand suggère ainsi de ne pas uniquement observer l'Europe et ses évolutions en soi, mais avec un regard plus large :

> À l'heure actuelle, l'euro est là, mais le continent européen comme le continent américain sont en pleine crise […]. Je suis pour une Europe, mais pour une Europe modifiée. […] Il faut trouver la valeur humaine, et mon souci n'est pas tellement le combat de l'Europe contre X ou Y, mais celui d'unir l'humanité.

Les acteurs rencontrés ont porté le regard sur trois dimensions. Un premier constat correspond à la perception toujours prégnante – fût-elle plus diffusément exprimée – du pouvoir, au sens du devoir et de la capacité d'agir, des États dans les domaines les plus concrets et quotidiens. C'est même le cas de Léon Nisand, qui prône, on l'a vu, une vision humaniste globale :

---

16   Badie Bertrand, *La fin des territoires. Essai sur le désordre international et sur l'utilité sociale du respect*, Paris, Fayard, 1995 ; Ohmae Kenichi, *De l'État-nation aux États-régions*, Paris, Dunod, 1995 ; Camilleri Joseph A., Falk Jim, *The End of Sovereignty. The Politics of a Shrinking and Fragmenting World*, Aldershot, Edward Elgar, 1994.
17   Perkmann Markus, Sum Ngai-Ling (ed.), *Globalisation, Regionalisation, and Cross-Border Regions*, London, Macmillan, 2001.
18   Sur l'importance des rapports hiérarchiques *versus* non-hiérarchiques dans les modélisations et les pratiques actuelles de gouvernance en Europe, voir aussi Hamman Philippe (ed.), *Sustainability Governance and Hierarchy*, London, New York, Routledge, 2019 ; et Hamman Philippe, *Gouvernance et développement durable. Une mise en perspective sociologique*, Paris, Bruxelles, De Boeck Supérieur, 2019.
19   Parmi une abondante bibliographie : Marks Gary, Hooghe Liesbet, Blank Kermit, « European Integration from the 1980s : State-Centric v. Multi-Level Governance », *Journal of Common Market Studies*, vol. 34, n° 3, 1996, p. 341–378.
20   Aldecoa Francisco, Keating Michael (eds.), *Paradiplomacy in Action. The Foreign Relations of Subnational Governments*, London, Frank Cass, 1999 ; Le Galès Patrick, Lequesne Christian (dir.), *Les paradoxes des régions en Europe*, Paris, La Découverte, 1997.

> L'État est un organisme absolument fondamental. Il se charge de tous les problèmes de la vie humaine jour après jour, comme l'immigration, la production, jusqu'au traitement des ordures, en passant par la gestion des retraites, de la santé et du vieillissement de la population.

Un second aspect, attribuant une posture centrale aux États, porte sur l'Europe comme bouc-émissaire pour les gouvernants nationaux :

> Dans tous les pays, l'Europe est devenue le bouc-émissaire des élections nationales, à chaque campagne. Quand quelque chose va mal, c'est la faute de l'Europe ! [Claude Keiflin].

De même, Antoine Spohr estime que la place décisionnaire de l'Europe serait un « alibi » possible pour certains responsables nationaux :

> Si parfois les gens sont antieuropéens, c'est parce que les gouvernements de la plupart des pays d'Europe accusent toujours Bruxelles quand quelque chose ne va pas. Or, c'est faux, faux, faux ! De toute façon, tout ce qui a été légué, cédé comme souveraineté des États européens, c'est avec le consentement des gouvernements légitimes et des traités. [...] Et puis tout ce que l'on diffuse comme vision négative de l'Europe, c'est les gouvernements nationaux qui en sont souvent responsables, pour la simple raison que, quand cela ne va pas, l'alibi est : « c'est Bruxelles et pas nous ». [...] Parce que l'on veut être élu, réélu et réélu. C'est d'une lâcheté, surtout pour ceux qui ont bénéficié d'un parachute doré.

Dès lors, sans surprise, une troisième série de remarques porte sur la place des États jugée toujours (trop) forte, en particulier par les tenants d'une intégration fédérale. Le discours d'Alain Howiller est caractéristique :

> Le Parlement européen, quand il prend une décision – je sais bien que là je suis iconoclaste –, il faut qu'elle soit acceptée par un Parlement national pour être intégrée dans la loi, alors que c'est un Parlement qui a été élu au suffrage universel. Cela amène tellement loin que la Cour constitutionnelle de Karlsruhe dit à Madame Merkel : « Mais attendez, le Parlement européen n'a pas de légitimité, la vraie légitimité est celle du *Bundestag* [chambre des députés allemands], donc toute décision du Parlement européen, pour être acceptée, doit être entérinée par le *Bundestag* ». Mais alors, que devient le Parlement européen ? [...] Et la Commission, à quoi est-elle associée ? À quoi sert-elle ? Ce sont les États qui ont les rênes. [...] On a des [...] structures faussement étatiques où l'on a l'apparence du pouvoir, mais la réalité du pouvoir, c'est les États qui l'ont.

Que l'on partage ou non cette position, on comprend ainsi que les instances qui émergent, européennes et transfrontalières, ne se situent pas « ailleurs ». Elles sont interconnectées, entre elles et vis-à-vis des États, à travers des mises en réseau qui prennent des formes à la fois verticales et horizontales – le cas du Rhin supérieur le montre bien. Cet arrière-plan éclaire une posture régionaliste et fédéraliste que l'on a également rencontrée parmi les interviewés. Accordant cette fois un primat au processus décisionnel européen, certains pensent la construction européenne par distinction des États, et voient l'Union sous le prisme d'« États-Unis d'Europe » :

> En Europe, l'État est incompatible avec l'UE. [...] Il faut que l'on se dirige tout doucement vers l'Europe des régions. Je vois les États-Unis d'Europe pour le futur. Plus de deux tiers des lois sont votées par l'UE, il ne faut pas l'oublier [René Eckhardt]

> Je pense que l'État est toujours très important. [...] Je rêve de ces États-Unis d'Europe, avec un gouvernement européen, élu par les Européens, avec des représentants dotés de compétences, avec des couleurs politiques... C'est un rêve ! [Kai Littmann].

1.2. « Europe des régions » ou néo-régionalisme ?

S'intéresser à la question des identifications à l'Europe en focalisant sur une région européenne de coopération comme le Rhin supérieur ne saurait passer sous silence la question des affiliations régionales, sinon régionalistes : se tourner vers l'Europe contre l'État national et pour renforcer la place et l'attachement à la région, pour le dire vite. On peut citer en ce sens René Eckhardt, lorsqu'il prône de modifier le mode d'élection des députés européens :

> L'Union européenne est une Europe des régions. Je pense qu'aujourd'hui il faudrait qu'il y ait un député qui s'occupe de la région du Rhin supérieur, par exemple. Je pense qu'il faut qu'un jour l'on arrive à un système d'élection régionale et non plus nationale. Le régionalisme est le seul moyen si l'on veut progresser.

Ce mouvement accompagne la montée en force du « fait régional » en Europe, dont on voit d'emblée poindre les ambivalences. D'un côté, dans nombre d'États, on repère des processus de régionalisation de l'organisation institutionnelle et des politiques publiques. Il s'agit de la décentralisation en France, en plusieurs « actes », scandés respectivement par la loi du 2 mars 1982 (acte I), la loi constitutionnelle du 28 mars 2003 (acte II) et, pour l'acte III, la loi du 27 janvier 2014 de modernisation de l'action publique territoriale et d'affirmation des métropoles ou loi « Maptam », la loi du 16 janvier 2015 relative à la délimitation des régions, aux élections régionales et départementales, et la loi du 7 août 2015 portant nouvelle organisation territoriale de la République (NOTRe). On peut aussi évoquer l'évolution de la Belgique vers un État fédéral, avec la constitution de 1994, ou les États régionalisés comme l'Espagne ou l'Italie, reconnaissant des compétences accrues aux autonomies ou provinces. De l'autre côté, dans le cadre des processus d'intégration européenne, la régionalisation se traduit comme un niveau bénéficiaire des politiques de l'Union – il suffit de penser au Fonds européen de développement régional (FEDER) – et comme un acteur du système décisionnel européen – un « Comité des Régions » a été créé par le Traité de Maastricht et mis en place en 1994.

Cette réévaluation du niveau et des instances régionales dans le rapport à l'Europe a donné lieu à des débats autour du « néo-régionalisme », qui porte prioritairement sur les Euro-régions[21], telles que le Rhin supérieur. Il est question d'un « nouveau régionalisme » qui met en avant les capacités accrues des régions dans

---

21 Balme Richard (dir.), *Les politiques du néo-régionalisme. Action collective régionale et globalisation*, Paris, Économica, 1996 ; Keating Michael, *The New Regionalism in Western Europe. Territorial Restructuring and Political Change*, London, Edward Elgar, 1998.

les domaines de la création, de l'enseignement et de l'innovation[22], mais aussi d'une place en pointe en matière de participation démocratique et de citoyenneté active[23], et ce en tant qu'espaces de construction pertinents dans le cadre d'un monde en interconnexion renforcée et en situation de globalisation économique[24]. En ce sens, certains chercheurs n'étaient pas loin de présenter les régions comme l'échelon concurrençant la primauté de l'État-nation[25].

Des critiques ont émergé, soulignant que le crédit accordé aux institutions régionales allait bien au-delà de ce que l'on pouvait observer. Robert Hertzog met ainsi en garde contre le fait de « jouer les régions contre les États » :

> L'« Europe des régions » est un slogan sympathique, mais s'imaginer que les régions seront des relais ou des substituts des États, permettant le fonctionnement harmonieux d'une société politique européenne apaisée, est un absolu contre-sens et une vision dramatiquement erronée. Personne ne peut seulement imaginer comment faire marcher une Europe à trois cents entités aux statuts les plus variés et aux niveaux de richesse disparates. [...] Redistribuer des pans de souveraineté vers les régions aboutirait rapidement au chaos [...]. Ni les communautés autonomes espagnoles, ni les régions italiennes n'ont brillé par leur gestion budgétaire et les performances de leurs politiques.

Martin Jones et Gordon MacLeod distinguent la production d'« espaces régionaux » (*regional spaces*) et d'« espaces de régionalisme » (*spaces of regionalism*). La première occurrence renvoie à des modes de différenciation régionale liés à des processus économiques, la deuxième à des processus de mobilisation politique autour d'enjeux comme l'identité culturelle et la citoyenneté. Les auteurs ont montré que la production des espaces régionaux nécessite de combiner spatialement ces dimensions économique et politique, tout en incluant une dimension culturelle[26]. Antoine Spohr endosse cette posture, selon laquelle un mode de référence n'en exclut pas d'autres :

> Je milite ainsi pour le Rhin supérieur, *der Oberrhein*, que je considère comme une entité humaine, sociologique, presque économique, avec tant de similitudes et de migrations « réciproques » constantes. Il n'est pas nécessaire d'abandonner ma nationalité, à laquelle je tiens, pour adhérer à cette idée.

On aborde alors la question de ce qui serait, plus largement, une « culture européenne ». Catherine Lalumière estime qu'un tel mode d'identification commun existe, notamment comme produit de l'histoire – c'est-à-dire un renvoi au temps

---

22 Storper Michael, *The Regional World : Territorial Development in a Global Economy*, New York, Guildford Press, 1997.
23 Amin Ash, « An Institutionalist Perspective on Regional Economic Development », *International Journal of Urban and Regional Research*, vol. 23, n° 2, 1999, p. 365–378.
24 Storper Michael, *The Regional World...*, *op. cit.*
25 Ohmae Kenichi, *The End of the Nation State: the Rise of Regional Economies*, London, Harper Collins, 1995.
26 Jones Martin, MacLeod Gordon, « Regional Spaces, Spaces of Regionalism: Territory, Insurgent Politics, and the English Question », *Transactions of the Institute of British Geographers*, vol. 29, n° 4, 2004, p. 433–452.

long et aux conflits du passé, déjà évoqués comme moments traumatiques à l'origine du projet européen :

> Je crois que cela existe. C'est qu'au niveau européen nous amenons des traits, des caractéristiques essentiellement culturelles, communes. Nous avons également des histoires communes, y compris lorsque l'on s'est fait la guerre, ce qui a laissé des souvenirs communs. Je pense que, de toutes ces raisons, on peut parler d'une identité européenne.

Jean-Marie Heydt fournit également un exemple parlant de l'importance de la dimension culturelle, s'agissant de la perception de ses droits par le citoyen :

> Imaginer, quelle que soit la construction européenne, une Europe identique, ce n'est pas possible, les cultures ont un poids. Il y a les cultures, il y a l'histoire, et puis, si on mélange l'histoire et la culture, on va voir comment les gens [...] en ont été imprégnés. Je prends un simple exemple : lorsque la Convention européenne des droits de l'Homme a pris le pas sur l'ensemble des quarante-sept États membres [...], vous avez eu des gens anciennement à l'Ouest pour qui se dire qu'être l'objet de violation dans leurs droits par leur État peut se traduire par une poursuite juridique de ce dernier. À un moment donné, et encore aujourd'hui, vous allez dans des pays anciennement de l'Est et vous dites à la personne : « Vous êtes dans une situation de violation de vos droits, vous pouvez déposer une plainte [...] devant la Cour européenne des droits de l'Homme à Strasbourg » [...]. Et lorsqu'ils se rendent compte [...] qu'ils vont s'attaquer à leur propre État, il y a un mouvement de recul. Car ils ont tellement été habitués pendant la période précédente à ce que l'État soit intouchable. [...] Cela a généré [...] une dynamique complètement différente pour les mêmes textes. On a donc forcément plusieurs facettes de l'Europe.

Plus largement, les témoignages font écho à une distinction entre le « régionalisme orchestré par le centre » et le « centralisme orchestré régionalement »[27]. Le défi auquel on assiste actuellement tient aux interactions croisées à la fois entre État et région (c'est-à-dire les reconfigurations de pouvoir entre le niveau « classique » de l'État-nation et celui des régions) et au niveau infra-régional (c'est-à-dire les redistributions de compétences et de périmètres entre les régions et les collectivités territoriales locales), spécialement lorsque ces processus sont complexifiés par une dimension transfrontière. Ceci rappelle, encore une fois, qu'on a affaire à des construits sociaux et des processus mouvants. La « régionalisation » de la coopération transfrontalière peut en effet être considérée comme un moment particulier de l'histoire de ces partenariats dans leur relation à l'Europe. Cette période correspond à une conjonction de facteurs : au même moment, d'une part, la coopération « institutionnelle » (au sens des instances de la sphère intergouvernementale) connaît une certaine stagnation et, d'autre part, les deux scènes « interrégionale » et « intergouvernementale » entrent en relation[28].

---

27 Harrison John, « Stating the Production of Scales: Centrally Orchestrated Regionalism, Regionally Orchestrated Centralism », *International Journal of Urban and Regional Research*, vol. 32, n° 4, 2008, p. 922–941.
28 Wassenberg Birte, *Vers une eurorégion ?...*, op. cit.

1.3. Des sentiments d'appartenance pluriels : hybridation ou statu quo ?

En analysant des configurations territorialisées et leurs évolutions dans le Rhin supérieur, on évite d'en rester aux oppositions entre les théories classiques comme le néo-fonctionnalisme et l'intergouvernementalisme. Les processus de coopérations et de tensions à l'œuvre entre des collectivités territoriales, et non uniquement entre des États, expliquent aussi « pourquoi les frontières européennes se perpétuent alors même que les gouvernements d'État ne s'opposent pas obligatoirement à leur dépassement [et que] les coopérations transnationales localisées [...] devraient aboutir à une dilution progressive des frontières stato-nationales »[29]. Nous pouvons ainsi avancer, empiriquement, par rapport à des paradoxes pointés à diverses reprises en relations internationales, comme celui de l'« interdépendance complexe »[30] ou de la « diplomatie à niveaux multiples »[31], et comprendre en quoi s'emboîtent des affiliations multiples pour les citoyens. Ces dernières sont soit perçues comme un continuum – dans une version « confirmative » des identifications, des espaces les plus proches et perçus comme quotidiens vers des niveaux d'organisation socio-politiques plus vastes : l'État et l'Europe –, soit comme interagissant en révélant des modes hybrides – ce serait alors la marque d'une européanisation effectivement reconnue.

Un premier groupe d'acteurs affirme sans détour se sentir européen. C'est, par exemple, le cas de Kai Littmann et de René Eckhardt, aux profils et aux parcours personnels très internationalisés :

> Déjà, par mon vécu personnel. J'ai vécu dans différents pays européens, je suis Allemand, j'ai fait mes études en France. [...] J'ai travaillé dans d'autres pays, je ne peux que me sentir Européen. Quand je traverse aujourd'hui une frontière, je n'ai plus l'impression d'en traverser une. [...] Je crois que c'est un acquis énorme. Cette intégration européenne, c'est la liberté de mouvement, la liberté de s'installer partout [Kai Littmann]

> Pour moi, l'Europe, c'est ma patrie. Je me sens absolument européen. Aujourd'hui, je suis plus ému lorsque j'entends l'hymne européen que lorsque j'entends l'hymne national. [...] Pour moi, cela représente la population du Rhin supérieur, cela me représente [René Eckhardt].

Ceci dit, pour la plupart des personnalités rencontrées, la problématique de l'articulation entre plusieurs sentiments d'appartenance ressort nettement. Le rapport à l'Europe en figure un parmi d'autres, suivant des modes de priorisation variables en fonction du vécu et des perceptions de chacun. On a donc affaire à des balancements et des mises en équilibre d'identifications plurielles qui peuvent tantôt pencher vers des hiérarchies « entendues » – le ressenti national avant l'européen – ou donner à voir de possibles recompositions en cours par les hésita-

---

[29] Harguindéguy Jean-Baptiste, *La frontière en Europe : un territoire ? Coopération transfrontalière franco-espagnole*, Paris, L'Harmattan, 2007, cité p. 17.
[30] Keohane Robert O., Nye Joseph S., *Power and Interdependance*, New York, Westview, 1989.
[31] Hocking Brian, « Bridging Boundaries : Creating Linkages. Non-central Governments and Multilayered Policy Environments », *Welt Trends*, n° 11, 1996, p. 36–51, cité p. 37.

tions qui s'expriment. Par exemple, à entendre Antoine Spohr, faut-il comprendre que l'identité européenne se définirait *via* l'addition de plusieurs nationalités ? :

> Moi, je me sens vraiment binational, voire plus ! En Allemagne, je suis comme un poisson dans l'eau. Cela ne m'empêche absolument pas d'aimer la France – je suis même officier de réserve – et, comme on le dit souvent, on est les plus Français des Allemands et les plus Allemands des Français [en Alsace]. Cela me va car je suis européen.

L'identification à l'Europe apparaît plus complexe pour Norbert Engel, c'est-à-dire moins structurante que les affiliations nationales ou confessionnelles :

> Ce n'est pas que je ne me sens pas européen. [...] Mais si vous m'aviez demandé comment je me définissais, spontanément je vous aurais répondu que je suis un Français, Allemand, Juif. Très profondément, mes trois identités, c'est cela. Je ne dis pas que je me sens pas européen. Je me dis que, spontanément, mon identité, ce n'est pas l'Europe qui l'a structurée. Qu'est-ce que l'Europe devrait être pour moi ? L'euro ? Mais on n'applique pas une identité sur une monnaie !

De façon proche, Jean-Marie Heydt renvoie à des identifications bien plus territorialisées que le seul rapport à l'Europe :

> Je me sens européen, mais avec quand même des racines de grands secteurs entre l'Alsace, le Bade-Wurtemberg et la Suisse, [le canton de] Bâle-Campagne. Et encore, je suis de Bâle-Campagne, dans un village qui était de Berne avant. Et nous avons toujours au village un agriculteur qui monte tous les matins le drapeau bernois devant sa maison, parce qu'il n'est pas question qu'il ne soit plus Bernois !

Ces modes de différenciation ne correspondent pourtant que rarement à un discours affirmé de hiérarchisation, comme on a pu l'entendre auprès de Norbert Engel. La plupart du temps, il semble y avoir un effet de légitimité, pour les acteurs, à déclarer refuser un ordonnancement entre des affiliations régionale, nationale ou européenne :

> Il n'y a pas de hiérarchie. Je me sens alsacien, français, européen [Alain Howiller]

> Incontestablement, [je me sens européenne]. Mais cela ne m'empêche pas de me sentir française ou très attachée à ma Bretagne natale. Autrement dit, je suis à l'aise avec plusieurs identités. Ce n'est pas l'une ou l'autre, c'est l'une et l'autre, et même une pluralité [Catherine Lalumière]

> C'est comme si vous vous demandiez si vous préférez votre père ou votre mère ! Non, les deux ne s'excluent pas, on est français parce qu'on est européen, et on est européen parce qu'on est français. [...] Sur le plan de la culture, on ne peut pas s'arracher à son pays, mais, encore une fois, c'est une culture qui n'aurait pas de sens si elle ne s'inscrivait pas dans l'Europe, dans le monde, dans l'universel [René Gutman].

Même René Eckhardt, dont on a perçu l'affirmation européenne forte, ne peut s'empêcher de marquer une précaution :

> Je suis un marginal. Le fait que je me sente européen ne m'empêche pas de me sentir alsacien et français. Je me sens profondément français, mais, avant tout, je me sens européen parce que j'ai la faiblesse de penser qu'on ne peut pas vivre les uns sans les autres.

C'est dire que le « vivre ensemble » et l'interculturalité sont des sujets sensibles.

2. « Vivre ensemble » et interculturalité : Quelles affiliations à l'Europe et quelle Europe ?

L'enjeu du « vivre ensemble » renvoie, analytiquement, à un triple rapport d'identification. D'abord, il s'agit des fondements du groupe, c'est-à-dire à la fois ce qui lui donne consistance – par effet d'affiliation partagée – et le distingue des autres groupes – par la mise à distance matérielle et/ou symbolique. Cette dynamique classique des groupes sociaux renvoie aussi à la production d'un territoire d'appartenance et, par conséquent, au ressort d'inclusion-exclusion que constituent les frontières. Où s'arrête l'Europe est une question récurrente loin d'être neutre... À un deuxième niveau, ceci s'accompagne d'un débat itératif entre les dynamiques d'approfondissement et d'élargissement du projet européen, qu'il s'agisse de l'Union ou du Conseil de l'Europe. Enfin, les représentations de l'appartenance varient également en fonction du contenu qu'on attribue à l'Europe et du sens qu'on lui donne : en somme, à qui s'adresse la construction européenne ?

C'est sous ces multiples rapports que l'on peut mettre en abîme le propos d'Alain Howiller :

> Je trouve qu'il y a quelque chose que l'on a oublié dans la construction européenne : ce sont les peuples, et je dirais même le peuple. Je considère qu'il n'y a qu'un peuple européen, plutôt que des peuples. Il y a donc un peuple européen, qui a un certain vécu commun, qui commence à avoir un certain nombre de réactions communes, il y a une espèce de culture qui s'enrichit mutuellement et qui crée une espèce d'arbre qui pousse et qui s'appelle Europe.

Examiner cela à l'heure des « crises » – financière ? économique ? sociale ? écologique ? morale ? – permet d'autant mieux d'aborder, au final, l'avenir de l'Europe.

2.1. Les dynamiques inclusion-exclusion : le ressort de l'appartenance par les frontières

La problématique des identités renvoie à une subjectivation du social. Ces affiliations incluent et excluent à la fois, elles produisent du groupe par distinction et sont toujours susceptibles d'interprétations multiples et divergentes. C'est cette dynamique duale intrinsèque que relève Robert Hertzog :

> L'identité, c'est ce que les gens ressentent comme telle. En raison même de cette nature essentiellement subjective, il faut manier le concept avec prudence, car l'on sait mal de quoi il est fait. [...] L'identité alsacienne est faite d'un ensemble de différences dont la composition et l'idée qu'on s'en fait évoluent en permanence. [...] Il est plus facile de se définir par opposition à l'autre. La multiplication des identités de repli en Europe est très préoccupante : montée des communautarismes au niveau des sociétés locales ou régionalismes ethniques, de type catalan ou flamand. Certaines identités sont intégratrices ; d'autres sont dés-intégratrices.

Or, l'Europe est une référence que d'aucuns considéreront comme trop abstraite pour produire des identifications. Norbert Engel met l'accent sur cette mise en tension:

> Pour moi, il s'agit d'un phénomène irréconciliable. […] À mesure que l'Europe, avec ses instances de décision vécues comme distantes et lointaines, prend plus de force, de l'autre côté les replis identitaires ne feront que grossir. […] L'identité est liée à une différence perçue immédiatement. Pour des gens qui ne voyagent jamais ailleurs qu'en Europe, ils ne perçoivent pas en quoi elle peut être une identité. L'Europe est pour eux une abstraction.

On le voit, derrière le discours courant de la coopération « naturelle » entre pays voisins, entre États européens, se cache un travail d'« invention d'une tradition »[32] – l'appel à promouvoir des symboles communs, comme l'hymne européen dans les propos déjà cités de Robert Walter ou René Eckhardt, etc. –, indissociable d'un travail de déconstruction d'un certain nombre de frontières actuelles. On retrouve la dualité de la frontière. Catherine Lalumière se plaît à espérer :

> La frontière, c'était une séparation et, de plus en plus, j'y vois au contraire une sollicitation à se rapprocher. C'est aujourd'hui la frontière qui relie, au lieu de la frontière qui sépare.

Cette double activité en tension joue en permanence sur les dynamiques identitaires en revenant sur les délimitations de l'Autre[33], y compris par des formes renouvelées de mobilisation du territoire, à différentes échelles, convergentes ou non. Car le propre des territoires est d'être limités par des frontières, qui participent de leur définition-même. Comme l'écrit Daniel Nordman :

> Alors que [l'espace] est encore un contenant indifférencié […], le territoire est directement l'objet d'une appropriation, de l'exercice d'un pouvoir sous quelque forme que ce soit […] ; alors que l'espace est illimité – ou non encore délimité –, le territoire est borné par des limites[34].

Ceci revient à se demander en particulier où s'arrête l'Europe et, par conséquent, quels États en sont ou pas. On distinguera deux niveaux : comment définir les frontières de l'Europe, puis comment les appliquer *in concreto*, notamment par rapport à des demandes d'adhésion – le cas de la Turquie, dont la candidature remonte à 1987[35], a retenu l'attention.

2.1.1. Comment définir les frontières de l'Europe ?

Anthony Giddens a montré que différentes étapes viennent asseoir la production d'une frontière en tant que dynamique : la décision d'affectation du territoire sous une souveraineté, la délimitation de la frontière par un traité de droit international,

---

32 Hobsbawm Éric, « Inventing traditions », *Enquête*, n° 2, 1995, p. 171–189.
33 Anderson Malcolm (ed.), *Frontier Regions in Western Europe*, London, Frank Cass, 1983 ; et « Les frontières : un débat contemporain », *Cultures et conflits*, n° 26-27, 1997, p. 15–34.
34 Nordman Daniel, *Frontières de France. De l'espace au territoire. XVIe-XIXe siècle*, Paris, Gallimard, 1998, p. 516–517.
35 Voir https://www.touteleurope.eu/actualite/adhesion-de-la-turquie-a-l-union-europeenne-ou-en-est-on.html (consulté le 20/08/2020).

sa démarcation matérielle, enfin son administration[36]. Les témoignages rassemblés permettent d'écarter immédiatement les discours sur une « fin des frontières », dépassées par les réseaux, les mobilités accrues, la réduction des espaces-temps... et qu'attesterait la fin de postes de douane entre les pays membres de l'Union européenne, par exemple. Or, la globalisation et la mondialisation ont stimulé la territorialisation de l'espace, loin de la « fin des territoires » parfois pronostiquée[37]. Les frontières ne disparaissent pas de leur belle mort : faut-il rappeler qu'il y a toujours des douaniers en Europe, mais que les lieux changent : aéroports et pôles logistiques, etc., et se diffusent, l'ensemble du territoire national étant concerné. De plus, les frontières se transforment et se spécialisent, évoluant vers davantage de complexité que dans le modèle de l'État westphalien, dans lequel elles désignaient, sous forme de ligne, le bornage de la limite de souveraineté entre deux États, excluant des formes de superposition ou d'entre-deux. Au sein de l'Union européenne, par rapport aux frontières d'État qui cumulaient les fonctions, on voit apparaître des frontières « économiques » ou encore des frontières « monétaires », dont le périmètre peut être différent et fluctuant (non adhésion à l'euro, etc.).

Avant même de considérer les frontières *de* l'Europe dans leur pluralité, il faut donc souligner la diversité des frontières *au sein de* l'Europe, compte tenu de différents degrés d'intégration et de mise en commun de compétences. Ceci est inhérent à l'incrémentalité du processus d'intégration, comme le note Catherine Lalumière :

> Nous avons par exemple en ce moment un cercle fortement intégré, qui est celui de la zone euro : les pays qui ont la monnaie unique. Vous avez l'accord de Schengen qui concerne également un certain nombre de pays et pas d'autres. En fait, il y a des États qui n'ont pas tout à fait la même conception de leur souveraineté et qui ne sont pas forcément tous d'accord pour déléguer à l'Union européenne les mêmes compétences. [...] Je suis assez favorable à cette formule, [...] l'objectif reste que la main soit tendue à ceux qui ont un petit peu traîné afin qu'ils essaient de revenir.

Lorsqu'en 2002 James Anderson, Liam O'Dowd et Thomas M. Wilson demandent « pourquoi étudier les frontières aujourd'hui ? »[38], ils relèvent le paradoxe selon lequel lorsque les frontières – et en particulier les frontières d'État – apparaissent relativement fixées et stables, elles sont négligées dans les travaux de sciences sociales, tandis qu'à présent, où elles sont affaiblies, mais de façon relative, par les processus de globalisation économique et d'intégration européenne,

---

36 Giddens Anthony, *A Contemporary Critique of Historical Nationalism. The Nation-State and Violence*, Cambridge, Polity Press, 1985, cité p. 119.
37 Badie Bertrand, *La fin des territoires. Essai sur le désordre international et sur l'utilité sociale du respect*, Paris, Fayard, 1995.
38 Anderson James, O'Dowd Liam, Wilson Thomas M., « Why Study Borders Now ? », *Regional & Federal Studies*, vol. 12, n° 4, 2002, p. 1–12.

elles (re)deviennent un sujet d'intérêt[39]. Les auteurs relient ce gain d'attractivité à la différenciation croissante de ce que désignent la frontière et ses effets de filtre : « Borders are constitutive of what they contain; pivotal to mismatches and contradictions between different states; and pivotal also to our contradictory world system »[40]. Ressortent un certain nombre de disjonctions, notamment entre une circulation plus libre des capitaux et des biens et une régulation plus forte des migrations de personnes. On peut en citer d'autres : entre l'économique et le politique ou encore le culturel, entre l'État et d'autres niveaux d'organisation sociale supra- ou infra-nationale. Sans oublier le fait que le façonnage de nouveaux espaces, notamment trans-frontières, amène de nouvelles segmentations[41], ajoutant à la polysémie des frontières[42].

Faut-il dès lors définir des frontières au projet européen ? Pour la majorité des acteurs interrogés, la réponse est positive ; il faut des limites à la construction européenne :

> Oui, il y a des frontières, même si, comme tous les Français, je ne suis pas très fort en géographie ! Mais je crois qu'à vingt-sept[43], ça suffit. On a peut-être trop ouvert, sans avoir assuré la stabilité politique de l'Europe [Claude Keiflin]

> La construction européenne est pour moi le fait d'avoir un territoire, que je pense d'ailleurs devoir être territorialement limité. C'est-à-dire que je pense – j'ai plutôt les positions qui étaient celles de Delors – qu'un agrandissement non contrôlé de l'Europe aboutirait plutôt à une fragilisation et à un délitement de l'Europe plutôt qu'à son renforcement [Norbert Engel].

Certains reprennent alors la formule classique : « de l'Atlantique à l'Oural », à l'instar de René Gutman :

> Dans mon imaginaire ou dans ma réflexion, étant né après la guerre, j'ai grandi avec la formule de De Gaulle : l'Europe de l'Atlantique à l'Oural. J'ai toujours pensé que l'Europe [devait] effectivement, pour avoir cette identité, aller jusqu'aux frontières de l'ex-URSS.

Ces positions sont d'abord relatives au processus d'intégration de l'Union européenne, et le témoignage de Robert Hertzog diffère, pour lui qui a d'abord la pra-

---

39 Hamman Philippe, *Sociologie des espaces frontières. Les relations transfrontalières autour des frontières françaises de l'Est*, Strasbourg, Presses universitaires de Strasbourg, 2013 ; Wassenberg Birte, Clavert Frédéric, Hamman Philippe (dir.), *Contre l'Europe ? Anti-européisme, euroscepticisme et alter-européisme dans la construction européenne de 1945 à nos jours*, vol. 1 : *Les concepts*, Stuttgart, Franz Steiner Verlag, 2010.
40 Anderson James, O'Dowd Liam, Wilson Thomas M., « Why Study Borders Now ? », *art. cit.*
41 Bach Daniel, Leresche Jean-Philippe, « Frontières et espaces transfrontaliers, à nouveaux espaces, nouvelles segmentations », *Revue internationale de politique comparée*, vol. 2, n° 3, 1995, p. 446.
42 Hamman Philippe, « Borders and Cross-Border Cooperation in Europe from a Sociological Perspective », in: Joachim Beck (ed.), *Transdisciplinary Discourses on Cross-Border Cooperation in Europe*, Brussels, Peter Lang, 2019, p. 123–145.
43 Au moment de l'entretien. L'Union européenne a compté ensuite vingt-huit États membres, après l'entrée de la Croatie au 1er juillet 2013, et désormais à nouveau vingt-sept, depuis le 31 janvier 2020 et le retrait du Royaume-Uni.

tique d'expert de la « Grande Europe », au Conseil de l'Europe. Il n'y aurait pas de frontières définies :

> Même le périmètre de l'Europe est inconnu. Je suis expert du Conseil de l'Europe pour l'Arménie et la Géorgie. Les responsables géorgiens […] ont tenu un discours d'entrée dans l'UE, peu réaliste mais sincère, car ils y voyaient un moyen de mobiliser le pays vers de nouvelles valeurs et un futur plus lisible. […] L'Ukraine avait aussi un objectif affiché d'entrer dans l'UE. L'Islande dit s'intéresser à l'euro.

Dans le même sens, Bruno Haller insiste longuement sur le fait qu'il n'y a pas de frontières précises définies par le Conseil de l'Europe. Les décisions d'adhésion sont prises en regard de considérations davantage politiques que géographiques ou confessionnelles, à l'exemple de la Turquie, acceptée très tôt :

> Le statut adopté à Londres le 5 mai 1949 ne fixe pas les limites de l'Europe […]. En réalité, la décision d'accepter un État est éminemment politique et le critère géographique est susceptible de variation. Les dix États fondateurs du Conseil, sans conteste tous européens, étaient d'accord [pour] accepter immédiatement la Grèce et la Turquie […], pour des raisons stratégiques et militaires liées à la montée en puissance de la guerre froide entre l'Est et l'Ouest. […] Et d'ailleurs, la Turquie est devenue membre de l'Alliance Atlantique en 1952.

Cet effet de perspective pose bien la question : comment définir les frontières de l'Europe ? Catherine Lalumière rejette toute vision fixiste, géographique ou même historique, et souligne que les premiers porteurs se sont bien gardés de poser une étendue précise au processus d'intégration, par définition évolutif :

> Il est évident que les frontières telles qu'elles sont tracées par les géographes ne sont pas très utiles, elles sont au mieux indicatives. […] Pour définir les frontières de l'Europe, le critère historique est important. Avoir une histoire commune, avoir eu des échanges au fil des siècles, cela crée et engendre des ressemblances. […] À partir de là, c'est extrêmement difficile de dire qu'il y a une frontière définitive, qui ne bougera pas. D'ailleurs, dans les premiers textes de l'après-guerre, aussi bien ceux du Conseil de l'Europe que par la suite les textes concernant la Communauté ou l'Union européenne, les fondateurs n'ont jamais tracé les frontières. Ils n'ont d'ailleurs jamais défini ce qu'était pour eux l'européanité.

Les choses sont donc ouvertes, et cette fluidité renforce les effets du diptyque inclusion-exclusion, réinterrogé à chaque nouvelle demande d'adhésion, dans le rapport aux affiliations identitaires.

2.1.2. Les frontières de l'Europe comme révélateur d'identifications : le cas de la Turquie

À mesure de l'avancée des processus d'intégration européenne, le statut des frontières change, notamment entre frontières internes et frontières externes. La question devient : que recouvre une frontière externe de l'Union – définie comme protectrice, si on pense aux mécanismes de Schengen – par rapport à une frontière interne, entre pays-membres – qui se voudrait ouverte aux échanges et aux coopérations inter-institutionnelles, par exemple transfrontalières ? On relit ainsi la logique ambivalente d'ouverture et de fermeture qui permet, matériellement et symboliquement, d'intégrer un espace national, un territoire intérieur, en même temps que d'écarter ceux qui n'en sont pas mais voudraient en être – où l'on reconnaît l'énoncé de la « forteresse Europe »[44].

Une frontière est donc bien plus qu'un tracé sur une carte, où un État finit et un autre commence. La frontière internationale recouvre trois dimensions. Elle constitue une institution politique, régie par des textes de droit : les systèmes juridiques impliquent qu'il y ait des frontières qui établissent un cadre à l'intérieur duquel on peut arbitrer les conflits et imposer des sanctions. En plus de ces éléments qui définissent « l'État souverain », les frontières sont aussi des processus politiques, en tant qu'instrument historique de la politique des États et marqueur d'identité, au fondement des nations, suivant Benedict Anderson[45]. Enfin, et peut-être d'abord, la frontière est un terme discursif, susceptible d'investissements cognitifs et de perceptions diverses – politiques, populaires et académiques – qui « se chevauchent toujours mais ne coïncident jamais » ; précisément, ces divergences font partie intégrante des frontières[46].

Ce triple plan de signification révèle la complication – avouée ou non – qu'il y a à déterminer le caractère « européen » d'un État comme la Turquie, susceptible alors d'adhérer à l'Union, ou pas[47]. Les avis directement positifs sont rares parmi les témoins qui se sont exprimés en 2012–2013 ; il n'y a alors guère que Jean-Marie Heydt et Kai Littmann pour retourner l'argument géographique courant – à savoir que l'essentiel du territoire turc se situe en Asie – avec des contre-exemples :

> Incontestablement, la Turquie est un pays européen pour moi. Il n'y a pas d'hésitation par rapport à cela. Si la Turquie n'était pas un pays européen, il y aurait d'autres pays dans l'actuelle Union européenne qu'il faudrait retirer. Je ne vois pas pourquoi Chypre serait alors un pays européen. Je ne vois pas pourquoi Malte le serait également, et j'en passe. La Turquie est un pays européen à mon avis [Jean-Marie Heydt].

Du coup, il est intéressant de constater que, se déclarant clairement favorable, Jean-Marie Heydt n'élude pas la question religieuse, en tout cas moins que les interviewés réticents à l'adhésion, souvent très précautionneux sur le sujet :

> La religion ne doit pas être un problème. […] Ce que je regrette un petit peu, c'est peut-être que la communauté musulmane se replie un peu sur elle-même quand elle est hors de son pays […]. Cela n'est pas très bon pour la dynamique européenne.

Ce même constat se retrouve dans le cas de Kai Littmann, qui appuie, lui, sur la problématique confessionnelle :

---

44 Liam O'Dowd, Thomas M. Wilson (eds.), *Borders, Nations and States*, Aldershot, Avebury, 1996.
45 Anderson Benedict, *Imagined Communities. An Inquiry into the Origins and Spread of Nationalism*, New York, Verso, 1991.
46 Anderson Malcolm, « Les frontières : un débat contemporain », *Cultures et conflits*, n° 26–27, 1997, p. 15–17.
47 Pour un point sur les rapports entre la Turquie et l'UE et leur politisation, voir Seni Nora, « À quoi sert la Turquie en Europe ? », *Hérodote*, vol. 164, n° 1, 2017, p. 213–226.

> Je dirais que la Turquie est en Europe. Même si, géographiquement, ce n'est une petite partie de la Turquie qui se trouve sur le continent européen. [...] Il y a des intérêts géopolitiques qui entrent en jeu pour l'OTAN, personne ne pose le moindre problème pour la Turquie dans cette organisation. Maintenant, pour l'UE, vous avez d'autres raisons qui poussent les gens à avoir une attitude presque hostile envers la Turquie. On repense en effet à la Pologne [...] avec son christianisme.

A contrario, la plupart des acteurs interrogés se sont déclarés sceptiques quant au caractère européen de la Turquie et opposés à son accès à l'Union européenne. Ainsi d'Alain Howiller comme de Robert Walter :

> Non, là je suis tout à fait catégorique, non. C'est un pays qui, comme disait Giscard, est 10% d'Europe et 90% d'Asie, de Proche-Orient, etc. Donc non, je ne pense pas que la Turquie soit un pays européen. Déjà, j'ai des doutes sur quelques pays européens qui sont dans l'Union, mais la Turquie non. Pourquoi alors le Maghreb ne serait-il pas européen ? [Alain Howiller]

> Je suis, comme beaucoup de gens, contre l'adhésion de la Turquie. Je crois que ça représente un danger pour nous [Robert Walter].

On peut multiplier les prises de position en ce sens, à l'instar de Gérard Traband également :

> [La Turquie] ne l'est pas [un pays européen]. [...] Et puis quels intérêts aurions-nous à avoir des frontières communes avec l'Iraq ou la Syrie ? Et Israël ne serait-elle pas en droit de demander à son tour l'intégration à l'Union européenne ? Et le Maroc, qui a joué un rôle essentiel dans la civilisation espagnole ?

Ce dernier désamorce aussitôt l'argument relatif à la présence de la Turquie dans l'Alliance atlantique depuis les années 1950, comme le produit d'une vision externe :

> Les États-Unis tenaient beaucoup à l'entrée de la Turquie dans l'Europe, en raison de son rôle essentiel au sein de l'OTAN. Ce pays avait une position géostratégique très intéressante.

De façon proche, après avoir évoqué un passé disjoint (la Turquie impériale...) et des intérêts économiques divergents, Robert Hertzog se situe également sur le plan géopolitique pour écarter, à son tour, tout intérêt pour l'Europe à s'élargir à la Turquie :

> Est-il dans l'intérêt géopolitique de l'Europe d'avoir une frontière commune avec la Syrie, quasiment avec l'Iran, avec le Caucase, et de devoir gérer les relations du sous-ensemble turc vers l'Asie centrale ? Je suis absolument certain que non, pour la simple et suffisante raison que nous serions totalement incapables de définir des politiques adéquates pour ces zones et impuissants pour répondre à des problèmes pour lesquels nous n'avons ni la culture historique, ni une légitimité particulière : les Kurdes, etc. La fonction pacificatrice, qui est fondatrice pour l'Europe, ne pourrait guère être assurée.

Lui aussi estime qu'il ne s'agit pas de s'aligner sur les intérêts américains :

> Vu les processus de décision, l'Europe serait encore plus impotente, sur des questions encore plus complexes, ce qui conviendrait d'ailleurs à certains de nos alliés qui plaident en faveur d'une adhésion de la Turquie.

Enfin, la question des droits de l'Homme – plus encore d'actualité aujourd'hui[48] – est également soulignée, notamment par Claude Keiflin :

> Il y a une partie européenne et une autre non-européenne en Turquie. […] Cela dit, on ne peut pas ouvrir l'Europe à la Turquie au vu de sa législation actuelle, ils ont encore de gros progrès à faire dans le domaine des droits de l'Homme.

On le voit, il est d'abord question de géographie, de géopolitique et de droits fondamentaux ; la plupart des grands témoins ne mettent guère en avant la variable religieuse dans les argumentaires. Évoquer cet aspect semble complexe. Les propos suivants sont significatifs :

> Non. On ne peut pas être asiatique et européen. Quand vous êtes à Istanbul, vous êtes entre deux parties. La partie européenne ne me dérange pas, mais la partie asiatique ne répond pas à la culture européenne, qui est un lien social de l'Europe. Cela n'a rien à voir avec la religion [René Eckhardt]

> L'islam, quand on prend l'histoire de l'Espagne, fait partie de notre histoire pendant des siècles. Et cela n'a gêné personne à l'époque. Je crois que la Turquie n'est pas rejetée parce que c'est un pays musulman, mais parce qu'elle est en dehors du continent européen. Il faut à un moment donné fixer une limite géographique. L'Europe est un concept autant géographique que géopolitique. La religion n'en est pas le fondement [Alain Howiller]

> Mon propos n'a rien à faire du tout avec des histoires de religion, par exemple lorsque l'on pense à l'entrée ou non de la Turquie dans l'Europe [Norbert Engel].

Rares sont ceux qui posent effectivement la question confessionnelle, à l'exemple d'Antoine Spohr :

> Il y a la Turquie d'Europe et la Turquie d'Anatolie. Le problème, c'est ce raidissement religieux généralisé. L'un entraîne l'autre, toutes religions confondues.

On perçoit la question sensible et les expressions équilibrées ne manquent pas, à l'instar de Catherine Lalumière :

> En fait, le plus important n'est pas tellement de savoir quand la Turquie va rentrer ou non dans l'Union européenne, mais c'est de savoir ce que nous pouvons faire avec la Turquie. Nous avons besoin de la vitalité de la Turquie. Nous sommes en train, nous les Européens de l'Ouest, de devenir un pays de vieux, à démographie déclinante. Ce n'est pas bon ni sain. […] Nous avons besoin de cet esprit d'entreprise, nous avons besoin de tout cela. Et puis sur le plan géopolitique, ce n'est pas la Bulgarie, ce n'est pas la Grèce qui nous défendront de l'Iran ou de l'Irak […]. Nous avons besoin d'une Turquie forte et qui soit notre amie. Oui, je ne plaide pas pour qu'elle rentre dans l'Union européenne, il est possible qu'elle y renonce. Ce sur quoi je ne transige pas, c'est sur la nécessité pour nous d'avoir de très bonnes relations avec la Turquie.

De même, Bruno Haller, qui peut exprimer une position au titre de son expérience au Conseil de l'Europe, dont la Turquie est membre de longue date, demeure très prudent :

---

48 Par exemple, « L'ONU passe la Turquie au crible des droits de l'Homme », *rfi*, 28/01/2020 : http://www.rfi.fr/fr/europe/20200128-onu-passe-turquie-crible-droits-homme (consulté le 20/08/2020).

L'ancrage européen dans le cadre du Conseil de l'Europe est certainement utile à la Turquie, mais aussi à l'Union. […] Le Conseil a une longue pratique de la coopération avec la Turquie et cela change le regard sur le pays concerné. Mais il y a aussi le principe de ne pas se mêler des procédures d'une autre institution, et il vaut mieux s'y tenir dans une affaire aussi importante. L'expérience du Conseil n'est pas automatiquement pertinente pour l'Union.

2.2. Associer ceux qui sont différents ou qui sont proches ? La dualité élargissement-approfondissement

Pour être mobilisateur, sinon source d'identifications, en rapport avec des histoires et des territoires pluriels, le projet européen vise-t-il finalement à associer d'abord des États et des populations proches ou au contraire différents ? La question peut se poser si l'on écoute Léon Nisand expliquer en quoi il perçoit moins les frontières aujourd'hui que par le passé :

Le terme de frontière ne signifie plus ce qu'il signifiait dans mon enfance, c'est-à-dire il y a presque un siècle. Quand je traverse la frontière aujourd'hui, je suis dans un autre pays, tout m'intéresse et les gens sont semblables à moi ! Ils ont la même anatomie, la même physiologie, les mêmes besoins et les mêmes aspirations !

Sous l'angle des affiliations, l'hypothèse d'une dilution de l'identité européenne à mesure de son élargissement est couramment soulevée ; Jean-Paul Costa l'exprime :

Je vais vous dire le fond de ma pensée : je suis persuadé qu'il y a une identité européenne, mais cette identité européenne se dilue plus il y a de pays européens. Je veux dire par là que c'était plus facile de voir l'émergence d'une identité européenne lorsque l'Europe a commencé à peu de pays, six pays pour l'Europe des six, […] ou une dizaine pour l'Europe du Conseil de l'Europe. À partir du moment où il y a eu des élargissements successifs, cela devient plus difficile de concevoir une identité européenne, car les centres d'intérêts ne sont pas les mêmes.

La dialectique entre approfondissement et élargissement apparaît au premier plan, et mobilise les commentaires. Ces termes peuvent être des masques, Jean-Marie Heydt le rappelle :

C'est du discours politique. Moi je pense que ceux qui ont employé les mots « élargissement » et « approfondissement », c'est simplement parce qu'ils n'ont pas eu le courage d'appeler un chat un chat.

Ce dernier, en étant conscient des difficultés avérées, pousse à la réflexivité des pays fondateurs, et à ne pas utiliser ce qu'il considère être des faux arguments pour écarter certains pays aujourd'hui :

Lorsqu'on se place au niveau de la question de l'Union européenne, je pense qu'avec le Traité de Rome et ce qui a suivi après avec les six, on a peut-être voulu aller un peu vite sans penser à la conséquence de l'élargissement. Notamment en admettant la Bulgarie, la Roumanie. Aujourd'hui, il est clair que ce sont des pays en difficulté. […] En fait, on a lancé les choses et après on est arrivé à des situations telles que : « La Turquie, il ne faut pas la prendre, vous rendez-vous compte de combien sont-ils ? C'est énorme ! ». […] Lorsque les six ont décidé de la construction et du Traité de Rome, ils n'ont pas dit : « Les Français avec leur baguette et leur béret... ». Si les autres avaient dit cela, il n'y aurait jamais eu de construction européenne.

La plupart des témoins se rejoignent pour estimer, premièrement, qu'il est préférable de renforcer les coopérations existantes avant d'élargir, au contraire de ce qui a été fait, et donc, deuxièmement, que le processus d'élargissement de l'Union européenne a été trop rapide. Écoutons par exemple Claude Keiflin :

> Je pense qu'il aurait d'abord fallu approfondir à quinze avant d'élargir l'UE. Parfois on ne prend pas assez de précaution, et après on le regrette. C'est le cas pour l'euro, en ayant fait confiance à des pays qui ont raconté n'importe quoi. Pour Schengen, on a aussi intégré des pays qui sont devenus la frontière extérieure de l'Union et sont de vraies passoires ! C'est pour cela qu'il vaudrait mieux approfondir d'abord et élargir ensuite.

Alain Howiller a le même sentiment :

> À mon avis, l'élargissement de l'Union européenne a été trop rapide, et en particulier l'ouverture vers l'Est. [...] On a essayé de faire cohabiter des intérêts trop divergents. Comme la construction européenne était plus faible qu'elle ne l'est aujourd'hui, elle n'a pas pu gérer ces intérêts différents.

Quant à Robert Hertzog, il fait remarquer le problème de la gouvernabilité de l'Union élargie :

> Une des grandes erreurs restera l'élargissement. [...] Parce qu'on ne peut pas faire fonctionner un ensemble économique avec de telles disparités sans établir un puissant et coûteux système de transferts de richesses – allant bien au-delà des fonds structurels – et d'unification des politiques, ce qui s'est révélé infaisable. On a accru les asymétries de tous ordres et le nombre de décideurs. Imaginons vingt-huit personnes autour d'une table. Chacune s'exprime pendant trois minutes : qui écoutera encore la seizième ? De combien aura avancé la négociation après ce premier tour de table d'une heure et demi ?

Kai Littmann y voit une confusion de bons sentiments :

> L'extension européenne a été beaucoup trop rapide, nous n'avons pas eu la possibilité de construire des règles de fonctionnement commun avant cette extension à 27 pays. [...]. Je comprends pourquoi l'on a commis cette erreur, c'est comme la réunification allemande qui a été très mal organisée, qui a été beaucoup trop rapide, mais qui partait d'un bon sentiment. On peut effectivement commettre des erreurs en voulant bien faire.

C'est, du reste, l'explication du « politiquement obligé » que retient Catherine Lalumière, pour expliquer le choix de l'élargissement à l'Est :

> Les choses ne se sont pas présentées d'une façon limpide. Si l'on n'approfondit pas, on ne va pas élargir. [...] On avait un enjeu politique énorme avec la fin de la guerre froide, les pays d'Europe centrale avaient reconquis leur liberté. À vrai dire, ils avaient conquis une double liberté : une liberté idéologique par rapport au communisme, mais aussi une liberté politique par rapport à l'empire de Moscou. En réalité, je pense qu'il fallait le faire, élargir.

Dès lors, c'est la réalité d'une Europe à plusieurs vitesses qui est dépeinte comme le pendant indissociable des élargissements opérés, en les retraduisant institutionnellement :

> Je crois qu'il faut une Europe à deux vitesses, au moins à deux vitesses. C'est-à-dire un noyau, un approfondissement conjugué à l'élargissement. Étant bien entendu que les pays qui

font partie de l'élargissement n'auront pas les mêmes pouvoirs que les pays qui font partie de l'approfondissement. Je crois que les deux démarches sont nécessaires. Les unes pour une construction européenne démocratique, l'autre pour une espèce de confédération, une zone de libre-échange qui permette la libre circulation des personnes et des biens [Alain Howiller].

Jean-Paul Costa acte à son tour une vision gradualiste :

> Je crois que si l'on veut être réaliste, on constate déjà qu'en 2012 il y a plusieurs Europe au sein d'une même Europe. [...] La zone euro, par exemple [...]. Alors on parle parfois de coopérations renforcées, d'Europe à plusieurs vitesses. Je crois que cela existe déjà en réalité, mais je pense aussi qu'il faut progresser pas à pas et de nouveau reconstruire avec peut-être moins de pays pour faire en sorte que les autres viennent s'agréger au moment où ils le sont vraiment d'accord.

Cette question de l'élargissement s'est également posée au niveau du Conseil de l'Europe, qui compte depuis fin 2009 47 États membres. À ce propos, Jean-Paul Costa s'exprime avec mesure, compte tenu de l'enjeu des droits de l'Homme en arrière-plan de ces adhésions :

> Moi, j'ai surtout vécu la fin de la transformation. Quand je suis arrivé en 1998 à la Cour, il y avait déjà trente-neuf États. Il y en a eu huit autres qui ont adhéré par la suite, essentiellement d'ailleurs des pays de l'ex-Yougoslavie [...]. C'est très difficile personnellement de dire, si oui ou non, c'était une bonne chose de les intégrer. La réponse se trouve entre les deux. [...] En faisant entrer ces pays, qui étaient très en retard du point de vue des droits et des libertés [...], on les obligeait, avec leur consentement, à se transformer pour éviter des condamnations à répétition de la Cour.

J.-P. Costa est bien conscient qu'il s'agit de processus complexes dans leur implémentation :

> Bien sûr, il y a des changements qui sont plus faciles que d'autres. Il est plus facile de changer un texte, de changer un code de procédure pénale, que de changer des pratiques comme l'attitude des gardiens de prison dans les prisons ou des policiers dans les commissariats de police.

Bruno Haller, en fonction au cours de la période précédente d'adhésions, souligne l'enjeu pratique qui a été de gérer l'important élargissement du Conseil de l'Europe :

> Le Conseil comportait vingt-trois pays le 5 mai 1989, date de l'adhésion de la Finlande. Il en comptait quarante-six en 2006 à l'achèvement de mon deuxième mandat. [...] Au niveau du secrétariat, il a fallu intégrer rapidement des collègues venant des nouveaux États membres. À l'Assemblée, nous avons organisé des stages d'initiation à la démocratie pluraliste pour les nouveaux membres venant de ces pays [...]. L'observation des élections est devenue une activité importante dans l'évaluation des progrès de la démocratie des nouveaux partenaires.

2.3. Les représentations de l'appartenance : Quelle Europe et pour qui ?

En regard de la question des frontières de l'Europe et de ses conséquences, notamment en termes de dynamiques procédurales (comme l'élargissement), celle des affiliations identitaires suppose aussi de cerner ce que peut représenter aujourd'hui le projet européen en termes de contenu et pour qui.

Sur ce plan, les grands témoins tendent à relativiser les critiques portées à l'heure actuelle vis-à-vis de l'intégration européenne, en se situant sur un temps plus long :

> Tout système peut être critiquable et est critiquable, comme le système européen dans lequel nous vivons. Mais il faut considérer le chemin parcouru, et regarder ce que l'Europe nous a apporté. L'Europe a longtemps été considérée comme une protection. Eh bien, pour beaucoup de nos concitoyens actuellement, ce n'en est plus une. […] Ce raisonnement est erroné. S'il n'y avait pas eu d'Europe, ce serait en effet bien pire. Alors, bien sûr, il y a eu des fautes, à l'exemple de la monnaie unique, réalisée sans la mise en œuvre parallèle d'une politique économique et budgétaire commune… L'Europe a toujours avancé par crises. […] Il y a encore du travail [Gérard Traband].

De même, Antoine Spohr relève que l'idée d'Europe, quoiqu'on en dise, a fait des progrès dans les consciences, même au niveau des partis politiques qui la critiquent :

> Je ne crois pas qu'il y ait encore quelqu'un qui soit honteux d'être Européen. Même les partis nationalistes en France ne sont déjà plus totalement contre l'Europe. Le Front National [devenu ensuite Rassemblement National] est maintenant pour une Europe confédérale, pour l'Europe des nations avec un nationalisme fort. C'est incompatible. La gauche extrême de type mélenchoniste n'est pas contre non plus, mais elle revendique une Europe […] uniformément sociale. C'est difficile. L'idée a fait son chemin. La plupart du temps, lorsqu'on dit que l'Europe va mourir, que l'euro est foutu, les gens n'y croient pas trop. C'est devenu presque impossible.

Un euroscepticisme « de principe », rejetant la logique d'intégration politique et économique, cèderait ainsi la place à des formes plus atténuées, acceptant l'idée d'intégration européenne et critiquant son organisation[49].

Pour autant, il y a bien des résistances[50]. Selon Norbert Engel, ces dernières correspondent à la diversité des perceptions de l'Europe en fonction des groupes et des positions sociales, ou encore des impacts des politiques européennes. Elles peuvent s'analyser en termes transactionnels comme des formes de coopération conflictuelle[51], où tensions et mises en relation vont de pair :

> Par exemple, pour des jeunes intellectuels, l'Europe est toute entière positive. C'est un agrandissement d'espace, un agrandissement de possibilités, etc. Pour les agriculteurs de ce pays, les subventions de la PAC sont une opportunité. Mais toutes les décisions de Bruxelles sur les questions de quota de chasse, de pêche, de nature chimique des engrais, ces agriculteurs français vivent l'Europe […] uniquement comme une somme de contraintes. […] En même

---

49 Un certain nombre de travaux de science politique soulignent ces deux postures différentes : Taggart Paul, Szczerbiak Aleks (eds.), *Opposing Europe? The Comparative Party Politics of Euroscepticism*, Oxford, Oxford University Press, 2007 ; Taggart Paul, Szczerbiak Aleks, « Contemporary Euroscepticism in the Party Systems of the European Union Candidate States of Central and Eastern Europe », *European Journal of Political Research*, vol. 43, n° 1, 2004, p. 1–27.

50 Voir Wassenberg Birte, Clavert Frédéric, Hamman Philippe (dir.), *Contre l'Europe ?…, op. cit.*

51 Sur cette perspective en termes de transactions sociales, cf. Hamman Philippe, *Sociologie des espaces frontières, op. cit.*

> temps, connaissez-vous une pièce de monnaie qui n'a pas un avers et un revers ? C'est impossible.

Les résistances à l'Europe ne se résument pas aux rapports des « cultures nationales » à l'« identité européenne »[52] mais renvoient aussi à des variables sociologiques, telles que les statuts socio-économiques, les fractures entre les centres et les périphéries, etc.

Une ligne de clivage, corrélée aux enjeux et trajectoires socio-économiques, peut être celle de la maîtrise de la langue. Robert Walter relève : « C'est vrai que le plus grand handicap dans tous les programmes interrégionaux, comme Interreg, c'est la langue ». À chaque fois, se dégage une dimension d'auto-identification des groupes sociaux et d'acceptation de l'Autre (qui peuvent être des immigrés ou « migrants », mais aussi des « navetteurs » comme les travailleurs frontaliers) dans le territoire d'emploi, d'installation, de vie. L'apprentissage de la langue du voisin, du pays où l'on va travailler ou consommer, où l'on vient résider, etc., revient dans l'étude des espaces-frontières, sur le plan des codes et des façons de parler entre des univers hétérogènes[53]. Pour les interviewées, la langue est perçue comme un outil facilitateur de pratiques interculturelles, en corrélation directe avec la variable sociale. Ainsi, d'un côté, le rapport à l'Europe serait nettement plus positif auprès de ceux qui maîtrisent les langues :

> Je me sens autant chez moi en Belgique qu'en Allemagne ou qu'en France. Pour moi, c'est plus une question linguistique. Je me sens chez moi partout en Europe, je peux me faire comprendre et les gens me comprennent. Pour moi, l'Europe, c'est chez moi [Kai Littmann].

De l'autre côté, on aurait là une difficulté grandissante en Alsace en termes de développement territorial transfrontalier, à mesure que la pratique de l'allemand régresse, suite à des politiques publiques défavorables aux dialectes locaux au sortir de la Deuxième Guerre mondiale. René Eckhardt le regrette, et y voit un handicap à présent pour le travail frontalier :

> Dans les années 1950, en Alsace, parler les dialectes était interdit, c'était une première erreur. La deuxième était de penser que c'était *chic* de parler le français. Donc toutes les personnes se sont senties attirées pour le français et non plus pour apprendre l'allemand. C'est l'Alsace qui a commis beaucoup d'erreurs et l'on a perdu ce bilinguisme naturel. [...] On a perdu ce bilinguisme naturel. [...] Il y a 60 000 frontaliers français qui vont travailler en Allemagne chaque jour. De ces 60 000, 90% vont partir en retraite dans les années à venir. Or, nous n'avons pas créé suffisamment de jeunes bilingues pour remplacer ce chiffre, donc les entreprises allemandes ne vont pas pouvoir trouver de personnel. Ainsi, ils vont devoir les chercher dans les pays de l'Est, où les personnes parlent très bien allemand. En conséquence, on va se retrouver en France avec, plus ou moins, 50 000 chômeurs de plus dans les dix prochaines années, parce qu'on a oublié la langue du voisin.

---

52 En histoire, voir par exemple Bitsch Marie-Thérèse, Loth Wilfried, Barthel Charles (dir.), *Cultures politiques, opinions publiques et intégration européenne*, Bruxelles, Bruylant, 2007.
53 Voir Hamman Philippe, *Sociologie des espaces frontières*, *op. cit.*, chap. 4 ; et « Les travailleurs frontaliers dans le Rhin supérieur : mobilités de travail et enjeux linguistiques dans un espace transfrontalier », *Synergies. Pays germanophones*, n° 6, 2013, p. 95–109.

La place de la religion a également été évoquée en termes de rapports à l'Europe, dans les logiques d'identification. Selon Norbert Engel, il est délicat de penser l'Europe à travers les appartenances religieuses, qui sont diverses et, à ce titre, porteuses de conflictualités :

> Elle est quoi, l'Europe ? Est-elle chrétienne ? Est-elle judéo-chrétienne ? Est-elle islamo-judéo-chrétienne ? Est-elle pagano-islamo-judéo-chrétienne ? Comment fait-on ?

Du coup, on saisit la mobilisation du registre de la tolérance, qui revient de façon récurrente dans les entretiens ; par exemple :

> Si vous regardez l'ensemble de l'Europe, vous avez tout un mélange de religions pratiquées. […] Je pense qu'il faut de la tolérance culturelle, religieuse. Sans la tolérance, on ne peut plus organiser notre société [Kai Littmann].

Plus précisément, la nécessaire distinction entre le politique et le religieux est mise en avant, à l'instar de Léon Nisand :

> La religion n'a rien à voir avec la politique. Si la religion veut gouverner sur Terre, c'est la guerre. Parce qu'on peut commander l'homme par ses croyances, il n'est pas libre de choisir, car il a peur de l'après mort. Vous pouvez avoir un voisin musulman, un voisin juif, un voisin chrétien : il faut vivre ensemble.

L'exploitation de la religion par le politique est source de tensions, souligne dans le même sens le Grand rabbin René Gutman :

> Il faut savoir où s'arrête la religion et où commence le politique. Je ne pense pas que c'est la religion qui serait sujet de tension, mais elle sert malheureusement beaucoup au politique, parfois pas dans le bon sens. Dans certains pays – Kazakhstan, Arménie, même l'Ukraine –, peu à l'honneur en termes de droits de l'Homme, la religion agit comme pour se donner une bonne conscience, retrouver une virginité sur le plan politique.

2.4. Quelle place pour le citoyen dans les enjeux européens ?

Une thématique ressort plus spécialement lorsqu'il est question des représentations des appartenances à l'Europe : celle de la citoyenneté. Le constat est largement partagé : trop peu de place est faite au citoyen aujourd'hui. Il conviendrait de le mettre davantage au centre du projet européen, dans sa dimension humaniste exprimée entre autres par Alain Howiller :

> Je pense que la construction européenne ne correspond absolument pas à ce que les pères de l'Europe souhaitaient, c'est une première chose. Elle ne correspond pas non plus à ce que les peuples européens souhaitaient, ce qui est une deuxième chose. Enfin, l'échec que nous vivons actuellement, que ce soit sur le problème de la dette, sur le problème des décisions prises en commun à l'unanimité, montre bien que nous sommes dans une espèce d'impasse qui ne disparaîtra que lorsqu'on reviendra à des schémas de base : une Europe qui est une Europe des citoyens.

Or, pointe Jean-Marie Heydt, ces derniers sont tenus à l'écart des grands choix :

> À aucun moment n'a été posée la question aux Européens de ce qu'ils voulaient. On ne leur a jamais demandé, même par un référendum, « quel type d'Europe voulez-vous ? ».

Le prisme national demeure premier, y compris dans des marqueurs concrets comme les listes aux élections pour le Parlement européen :

> Pour l'instant, le citoyen européen reste un citoyen national. [...] Je crois qu'aujourd'hui on a véritablement un déficit d'encouragement à devenir citoyen européen. [...] Si l'empreinte avait prise, je pense que, dans un premier temps, les gens réagiraient différemment aux échéances électorales européennes, [...] en disant : « Que sont ces élections ? Il y a une liste de Français qui se présentent au Parlement européen, une autre liste d'Allemands. Moi, je veux une liste de telle tendance, de gauche, de droite, écolo, peu importe : je veux une liste de telle tendance européenne ». [...] À mon avis, pour qu'il y ait citoyen européen, il y a du chemin à parcourir [Jean-Marie Heydt].

Il s'ensuit, selon les témoins, une césure élites-citoyens, qui connaît trois principales déclinaisons se renforçant l'une l'autre. La première dimension est la reprise d'un dualisme fort entre ce qui serait l'Europe des lobbyistes de Bruxelles contre une Europe concrète des citoyens. Comme d'autres, Kai Littmann l'exprime sans détour:

> Je crois que la construction européenne à Bruxelles est quelque chose d'extrêmement éloigné des préoccupations des 500 millions d'Européens [...]. J'ai du mal à m'identifier à l'Europe de Bruxelles, qui est une Europe pas démocratique [...]. Bruxelles, pour moi, c'est l'Europe de 5 000 lobbyistes accrédités professionnellement, chose qui n'existe pas à Strasbourg. C'est l'Europe de Barroso, c'est l'Europe des négociations derrière des portes fermées, c'est l'Europe qui n'a pas grand-chose à voir avec les citoyens. Or, je pense que l'Europe ne peut pas fonctionner sans les citoyens.

Cette critique de la technocratie est partagée par Robert Walter :

> Je veux dire que, peut-être, il y a eu une bureaucratie européenne qui s'est permise tout et n'importe quoi. Il y a beaucoup de choses à parfaire dans ce domaine.

L'exemple donné est éloquent : en évoquant l'intervention de normes européennes relatives aux fromages, contraires à certaines traditions de production françaises, Robert Walter pose la question – souvent non dite – de ce que l'on veut transférer ou pas comme compétences à l'Europe et ses différentes instances, en même temps qu'il donne à voir la vision technicienne qui passe mal *in concreto* :

> Moi je suis content que le Parlement ait pris du poids. [...] Évidemment, ils ont pris parfois des décisions un peu malheureuses, concernant le bon fromage français... Je pense qu'il y a des décisions qui doivent ne pas être du ressort, malgré tout, du Parlement européen. Comme par exemple refuser les fromages qui sont fermentés.

Il se dégage de ces critiques la perception d'un exécutif devenu trop complexe, non seulement insuffisamment démocratique mais encore inefficient, comme l'énonce le juriste Robert Hertzog :

> Les décisions ne se discutent donc pas en Conseil des ministres. Elles se préparent en amont, dans de complexes machineries bureaucratiques. Aucun État n'a un exécutif aussi complexe et une telle opacité dans son processus législatif ! La gouvernance européenne – aux allures sophistiquées – n'est pas pertinente par rapport aux missions à accomplir et aux objectifs à atteindre. Or, tout spécialiste en organisation et management sait d'expérience que lorsque les processus de décision ne sont pas en phase avec les objectifs assignés à l'institution, celle-ci ne peut être efficace.

Le deuxième niveau d'appréhension se comprend comme une conséquence de ce qui précède, en rapport à une temporalité élargie. Les perceptions des uns et des autres à un instant t varient en effet en fonction de ce que ressent la personne et de ce qu'elle a vécu jusque-là. Elles évoluent donc en relation aux trajectoires de chacun, individuellement et collectivement, et avec des effets de génération. Aussi, à l'heure actuelle, ce qui est peut-être le plus palpable en termes d'avancées de long terme ne se voit plus tant qu'auparavant, n'est plus autant perçu par les citoyens comme des acquis, tandis que l'attention se focalise sur les dysfonctionnements relatés dans le présent. Robert Hertzog y revient :

> L'Europe la plus substantielle et importante est celle que l'on ne voit pas. La libre circulation des marchandises et des personnes, nous les pratiquons sans plus penser au rôle de l'Europe dans leur bon fonctionnement. Je ne pense plus à l'Europe quand je passe le pont du Rhin, alors que j'ai connu une époque où le contrôle des douanes et de la police était tatillon. Voilà le grand handicap de l'Europe politique : les meilleurs acquis, favorables à la population, ne se voient plus, alors que les désavantages sont étalés avec complaisance par les médias.

Jean-Marie Heydt abonde : des acquis bien réels de la construction européenne seraient devenus « naturels » au fil du temps et ne seraient plus distingués en tant que tels aujourd'hui – et donc plus portés au crédit du projet européen. Une difficulté générale des processus institutionnels et sociaux à pouvoir demeurer innovants et apparaître comme tels, dans la durée, se traduit de la sorte :

> Il y a des choses que l'on oublie. Et il y a des choses que l'on critique, les normes européennes qui viennent nous casser les pieds, qui viennent encore nous faire changer, nous faire des dépenses, certes, mais je pense que dans mon quotidien d'individu, il y a bon nombre de choses à petite échelle que je ne vois même plus, tellement je les ai intégrées. Si vous prenez [...] le Code européen de sécurité sociale [...]. C'est dans cet esprit qu'à l'époque on [le Conseil de l'Europe] avait créé le formulaire E111, le fameux formulaire E111, qui était ce formulaire que vous preniez lorsque vous partiez dans un autre pays européen et que, si vous étiez malade, vous faisiez signer par le médecin pour être pris en charge. C'est ce qui a donné naissance plus tard [...] dans l'Union européenne à la carte européenne de sécurité sociale. [...] Mais aujourd'hui, d'aller dans un autre pays, de pouvoir être soigné dans cet autre pays, de pouvoir avoir des accords entre les assurances s'il vous arrive quelque chose, cette multitude de choses auxquelles on ne pense même plus, relève de l'évidence.

Dès lors, à un troisième niveau, selon les acteurs rencontrés, la césure élites-citoyens est entretenue par le fait que l'Europe n'apparaît pas suffisamment concrète pour ces derniers, en particulier auprès des catégories sociales moins dotées. La fracture serait consommée:

> Le problème du Parlement européen, c'est que les personnes *lambda* dans la rue ne le connaissent pas et ne connaissent pas les personnes qui y travaillent. Qui sont ces gens qui décident ? En tout cas, ils sont convaincus que ce sont des personnes qui ne savent rien de leur vie. Et c'est véridique [Norbert Engel].

Cette absence de connaissance est d'autant plus symptomatique qu'elle s'avère réciproque, poursuit Norbert Engel :

> Je pense que très souvent, les députés européens, les gens qui travaillaient aux Communautés européennes, les élites européennes n'ont jamais eu idée combien pour le citoyen de base

cette intégration européenne était quelque chose de tout à fait étranger et qui avait peu d'existence.

Notre interlocuteur retient même l'exemple des programmes d'échanges universitaires Erasmus comme argument, renversant la portée d'une initiative souvent avancée comme directement destinée à la jeunesse au concret :

> Qui dit Erasmus, programmes d'échanges internationaux, dit de nouvelles élites. C'est-à-dire que cela ne touche pas le socle de la population. C'est-à-dire que, je le crois, l'Europe est quelque chose qui a scindé encore beaucoup plus fortement que par le passé les populations entre les élites et la base.

Antoine Spohr est sur la même ligne lorsqu'il dénonce certains choix budgétaires :

> Quand on pense qu'il n'y a pas de fric pour Erasmus ! Qu'est-ce qu'ils font Hollande [président de la République française au moment de l'entretien] et ses homologues : Priorité Europe… Vivre l'Europe. Les jeunes, bon sang ! On devrait étendre Erasmus à l'apprentissage. Des mots, des mots…

Il y a une coupure plus qu'une interconnaissance réciproque ; Norbert Engel rapporte les souvenirs suivants des milieux décisionnels parisiens :

> Je pense que la mobilité des populations a été accrue [grâce à la construction européenne]. Mais je ne suis pas sûr qu'il y ait un approfondissement de la connaissance de l'autre ou des autres. Je passe maintenant l'essentiel de ma vie à Paris depuis une vingtaine d'années, je le vois que mes collègues, qui sont tous de hauts fonctionnaires français, qui ont fait l'ENA, etc., ils ne connaissent rien de l'Allemagne, ils ne connaissent pas la situation. Et je dois dire que moi-même je suis dans la même ignorance par rapport à l'Italie ou par rapport à la Pologne. Et pourtant on est là dans un univers d'intellectuels, de gens qui *a priori* lisent tous les jours *Le Monde* ou devraient le lire et devraient être au fait de tout cela. Mais pas du tout. On est encore très loin d'une connaissance de l'autre, d'une connaissance transfrontalière.

Kai Littmann va même plus loin, puisqu'il évoque l'hypothèse selon laquelle le fait qu'il y a peu d'initiatives associant les citoyens ne serait pas uniquement lié à du désintérêt ou de la méconnaissance, mais à une attention des élites à « verrouiller » les expressions de la société civile. Ce serait une autre manifestation de division verticale décideurs-citoyens, sinon de défiance :

> Malheureusement, il y a très peu d'initiatives, c'est le grand vide. J'ai ma lecture personnelle là-dessus. Déjà, je m'étonne que dans certaines associations on y trouve des élus, des fonctionnaires, dans la direction de ces associations citoyennes. Je me demande toujours si ces personnalités ne s'impliquent pas dans ces associations pour mieux les contrôler, voire à certains moments les étouffer dans certaines émergences de mouvements.

Parallèlement, l'identification à l'Europe serait plus faible alors que l'on descend dans la hiérarchie sociale : pour les classes populaires, un sentiment d'amertume et de scepticisme dominerait, dans le sens d'une aggravation de la perception du fait politique par rapport à ce qu'elles ont pu connaître dans les cadres locaux par le passé, où des interactions concrètes avec les représentants étaient possibles et efficaces en regard des préoccupations du quotidien[54]. Norbert Engel ponctue :

> Vous avez toujours ce schéma : l'Europe comme possibilité et l'Europe comme contrainte. Plus vous montez dans la hiérarchie sociale, plus c'est une possibilité. Plus vous descendez dans la hiérarchie sociale, plus c'est une contrainte. En effet, les gens ont le sentiment qu'ils n'ont plus prise sur rien. C'est-à-dire que, dans la France du XIXe siècle, on pouvait graisser la patte de son député, obtenir un bureau de tabac, ne pas faire aller son fils au service militaire, etc. Aujourd'hui, […] vous ne pourriez rien obtenir de lui parce qu'il n'a plus aucun pouvoir.

Il ajoute que les préventions sont partagées au sein des élites administratives françaises :

> La fonction publique à la française a très peur de l'Europe, c'est-à-dire que l'Europe, pour tout le monde, a un fumet incroyablement libéral. L'Europe, c'est du capitalisme, au mieux légèrement tempéré, au pire, sauvage. En fait, les gens ont le sentiment que l'Europe est la négation de la fonction publique – d'esprit bismarckien ou d'esprit républicain français – ou en tous cas la diminution de celle-ci à la portion congrue [Norbert Engel].

On retrouve ici l'enjeu des changements des échelles de pertinence de l'action publique, indissociable de la question de l'intégration européenne et de son acceptation sociale. Et ce ne seraient pas, ajoute Robert Hertzog, les actions, jugées artificielles et coûteuses, de visibilisation de l'Europe dans la proximité, qui y changeraient quelque chose ; elles constituent plutôt une illustration supplémentaire des complexités institutionnelles :

> Il faut expliquer aux citoyens ce que leur apporte l'Europe, sa véritable valeur ajoutée, sans faire du localisme et des actions de communication artificielles pour « rapprocher l'Europe ». Je suis choqué que des fonds européens financent des améliorations paysagères dans des quartiers sensibles, parce qu'on veut montrer ainsi le visage d'une Europe « proche des gens » et, surtout, des élus locaux. Or, il y a un coût extravagant à faire monter l'argent des États vers Bruxelles pour le faire redescendre par des tuyauteries compliquées, afin de légitimer l'Europe au moyen de panonceaux installés entre les HLM. De la même manière, beaucoup de fonds régionaux destinés à la coopération transfrontalière sont des gaspillages purs et simples.

2.5. De l'avenir d'un processus en train de se faire…

Enfin, les grands témoins qui ont abordé leur « mémoire d'Europe » se sont aussi exprimés sur leur vision de l'avenir. Les difficultés actuelles demandent à poser les problèmes :

---

54 On renvoie au « modèle » classique de la notabilité comme intermédiaire-relais des intérêts locaux en France : Hamman Philippe, « La notabilité dans tous ses états ? Alexandre de Geiger à Sarreguemines, un patron en politique sous le Second Empire », *Revue Historique*, n° 622, 2002, p. 317–352 ; ou, sur une période plus récente, Worms Jean-Pierre, « Le préfet et ses notables », *Sociologie du travail*, vol. 8, n° 3, 1966, p. 249–275.

> Il faut [...] mettre les choses à plat, se dire les choses. On n'aurait pas de refuge favorable fiscalement en Belgique, si on avait fait une vraie Europe. Tous les peuples qui adoptent l'euro auraient dû adopter telles règles minimales en matière de législation fiscale, de législation entrepreneuriale, de droit du travail, etc. [Antoine Spohr].

En d'autres termes, l'Europe serait aujourd'hui, de fait, à la croisée des chemins, entre les lectures duales que l'on a observées au fil des développements ; il faudrait désormais faire un choix, et un choix différent de celui auguré par le passé :

> Aujourd'hui, pour moi l'Europe est vraiment à un carrefour : soit l'Europe devient obsolète, soit l'Europe devient vraiment l'Europe des citoyens, l'Europe humaniste, l'Europe des valeurs. [...] Si jamais l'Europe devenait cette Europe financière, l'Europe des marchés... mais parmi les 500 millions d'européens, les gens s'en fichent des banques, ils ne veulent pas vivre et travailler pour elles. [...] Si aujourd'hui on arrive à renforcer le Parlement européen, à renforcer cette Europe sociale, humaniste, moi je pense que l'Europe aura un super avenir. Si, par contre, on continue à sacrifier le social pour la construction d'un système financier qui est totalement corrompu, totalement malsain, là je crois que les Européens risquent de se désintéresser totalement de la question européenne, et ce sera le début de la fin de l'Europe ! [Kai Littmann].

Les institutions européennes sont critiquables, et les enjeux d'actualité, lors des entretiens conduits en 2012–2013, sont avancés comme autant de révélateurs :

> Les institutions de l'UE ne sont pas bonnes ; c'est une évidence. On a voulu les rendre plus visibles. On a créé un président de l'Union. Qui le connaît et qui sait dire ce qu'il fait ? On a créé un poste de « ministre des Affaires étrangères ». Qui a vu Mme Ashton à l'œuvre ? M. Barroso a moins d'importance que le FMI... pour l'Europe. Même en matière économique, l'Union n'est pas un pouvoir unifié : Commission, Conseil des ministres et les États, BCE... La Grèce est coachée par une troïka : la Commission européenne, la Banque centrale européenne et le FMI [Robert Hertzog].

Pour autant, les acteurs rencontrés ne remettent pas en question les acquis fondamentaux de la construction européenne, qu'ils estiment solides car intégrés – même si les décideurs ne peuvent plus aussi aisément s'en réclamer comme source de légitimation qu'au cours des décennies antérieures, justement par effet de routinisation :

> Je crois qu'un retour en arrière, vers des positions purement nationales, est quasiment impossible. En fait, l'idée s'est déjà inscrite dans les têtes [Norbert Engel].

Aussi, c'est d'une nécessité de « réorienter » qu'il est question, par exemple pour Catherine Lalumière :

> Loin de moi l'idée que toutes les décisions prises à Bruxelles ne sont pas bonnes. Il y en a beaucoup qui sont très bonnes, mais il faut quand même regarder qu'il y a eu des dérapages, à certains moments, dangereux. Et je fais partie des gens qui considèrent qu'il faut réorienter – je ne suis pas la seule à parler de ce concept de réorientation –, car il y a eu des décisions qui ont été prises, certainement de bonne foi, mais sans se rendre compte qu'en réalité on engendrait à côté des conséquences qu'aujourd'hui on regrette.

Face aux commentaires de mauvais fonctionnement, il conviendrait ainsi, suivant Robert Hertzog, de relancer l'Europe par une impulsion audacieuse, celle d'un projet proprement politique et non pas seulement économique :

S'il y a un certain déficit démocratique dans les mécanismes de gouvernance, il manque surtout un projet politique clair qui puisse alimenter un débat entre les forces politiques et auquel les citoyens puissent adhérer ou non. Il faudrait un thème audacieux et mobilisateur, que les responsables nationaux, qui sont les gestionnaires de l'Europe, n'ont pas le temps ni l'intérêt immédiat de lancer. Pourquoi pas : « Une constitution pour l'Europe » ? L'économie n'apportera jamais la conscience politique par elle-même. Au contraire, elle est en train de la détruire car les difficultés économiques sont mises sur le dos de l'Europe.

Le sentiment de Jean-Marie Heydt est proche : il y a nécessité de relancer l'Europe, et il faut pour cela des porteurs forts, qui puissent susciter une adhésion. On est là dans l'enjeu nodal de toute construction politique et du politique lui-même :

Cette Europe est secouée, elle a des hauts et des bas, elle va peut-être repartir parce que des pays vont se mettre d'accord ensemble. [...] Ces hommes qui ont été les investigateurs de la construction européenne [...] ont fait rêver un certain nombre de gens en disant que nous sortions d'une crise mondiale que fut la guerre [...]. Des personnes ont donc eu confiance et ont suivi cela [...]. Ensuite, on a eu des « services après-vente ». Des femmes et des hommes sont venus et y ont mis leurs petites touches, [...] mais pas de manière à faire rêver les gens. Or, je pense que les gens ont aussi besoin de rêver. Mais pas rêver comme ce que représente le show-biz où l'on fait croire que demain le soleil brillera impeccablement, mais rêver quelque chose d'atteignable en tant que tel. [...] Et, pour l'instant, l'Europe cherche.

Face à de tels défis, la plupart de nos interlocuteurs se veulent au final optimistes, appelant un sursaut de leurs vœux. Alain Howiller et Roger Siffer disent ainsi :

Je ne suis pas du tout pessimiste sur l'Europe, c'est en cela que je me distingue de beaucoup de gens. Nous allons tirer des leçons de la crise. La solution, c'est d'avoir un gouvernement, un fédéralisme avec un gouvernement central, des gouvernements nationaux, un Parlement central et des Parlements nationaux qui formeront la deuxième chambre présente dans toutes les fédérations. Et je crois que l'on va vers cela inévitablement. [...] On va revenir vers les fondamentaux de l'Europe [Alain Howiller]

Moi, je suis un optimiste. Je pense que l'économie va céder face à la force de l'idée européenne, c'est-à-dire que je ne pense pas que les banquiers vont gagner [Roger Siffer].

Pour certains, cela signifie aller plus avant dans l'intégration, au sens fédéral, spécialement aujourd'hui face à la mondialisation. Robert Walter prend notamment l'exemple du droit de vote :

Je crois que le droit de vote aux Européens est bon, mais l'approfondissement est nécessaire auparavant, même si cela est vrai qu'il y a beaucoup d'Européens qui rêvent d'une Europe fédérale, d'une vraie délégation de pouvoir au niveau européen. Je crois qu'il faudra y arriver un jour. Ce sera sûrement très dur pour certains nationalistes, mais si on n'y arrive pas, on sera mangé, soit par la Chine, soit par d'autres pays.

L'appel à « plus d'Europe » se comprend à différentes échelles, interconnectées dans les faits, on l'a dit. D'un côté, Robert Hertzog se situe, verticalement, à un niveau « macro », géopolitique, mais aussi, horizontalement, à l'échelon interinstitutionnel, pour regretter l'absence de réel positionnement conjoint et assumé de l'Union européenne et du Conseil de l'Europe au niveau mondial :

Les intérêts directs de l'UE dépassent donc le cercle de ses États membres. Pourtant, la collaboration entre les institutions européennes est marginale. On aurait pu imaginer un partage des rôles avec un renforcement du Conseil de l'Europe, pour donner à certains États de l'ancien bloc soviétique et de Yougoslavie une attestation d'« européanité », sans pour autant les admettre dans l'UE. Je pense aux Pays Baltes ou à la Bulgarie, ainsi d'ailleurs qu'à Chypre ou Malte. […] Mais il eût fallu une vision stratégique, un leader européen et une ambition de puissance. Tout cela fait défaut, au profit d'une agitation et de lobbying permanents, avec des Américains qui continuent à tirer beaucoup de ficelles… La déception pour quelqu'un de mon âge est que l'Europe ne s'est jamais vue ni voulue comme une puissance. […] La mollesse des appuis à l'action française au Mali est une autre illustration.

D'un autre côté, un renforcement de l'Europe peut aussi requérir plus d'adhésion, en passant alors également par les niveaux local, régional et transfrontalier – finalement rarement cités par les témoins lorsqu'ils évoquent l'avenir ! Ceci permettrait de rendre l'édifice plus concret, par une comparabilité plus grande des pratiques et la diffusion d'exemples, à l'instar des enjeux sociaux retenus par Jean-Marie Heydt :

> Je pense que l'avenir social de l'Europe passera par l'avenir local, et là on revient à la question de la région, peut-être de l'interrégion et du transfrontalier. […] On arrivera quand même sur le plan social à ce que des exemples déterminants et parlants démontrent des avancées significatives, que cela intéresse d'autres et qu'ils se disent : « Là-bas ils ont réussi, est-ce qu'on ne pourrait pas nous aussi réussir dans notre contexte à faire avancer les choses ? ».

Laissons donc la question de l'avenir de l'Europe ouverte, en rejoignant les acteurs qui en ont bien restitué la qualité de processus permanent :

> Je ne crois absolument pas à une forme qui soit fondamentalement la meilleure pour le gouvernement des sociétés. Je pense que le gouvernement des sociétés doit sans cesse changer de forme [Norbert Engel]

> La définition principale de l'Europe est donc bien le mouvement, sur plusieurs registres : l'idée politique, la vision historique et culturelle, les réalités économiques qui sont décisives. […] Il est essentiel de souligner que ce processus européen est mû par une dialectique des asymétries. […] Mais les dysfonctionnements, voire les crises, qui résultent de ces incomplétudes sont aussi un facteur majeur de transformation et d'évolution [Robert Hertzog]

> Je pense que la construction européenne est un formidable défi, un formidable défi qui est toujours d'actualité, bien qu'il soit déjà ancien. Il n'est pas terminé, je ne sais pas s'il se terminera un jour. Je pense que c'est un perpétuel défi pour la simple raison que les êtres humains que nous sommes ont besoin de refaire le monde tous les matins lorsqu'ils se réveillent […]. C'est un avantage parce que cela permet de reprendre l'ouvrage symboliquement tous les jours, et de l'améliorer. C'est un inconvénient parce que les questions qui dérangent, on ne les traite pas et on les laisse courir, et parfois ce n'est pas grave et parfois cela va entacher toute l'histoire elle-même [Jean-Marie Heydt].

CHAPITRE 4 :
TÉMOIGNAGES

Ulrich Bohner

Qu'est-ce que l'Europe pour vous aujourd'hui ?
L'Europe, tout d'abord, c'est un grand projet qui me tient à cœur. C'est aussi une grande réalisation parce que, de là où je viens – je suis né à la fin de la Deuxième Guerre mondiale –, de voir aujourd'hui que nous avons des frontières ouvertes, que nous avons une seule monnaie dans notre porte-monnaie, que nous avons la possibilité d'élire directement les députés au Parlement européen, et quelques autres éléments de plus, pour moi c'est déjà une grande réussite. En même temps, c'est un grand projet parce qu'on se rend bien compte que c'est un projet qui est toujours inachevé. Quand on voit les querelles entre les différents gouvernements face à la crise, face à l'euro, etc., on se rend compte qu'il n'y a qu'une partie du chemin qui a été parcourue, il y a des retours en arrière par moment... Bon, j'étais un des partisans de la Constitution européenne – même imparfaite – qui a été refusée par référendum dans plusieurs pays (France, Pays-Bas...). Donc il y a eu quelques reculs, mais je crois qu'aujourd'hui, dans les milieux politiques, il y a la conviction qu'effectivement, comme le disait en son temps François Mitterrand : « Ce n'est pas qu'on a un trop d'Europe, c'est qu'on n'a pas assez d'Europe », qu'il faut donc aller de l'avant pour créer des institutions européennes au-dessus des États membres, qui puissent assurer une gouvernance européenne notamment dans le domaine économique et social, qui est le domaine qui sous-tend la création par exemple d'une monnaie unique, l'euro. Si l'on n'arrive pas à faire ça, au lieu de progresser, on va stagner, voire on va reculer... Nous sommes, en effet, dans une crise qui est certes due en partie à la mondialisation, due en partie à la gestion financière internationale, notamment aux États-Unis, mais elle est aussi due à l'incapacité de l'Europe de se doter d'institutions, de gouvernance sérieuse pour mener à bien la construction européenne.

Quelles frontières donnez-vous à cette Europe ?
Il est vrai que l'on a eu beaucoup de débats sur les frontières de l'Europe... Je ne suis pas un grand partisan de ce débat parce qu'en fait, c'est plutôt un consensus sur des principes qu'il faut dans cette Europe, que sur des frontières géographiques. Il y a une anecdote qui raconte que le général De Gaulle, qui était attaché à l'idée de « l'Europe de l'Atlantique à l'Oural », est un jour allé en Russie – ou en Union soviétique en son temps – et on l'avait emmené quelque part en Sibérie, à Novossibirsk, et il est revenu à Moscou et un journaliste mal avisé lui a reposé cette question : « Quelle sont les frontières de l'Europe ? », alors il aurait répondu : « Nous voulons une Europe d'un bout à l'autre ». Et c'est un peu la philosophie qui est la mienne, mais à condition que l'on se base sur des principes. Autrement dit, pour traduire cela concrètement, la Russie, à l'heure actuelle, elle a certes adhéré au Conseil de l'Europe, elle se soumet à un certain nombre de procédures, y compris la juridiction de la Cour européenne des droits de l'Homme, mais on se rend bien compte par ailleurs que son approche des droits de l'Homme ou même de l'État de droit n'est pas parfaite. Si elle n'est peut-être pas parfaite

nulle part, elle laisse en revanche beaucoup à désirer dans la Russie d'aujourd'hui, dans la Russie de Vladimir Poutine. Alors donc je pense qu'à ce stade, la Russie n'a pas vocation à rentrer dans l'Union européenne, elle ne le souhaite pas d'ailleurs, mais si un jour les choses évoluent, pourquoi pas. Il y a des pays qui sont peut-être beaucoup plus proches, tels que la Turquie ou l'Ukraine, et surtout aussi les pays des Balkans qui sont issus du conflit yougoslave, là c'est plutôt une question de progression sur un certain nombre de normes. Mais, pour les Balkans, qui sont en fait une tâche blanche à l'intérieur de l'Union européenne, il n'y a pas de doute qu'ils ont vocation à adhérer à cette Union. Le débat le plus chaud, c'est souvent sur la Turquie, mais moi je ne vois pas personnellement pourquoi le système turc en tant quel tel serait incompatible avec les principes de l'Union européenne. La Turquie est d'ailleurs membre du Conseil de l'Europe depuis les débuts, depuis 1950, avant même l'Allemagne. Elle a beaucoup évolué dans le respect des droits de l'Homme. Quand on sait qu'un leader pourtant considéré comme un terroriste n'a pas été exécuté, et cela parce que la Turquie a accepté de renoncer à la peine de mort, à l'issue des recommandations du Conseil de l'Europe, et qu'il y a eu des éléments de dialogue avec par exemple la minorité kurde en Turquie, malgré toutes les difficultés... Je pense qu'il y a des évolutions possibles, il y a des évolutions souhaitables. À la fin, cela se négocie, il faut que la Turquie remplisse certaines conditions et il faut aussi qu'il y ait une vraie volonté politique pour adhérer à cette Europe, volonté politique qui risque d'être d'autant plus forte que l'Europe fera preuve aussi de la volonté de s'unir vraiment. Pour moi, l'Europe démocratique doit être plurielle dans tous les aspects, y compris dans l'aspect religieux, elle doit avoir la place aussi pour ceux qui ne croient pas et elle doit avoir la place pour différentes religions qui sont d'ailleurs déjà représentées chez nous, que ce soit ici en Alsace ou en Allemagne ou ailleurs... Donc, de dire, comme disent certains, qu'il y a un conflit de civilisations et qu'il y a des religions qui ne permettraient pas à tel ou tel pays de faire partie de l'Union européenne, cela me semble personnellement être un non-sens.

Quel adjectif ou qualificatif auriez-vous donné à l'Europe au début de sa construction et aujourd'hui ?
Au début de sa construction, c'était un peu une utopie. C'est d'ailleurs un terme qui a été repris par le président tchécoslovaque Vaclav Havel, quand il a fait son discours devant l'Assemblée parlementaire du Conseil de l'Europe. Mais justement dans un sens positif. Il disait qu'il fallait une utopie, qu'il fallait regarder les étoiles pour comprendre ce qu'il faut à notre Europe. Aujourd'hui, nous sommes au-delà de l'utopie, nous sommes quelque part à mi-chemin entre cette utopie et une réalité qui reste malgré tout toujours à construire et où je sens toujours comme un frein considérable les gouvernements nationaux qui sont défenseurs jaloux de leurs prérogatives nationales, alors qu'il faut un peu plus de souveraineté européenne et un peu moins de souveraineté nationale si l'on veut avancer dans cette construction.

Est-ce que vous vous sentez Européen ?
Oui, tout à fait, oui. Je suis né en Allemagne à la fin de la dernière guerre, une Allemagne qui était vaincue, qui était déboussolée, qui était inexistante puisqu'elle a été reconstituée. Et encore, il y en avait deux ou trois Allemagne... elle n'a été reconstituée qu'en 1949. Donc, pour moi, l'État-nation, ce n'était pas suffisant pour garantir un avenir aux citoyens, et on sentait bien la nécessité d'avoir une structure au-delà, qui permette à tous les pays d'être ensemble sur un pied d'égalité. En effet, l'Allemagne, au départ, n'était pas sur un pied d'égalité puisqu'elle était occupée par les vainqueurs de la Deuxième Guerre mondiale, ce qui d'ailleurs était tout à fait normal. Et donc construire cette Europe sur une base d'égalité, pour moi c'était une évidence, c'était une nécessité. Or, je comprends que, du côté des pays qui avaient l'impression d'avoir gagné la guerre, c'était peut-être une nécessité qui était moins ressentie. Mais je crois qu'aujourd'hui cette nécessité est ressentie un peu partout. Car on se rend compte que, même sur le plan économique, sur le plan politique, les États-nations, même qu'ils sont grands comme la France, le Royaume-Uni ou l'Allemagne, ne pèsent plus grand-chose dans le monde où il y a des pays émergents, que ce soient la Chine, l'Inde, le Brésil et d'autres, et que ce sera un monde multipolaire dans lequel l'Europe, avec les valeurs qui la sous-tendent, sera perdue si elle n'arrive pas à parler d'une seule voix. Et c'est cela aussi qui détermine ma conviction européenne. [...] L'identité européenne ne doit pas être une identité exclusive. Quand on parle d'identité, je crois qu'il faut admettre l'idée que l'identité de chaque personne, qu'elle soit européenne ou autre, est multiple. On a différents éléments qui déterminent notre identité individuelle. Donc je peux très bien me sentir Allemand d'origine, Français d'adoption, Européen de volonté, mais je suis aussi citoyen du monde, je peux avoir telle ou telle religion qui contribue à mon identité, j'ai ma langue maternelle qui contribue à mon identité, j'ai des langues d'adoption qui y contribuent aussi. Voilà, pour moi c'est cela la réalité, c'est le vécu de notre Europe. C'est vraiment une réalité que je sens très fortement sur le plan personnel.

Que pensez-vous de l'Europe, œuvre de paix ?
Cela me paraît essentiel. Et je pense que c'est quand même une des grandes réussites. Je dirais qu'il s'agit de deux éléments : une paix, mais une paix qui repose sur les droits de l'Homme, sur la démocratie et sur le respect de l'État de droit. Et je rajouterais même, sur le respect des frontières entre nos pays, parce qu'une des causes qui a déclenché les conflits européens et mondiaux pendant des années, pendant des décennies, pendant des centaines d'années, c'était de vouloir modifier les frontières. Or, un des effets de la construction européenne aujourd'hui, avec peut-être l'exception des réalités yougoslaves, pour le reste de l'Europe il est clair que l'on s'est accommodé, de bonne ou de mauvaise grâce, de l'existence des frontières telles qu'elles sont et que la mission de l'Europe consiste au contraire à rendre ces frontières perméables, de permettre aux citoyens de les passer sans trop d'encombres. Donc je crois qu'à ce niveau-là, on a bien avancé et la construction de la paix est un des éléments essentiels de cette construction européenne. Et, certainement, c'est aussi une mission européenne aujourd'hui de contribuer un tant

soit peu à la paix dans le monde. Ce n'est pas toujours évident, il y a des limites qui sont toujours conditionnées par les nationalismes des uns et des autres. Quand je vois actuellement la situation en Syrie ou même le conflit israélo-palestinien, qui reste quand même l'élément décisif au niveau des conflits au niveau mondial, l'Europe n'a pas suffisamment avancé pour, au-delà de la paix en Europe, contribuer de façon essentielle à la préservation de la paix dans le monde.

Que pensez-vous du prix Nobel de la paix qu'a reçu l'Union européenne en 2012 ?
Je pense que c'est une très bonne chose, parce que c'est justement la reconnaissance que cette Union européenne a permis de réaliser une paix, que je crois durable et que j'espère en tout cas durable entre les États membres. Mais c'est aussi un encouragement, un encouragement à persévérer dans cette voie. J'aurais peut-être souhaité que le Conseil de l'Europe soit associé aussi à cette œuvre de paix, à cette reconnaissance de son rôle dans la préservation de la paix. Cela n'a pas été le cas, mais en tout cas je pense que c'est une très bonne chose pour la reconnaissance de cette identité d'une Europe qui s'est trouvée et qui contribue à la paix, non seulement en Europe, mais au-delà de l'Europe. C'est dans ce sens que j'y vois un encouragement pour contribuer à ces solutions pacifiques au niveau mondial dont je viens de parler à l'instant.

Diriez-vous que, lorsque vous travailliez au Conseil de l'Europe, il s'agissait d'une période favorable à la construction de l'Europe ?
Il y a eu des périodes qui étaient plus ou moins favorables. Je vais prendre deux exemples. Un premier exemple, c'est, lorsque je suis rentré au Conseil de l'Europe, [le fait que] l'Espagne, le Portugal et la Grèce n'étaient pas membres du Conseil de l'Europe, pour une raison très simple : c'est qu'il y avait des dictatures qui étaient à l'œuvre dans ces trois pays. Ils sont devenus membres à la fin des années 1970 assez rapidement. Pourquoi ? Parce qu'ils avaient réussi à se débarrasser de ces dictatures. Cela a mis beaucoup plus longtemps ailleurs, mais je crois que cette fonction de paix liée au respect des droits de l'Homme et de la démocratie s'est imposée aussi au-delà du rideau de fer, petit à petit, par la nouvelle *Ostpolitik* de Willy Brandt, le travail de la CSCE [Conférence sur la sécurité et la coopération en Europe], et enfin, avec l'époque de Gorbatchev en l'Union soviétique. Je me rappelle de son discours devant l'Assemblée parlementaire du Conseil de l'Europe en juillet 1989, où il nous a parlé de la « maison commune européenne ». Peut-être qu'il ne croyait pas lui-même que l'évolution allait être aussi rapide, elle a d'ailleurs été plus rapide pour certains pays et moins pour d'autres, mais quand même, elle a été extrêmement rapide. Donc, pour moi, c'est une évolution qui, dans l'ensemble, est positive et j'espère vivement qu'elle pourra continuer.

Concernant les points clés de la construction européenne, notamment le traité de Rome, l'union douanière, le traité de Maastricht, pour vous, quels impacts ont ces traités sur la construction européenne ?

Ces traités ont en quelque sorte été les jalons juridiques qui permettent de promouvoir cette construction européenne. Mais on sait très bien, en même temps, que les traités ne suffisent pas, il faut les remplir avec une réalité. Ce qui est important aussi, c'est qu'il y ait des coopérations entre les peuples. Je parlais tout à l'heure avec un ami de la mise en place de l'Office franco-allemand pour la jeunesse il y a cinquante ans. Cela a eu un effet énorme, en permettant aux jeunes Français et Allemands de se rencontrer, de se parler, d'imaginer un avenir commun. On a fait la même chose, malheureusement avec beaucoup moins de moyens, au niveau du Conseil de l'Europe avec le Centre européen de la jeunesse, le Fonds européen de la jeunesse. On y a rencontré quand même des gens qui par la suite sont devenus ministre, premier ministre dans leur pays, qui se sont fréquentés ici même à Strasbourg pendant des semaines pour travailler ensemble sur des dossiers de fond. Et cela, je pense que cela fonde quand même une certaine conscience européenne. Alors, la même chose est vraie pour les programmes jeunesse de l'Union européenne, pour le programme Erasmus notamment, mais aussi pour d'autres programmes qui permettent aux gens de se rencontrer, de travailler ensemble, et de ce fait de se comprendre plutôt que de s'affronter de façon négative.

Diriez-vous que l'Europe recouvre des réalités différentes ? Qu'il y a plusieurs Europe ?

Oui, je crois, oui. D'ailleurs, le dernier mot n'est pas dit sur l'avenir de cette Europe : est-ce que l'on va tous avancer ensemble sur les projets comme l'euro et la gouvernance économique européenne ? Je crois qu'il y a un débat assez large en ce moment en Europe pour dire que peut-être certains pays vont avancer plus vite ensemble que d'autres et que donc les réalités vont se modifier. On a déjà aujourd'hui des réalités juridiques différentes. Vous avez les pays qui sont membres de l'espace Schengen, vous en avez d'autres membres de l'Union européenne qui ne le sont pas. Par contre, vous avez des pays qui ne sont pas membres de l'Union européenne, tels que la Norvège, la Suisse ou l'Islande et qui sont quand même membres de l'espace Schengen. L'euro, tout le monde n'a pas voulu participer à cette aventure, donc là aussi le nombre des pays est différent. Donc il se peut que ces différences structurelles – qui n'étaient pas en tant que telles prévues au départ dans le traité de l'Union européenne – trouveront peut-être aussi une consécration dans des traités qui permettront à certains pays d'avoir une union un peu plus étroite que celle que nous avons en ce moment entre les vingt-sept ou demain les vingt-huit États membres de l'Union européenne[1]. Ce serait un processus qui serait semblable à celui que l'on a connu au Conseil de l'Europe puisque, au Conseil de l'Europe, nous étions à l'origine une dizaine de pays en 1949. Il y a eu en 1950 l'appel de Robert Schuman pour la création de la Communauté européenne du

---

1   Vingt-sept à nouveau en 2020, suite au *Brexit*.

charbon et de l'acier [CECA] à laquelle à cette époque-là seulement six pays membres ont adhéré pour avancer plus vite dans cette marche vers l'Europe. Donc je pense qu'une Europe, disons à géométrie variable, à plusieurs vitesses, cela me semble être quelque chose que l'on peut très bien imaginer, à condition toutefois que cela reste ouvert et que quelqu'un qui dise aujourd'hui : « Non, je ne veux pas m'engager » puisse en faire partie demain ou dans trois ans ou dans dix ans.

Que pensez-vous de l'évolution des institutions européennes et notamment de l'Union européenne ?
Je pense que c'était raisonnable d'essayer de réunir les institutions européennes en une seule institution. Par contre, cela a créé, disons, des structures assez complexes et qui ne sont peut-être pas toujours faciles à comprendre par le citoyen. Qui ne correspondent d'ailleurs peut-être pas toujours aux principes mêmes tels que Montesquieu les avait définis pour la division des pouvoirs, puisqu'il y a au niveau européen aujourd'hui un peu une confusion entre le législatif et l'exécutif, dans la mesure où les gouvernements sont à la fois en quelque sorte législateurs et sont déterminants pour l'exécutif. Donc je pense qu'il peut y avoir une évolution de ces institutions, qui donnerait notamment plus de pouvoir aux institutions démocratiques, à savoir au Parlement européen directement élu, qui devrait être, par exemple, en mesure d'élire le président de la Commission, pour créer enfin une véritable cohésion politique au sein de cette Europe.

Pour vous, à quoi est liée cette évolution ? Quel est l'élément déterminant ?
Je pense que, historiquement, la volonté de construction européenne était largement liée à la prise de conscience des personnes, souvent d'ailleurs il s'agissait de personnes qui étaient issues de la résistance de la dernière guerre. Ce sont eux qui avaient fait, en 1948, le Congrès de la Haye du Mouvement européen, qui était le précurseur de la création du Conseil de l'Europe et ensuite de l'Union européenne. Donc il y a cet engagement de personnes, de personnalités politiques. Dans le sens négatif, on sent aujourd'hui souvent que les gouvernements nationaux sont hésitants, voire hostiles à abandonner des parcelles de pouvoir à une échelle européenne, alors qu'ils ont déjà été privés par les faits, notamment de l'économie internationale, de beaucoup de pouvoirs dans le domaine économique, où les grands groupes financiers internationaux ont beaucoup plus de pouvoir que chacun de nos gouvernements nationaux. Mais de reconnaître ce fait et de se dire qu'on ne pourra peser sur les destinés de l'Europe et du monde que dans la mesure où l'on sera unis et où l'on parlera d'une seule voix, c'est un message qui n'est pas encore tout à fait passé mais qui, j'espère, passera dans les prochains temps.

Il est souvent dit qu'il y a un déficit démocratique européen, que pensez-vous de la place du Parlement et de son fonctionnement ?
Je pense qu'à la fois le Parlement a pu accroître ses pouvoirs... par exemple, il peut quand même censurer la Commission européenne, il peut participer au processus législatif dans son ensemble. Par contre, il n'arrive pas à contrôler l'ensemble des institutions de l'Union européenne, et notamment le Conseil des mi-

nistres. Et puis, il y a aussi peut-être un manque de lien démocratique entre le Parlement européen et la base parce que les citoyens souvent ne sont pas très conscients des enjeux de cette élection au Parlement européen. Et ils ne sont même pas conscients non plus des personnes qui les représentent au niveau du Parlement européen. Donc, il y a là aussi un déficit de communication entre le Parlement européen et le citoyen, en partie lié d'ailleurs au mode de scrutin, qui est un peu éloigné [...]. On y ajoute quelques parachutages par les appareils politiques nationaux et on arrive à ce résultat où l'on a des représentants dont les citoyens ne sont pas nécessairement conscients. Donc je crois qu'il faut à la fois avoir des processus d'élection pour le Parlement européen qui soient plus politiques, qui soient aussi plus européens pour que les représentants au Parlement ne se voient pas comme des ambassadeurs de leur pays, mais comme des représentants des électeurs européens.

Y a-t-il d'autres institutions européennes qui exercent un rôle important, selon vous ?
Oui. Il y a surtout la Cour européenne des droits de l'Homme au Conseil de l'Europe à Strasbourg, qui est compétente pour les quarante-sept États membres du Conseil de l'Europe et qui peut prendre des arrêts contre des États membres, qui condamne les États membres par exemple à verser des indemnités aux personnes dont les droits de l'Homme n'ont pas été respectés. Mais ces décisions influencent également la législation dans les États membres dans la mesure où l'arrêt qui stigmatise certains comportements d'un État membre doit être exécuté par ce dernier. C'est d'ailleurs le cas : si vous prenez un exemple, en France, sur la garde à vue, il y a eu beaucoup de choses qui ont été modifiées et on a changé le système de la garde à vue des étrangers qui sont arrêtés parce qu'ils n'ont pas leurs papiers... Des systèmes en droit interne ont ainsi été modifiés. Cela correspond-il ensuite aux normes européennes ? Ça reste encore à voir, mais en tout cas il y a une influence des décisions de la Cour européenne des droits de l'Homme sur le système législatif dans les États membres. Sur le système législatif et juridictionnel.

Que pensez-vous de la dualité qui est souvent avancée sur la politique d'approfondissement et d'élargissement, d'une part pour l'Union Européenne et d'autre part pour le Conseil de l'Europe ?
Je crois que c'est une réalité qui va donner lieu d'ici quelques temps à des structures que l'on appelle à « géométrie variable ». C'est-à-dire que des pays adhéreront à telle ou telle progression du système, mais ne seront pas prêts à adhérer à d'autres. Pour certains des éléments que je considère comme des éléments clés de la construction européenne, tels que les accords de Schengen ou la monnaie unique euro, c'est déjà le cas ! Parce que ce sont des traités qui ont été établis en quelque sorte un peu en-dehors du système de l'Union européenne proprement dit. Mais, ceci dit, c'est un modèle, je pense, qui peut aussi se prêter à d'autres aspects de la construction européenne, cela supposerait que l'on négocie des traités qui permettent de faire ce genre de construction. Cela me paraît possible et même je

dirais probable. Dans la situation dans laquelle nous sommes, c'est probablement même souhaitable.

Comment définiriez-vous la coopération transfrontalière ?
Pour moi, c'est un élément constitutif de la construction européenne. Car j'ai passé toute mon enfance et ma jeunesse dans des régions frontalières et je vis d'ailleurs toujours dans une région frontalière. Et donc, quand on vit ainsi dans une région frontalière, ce sont des réalités qui ont été ressenties très durement. Je dirais surtout au début, quand la coopération européenne n'existait pas. Les premières frontières que j'ai connues étaient les frontières entre l'Allemagne et le reste de l'Europe, entre les différentes zones d'occupation de l'Allemagne, parce que c'était ainsi. Je vivais près de la Sarre. La Sarre était un pays particulier, sous mandat français, mais avec une frontière douanière assez étanche, et j'ai vécu des situations où mon grand-père, qui voulait aller réparer sa maison en Sarre, était revenu un jour après l'expiration de son visa. Il a dû passer deux ou trois jours en prison à cause de ça. Aussi, j'ai connu les passeports qui se remplissaient de visas pour passer simplement ces frontières très proches. Donc, quand je vois les réalités d'aujourd'hui, on a fait énormément de progrès, et l'ouverture des frontières était pour moi un élément absolument essentiel. Je me rappelle d'autres situations : en mai 1968 par exemple, il y avait beaucoup de manifestations en France, pas seulement en France, aussi dans d'autres pays européens, mais il y a eu des personnes qui ont eu du mal à traverser les frontières et que l'on empêchait *manu militari* de traverser. C'était par exemple le cas de Daniel Cohn-Bendit, qui est [devenu par la suite] membre du Parlement européen pour la France. Donc, ce sont des choses, où on sent le poids des frontières. Par contre, il faut voir aussi que ces frontières existent toujours. Ici, en Alsace, il y en a de plus en plus qui travaillent d'un côté de la frontière, qui vivent de l'autre côté. Cela pose encore beaucoup de problèmes en termes d'impôts, en termes de sécurité sociale, en termes de traitements médicaux. Je pense que cela influe beaucoup sur la réalité de vie de chacun d'entre nous et qu'il est très important de trouver des solutions à ces problèmes. Je prends aussi un exemple tout simple : si vous prenez le téléphone portable, vous partez à cinq kilomètres d'ici, vous téléphonez ici, vous avez une communication de l'étranger, et donc vous la payez en tant que telle. Voilà des choses qui ne sont pas très raisonnables. Et l'évolution ne va pas toujours dans le bon sens. Je me rappelle d'une période où en France on avait un tarif pour les lettres qui était le même tarif pour la France et l'ensemble des pays de l'Union européenne. Aujourd'hui, le tarif est différencié et cela coûte beaucoup plus cher d'envoyer une lettre à Kehl quand vous êtes à Strasbourg plutôt que d'envoyer une lettre à Perpignan ou à Bordeaux. C'est comme ça et ce n'est pas bien.

D'après vous, la coopération transfrontalière a-t-elle participé au processus de construction de l'Europe ?
Oui, à travers cette coopération frontalière il y a eu beaucoup de contacts humains entre les personnes. Il y a eu beaucoup d'éléments de coopération concrète entre différentes professions, notamment des gens qui s'occupent des questions de sécurité civile, je parle par exemple des pompiers, des ambulanciers, etc., mais même

les douaniers, les policiers, etc. Il y a aujourd'hui des structures de coopération qui existent et qui dépassent les frontières et qui arrivent à fonctionner ensemble. Mais ceci n'allait pas de soi et cela reste toujours à perfectionner. Il y a une structure ici que l'on appelle l'Eurodistrict qui est intéressante, mais qui mériterait sans doute d'avoir davantage de compétences et de moyens pour être mieux ressentie dans la vie quotidienne des citoyens.

Certains disent qu'il ne s'agit simplement que de coopération inter-locale, qu'en pensez-vous ?
Non, c'est un élément important pour toutes les questions qui sont du domaine des compétences des collectivités territoriales. Par contre, au-delà, il y a des compétences en matière fiscale, en matière d'hospitalisation, de sécurité sociale, qui relèvent nécessairement des compétences nationales et qu'il faut donc régler à ce niveau-là, soit par des règlements européens qui imposent des conditions, soit par des accords bilatéraux. Les règlements européens, c'est peut-être plus intéressant, mais c'est plus difficile à mettre en place, mais à défaut, il faut au moins régler les choses de façon bilatérale, voire trilatérale quand on est dans une région où il y a trois pays autour d'une même frontière. Il y a d'ailleurs des gens qui savent en tirer profit, je connais par hasard un jeune qui habite en Lorraine, qui travaille en Sarre et qui va faire ses courses au Luxembourg, il s'en porte très bien ! Donc il y a des gens, quand ils savent s'organiser, pour qui ça va. Mais il n'est pas normal que l'on impose aux citoyens de trouver des ficelles pour bien vivre et il serait normal que tout le monde puisse bien vivre même quand on vit près d'une frontière.

On parle souvent de la région du Rhin supérieur comme d'un « laboratoire » de l'Europe, qu'en dites-vous ?
Moi, je pense que c'est une réalité, mais ce n'est pas le seul laboratoire de l'Europe parce qu'il y a d'autres Eurorégions que j'ai connues en Europe qui fonctionnent aussi très bien. Mais c'est sûr qu'ici, dans l'espace du Rhin supérieur, d'abord, il y a quand même l'histoire qui pèse très lourd. Il y a eu pendant des centaines d'années, mais surtout au cours du siècle dernier, plusieurs conflits meurtriers entre les pays, qui ont aussi, dans la mesure où les frontières ont bougé, affecté beaucoup les personnes, les individus et les familles. Ainsi, parfois quelques-uns se sont retrouvés à changer cinq ou six fois de nationalité en l'espace d'une centaine d'années, et ce n'est pas facile à vivre, surtout quand ensuite cela se complique par des données politiques telles qu'on les a connues sous le régime nazi. Donc je crois que c'est important, dans une telle région qui a été frappée de ce poids de l'histoire, de pouvoir se mettre autour d'une table et de coopérer ensemble, de faire des projets d'avenir ensemble. Parce que ce qui est important dans ce domaine, c'est de pouvoir formuler des projets d'avenir en étant conscient du passé, mais en regardant quand même vers le futur. Ce n'est pas une tâche facile et je pense qu'ici, dans l'espace du Rhin supérieur, c'est une tâche qui a pris du temps, mais qui a aussi réussi. Je dois dire que parfois, quand je suis allé dans les Balkans, dans l'ex-Yougoslavie ou dans le Caucase, quand on voit des pays qui sont encore dans des conflits ou qui étaient encore récemment dans des con-

flits meurtriers avec leur voisin, quand on peut leur dire et parfois, quand ils viennent en visite, leur montrer comment on peut vivre ici dans l'espace du Rhin supérieur le long d'une frontière, cela a aussi un côté très encourageant, et ça a effectivement un côté de modèle, oui.

Pourriez-vous citer ces autres « régions laboratoires » ?
Par exemple, la région germano-néerlandaise, l'Euregio. Il y a aussi la région Rhin-Meuse autour d'Aix-la-Chapelle, de Liège, c'est dans ce coin-là, entre la Belgique, l'Allemagne et la France. Il y a la région Sarre-Lor-Lux, pas très loin d'ici. Voilà quelques-unes... Vous avez aussi dans les Alpes des régions qui ont très bien fonctionné. Et, de plus en plus maintenant, aussi à la frontière entre la Pologne et l'Allemagne, il y a des choses qui commencent à fonctionner, ou entre la République Tchèque et la Pologne. Nous avions, quand j'étais au Conseil de l'Europe, promu la coopération dans l'espace pyrénéen entre les régions pyrénéennes. Elle regroupe les trois régions françaises, les quatre régions espagnoles et la principauté d'Andorre. Cela a assez bien commencé et fonctionne relativement bien, car lorsque nous avions commencé, c'était au début des années 1980, il n'y avait pas Schengen, et la frontière, même sur une des routes principales entre Pau et Jaca en Espagne, était fermée la nuit, entre 9h du soir et 6h du matin, personne ne pouvait passer. Et ce coin aujourd'hui fait partie de l'espace Schengen, vous y passez de jour et de nuit, comme vous voulez, quand vous voulez, sans problème. Voilà, pour dire qu'il y a quand même d'autres modèles en Europe qui se sont développés, qui fonctionnent, fort heureusement.

Pouvez-vous décrire les changements que la construction européenne a porté en Alsace et dans votre quotidien ?
Déjà dans mon quotidien, oui. Je peux circuler très facilement aujourd'hui entre Strasbourg et Kehl et d'autres parties de l'Allemagne, c'est des choses qui ont réellement changé. Je me rappelle très bien, par exemple, ma mère qui vivait à Sarrebruck, à son décès, il y avait des choses à déménager et j'avais une camionnette que j'avais louée dans laquelle j'avais mis toutes sortes de choses. J'arrive à la frontière et on me dit : « – Qu'est-ce que vous avez amené là ? – Ce sont des affaires d'héritage. – Oui, mais alors vous devez nous faire une liste... ». Voilà. Aujourd'hui, vous prenez votre petit camion, vous passez la frontière, et on ne vous dira rien. Donc la réalité quotidienne, c'est aussi cela, c'est de pouvoir vivre normalement sans que l'on vous embête à chaque frontière.

Quel est votre avis sur l'Eurodistrict Strasbourg-Ortenau ?
Cela fonctionne, mais je pense qu'il y a peut-être un manque de compétences et de moyens. Quand je dis compétences, c'est compétences juridiques qu'il faut entendre et des moyens pour que cette structure puisse gérer des choses qui soient finalement plus importantes pour les citoyens. En matière de transports ou d'autres, protection civile, hôpitaux, on reste quand même toujours avec une frontière assez importante. Je pense que l'intérêt politique pour une telle construction gagnerait si à l'intérieur de ce district on avait vraiment des moyens pour mener

des politiques qui auraient des influences plus grandes sur le quotidien des citoyens.

Pensez-vous que c'est un projet de nature à associer les citoyens à la construction européenne ?
Oui, je le crois. Mais, là aussi, je pense que les citoyens s'associeront plus volontiers, plus facilement s'ils ont l'impression que les décisions qui sont prises les touchent de façon plus directe. Il y a des choses qui se font, qui sont très bien. Par exemple, il y a des partenariats de théâtre permettant avec le même abonnement de théâtre d'aller voir des pièces qui sont passées à Offenburg et à Strasbourg. Il y a des cross transfrontaliers, des séminaires de formation. Je trouve que ce sont de très bonnes choses, mais il n'y en a peut-être pas assez.

Comment pensez-vous les identités régionales et nationales en Europe ?
Pour moi, l'identité n'est surtout pas une notion unique, on n'a pas une identité, on a des identités. Ce sont des identités collectives auxquelles on participe de façon plus ou moins intense, et c'est l'ensemble de ces identités collectives qui permet à chacun de former son identité personnelle. Mais je pense que c'est une approche qui a été occultée très largement par le nationalisme et le populisme ambiant, où l'on essaie de dire que vous êtes Français, donc vous n'êtes pas ça, ça et ça. Or, dans ce domaine philosophique, je crois que c'est important que les gens puissent admettre que l'on peut être Français et en même temps être Alsacien, Européen, catholique ou protestant, ou juif ou musulman, que l'on peut avoir le français ou l'alsacien comme langue maternelle, mais que l'on peut aussi vivre en Alsace et avoir le turc, l'arabe ou l'italien comme langue maternelle, et cela forge l'identité. La langue maternelle, par exemple, c'est un élément qui est tout à fait important pour l'identité, même si on peut acquérir la maîtrise d'autres langues. Toutefois, on reste imprégné de sa langue et de sa culture maternelle. Cela participe à notre identité parce que, sinon, si on confronte les identités, on en arrive à ce que certains ont appelé le « choc des civilisations », ce que Amin Maalouf appelle dans un de ses livres les « identités meurtrières », c'est-à-dire des gens qui ont une identité, seule et unique, c'est-à-dire que l'on n'est pas Français et Européen, on n'est pas Français et Alsacien, on est Français tout court, et on n'est pas Français protestant, pour être un bon Français il faut être un Français catholique. Il y a des gens qui voient la vie comme cela, ce n'est pas mon propos et je ne le souhaite à personne, mais c'est à ce moment-là, quand on se forge une identité globale et exclusive, c'est le principe d'un système totalitaire. Dans un système totalitaire, vous êtes ce que le régime vous impose, basé sur la langue, la géographie, la race, comme disaient certains... Pour moi, c'est un concept auquel je ne peux pas et je ne veux pas adhérer, pour moi, l'identité est une affaire multiple. Et d'ailleurs, l'identité même d'une région et d'un pays aujourd'hui devient multiple parce que l'on vit dans des sociétés multiculturelles où l'influence d'autres éléments culturels est de plus en plus importante autour de nous. Et si on accepte ceci, c'est une grande richesse. Si on le refuse, c'est la source de conflits et cela mène fatalement à la confrontation, au conflit qui va parfois jusqu'à la mort, jusqu'à la confrontation violente en tout cas.

Paul Collowald

Comment définissez-vous la construction européenne ?
Pour moi, la construction européenne, c'est quelque chose de très précis. Tout commence dans l'après-guerre avec le 9 mai 1950, qui est la déclaration Schuman au Quai d'Orsay, au salon de l'horloge. C'est peut-être une simple date dans les livres d'histoire, moi, c'est du vécu ! J'étais ici à Strasbourg, j'étais journaliste, et le 9 mai 1950, on reçoit par téléscripteur de l'Agence France Presse, avec les techniques de l'époque, des paragraphes. Qu'est-ce que j'y découvre ? Ce qui se passe à Paris. Je découvre ce que Robert Schuman venait de déclarer, ce même Robert Schuman – c'est la chance du jeune journaliste que j'étais – que j'avais eu la chance de rencontrer au mois d'août 1949, déjà ministre des Affaires étrangères à l'époque. Et qu'est-ce qui se passait au mois d'août 1949 à Strasbourg ? C'était l'ouverture du Conseil de l'Europe. Et moi, jeune journaliste, je couvrais l'événement avec mes collègues. Une maison d'édition alsacienne avait eu l'idée, pour accompagner ce qui était la première institution européenne de l'après-guerre, d'éclairer un peu l'opinion publique en prenant l'initiative de constituer un ouvrage collectif pour expliquer ce que représentait ce Conseil de l'Europe, à travers des chroniques culturelles, économiques, et aussi à travers des signatures assez connues d'écrivains français. Trois biographies faisaient partie de ce livre. Une sur Churchill, connu, l'autre sur Carlo Sforza, ministre des Affaires étrangères italien, moins connu, et la troisième sur Robert Schuman. Et l'on m'avait confié cette biographie dans cet ouvrage collectif. Est-ce que vous connaissez le FEC, le Foyer de l'étudiant catholique, qui organise des conférences ? Le directeur de l'époque était un homme extrêmement dynamique et il avait lui-même déjà invité Robert Schuman pour parler à des étudiants depuis plusieurs années. Alors qu'il y avait le Conseil de l'Europe, les ministres, les parlementaires, il décida d'organiser une grande réception pour accueillir tout ce monde-là et pour se faire connaître avec le maire, le conseil général, les autorités locales en somme. J'étais invité. Et alors, le directeur du Foyer de l'étudiant catholique, qui s'appelait le Frère Médard, m'a présenté à Robert Schuman, moi, jeune journaliste du *Nouvel Alsacien* – c'était mon quotidien de l'époque. On a commencé à bavarder, et comme j'avais sous le bras l'ouvrage, je m'étais dit que comme j'avais la chance de rencontrer le ministre, j'allais lui demander une dédicace ! Robert Schuman, qui faisait dix centimètres de plus que moi, m'a regardé gentiment – je me souviens toujours encore de la scène – et il m'a dit : « Tiens, je crois que le kougelhopf diminue, le Riesling aussi. Écoutez, je crois que c'est la fin de la réception. Venez, vous aurez votre dédicace. Accompagnez-moi, nous allons à la préfecture, où je loge pendant mon séjour strasbourgeois ». Et voilà, au mois d'août 1949, le ministre des Affaires étrangères et le jeune journaliste se rencontraient. Ce jour-là, j'ai eu de la chance ! Alors, il m'a demandé quels étaient les derniers thèmes que j'avais traités, mes articles, et j'ai répondu que j'étais en train de réaliser une enquête pour mon journal, sur la jeunesse alsacienne d'après la guerre. C'était quelque chose d'un peu compliqué, puisque pendant quatre ans il y avait eu l'annexion – pas l'occupation – il y en avait qui étaient partis, il y en avait qui

revenaient, qui avaient rejoint De Gaulle, d'autres étaient des « Malgré-nous » qui se trouvaient je ne sais pas où, bref. Il m'a répondu que c'était un projet intéressant et j'ai rétorqué que c'était le cas, car pour la première fois de ma vie j'avais traversé le Rhin. J'étais aller faire un reportage en Allemagne sur la jeunesse allemande après le nazisme. Alors, Robert Schuman m'a dit : « C'est absolument fondamental, puisque, à mes yeux, ce que nous faisons maintenant dans l'après-guerre, c'est pour l'avenir, donc c'est pour la jeunesse. Et pour cet après-guerre le problème le plus important va être le problème allemand ». Nous étions le vendredi 12 août 1949 – je m'en souviens – et Robert Schuman a ajouté que dans quarante-huit heures, il y allait avoir les premières élections allemandes. En effet, le dimanche 14 août 1949, l'Allemagne établissait son *Grundgesetz* : c'est leur Constitution. Ils n'avaient pas de gouvernement, ils n'avaient pas de parlement, et Schuman, devant le jeune journaliste que j'étais, a pensé tout haut : « Qu'est-ce qui va sortir des urnes ? Comment va-t-on vivre cet après-guerre ? Est-ce que l'on va recommencer Versailles et ses néfastes conséquences ? Est-ce que l'on va trouver des solutions, une solution, peut-être européenne ? ». Voilà. Et alors – je reviens au 9 mai 1950, qui est la date fondamentale –, quand je décrypte cela, je dis : « C'est la réponse à toutes les questions ! ». À toutes les questions, au fond, que se posait Schuman. Cette déclaration, je la sais presque par cœur : « La paix mondiale ne saurait être restaurée... » et puis, vous avez : « rendre la guerre impossible... ». Impensable ! Non mais, c'était une révolution ! C'était contre toutes les thèses du Quai d'Orsay et de ce que l'on faisait vis-à-vis de l'Allemagne. En latin, en allemand, dans toutes les langues, vous avez vu dans vos livres d'histoire que c'est toujours « *vae victis* », « malheur aux vaincus ». Là, qu'est-ce que l'on a fait ? On a mis autour d'une même table les vainqueurs et vaincus, avec égalité de droits ! C'était extraordinaire ! On voit donc que le mot construction européenne peut être abstrait, flou. Pour moi, c'est quelque chose d'extraordinaire, voilà ! Et surtout, vous avez dans ces trente-six lignes – je les ai comptées, la déclaration de Schuman fait trente-six lignes –, à la fois le côté : « on va faire des petits pas », cela va être la création de la CECA [Communauté européenne du charbon et de l'acier], quoique le charbon et l'acier, ce ne soit pas rien. Mais vous avez également une autre vision, car, par deux fois, il y a le mot de « Fédération européenne ». C'était l'objectif lointain. Et vous avez un aspect institutionnel, cela n'existait nulle part ailleurs, avec la Haute Autorité de la CECA, dose de supranationalité. Donc le 9 mai, c'était à la fois une vision, un texte, et une volonté politique. Pour moi, la construction européenne, c'est cela !

Il est fréquemment dit que l'Europe est une œuvre de paix entre nations...
La paix ! Ben oui, vous pouvez traverser le Rhin sans problème. J'ai lu dans les *Dernières Nouvelles d'Alsace* qu'il y a eu une manifestation culturelle aux Deux Rives, eh bien, pour moi ces deux rives, c'est une image. C'est le Rhin. Le Rhin, il a été chanté par les poètes ! C'est une frontière. Mais ce que moi j'ai vécu, dans ma jeunesse, ce Rhin, chanté par les poètes... vous ne savez même plus ce que cela veut dire, la ligne Maginot et la ligne Siegfried ! Savez-vous ce que ça veut dire, ça ? C'était les deux lignes des forteresses, avec les canons ! Voilà ce

qu'étaient les deux rives de mon temps ! Ce qui fait qu'en 2012, je me dis que, quand même, on a fait des progrès ! Vous voyez ? En 2012, jamais vous ne penseriez à des forteresses et à des canons !

L'Europe recouvre-t-elle, selon vous, des réalités différentes ? On a parlé successivement de la CEE, puis des Communautés européennes, et désormais de l'Union européenne. Qu'évoque pour vous ce processus ?
Vous avez eu une sorte... j'avais utilisé le terme de quasi-révolution, mise en marche après le 9 mai avec la CECA, qui avait un terrain limité. Ensuite la CEE [Communauté économique européenne] a bénéficié d'un champ élargi à presque tous les problèmes, le commerce, les transports, l'agriculture, etc. On s'est alors posé la question de comment mettre en route tout cela et on s'est dit qu'il fallait établir un calendrier. Donc il y a eu un calendrier. À partir de telle date, on abaisserait les droits de douane, à partir de telle date on ferait ceci, on ferait cela, etc. C'est ainsi que l'on a construit progressivement ce que l'on a appelé, pour faire court, le marché commun, même si le mot de marché commun est réducteur. Car la CEE était quand même une communauté, c'était un domaine économique beaucoup plus vaste que le charbon et l'acier, mais elle ne couvrait ni le culturel, ni la défense, ni les affaires étrangères. Néanmoins, c'était quand même un champ nouveau qu'il fallait construire. Au fur et à mesure, les années ont passé. Il est arrivé un jour, lors d'un sommet, où l'on a confié au Premier ministre belge Tindemans le soin de créer une Union européenne. Et hop ! Un nouveau terme ! Union européenne. Oui, finalement, la vie continue, les années passent, et vous avez le traité de Maastricht – on arrive au début des années 1990 – et à ce moment-là, il y a le terme d'Union européenne. Il y a la tentative en 2005 d'un texte constitutionnel, d'une simplification – c'était l'idée de Giscard de simplifier... J'ai assisté à plusieurs réunions, à des travaux, de la convention, et il avait demandé à ce qu'il n'y ait plus qu'un seul texte, que cela soit simplifié. Finalement, on n'a pas simplifié, puisque cela a été posé en référendum et a été refusé en France et aux Pays-Bas. On est ensuite reparti dans la négociation, qui nous a généré le traité de Lisbonne, qui est le dernier traité sur lequel nous vivons en ce moment. Cela s'appelle donc l'Union européenne, alors que, dans les débuts, on parlait de la Communauté européenne, et ensuite des Communautés européennes, CEE et Euratom. Actuellement, nous vivons dans un régime où finalement on a additionné tout cela, sans être arrivé à l'unification des traités. Et nous n'avons pas encore de constitution. Nous ne sommes pas encore dans une fédération européenne, même si la Banque centrale de Francfort est un produit quasi-fédéral. Produit déséquilibré, puisque la Banque centrale n'est pas dans une fédération, elle est la Banque centrale dite « indépendante », dans un dispositif bancal. Bancal – vous voyez ce que cela veut dire ? On est actuellement, du point de vue institutionnel, une Europe handicapée. Un peu unijambiste.

Comment résumez-vous ce processus d'évolution ? Qu'est-ce qui a été déterminant ? Et quelles différences voyez-vous dans l'évolution de ces termes ?
Ce qu'il y a de déterminant, c'est que les débuts avaient bien montré qu'il fallait inventer un nouveau dispositif institutionnel pour qu'il n'y ait pas le blocage que

l'on trouvait dans toutes les institutions internationales de l'époque. Dans toutes les institutions internationales, vous aviez l'unanimité et le véto. Le déterminant est donc le partage de la souveraineté. Il faut faire prendre conscience aux pays – les six, et aujourd'hui les vingt-huit[2] : « Chers messieurs, vous n'existez plus, France, Allemagne, Belgique, vous existerez encore si vous êtes unis ». Partagez ainsi une souveraineté nationale – qui n'existe pratiquement plus en réalité –, et fabriquez-vous une souveraineté européenne réelle, solide, efficace face aux États-Unis, face à la Chine, face à l'Inde, etc. Ça, c'est le point déterminant, le partage de la souveraineté.

Que pensez-vous du déficit démocratique de l'Europe ?
Le déficit démocratique, là aussi, c'est un mot qui peut amener une certaine confusion, parce qu'il faut faire attention à quelque chose : parfois, je constate que des gens tiennent certains propos sans tenir compte du fait que nous étions en 1950 dans une certaine situation politique, celle de l'après-guerre. Et aujourd'hui, on me parle – et c'est sérieux, ça, je vous garantis – d'une sortie de crise. Mais ma génération, qu'est-ce que c'était ? Une sortie de guerre ! Quand même ! Or, à ce moment-là, la population, elle voulait reconstruire sa maison, reconstruire l'économie d'un pays, on sortait de guerre, nous étions en ruine ! Psychologiquement, nous étions dans la haine ! Il fallait reconstruire tout cela ! C'était du boulot ! Et alors, à un moment donné, dans une République, par exemple la République française – je prends la France, puisque le 9 mai est quand même l'initiative de Jean Monnet et de Schuman, elle est française –, si vous aviez fait un sondage, en mai 1950, pour savoir si c'était fini avec l'ennemi héréditaire, croyez-vous qu'ils auraient répondu à l'affirmative ?! Avec tout ce que l'on avait sur l'estomac avec les Allemands ? Pas possible ! Donc c'est le rôle des hommes politiques, à un moment donné, de proposer démocratiquement... c'était un gouvernement élu, Robert Schuman était dans un gouvernement français élu, avec des responsabilités de ministre des Affaires étrangères, et à un moment donné, ce ministre s'est dit : « Voilà ce qu'il faut faire, on va se réunir le 10 mai à Londres et on va mettre en marche l'après-guerre ». C'était un grand projet politique. La sanction démocratique, s'il avait été à côté de la plaque, aurait été le renversement du gouvernement. La Quatrième République a renversé pas mal de gouvernements. Mais, Robert Schuman, homme politique courageux, ayant la vision de l'avenir, il se sentait en phase. Retenez bien cette expression : être en phase ! Avec l'opinion publique. L'opinion publique voulait la paix. Elle faisait confiance à ses dirigeants. On ne peut pas quand même reprocher que l'Europe se soit faite dans des complots mystérieux !

Que pensez-vous de la place du Parlement européen ?
La place du Parlement européen était très minime au départ, parce qu'il fallait prendre des décisions, mettre en marche cette machine. Mais le Parlement européen a tout de suite existé. La CECA avait l'Assemblée commune du charbon et

---

2 Vingt-sept en 2020 après le *Brexit*.

de l'acier. Ensuite, c'est devenu l'Assemblée parlementaire et ensuite le Parlement européen. À chaque fois, son pouvoir a augmenté. Au début, il avait juste un petit partage de pouvoir budgétaire. Et là, depuis successivement Maastricht et maintenant Lisbonne – parce que Lisbonne a des défauts mais aussi des qualités –, nous sommes quasiment dans la cogestion dans au moins quatre-vingt problèmes de la vie courante de l'Europe. Donc, tout au long de ces années, et aujourd'hui en 2012, le Parlement européen a eu beaucoup plus de pouvoirs qu'on ne le pense. Ça c'est sûr ! Mais dans votre question du déficit démocratique, il y a aussi une petite question des problèmes d'information, de communication, puisque je disais que l'on ne peut pas faire l'Europe sans les Européens. Oui, mais alors là nous sommes dans un grand débat. J'ai connu cela pendant de longues années, de savoir comment, au fur et à mesure que l'on avance dans certains projets, les procédures deviennent un peu compliquées. Bruxelles est loin. Donc il est facile, si vous êtes souverainiste, de dire « Bruxelles, ce sont tous des bureaucrates, ils ne comprennent rien à la réalité du terrain où nous sommes ». Alors, c'est facile, la bureaucratie, Bruxelles, mais finalement quand on dit « Bruxelles », on ne sait pas ce que c'est, parce que Bruxelles, c'est la capitale de la Belgique jusqu'à présent ! Mais cela veut dire que chaque fois qu'il y a un certain nombre de décisions qui déplaisent dans un pays, on dit : « C'est la faute à Bruxelles », alors que ce sont les gouvernements qui l'ont décidé ! Moi, j'ai rencontré tout au long de ma vie les deux ennemis de la démocratie : l'indifférence et l'ignorance. Parce que, quand on parle des droits à l'information, les droits à l'information du peuple, je suis 100% d'accord. Mais où sont les devoirs ? Moi, j'ai vécu cela dans les grands débats sur Maastricht, sur ensuite le référendum et tout cela. Je comprends parfaitement que l'honorable père de famille ou mère de famille qui rentre le soir du boulot, fatigué, ne veuille pas se farcir 600 pages d'un traité incompréhensible. Bien entendu, je comprends cela. Mais, en même temps, la presse, à ce moment-là, presse écrite, média, radio, télévision, surtout la presse écrite, ils ont fait un bon boulot parce que je pouvais dire à Madame Schmidt ou à Monsieur Dupont, êtes-vous de gauche, êtes-vous de droite ? Bon, très bien, avez-vous vu le *Nouvel Obs* ? Il a publié vingt-cinq questions avec réponses sur Maastricht. Votre question, c'était à peu près six pages, mais vous avez une version raccourcie de cinq pages. Avez-vous pris un quart d'heure ou vingt minutes, malgré votre fatigue, le boulot, pour comprendre de quoi il s'agissait ? Non ? Je dis que vous avez manqué à votre devoir de citoyen !

Que pensez-vous de l'euro ?
Ah, l'euro, oui ! On arrive à Maastricht, et c'est là où je parlais d'unijambiste. C'est qu'à Maastricht, l'euro a été conçu en tant que tel, a été mis en marche. Cet euro-là avait une difficulté à sa naissance. C'est qu'on n'en a pas fait la partie politique, comme je l'ai déjà dit. Mais, c'était quand même vécu. C'est important, la perception du vécu. Ce fut un progrès infiniment important, parce qu'on avait connu l'échec en touchant à l'armée. Monnaie et armée sont la condensation d'un symbole de souveraineté. Or, on était en train de faire une monnaie commune ! Donc, l'euro a porté une réalité dans la manière de vivre à travers ces frontières,

mais l'euro a aussi été porteur d'une sorte d'illusion parce qu'on n'avait pas fait le progrès politique suffisant. En même temps, on marchait sur deux pieds et on est toujours comme ça... Mais l'euro est boiteux. Avantages, inconvénients. On croyait que l'euro allait générer des progrès politiques, presque comme un engrenage. Mais l'engrenage n'a pas fonctionné. Parce qu'au lieu de mettre de l'huile, les gouvernements faisaient en sorte de ne pas partager leur souveraineté !

Qu'évoque pour vous le Conseil de l'Europe ?
Le Conseil de l'Europe, pour moi, cela fait partie de ma jeunesse, cela fait partie de ce début. Il y a eu une institution de l'après-guerre, qui s'est installée ici, c'est un symbole de la paix. Le Conseil de l'Europe était plein d'espoir, mais il avait un boulet attaché : nos amis britanniques et scandinaves. On s'est tout de suite aperçu que, au Conseil de l'Europe, vous aviez les Français, les Italiens, les Belges qui voulaient aller de l'avant, et de l'autre côté les Anglais qui avaient toujours cette position qu'ils ont manifestée en 1950 à l'encontre de toute forme de supranationalité. D'ailleurs, lorsque Schuman et Spaak ont institué le Conseil de l'Europe, Ernest Bevin, qui était le ministre des Affaires étrangères britannique, a dit : « Oui, le mot est très bien : Conseil de l'Europe ». Ils n'avaient en effet même pas prévu d'assemblée ! Quand même, le Conseil de l'Europe est né avec deux institutions, le Comité des ministres et l'Assemblée consultative. En quelque sorte, le Conseil de l'Europe est né dans une certaine allégresse. Assez rapidement, on a vu ses limites, ce qui fait que Paul-Henri Spaak, qui était le premier président de l'Assemblée consultative, élu au mois d'août 1949, a donné sa démission en décembre 1951, parce que, du haut de sa tribune de président, il voyait devant lui des gens qui freinaient, notamment les Britanniques, alors que lui-même était un Européen très convaincu. À l'extérieur, je me souviens, il y a eu des manifestations d'étudiants qui sont allés aux frontières brûler les poteaux et tout cela. Ils sont venus devant le Conseil de l'Europe et ils ont plus ou moins insulté ce président de l'Assemblée consultative du Conseil de l'Europe, qui venait leur parler... Pour ces étudiants et pour ces fédéralistes de l'époque, ce Conseil de l'Europe était nul, puisqu'il était impuissant. Voilà. Vous voyez donc que ce sont des sentiments mélangés.

Comment définissez-vous la coopération transfrontalière ?
Alors là, il ne s'agit pas de la définir. Ce sont les citoyens, c'est quelque chose qui est parti de la base. J'ai connu, à Colmar, le député-maire, qui s'appelait [Joseph] Rey. C'était au début des années 1960. Il y a Fribourg en face, l'Allemagne. Ils ont découvert, sur le terrain, Colmar, Fribourg, qu'ils avaient des intérêts communs. C'est épatant, ça ! C'est une véritable prise de conscience. On s'aperçoit que, telle qu'elle existait à ce moment-là, l'Europe, elle était partout. On s'était pourtant fait la guerre depuis 1870. Cette découverte sur le terrain s'est faite par Joseph Rey. Il a téléphoné à Bruxelles et a dit : « Écoutez, nous faisons une association, une communauté d'intérêts et nous voulons aller à Bruxelles discuter avec la Commission de la CEE, présidée par Walter Hallstein ». Son vice-président était Robert Marjolin et j'étais son porte-parole. Mais comment organiser pratiquement son voyage ? Bon, il y a eu des ennuis avec le préfet, qui a dit que l'on

n'allait pas à Bruxelles aussi facilement. La réticence du côté de l'administration française était considérable. On ne va pas à Bruxelles. On est en France. J'ai donc dû organiser ce voyage dans des conditions un peu compliquées, et j'ai perçu la pesée des deux côtés du Rhin, mais surtout du côté français. Des complications de ce genre, assez jacobines, sont typiques de la France centralisée : « Qu'est-ce que c'est que ce type qui veut aller directement prendre contact avec Bruxelles ? ». Et pourtant, nous l'avons fait !

Selon vous, cette coopération transfrontalière correspond-elle à un processus de construction de l'Europe ? Certains évoquent une coopération inter-locale ?
Mais les deux sont liées. Là aussi, c'est du bon sens. Ce sont des hommes et des femmes, des citoyens, qui ont une vie quotidienne et, si on leur simplifie la vie quotidienne, des deux côtés du Rhin, pour vivre, pour un emploi ou pour faire des achats... C'est la vie des gens. Il faut leur simplifier la vie, ils vivent l'Europe à leur façon. Parce qu'ils peuvent mieux se connaître. Dites-vous qu'ils étaient des ennemis héréditaires, donc, si vous arrivez à une vie locale, simple et évidente, vous êtes dans un sacré progrès.

Que pensez-vous de l'Eurodistrict Strasbourg-Ortenau ?
Cela fait des années que j'entends parler de l'Eurodistrict. Moi je trouve l'idée formidable. C'est intéressant de voir toutes les initiatives des citoyens et, je me souviens, je ne sais plus à propos de quelle occasion précise, il y a eu de grandes cérémonies religieuses où on est allé à Kehl avec la participation du diocèse de Strasbourg. Les protestants, les catholiques, toutes sortes de choses étaient rassemblées par cette idée de donner de la substance à l'Eurodistrict, qui est un mot comme ça un peu bureaucratique. Je trouve cela une très bonne idée, mais je retrouve aussi la lenteur qui est caractéristique de tous ces problèmes, puisque je vous parlais de l'initiative de 1962 où le maire de Colmar, Joseph Rey, avec Fribourg, essayait déjà cette chose simple que je vous ai décrite. Et puis de 1962 jusqu'à 2012, vous voyez, c'est l'anniversaire. Quels ont été les progrès dans ce domaine ? C'est à la fois un processus lent, où vous avez des avancées au niveau des institutions, au niveau des gouvernements, mais il faut aussi faire bouger cela au niveau des mentalités. Et on n'en est pas encore au bout. Parfois on tombe sur la bureaucratie, ça existe.

Qu'est-ce que l'Europe pour vous aujourd'hui, en termes d'affiliation, d'identité ?
Moi, je constate que, aujourd'hui, quand on parle de citoyenneté européenne, là aussi il faut faire attention ! Vous avez Maastricht qui a créé une forme de citoyenneté européenne, avec des droits. Si vous êtes à l'étranger, vous pouvez en bénéficier, ça c'est une chose. Donc la citoyenneté, c'est une chose un peu formelle, mais son contenu, lié à une identité, c'est autre chose. Peut-être parce que je suis un homme des frontières, le fait que j'ai un vécu différent de collègues ou d'amis de Toulouse ou de Bordeaux... C'est différent pour moi, nous sommes tous des Français, de Bordeaux, de Toulouse ou de Strasbourg, nous sommes des Français, oui ! Mais moi, je vis en tant que Français différemment, parce que j'ai

des racines en Alsace, mes ascendants sont Lorrains, mais je suis né en Alsace. Je suis Français. Je suis Européen. Moi je n'ai aucun problème de vivre dans ces trois dimensions. J'ai tellement été secoué par l'histoire. Nous avons un objectif avec une devise en Europe : l'unité dans la diversité. C'est la devise de l'Europe. Nous ne voulons absolument pas un *Zentralstaat* [État centralisé] avec une composante jacobine de centralisation, pas du tout. Mais, c'est un débat qu'il m'est arrivé de mener dans d'autres circonstances, et je crois que la difficulté quelques fois des spécificités régionales a créé quelques ennuis. Ici, il ne faut toucher à la mémoire de ce qui s'est passé avec les Malgré-nous, la mobilisation de force. D'ailleurs, il y a eu un procès récemment. C'est une chose horrible. L'un des derniers survivants, qu'il faut respecter, a écrit un livre. À un moment donné, il parle des Malgré-nous comme si ces gens avaient été volontaires. C'est terrible. Alors, il y a eu un procès. Si on parle de mémoire ici, vous risquez de tomber sur des Malgré-nous ou des parents de Malgré-nous, etc. Ce sont des réalités. Si on n'avait pas été à la frontière, on n'aurait pas pu être annexé.

Quelle place trouve le citoyen aujourd'hui en Europe ?
Je vais vous citer une citation d'un démographe français qui s'appelait Alfred Sauvy. Il a dit qu'un citoyen qui n'est pas informé est un sujet, dans le sens féodal du terme. Un homme informé est un citoyen. C'est-à-dire que, pour lui, le citoyen, s'il ne prend pas part à la Cité, la ville, une commune, je ne sais pas, un citoyen de l'Europe, de Strasbourg, doit faire un minimum d'effort. Je vous renvoie à ce que je disais sur les droits et les devoirs du citoyen, c'est ça le cœur du problème. Il ne suffit pas de rouspéter, de râler, de défiler, dans telle ou telle circonstance où vos intérêts sont frappés. Il faut essayer de comprendre ce qui se passe. La citoyenneté, c'est une participation, c'est un minimum d'engagement. C'est ma conception de la citoyenneté.

Quelle est la place de l'État aujourd'hui en Europe ?
Alors là, c'est un grand sujet qui est tout à fait proche de nos problèmes européens car l'État, sa conception en Europe, est différente à Paris, à Londres et à Bonn. C'est normal, nous sommes dans la diversité. Je m'explique. Si vous êtes dans une fédération – allemande –, vous vivez différemment, psychologiquement et politiquement, ce que vit un Français – centralisé, jacobin, etc. Donc cela, c'est déjà une différence majeure, parce que, dans la *Bundesrepublik*, vous avez évidemment le fédéral, mais vous avez le *Bundesrat* [Conseil fédéral allemand], avec les *Länder* qui sont représentés. Donc le citoyen de Stuttgart a une autre conception que celui de Montpellier. Pour le Français, l'État, c'est tout. Si quelque chose ne va pas, c'est l'État, si quelque chose va, c'est l'État. Si la fermeture de, je ne sais pas, Peugeot ou autre chose, avait des conséquences, l'État devrait faire que l'usine ne ferme pas. À un moment donné, la conception qui existe en France ou dans d'autres pays n'est pas la même. La cogestion en Allemagne traiterait le problème autrement, avec les syndicats. Le lien avec l'Europe, c'est que l'État aujourd'hui, l'État français comme l'État italien ou britannique, en 2012 – on revient au partage de la souveraineté – doit savoir qu'il ne peut plus résoudre tout seul les problèmes. C'est une fois que vous avez compris cela que vous obtiendrez toute une

série de conséquences. Jacques Delors a lancé le concept de « la fédération des États-nations ». Donc, pour les fédéralistes « pur sucre », Jacques Delors n'est pas un traître, mais ce n'est pas le fédéralisme chimiquement pur, puisqu'il prend en compte l'État. Pour ce type de fédéralisme, l'État, la nation et tout cela existeront encore longtemps, toujours, donc il faut trouver une formule au niveau européen, où il y a certes un partage de souveraineté, mais dans des conditions à définir. Une de ses collaboratrices, Gaëtane Ricard-Nihoul, vient de sortir un bouquin. Elle y analyse ce problème extrêmement important dans l'actualité européenne, dans les débats politiques d'aujourd'hui, afin de voir si cela peut être un compromis entre des souverainistes, qui réfléchissent aux limites de l'État souverain aujourd'hui, et les fédéralistes, qui estiment que la conception fédérale initiale est quand même encore un peu loin de ce que proposait Jacques Delors. Là, vous voyez que se rejoignent des débats au niveau de chaque pays, de chaque nation, afin de voir comment progresser ensemble vers des formules institutionnelles.

Pensez-vous que la Turquie est un pays européen ?
Écoutez, la Turquie n'est pas un pays européen, mais il faut avoir, j'allais dire, des relations très particulières avec la Turquie... Actuellement et pour encore quelques années, l'Union européenne est dans l'incapacité de recevoir en son sein, comme membre, la Turquie. Je ne comprends pas très bien l'obstination de la Turquie, parce que d'abord, je le redis, nous sommes dans l'incapacité de recevoir un pays dans cette situation à la fois économique, politique et de l'endroit géographique où il se trouve. Elle a des problèmes spécifiques à ses frontières et elle a un grand rôle géopolitique à jouer là-bas. Pourquoi devrait-elle être membre de la Communauté, je ne comprends pas très bien. D'autant plus que je m'aperçois qu'une grande partie de l'opinion turque n'a pas envie d'entrer dans cette Europe.

Où s'arrête donc l'Europe, selon vous ?
L'histoire et la géographie jouent dans cette réponse. Le Conseil de l'Europe a répondu d'une certaine façon, puisqu'il s'appelle le Conseil de l'Europe et il comporte des pays du Caucase. Moi, personnellement je ne ressens pas le Caucase comme européen, mais je sais qu'il y a des valeurs là-bas, qui peuvent être chrétiennes, parce que les Arméniens sont des vieux chrétiens. Les frontières de l'Europe ne sont donc pas encore définies, de la même manière que le projet européen est lui-même inachevé dans toute son expression, y compris dans la définition de ses frontières. Donc, malgré mon âge avancé de 89 ans, dans dix ans je pourrai peut-être vous apporter une meilleure réponse. Voilà !

Jean-Paul Costa

Pourquoi avoir choisi de faire une carrière européenne ?
Avec de grands ensembles comme les États-Unis, la Chine, l'Union soviétique devenue la Russie, etc., chaque État européen est vraiment petit, économiquement, politiquement, et même culturellement parlant. L'idée d'Europe est une idée judicieuse, d'autant plus après la guerre franco-prussienne et deux guerres

mondiales épouvantables. Le thème de la réconciliation, pas seulement franco-allemande mais en général, me semblait vraiment très important. Ma carrière professionnelle n'était pas vraiment européenne. J'ai fait des études classiques : droit et Sciences Po à Paris, puis le concours d'entrée à l'ENA. Au Conseil d'État, j'ai été principalement dans la branche juridictionnelle, à la section du contentieux. J'ai eu la grande chance en 1998 de devenir juge de la Cour européenne des droits de l'Homme, ce qui a été le couronnement de ma carrière professionnelle. Et ensuite, j'ai encore eu plus de chance, si je puis dire. Lorsque le président de la Cour, à la fin de 2006, a dû partir à cause de la limite d'âge, c'était le juge suisse [Luzius Wildhaber], mes collègues m'ont alors élu président de la Cour à sa place, et j'ai pu occuper ces fonctions pendant presque cinq ans jusqu'en 2011, date à laquelle j'ai atteint la limite d'âge pour les juges de la Cour et j'ai dû partir. Voilà comment je suis entré dans l'Europe. C'est par la voie judiciaire, la voie de la Cour européenne des droits de l'Homme, que j'y suis entré. En France, la Cour européenne des droits de l'Homme a été saisie à de multiples reprises. Un exemple est celui de la liberté d'expression. Il existait, depuis la grande loi sur la presse de 1881, un délit d'offense aux chefs d'État étrangers. Si un article ou un livre était considéré comme injurieux pour les chefs d'État étrangers, l'auteur de cet article pouvait être condamné par les juridictions françaises, y compris à des peines d'emprisonnement. Et, un jour, des journalistes, condamnés à des peines d'amende par les juridictions françaises pour avoir offensé un chef d'État étranger, le roi du Maroc, sont venus se plaindre devant la Cour de Strasbourg. La Cour a dit que ce jugement était disproportionné et que c'était incompatible avec l'article 10 de la Convention qui garantit la liberté d'expression et la liberté de la presse. La France a donc été obligée d'abroger cet article. Je pourrais vous donner d'autres exemples très nombreux, concernant la France ou d'autres pays. Résultat, depuis cinquante ans qu'elle existe, la Cour européenne des droits de l'Homme a obligé, par ses arrêts, tous les pays à harmoniser leurs systèmes législatifs et réglementaires, la jurisprudence de leurs juridictions suprêmes, afin de se conformer à la jurisprudence de la Cour. Ce qui est une énorme responsabilité, mais qui est ce pourquoi la Convention européenne des droits de l'Homme a été signée par les États et ce pourquoi la Cour européenne des droits de l'Homme a été créée. C'est donc un élément fondamental de la construction européenne.

De sa création à aujourd'hui, la Cour européenne des droits de l'Homme a beaucoup évolué et elle s'est élargie jusqu'à quarante-sept membres suivant l'élargissement du Conseil de l'Europe, comment avez-vous vécu cette évolution ?
Moi, j'ai surtout vécu la fin de la transformation. Quand je suis arrivé en 1998 à la Cour, il y avait déjà trente-neuf États. Il y en a eu huit autres qui ont adhéré par la suite, essentiellement d'ailleurs des pays de l'ex-Yougoslavie, parce ce n'est qu'après la fin de la guerre de Yougoslavie, en 1995–1996, que la Serbie, la Croatie, la Macédoine, le Monténégro sont entrés dans le système. C'est très difficile personnellement de dire, si oui ou non, c'était une bonne chose de les intégrer. La réponse se trouve entre les deux. Je crois que cela a été finalement une bonne décision de permettre à ces pays de rentrer dans le système, parce qu'en y entrant, ils

étaient obligés de ratifier la Convention européenne des droits de l'Homme dans un délai d'un an, et ils étaient alors tenus d'exécuter les arrêts de la Cour. Donc, en faisant entrer ces pays, qui étaient très en retard du point de vue des droits et des libertés par rapport aux pays de l'Europe occidentale, dans le système, on les obligeait, avec leur consentement, à se transformer pour éviter des condamnations à répétition de la Cour. Bien sûr, il y a des changements qui sont plus faciles que d'autres. Il est plus facile de changer un texte, de changer un code de procédure pénale, que de changer des pratiques comme l'attitude des gardiens de prison dans les prisons ou des policiers dans les commissariats de police.

Que pensez-vous de l'adhésion de l'Union européenne en tant qu'Union à la Convention ?
Donc que se passera-t-il une fois que l'Union européenne sera réellement membre de la Convention européenne des droits de l'Homme ? On n'en est pas encore tout à fait là, puisque depuis fin 2009 a commencé un processus long et complexe pour résoudre les problèmes techniques, juridiques, politiques qui sont impliqués par l'adhésion de l'Union européenne à la Convention européenne des droits de l'Homme. Par exemple, quel sera le rôle respectif de la Cour de justice et de la Cour des droits de l'Homme ? Est-ce que l'épuisement des voies de recours internes, qui est obligatoire devant la Cour européenne des droits de l'Homme, va s'appliquer à la Cour de justice ? Autrement dit, est-ce que quelqu'un qui attaque l'Union européenne devant la Cour européenne des droits de l'Homme devra s'adresser d'abord à la Cour de justice ou non ? Comment sera élu le juge représentant de l'Union européenne à la Cour européenne des droits de l'Homme ? Est-ce qu'il sera simplement élu par l'Assemblée parlementaire, comme moi par exemple, ou est-ce qu'il ne faudra pas qu'une délégation du Parlement européen vienne voter avec l'Assemblée parlementaire ? C'est d'ailleurs ce qui va se produire. De quelle manière le Comité des ministres du Conseil de l'Europe sera composé lorsqu'il aura à surveiller l'exécution d'un arrêt rendu par la Cour européenne des droits de l'Homme et condamnant l'Union européenne ? Comment va-t-il décider ? […] Et si un acte ou une omission de la Cour implique non seulement l'Union européenne, mais également un État pris individuellement, comment va-t-on faire pour que les deux puissent être jugés par la Cour européenne des droits de l'Homme simultanément ? On s'achemine vers un système dit « de codéfendeur », où l'État x ou l'État y et l'Union européenne seront codéfendeurs de leurs accords. Certainement, le problème majeur sera la logique selon laquelle, dans certaines affaires au moins, ce sera la Cour de Strasbourg qui aura le dernier mot. C'est là, à mon avis, l'obstacle psychologiquement le plus important. Nos collègues de Luxembourg se considèrent en effet, de la même manière que la Cour européenne des droits de l'Homme, comme une juridiction souveraine en Europe, et ils vont avoir, dans quelques cas, certes rares, presque exceptionnels, l'impression qu'ils ne seront plus une juridiction souveraine, mais qu'il y aura toujours quelqu'un au-dessus d'eux.

Existe-t-il une identité européenne ? Et comment celle-ci s'est-elle construite ?
Je vais vous dire le fond de ma pensée, je suis persuadé qu'il y a une identité européenne, mais cette identité européenne se dilue plus il y a de pays européens. Je veux dire par là que c'était plus facile de voir l'émergence d'une identité européenne lorsque l'Europe a commencé à peu de pays, six pays pour l'Europe des six [...], ou une dizaine pour l'Europe du Conseil de l'Europe. À partir du moment où il y a eu des élargissements successifs, cela devient plus difficile de concevoir une identité européenne, car les centres d'intérêt ne sont pas les mêmes.

Dans ces conditions, comment voyez-vous l'avenir de l'Europe ?
Je crois que si l'on veut être réaliste, on constate déjà qu'en 2012 il y a plusieurs Europe au sein d'une même Europe. Je ne parle même pas de l'Europe du Conseil de l'Europe à quarante-sept, ce qui est évidemment quelque chose de tout à fait différent, parce qu'on ne peut pas concevoir dans un avenir proche l'adhésion de la Russie à l'Union européenne, ce n'est pas réaliste. Mais même si l'on prend l'Europe de Bruxelles, du Luxembourg et de Strasbourg, le Parlement européen siégeant à Strasbourg, il y a déjà différentes Europe. La zone euro, par exemple [...]. Alors on parle parfois de coopérations renforcées, d'Europe à plusieurs vitesses. Je crois que cela existe déjà en réalité, mais je pense aussi qu'il faut progresser pas à pas et de nouveau reconstruire avec peut-être moins de pays pour faire en sorte que les autres viennent s'agréger au moment où ils sont vraiment d'accord.

René Eckhardt

Comment définissez-vous la construction européenne ?
À l'époque, l'Europe, le projet européen était le moteur pour le rapprochement franco-allemand. Cela a été pour moi l'origine de cette amitié franco-allemande, et aujourd'hui, c'est inversé, c'est l'amitié franco-allemande qui est le moteur de l'Europe.

L'Europe recouvre-t-elle selon vous des réalités différentes ?
Je pense que le grand problème, qui a été mal géré, c'était l'ouverture à un certain nombre de pays qui n'avaient pas les moyens de rentrer dans l'Europe. J'ai beaucoup travaillé avec les Ukrainiens ou les Croates et, lorsqu'ils sont rentrés dans l'Europe, leur seul objectif, c'était de chercher comment faire pour obtenir le maximum de subventions de l'Europe. Ce n'était pas réfléchir à ce qu'ils pouvaient apporter à l'Europe. C'était plutôt, qu'est-ce que l'Europe va pouvoir m'apporter ?

Que pensez-vous des critiques parfois entendues sur « l'Europe de la finance » ?
Aujourd'hui, plus de 70% des lois de finances sont dictées pas Bruxelles, par des commissions à Bruxelles. Il s'agit de fonctionnaires, je n'ai rien contre les fonctionnaires, mais je pense qu'aujourd'hui au point où l'on est, il faudrait un véritable ministère des Finances. Une banque centrale ne suffit pas, c'est un orga-

nisme de gestion. Il faudrait qu'il y ait un ministre des Finances qui gère la politique financière européenne et auquel adhèreraient les différents pays.

Partagez-vous l'idée qu'il existe un déficit démocratique de l'Europe ?
Je pense que le système d'élection de nos représentants au Parlement européen n'est pas bon. L'Union européenne est une Europe des régions. Je pense qu'aujourd'hui il faudrait qu'il y ait un député qui s'occupe de la région du Rhin supérieur, par exemple. Je pense qu'il faut qu'un jour on arrive à un système d'élection régionale et non plus nationale. Le régionalisme est le seul moyen si l'on veut progresser.

Quel est votre avis sur la monnaie unique ?
L'euro a considérablement facilité les échanges, c'est un élément de mesure commun. Je ne parle même pas du confort pour les citoyens, qui est énorme. Aujourd'hui, il s'agit de quelque chose qui a amplement facilité les échanges commerciaux internationaux.

Qu'évoque pour vous le Conseil de l'Europe ?
Si le Parlement européen est méconnu, alors le Conseil de l'Europe l'est encore plus. Pour moi, il n'évoque malheureusement pas beaucoup de choses suffisamment concrètes, parce qu'il y a cette Europe à trois vitesses : le Conseil de l'Europe, la Communauté européenne et la Communauté Économique Européenne.

Comment définiriez-vous la coopération transfrontalière ?
C'est un mal nécessaire. Imaginez une entreprise où vous ne pouvez travailler qu'à 90%. D'un côté, vous avez les Vosges agissant comme une barrière naturelle et psychologique, et, de l'autre côté, vous avez une frontière qui est le Rhin. Alors, à partir du moment où vous ne cherchez à travailler qu'avec une partie de cette zone, en tant que chef d'entreprise, vous jugez que sur l'autre rive il y a un marché avec un pouvoir d'achat supérieur au vôtre et avec une population aussi importante que la vôtre, avec peut-être même une répartition géographique plus intéressante parce qu'il n'y a pas une métropole, mais une série de petites villes. C'est donc un mal nécessaire.

Pour vous, la coopération transfrontalière a été le fruit de la construction européenne ?
Non, je crois qu'elle se serait faite de toute manière, même en dehors de l'Europe. L'Europe a été un élément fédérateur autour d'un projet. Je pense que cela se serait réalisé de toute manière, mais encore une fois je pense que l'Europe est une chose et que la France et l'Allemagne en est une autre. Je pense que si la France et l'Allemagne sont devenues deux nations très liées, c'est grâce à l'Europe, mais le rapprochement du Rhin était inéluctable.

Les décideurs parlent fréquemment en Alsace de faire du Rhin supérieur un laboratoire de l'Europe. Qu'en pensez-vous ?
Il y a 60 000 frontaliers français qui vont travailler en Allemagne chaque jour. De ces 60 000, 90% vont partir en retraite dans les années à venir. Or, nous n'avons pas créé suffisamment de jeunes bilingues pour remplacer ce chiffre, donc les en-

treprises allemandes ne vont pas pouvoir trouver de personnel. Ainsi, ils vont devoir les chercher dans les pays de l'Est, où les personnes parlent très bien allemand. En conséquence, on va se retrouver en France avec, plus ou moins, 50 000 chômeurs de plus dans les prochaines années, parce qu'on a oublié la langue du voisin. Dans les années 1950, en Alsace, parler les dialectes était interdit, c'était une première erreur. La deuxième était de penser que c'était *chic* de parler le français, donc toutes les personnes se sont senties attirées pour le français et non plus pour apprendre l'allemand. C'est l'Alsace qui a commis beaucoup d'erreurs et on a perdu ce bilinguisme naturel.

Pourriez-vous citer quelques effets de la construction européenne que vous percevez dans votre quotidien ?
J'ai créé en 1990 la Confédération européenne des associations de PME et c'est là que j'ai compris que les patrons des PME françaises ne saisissent pas toujours l'intérêt de l'Europe. Pour eux, toutes les démarches qu'il faut réaliser sont très compliquées : pour recevoir des subventions, pour accéder aux marchés, etc. On se trouve donc dans une situation où la France n'utilise pas ses subventions. Même la Suisse, qui ne fait pas partie de l'UE, consomme davantage de subventions européennes que la France. Il manque une culture européenne.

Que pensez-vous de l'Eurodistrict Strasbourg-Ortenau ? Qu'évoque-t-il pour vous comme réalités concrètes ?
Je suis président de la plus ancienne association, qui s'appelle *Initiative Eurodistrict,* créée en 1992, mais dont il ne reste plus grand-chose aujourd'hui, juste quelques employés, car les gens n'en ont rien à faire de l'Eurodistrict, car un enfant qui n'est pas né au bout de 10 mois est mort. Il faut oublier cet Eurodistrict, il faut travailler sur l'Eurorégion du Rhin supérieur, pour que les gens croient encore en quelque chose. On a commencé à rêver, en voulant faire le Washington District du Rhin. C'était la grenouille qui voulait se faire aussi grosse que l'éléphant… Il y a eu énormément d'erreurs, et on n'a pas su intéresser la population. Il y a des choses qui se font, et qui sont assez intéressantes, mais que la population ne connaît pas. Enfin, et encore une fois, on n'avait pas le budget !

Qu'est-ce que l'Europe pour vous aujourd'hui ?
Pour moi, l'Europe, c'est ma patrie. Je me sens absolument européen. Aujourd'hui, je suis plus ému lorsque j'entends l'hymne européen que lorsque j'entends l'hymne national. J'ai du regret que même certains politiques ne se lèvent pas quand l'hymne résonne. Pour moi, cela représente la population du Rhin supérieur, cela me représente.

Quelle est la place de l'État de nos jours en Europe ?
En Europe, l'État est incompatible avec l'UE. Il faudrait un processus, qui se ferait peut être dans une quarantaine d'années. Il faut que l'on se dirige tout doucement vers l'Europe des régions. Je vois les États-Unis d'Europe pour le futur. Plus de deux tiers des lois sont votées par l'UE, il ne faut pas l'oublier.

Il est souvent demandé dans les sondages si l'on se sent plus attaché à sa région, son pays et/ou à l'Europe. Que pensez-vous de cette question ?
Je suis un marginal. Le fait que je me sente européen ne m'empêche pas de me sentir alsacien et français. Je me sens profondément français, mais avant tout je me sens européen parce que j'ai la faiblesse de penser qu'on ne peut pas vivre les uns sans les autres.

Pensez-vous que la Turquie soit un pays européen ? Où s'arrête l'Europe selon vous ?
Non. On ne peut pas être asiatique et européen. Quand vous êtes à Istanbul, vous êtes entre deux parties. La partie européenne ne me dérange pas, mais la partie asiatique ne répond pas à la culture européenne, qui est un lien social de l'Europe. Cela n'a rien à voir avec la religion.

Y aurait-il des frontières physiques et des frontières culturelles ? Faut-il prendre en compte le type des frontières à l'heure de l'élargissement de l'UE ?
Le problème, c'est que le Conseil de l'Europe ne travaille suffisamment avec l'Union européenne.

Norbert Engel

Comment définissez-vous la construction européenne ?
Je crois que l'élément le plus important de la construction européenne est essentiellement le fait d'avoir une monnaie, dans la mesure où l'autre élément qui serait essentiel c'est d'avoir une langue. Ensuite, la construction européenne est pour moi le fait d'avoir un territoire, que je pense d'ailleurs devoir être territorialement limité. C'est-à-dire que je pense – j'ai plutôt les positions qui étaient celles de Delors – qu'un agrandissement non contrôlé de l'Europe aboutirait plutôt à une fragilisation et un délitement de l'Europe plutôt qu'à son renforcement. Mon propos n'a rien à faire du tout avec des histoires de religion, par exemple lorsqu'on pense à l'entrée ou non de la Turquie dans l'Europe.

Quelle est votre approche des processus de l'intégration européenne ?
Je pense que, très souvent, les députés européens, les gens qui travaillaient aux Communautés européennes, les élites européennes n'ont jamais eu idée combien pour le citoyen de base cette intégration européenne était quelque chose de tout à fait étranger et qui avait peu d'existence. En effet, si cette construction ne les impacte pas très directement sur un point précis, l'Europe ne reste pour eux que quelque chose de tout à fait abstrait.

Il est fréquemment dit que l'Europe est une œuvre de paix entre les nations. Qu'en pensez-vous ?
J'ai été professeur de philosophie pendant treize ans. Si l'on apprend quelque chose lorsqu'on fait un peu de philosophie, c'est la distance aux choses. Vous savez, les gens ont peu de sens de la profondeur historique. Je ne vous dis pas combien il y a eu d'alliances entre des pays, signées et tout, entre la France et la

Pologne, la France et la Tchécoslovaquie, la Russie, et qui ont été systématiquement dénoncées. Médiatiquement, on peut retourner une population entière en trois mois. C'est-à-dire qu'il ne faut pas se faire trop d'illusions sur cette histoire-là. Je veux dire, s'il y a un point où je pense que l'Europe a pu œuvrer pour la paix, mais c'est le seul, c'est avec les programmes Erasmus et autres, qui ont conduit les jeunes – moi je le vois, j'ai trois enfants – à se rencontrer en Europe. Moi, ce qui me frappe, c'est que pour eux, quand ils avaient déjà quatorze ou quinze ans, aller à Berlin, à Rome, à Lisbonne ou à Bruxelles, c'était comme pour moi aller à Paris et peut-être même moins. C'est-à-dire que ce n'est pas simplement avoir dans sa tête une autre géographie qui fait qu'on se sente chez soi dans plus de lieux, mais c'est aussi faire des connaissances avec des tas de gens qui ne sont pas tout à fait comme vous, etc. Maintenant, qui dit Erasmus, programmes d'échanges internationaux, dit de nouvelles élites. C'est-à-dire que cela ne touche pas le socle de la population. C'est-à-dire que, je le crois, l'Europe est quelque chose qui a scindé encore beaucoup plus fortement que par le passé les populations entre les élites et la base. Pour répondre à votre question, il y a deux formes de paix. Il y a une paix entre nations, c'est l'image que nous avons des grandes guerres mondiales du XIXe et du XXe – Français contre Allemands, Américains contre Japonais, Japonais contre Chinois –, il y a cette forme de guerre. Or, à cette forme de guerre, nous avons substitué des micro-conflits, aux confins des empires pour y vendre des armes. Ensuite, il y a une autre paix, c'est la paix sociale. Et, de ce point de vue-là, je crois que l'Europe n'y contribue pas du tout. Pas du tout.

Pour vous, l'Europe recouvre-t-elle des réalités différentes ?
Bien sûr, c'est évident. C'est-à-dire, par exemple, pour des jeunes intellectuels, l'Europe est toute entière positive. C'est un agrandissement d'espace, un agrandissement de possibilités, etc. Pour les agriculteurs de ce pays, les subventions de la PAC [Politique agricole commune] sont une opportunité. Mais toutes les décisions de Bruxelles sur les questions de quota de chasse, de pêche, de nature chimique des engrais, ces agriculteurs français vivent l'Europe – en oubliant la PAC – uniquement comme une somme de contraintes. Voilà, c'est tout. En même temps, connaissez-vous une pièce de monnaie qui n'a pas un avers et un revers ? C'est impossible. C'est la nature même de la pièce de monnaie d'avoir un avers et un revers. De la même manière, vous ne pouvez pas espérer que l'Europe soit toute entière positive et qu'elle ne soit pas vécue par énormément de gens comme quelque chose de négatif, en parallèle. De toute façon, si madame Le Pen prospère à tel point et plus encore dans les esprits que dans la réalité du vote, c'est pourquoi ? C'est car, elle, elle incarne fondamentalement – au-delà de son racisme latent, etc. –, la résistance à l'Europe. Vous avez toujours ce schéma : l'Europe comme possibilité et l'Europe comme contrainte. Plus vous montez dans la hiérarchie sociale, plus c'est une possibilité. Plus vous descendez dans la hiérarchie sociale, plus c'est une contrainte. En effet, les gens ont le sentiment qu'ils n'ont plus prise sur rien. C'est-à-dire que, dans la France du XIXe siècle, on pouvait graisser la patte de son député, obtenir un bureau de tabac, ne pas faire aller son fils au service militaire, etc. Aujourd'hui, vous pouvez encore graisser la patte de

votre député, le corrompre donc, mais vous ne pourriez rien obtenir de lui parce qu'il n'a plus aucun pouvoir.

Qu'évoque pour vous le processus graduel d'intégration, d'approfondissement de l'Union européenne depuis le début des Communautés ?
Je suis un lecteur de Spinoza et de Nietzsche. Je pense que toute force doit aller au bout de sa force. C'est-à-dire que c'est la pire des choses que de s'arrêter en chemin. Lorsque les gens disent que l'euro est un désastre, en même temps, s'il n'y avait pas eu l'euro aujourd'hui, il n'y aurait plus d'Europe. Déjà. C'est justement par l'euro, avec qui tout le monde se tient par la barbichette, que cela permet de continuer. Mais là on revient toujours à Delors, approfondissement plus qu'élargissement. Moi, je considère que c'est positif. La fonction publique à la française a très peur de l'Europe, c'est-à-dire que l'Europe, pour tout le monde, a un fumet incroyablement libéral. L'Europe, c'est du capitalisme, au mieux légèrement tempéré, au pire, sauvage. En fait, les gens ont le sentiment que l'Europe est la négation de la fonction publique – d'esprit bismarckien ou d'esprit républicain français – ou en tout cas la diminution de celle-ci à la portion congrue.

Que pensez-vous de la critique du déficit démocratique qui est perçu dans l'UE ?
Jean-Jacques Rousseau disait que la démocratie ne seyait qu'aux petits États. C'est-à-dire que, nécessairement, de grandes masses impliquent un déficit démocratique. J'ai été deuxième adjoint au maire à Strasbourg, vice-président de la Communauté urbaine. C'était à partir du moment où l'on a commencé à renforcer les procédures démocratiques en termes de consultation des citoyens, etc. Or, la société fonctionne plus rapidement : on n'y construit plus rien ainsi.

Quel est votre avis sur le Parlement européen quant au déficit démocratique ?
D'abord, le Parlement européen n'a pas un vrai pouvoir politique. Par rapport aux autres institutions que sont la Commission, etc. C'est-à-dire qu'un renforcement démocratique signifierait d'abord que ce Parlement soit doté de pouvoirs plus importants. Mais c'est là qu'on se heurte déjà aux premiers problèmes, car les pays y ont des représentations plus ou moins importantes en fonction de leur population. Comment peut-on empêcher des pays à très forte population, comme l'Allemagne ou la France, d'imposer leur loi à des petits ? Mais, en même temps, vous savez qu'il faut toujours défendre les forts contre les faibles. Je ne crois absolument pas à une forme qui soit fondamentalement la meilleure pour le gouvernement des sociétés. Je pense que le gouvernement des sociétés doit sans cesse changer de forme. Le problème du Parlement européen, c'est que les personnes *lambda* dans la rue ne le connaissent pas et ne connaissent pas les personnes qui y travaillent. Qui sont ces gens qui décident ? En tout cas, ils sont convaincus que ce sont des personnes qui ne savent rien de leur vie. Et c'est véridique.

Quel est votre avis sur la monnaie unique, l'euro ?
Qu'est-ce que vous voulez que l'on dise sur l'euro ? Je peux juste vous dire ceci, mais c'est d'une banalité monstrueuse : cela ne pouvait que naître dans l'idée d'un fou de créer une monnaie unique. C'était une idée qui n'était pas assise sur des exigences de fiscalité et de finance publique qui soient identiques pour tous les

pays. Je ne veux pas enfoncer les Grecs, mais il faut quand même dire que c'est un pays qui est – j'y ai souvent été depuis plus de quinze ans et j'y ai de très bons amis, je n'en parle pas comme quelqu'un qui ne lit que le journal – quand même incroyable ! Je vous jure que ce que je dis est vrai, sans aucune animosité : ils ne travaillaient jamais. Les seuls qui travaillaient étaient les gens qu'ils employaient pour faire le travail à leur place. Les amis que j'avais possédaient une villa. Ils étaient tous les deux avocats à la banque d'Athènes. Ils partaient travailler à onze heures, quatre jours sur sept. Ils ne travaillaient pas l'après-midi. Les jours où ils travaillaient, cela voulait simplement dire que, après être rentré à midi – soit une heure après y être allés – ils faisaient la sieste et y retournaient à quatre heures jusqu'à six heures. Lorsque les jours fériés tombaient sur un jour de congés, le jour férié était rattrapé sur le jour suivant. Vous comprenez ? Angela Merkel a raison quand elle dit : « Je veux bien aider la Grèce, mais on va leur envoyer une équipe de dix fonctionnaires des finances allemands qui vont y mettre un peu d'ordre ».

Qu'évoque pour vous le Conseil de l'Europe, l'Europe des quarante-sept, en contraste avec l'Union européenne ?
Le Conseil de l'Europe a été pendant longtemps la porte d'entrée, le sas de communication, de l'Union européenne, comme la chambre du sous-marin où l'on fait rentrer l'eau afin de s'y extraire. Cela a été le sas d'entrée dans l'Europe étroite ou dans l'Europe proprement dite. Il est évident qu'à partir du moment où l'Europe grossit, le Conseil de l'Europe perd progressivement de son sens. Le Conseil de l'Europe est donc pour moi une sorte d'antichambre d'accueil. C'est là où l'on fait attendre les invités avant de les faire passer éventuellement au salon.

Comment définissez-vous la coopération transfrontalière ?
Cette coopération transfrontalière, je l'ai vu régresser. À l'époque, au moment de la grande réconciliation franco-allemande, il y avait des jumelages entre les villes, etc. Globalement, ce transfrontalier microscopique, « micro-transfrontalier », fonctionnait beaucoup mieux que ce que l'on a vu ensuite. Par exemple, la ville de Strasbourg était jumelée avec Stuttgart, avec Dresde, et il y avait énormément de choses qui se passaient entre les villes : échanges d'expositions, échanges de pièces à l'opéra, etc. C'était effectivement la culture qui en était le fer de lance. Désormais, il ne se passe plus rien. Quelque part, l'Europe a un peu « vidé », desquamé, les initiatives individuelles ou « micro-initiatives ». Bon, il n'y a plus de poste de douane, c'est très important. Les gens peuvent circuler plus librement. Il y a aussi les déplacements. Aujourd'hui, ce qui est absolument énorme, il y a ainsi trois mille Français qui vivent à Kehl dans l'Ortenaukreis. C'était quelque chose qui était impensable il y a encore trente ans. Mais je pose la question : est-ce que c'est la conséquence de l'Europe ou est-ce que c'est tout simplement car les postes frontières entre l'Allemagne et la France ont disparu ? Cela se serait-il passé autrement sans l'Europe ? Je pense que la mobilité des populations a été accrue. Mais je ne suis pas sûr qu'il y ait un approfondissement de la connaissance de l'autre ou des autres. Je passe maintenant l'essentiel de ma vie à Paris, depuis une vingtaine d'années, et je vois que mes collègues, qui sont tous de hauts fonc-

tionnaires français, qui ont fait l'ENA, etc., ils ne connaissent rien de l'Allemagne, ils ne connaissent pas la situation. Et je dois dire que moi-même je suis dans la même ignorance par rapport à l'Italie ou par rapport à la Pologne. Et pourtant on est là dans un univers d'intellectuels, de gens qui *a priori* lisent tous les jours *Le Monde* ou devraient le lire et devraient être au fait de tout cela. Mais pas du tout. On est encore très loin d'une connaissance de l'autre, d'une connaissance transfrontalière. Je peux vous dire une chose sur le transfrontalier : lorsque j'étais élu, j'ai mené deux ou trois réunions avec la ville, en partenariat avec Karlsruhe, pour une candidature commune comme Capitale européenne de la Culture. Ce fut peut-être ma seule petite entrée dans le transfrontalier, l'européen. Et j'ai eu ordre du maire de me dégager, puisque les sommes mises sur la table étaient sans commune mesure avec celles que moi je pouvais mettre sur la table. La balance était trop inégale. À ce niveau-là, il y a aussi des problèmes de dimension, de taille critique. Lorsque le Bade-Wurtemberg discute avec l'Alsace, c'est sûr que, pour lui, l'*alter ego* est le Rhône-Alpes et non l'Alsace, trop petite. Ce n'est pas une région qui a une masse critique suffisante. Pour que la coopération transfrontalière fonctionne bien, il faut quand même qu'il y ait un certain équilibre des finances. Et puis, j'ai toujours eu l'impression, mais peut-être que je me trompe, que les circuits de décision en Allemagne étaient plus courts que les nôtres. J'avais l'impression, lorsque je discutais avec des Allemands, qu'ils pouvaient prendre de manière déterminée en réunion une décision et la rendre rapidement exécutoire. Alors que chez nous il faut toujours considérer le prochain budget, il faut l'assentiment de l'assemblée. Ensuite, il faut avoir tel autre assentiment, mais le maire va alors demander un financement croisé avec le président du Conseil régional, etc. Les circuits parfois atteignent une complexité telle en France que l'on peut se demander s'ils n'ont pas été inventés justement pour ne pas faire.

Les décideurs en Alsace parlent fréquemment du Rhin supérieur comme d'un « laboratoire » de l'Europe, qu'en pensez-vous ?
Alors ça, c'est du pipeau ! Moi, chaque fois que j'ai entendu parler de l'humanisme rhénan, je me suis écroulé de rire. D'abord, car c'est une impropriété sémantique, c'est-à-dire que l'humanisme touche l'humanité dans son entier, donc je ne vois pas ce que c'est qu'un humanisme rhénan. Je ne vois pas véritablement en quoi les humains au bord du Rhin seraient plus humains que les autres humains ! Je n'ai jamais rien compris à cela. C'est-à-dire que lorsqu'on parle de « laboratoire », quel est ce laboratoire ? C'est qu'effectivement un paysan badois peut parler avec un paysan alsacien *via* le *Hochdeutsch* [haut allemand].

Comment percevez-vous le jardin des Deux Rives, comme symbole, ou comme projet de coopération ?
Pour moi, le jardin des Deux Rives devait – mais ça c'est dans ma tête – et doit toujours porter l'ambition d'une ville que j'aime bien, qui est celle de Budapest. À Budapest, il y a le Danube et il s'agissait de deux villes différentes à l'origine, Buda et Pest, qui sont devenues une seule ville. Le Danube est devenu tout sim-

plement un fleuve intérieur de ces deux villes, comme l'Ill est un fleuve intérieur à Strasbourg.

Et quant à l'Eurodistrict ?
Pour ce qui est de l'Eurodistrict, il faudrait obtenir – mais bien sûr on ne l'obtiendra pas – ou plutôt ce qu'il aurait fallu obtenir et demander sans relâche, c'était une situation fiscale d'exception, comme la zone réservée de Shenzhen en Chine, ou comme Monaco en France, c'est-à-dire avec une situation d'exception au regard de l'imposition. À ce moment-là, cela aurait pu donner un vrai sens à cette notion d'Eurodistrict. Mais je crois qu'on a entamé l'histoire de l'Eurodistrict trop tard. Si on l'avait fait du temps d'Adenauer et de De Gaulle, c'aurait été possible, au nom du symbole, de la réconciliation d'après-guerre, etc. Aujourd'hui, comment voulez-vous faire passer le fait que les gens qui vont s'y installer y paierait moins d'argent que partout ailleurs en Allemagne ou en France ?

Pour résumer votre pensée, qu'est-ce que l'Europe pour vous, aujourd'hui ?
Je peux vous répondre que « l'Europe, c'est notre horizon », etc., je peux toujours vous dire des choses pareilles. Mais si j'essaie d'être un peu plus original et un peu positif, je crois qu'un retour en arrière, vers des positions purement nationales, est quasiment impossible. En fait, l'idée s'est déjà inscrite dans les têtes, au moins de la petite Europe. C'est-à-dire que lorsqu'on va vers les États baltes, par exemple, les choses deviennent plus discutables. Je n'entre pas du tout dans cet émerveillement qui consiste à dire que « l'Europe est notre chance, l'Europe est notre salut », non. Je pense que l'Europe est une voie que nous avons prise, sur laquelle il serait très dangereux, voire catastrophique, de rebrousser chemin. Mais l'Europe n'est pas un miracle. Les partisans d'une idée européenne insistent beaucoup là-dessus. […] On a eu trois guerres opposant l'Allemagne et la France en l'espace de soixante-dix ans – de 1870 à 1945 – et cela fait exactement le même temps que l'on vit absolument sans la moindre guerre. On ne peut jamais faire l'histoire des possibles, on ne peut faire que l'histoire du réel, mais, ce que je veux dire, est-ce que cela signifie que si l'Europe ne s'était pas constituée progressivement, on aurait refait une guerre ? Pas nécessairement. Il n'empêche qu'il est légitime que l'Europe puisse se prévaloir de ceci, puisqu'il n'y a pas eu de guerre. L'Europe est peut-être un bouclier de paix entre les nations, je le crois vraiment. Par contre, elle n'a pas encore fait la preuve que, dans une période de récession, ou de pénurie, elle est capable d'empêcher, dans un pays quelconque, des révoltes sociales.

Qu'est-ce que l'Europe pour vous, dans une perspective géographique ? La Turquie appartient-elle à l'Europe ?
Non, c'est-à-dire que la Turquie, dans ma conception topologique de l'Europe, n'y appartient pas. À l'époque, quand j'étais aux affaires, j'avais été, comme Catherine Trautmann d'ailleurs, très sensible à l'argument qui disait que le problème n'était pas territorial. Le problème est politique. « Amenez-nous en Europe pour nous tirer vers l'Occident, sinon ce sont les islamistes qui prendront le pouvoir, et nous tireront vers l'Orient ». En termes de données politiques – maintenant c'est

trop tard d'ailleurs –, il fallait il y a dix ou quinze ans leur dire : « On y va ! ». Maintenant, pour des raisons d'intelligence territoriale, je crois qu'on aurait dû d'abord consolider, avant même de faire entrer la Pologne.

Les identités régionales apparaissent de plus en plus fortes, comme on le voit en Écosse ou en Catalogne. Comment réconcilier des identités régionales, nationales et européennes ?
Pour moi, il s'agit d'un phénomène irréconciliable. L'un nourrit l'autre. À mesure que l'Europe, avec ses instances de décision vécues comme distantes et lointaines, prend plus de force, de l'autre côté les replis identitaires ne feront que grossir. Les gens ont besoin d'une identité pour exister. Or, à l'heure actuelle, l'Europe ne donne pas d'identité. Pourquoi l'Europe ne donne-t-elle pas d'identité ? Puisqu'il n'y a identité que lorsqu'il y a différence avec un voisin, que l'on peut rencontrer et qui peut être là. L'identité est liée à une différence perçue immédiatement. Pour des gens qui ne voyagent jamais ailleurs qu'en Europe, ils ne perçoivent pas en quoi elle peut être une identité. L'Europe est pour eux une abstraction. Pour que soit désarmé le repli identitaire régional, il faudrait que l'Europe ait une épaisseur charnelle.

Vous sentez-vous européen ?
Non... Cette réponse est marrante puisque, ce n'est pas que je ne me sente pas européen, c'est les ambiguïtés du langage. Si vous m'aviez demandé comment je me définissais, spontanément je vous aurais répondu que je suis un Français, Allemand, Juif. Très profondément, mes trois identités, c'est cela. Je ne dis pas que je me sens pas européen. Je me dis que, spontanément, mon identité, ce n'est pas l'Europe qui l'a structurée. Qu'est-ce que l'Europe devrait être pour moi ? L'euro ? Mais on n'applique pas une identité sur une monnaie !

En matière d'identité européenne, il est souvent dit que nous avons en commun des traditions. La religion est parfois évoquée...
Oui, mais est-ce vrai ? C'est-à-dire, les sept millions de musulmans que vous avez en France, les expulseriez-vous d'Europe ? Elle est quoi, l'Europe ? Est-elle chrétienne ? Est-elle judéo-chrétienne ? Est-elle islamo-judéo-chrétienne ? Est-elle pagano-islamo-judéo-chrétienne ? Comment fait-on ?

Comment voyez-vous l'avenir de l'Europe ?
Je crois que nous sommes entrés dans une période longue de déclin. La question est si je crois que l'Europe va se défaire ou se renforcer, etc. Cela, je n'en sais rien. Ce que je crois, c'est que les gens en Europe vont vivre de plus en plus difficilement. Cela, je le crois vraiment, car cette crise économique, ce n'est pas du tout une crise passagère.

René Gutman

Comment définissez-vous la construction européenne ?
Dans mon imaginaire ou dans ma réflexion, étant né après la guerre, j'ai grandi avec la formule de De Gaulle : l'Europe de l'Atlantique à l'Oural. J'ai toujours pensé que l'Europe ou les Europe, devaient effectivement, pour avoir cette identité, aller jusqu'aux frontières de l'ex-URSS. Ça, c'était ma configuration de l'Europe. Alors, cette idée-là, elle est en fait plus ancienne dans ma tradition, la tradition juive a toujours eu une mémoire de l'Europe à travers les communautés juives. La question de l'Europe transfrontalière était pour moi une évidence, elle était inscrite dans la mémoire juive. Et par rapport aussi aux pérégrinations, aux exils des communautés juives depuis le Haut Moyen-Âge. On a eu des migrations forcées de l'Ouest vers l'Est et du Nord au Sud. Donc l'Europe a toujours, pour nous, été construite en tant que telle. C'est-à-dire qu'on ne la conçoit pas forcément comme une confédération étatique, mais plutôt fondée sur ses mémoires, ses cultures, ses traditions. Ce qui fait que, pour moi, la construction européenne est effectivement basée sur un socle qui est sa tradition judéo-chrétienne, sa culture gréco-latine, ses racines culturelles et philosophiques. C'est cela pour moi la construction européenne, avant d'être socio-politique et institutionnelle.

On dit justement que cette Europe est une œuvre de paix, qu'en pensez-vous ?
Elle a effectivement cette capacité à générer une forme de paix, d'ailleurs on l'a vu après la guerre avec la réconciliation franco-allemande. On voit que des États et des peuples d'Europe, n'ayant pas les mêmes cultures ou les mêmes religions, se fédèrent malgré tout. C'est nécessairement un signe de paix. Le fait est qu'il n'y a pas eu de conflit en Europe depuis, hormis les Balkans, où il s'agissait de conflits tribaux non réglés à la suite de la dislocation de l'Empire austro-hongrois. Et cette pacification est pour moi un signe de bonne santé, on va dire, au niveau politique.

Le processus de passage de la Communauté européenne du charbon et de l'acier à la Communauté économique européenne et l'UE correspond-t-il à un tout ?
C'est l'économie qui permet au fond religieux ou culturel de perdurer, c'est-à-dire que les deux vont ensemble, pour notre façon de penser l'Europe. Cela aurait été inconcevable que cela ne tienne qu'à un fond culturel ou philosophique. De même, si cela n'avait été qu'une Europe économique, cela aurait manqué de sens, de transcendance. Je crois qu'il y a une alchimie qui fait que l'Europe fonctionne.

Quel est le rôle du Conseil de l'Europe pour la société européenne ?
C'est important, au niveau symbolique déjà, car on y trouve tous les responsables des religions et les Organisations non gouvernementales [ONG]. On crée des lieux de rencontres et de dialogue. Il y a aujourd'hui, sous l'égide du Conseil de l'Europe, des rencontres, des colloques, en plus des réunions au sein de la Conférence des rabbins européens. Nous, religieux, sommes souvent sollicités sur des débats, que ce soit au niveau européen, ou bien avec la région ou la ville. On se rencontre

souvent entre représentants religieux catholiques, juifs, protestants, musulmans et même bouddhistes.

Que pensez-vous de la place du Parlement européen, de son fonctionnement ?
Je le connais moins bien, il m'est arrivé de participer à des réunions, des rencontres à Bruxelles, mais je n'y ai pas la même relation que j'ai avec le Conseil de l'Europe. J'ai le sentiment que c'est peut-être plus, pas plus théorique, mais plus administratif que le Conseil de l'Europe. Le Conseil de l'Europe est plus porté sur des initiatives plus humaines, voire peut-être plus concrètes. Le Parlement européen vit plutôt à Bruxelles et je n'y ai pas vraiment de contacts.

D'autres institutions jouent-elles selon vous un rôle important ?
Il y a aussi des médias proches des sociabilités européennes, comme ARTE. Ce sont des canaux de l'identité européenne que l'on a grâce à ce type de médias. La presse, elle, laisse à désirer.

L'esprit européen serait-il plus important à Bruxelles qu'à Strasbourg ?
On est tellement proche de l'Allemagne que cette proximité peut occulter la dimension européenne de Strasbourg, oui !

Comment définissez-vous la coopération transfrontalière ?
Avant tout, y a-t-il une géographie, y a-t-il une philosophie de la frontière ? C'est quelque chose de très symbolique, comme lieu de séparation et comme lieu de passage. Comment a-t-on vécu cette frontière, comme un arrêt ou bien un pont, un passage ? C'est cela qu'il faudrait se demander ! Et en fonction de cela, on pourrait dire que, essentiellement, cela se vit de façon très pragmatique, économique, les gens vont travailler, les frontaliers passent la frontière chaque jour… N'y a-t-il que cela et pas autre chose à travers le concept de frontière ? Cela ne devrait être qu'une dimension de transmission de savoirs et de connaissances, de valeurs humaines et d'échange. C'est pour moi de la coopération. On ne sait pas si cela se concrétise au niveau des religieux. On a eu des occasions de faire un véritable travail transfrontalier, sur le plan spirituel, des rencontres transfrontalières, judéo-chrétiennes, d'une rive à l'autre. Cette notion de rive est très symbolique. Mais, comme tout passage depuis le Moyen-Âge, cela sert de lieu d'échanges économiques avant tout. Encore une fois, est-ce la barrière de la langue ? On a eu des opportunités de travailler, se rencontrer, mais cela n'a pas encore rencontré trop de succès…

Est-ce que ces frontières sont encore vivaces ?
Elles sont symboliques, elles ne sont que symboliques, mais encore très fortes pour différentes raisons. Des raisons psychologiques, le repli sur soi français, la centralité, une difficulté à accueillir l'autre, qui jouent forcément dans le rapport interhumain. Il y a des méconnaissances de la langue, de la culture allemande, c'est clair, les Français ne sont pas connus pour être polyglottes. Ce sont des petites choses, mais chaque chose s'ajoute à l'autre. Disons qu'il a peut-être manqué d'hommes d'État… Je ne vais pas dire d'hommes d'État, mais il a manqué de penseurs, de poètes, de personnes ayant pu donner une âme à cette dimension-là.

C'est devenu trop vite un passage essentiellement d'ordre économique ou commercial. Pendant des années, on allait juste outre-Rhin pour acheter de l'essence, désormais, c'est l'épicerie... Il a peut-être manqué le pendant qui aurait pu donner à cette situation une autre dimension. Bien sûr, il y a des atouts économiques, l'aéroport de Baden-Baden et ses *low cost*, c'est juste, mais il est dommage que face à cette augmentation de lieux d'intérêt économique, on n'arrive pas à contrebalancer suffisamment par autant d'imagination sur le plan culturel, de la pensée ou de l'écriture.

Une question vis-à-vis de l'euro, qu'est-ce que vous en pensez ?
L'euro, c'est une chance et aussi une malchance. Une malchance au niveau des conséquences économiques que cela a pour certaines personnes, mais cela n'est pas du fait de l'euro, plus de la conjoncture économique... Parfois, on est un peu estomaqué, en prenant des exemples prosaïques de conversion. De mon temps, on n'avait rien en dessous de dix francs ; aujourd'hui, c'est deux euros ! Mais c'est une chance, parce que pouvoir traverser – hormis en Angleterre, mais cela fait partie du chic d'y aller –, non seulement les ponts et les frontières, mais aussi le système économique sans changer de monnaie, c'est génial quelque part. Pour moi, cela fait partie du génie de l'Europe !

Il arrive que l'on pose la question dans les sondages : êtes-vous d'abord européen ou français ?
C'est comme si vous vous demandiez si vous préférez votre père ou votre mère ! Non, les deux ne s'excluent pas, on est français parce qu'on est européen, et on est européen parce qu'on est français. Il y a un génie de la langue, sur le plan de la culture, on ne peut pas s'arracher à son pays, mais, encore une fois, c'est une culture qui n'aurait pas de sens si elle ne s'inscrivait pas dans l'Europe, dans le monde, dans l'universel.

Est-ce que selon vous la religion peut être un vecteur de tension ?
Il faut savoir où s'arrête la religion et où commence le politique. Je ne pense pas que c'est la religion qui serait sujet de tension, mais elle sert malheureusement beaucoup au politique, parfois pas dans le bon sens. Dans certains pays – Kazakhstan, Arménie, même l'Ukraine – peu à l'honneur en termes de droits de l'homme, la religion agit comme pour se donner une bonne conscience, retrouver une virginité sur le plan politique.

Comment voyez-vous l'avenir de l'Europe ?
Les Amériques sont déjà en Europe, sous diverses formes – institutions, culture –, qu'on le veuille ou non. Mais on n'arrive pas à décoller, pour peu que j'en sache, au niveau des relations culturelles, philosophiques, il y a un énorme déficit. L'Europe n'aura d'avenir qu'en s'ouvrant sur l'Extrême-Orient. On vit trop comme dans un village, avec l'idée que notre langage théologique peut tourner en rond. On pense que, parce que nous sommes les religions du Livre, l'islam, le christianisme et le judaïsme, cela nous suffit, nous contente. Mais on ne se rend pas compte que ce langage, ces écritures sont inaudibles dans l'Extrême-Orient.

Bruno Haller

À quel moment avez-vous porté de l'intérêt aux enjeux européens ?
J'ai commencé relativement jeune à m'intéresser à l'Europe. En effet, dès l'âge de onze ans, je me suis engagé dans les organisations de jeunesse, d'abord dans le scoutisme, ensuite l'action catholique. Dans ce cadre, j'ai été responsable fédéral pour l'Alsace de la Jeunesse étudiante chrétienne [JEC] et ai participé à la création du premier conseil de la jeunesse du département du Bas-Rhin. C'est dans le monde associatif que j'ai trouvé l'ouverture sur les problèmes de société et les questions européennes, notamment la réconciliation franco-allemande, avec les premiers échanges entre les deux pays et le projet politique de construction européenne concrétisé à Strasbourg avec le Conseil de l'Europe. Par ailleurs, j'ai toujours porté un grand intérêt à l'histoire, qui était une de mes matières préférées dans ma scolarité. Je pense que cela vient de mon appartenance alsacienne. L'Alsace étant indéniablement une région particulière, où on ne peut éviter de se poser des questions fondamentales sur la destinée et l'identité, sur la guerre et la paix, sur l'entente et la coopération entre les peuples. J'ai eu d'excellents professeurs qui m'ont sensibilisé à ces questions et au sort de l'Alsace qui a été un enjeu majeur des trois dernières guerres. Cela et mes souvenirs personnels de situations vécues dans mon village en Alsace du Nord m'ont sans doute conduit plus tard à vouloir changer les choses et à apporter ma contribution à un monde meilleur. Au début des années 1960, j'ai fréquenté la faculté de droit de Strasbourg et certains professeurs nous parlaient déjà dans leurs cours de la construction européenne et du Conseil de l'Europe. Je pense notamment au professeur de droit public Guy Héraud. Il était régionaliste sur le plan national et fédéraliste au niveau européen. Il était surtout enthousiaste et j'ai suivi son enseignement avec beaucoup d'intérêt. Ce sont probablement ces différents éléments qui m'ont amené à vouloir participer à la construction de l'Europe. C'était en effet le projet le plus important du siècle. J'y ai d'abord porté de l'intérêt et, quand l'occasion s'est présentée, je m'y suis engagé en rentrant au Conseil de l'Europe en juin 1972.

Est-ce que la création du Centre européen de la jeunesse, à laquelle vous avez participé, a eu un véritable impact sur la construction européenne ?
Cela m'a fait découvrir l'importance de la formation de multiplicateurs de l'idée européenne et de la constitution d'un réseau de connaissances et d'amis, qui partagent les mêmes valeurs de démocratie, de respect de la dignité humaine, de justice et de solidarité, et sont engagés dans leurs pays respectifs. Dans une organisation internationale, les projets se réalisent bien plus vite et mieux avec les contacts personnels ! Une dernière remarque concernant l'efficacité du centre : lorsque le Conseil a commencé à s'élargir à des pays d'Europe centrale, il a été décidé très rapidement d'ouvrir un deuxième centre à Budapest.

Vous avez travaillé auprès du Secrétaire général du Conseil de l'Europe Marcelino Oreja en poste de 1984 à 1989. Pourriez-vous donner quelques exemples d'actions que vous avez menées ensemble ?

Le premier exemple que je vais évoquer concerne les relations entre le Conseil de l'Europe et la Communauté européenne, qui est intéressant pour comprendre la profonde relation inégalitaire entre les deux, et cela au détriment du Conseil. Lorsque nous avons établi ensemble le programme de visites pour les premiers mois du mandat, j'ai suggéré au Secrétaire général de faire rapidement une visite de courtoisie au président de la Commission à Bruxelles, Jacques Delors, avec l'argument que la Communauté était le noyau de l'intégration européenne et que nous aurions intérêt d'établir avec elle de bonnes relations pour avoir des chances de préserver nos compétences. Nous savions bien sûr que certains de nos collègues, choqués par le lancement par la Commission d'activités parallèles aux nôtres dans les domaines jusqu'ici considérés de la compétence du Conseil, auraient souhaité une protestation ferme de la part de leur nouveau Secrétaire général concernant ces « intrusions ». La rencontre de Bruxelles fut cordiale, mais sans concession. Marcelino Oreja aborda la question sous l'angle de la rationalisation de la coopération européenne et la nécessité d'éviter les doubles emplois entre les deux institutions. Avec beaucoup de diplomatie, il demanda conseil sur la façon dont la question pourrait être abordée des deux côtés. La réponse fut claire et sans équivoque. En substance, le président Delors répondit qu'il n'était pas bien placé pour donner des conseils à cet égard, que sa fonction exigeait qu'il mette en œuvre toutes les compétences prévues par le traité de Rome, que la communauté avait pour objectif de créer une entité intégrée, que l'intégration était en quelque sorte la voie noble de la construction européenne par rapport à la coopération intergouvernementale, qui était la méthode du Conseil de l'Europe. Nous étions déçus et je me souviens avoir dit avec humeur après la rencontre que le Conseil était donc « la voie roturière ». Cela étant, Jacques Delors avait raison. Il fallait accepter l'évidence, la Communauté était une institution *sui generis* basée sur l'intégration, la supranationalité, le fédéralisme, mais utilisant aussi la coopération intergouvernementale quand c'était nécessaire, une institution qui avait effectivement une mission de construction européenne, là où le Conseil de l'Europe avait, sur la base de ses principes statutaires, une mission d'unification européenne, d'harmonisation des lois et des pratiques administratives et de rapprochement progressif entre les États. Je ne peux pas vous raconter tous mes souvenirs de voyage dans ce cadre et me limiterai donc à deux rencontres. Celle avec le secrétaire d'État aux Affaires étrangères de la Hongrie, Gyula Horn, qui, dans son bureau à Budapest, nous déclara : « Vous voyez cet immeuble blanc qui nous fait face. C'est notre "maison blanche", c'est la maison du Parti communiste. Cette maison doit beaucoup changer pour que la Hongrie puisse devenir membre du Conseil de l'Europe ». À Varsovie, le début de notre rencontre avec le président polonais, le général Wojciech Jaruzelski, fut glacial. Il faut dire que nous avions rencontré avant lui le leader de Solidarnosc Lech Walesa dans l'appartement de Bronislaw Geremek. Marcelino Oreja eut la bonne idée de transmettre au général les salutations du Pape polonais Jean-Paul II, qui nous avait reçu au Vatican trois semaines auparavant. Et là, d'un coup, l'ambiance est devenue très cordiale et la Pologne souhaitait adhérer au Conseil, avec une confidence : « Vous savez, pour nous Polonais, l'Europe s'arrête après nous »...

Justement, pour vous qui avez vécu l'élargissement du Conseil de l'Europe, où s'arrêtent les frontières de l'Europe ?
Je pense que vous connaissez les discussions sur la géographie de l'Europe dont les contours ne sont pas très nets entre l'Europe et l'Asie. Pour répondre à votre question, je préfère me baser sur le statut du Conseil de l'Europe et les décisions qui ont été prises au moment des candidatures. Le statut adopté à Londres le 5 mai 1949 ne fixe pas les limites de l'Europe et son article 4 dispose simplement que : « Tout État européen considéré capable de se conformer aux dispositions de l'article 3 et comme en ayant la volonté peut être invité par le Comité des ministres à devenir membre du Conseil de l'Europe ». On peut en conclure que seulement les États européens peuvent y adhérer et que ceux qui ont été acceptés sont européens. En réalité, la décision d'accepter un État est éminemment politique et le critère géographique est susceptible de variation. Les dix États fondateurs du Conseil, sans conteste tous européens, étaient d'accord avec ces dispositions statutaires, dont la première application a été faite lors de la réunion du Comité des ministres qui s'est tenue à l'hôtel de ville de Strasbourg le 8 août 1949 et qui était présidée par Robert Schuman, ministre des Affaires étrangères de la France. À ce moment-là, la question était de savoir si on allait accepter immédiatement la Grèce et la Turquie comme membres du Conseil de l'Europe. Il y avait déjà eu des discussions à Londres sur cette question au moment de l'adoption du statut du Conseil, où plusieurs questions ont été soulevées, dont celle des limites de l'Europe. Finalement, les deux États ont été acceptés ensemble pour des raisons stratégiques et militaires liées à la montée en puissance de la guerre froide entre l'Est et l'Ouest. Ce qui manifestement paraissait le plus important dans ce contexte était d'amarrer les deux pays de cette zone difficile à des institutions occidentales. Et, d'ailleurs, la Turquie est devenue membre de l'Alliance atlantique en 1952. À ce moment-là, personne n'a soulevé l'argument de la religion concernant la Turquie, alors qu'il y avait plusieurs membres démocrates-chrétiens au Comité, dont Robert Schuman et le comte italien Carlo Sforza. C'est la seule fois que des États furent acceptés avec une procédure aussi expéditive. Les deux ministres, grec et turc, étaient présents à Strasbourg et rejoignirent leurs collègues le lendemain à l'hôtel de ville. Les deux délégations parlementaires ont siégé à l'Assemblée deux jours après. Les deux pays furent considérés comme faisant partie de la famille européenne.

Que pensez-vous de ces réticences à intégrer la Turquie à l'Union européenne aujourd'hui ?
J'ai parfois été surpris par des déclarations selon lesquelles la Turquie ne faisait pas partie de l'Europe, alors qu'elle est membre du Conseil depuis 1949. Cela étant, il faut dire que l'histoire des relations entre la Turquie et le Conseil de l'Europe n'a pas été « un long fleuve tranquille ». Il y a eu de nombreuses crises, dont la plus grave en 1980 avec le putsch du général Kenan Evren suite auquel

l'Assemblée n'a pas validé les pouvoirs de la délégation turque. Finalement, l'ancrage européen dans le cadre du Conseil de l'Europe est certainement utile à la Turquie, mais aussi à l'Union.

Pour les Pays d'Europe centrale et orientale, le Conseil de l'Europe a amorcé l'entrée de ces États dans l'Union européenne. Qu'en est-il pour la Turquie ?
Le Conseil a une longue pratique de la coopération avec la Turquie et cela change le regard sur le pays concerné. Mais il y a aussi le principe de ne pas se mêler des procédures d'une autre institution, et il vaut mieux s'y tenir dans une affaire aussi importante. L'expérience du Conseil n'est pas automatiquement pertinente pour l'Union. On a parfois appelé le Conseil de l'Europe, avec une connotation péjorative, l'antichambre de l'Union. À mon avis, le Conseil a été une antichambre très efficace sans laquelle l'intégration dans l'Union de huit pays d'Europe centrale et orientale n'aurait pas été possible dès l'année 2004. Personnellement, je ne suis pas choqué par cette appellation. Par contre, ce qui m'a souvent frustré, c'est qu'on ne reconnaisse pas le travail accompli par le Conseil de l'Europe pour la construction européenne. Mais, entre les institutions, il n'y a pas de place pour des sentiments !

Comment s'est concrètement déroulé l'élargissement progressif du Conseil de l'Europe ?
Le problème du caractère européen se posait surtout pour les anciennes Républiques soviétiques. Le Secrétaire général de l'Assemblée fut chargé de faire des propositions. J'ai participé à ce travail sous la conduite de Heiner Klebes, qui connaissait bien l'histoire de ces pays, et nous avons classé les pays en quatre catégories. L'Assemblée s'est rapidement mise d'accord sur le caractère européen des Pays baltes – Estonie, Lettonie, Lituanie – en raison de leurs liens historiques avec l'Europe et de l'occupation russe ressentie comme telle et dénoncée régulièrement par l'Assemblée, pour laquelle ils faisaient partie des « nations captives ». Concernant le Belarus, la Moldavie, la Russie et l'Ukraine, l'Assemblée décida que ces anciennes Républiques soviétiques avaient eu des liens suffisants avec l'Europe pour être acceptées par le Conseil. Les trois derniers sont devenus membres. Le Belarus a obtenu le statut d'invité spécial, qui lui a été retiré par suite du manque de coopération avec le Conseil et le non-respect des principes démocratiques, allant jusqu'à l'intimidation des membres de l'opposition, dont certains ont mystérieusement disparu. L'Assemblée a d'ailleurs fait des rapports sur cette question, ce qui a fort déplu au président de ce pays Alexandre Loukachenko. Lors d'une visite que nous avons effectuée à Minsk avec la présidente de l'Assemblée, Leni Fischer, celui-ci a refusé de nous rencontrer parce qu'il participait à un match de football, ce qui manifestement était plus important que les relations avec le Conseil de l'Europe. Pour les trois républiques caucasiennes, Arménie, Azerbaïdjan, Géorgie, il y a eu des discussions et des tractations. Un assez grand nombre de parlementaires estimaient que l'Arménie était éligible pour entrer au Conseil, notamment pour des raisons religieuses et culturelles. En outre, la diaspora arménienne était très influente dans certains États membres, notamment en France. Je me souviens bien du premier représentant de l'Arménie auprès du

Conseil qui était franco-arménien et qui a fait un excellent travail pour son pays. Il y avait également beaucoup de sympathie pour la Géorgie en raison de la personnalité du président Edouard Chevardnadze, grand réformateur avec Gorbatchev de l'Union soviétique, et inventeur de la Glasnost. L'Azerbaïdjan avait l'appui de la Turquie et l'argument émergea assez rapidement qu'il n'était pas concevable de retenir seulement deux pays du Caucase du Sud sur les trois. Certains firent aussi valoir que l'adhésion de l'Azerbaïdjan permettrait au Conseil d'être utile dans la recherche d'une solution au conflit du Haut-Karabagh pour lequel il y avait eu plusieurs tentatives de règlement, mais qui est toujours gelé. Cependant, l'Assemblée voulait différencier ces trois pays des autres catégories. Nous avons alors proposé que ces pays aient la possibilité de demander leur adhésion au Conseil à condition qu'ils indiquent clairement leur volonté de faire partie de l'Europe. Cela a été accepté et ils sont entrés tous les trois. La quatrième catégorie est celle des ex-Républiques soviétiques de l'Asie : Kazakhstan, Kirghizstan, Tadjikistan, Turkménistan, Ouzbékistan. Très rapidement, il a été admis qu'elles n'avaient pas de caractère européen et n'étaient donc pas éligibles. Il y a eu une tentative de faire une exception pour le Kazakhstan, en faisant notamment valoir le très fort intérêt des autorités de cet État pour l'Europe. La demande de statut d'invité spécial a été refusée, mais le parlement kazakh continue à envoyer une délégation aux sessions de l'Assemblée à Strasbourg et a conclu un accord de coopération avec elle en avril 2004.

Les conditions d'adhésion au Conseil de l'Europe n'avaient-elles pas été définies auparavant ?
Les conditions étaient définies dans le statut, mais de manière trop générale – respect des droits de l'Homme, démocratie, prééminence du droit – pour fonder un avis éclairé sur les nombreuses demandes d'adhésion qui se profilaient. Il fallait donc codifier les conditions tirées de la pratique antérieure, des recommandations de l'Assemblée, des décisions du Comité des ministres, des conventions et chartes du Conseil et des arrêts de la Cour européenne des droits de l'Homme. Un travail énorme mené par le secrétariat parallèlement à la constitution des dossiers d'adhésion ! En examinant ce nouveau corpus juridique, nous avons réalisé que la plupart des pays d'Europe centrale et orientale ne pourraient pas remplir immédiatement toutes ces conditions. Nous savions pourtant qu'il y avait une majorité à l'Assemblée favorable à une acceptation assez rapide de certains de ces pays, et il fallait trouver un compromis entre la politique et le droit. En fait, c'est une crise dans un État déjà membre qui nous a aidés à trouver la solution. En effet, après la dissolution de la Tchécoslovaquie, qui était devenue membre en 1991, nous avons commencé les négociations pour réadmettre la République slovaque et la République tchèque, et avons été confrontés aux réserves de deux autres États membres, la Hongrie et le Liechtenstein, qui envisageaient de bloquer l'adhésion des deux républiques, la Hongrie celle de la Slovaquie, en alléguant une protection insuffisante de la minorité hongroise, et le Liechtenstein celle de la République tchèque en raison du non règlement de la question des propriétés du Prince expropriées en République socialiste tchécoslovaque sous le régime communiste.

Il paraissait difficile de ne pas admettre deux pays qui avaient été admis au Conseil de l'Europe avec facilité sous un même État deux ans auparavant, mais il était impossible de trouver des solutions à ces problèmes sur le champ. Nous nous rendîmes compte que cette procédure d'« admission conditionnelle », imaginée pour résoudre dans l'urgence un problème particulier, pouvait être utile pour apaiser les parlementaires qui craignaient que des adhésions trop faciles portent atteinte à la crédibilité du Conseil concernant ses standards démocratiques, éthiques et juridiques.

Le Conseil était-il encore le même à ce moment-là ?
Le Conseil comportait vingt-trois pays le 5 mai 1989, date de l'adhésion de la Finlande. Il en comptait quarante-six en 2006 à l'achèvement de mon deuxième mandat. J'ai donc eu le privilège de vivre toute cette période durant laquelle le Conseil a doublé le nombre de ses membres. Les défis furent nombreux pour répondre à la demande. Au niveau du secrétariat, il a fallu intégrer rapidement des collègues venant des nouveaux États membres. À l'Assemblée, nous avons organisé des stages d'initiation à la démocratie pluraliste pour les nouveaux membres venant de ces pays, dont le thème très important des relations entre majorité et opposition. L'observation des élections est devenue une activité importante dans l'évaluation des progrès de la démocratie des nouveaux partenaires. Elle nous a incités à rechercher un accord avec les autres institutions européennes, et j'ai personnellement initié et conclu un accord avec l'assemblée de l'Organisation pour la sécurité et la coopération en Europe [OSCE] et le Parlement européen, prévoyant des observations et des évaluations communes pour éviter la cacophonie internationale. Récemment, un ancien ambassadeur de la Russie m'a dit qu'il avait expérimenté des réactions de guerre froide lorsqu'il siégeait au Comité des ministres et que cela avait certainement empêché de nouer des relations de confiance entre le Conseil et la Russie qui, en adhérant au Conseil, espérait entrer dans une organisation où elle serait accueillie en vrai partenaire de discussion et de décision sur les grands problèmes de notre temps. Il est exact que l'adhésion de la Russie au Conseil a été mal acceptée dans certains pays et milieux. Je me souviens de l'article du journal *Le Monde* publié lorsque l'Assemblée a décidé de dégeler la procédure d'adhésion, qui était titré « Le grand déshonneur du Conseil de l'Europe ». Il est vrai qu'une partie de l'opinion aurait préféré que l'Assemblée se comportât en censeur des violations des droits de l'Homme, alors qu'elle a fait un pari sur l'évolution démocratique du pays. Il est difficile de dire qui avait raison.

Que représente pour vous le Conseil de l'Europe à Strasbourg ?
Indéniablement, l'aventure européenne a commencé à Strasbourg. C'est bien là qu'un souffle européen extraordinaire s'est levé en août 1949 lorsque le Comité des ministres, présidé par Robert Schuman, et l'Assemblée, présidée par Edouard Herriot, se sont réunis pour mettre en route la première institution européenne. À cette époque, ils ne savaient pas exactement comment ils allaient faire, mais ils voulaient reconstruire l'Europe et lui apporter un avenir meilleur, la réconciliation et l'entente entre les peuples et les nations. Je me souviendrai toujours du plaisir que j'éprouvais lors de mes missions en Europe centrale et orientale en voyant les

images du Conseil de l'Europe et de la cathédrale de Strasbourg aux informations télévisées de ces pays. Grâce au Conseil, son rayonnement est devenu paneuropéen. La preuve en est les nombreuses coopérations qu'elle a développées avec des villes partenaires de l'Est européen. Sans le Conseil, Strasbourg ne serait pas devenue la deuxième ville diplomatique de France, avec une soixantaine d'ambassades, consulats généraux et consulats qui y sont établis en permanence, une ville devenue internationale grâce aux nombreux fonctionnaires et experts européens qui y vivent en bonne harmonie avec la population locale. Il est fort probable que, sans la présence du Conseil de l'Europe, le Parlement ne serait pas venu à Strasbourg. N'oublions pas que celui-ci siégea dans l'hémicycle du Conseil jusqu'en 1999 ! Grâce à cela, le Parlement est toujours à Strasbourg, qui, avec les deux assemblées du Conseil de l'Europe et de l'Union Européenne, peut légitimement se considérer comme la cité de la démocratie parlementaire européenne.

Jean-Paul Heider

Comment définiriez-vous la construction européenne ?
Vous savez, les gens de ma génération ont vécu pas mal de choses, et quand nos parents ou nos grands-parents nous parlaient de ce qu'ils avaient vécu, l'avènement de l'Europe était un signe très fort pour la paix. Puisque, comme vous le savez, l'Alsace est une région qui a tantôt été allemande, tantôt française. Moi-même, je suis né Français. Je m'appelais Jean-Paul. Un an après, j'étais Allemand et je m'appelais Hans-Paul, et cinq ans après je me suis de nouveau retrouvé Jean-Paul, sans parler un mot de français. Pour mes parents, c'était pire, puisqu'ils sont nés avant 1900. Ils ont fait l'école allemande et, en 1918, ils ont choisi la nationalité française sans parler un mot de français. Et si on remonte plus loin, mes grands-parents ont changé cinq fois de nationalité. La situation de la période de 1870 à 1914 et celle de la période 39–45 ne sont pas du tout comparables. Même si c'étaient les Allemands qui occupaient notre région. Parce que, entre les Prussiens de 1870 et les Nazis de 1940, ce n'est pas la même chose. Mon père a été soldat allemand pendant la Première Guerre mondiale. Le grand-père de ma femme a été soldat allemand en Chine, avant 1900. Cela faisait partie d'un cadre de vie. Par contre, j'ai deux frères qui ont été incorporés dans l'armée allemande, alors qu'ils étaient nés Français. Donc, la différence, c'est entre ceux qui étaient nés Allemands qui ont été dans l'armée allemande, et ceux qui étaient nés Français qui se sont retrouvés dans l'armée allemande. L'Alsace comptait en 1940, à peu près, un peu moins de un million et demi d'habitants. On a incorporé, on estime, 140 000 Alsaciens et Lorrains, cela représentait 10% de la population. Et sur ces 140 000, il y en a 40 000 qui ne sont pas revenus. Cela fait autant de morts que l'armée américaine au Vietnam. Alors, cela a laissé des traumatismes. Mais si vous regardez l'histoire de l'Alsace, on a toujours perdu les élites. En 1870, quand les Français ont perdu la guerre contre la Prusse, il y a eu énormément de cadres alsaciens qui ont quitté l'Alsace. Il y a ceux qui ont été mis à la porte par les Allemands et ceux qui n'ont pas voulu rester là. Mais, en 1914, le processus s'est

inversé : on a mis à la porte les Allemands. En 1939, on a vécu la même chose, en mettant dehors les gens francophones ou Français d'origine, ou les Alsaciens sympathisants de la France. Et, en 1945, on a de nouveau mis les Allemands à la porte. En 1970, c'étaient les industriels qui sont partis. En 1918, c'étaient des intellectuels et, en 1939, on les a mis à la porte. Tout cela pour dire que les Strasbourgeois ont vécu les conflits entre l'Allemagne et la France avec beaucoup de frustration. Il n'y a qu'en Alsace, et un peu dans le Nord, qu'on ait des – les ministres avaient appelé cela ainsi – « populations allogènes ». C'est-à-dire qu'on n'est pas homogène avec les autres. On a conservé des particularismes, cette personnalité très forte, où il y a le Rhin d'un côté, qui, à l'origine, n'était pas une frontière. En effet, avant la Révolution française et même avant le traité de Westphalie, après la guerre de Trente Ans, l'Alsace était partagée entre des principautés qui recouvraient aussi bien le pays de Bade que l'Alsace. Vous avez l'évêché de Strasbourg qui avait des propriétés jusqu'à la Forêt-Noire. Mais vous aviez aussi Bâle, qui avait des propriétés jusqu'à la hauteur de Colmar. Ce qui est rhénan était donc une réalité. Et ce n'est que lorsqu'on a mis des digues des deux côtés du Rhin, pour canaliser le fleuve, qu'il en est devenu une frontière. Auparavant, c'était très facile de le franchir. Des gens de Kehl se mariaient à Strasbourg et des gens de Strasbourg se mariaient à Kehl. Avec l'avènement des traités européens et la création du Conseil de l'Europe, on a suscité en Alsace de grands espoirs. C'est pour cela qu'en Alsace, peut-être plus que dans d'autres régions françaises, on est attaché à l'idée de l'Europe.

Pour vous, la construction européenne représente-t-elle une œuvre de paix entre les nations ?
Dans toute l'histoire de l'Alsace, il y a toujours eu un conflit entre sa partie germanique et sa partie latine. Et, si vous lisez les journaux régionaux, vous avez peut-être lu l'article sur le serment de Strasbourg. Le plus ancien document bilingue était le serment de Strasbourg, qui a été signé par les petits-fils de Charlemagne en 842, où ils décident de faire la paix entre eux, et ce document est en français et en allemand, français et allemand de l'époque. C'était la première fois que l'on faisait un traité dans ces deux langues. Et cela s'est fait à Strasbourg. Ensuite, bien entendu, il y a eu tous les conflits qui ont suivi, les guerres, avec les paysans, les mercenaires, etc.

On a successivement parlé de la CEE, puis de la Communauté européenne et désormais de l'Union européenne. Qu'évoque pour vous ce processus ?
Bon, j'étais un peu trop jeune à l'époque quand il y avait la CECA. Mais disons que cela m'avait beaucoup intéressé car il y a eu, pour nous les Alsaciens, une période assez difficile, avec le projet d'armée intégrée. Cela a jeté un froid. Il y avait ceux qui étaient pour et ceux qui étaient contre. C'était une idée qui n'était pas mauvaise sur le fond, mais qui est venue trop tôt. Cela risquait de compromettre tout ce qui avait été fait jusqu'à présent. Alors, les institutions européennes se sont développées, en effet. On est peut-être allé un peu trop vite, parce qu'au-

jourd'hui, à combien sommes-nous, vingt-huit ?[3] Alors qu'au début on était à six. Bon, moi, vous me l'excuserez, je trouve que c'était une erreur de faire rentrer les Anglais. C'était la plus grande erreur de Georges Pompidou. Les Anglais ont défendu leur bifteck. Si les Européens ont accepté le « *Give me my money back* », ce n'est pas l'affaire des Anglais. C'est l'affaire des Européens. Il fallait dire non. Mais, lorsqu'on voit aujourd'hui des pays qui sont en difficulté, que certains disent qu'il faut sortir de la zone euro, alors qu'une majorité, et ce malgré les difficultés, accepte de faire des sacrifices pour rester dans la zone euro… Moi, dans ma vie professionnelle, j'ai beaucoup voyagé dans les pays de l'Est et en Europe. Mais lorsqu'on passait d'un pays à l'autre, il fallait changer de portefeuille. Aujourd'hui, quand vous partez en vacances, vous payez en euros. Quand vous faites un contrat avec une entreprise étrangère, vous le chiffrez en euros. Cela simplifie la vie de tout le monde.

Qu'est-ce qui a été déterminant selon vous dans ce processus graduel d'intégration ?
Si vous voulez, on a eu la bonne idée de faire des échanges : on a permis à de jeunes Français d'aller en Allemagne et à de jeunes Allemands de venir en France. Le seul regret que j'ai, c'est que, vue la difficulté de la langue française, le gouvernement allemand, Berlin – je ne parle pas de Stuttgart, car Stuttgart a toujours eu une autre politique dans le domaine linguistique – n'a pas assez insisté contre la volonté des parents qui est celle qu'en Allemagne, comme en France, les parents ne veulent que l'anglais. Alors que, pour la compréhension des uns et des autres, il vaut mieux parler la langue du voisin. Et lorsqu'on voit aujourd'hui ce que l'on baragouine comme anglais, Shakespeare doit se retourner dans sa tombe ! L'anglais aujourd'hui est devenu une langue complètement asexuée. Je parle de l'anglais américain. Si je parle de Shakespeare, ce n'est pas pour rien !

Vous avez évoqué plus tôt l'euro, qu'en pensez-vous ?
Vous savez, l'euro fait partie d'un tout. Aujourd'hui, on parle des grandes puissances. On dit qu'aujourd'hui les États-Unis sont le premier pays sur le plan économique. Le deuxième pays, c'est la Chine. Mais personne ne raisonne en terme d'Europe. Mais l'euro est quand même un lien très fort, de sentiment d'union. Et quand vous regardez les billets de banque, ceux qui ont conçu le sigle « euro » ont fait en sorte que dans toutes les langues celui-ci s'écrive de la même façon. Cela veut dire qu'il y a un potentiel d'une population. Et aujourd'hui lorsqu'on voyage, puisqu'on peut traverser les frontières, nous ne formons plus qu'un pays. Mes enfants, pour eux, l'Europe, ça existe.

Qu'est-ce que vous pensez de la critique du déficit démocratique de l'UE ?
Là c'est vrai. Mais, c'est Churchill qui disait : « La démocratie est un mauvais gouvernement, mais elle en est le moins mauvais ». C'est à peu près cela. Et, aujourd'hui, on accuse souvent la Commission de prendre le pas sur les politiques. Vous savez, si une entité prend le pas sur une autre, c'est qu'il y en a une qui est

---

3   Vingt-sept en 2020 après le *Brexit*.

faible et l'autre forte. La démocratie, c'est comme cela. Alors, c'est bien facile pour un pays, que ce soit la France, l'Allemagne ou quelqu'un d'autre, de dire : « Ah, mais c'est Bruxelles qui a décidé ». Oui, mais pourquoi ? Parce qu'on a donné à Bruxelles, à la Commission, des pouvoirs. L'exemple typique, c'est le grand hamster. En Alsace, il y a une sorte de hamster qu'on appelle le grand hamster et qui vit dans les champs, surtout autour de Strasbourg, dans les champs de luzerne, il creuse des terriers. Avec l'exploitation agricole, il y en a de moins en moins. Et aujourd'hui, la Commission à Bruxelles reproche à la France de ne pas avoir pris de mesures pour préserver cette espèce animale et nous impose des pénalités très importantes. Mais pourquoi ? C'est parce que les Français ont demandé à la Commission de Bruxelles d'édicter des règles. Mais si vous demandez à Bruxelles de mettre en place des réglementations et qu'après, lorsque la réglementation se retourne contre vous, vous êtes fâché, vous voulez descendre dans la rue et manifester, ce n'est pas sérieux. À l'époque où j'étais au Parlement européen, la grande mode, c'était que les décisions se prennent au niveau le plus approprié, le plus près du citoyen. Mais on ne le fait plus. On ne délègue plus. Bruxelles réglemente à tort et à travers. Et c'est ce qui, dans l'esprit des gens, crée des confusions : si seulement Bruxelles faisait la synthèse des décisions des différents pays membres de l'Union européenne, au lieu d'imposer aux pays de l'Union européenne des réglementations qui ne correspondent pas toujours aux intérêts des populations. C'est là où il y a le côté technocratique... Mais le ras-le-bol de l'Europe qu'on rencontre autour de nous a des origines très diverses. C'est parce qu'il y a des règlements qui sont mis en place par la Commission et qu'il y a des complications dans certains domaines que la faute est rejetée sur l'Europe. Parce qu'il y a un déficit démocratique, mais le déficit démocratique, il est lié à quelque chose. Vous avez peut-être eu l'occasion d'assister à des débats du Parlement européen, c'est triste quand on voit par exemple les discussions sur le siège de Strasbourg. Mais que le siège soit à Bruxelles ou à Strasbourg, ou à Luxembourg, ce n'est pas le plus important ! Ce qui importe, c'est qu'il y ait une politique européenne cohérente ! Moi, je m'occupe beaucoup de la Chine, puisque je suis président de l'Institut Confucius, qui est un organisme qui doit faciliter l'enseignement du chinois. Mais lorsqu'on voit les jugements émis sur la politique chinoise, par des gens qui ne connaissent rien à la Chine... On ne gère pas un pays comme la Chine, avec un milliard quatre cents mille habitants, comme on gère la France avec soixante millions d'habitants. Ce n'est pas possible ! Alors, Bruxelles, c'est pareil. Bruxelles doit tenir compte de la diversité. Si vous regardez la situation dans les Balkans, ou bien quand on voit ce qui se passe en Flandres en Belgique, on voit bien que, même en Europe aujourd'hui, dans la vieille Europe, la situation n'est pas réglée. Donc il faut chercher tout ce qui unit, et régler tout ce qui oppose. Et c'est là où un certain nombre d'idées que nous avons lancées, pas seulement en Alsace, mais dans d'autres régions européennes, sont importantes : le programme Interreg, avec très peu de moyens, a permis de faire un tas de choses. Par exemple, sur le Rhin, entre Strasbourg et la vallée rhénane, il n'y avait pas de pont autrefois. Le deuxième pont qui s'est construit, s'est fait à Huningue [ville du Haut-Rhin à la frontière entre la Suisse et l'Allemagne].

Depuis, vous avez trois ou quatre ponts qui se sont faits avec un peu d'argent européen. Et, aujourd'hui, on peut traverser le Rhin à de nombreux endroits. Et cela aussi permet de se rapprocher les uns des autres.

Les questions identitaires sont-elles des obstacles au progrès selon vous ?
On arrivera à résoudre ces problèmes, en réunissant les jeunes. Ce ne sont pas les vieux comme moi qu'il faut convaincre... Certains de ma génération ont besoin d'être convaincus, mais c'est trop tard. Par contre, pour les jeunes, il faut qu'ils intègrent l'idée que l'Europe est une entité. Et, vous savez, pour un Alsacien, en ce qui concerne la brigade franco-allemande, c'est extraordinaire de savoir des soldats allemands et des soldats français sous le même uniforme. Moi, mon frère est mort sous l'uniforme allemand. Alors, pour moi, c'est quelque chose d'extraordinaire. Et ces 40 000 jeunes alsaciens qui sont morts, doivent interpeller les Alsaciens, pour dire : « Aujourd'hui, nous sommes Européens, défendons l'Europe et faisons avancer les choses ».

Comment définissez-vous la coopération transfrontalière ?
C'est cela qui a fait progresser. Par exemple, avec les fonds européens, on a pu financer un bateau-pompe sur le Rhin. Parce que, vu le nombre de bateaux sur le Rhin et qu'il n'y avait pas de service incendie, un jour, l'idée est venue que cela serait quand même mieux d'avoir un même bateau-pompe commun sur le Rhin, qui puisse intervenir du côté allemand, du côté suisse, du côté français. En effet, si Bâle brûle, le Rhin est pollué. Si le port au pétrole de Strasbourg brûle, la ville de Strasbourg est en danger. Donc, avec un peu d'argent européen, on l'a mis en place, avec des personnels allemands et français. Et cela, c'est l'Europe. J'ai parlé de la brigade franco-allemande, à ce niveau, il y a des sapeurs-pompiers franco-allemands.

La coopération transfrontalière fait donc pour vous vraiment partie de la construction de l'Europe ?
Tout à fait. On a essayé par exemple avec la Pologne de faire une coopération à trois, c'est-à-dire d'associer un pays non membre de l'Union européenne à l'époque. Et là, on s'est aperçu qu'il y avait une autre difficulté, celle de la nature des différents États. On avait rencontré à un moment donné ce problème en Pologne, puisque tout ce qui était fonds européens était centralisé à Varsovie et les gens qui avaient des projets ne recevaient pas d'argent. Donc nous, on s'est battu contre cela, et l'Alsace a été la première région à gérer les fonds européens. Bruxelles nous attribuait les fonds européens et c'est nous qui en assurions la gestion. Et cela a très bien fonctionné. Nous, on avait vu que lorsque l'argent était utilisé par les gouvernements, c'était pour financer les projets gouvernementaux, mais qui n'allaient pas forcément dans la bonne direction pour la coopération. Alors que si ce sont les partenaires des deux côtés de la frontière qui reçoivent ces fonds, ils travaillent ensemble.

On parle fréquemment en Alsace du Rhin supérieur comme d'un « laboratoire » de l'Europe en termes de coopération transfrontalière. Qu'en pensez-vous ?
Écoutez, cela a toujours été le cas. [...] Erasmus, ce n'est pas seulement une bourse ! C'était un humaniste qui a porté ses connaissances de l'Université de Bâle, l'Université de Fribourg, l'Université de Strasbourg, jusqu'en Hollande. C'est cela ce qu'on appelle l'« humanisme rhénan ».

Quel est votre avis au sujet de l'Eurodistrict Strasbourg-Ortenau ?
L'Eurodistrict Strasbourg-Ortenau a dormi pendant très longtemps. Et j'espère qu'ils vont se réveiller. Parce qu'ils auraient pu faire beaucoup plus de choses. On ne peut pas dire qu'il n'y avait pas d'argent. Les fonds européens existaient, et moi, en tant que président du groupe de travail Interreg, je poussais pour qu'ils utilisent l'argent européen. Mais il y avait des problèmes politiques, puis aussi un problème de poids : vous avez Strasbourg qui est important et vous avez Kehl qui n'est pas une ville très grande. Donc, du côté allemand, on a dû agrandir à l'*Ortenaukreis*. Du point de vue population, c'est pratiquement l'équivalent de Strasbourg, mais, ce n'est pas une collectivité.

Connaissez-vous le jardin des Deux Rives ? Qu'évoque-t-il pour vous ?
Disons que l'idée n'est pas assez exploitée. Parce qu'il s'agit tout de même d'un endroit extraordinaire, avec le pont qui relie les deux rives. Mais quelquefois, ça a l'air très triste, parce que ceux qui s'attendent à voir un jardin sont quelquefois déçus ! C'est dommage. Deux villes comme Strasbourg et Kehl, qui ont un endroit pareil, il faut l'utiliser à fond. C'est une question d'argent. À mon avis, il faut faire des investissements.

Qu'est-ce que vous pensez de l'Europe aujourd'hui ?
Il reste beaucoup à faire. Il faut faire très attention quand vous entendez des gens qui se trompent d'adversaire, qui reprochent à l'Europe des problèmes qui, en fin de compte, ne sont pas dus à l'Europe. Il faut rétablir la vérité et dire : « Voilà les causes, si on a aujourd'hui du chômage, est-ce dû uniquement aux produits chinois ou également que la législation européenne est trop laxiste au niveau des importations ? ». Alors, il faut peut-être prendre des mesures pour rétablir la situation, mais il ne faut surtout pas laisser dans l'idée des Européens que c'est la faute de l'Europe. Parce que c'est trop facile. Moi je me rappelle que quand j'étais jeune et que quelque chose ne marchait pas, on reportait la faute sur Paris. « C'est la faute du gouvernement ». Et aujourd'hui, même les gouvernements disent : « C'est la faute de Bruxelles ». C'est trop facile. Mais, ceci étant, vu ce que l'Europe a coûté, on n'a pas le droit de perdre les bénéfices de tous ces investissements. Or, si on accepte les prises de position de certains qui accusent l'Europe de tous les maux, c'est qu'en fin de compte, on n'est pas sur le bon chemin. Et ceux qui reprochent tout à l'Europe n'ont pas de solution.

Quelle place trouve le citoyen en Europe aujourd'hui, selon vous ?
Je me mets à la place du citoyen. Il a l'impression qu'il n'a pas sa place et que l'Europe est une question d'élites. En français, il y a une expression qui dit : « Il y

a les savants et ceux qui devraient savoir ». Il y a des gens qui savent, et il y a des gens qui ne savent pas. Or, le citoyen aujourd'hui ne sait pas.

Est-ce un problème du système ou est-ce un problème des citoyens ?
Les deux. Vous voyez, aujourd'hui, le citoyen de n'importe quel pays, c'est un consommateur. Il s'asseoit devant sa télévision, il regarde, il zappe, il change de chaîne. Aujourd'hui, le citoyen ne cherche pas. C'est un problème d'indifférence. Si quelque chose le concerne directement, là il se réveille. Mais il est trop tard.

La religion est-elle pour vous une variable des rapports à l'Europe ?
Disons que, en Europe aujourd'hui, même si les gens pratiquent moins la religion qu'autrefois, c'est quand même un ciment, parce que la religion dépasse le cadre de la religion, c'est une question de culture.

Robert Hertzog

Pourriez-vous nous parler de votre parcours universitaire et professionnel ?
Au début des années 1960, la vie sociale et politique en milieu étudiant était assez intense. Certains professeurs étaient très militants de la cause européenne, même dans leurs enseignements. À l'époque, militer pour l'Europe, c'était aussi contrer l'influence soviétique. Un enseignant remarquable, qui avait un grand ascendant intellectuel sur les étudiants, était Guy Héraud, propagandiste convaincu de la cause européenne et auteur d'ouvrages originaux sur le fédéralisme et l'Europe des ethnies. Bref, le milieu universitaire connaissait un activisme pro-européen que l'on ne retrouve plus aujourd'hui sous sa forme politique, car les enjeux ne sont plus les mêmes. À l'époque, c'était une idée neuve, qui devait être défendue et dont on attendait des réalisations, d'ailleurs plus sur un plan politique que sur un terrain économique, qui mobilise rarement les passions. Aujourd'hui, c'est une idée banale, portée par un fort développement des études européennes, des coopérations scientifiques et des échanges d'étudiants et d'enseignants. Infiniment plus présente et concrète dans la vie de tous, l'Europe en tant que projet politique est devenue moins visible. J'ai participé, comme élu ou comme représentant de l'Université, à la plupart des structures de coopération transfrontalière, y compris au conseil de l'Eurodistrict. Je suis consultant du Conseil de l'Europe depuis longtemps et de façon plus intensive depuis le milieu des années 1990 dans une quinzaine de pays d'Europe de l'Est, de la Russie à la Géorgie ou l'Arménie, en ex-Yougoslavie, en Albanie ou en Turquie. Une des expériences les plus enrichissantes fut dans les pays d'Europe où j'ai contribué – très modestement – à la mise en place de nouvelles institutions locales. On s'imagine que ces réformes sont intervenues rapidement après la chute du système soviétique, car l'entrée au Conseil de l'Europe et la ratification des accords internationaux – Charte européenne de l'autonomie locale, Convention européenne des droits de l'Homme… – sont intervenues en très peu de temps. Il faut, en réalité, deux générations. Je repars une semaine en Moldavie [en novembre 2012] où l'évolution est très lente. C'est un pays très pauvre, sans capacité de consensus politique sur les orientations es-

sentielles. Les partis politiques et les responsables nationaux ou locaux défendent des positions qui jouent contre les intérêts réels du pays. Nous le constatons lorsque les dirigeants étaient les seuls « vieux communistes » encore au pouvoir, jusqu'en 2009. Mais la coalition « libérale » n'arrive pas non plus à faire les réformes indispensables ! Ces pays ont un immense besoin de culture politique et économique, qui ne s'enracine pas en quelques années.

Que représente la construction européenne pour vous ? Que pensez-vous de la lecture de la construction européenne comme la nécessité de faire la paix ?
Le discours sur la paix et la réconciliation des peuples était extrêmement important dans les années 1950. À côté de Monnet ou Schuman, un des « pères cachés » de l'Europe a été Staline ! La peur de l'Union soviétique a poussé les Européens de l'Ouest à s'unir rapidement après 1945, avec le Conseil de l'Europe d'abord, la CECA et la CEE ensuite, et l'OTAN en arrière-plan. L'URSS a été un facteur d'incitation important, sur le plan politique et stratégique. N'oublions pas le projet avorté mais très avancé de Communauté européenne de défense. L'objectif d'une plus grande intégration politique de l'Europe existe depuis le début, mais personne n'en a tracé les formes. À quelle échéance ? Ces rythmes-là ne se décident pas par quelque assemblée, mais nécessitent un processus social et économique à phases longues. Qui pouvait s'imaginer dans les années 1960 que Malte, alors colonie britannique, serait un jour membre à part entière de l'Union européenne ? Et les pays de l'ex-bloc soviétique ? Même le périmètre de l'Europe est inconnu. Je suis expert du Conseil de l'Europe pour l'Arménie et la Géorgie. Les responsables géorgiens, sous la direction de M. Saakachvili, ont tenu un discours d'entrée dans l'UE, peu réaliste mais sincère car ils y voyaient un moyen de mobiliser le pays vers de nouvelles valeurs et un futur plus lisible. Les Arméniens étaient moins allants sur ce sujet, car ils sont très liés à la Russie. L'Ukraine avait aussi un objectif affiché d'entrer dans l'UE. L'Islande dit s'intéresser à l'euro. La définition principale de l'Europe est donc bien le mouvement, sur plusieurs registres : l'idée politique, la vision historique et culturelle, les réalités économiques qui sont décisives. Une contradiction grave du système est que son centre de gravité est l'économie alors qu'il n'existe aucun levier de politique et de régulation macroéconomique au niveau européen. Il est essentiel de souligner que ce processus européen est mû par une dialectique des asymétries. Alors qu'un architecte ou un industriel s'oblige à concevoir et à installer tous les éléments ensemble, cela ne fut jamais fait pour l'Europe. Mais les dysfonctionnements, voire les crises, qui résultent de ces incomplétudes sont aussi un facteur majeur de transformation et d'évolution. On peut prendre n'importe quel domaine – l'euro est caractéristique – pour démontrer cette logique très spécifique, due à la nécessité des compromis, qui laissent toujours des aspects dans l'ombre ou les traitent *a minima*.

Est-ce que l'UE, avec les institutions qu'elle s'est données au XXe siècle, est capable de répondre aujourd'hui à ces défis ? Quid des asymétries dans les institutions européennes ?
Les institutions de l'UE ne sont pas bonnes, c'est une évidence. On a voulu les rendre plus visibles. On a créé un président de l'Union. Qui le connaît et qui sait

dire ce qu'il fait ? On a créé un poste de « ministre des Affaires étrangères ». Qui a vu Mme Ashton à l'œuvre ? M. Barroso a moins d'importance que le FMI… pour l'Europe. Même en matière économique, l'Union n'est pas un pouvoir unifié : Commission, Conseil des ministres et les États, BCE…

Aujourd'hui, comment l'Europe s'exprime-t-elle ? Quelles sont ses réalités ?
L'Europe la plus substantielle et importante est celle que l'on ne voit pas. La libre circulation des marchandises et des personnes, nous la pratiquons sans plus penser au rôle de l'Europe dans leur bon fonctionnement. Je ne pense plus à l'Europe quand je passe le pont du Rhin, alors que j'ai connu une époque où le contrôle des douanes et de la police était tatillon. Voilà le grand handicap de l'Europe politique : les meilleurs acquis, favorables à la population, ne se voient plus, alors que les désavantages sont étalés avec complaisance par les médias. Il faut expliquer aux citoyens ce que leur apporte l'Europe, sa véritable valeur ajoutée, sans faire du localisme et des actions de communication artificielles pour « rapprocher l'Europe ». Je suis choqué que des fonds européens financent des améliorations paysagères dans des quartiers sensibles, parce qu'on veut montrer ainsi le visage d'une Europe « proche des gens » et, surtout, des élus locaux. Or, il y a un coût extravagant à faire monter l'argent des États vers Bruxelles pour le faire redescendre par des tuyauteries compliquées afin de légitimer l'Europe au moyen de panonceaux installés entre les HLM. De la même manière, beaucoup de fonds régionaux destinés à la coopération transfrontalière sont des gaspillages purs et simples.

Une question plus historique concernant ce processus de construction européenne : quelles seraient pour vous les dates charnières dans ce processus ?
Évidemment, il y a des dates ou des actes plus visibles et importants que d'autres : le Traité sur l'Union européenne, par exemple ! Mais, répétons-le : on est dans un processus continu où les dates charnières apparentes ne sont souvent que la conséquence de phénomènes enclenchés bien auparavant. Chaque fait important a été le résultat d'une quantité d'événements préliminaires sans lesquels la nouvelle percée n'aurait pu réussir. Un texte très important est peu connu, en raison notamment d'un intitulé abscons : l'Acte Unique Européen [28 février 1986]. Il organisa le passage d'un marché commun à un marché intérieur unifié, avec une reconnaissance mutuelle des normes. L'établissement de la libre circulation des capitaux par une directive du 24 juin 1988 a eu une influence puissante sur la politique monétaire – stabilité des taux de change – et économique – inflation – et a préparé les acteurs économiques à passer à une monnaie unique. Sans la libre circulation des capitaux, la monnaie unique n'aurait jamais été possible. On pourrait multiplier ainsi les exemples. Il faut insister sur le fait qu'on est dans des temps longs et qu'on ne construit pas une union d'États *et* de sociétés plurielles par des décisions prises à la hussarde. Une des grandes erreurs restera l'élargissement…

Pour quelles raisons ?
Parce qu'on ne peut pas faire fonctionner un ensemble économique avec de telles disparités sans établir un puissant et coûteux système de transferts de richesses

– allant bien au-delà des fonds structurels – et d'unification des politiques, ce qui s'est révélé infaisable. On a accru les asymétries de tous ordres et le nombre de décideurs. Imaginons vingt-huit personnes[4] autour d'une table. Chacune s'exprime pendant trois minutes : qui écoutera encore la seizième ? De combien aura avancé la négociation après ce premier tour de table d'une heure et demi ? Les décisions ne se discutent donc pas en Conseil des ministres. Elles se préparent en amont, dans de complexes machineries bureaucratiques. Aucun État n'a un exécutif aussi complexe et une telle opacité dans son processus législatif ! La gouvernance européenne – aux allures sophistiquées – n'est pas pertinente par rapport aux missions à accomplir et aux objectifs à atteindre. Or, tout spécialiste en organisation et management sait d'expérience que lorsque les processus de décision ne sont pas en phase avec les objectifs assignés à l'institution, celle-ci ne peut être efficace. Admettre la Grèce dans la monnaie unique fut une erreur impardonnable, alors que chacun savait que les comptes étaient falsifiés et qu'il n'y avait aucune rigueur dans la gestion publique. Si les autorités spécialisées avaient émis un avis défavorable, la décision politique s'est faite sur l'argumentation désinvolte que le poids économique du pays dans l'ensemble européen était négligeable et qu'on devait bien cela à Aristote et à Platon !

Quelle perspective alors pour l'Europe ?
La légitimation de l'Europe par la paix ne signifie plus rien aujourd'hui pour les jeunes générations. Elle est acquise. Et l'Europe n'est pas très efficace dans les conflits actuels, y compris ceux en son sein même, faute d'oser s'assumer en tant que « puissance » et de se doter des institutions en conséquence. On l'a vu en ex-Yougoslavie : elle est peu pressante sur la Serbie et le Kosovo. Elle ne sait pas régler le problème de la Moldavie, Transnistrie. Elle est impuissante au Caucase, qui est une poudrière effrayante. Tout peut s'enflammer à tout moment entre l'Azerbaïdjan et l'Arménie, pays membres du Conseil de l'Europe. La Russie peut intervenir militairement en traversant la Géorgie. Qui s'occupe de cela en Europe ? Madame Ashton [Haute représentante de l'Union pour les Affaires étrangères] ? Le Conseil de l'Europe ? L'OSCE, avec les Américains ? Tous, personne ? L'Europe, ce n'est pas seulement l'UE, ce sont les quarante-sept du Conseil de l'Europe. « Strasbourg, capitale européenne », ça veut dire quelque chose à Tirana, à Skopje, à Saint-Pétersbourg, à Ankara ou à Chisinau, alors que cela n'évoque rien à Hambourg ou à Bari. Les pays d'Europe de l'Est ou des Balkans ont Strasbourg pour référence de la reconstruction politique des institutions, des systèmes constitutionnels et juridiques, des droits de l'Homme, de l'administration locale, etc., matières dont s'occupe le Conseil de l'Europe. Les intérêts directs de l'UE dépassent donc le cercle de ses États membres. Pourtant, la collaboration entre les institutions européennes est marginale. On aurait pu imaginer un partage des rôles avec un renforcement du Conseil de l'Europe, pour donner à certains États de l'ancien bloc soviétique et de Yougoslavie une attestation d'« européanité », sans pour autant les admettre dans l'UE. Je pense aux Pays

---

4 L'UE compte en 2020 vingt-sept États membres, après le *Brexit*.

Baltes ou à la Bulgarie, ainsi d'ailleurs qu'à Chypre ou Malte. Leur admission au Conseil de l'Europe n'avait pas paru suffisante. Mais il eût fallu une vision stratégique, un leader européen et une ambition de puissance. Tout cela fait défaut au profit d'une agitation et de lobbying permanents, avec des Américains qui continuent à tirer beaucoup de ficelles... La déception pour quelqu'un de mon âge est que l'Europe ne s'est jamais vue ni voulue comme une puissance. Ce qu'elle est néanmoins, mais en retrait et de façon confuse. Les positions prises par le gouvernement britannique de M. Cameron, le référendum sur le maintien dans l'UE, sont à cet égard symptomatiques d'un échec. La mollesse des appuis à l'action française au Mali est une autre illustration.

Est-ce que ceci pourrait découler d'un déficit démocratique de l'Europe ?
Il n'y a même pas les apparences visibles pour les citoyens d'une vie politique démocratique européenne. Où est l'objet du débat qu'on voudrait plus démocratique ? Le déficit touche à la matière politique et non aux formes de la politique, encore que celles-ci soient également médiocres. Le fonctionnement interne du système européen est incompréhensible, opaque et absent des médias. Les relations entre les États sont présentées aux peuples comme des « rapports internationaux » et non comme la gestion d'une entité intégrée. La notion même de démocratie n'a pas une grande pertinence lorsqu'on est dans un système qui reste, vu par les citoyens, largement interétatique. Le cœur, l'essence, de la démocratie, c'est l'obligation pour des responsables publics de rendre compte. Où et quand est-il rendu compte des politiques européennes et desquelles ? Les parlementaires européens rendent-ils compte à qui que ce soit ? Certainement pas aux électeurs, avec qui ils n'ont pratiquement aucun contact, du moins en France. Étant sur des listes de parti, le plus important est qu'ils plaisent à l'apparatchik qui les placera en bonne position, peu importe ce qu'ils ont fait ou non pour l'Europe. Le gouvernement européen rend-il des comptes ? Dans une certaine mesure, un peu plus la Commission que le Conseil. Les commissaires sont-ils vus comme les ministres de l'UE ? Toutes les décisions importantes sont prises par ou avec le Conseil et non par la Commission. Dans l'UE, le couple responsabilité/pouvoir est très mal organisé. M. Barroso ou M. Van Rompuy ne peuvent pas faire état d'une légitimité personnelle, acquise devant le suffrage universel sur un programme ou même une orientation générale. La division de l'exécutif entre Commission et Conseil est un obstacle quasi insurmontable à l'épanouissement démocratique de l'Europe. L'UE est un modèle inédit et incomparable. On lui applique des critères ou des qualificatifs tirés d'autres modèles et l'on fait des comparaisons qui sont, par nature, médiocrement pertinentes. Ce n'est pas un quasi-État, ce n'est pas une organisation internationale classique : c'est un solide bâtard.

Avez-vous une définition de ce qu'est le transfrontalier ?
La première réalité est l'abaissement des frontières dû à l'UE, et même l'effacement de ses signes physiques sur le terrain. Il a permis l'apparition d'espaces de vie sociale et économique, disons même d'une société transfrontalière, avec ses commerces, ses mariages, ses échanges scolaires, sa délinquance, des coopérations entre hôpitaux ou universités, un marché immobilier, l'installation de natio-

naux dans l'autre pays pour des raisons de commodité, etc. Cette société originale, variable selon les endroits en fonction des données démographiques et géographiques, a besoin d'administration et de régulations, qui se font ici dans un contexte juridique et politique particulier. L'existence de deux législations distinctes, de part et d'autre de la frontière, restera indéfiniment, en dépit des déclarations lyriques parfois entendues sur le sujet. Le rôle des institutions de coopération transfrontalière est d'aider à concilier ces deux législations dans une infinité de cas concrets. Souvent, c'est par bricolage. Notre droit n'a pas de définition, ni de régime pour la coopération transfrontalière, expression qui recouvre une infinité de pratiques d'une utilité très variable. Le Code général des collectivités territoriales réglemente la coopération décentralisée. Selon mon expérience, il est plus judicieux de chercher à régler ces affaires sans trop de formalisme, plutôt que de mettre en place de complexes structures qui imitent les institutions publiques, mais néanmoins sans pouvoir réel. L'Eurodistrict offre une belle étude de cas. Les réunions périodiques du Conseil se sont tenues sur la base d'un simple accord, pour discuter de problèmes concrets qui, souvent, étaient soumis par des opérateurs variés : transports médicaux, relations téléphoniques, bourse des emplois, environnement et pollutions, etc. On ne traitait que cela, sans perdre de temps dans des questions internes de gestion financière et administrative. J'ai participé aux conseils d'autres organisations transfrontalières, comme l'Euro-Institut. On y passait les deux tiers de la réunion à discuter de la structure et de son fonctionnement : budget et comptes, contrats, organigramme, personnel, locaux. Peu de temps était consacré aux activités elles-mêmes, laissées à la discrétion des personnels. À l'Eurodistrict, une fois faites les salutations, on partait sur les questions de fond. J'ai découvert que la plupart des problèmes transfrontaliers ne trouvaient pas leur résolution dans les institutions locales, mais dépendaient de la compétence des États, de la sécurité sociale, de l'institution de gestion des hôpitaux, de l'ANPE [Pôle Emploi], des sociétés de télécommunications, etc. Cela débouchait rarement sur des actions que pouvaient prendre les partenaires ; le plus souvent, il fallait entreprendre des démarches auprès des autorités respectivement compétentes. Une structure coopérative entre des collectivités locales devrait donc être principalement un relais entre les personnes qui vivent les problèmes du transfrontalier et les organismes nationaux qui sont susceptibles d'apporter des solutions. Ce rôle de lobbying est beaucoup plus efficace que la mise en place de lourdes institutions qui n'ont aucun pouvoir pour traiter directement ces questions. Après 2008, les dirigeants de l'Eurodistrict ont choisi une autre orientation en créant, après de longues formalités, un GECT [Groupement européen de coopération territoriale], avec siège à la CUS [Communauté urbaine de Strasbourg, aujourd'hui Eurométropole] et secrétariat à Kehl. Il fallut rédiger des statuts, recruter et organiser un secrétariat, trouver un local et un directeur général de haut niveau, qui a démissionné au bout de peu de temps, etc. Les responsables politiques sont friands de ce type d'organisation bureaucratique qui offre un cadre bien balisé, peu performant sur le fond, mais très occupé et qui permet des communications sur sa propre vie, peu importe ce qu'elle produit effectivement !

Quelle place donner à la ville de Strasbourg dans ce contexte européen ? Et que pensez-vous de la question du siège du Parlement européen ?
Strasbourg a énormément gagné par les changements de périmètre et de poids des institutions européennes, notamment par l'extraordinaire extension du Conseil de l'Europe après 1990. Chez les responsables des quarante-sept pays, dans les associations politiques et même dans les universités, la ville est associée à l'organisation. Dans les réunions internationales ou dans des groupes de travail locaux, on entend constamment dire *Strasbourg* pour désigner les services centraux du Conseil de l'Europe, qui produisent un flux impressionnant et régulier d'experts, d'élus locaux et nationaux, de membres des gouvernements et des ministères, dont on n'a guère conscience dans la société alsacienne, y compris chez beaucoup de responsables publics, toute l'attention étant braquée sur le Parlement européen. La Cour européenne des droits de l'Homme assure un rayonnement remarquable à la ville d'où elle diffuse sa jurisprudence. J'ai rencontré des centaines d'étrangers sur tout le continent qui, grâce au Conseil de l'Europe, ont une image positive et plaisante de la ville, loin de ce qui existe avec le Parlement européen. Le problème bien connu du Parlement européen vient du caractère illogique et peu pratique – on ne peut le nier – de son installation loin de l'exécutif et de ses services. Plus que jamais, on met l'accent sur les surcoûts, dans un contexte où chaque économie est à bonne à prendre. Ma position personnelle, que j'ai eu l'occasion d'exposer par écrit au plus haut niveau, en 2001, était qu'il fallait négocier l'échange du Parlement avec une autre institution européenne et obtenir une compensation de niveau équivalent, en poids et visibilité. À Strasbourg, on ne connaît qu'une seule posture légitime, la défense du *statu quo*, contre vents et marées. On m'a dit que c'était le testament politique de Pierre Pflimlin : ne jamais lâcher le Parlement européen. Certes, on a obtenu fin 2012 une décision de la Cour de justice qui offre une protection solide contre les attaques extérieures. En Alsace, tout homme politique ou femme politique remettant en cause la place du Parlement européen à Strasbourg serait considéré comme coupable de haute trahison. Or, ayant dîné avec une grande partie du gotha politique franco-européen passé par Strasbourg, souvent suite à une conférence organisée par les étudiants de l'Institut d'études politiques, je n'ai entendu *aucun* responsable politique français, de Michel Rocard à Simone Veil, dire en privé que le Parlement européen était assuré de rester ancré à Strasbourg, ni que la situation actuelle était satisfaisante. Soyons lucides : quels arguments convaincants pouvons-nous avancer pour défendre la situation actuelle ? L'amitié franco-allemande ? L'idée a fait son temps et, pour les autres nations, cela seul ne peut suffire. D'autres villes pourraient prétendre à une implantation symbolique. L'idée ancienne, à laquelle j'ai adhéré, qui consistait à faire de Strasbourg-Kehl un Eurodistrict, doté d'un statut très dérogatoire, sur le modèle de Washington D.C., est définitivement enterrée. Il aurait fallu anticiper, oser un discours audacieux et charpenté donnant de Strasbourg une image spécifique et cohérente au regard de la construction européenne, avec une synergie entre l'UE et le Conseil de l'Europe. On aurait pu vouloir créer ici la capitale du droit et de l'État de droit européen, grâce à la présence conjointe des deux Cours européennes [Cour de justice de l'Union européenne et CEDH], qui aurait

assuré un rayonnement exceptionnel. C'est sans doute trop tard et on voit mal qui aurait la carrure et le cran pour se lancer dans une telle bataille. On va donc persévérer dans le *statu quo*, cahin-caha.

Quant à l'Alsace comme « laboratoire » de l'Europe, est-ce que cela vous parle ?
C'est un beau slogan. L'Alsace, par sa position géographique, sa culture, son histoire, a un rapport à l'Europe plus spontané et profond que d'autres régions. Mais aucune région ne peut prétendre être un modèle pour les autres. On vit l'Europe spécifiquement ici et on en bénéficie, à l'évidence. On pourrait en bénéficier bien davantage si l'on avait une vision stratégique et plus horizontale que celle du regard tourné vers les institutions communautaires. Dans les prochaines années, environ 150 000 entreprises familiales sont à reprendre dans le Bade-Wurtemberg, dans un contexte démographique peu favorable. Les Alsaciens pourraient se ruer en masse, s'ils s'y préparaient, s'ils étaient mobiles et… savaient suffisamment bien l'allemand. Notre situation nous offre des opportunités extraordinaires, que l'on exploite mal. Et sûrement pas au bon niveau, car il ne faut pas rester sur la bande transfrontalière, mais regarder l'Allemagne en profondeur. Jamais l'Alsace n'a été mise en avant, ni servi d'exemple ou de laboratoire. Même l'Eurodistrict est retombé comme un flan, pour devenir une coopération transfrontalière comme il en existe beaucoup d'autres, alors que le terme avait été pensé comme unique et avait été reçu ainsi après la déclaration Schröder-Chirac qui en annonçait la création, sans concertation préalable avec les autorités locales. L'explication est prosaïque : en janvier 2003, les sherpas chargés de préparer le sommet fêtant à Berlin les quarante ans du Traité de l'Élysée étaient en panne de projets à annoncer dans la déclaration finale ; l'un d'eux trouva l'idée d'Eurodistrict dans les dossiers, et la voilà lancée !

Plus spécifiquement, pensez-vous que les identités régionales subsistent encore ? Quelle est leur place dans la construction européenne ?
L'« Europe des régions » est un slogan sympathique, mais s'imaginer que les régions seront des relais ou des substituts des États, permettant le fonctionnement harmonieux d'une société politique européenne apaisée, est un absolu contre-sens et une vision dramatiquement erronée. Personne ne peut seulement imaginer comment faire marcher une Europe à trois cents entités aux statuts les plus variés et aux niveaux de richesse disparates. Jouer les régions contre les États est suicidaire, étant donné que les grands mécanismes de redistribution – retraites, maladie, éducation – sont construits sur des bases nationales. Les déstabiliser dans nos temps de crise serait effrayant. L'Europe a été faite par les États qui lui ont consenti de substantiels abandons de souveraineté. Il faut renforcer la fédéralisation de l'Europe, c'est-à-dire centraliser des pouvoirs vers son sommet. Redistribuer des pans de souveraineté vers les régions aboutirait rapidement au chaos, ce qui ne signifie pas qu'il ne faille pas fortifier les décentralisations, mais avec de puissants contrepoids. Ni les communautés autonomes espagnoles, ni les régions italiennes n'ont brillé par leur gestion budgétaire et les performances de leurs politiques.

L'identité européenne, existe-t-elle ? Quelle est votre ressenti à ce sujet ?
L'identité, c'est ce que les gens ressentent comme telle. En raison même de cette nature essentiellement subjective, il faut manier le concept avec prudence, car on sait mal de quoi il est fait. Elle se définit mal par des facteurs objectifs. Certes, il en est qui sont des facilitateurs, mais rarement suffisants. La langue facilite la communication de la pensée et de la conscience politique, ce qui est extrêmement important. Mais tous les gens parlant le français ne sont pas des Français. L'identité alsacienne est faite d'un ensemble de différences dont la composition et l'idée qu'on s'en fait évoluent en permanence. Il est plus facile de se définir par opposition à l'autre. La multiplication des identités de repli en Europe est très préoccupante : montée des communautarismes au niveau des sociétés locales ou régionalismes ethniques, de type catalan ou flamand. Certaines identités sont intégratrices ; d'autres sont dés-intégratrices. Les migrations en Europe peuvent favoriser un sentiment d'identité européenne. Je perçois sans aucune peine l'Ukrainien ou le Croate de mon quartier comme un Européen. On ne peut se sentir européen en restant dans son coin. Cela ne prend de la couleur et de la vigueur qu'en côtoyant ces autres Européens. D'où la nécessité de multiplier les relations et de créer des symboles partagés.

La question de l'identité est à ce titre très forte. Que pensez-vous de l'entrée de la Turquie dans l'UE ?
L'entrée de ce pays dans l'UE ne paraît pas être une bonne idée, et d'abord pour la Turquie elle-même. J'ai fait cette réponse à des responsables turcs à maintes reprises. Si la Turquie est un grand État au passé impérial tourné vers tout le bassin méditerranéen, sa culture est aussi partagée sur son flanc est, vers l'Azerbaïdjan, l'Asie centrale et le Caucase. Il y a quelques années a été créé le Conseil de coopération des États turcophones, également appelé Conseil turcique ou Conseil turc. D'un point de vue géopolitique, la Turquie a d'importants potentiels d'expansion vers ces pays, en pleine croissance. Elle a jadis voulu conquérir l'Europe, mais n'était pas un pays d'Europe, et elle a même suscité de grandes alliances européennes pour s'y opposer. Le sultan, la Sublime Porte, n'étaient pas des institutions européennes. Je ne crois pas non plus que ce soit dans son intérêt économique. La Turquie n'a pratiquement rien à gagner économiquement à entrer dans l'UE. Elle est déjà liée avec l'UE par des accords de libre-échange. Par ailleurs, est-il dans l'intérêt géopolitique de l'Europe d'avoir une frontière commune avec la Syrie, quasiment avec l'Iran, avec le Caucase, et de devoir gérer les relations du sous-ensemble turc vers l'Asie centrale ? Je suis absolument certain que non, pour la simple et suffisante raison que nous serions totalement incapables de définir des politiques adéquates pour ces zones, et impuissants pour répondre à des problèmes pour lesquels nous n'avons ni la culture historique, ni une légitimité particulière : les Kurdes, etc. La fonction pacificatrice, qui est fondatrice pour l'Europe, ne pourrait guère être assurée. Ce n'est donc pas l'argument religieux qui me paraît devoir être avancé, étant donné que l'Europe est en train de s'islamiser. Mais, pour la Turquie, ce sont des arguments économiques et, pour l'Europe, un argument stratégique et de gouvernance internationale, qui sont de fortes contre-

indications et qui montrent qu'il n'y a pas d'intérêt réciproque à ce que la Turquie intègre l'UE. Vu les processus de décision, l'Europe serait encore plus impotente, sur des questions encore plus complexes, ce qui conviendrait d'ailleurs à certains de nos alliés qui plaident en faveur d'une adhésion de la Turquie.

Aujourd'hui encore, les plus fervents défenseurs de l'UE sont ceux qui veulent se protéger contre quelque chose, à l'exemple des Géorgiens...
S'il y a un certain déficit démocratique dans les mécanismes de gouvernance, il manque surtout un projet politique clair qui puisse alimenter un débat entre les forces politiques et auquel les citoyens puissent adhérer ou non. Il faudrait un thème audacieux et mobilisateur, que les responsables nationaux, qui sont les gestionnaires de l'Europe, n'ont pas le temps ni l'intérêt immédiat de lancer. Pourquoi pas : « Une constitution pour l'Europe » ? L'économie n'apportera jamais la conscience politique par elle-même. Au contraire, elle est en train de la détruire car les difficultés économiques sont mises sur le dos de l'Europe, alors que ce n'est pas l'Europe qui en est la source, mais le mauvais usage fait par les États de l'Europe.

Jean-Marie Heydt

Que pensez-vous de la construction européenne ?
C'est une vaste question, mais je pense que la construction européenne est un formidable défi, un formidable défi qui est toujours d'actualité bien qu'il soit déjà ancien. Il n'est pas terminé, je ne sais pas s'il se terminera un jour, je pense que c'est un perpétuel défi pour la simple raison que les êtres humains que nous sommes ont besoin de refaire le monde tous les matins lorsqu'ils se réveillent, donc on n'y échappe pas. Et je crois que c'est un avantage et un inconvénient. C'est un avantage parce que cela permet de reprendre l'ouvrage symboliquement tous les jours, et de l'améliorer. C'est un inconvénient parce que les questions qui dérangent, on ne les traite pas et on les laisse courir, et parfois ce n'est pas grave et parfois cela va entacher toute l'histoire elle-même.

Vous parlez de non choix qui ont été faits, ceux-ci ont-ils eu lieu dès les débuts de la construction européenne ?
La naissance de l'Union européenne est là-dedans, les intérêts des uns et des autres et les couacs. Pourquoi, quand certains ont voulu faire une Europe à dominante humaniste en tant que telle, qui est devenue le Conseil de l'Europe, d'autres voulaient en faire une Europe économique ? Cela a donné déjà deux pousses dans cette construction européenne. Une pousse humaniste et une pousse économique, c'est déjà là un élément de non détermination. Les intérêts économiques de certains pays ne se retrouvaient pas dans le supranational, ils ont donc créé l'AELE, l'Association européenne de libre-échange, qui est encore une autre pousse qui est venue à côté. Cela fait donc qu'à un moment donné dans cette période, qui est une période très proche des débuts de la construction européenne, autour des années 1950 *grosso modo*, il y a déjà trois pousses de cette construction. À aucun mo-

ment n'a été posée la question aux Européens de ce qu'ils voulaient. On ne leur a jamais demandé, même par un référendum, « quel type d'Europe voulez-vous ? ». Tout cela n'a jamais été fait, cela a toujours été un rapport de force entre les États, parfois consensuel quand on est dans le Conseil de l'Europe, parfois au vote quand on est dans l'Union européenne, mais ça a toujours été cela. Et comme ces questions, importantes à mon sens, n'ont pas été posées et n'ont pas été résolues, on est dans ce débat aujourd'hui.

Il est souvent dit que l'Europe est une œuvre de paix entre les nations, qu'en pensez-vous ?
Moi je pense qu'incontestablement, l'Europe est l'exemple d'une œuvre de paix dans la mesure où, grâce à la construction européenne, elle a quand même permis le dialogue entre les États, et elle a donc permis d'éviter les conflits, y compris dans les moments les plus durs. À titre d'exemple, du côté du Conseil de l'Europe, nous avons des réunions ministérielles, soit des ministres thématiques, soit des ministres des Affaires étrangères. Avec ma casquette de président de la Conférence des Organisations non gouvernementales internationales [OING], on participe à ces réunions-là. Ce sont des réunions à huis clos. Vous avez toujours la réunion en elle-même sur le thème du débat et vous avez la possibilité d'avoir des réunions, des rencontres parallèles qui se font. À quoi servent-elles ? À ce que des représentants des États, quel que soit leur niveau ministériel, ambassadeur ou autre, puissent rencontrer leur homologue d'un autre pays où des tensions fortes existent. Et, à ce moment-là, sans le feu des projecteurs, des journalistes et autres choses, ils peuvent dialoguer des sujets qui fâchent, et ils peuvent avancer sur certains points. C'est une diplomatie informelle, mais c'est peut-être une diplomatie intelligente.

De votre vécu personnel, à quel moment avez-vous commencé à porter votre attention sur les enjeux européens ?
Alors, la porte d'entrée pour moi a été par la lorgnette de la question sociale. À l'époque, je participais en France à une association nationale qui s'appelle le Carrefour national de l'action éducative en milieu ouvert [AEMO]. C'est le rassemblement de professionnels de l'action sociale en France à l'époque, puis cela s'est fait en Europe. Des professionnels du travail social y interviennent, essentiellement dans le cadre judiciaire. Cette association nationale qui avait drainé des professionnels de différents pays s'est créée en réseau européen. Et ce réseau européen qui est né a obtenu le statut participatif d'OING au Conseil de l'Europe. C'est comme cela, en représentant cette organisation internationale – c'est le I en plus d'ONG – au Conseil de l'Europe, qui s'appelait et qui s'appelle toujours EUROCEF, qui veut dire Comité européen enfance et famille. EUROCEF est donc né avec le statut participatif au Conseil de l'Europe, et j'en étais le représentant. J'ai ensuite été membre de l'actuel bureau de la Conférence des OING. En dehors de l'enrichissement personnel, en dehors des propos qu'on peut tenir, on se rend compte qu'on peut faire avancer les choses quand même par cette place tout à fait unique que l'on a, surtout dans la configuration du Conseil de l'Europe, que jamais on ne pourrait avoir à l'Union européenne.

Désormais, quel aspect a le plus d'importance à vos yeux ? Celui européen ou celui de l'intérêt social ?
Avec cette dimension européenne, l'aspect national devient bien fade, je ne dis pas exsangue, je dis fade. Je veux dire par là que je me rends compte, même si spécifiquement la question sociale – sociale, dans le sens du rapport de l'individu dans son environnement familial, éducatif, etc., et pas sociale dans le sens employeur/salarié ; c'est dans ce sens-là que je l'utilise – n'est pour cause pas une question européenne, parce que dans l'Union européenne, c'est clair que ce n'est l'objet d'aucun texte, même si de temps en temps, par des portes dérobées, on y revient, mais cela ne fait pas partie des prérogatives de l'UE. Et, au niveau du Conseil de l'Europe, la question sociale est abordée sous l'angle de l'humain et du devenir humain, mais comme on est dans l'intergouvernemental, les États le reprennent s'ils le veulent bien. Du coup, la question sociale n'est pas la question centrale. Néanmoins, je pense que le fait de pouvoir la porter, la vivre et la faire avancer, ou du moins essayer de l'avancer au niveau européen, c'est très important parce que cela a forcément une répercussion au niveau local. Les textes qui sont sortis, qui ont été créés au Conseil de l'Europe, les prises de position des États au niveau des Comités des ministres et autres, ont toujours eu une conséquence positive sur les États ensuite, même si ce n'est pas le cas dans tous les États. Mais la question de la pauvreté est pour le coup un point essentiel au niveau social. Et je crois qu'on est arrivé cette année [2012] au Conseil de l'Europe à faire une journée où tout le monde était véritablement présent. La présidente déléguée des ministres était là plusieurs fois dans la journée, dès qu'elle pouvait se libérer, alors qu'elle a une charge importante. Le nouveau président du Congrès des pouvoirs locaux, qui venait d'être élu la veille, était également présent et a participé à nos travaux. Le président de l'Assemblée parlementaire a été empêché, mais il a envoyé le président de Commission. On est parvenu à ce que les quatre piliers soient présents sur cette question de la pauvreté. Simplement, d'arriver à cela, de convaincre ces gens – ce n'est peut-être pas sympathique de ma part – d'être présents et de prendre du temps, d'écouter d'autres gens en situation de pauvreté, malgré leurs difficultés à s'exprimer surmontées par leur volonté de faire savoir leur douleur, à leur façon, et de sortir de cette bulle dans laquelle ils sont. Arriver à faire tout cela dans un lieu qui est une organisation internationale intergouvernementale, moi je trouve que c'est un signe d'avancement.

Selon vous, l'Europe recouvre-t-elle des réalités différentes ?
Je pense qu'il y a plusieurs facettes à l'Europe. Il y a la caricature : l'Europe économique, l'Europe humaniste. Derrière cela, il y a l'Europe des cultures qui est un élément aussi important. En cela, j'englobe les langues, mais les langues c'est la partie visible, l'enjeu des cultures est important et ce sont des facettes différentes. Imaginer, quelle que soit la construction européenne, une Europe identique, ce n'est pas possible, les cultures ont un poids. Il y a les cultures, il y a l'histoire, et puis, si on mélange l'histoire et la culture, on va voir comment les gens dans leur évolution et donc dans leur éducation en ont été imprégnés. Je prends un simple exemple : lorsque la Convention européenne des droits de l'Homme a pris le pas

sur l'ensemble des quarante-sept États membres après cette évolution formidable que fut la chute du mur [de Berlin], vous avez eu des gens anciennement à l'Ouest pour qui se dire qu'être l'objet de violation dans leurs droits par leur État peut se traduire par une poursuite juridique de ce dernier. À un moment donné, et encore aujourd'hui, vous allez dans des pays anciennement de l'Est, et vous dites à la personne : « Vous êtes dans une situation de violation de vos droits, vous pouvez déposer une plainte et poser un recours devant la Cour européenne des droits de l'Homme à Strasbourg », les gens vous demandent en quoi cela consiste. Et lorsqu'ils se rendent compte que vous allez vous attaquer à leur État, enfin qu'ils vont s'attaquer à leur propre État, il y a un mouvement de recul. Car ils ont tellement été habitués pendant la période précédente à ce que l'État soit intouchable. Par là, s'attaquer à son État, c'est être complètement inconscient. Cela a généré, par le système éducatif et par l'ambiance culturelle également, une dynamique complètement différente pour les mêmes textes. On a donc forcément plusieurs facettes de l'Europe.

Que pensez-vous des critiques parfois entendues sur le déficit démocratique de l'Europe ?
Le déficit démocratique, je crois qu'il existe, il ne faut pas le nier ni s'en cacher. Pourquoi les femmes et les hommes politiques de l'époque, et encore aujourd'hui, n'ont pas eu ce courage de poser la question clairement à leurs électeurs ? Est-ce qu'ils pensent que leurs électeurs ne sont pas suffisamment mûrs pour répondre ? Je ne sais pas. Alors, c'est peut-être ma déformation helvétique qui me fait penser cela, mais lorsqu'on a des votations en Suisse – je continue à y participer régulièrement –, on a ceux qui ont déposé le texte référendaire – appelons-le ainsi – qui argumentent pourquoi ils sont pour ce texte-là afin que les gens votent dans ce sens-là. De l'autre côté, il y a la position fédérale qui argumente pourquoi ils sont contre le fait que l'électeur, le citoyen-électeur, vote pour ce texte-là. Tout cela est dans un livret qui vous est adressé dans votre langue, quelle que soit la langue de la région suisse où vous habitez, et vous y voyez les pour et les contre, c'est écrit.

Vous seriez donc favorable à l'idée d'une Europe plus participative ?
Je pense que la participation devrait être plus forte, mais il faut être prudent sur une chose : autant je suis favorable pour la Conférence des OING et des ONG en général et que la société civile en général doit pouvoir participer beaucoup plus, mais j'insiste sur le fait que la société civile, pour participer, doit être organisée. Si c'est pour avoir des mouvements importants, je ne dis pas injustifiés, mais réels et importants, comme [les Indignés] en Espagne et en Grèce… Vous rassemblez des milliers de personnes sur une place, mais est-ce qu'on sait si dans ces milliers il y a une dominante sur un point ou est-ce que ce n'est pas un ensemble d'individus, parce que ce n'est pas organisé en tant que tel, qui vont chacun rouspéter : « Moi, j'en ai marre de ne pas avoir assez d'argent. Mais, en fait, j'en ai marre parce que ma voisine, parce que mon patron, parce que… », et cela produit un mélange de choses qui se font. Et c'est pour cela que j'insiste, parce que ces mouvements sont importants pour exprimer une colère ou un désaccord, mais

c'est une somme de revendications, ce n'est pas une revendication en soi. C'est une somme de revendications et on ne peut pas y faire grand-chose.

Cette Europe plus participative serait donc une réponse au déficit démocratique qu'elle connaît ?
C'est ça, je pense que ce déficit démocratique doit pouvoir avoir comme réponse une participation de la société civile, une participation des citoyens et pas de façon désorganisée. Quand on a atteint le stade des Indignés, c'est que dans un État, dans une région, on a loupé beaucoup de marches de l'escalier. On ne s'est pas rendu compte des choses et un jour, cela devient explosif.

Que pensez-vous de l'euro et de son contexte actuel ?
Je pense que l'euro est un outil indispensable à la construction européenne. Je pense que, d'abord, quand on a de l'expérience, on se rend bien compte de la facilité que cela a apporté. Quand je vais en Italie ou en Espagne, j'ai aussi la charge d'être président du Centre Nord-Sud à Lisbonne, je ne me pose plus la question de la monnaie. Après-demain, je vais à Varsovie et je dois me poser la question du change [en złotys]. Ensuite, sur un plan économique, je pense que si, par exemple, dans le Conseil de l'Europe on a créé des textes sur des minima vitaux, on n'a pas pu les chiffrer parce qu'on n'a pas de référence commune. Quand je parle de ces textes-là lors de mes interventions, les gens me disent automatiquement : « Mais qu'est-ce que cela veut dire un logement décent ? Cela ne veut rien dire ». Je suis obligé de leur expliquer que, dans une Europe où l'euro n'existe pas partout, dans une Europe où vous avez l'Albanie d'un côté et le Royaume-Uni de l'autre, comment qualifier un logement décent ? Est-ce que les références du mètre carré par habitant sont les mêmes par rapport à l'évolution de ces pays ? Cela fait que l'euro a cet autre avantage, celui de pouvoir avoir au niveau européen des textes qui aient des points de référence communs. Et puis ensuite, au niveau de l'économie, c'est certain que l'euro a sacrément facilité les possibilités d'échanges et de construction, de construction réelle, de travaux, d'échanges entre les entreprises et le marché en général. Je pense que l'euro est incontournable. Et puis après, je vais être brutal, mais toutes les sottises que l'on a inventées sur la suppression de l'euro dans certains pays comme la Grèce ou ailleurs, c'est une aberration. On sait très bien, y compris dans les cercles politiques en France, qui prônent la sortie de l'euro pour la France et d'autres pays, ce sont des aberrations. On sait très bien que c'est tellement… ce n'est pas impossible, mais c'est tellement compliqué à mettre en place au niveau des références pour une zone géographique, que de vouloir en sortir rendrait la situation pire. Je pense donc que l'euro est une idée, elle n'a peut-être pas été assez mûrie à l'époque, mais c'est une idée qui est excellente et, à mon avis, il faut qu'elle continue à se développer. Après, on aura peut-être des pays à différentes vitesses, mais je suis tout à fait partisan de l'euro.

Comment définissez-vous la coopération transfrontalière que vous connaissez entre l'Alsace et l'Allemagne ?
L'évolution historique et culturelle a démontré que la frontière est artificielle. Et que donc, nonobstant, on va retrouver dans les choses de l'histoire des choses communes. Il est normal ainsi que, sur le plan culturel au sens large, la coopération transfrontalière ait quelque chose de positif, je regrette simplement qu'elle soit tellement lente à avancer. Je prends un exemple tout symbolique [...] : Combien de temps a-t-il fallu pour que l'on crée un jardin d'enfants bilingue à Strasbourg ? Il a fallu un temps énorme et je crois que c'est dommage.

Cette coopération transfrontalière correspond-elle à un processus de construction de l'Europe ou est-ce une coopération interlocale ?
Je pense que l'Europe aurait bon dos si on lui mettait sur le dos cette question-là. Moi je pense que c'est quelque chose de local. Si les élus d'Alsace et les élus du Bade-Wurtemberg se côtoyaient plus régulièrement – je ne dis pas qu'ils ne le font pas –, s'il y avait un véritable travail ensemble plus fréquent, et pas seulement au niveau de la région – je sais que la région le fait –, peut être que cela avancerait. Ce n'est pas l'Europe, bien sûr que l'Europe va avancer sur un point ou sur un autre. Certains diront que ce sont les Allemands, la taxe poids lourds, tout est venu sur le réseau alsacien et nous en Alsace on n'aurait pas pu bouger parce que Paris n'aurait pas voulu, on met cela sur le dos national. Ce sont des excuses vraies, mais ce n'est pas la véritable excuse. On a là aussi peut-être une imprégnation de l'histoire. On a voulu marquer cette frontière, même si elle n'existe plus réellement dans les faits. On est arrivé à la maintenir, et tant qu'elle sera dans la tête des gens, cela aura du mal à avancer. Mais je suis partisan pour que cela avance plus vite.

Si l'on vous demandait de citer les effets de la construction européenne dans votre quotidien, que diriez-vous ?
Il y a des choses que l'on oublie. Et il y a des choses que l'on critique, les normes européennes qui viennent nous casser les pieds, qui viennent encore nous faire changer, nous faire des dépenses, certes, mais je pense que, dans mon quotidien d'individu, il y a bon nombre de choses à petite échelle que je ne vois même plus, tellement je les ai intégrées. Si vous prenez, vous allez dire que je ramène tout au Conseil de l'Europe mais bon, le Code européen de sécurité sociale, qui est basé sur la question intergouvernementale, c'est-à-dire il n'est pas question de faire *un* code européen pour quarante-sept États, mais de rapprocher les quarante-sept codes pour voir quelles sont les passerelles possibles. C'est dans cet esprit qu'à l'époque on avait créé le formulaire E111, le fameux formulaire E111, qui était ce formulaire que vous preniez lorsque vous partiez dans un autre pays européen et que, si vous étiez malade, vous faisiez signer par le médecin pour être pris en charge. C'est ce qui a donné naissance plus tard, non pas au Conseil de l'Europe mais dans l'Union européenne, à la carte européenne de sécurité sociale. Mais c'est quelque chose dont on ne pense pas. Mais, aujourd'hui, d'aller dans un autre pays, de pouvoir être soigné dans cet autre pays, de pouvoir avoir des accords entre les assurances s'il vous arrive quelque chose, cette multitude de choses aux-

quelles on ne pense même plus, relèvent de l'évidence. Et je crois que, dans nos quotidiens, on n'a plus idée de tout ce que cela a pu nous apporter. On ne voit que les inconvénients. Et je ne parle pas de la stabilité des prix qui a joué également.

Estimez-vous que l'on voit davantage les effets de la construction européenne dans les zones frontalières ?
Il est clair qu'avant l'ouverture des frontières et maintenant, le fait de pouvoir simplement envisager de faire des acquisitions de l'autre côté de la frontière, en Allemagne, il paraît beaucoup plus spontané de s'y rendre. Je dois aller acheter de l'électroménager et l'on m'a dit que les prix étaient 50% moins chers en Allemagne. Je vais donc aller voir, cela ne pose pas de problème ! À l'époque, il fallait tout déclarer. Il est vrai que la dimension transfrontalière incite beaucoup plus à cela. Certes, il y a pour certains la barrière de la langue, mais ce n'est pas incontournable. Je pense que la région est l'entité la mieux adaptée pour faire aimer l'Europe aux gens. Cependant, c'est à condition que nos femmes et nos hommes politiques jouent le jeu pleinement. Et, lorsqu'on voit l'élu du petit village alsacien du bord du Rhin travailler avec son homologue de l'autre côté, et pas simplement parce qu'il y a un pont, mais que cela puisse se faire en tant que tel, si eux-mêmes marquent les choses, il y a pas que du négatif. Il y a du positif à mettre en valeur cela. Et si l'on arrive à le valoriser, si l'ensemble des élus, pas seulement les grands élus régionaux, arrivent à s'imprégner de cela, à prendre dans leur schéma de pensée qu'ils ne sont pas en bordure de la France et que tout ne se passe pas qu'à Paris, qu'ils sont bien dans un pays européen à côté d'un autre pays européen et qu'il y a un lien, je pense qu'ils arriveront par cet exemple régional et donc interrégional, transfrontalier, à susciter l'envie d'Europe chez les autres, chez les concitoyens. Moi, j'y crois.

Au sujet de l'Eurodistrict Strasbourg-Ortenau, connaissez-vous son président ? Qu'évoque pour vous l'Eurodistrict de façon concrète ?
Bonne question. Le président a été Roland Ries un temps, mais je ne sais pas si c'est encore lui. Non je ne sais pas, c'est l'Allemand ? [Frank Scherer, de 2012 à 2014]. Dans la vie de tous les jours, je ne vois pas l'Eurodistrict. Je sais qu'il existe, mais je ne le vois pas dans la vie de tous les jours, c'est certain. Si je le voyais dans la vie de tous les jours, ce serait par exemple avec le tram, construit dans le cadre de l'Eurodistrict. Pas un tram CTS [Compagnie des transports strasbourgeois], mais un tram « Eurodistrict ». Il y a ce train qui part de la gare de Strasbourg, qui va jusqu'à Offenburg et qui fait la navette sans arrêt, celle-là elle est très fréquente. Je l'ai déjà pris pour aller prendre le train à Offenburg. Et je pense que ce doit être l'Eurodistrict qui doit le financer d'ailleurs.

Quelle place occupe aujourd'hui le citoyen dans l'Europe et connaissez-vous des initiatives visant à renforcer sa participation dans l'Europe ?
Moi je crois que, pour l'instant, le citoyen européen reste un citoyen national. Il n'a d'européen que le passeport, parce qu'il n'a pas le choix, quand il demande un passeport, il obtient un passeport européen. En fait, pour moi, le citoyen européen, je pense qu'il ne doit se percevoir peut-être qu'à l'étranger, pour l'étranger. Lors-

qu'il est en Amérique du Sud, il se dit qu'il est européen, car il a un passeport européen. Mais, lorsqu'il est en Europe, il ne se sent pas européen, il se sent local, je crois que c'est le cas. Je crois qu'aujourd'hui, on a véritablement un déficit d'encouragement à devenir citoyen européen. Si l'empreinte avait prise, je pense que, dans un premier temps, les gens réagiraient différemment aux échéances électorales européennes. Ensuite, le citoyen européen réagirait fortement en disant : « Que sont ces élections ? Il y a une liste de Français qui se présentent au Parlement européen, une autre liste d'Allemands. Moi, je veux une liste de telle tendance, de gauche, de droite, écolo, peu importe : je veux une liste de telle tendance européenne ». L'idée serait de ne pas penser fragmentation, mais véritablement penser agglomération d'un certain nombre de diversités pour faire quelque chose d'européen. À mon avis, pour qu'il y ait citoyen européen, il y a du chemin à parcourir.

Vous sentez-vous européen ?
Je me sens européen, mais avec quand même des racines de grands secteurs entre l'Alsace, le Bade-Wurtemberg et la Suisse, [le canton de] Bâle-Campagne. Et encore, je suis de Bâle-Campagne, dans un village qui était de Berne avant. Et nous avons toujours au village un agriculteur qui monte tous les matins le drapeau bernois devant sa maison, parce qu'il n'est pas question qu'il ne soit plus Bernois !

Pensez-vous que la Turquie est un pays européen ? Quelles sont les frontières de l'Europe ?
Incontestablement, la Turquie est un pays européen pour moi. Il n'y a pas d'hésitation par rapport à cela. Si la Turquie n'était pas un pays européen, il y aurait d'autres pays dans l'actuelle Union européenne qu'il faudrait retirer. Je ne vois pas pourquoi Chypre serait alors un pays européen. Je ne vois pas pourquoi Malte le serait également, et j'en passe. La Turquie est un pays européen, à mon avis. […] Je pense que l'inverse serait grave. Refuser la Turquie comme un pays européen, c'est encourager la Turquie à se replier sur elle-même et à se replier dans des conservatismes qui seraient néfastes. Donc oui, je crois que la Turquie est un pays européen, la religion ne doit pas être un problème. Ce que je regrette un petit peu, c'est peut-être que la communauté musulmane se replie un peu sur elle-même quand elle est hors de son pays, alors qu'elle n'a peut-être pas d'autre choix. Cela n'est pas très bon pour la dynamique européenne. Après, on entre dans le domaine du politique.

Que pensez-vous de la dualité souvent avancée entre approfondissement et élargissement ?
C'est du discours politique. Moi je pense que ceux qui ont employé les mots « élargissement » et « approfondissement », c'est simplement parce qu'ils n'ont pas eu le courage d'appeler un chat un chat. Lorsqu'on se place au niveau de la question de l'Union européenne, je pense qu'avec le traité de Rome et ce qui a suivi après avec les six, on a peut-être voulu aller un peu vite, sans penser à la conséquence de l'élargissement. Notamment en admettant la Bulgarie, la Rouma-

nie. Aujourd'hui, il est clair que ce sont des pays en difficulté. En fait, on a lancé les choses et après on est arrivé à des situations telles que : « La Turquie, il ne faut pas la prendre, vous rendez-vous compte de combien sont-ils ? C'est énorme ! On a déjà la Pologne qui nous a écrasé en nombre ». On peut également citer tout le discours sur les plombiers et autres. Et puis aussi : « Vous rendez-vous compte, les Turcs avec ces musulmans ? Mais ce n'est pas possible ! ». Lorsque les six ont décidé de la construction et du traité de Rome, ils n'ont pas dit : « Les Français avec leur baguette et leur béret... ». Si les autres avaient dit cela, il n'y aurait jamais eu de construction européenne.

Comment voyez-vous alors l'avenir de l'Europe ?
Cette Europe est secouée, elle a des hauts et des bas, elle va peut-être repartir parce que des pays vont se mettre d'accord ensemble. Si l'on veut que des hommes, ces hommes qui ont été les investigateurs de la construction européenne, qui ont des défauts comme nous en avons, qui ont fait rêver un certain nombre de gens en disant que nous sortions d'une crise mondiale que fut la guerre, accompagnée de ses déchirements et de tout ce qui a pu être vécu à l'époque, si l'on veut que ces hommes nous proposent quelque chose, il faut que des gens suivent ce projet. Des personnes ont donc eu confiance et ont suivi cela, et tous les grands noms de l'époque ont apporté leur contribution. Tout ce qu'ils ont apporté n'est pas positif, mais ils ont apporté des éléments majeurs qui ont fait avancé jusqu'à aujourd'hui. Ensuite, on a eu des « services après-vente ». Des femmes et des hommes sont venus et y ont mis leurs petites touches, parfois avec des lois qui portent leur nom – je trouve cela curieux d'ailleurs, mais c'est ainsi –, mais pas de manière à faire rêver les gens. Or, je pense que les gens ont aussi besoin de rêver. Mais pas rêver comme ce que représente le show-biz, où l'on fait croire que demain le soleil brillera impeccablement, mais rêver quelque chose d'atteignable en tant que tel. Lorsque les choses pourront se mettre en place grâce au travail de certains hommes et femmes, cela sera une nouvelle évolution de l'Europe en tant que telle. Et pour l'instant, l'Europe cherche. Lorsque vous avez le couple franco-allemand qui bat de l'aile, comme il bat de l'aile par moment, et que vous avez les médias qui remettent une couche par-dessus, que voulez-vous que les gens aient envie de suivre avec cela ?

Que pensez-vous de l'avenir social de l'Europe, qui est votre domaine d'expertise ?
Je pense que l'avenir social de l'Europe passera par l'avenir local, et là on revient à la question de la région, peut-être de l'inter-région et du transfrontalier. Je pense que ce qui a, par exemple, été mis en place en Alsace, et qui a pu être maintenu malgré les lois françaises, développées après coup et qui auraient pu balayer ces initiatives, ce sont des exemples qui démontrent que c'est positif et qu'on n'est pas obligé d'avoir la même chose sur l'ensemble de l'hexagone au nom de l'égalité en tant que telle. On peut avoir des différences et ces différences peuvent nous permettre de s'enrichir les uns les autres. On peut l'imaginer de façon transfrontalière, et je pense que les travaux qui peuvent se faire dans les secteurs professionnels, y compris dans le social, ce sont des points de départ de ce que l'Europe

pourra acquérir en termes sociaux. Mais on arrivera quand même, sur le plan social, à ce que des exemples déterminants et parlants démontrent des avancées significatives, que cela intéresse d'autres et qu'ils se disent : « Là-bas, ils ont réussi, est-ce qu'on ne pourrait pas nous aussi réussir dans notre contexte à faire avancer les choses ? ». Je pense que l'exemple de l'autre est souvent très enrichissant pour construire son propre chemin.

Michel Hoeffel

Comment définiriez-vous l'évolution de la construction européenne ?
Je dirais qu'on est parti de l'idée de la nécessité de la paix, de la réconciliation, du rapprochement entre les peuples. Le tout est parti du non-sens de la Deuxième Guerre mondiale, et c'est déjà pendant la guerre que sont nées ces idées de réconciliation. D'où le démarrage – génial, je dirais – avec le pôle charbon-acier. C'est même assez biblique, je dirais, puisque dans la Bible, il y a cette parole : « Ils transformeront leurs épées en sang ». Et avec le charbon et l'acier, on s'est dit que ce qui a permis d'alimenter l'armement et les conflits, on allait en faire maintenant une affaire commune pour au moins déjà éliminer ce risque. Mais on a observé depuis que l'Europe n'a pas forcément évolué dans cette direction de départ. Cette dernière n'est pas absente, mais l'Europe s'est – à mon sens – trop axée sur les notions de marché commun, de bien être, de l'euro, etc.

Que pensez-vous justement de la technocratie, des problèmes financiers, de l'euro ?
Je ne pense pas qu'il faille reculer. Je pense qu'il faut plus de garde-fous, par rapport à une évolution trop exclusivement matérialiste. On a sans doute trop négligé l'implication des citoyens, la formation du citoyen de base pour le rapprochement entre les personnes, une meilleure compréhension mutuelle, en privilégiant le côté argent.

Quelle solution proposeriez-vous pour impliquer davantage les citoyens ?
Il y a de bonnes amorces, au niveau universitaire, avec le programme Erasmus, mais même elles semblent être, à l'heure qu'il est, en difficulté. Je reste convaincu, et c'est ce qui m'a toujours animé, moi, au niveau Église – j'ai commencé mon travail en 1960 en Alsace du Nord, et avec le recul, quand on y réfléchit, c'était très proche de la fin de la guerre –, mais j'avais d'emblée la conviction qu'il fallait qu'il y ait de l'action transfrontalière. À l'époque, ce n'était pas évident en Alsace d'avoir des relations fréquentes avec des Allemands, puisqu'on pouvait très vite être considéré comme germanophile. Mais je reste convaincu qu'à ce niveau-là, on a de bons outils dans nos Églises, des jumelages entre paroisses. Les jumelages entre communes se sont beaucoup développés. J'entends dire que c'est différemment accepté et reçu. En effet, quand en Allemagne on célèbre un jumelage par la remise du fanion du drapeau européen, ils en font une fête populaire, dans la localité où cela se passe. Ici, chez nous, cela se fait trop en catimini.

Serait-ce un problème français ?
Il y a une certaine retenue, encore, côté français, qui n'est plus de mise en Allemagne. C'est lié à la mentalité générale d'un peuple qui est encore trop tributaire de l'empire colonial qu'il a été et qui n'a peut-être pas placé les bonnes priorités historiquement. Alors que la politique africaine souffrait, cela nous a un peu ralentis par rapport à l'investissement européen, par exemple.

Malgré tout, constatez-vous que la construction de l'Union européenne a eu un impact sur le citoyen ?
En tout cas, la suppression des frontières a positivement contribué à la circulation. Même l'euro a facilité les contacts, les ouvertures, les va-et-vient, cela, c'est indéniable. Au niveau de l'Église, j'étais fortement impliqué dans ce que nous avons appelé la Conférence des Églises riveraines du Rhin. Nous nous sommes dit que pour rendre service à l'Europe dans son ensemble, qu'en tant que voisins, il fallait déjà des rapprochements, des modèles, qui, eux, pourraient être stimulants et encourageants pour d'autres. Cette conférence fonctionne depuis 1961 et comporte toutes les églises protestantes dont le territoire touche au Rhin. On peut dire historiquement que c'est *grosso modo* ce qu'on peut appeler l'entité alémanique. Les Francs, les Alamans... Nous sommes des Alamans, c'est-à-dire le nord de la Suisse, la Suisse germanophone, l'Autriche, le Bade-Wurtemberg, la Bavière. Nos rencontres consistaient en des conférences annuelles de responsables de ces Églises, qui devaient contribuer à ce que, lors des décisions prises par les instances de direction, on prenne en compte ou ne néglige pas la proximité du voisin.

Quant au Parlement européen à Strasbourg, pensez-vous qu'il faudrait le centraliser à Bruxelles ?
En tant que Strasbourgeois, il est sûr que j'ai une préférence pour le fonctionnement actuel, que tout ne soit pas centralisé dans un même lieu. Et, je dirais, quand on a en partie raté le pari qu'on peut gouverner dans l'ensemble des pays, à partir de pôles différents au lieu de tout centraliser, comme c'est le cas en France, il ne faut pas reproduire ce type de modèle sur le plan européen.

Et que pensez-vous du Conseil de l'Europe ?
Dans l'opinion publique, il est trop méconnu, alors que c'est sa priorité de travailler les questions éthiques, autres que la gestion purement matérielle. Il me semble qu'il a accordé plus de priorité aux personnes qu'aux choses, pour le dire en résumé.

Dans cette construction, à quel moment y a-t-il eu ce virage vers le technocratique, un changement de perspective ?
Quand j'observe dans l'histoire, je me dis que cela s'est fait insidieusement, progressivement. On est allé vers le courant majoritaire de notre société occidentale, qui a privilégié le matériel par rapport – je ne dirais pas le spirituel – à ce qui fait la vie des gens. Les moyens comme l'argent et les biens ont pris le dessus par rapport au bien-être des personnes.

Parmi toutes les institutions européennes, y en a-t-il une que vous estimez plus importante que les autres ?
On a tout intérêt à valoriser davantage tout ce qui se fait au niveau du Conseil de l'Europe, qui appréhende des problèmes de vie. Il faudrait mettre en avant les questions de la justice à la Cour européenne des droits de l'Homme, mais il y a bien d'autres aspects que l'on méconnait. Mais ce Conseil de l'Europe est un peu l'enfant pauvre dans la construction de cette grande maison qu'est l'Europe et dans la perception que les gens en ont, c'est dommage. Pour utiliser une image, je dirais que le Conseil de l'Europe, c'est là où le terrain est travaillé, labouré, hersé, que les questions qui sont en l'air sont appréhendées. Prenons le problème des Roms. Cela fait longtemps qu'au Conseil de l'Europe un service est spécialement chargé de suivre la question des Roms. Maintenant, on est devant des problèmes nouveaux, et on n'a pas su utiliser les outils qu'on s'était donné. Nous sommes une société – ou des sociétés – sédentarisée, qui trouve difficilement une place pour ces nomades. Je pense qu'une des priorités serait de travailler à fond avec le gouvernement roumain, par exemple, parce qu'ils ne sont pas plus aimés en Roumanie qu'ici ou ailleurs. La solution n'est pas simple, mais rien ne peut remplacer les contacts, les négociations, les dialogues, pour faire évoluer de part et d'autres les mentalités.

On parle parfois du déficit démocratique de l'Europe. Connaissez-vous des initiatives qui permettraient de renforcer la place du citoyen européen ?
Je n'ai pas la solution, mais lors d'une discussion sur le mode de fonctionnement de la vie politique, j'ai été amené à dire que j'avais le sentiment, à les entendre, que notre fonctionnement démocratique est arrivé à épuisement. Il ne fonctionne plus correctement. Il faut redonner du sens à ce qui est vraiment la démocratie, au lieu d'en faire uniquement une histoire de bulletin de vote que l'on remet et puis que l'on dise ensuite que le peuple a été consulté. La démocratie est devenue un jeu entre partis politiques, essentiellement. C'est une partie de ping-pong et on oublie que c'est fait pour la population. On oublie les vrais enjeux, on en fait un jeu politique, simplement.

Avez-vous toujours travaillé dans la perspective du rapprochement avec le voisin allemand ?
Je me suis dit : si à un moment donné, j'ai pu en souffrir pendant ma scolarité, parce que chaque changement te fait redémarrer pratiquement à zéro, et j'ai trainé longtemps un certain handicap, par rapport aux Français, mais je me suis aussi dit en même temps que c'était une chance à saisir de pouvoir maîtriser deux langues, que cela permettrait tout à fait naturellement de vivre l'ouverture, notamment vers l'Est. J'en ai ainsi beaucoup profité avec un certain nombre d'autres collègues pour avoir un maximum de contacts avec les Églises de la RDA, parce qu'on était bilingue. Car, au départ, ils avaient des difficultés pour être en relation avec la République fédérale, on leur interdisait de se rencontrer entre Allemands de l'Ouest et de l'Est, même s'il y avait quelques exceptions. Alors que nous, ici, en tant que Français, on pouvait beaucoup plus facilement établir des ponts.

Est-ce qu'en Alsace le bilinguisme permet le rapprochement vis-à-vis de la culture de l'autre ?
Je pense qu'on n'a pas su utiliser suffisamment cette chance, et la politique linguistique telle qu'elle a été conduite depuis 1945 a fait que l'usage ou la connaissance de la langue allemande a quand même reculé peu à peu. Ma génération – ceux qui sont nés avant la guerre et qui ont eu comme première langue l'allemand – en général, quand elle a pu poursuivre des études, est devenue bilingue. Mais ceux de mon âge qui se sont arrêtés à l'âge de 14 ans lisent encore souvent le journal en allemand, mais cela s'arrête là. On n'a pas assez la pratique, et les entrepreneurs d'outre Rhin regrettent souvent que les Alsaciens qui travaillent chez eux ne maîtrisent pas suffisamment l'allemand pour arriver à des postes de responsabilité, et c'est dommage.

Est-ce que vous pensez que l'Alsace est un « laboratoire » de l'Europe, comme on l'entend dire ?
On pourrait l'être, mais cela a en partie échoué. Au départ, il y avait une certaine mauvaise volonté, puisque tout le monde n'épousait pas l'idée de la réconciliation franco-allemande tel qu'Adenauer et de Gaulle l'avaient conçue et on a perdu du temps. Ma petite fille était inscrite dès la maternelle dans une classe bilingue. J'ai découvert d'année en année que c'était quelque chose de bricolé, ce n'était pas bien préparé. Les enseignants ne maîtrisaient pas correctement l'allemand. Le matériel était souvent des feuilles ronéotypées. Ce qui fait que cette petite fille n'est jamais arrivée au degré de connaissance de la langue allemande comme on aurait pu l'espérer. Quand pendant des années quelqu'un fait l'effort d'un enseignement bilingue, cela devrait déboucher forcément sur le bilinguisme.

Cette coopération transfrontalière est-elle indépendante du processus de construction de l'Union européenne ou est-ce que c'est un ensemble, est-ce que c'est un processus conjoint ?
On aurait pu avoir, malgré toute la grande politique, des relations naturelles normales, au-delà des frontières. Cela [la construction européenne] a sans doute un peu facilité l'idée du district Strasbourg-Ortenau.

Est-ce que vous pensez que cette coopération transfrontalière existe vraiment, ou est-ce que ce ne sont que les élus qui parlent de cela ?
Quand on regarde de près, il y en a, de la coopération, mais plus par intérêt que par conviction. C'est-à-dire qu'on est content de trouver du travail, en Allemagne et en Suisse, mais la conviction de ce rapprochement, de cette fraternité, c'est encore autre chose.

Est-ce que vous pensez qu'il est pertinent de dire qu'un individu est rattaché à une entité territoriale ? Quel territoire d'identification dominerait ?
On le constate bien. En tout cas, l'affirmation : « Je suis européen » vient rarement en premier lieu, et il y a encore du chemin à faire pour cela. On est dans une région un peu particulière en Alsace. Chez l'Alsacien, prédomine un peu l'idée qu'on est autre, qu'on est différent. On est volontiers français, mais on est quand même d'abord alsacien.

Est-ce l'histoire qui a formé cette identité ?
Sans doute, oui. J'étais pasteur à Munster, à côté de Colmar, pendant dix ans. J'ai découvert les ravages de la guerre de 14–18. En montant n'importe où sur les hauteurs de cette magnifique vallée, on trouve partout des traces de tranchées, des trous d'obus, etc. Et je me suis dit avec un ami que c'était bientôt le centenaire de la guerre de 14–18. Au lieu de laisser les instances officielles organiser leur cérémonie à caractère militaire, où on aime faire cocorico, on va prendre les devants. Alors on a conçu l'idée d'un mémorial sur les hauteurs où se trouvaient les chasseurs alpins français qui tiraient en bas sur les Bavarois. On a réussi à faire se rencontrer des descendants de ces Bavarois et de ces chasseurs alpins dans la région de Grenoble. On les a réunis, et on a édifié là-haut un mémorial qui a pour sens un non à la guerre et à la violence. Puis, de fil en aiguille, tout d'un coup, je me suis dit que cela ne suffisait pas, que quelque chose là-haut ne se remarquerait pas assez bien. Il fallait aussi un monument en bas, alors on a mis un monument à Munster même, qui a pour sens un oui à la réconciliation et à la paix.

Selon vous, est-ce que l'Europe s'attarde beaucoup sur les religions ? Il y a les tenants de la laïcité et les tenants d'une représentation religieuse forte...
Je ne suis pas pour un contenu religieux fort. Je suis de ceux qui disent que nous sommes des partenaires et que nous avons notre contribution à apporter. Je n'étais pas partant pour l'inscription dans le préambule du traité constitutionnel d'une référence telle. Je trouve que c'est trop vite fait. Quand je vois comment, aux États-Unis ou en Angleterre, ils prêtent serment sur la Bible... Après, qu'est-ce que vous en faites ? Non, je préfère que ce soit au niveau de l'investissement des personnes que cela apparaisse.

Certains disent que l'Europe s'est faite sur un héritage chrétien, qu'en dites-vous ?
Il y a sûrement une part d'héritage chrétien, mais il ne faut pas prétendre être un élément déterminant. Lorsque je regarde l'héritage chrétien, les guerres de religion, deux siècles de persécutions des protestants en France, lorsque je regarde tout ça, je me dis qu'il n'y a pas de quoi s'enorgueillir non plus, de l'héritage chrétien ! D'où mon attitude d'être un peu plus modeste.

Est-ce que la diversité religieuse serait un péril pour l'identité européenne ?
Peut-être aussi une richesse. Le tout est de savoir comment on l'appréhende. Je pense qu'on a tout à gagner à travers de réels dialogues interreligieux. Cela veut dire que, normalement, un être humain est en quête d'autre chose, mais les cheminements sont différents. Moi, je suis devenu chrétien de naissance, cela m'a été donné dans le berceau, j'ai essayé d'en faire quelque chose. J'en ai fait mon plein temps, mais, à partir de là, ne pas reconnaître que le cheminement d'un juif ou d'un musulman ne puisse pas aussi être quelque chose de positif... Il serait beaucoup plus loin si à l'époque l'Église catholique n'avait pas fait le barrage.

Qu'entendez-vous par là ?
L'islam pénétrait en Europe et l'on a stoppé son évolution.

Vous pensez donc que cette rupture entre les religions est due à ce blocage ?
Entre autres. Historiquement, je dis bien. Mais c'est quelque chose de fondamental. Qu'il s'agisse maintenant de spiritualités ou de peuples. Si on arrive à accepter que la diversité peut être une richesse, à condition de la positiver et de chercher à mieux comprendre l'autre, de se laisser corriger par l'autre. Je trouve que c'est au niveau des Églises ou au niveau des peuples.

Est-ce que vous pensez que la laïcité, dans ce cas-là, serait une voie qui permettrait à toutes les religions de mener un dialogue, qui puisse rassembler ?
Je suis pour la laïcité, dans le sens positif, c'est-à-dire celle qui refuse qu'une religion veuille se servir du pouvoir politique pour s'imposer à tout le monde. Pour moi, la laïcité, c'est refuser ce genre d'écueil, mais c'est accepter positivement qu'adhérer à une religion n'est pas forcément catastrophique. Au contraire, cela peut être un plus pour l'ensemble. Parce que je différencie entre les vrais laïcs et les laïcards. Ces laïcards ont fait de la laïcité quelque chose qui s'apparente à une religion, donc ils ne peuvent pas faire de reproches au religieux, comme ils transcendent la laïcité.

Où fixez-vous les limites de l'Europe ?
Je me fais difficilement une opinion, parce qu'il y a des enjeux de la grande politique. Est-ce qu'on a intérêt à avoir telle ou telle partie dans son camp ou de la laisser dans un autre camp ? C'est ce qui se passe à propos de la Turquie. On ne va pas forcément devoir refuser son adhésion à l'Europe parce qu'il y a une majorité de musulmans, par exemple, donc c'est très complexe. C'est la même chose par rapport à la Russie. Jusqu'où s'ouvre-t-on et accepte-t-on leur influence et leur présence ? Les refusons-nous ? Mais c'est de la grande politique. L'enjeu est de savoir s'il vaudrait mieux qu'ils soient de notre côté, ou contre nous.

Comment voyez-vous se dessiner l'Europe pour l'avenir ?
En tout cas, je la verrais volontiers plus humanitaire, l'Europe. C'est un rêve pour moi. Après, je pense que la crise va nous amener à faire des révisions profondes. On n'est que tout à fait au début. Vouloir construire trop exclusivement sur le bien-être matériel, sur notre héritage, n'est pas la seule alternative. Nous avons été les initiateurs d'un tas de choses dans le monde. Maintenant, d'autres nous prennent la première place. Quand on considère les siècles écoulés, le XIXe et le XXe, toutes les grandes initiatives partaient d'ici, toutes les grandes découvertes ont été faites en Europe, et maintenant, cela nous échappe. Alors l'Europe ne sera plus forcément le leader. De toute façon, économiquement, les États-Unis le sont déjà. Rien ne sert de courir après eux. Cela peut être une voie trompeuse. Je pense qu'il faut aller plutôt vers une Europe fédérale qu'une Europe centralisée, par exemple.

Alain Howiller

Que pensez-vous de la construction européenne ?
Je pense que la construction européenne ne correspond absolument pas à ce que les pères de l'Europe souhaitaient, c'est une première chose. Elle ne correspond pas non plus à ce que les peuples européens souhaitaient, ce qui est une deuxième chose. Enfin, l'échec que nous vivons actuellement, que ce soit sur le problème de la dette, sur le problème des décisions prises en commun à l'unanimité, montre bien que nous sommes dans une espèce d'impasse qui ne disparaîtra que lorsqu'on reviendra à des schémas de base : une Europe qui est une Europe des citoyens. En effet, je trouve qu'il y a quelque chose qu'on a oublié dans la construction européenne : ce sont les peuples, et je dirais même le peuple. Je considère qu'il n'y a qu'un peuple européen plutôt que des peuples. Il y a donc un peuple européen, qui a un certain vécu commun, qui commence à avoir un certain nombre de réactions communes, il y a une espèce de culture qui s'enrichit mutuellement et qui crée une espèce d'arbre qui pousse et qui s'appelle Europe. Ce que je regrette beaucoup, c'est que l'Europe a été kidnappée par des États, par des gouvernements nationaux, au détriment de ce que j'appelle, moi, le peuple européen ou des peuples européens. Cela veut dire tout simplement que je suis pour la formule qui est celle des « États-Unis d'Europe ».

On dit souvent que l'Europe est une œuvre de paix entre les nations…
Moi je pense que c'est plus qu'une œuvre de paix entre les nations. C'était au départ une œuvre de paix entre les nations, mais progressivement on a cru que l'on pouvait aller au-delà de la paix et essayer de construire quelque chose qui rende service au peuple. À quoi sert aujourd'hui, excusez-moi, le Parlement européen et à quoi sert la Commission ? Puisque le Parlement européen, quand il prend une décision – je sais bien que là je suis iconoclaste –, il faut qu'elle soit acceptée par un Parlement national pour être intégrée dans la loi, alors que c'est un Parlement qui a été élu au suffrage universel. Cela amène tellement loin que la Cour constitutionnelle de Karlsruhe dit à Mme Merkel : « Mais attendez, le Parlement européen n'a pas de légitimité, la vraie légitimité est celle du *Bundestag* [chambre des députés allemands], donc toute décision du Parlement européen, pour être acceptée, doit être entérinée par le *Bundestag* ». Mais alors, que devient le Parlement européen ? On dit qu'il a des pouvoirs, qu'il peut prendre des décisions à la majorité. Et la Commission, à quoi est-elle associée ? À quoi sert-elle ? Ce sont les États qui ont les rênes. Ils n'ont pas réussi à régler le problème de la crise de la dette. Ce sont les États à l'unanimité qui s'en sont chargés, la Commission n'a même pas été consultée. Actuellement, on est peut-être en train d'essayer, parce qu'on est dans la mélasse, de l'intégrer. Mais à quoi sert Monsieur Van Rompuy et à quoi sert la soi-disant ministre des Affaires étrangères ? À pas grand-chose. On a des structures qui sont des structures faussement étatiques, où on a l'apparence du pouvoir, mais la réalité du pouvoir, c'est les États qui l'ont.

Pour vous, le fédéralisme est un peu la clef de la paix en quelque sorte ?
Vous aurez remarqué que la première chose qu'on a mis ensemble après 1945, c'est l'acier et la sidérurgie. Aujourd'hui, ça fait rigoler quand on voit Florange. Mais à l'époque, pourquoi est-ce que les pères de l'Europe ont voulu mettre ensemble le charbon et la sidérurgie ? C'est parce qu'il s'agissait des deux moteurs des armes de guerre, de la fabrication des armes de guerre. Ils se sont dit : « si on met les deux ensemble à travers la Communauté européenne du charbon et de l'acier, il n'y aura plus jamais de guerres », et ils avaient raison. Mais la CECA n'existe plus, et la Haute Autorité n'existe plus non plus, c'est aujourd'hui la Commission.

Vous mentionnez la CECA, aujourd'hui nous sommes à l'heure de l'Union européenne, en étant passés par la Communauté économique européenne, que pensez-vous de ce processus ?
À mon avis, l'élargissement de l'Union européenne a été trop rapide, et en particulier l'ouverture vers l'Est. L'ouverture vers l'Est a été trop rapide pour deux raisons. La première raison est qu'on a absorbé, attiré des gens qui avaient une culture propre, quarante ans de communisme, qui avaient des réflexes et une culture qui n'étaient pas compatibles au départ avec la culture démocratique qu'avaient les Européens de l'Ouest. Je sais bien qu'on a dit qu'il fallait les accepter pour renforcer le côté démocratique, mais il n'en demeure pas moins qu'il y avait des intérêts à l'Est qu'on ne partageait pas au départ. Il aurait fallu à mon avis trouver un sas, comme on l'avait fait avec l'Espagne ou la Grèce, c'est-à-dire avoir une période de transition et non pas une adhésion trop rapide. La première chose, c'était cela. La deuxième chose, c'est que vous avez des pays qui au fond, comme la Pologne, la Hongrie ou la Roumanie, n'ont jamais connu de sentiment national fort, parce qu'ils étaient intégrés dans un système communiste qui les faisait travailler les uns avec les autres dans un système de *Comecon*, etc. Ils sont alors passés d'une phase de domination à quelque chose qu'ils ressentaient comme une autre domination. Ils ont troqué Moscou pour Bruxelles. Mais cela ne leur a pas plu et a donc laissé des traces. À mon avis, on aurait pu ménager quelques années de transition. On s'est dit que plus vite on les absorberait, plus vite on aurait une espèce de mur... C'est une mauvaise expression, cela fait penser à Berlin. Je pense donc que l'élargissement a été trop rapide, et à partir du moment où l'élargissement a été trop rapide, on a essayé de faire cohabiter des intérêts trop divergents. Comme la construction européenne était plus faible qu'elle ne l'est aujourd'hui, elle n'a pas pu gérer ces intérêts différents. La preuve, c'est qu'on le voit, et que les États en sous-main ont repris le pouvoir, c'est la règle de l'unanimité.

Vous parliez de démocratie, que pensez-vous des critiques qu'on entend parfois sur le déficit démocratique de l'Europe ?
Tout d'abord, lorsqu'on vous dit qu'il fallait faire un référendum pour le traité européen, on l'a fait. Par contre, sur le Mécanisme européen de stabilité (MES) et tout ce qui concerne les dispositions concernant le sauvetage de l'euro, on a dit : « c'est scandaleux, les États ont fait leurs petites magouilles, il aurait fallu sou-

mettre au peuple ». Oui et non, dans la mesure où d'abord ces systèmes ne sont pas en eux-mêmes des systèmes démocratiques. Ils ont été élaborés à force de compromis, qui sont des compromis sur la base de l'unanimité, comme je le disais. Ils ne correspondent pas fatalement aux intérêts authentiques du peuple. Le peuple les aurait donc peut-être rejetés, et cela aurait été dommage parce que cela aurait mis un terme à une évolution qu'on espère toujours, à un moment donné, se corriger et se parfaire. Il y a un deuxième déficit démocratique à l'intérieur des systèmes, c'est-à-dire que le peuple n'est pas toujours consulté, mais ce n'est pas toujours un mal. Et ensuite, il y a un troisième volet du déficit démocratique, c'est le rôle que doit jouer le Parlement européen, qui est élu par le peuple, par les peuples, et qui, à mon avis, devrait avoir un rôle plus grand et non pas un rôle un peu marginalisé. Je crois qu'il y a trois niveaux de déficit démocratique : le déficit au niveau du peuple, le déficit au niveau des peuples, c'est-à-dire les dirigeants qui prennent les décisions seuls, et le déficit au niveau des Parlements. Tout d'abord, les députés européens devraient être élus sur la base d'une circonscription électorale régionale et non pas sur la base d'une circonscription nationale répartie à la proportionnelle. Et dans cette circonscription électorale qui serait peut-être Strasbourg ou le Bas-Rhin ou n'importe, et non pas la France, on répartit ensuite en fonction des voix. On devrait prévoir, en particulier pour les zones frontalières, une zone électorale qui dépasserait les frontières. Par exemple, une zone qui serait à cheval entre les députés européens du Bade-Wurtemberg et d'Alsace. On y ferait une zone électorale commune et on y élirait un député. Il aurait certainement plus de visions sur les besoins du voisin et ses propres besoins que ceux qui sont élus à Perpignan ou à Carpentras et qui jugent sur la situation frontalière qu'ils ne règlent d'ailleurs jamais. C'est-à-dire que tout le monde s'en fiche des zones frontalières, et c'est d'ailleurs dommage parce qu'on fait des décisions trop globales. Je trouve triste qu'on ne retrouve pas, ce que l'on a connu d'ailleurs, une circonscription électorale régionalisée pour avoir une vision transfrontalière. On aurait là une espèce de nouvelle catégorie de députés européens, qui seraient des députés véritablement européens parce qu'ils ne seraient pas nationaux, mais transfrontaliers.

Que pensez-vous de l'euro, était-ce une idée positive ?
Je pense que c'était une idée positive qui était d'autant plus positive en période de prospérité, contrairement aux périodes de difficultés où chacun, dans la structure actuelle de l'Europe, se replie sur lui-même et où l'euro est fatalement menacé. Il est bien évident que, dans une période de difficultés, il y a des gens qui se disent que si on avait eu une monnaie nationale, on aurait pu dévaluer. On gagnerait 25% et on n'aurait pas besoin de se fatiguer, la compétitivité on l'aurait. Du coup, on diminue la monnaie de 25% et on est 25% moins cher sur le marché, formidable. Mais on ne peut pas le faire au niveau de l'Europe, c'est donc une contrainte. Ce qui est dommage, c'est qu'on ait fait l'Europe avant la structure fédérale. On aurait dû faire la structure fédérale d'abord, c'est-à-dire acquérir un pouvoir de décision, avoir un pouvoir « centralisé », et que l'euro soit l'expression, la monnaie de ce pouvoir. Mais aujourd'hui vous avez une monnaie qui représente un tout, qui

est travaillée par des individualités qui sont des nations, et vous avez un pouvoir global qui règle à l'unanimité. En période de difficultés, il est inévitable qu'il y ait des problèmes. En somme, on a mis la charrue avant les bœufs.

Qu'évoque pour vous l'institution du Conseil de l'Europe ?
Le Conseil de l'Europe, c'est d'abord historiquement la première institution européenne, c'est celle qui a uni. C'est véritablement l'expression du consensus franco-allemand. C'est aussi l'expression du symbole que représente Strasbourg. Parce que s'il a choisi Strasbourg comme siège, ce n'est pas tout à fait par hasard, mais du fait de cette double dimension. Au départ, le Conseil de l'Europe, c'était l'institution strasbourgeoise, et Strasbourg symbolisait le rapprochement franco-allemand. Vous remarquerez que je parle d'un rapprochement franco-allemand, je ne parlerai jamais d'amitié franco-allemande. L'amitié franco-allemande, c'est autre chose, c'est ce qu'on aura dans une génération peut-être. Pour le moment, on a une coopération entre des gens qui ont intérêt à coopérer. Et, à mon avis, c'est plus solide que les discours fumeux sur l'amitié franco-allemande, les flonflons, etc. Donc, pour moi, le Conseil de l'Europe, c'est l'ancêtre, c'est l'illustration du rapprochement franco-allemand. C'est en même temps l'illustration de la démocratie parlementaire et de la démocratie tout court en Europe. Voilà ce qu'est pour moi le Conseil de l'Europe. Avec une ouverture qui me paraît extrêmement importante, celle sur les droits de l'Homme, à travers la création de la Cour européenne des droits de l'Homme, qui est fondamentale. Et aussi une ouverture qu'on ne connaît pas, et qu'on pratique peu, sur la culture, les jeunes, à travers notamment le Centre européen de la jeunesse, qui est totalement méconnu, mais qui fait un travail d'Istanbul jusqu'à Bratislava en passant par Bruxelles, pour essayer de rapprocher des animateurs de mouvements de jeunes, etc. C'est une institution qui n'a pas toujours les moyens de ses ambitions, mais qui a à un certain moment joué un rôle déterminant, que cela soit sur Chypre, ou dans des tas d'autres conflits, au Kosovo ou d'autres. Mais, au fond, le Conseil de l'Europe, c'est le Vatican des riches. C'est un peu cela, si j'ose utiliser ces termes. C'est de plus en plus le Vatican des pauvres, mais c'est dû au fait qu'il y a de moins en moins de gens qui croient. On ne sait pas combien il y a de divisions.

C'est vrai que le Conseil de l'Europe est assez méconnu. Il n'est pas rare de ne pas connaître la différence entre le Conseil de l'Europe et l'Union européenne...
C'est un peu dommage par rapport aux Strasbourgeois, mais ce n'est pas une institution proche. C'est idiot, mais c'est comme cela. Les gens considèrent cela comme une espèce de périmètre européen avec des gens qui circulent avec des plaques vertes, mais il n'y a pas d'intégration dans la cité. Et pourtant, quand vous savez, les institutions européennes à Strasbourg, c'est près de 5 000 emplois. Mais qui le sait ? Personne.

Comment définissez-vous et que pensez-vous de la coopération transfrontalière ?
Elle souffre un petit peu du même défaut que la coopération européenne en général. Tout est basé sur la règle de l'unanimité, avec un gros problème, c'est qu'on assemble des partenaires qui ne sont pas égaux sur le plan institutionnel. Je

m'explique. Par exemple, lorsqu'on a créé l'Eurodistrict, le problème s'était posé. Côté français, comme nous sommes un État centralisé, on a absolument voulu que l'État français soit représenté dans l'Eurodistrict. Mais les Allemands ont dit « On ne comprend pas, l'Eurodistrict est un projet transfrontalier, qu'est-ce que l'État vient faire là-dedans ? C'est régional ». Alors, il a presque fallu provoquer une crise pour que le préfet puisse siéger à l'Eurodistrict. Et les Allemands ne comprenaient pas. La contrepartie a été finalement, pour que les Allemands acceptent le préfet, la mise en place du siège de l'Eurodistrict à Kehl, et non pas à Strasbourg. C'est le compromis traditionnel de l'unanimité ou de l'unanimisme. Au final, on a rassemblé des personnes qui n'ont pas les mêmes compétences. À mon avis, cela se résume un peu en : beaucoup d'études, beaucoup de travail de rapprochement, mais le tout loin du peuple, loin des gens qui ne sont pas mis au courant. On ne fait pas de grandes choses, mais de petits pas, parce qu'il y a des systèmes qui sont différents dans les États centralisés, les régions n'y ont pas les mêmes pouvoirs. C'est un peu le talon d'Achille, à mon avis, de la coopération transfrontalière. Avec quand même une chose, je crois qu'il faut l'intégrer, ce que les gens n'intègrent pas toujours, c'est qu'il est difficile de rapprocher des structures différentes, aux pouvoirs différents.

Est-ce que pour vous la coopération transfrontalière correspond davantage à un processus de construction de l'Europe ou plutôt à une coopération inter-locale ?
Je crois que c'est d'abord une coopération inter-locale. Le frontalier, par rapport à l'Union européenne, les Eurodistricts, etc., d'ailleurs le terme existe, ce sont des syndicats, en quelque sorte, d'intérêts communs. Alors que ce soit un sous-produit de l'Europe… Certes, si l'Europe n'existait pas, on ne se rapprocherait pas, il y aurait toujours des frontières en effet. Mais le véritable cadre authentique, c'est de trouver des solutions, des ponts, des chemins de fer qui sont d'intérêts locaux. Donc, à mon avis, la coopération transfrontalière est avant tout d'intérêt local. À tel point que si vous allez au Bade-Wurtemberg, à Stuttgart, ils s'en fichent un peu du transfrontalier, contrairement à ce que nous nous imaginons. D'ailleurs, le maire de Stuttgart ne savait même pas qu'il y avait un jumelage entre Stuttgart et Strasbourg depuis plus de vingt ans, il l'a découvert. Et pourtant Stuttgart n'est pas loin. Ils ne sont pas du tout sensibilisés à la coopération transfrontalière, comme l'étaient ceux qui les avaient précédés, mais qui incarnaient une tradition plus ancienne.

De manière un peu plus personnelle, pourriez-vous citer des effets directs de la construction européenne dans votre quotidien ?
Bien sûr. C'est par exemple aller à Kehl sans devoir m'arrêter à la douane et pouvoir acheter ce que je veux à Kehl, et réciproquement sans qu'on vienne me demander d'ouvrir mon coffre. Cela, c'est évident et c'est amusant ce côté qu'on vit au quotidien, parce qu'on ne s'en rend plus compte. Moi, j'ai vécu le temps où il y avait les douaniers et tous ces trucs-là, mais on ne s'en rend pas compte. « Ah, c'est normal ». Non, ce n'était pas normal. Je crois donc que l'effet au quotidien est de pouvoir échanger tous les jours, avoir des contacts avec eux, avec les voisins et réciproquement, dans les deux sens, sans qu'il n'y ait de difficulté quel-

conque. Hormis la difficulté de la langue qui commence à devenir sérieuse. Mais bon, ça m'amuse toujours quand je vais faire des courses à Offenburg ou Lars ou n'importe où, de voir le nombre de Français qu'il y a.

Voyez-vous les frontières nationales toujours vivaces au niveau du Rhin supérieur ?
On dit souvent que les frontières se sont effacées, mais elles se sont reconstruites dans les têtes. C'est vrai qu'il n'y a pas d'homogénéité, il y a des différences. On sait qu'on est en Allemagne, même s'il y a des maisons à colombage, etc. Il y a la langue certes, mais il y a aussi les couleurs. Je me souviens que pendant très longtemps, maintenant ce n'est plus vrai, j'avais – j'ai toujours – un ami berlinois qui était de l'Ouest et qui était passé à l'Est en 1953 lorsqu'il y a eu la fameuse révolte à Berlin. Et pendant longtemps il m'a dit : « Quand je traverse la frontière, bon je sais bien qu'il y a le Rhin, mais il y a quelque chose de différent qui me dit que je ne suis plus en Allemagne ». Et puis on a découvert un jour que sur les routes allemandes la couleur utilisée était le blanc et en France la couleur utilisée était le jaune. C'est marrant. C'était le cas avant, parce que maintenant c'est du blanc partout car c'est des critères européens. Maintenant, ce détail est réglé. Mais c'est vrai qu'il n'y a pas une harmonisation générale et c'est tant mieux.

Vous sentez-vous d'abord Européen, plus attaché à votre région ou plutôt à votre pays ? Et lorsque l'on vous demande d'où vous venez, que répondez-vous ?
Il n'y a pas de hiérarchie. Je me sens Alsacien, Français, Européen. Quand je suis aux États-Unis ou en Chine, je dis que je viens d'Europe. Et généralement on me demande d'où. Alors je dis que je viens de France, de Strasbourg. Mais je me sens les trois. Un jour, j'étais à Boston et le directeur de la foire de Boston me dit qu'il avait une fille qui fait des études à côté de Strasbourg, à Salzbourg. Il y a cinq ou six cent kilomètres entre les deux, ce n'est pas tout à fait à côté ! Mais pour lui, ça l'était. Donc vis-à-vis de l'extérieur, l'Europe a une unité, un tissu.

Dans un autre registre, pensez-vous que la Turquie est un pays européen ?
Non, là je suis tout à fait catégorique, non. C'est un pays qui, comme disait Giscard, est 10% d'Europe et 90% d'Asie, de Proche-Orient etc. Donc non, je ne pense pas que la Turquie soit un pays européen. Déjà, j'ai des doutes sur quelques pays européens qui sont dans l'Union, mais la Turquie non. Pourquoi alors le Maghreb ne serait-il pas Européen ?

Et est-ce que la religion est une variable importante en Europe ?
L'islam, quand on prend l'histoire de l'Espagne, fait partie de notre histoire pendant des siècles. Et cela n'a gêné personne à l'époque. Je crois que la Turquie n'est pas rejetée parce que c'est un pays musulman, mais parce qu'elle est en dehors du continent européen. Il faut à un moment donné fixer une limite géographique. L'Europe est un concept autant géographique que géopolitique. La religion n'en est pas le fondement.

Que pensez-vous de la dualité souvent avancée entre approfondissement et élargissement ?
Je crois qu'il faut une Europe à deux vitesses, au moins à deux vitesses. C'est-à-dire un noyau, un approfondissement conjugué à l'élargissement. Étant bien entendu que les pays qui font partie de l'élargissement n'auront pas les mêmes pouvoirs que les pays qui font partie de l'approfondissement. Je crois que les deux démarches sont nécessaires. Les unes pour une construction européenne démocratique, l'autre pour une espèce de confédération, une zone de libre-échange qui permette la libre circulation des personnes et des biens. Et je crois qu'on ne s'en sortira pas autrement. Ainsi, je crois qu'il n'y a pas contradiction entre approfondissement et élargissement, il y a complémentarité. L'approfondissement, c'est pour les personnes qui acceptent un destin commun et qui acceptent des structures communes qui sont des structures de commandement commun, et qui donc vont dans le sens d'un approfondissement d'un État, voire, un jour, d'une nation européenne.

Comment voyez-vous l'avenir de l'Europe ?
Je ne suis pas du tout pessimiste sur l'Europe, c'est en cela que je me distingue de beaucoup de gens. Nous allons tirer des leçons de la crise. La solution, c'est d'avoir un gouvernement, un fédéralisme avec un gouvernement central, des gouvernements nationaux, un Parlement central et des Parlements nationaux qui formeront la deuxième chambre présente dans toutes les fédérations. Et je crois qu'on va vers cela inévitablement. Et si on n'y va pas, on ne sortira pas de la crise, j'en suis convaincu. On va revenir vers les fondamentaux de l'Europe.

Jean Hurstel

Comment définiriez-vous la construction européenne en trois mots clés ?
En trois mots ? Un seul : ce fut une utopie et c'est devenu une bureaucratie.

À quel moment avez-vous été amené à porter de l'intérêt aux enjeux européens ?
Parce que j'étais à ce moment-là directeur d'une scène nationale à la frontière allemande, à Freyming-Merlebach, et que cette question compte dans la banlieue de la France et dans la banlieue de l'Allemagne. Donc l'idée, c'était de dire : il y en a un peu marre des questions franco-françaises, allons voir un petit peu ce qui se passe ailleurs. Et il y eut très vite des projets qui se développèrent en Europe, que ce soit en Allemagne ou dans d'autres pays européens. Donc voilà, c'est comme ça que c'est venu.

On dit fréquemment que l'Europe est une œuvre de paix entre les nations...
L'œuvre de paix, ça oui, forcément, ça c'est évident. C'est surtout le tandem franco-allemand qui a mis en œuvre cette possibilité.

Et, pour vous, est-ce que l'Europe, c'est principalement la paix ou en priorité d'autres aspects?
Je suis très sensible aux aspects culturels, donc c'est une possibilité d'échange tout à fait intéressante, d'ouverture tout simplement, au-delà de la nation justement, et c'est un espace naturel pour nous. On ne peut plus réagir uniquement en fonction d'un pays, mais en fonction d'un espace naturel qui s'appelle l'Europe, mais pas d'un point de vue politique, d'un point de vue géographique. C'est un espace. De Dunkerque à l'Oural, comme disait De Gaulle.

Que pensez-vous des dynamiques d'intégration communautaires ?
D'un point de vue culturel, c'est vraiment le traité de Maastricht qui l'a inscrit, donc ça a été une ouverture formidable pour tous les projets culturels européens.

Que pensez-vous des critiques parfois entendues sur « l'Europe de la finance » ou le « déficit démocratique » ? Quelle est la place du citoyen en Europe ?
C'est une question d'actualité parce que l'Europe vacille, parce que le plan d'austérité étrangle un certain nombre de pays. L'Europe est devenue victime de l'austérité plutôt que le signe de la croissance et du partage. Donc là, c'est un vrai problème... Si vous voulez, les citoyens européens ne voient plus très bien ce qu'ils peuvent attendre de l'Europe. Est-ce que c'est la protection sociale ? Est-ce que c'est autre chose ? C'est une vraie question qu'ils se posent, et l'hésitation des citoyens européens vient de là. Quand vous avez des taux de chômage de 50% pour les jeunes, en Grèce, en Espagne, vous vous dites qu'il y a un vrai problème. La décision européenne de confier le remboursement des dettes au secteur privé bancaire a été une terrible réponse à une vraie question. Au lieu de dire qu'on va étaler ce remboursement de la dette, sur 5, 6, 7, 8 ans, ce qui n'aurait pas provoqué ce terrible dilemme, on aurait avancé beaucoup plus facilement. C'est cette décision brutale de réduire en 3 ans la dette à 3% qui est terrible et la déception par rapport à l'Europe est très grande, c'est sûr. C'est l'Europe neo-libérale, ça ne fonctionne pas.

Pour vous, y-a-t-il un déficit démocratique ?
Vous connaissez bien le problème européen. Vous avez un Parlement, une Commission, un Conseil des ministres. La Commission n'est pas élue. L'autre, c'est une Europe des nations avec le Conseil des ministres. Et le Parlement, bon, il essaie de faire son travail entre les deux. Et il y a encore un déficit démocratique à l'intérieur même des institutions. C'est clair. On est dans une Europe des nations encore, on est à mi-chemin entre l'Europe fédérale, une vraie démocratie européenne, et une [Europe] des nations. Il faudra décider un jour ou l'autre si on va vers la fédération ou l'Europe des nations.

Selon vous, que faudrait-il faire pour gagner le soutien des citoyens pour rapprocher l'Europe des citoyens ?
La première chose, c'est de ne pas jouer le marché tout le temps. À partir du moment où vous jouez l'austérité et le marché, il y a un fossé qui se creuse entre l'Europe des institutions et les citoyens. Répondre tout le temps « le marché, le marché, la main invisible du marché résoudra le problème », non. La main invi-

sible ne résout rien. Maintenant, avec la Grèce et les autres pays du sud, on voit bien que ça ne marche pas. Donc à force de renforcer sans arrêt cette prééminence du marché, on oublie toutes les autres fonctions des institutions européennes. On est en déficit, très clairement, il y a une politique économique et financière qui est subie, et le reste, on ne le voit pas. C'est un vrai problème politique de prendre en compte les aspirations des peuples, des différents peuples européens.

Est-ce que vous pensez qu'il existe une identité européenne ?
Il n'y a pas d'identité européenne, il y a une langue européenne, qui est l'anglais. C'est incroyable, l'allemand a disparu, le français aussi, il reste l'anglais. Donc il y a une langue européenne, c'est clair. Est-ce qu'il y a une identité européenne ? Je n'y crois pas du tout. Il n'y a pas d'identité européenne, on la cherche depuis longtemps. Selon les nations, les héritages sont extrêmement différents. Et justement, c'est ça qui est intéressant, ce n'est pas de trouver une identité européenne. De toute façon, arrêtons-nous sur ce mot-là, l'identité, il ne veut rien dire parce que l'identité, c'est une construction personnelle de chacun, qui vient d'horizons extrêmement différents. Nous sommes tous formés par ce qui nous a été transmis par les paroles des parents, des grands-parents, ce que nous transmettons à notre tour. Voilà, c'est une dynamique, l'identité, ce n'est pas une substance. Il s'agit de constructions en permanence en changement.

Que diriez-vous si on vous demandait si vous vous sentez Européen ?
Vous savez, c'est une question que j'ai déjà rencontrée souvent. Quand vous êtes par exemple du Neuhof, vous dites « je suis Français » quand un étranger vous pose la question. Quand un Alsacien vous pose la question, vous dites « je suis de Strasbourg ». Je suis Européen, oui, si je rencontre un habitant d'Amérique du Sud, je lui dirais « je suis Européen ». Il ne dira pas qu'est-ce que ça veut dire Européen, il me demandera de quel pays je suis, ce sont donc des questions par rapport à une identité pour situer quelqu'un mais ça ne va pas plus loin.

Se sentir Européen pourrait aider à approfondir la construction européenne ?
Non, ça ne fonctionne pas comme ça. Les gens se disent « je suis Français, je suis de Strasbourg, je suis de tel pays », ils ne vous diront jamais « je suis Européen ». Sur le passeport, c'est marqué « Europe », c'est l'ouverture des frontières qui a provoqué ça. C'était plutôt positif. Et en même temps, personne ne dira « je suis Européen ».

Que pensez-vous de la dualité souvent avancée entre approfondissement et élargissement ? Et, selon vous, quel domaine aurait intérêt à être approfondi ?
Moi je pense que la culture est essentielle, donc je dirais que c'est le domaine dans lequel on pourrait trouver plus de liaisons, d'échanges, etc. On a dit que Monnet avait dit, par rapport à la construction européenne, « si j'avais su, j'aurais commencé par la culture ». Il n'a jamais dit ça, mais bon... [Cela dépend] d'une décision politique. Et quand on voit les discussions sur le budget européen, il n'y a aucune chance que ce thème soit développé. Quand on voit que la moitié du budget européen va à l'agriculture, vous vous dites « bon, il y a un problème ».

Selon vous, quel devrait être le rôle de la culture au sein de l'UE, et est-ce que la culture a un public particulier ?
La culture n'a pas, ou ne devrait pas avoir en tout cas, un public particulier. Ce n'est pas tout à fait exact parce que, quand on regarde la fréquentation des salles de spectacle et des institutions culturelles, on voit bien que c'est la classe moyenne disposant d'un diplôme universitaire du 3ᵉ cycle qui est la plus nombreuse. Donc la démocratisation de la culture a échoué d'une certaine façon. Et justement, l'Europe pourrait être le lieu où l'on pose de nouvelles questions de politique culturelle et où l'on développe un certain nombre de choses. Je pense que c'est une ouverture absolument nécessaire actuellement. Vu le repli nationaliste, si on ne joue pas la carte culturelle... c'est quand même un fantasme, la xénophobie. Et les cultures travaillent sur l'imaginaire. C'est une façon de rapprocher les citoyens européens, on peut faire des projets culturels, pas uniquement dans des institutions de prestige, mais sur le terrain, dans les villes, les quartiers, etc. Et ouvrir là-dessus une dimension européenne puisque vous êtes obligé d'avoir deux ou trois partenaires. Il y a forcément beaucoup de partenaires dans un échange européen, et ça c'est extrêmement bénéfique, les projets culturels de terrain.

Comment voyez-vous l'avenir de l'Europe et quels sont les enseignements du passé à tirer pour l'avenir ?
Il y a un manque terrible de participation des citoyens à l'élaboration de la politique européenne. Ils sont complètement en dehors du coup... Cette politique supranationale mériterait une impulsion citoyenne, c'est clair. Par quel moyen, je n'en sais rien, mais ça ne peut pas être uniquement la Commission, le Conseil des ministres et l'Assemblée qui font l'Europe. Au fond, il faut revenir à l'utopie première de l'UE : il faut rassembler les forces dynamiques et ouvertes, en particulier les jeunes. Il y a aussi un problème entre la mondialisation et l'européen. Si, actuellement, on joue la carte de la mondialisation, alors c'est sûr que l'Europe ne sert à rien. Le citoyen attendait une protection peut-être par rapport à ça et elle n'est jamais venue. Les gens n'ont pas l'impression que l'Europe est une entité qui leur permet de se développer. Vous avez lu le livre d'Emmanuel Todd *Après la démocratie* ? Il dit que l'Europe ne peut survivre que si on fait en sorte qu'il y a un protectionnisme sur les droits sociaux et sur l'environnement, et que ça peut revivifier complètement l'industrie en Europe. Je suis assez d'accord avec lui là-dessus. C'est-à-dire qu'il y a un vrai problème de rôle de protection que l'Europe ne joue pas. Avec la mondialisation, il n'y a plus de limites, ni financière, ni économique, donc on va là où les salaires sont plus bas, où c'est moins cher. Et donc il y a un vrai problème politique : le rôle de la Commission européenne est d'assumer son rôle d'Europe et pas uniquement son rôle dans la mondialisation. Si c'est le rôle dans la mondialisation, on n'a pas besoin de l'Europe. On pourrait avoir une reviviscence de l'Europe en disant : voilà l'Europe existe puisque j'ai trouvé du travail, je suis plus sur les salaires chinois, etc. Il y a un vrai problème politique, et vous remarquez que personne ne touche à la dérégulation du marché. Aucun pays, et l'Europe encore moins que les autres. Tant qu'on ne limitera pas et

qu'on ne rendra pas ce système économique plus transparent, c'est clair que l'Europe ne jouera pas son rôle.

Comment définiriez-vous la coopération transfrontalière ?
J'ai vécu pendant quinze ans en Lorraine à la frontière. À la sortie de la ville, il y avait une borne avec F : France, et D : Deutschland. Les gens parlaient la même langue d'un côté et de l'autre, le *Plat* lorrain, qui est parlé en Sarre aussi. Ils avaient une histoire commune, c'est ça la frontière, c'est du temps coagulé dans l'espace. C'est vrai, il n'y a pas de frontières naturelles. C'est un front stabilisé par l'histoire, ensuite par un traité diplomatique, tout ce que vous voulez. Et quand on voit cette histoire franco-allemande, là où elle a lieu, et vous vous dites que, pour transporter ces bornes quelques kilomètres plus loin, il a fallu quelques milliers de morts, plutôt quelques millions, bon vous vous dites que c'est vrai que cette coopération transfrontalière existe déjà spontanément. Mais c'est un problème d'identité terrible. Les gens du côté français de la frontière… Ceux de Berlin savent qu'ils sont Allemands, ceux de Paris qu'ils sont Français. Mais nous, qu'est-ce que nous sommes ? Et on a travaillé sur cette question pendant [des années]. Et les gens avaient l'impression d'assister à leur propre procès. Ils apportaient les photos spontanément et faisaient des photodrames avec ça, c'est-à-dire avec leur parole et avec des photos. C'est quelque chose de fondamental pour eux : « Nous sommes des mineurs de charbon, normalement Français, mais voilà, c'est la frontière qui n'existe pas naturellement, ce n'est pas le Rhin, c'est un tracé quelconque ». Et donc je pense, si vous voulez, que là il y a une reconstruction encore à faire, elle n'est pas finie. Parce que, quand ils voyaient des maisons sur le bord de la frontière, ils parlaient des voisins comme des Boches alors qu'eux-mêmes n'étaient pas très sûrs de ne pas en être. La mémoire de la frontière est toujours présente et ça c'est terrible. Mais, en même temps, ils avaient des échanges tout à fait normaux, ils avaient des parents d'ailleurs de l'autre côté, ce n'était pas un problème de frontière. Or, ça a été dans l'histoire un problème de frontière, parce qu'on a des photos où les gens se rencontraient aux postes frontières, de part et d'autre de la barrière, où ils se parlaient de part et d'autre de la barrière. Donc cette histoire-là est toujours présente dans les mémoires. Elle n'est pas encore passée, la frontière existe. Et ce n'est pas seulement une frontière linguistique puisqu'ils parlent le même dialecte germanique de part et d'autre, mais c'est une frontière historique qui perdure.

Est-ce que cette coopération transfrontalière correspond au processus de construction européenne ou est-ce que c'est à voir indépendamment ?
Non, ça fait partie, tout à fait, ça fait partie, c'est les voisins, je veux dire.

Les décideurs parlent fréquemment de l'espace du Rhin supérieur comme d'un « laboratoire » de l'Europe, qu'en pensez-vous ?
Un « laboratoire » de l'Europe ? Peut-être, oui. Pourquoi pas. Vous savez, les gens ont des relations multiples. Ils sont jumelés d'abord, enfin… ça n'a pas été une réussite non plus, on se rencontre une fois dans la vie pour bouffer ensemble, c'était bien, mais bon, c'est largement insuffisant. Je trouve que ces projets-là sont

des projets de cette dimension européenne. L'Europe des citoyens, c'est quand même plus proche que d'aller à Bruxelles.

Si l'on vous demandait de citer les effets de la construction européenne dans votre vie quotidienne, que vous viendrait-il à l'esprit ?
Dans ma vie quotidienne, oui, l'euro. Je n'ai plus besoin de changer de monnaie. Dans ma vie quotidienne, qu'est-ce que j'ai d'autre... Si, quand on me donne des subventions européennes, oui.

Claude Keiflin

Comment définissez-vous la construction européenne ?
La construction européenne, je considère que c'est la conséquence de la Seconde Guerre mondiale. Il fallait trouver un moyen de ne plus revivre ce cauchemar – après celui de la Première, d'ailleurs. C'était l'occasion de réconcilier la France et l'Allemagne, deux peuples qui se sont combattus pendant des siècles, et la construction européenne a permis justement d'instaurer la paix en Europe, ce qui est un grand progrès par rapport à ces guerres.

Que pensez-vous du prix Nobel de la paix attribué à l'Union européenne ?
Ce prix Nobel est justifié, il arrive peut-être même un peu tard [en 2012]. Quant à la polémique relative à la personne qui devra aller chercher le prix à Oslo, elle demeure secondaire. Il serait mieux qu'il y ait un président de l'Europe unie, que l'Europe soit un peu plus fédérale qu'elle ne l'est, et dans ce cas cette question n'aurait pas lieu d'être. Ceux qui représentent actuellement l'Europe ne sont pas assez connus pour l'incarner vraiment.

Est-ce que l'Europe recoupe des réalités différentes ? On considère généralement « plusieurs » Europes...
Oui, et c'est du fait de la construction européenne elle-même qu'on peut affirmer cela. C'est d'abord le charbon et l'acier, et plus tard l'Acte unique, la monnaie unique, soit des thématiques économiques avant tout, en dehors de la réconciliation franco-allemande et de la paix. C'est par l'économie que s'est d'abord construite l'Europe.

Que pensez-vous de l'euro, notamment à l'heure actuelle ?
Ayant beaucoup voyagé, je constate que l'euro est un énorme progrès pour aller à l'étranger sans avoir à changer de monnaie. J'ai encore à la maison vingt porte-monnaie avec des pièces de chaque pays ! C'est une superbe avancée et j'espère qu'il ne va pas se désintégrer. Il faut éviter à tout prix qu'un pays – même la Grèce – ait à quitter la zone euro, cela déstabiliserait tout le système. Je comprends bien que les Allemands, qui ont fait des efforts et des sacrifices pour assainir et renforcer leur économie, ne soient pas très favorables à venir au secours de la Grèce ou des autres pays en difficulté. Bien que l'on caricature les travers du peuple grec, ces réticences allemandes s'expliquent par l'idée d'aider un pays

avant même que les habitants aient quelque peu pris la mesure de leur responsabilité dans leur malheur.

Quelle est votre opinion sur le fonctionnement du Parlement européen, sa place dans l'ordre institutionnel ?
Il a pris beaucoup plus d'ampleur par rapport au départ, notamment grâce à la codécision, depuis le traité de Lisbonne. Je trouve qu'il fait du bon travail, c'est un contrepouvoir, mais je regrette beaucoup que les eurodéputés français ne lui accordent pas la place qu'il mérite, excepté peut-être les députés alsaciens. La manière que certains ont de sauter sur l'occasion d'une élection nationale pour se faire élire et quitter le Parlement européen est plutôt scandaleuse ! La délégation française s'en retrouve affaiblie, et cela ne ravit pas les eurodéputés allemands que l'on prenne cela avec désinvolture en France.

Et la question du siège ?
Strasbourg fait beaucoup d'efforts pour accueillir le Parlement et s'il ne fallait qu'une seule capitale parlementaire, cela pourrait très bien être Strasbourg.

Justement, d'aucuns disent que le Parlement peut peser davantage à Bruxelles, au contact des autres institutions comme la Commission...
Cela serait marquer encore plus d'indépendance de la part du Parlement que de s'installer en totalité et en permanence à Strasbourg ! D'autant plus que les sommets européens – le Conseil européen – sont également centralisés à Bruxelles depuis le début des années 2000.

Pouvez-vous évoquer votre vision du Conseil de l'Europe ?
Le Conseil de l'Europe est malheureusement encore moins connu des gens que le Parlement européen. Les gens ne savent pas ce qu'on y fait, on confond parfois les deux et les quarante-sept pays traitent de sujets souvent fondamentaux, mais souvent peu connus du public. Ainsi, début octobre 2012, la Ville de Strasbourg et le Conseil de l'Europe ont organisé un Forum mondial de la démocratie, mais ces sujets passent au-dessus de la tête de 95% des gens !

Comment définiriez-vous la coopération transfrontalière ? Est-ce que cela participe de la construction européenne ?
Cela a été lancé chez nous dès l'après-guerre, notamment par le maire de Colmar Joseph Rey, prisonnier à Fribourg pendant la guerre, et qui a très vite lancé la réconciliation franco-allemande et la coopération, à travers notamment une association qui s'appelait la CIMAB [Communauté d'intérêt Moyenne-Alsace Brisgau]. Cela a été repris à Strasbourg par Pflimlin, en allant beaucoup plus loin que le simple jumelage, c'était vraiment des projets communs. Le plus visible, c'est d'ailleurs le pont Pflimlin au sud de Strasbourg, et puis tous les projets traités dans le cadre d'Interreg, par la Région Alsace, laquelle a obtenu la gestion des fonds structurels européens en 2003. Mais la coopération transfrontalière est assez difficile, parce que, d'un côté l'Allemagne est un pays fédéral, les cantons suisses sont aussi très autonomes, alors qu'en France tout passe par Paris. Dans les comités tripartites, c'est toujours le préfet, représentant de l'État, qui préside, ce que les

Allemands ont du mal à comprendre. D'ailleurs, cela énervait tellement Erwin Teufel, ancien ministre-président du Bade-Wurtemberg, de voir les élus alsaciens assis derrière le préfet, qu'il assistait peu à ces réunions. Côté français, tout passe par Paris, alors la prise de décision traîne et parfois cela n'aboutit pas. On le voit bien avec les Eurodistricts…

Et si on vous demandait de citer des effets quotidiens de la construction européenne ? Vous avez déjà évoqué l'euro…
Oui, bien sûr, l'euro. Autrement, Schengen et la suppression des frontières, la libre circulation. Pendant que j'étais étudiant, et même avant pour aller en vacances, il fallait passer la frontière et la douane. Même pour aller en Allemagne, on avait peur en revenant avec quelques produits, alors que maintenant les Allemands viennent faire leurs courses en France et vice versa. Quand on n'a pas connu les frontières, on ne peut pas imaginer le progrès que cela représente !

Et connaissez-vous le nom du président de l'Eurodistrict ?
Non, mais… c'est, je crois, un député allemand… [Frank Scherer]

Tout cela ne forme pas une action concertée au niveau européen, il n'y a pas d'action pilotée par la Commission, par exemple.
Il y avait un projet de capitale européenne de la culture, Strasbourg était candidate pour 2013, c'était au départ un projet commun avec Karlsruhe, et ça aurait vraiment été un projet européen. Mais, finalement, cela a capoté, je crois que la municipalité de Strasbourg ne voulait pas tellement partager, parce qu'entre les deux villes c'est quand même Strasbourg la plus connue et qui entendait tirer le meilleur bénéfice. Mais, là encore, c'est un échec de la construction européenne, parce qu'on a préféré une candidature strictement strasbourgeoise à une candidature transfrontalière. Et peut-être que si on avait réussi, Marseille n'aurait pas été choisie…

On parle beaucoup du décalage entre ceux qui « font » l'Europe, les élites, et ceux qui la vivent, les citoyens. Le citoyen lambda existe-t-il en Europe ?
Non, pas vraiment. Aux *Dernières Nouvelles d'Alsace*, on a fait pas mal d'enquêtes sur la perception du transfrontalier par les gens : en fait, beaucoup de personnes ne vont jamais de l'autre côté [en Allemagne], seule une minorité est vraiment impliquée. Dans la vie de tous les jours, ce n'est pas une réalité. Au final, très peu de personnes bénéficient effectivement de l'ouverture des frontières.

En France, estimez-vous que les débats sur l'Union européenne sont à la hauteur des enjeux ?
Dans tous les pays, l'Europe est devenue le bouc-émissaire des élections nationales, à chaque campagne. Quand quelque chose va mal, c'est la faute de l'Europe ! Ici à Strasbourg, les médias alsaciens – les journaux, la télé, *France Bleu Alsace* – font des efforts, mais si vous regardez la presse nationale, les médias nationaux… J'attends toujours un papier du *Monde* sur le Forum mondial de la démocratie, qui était partenaire de l'événement. En général, les papiers sont assez caricaturaux, excepté peut-être pour *Libé[ration]* avec son correspondant à

Bruxelles, Jean Quatremer. À la télé, n'en parlons pas, c'est d'après eux trop ennuyeux pour passionner le public...

Un autre débat concerne l'adhésion de la Turquie. Quel est votre avis à ce sujet ?
Il y a une partie européenne et une autre non-européenne en Turquie. J'étais plutôt favorable, un peu moins maintenant avec le durcissement du régime, à l'entrée de la Turquie en Europe, pour des raisons géopolitiques. Mais, à force de tergiverser, les Turcs ont pu se sentir un peu repoussés. J'ai fait des reportages, des gens m'ont dit : « Finalement, vous avez tort de nous repousser, puisqu'on a les moyens de nous débrouiller tout seul et, un jour, c'est vous qui le regretterez ». Cela dit, on ne peut pas ouvrir l'Europe à la Turquie au vu de sa législation actuelle, ils ont encore de gros progrès à faire dans le domaine des droits de l'Homme.

Que pensez-vous des frontières de l'Europe ?
Oui, il y a des frontières, même si, comme tous les Français, je ne suis pas très fort en géographie ! Mais je crois qu'à vingt-huit[5], ça suffit. On a peut-être trop ouvert, sans avoir assuré la stabilité politique de l'Europe.

Vous êtes donc davantage en faveur d'un approfondissement plutôt que d'un élargissement de l'Union européenne ?
Je pense qu'il aurait d'abord fallu approfondir à quinze, avant d'élargir l'UE. Parfois on ne prend pas assez de précaution, et après on le regrette. C'est le cas pour l'euro, en ayant fait confiance à des pays qui ont raconté n'importe quoi. Pour Schengen, on a aussi intégré des pays qui sont devenus la frontière extérieure de l'Union et sont de vraies passoires ! C'est pour cela qu'il vaudrait mieux approfondir d'abord et élargir ensuite.

Pierre Kretz

Comment définissez-vous la construction européenne ? Il est dit que c'est une œuvre de paix entre les nations, qu'en pensez-vous ?
Évidemment, c'est une œuvre de paix entre les nations. Il est clair que nous vivons depuis environ soixante-dix ans en Europe sans conflit, sans guerre, et je pense qu'ici, dans cette région qu'est l'Alsace, nous sommes particulièrement sensibles à cela. Moi, j'habite en partie dans les Vosges. J'habite à cinquante mètres à l'est d'un cimetière militaire allemand et à cinq-cents mètres à l'ouest d'un cimetière militaire français. On baigne complètement dans cette histoire. Et la mémoire de nos parents et des générations qui nous ont précédés ont été totalement rythmées par les guerres qui se suivaient. C'est formidable d'avoir construit la paix. On a tendance à critiquer les générations qui nous précèdent, dans une optique un peu de « meurtre des pères ». Pourtant, maintenant, quand je pense à mes parents, je me dis que c'est une génération qui a beaucoup de mérite d'avoir

---

5 Vingt-sept en 2020, à la suite du *Brexit*.

fait la paix car ce n'était pas évident. Ce que cela m'évoque aussi, quand je vois ce que devient l'Europe actuellement, ce qui m'angoisse beaucoup, c'est que l'économie, qui a été la locomotive de la construction européenne, risque à présent de stopper les choses.

Pensez-vous que l'économie devient un frein à la construction européenne ?
Oui, on constate un peu partout en Europe des nationalismes qui émergent, des populismes de tous bords. Et cela, on en entendait pas parler il y a vingt ou trente ans. Ce sont y compris des micro-nationalismes, des replis sur soi, etc. C'est ce que je constate un peu partout autour de moi et je crains un retour en arrière. On peut vraiment le craindre quand on voit ce qui se passe dans certains pays, en Hongrie par exemple. Ce nationalisme est d'un autre siècle, c'est incroyable ! D'ailleurs ce pays fait partie de l'Union européenne, ce qui pose vraiment un problème. Ce pays vire carrément vers la xénophobie, l'antisémitisme. Alors, peut-il rester dans l'Union européenne ? C'est le genre de question que l'on se pose maintenant et qu'il y a quinze ou vingt ans nous semblaient théoriques, lointaines.

À quel moment avez-vous été amené à porter un intérêt particulier pour les enjeux européens ? Le fait d'être Alsacien a-t-il joué un rôle ?
Le fait d'être Alsacien oui, d'habiter aux frontières. Quand je parle de l'Europe, j'ai l'impression que les « Français de l'intérieur » n'ont pas la même sensibilité que nous. Quand on habite aux frontières, je pense qu'on a une vision différente de l'identité française, européenne, et de l'identité régionale. Je pense que j'ai été sensibilisé très jeune à ces questions par le contexte familial qui joue un rôle important : mon père parlait beaucoup de l'histoire, de la guerre, mon grand-père me racontait la guerre de 1914. Cela dépend de notre « jus familial ». Dans ma famille, ils m'ont beaucoup parlé de cela et donc j'ai développé très tôt un intérêt. Par exemple, quand j'avais dix ans en 1960, c'est-à-dire en pleine ère gaulliste, il y avait à droite la famille gaulliste, nationale, pro-Europe, mais pour une confédération très lâche ; et, d'un autre côté, les centristes, avec Lecanuet, etc., qui étaient profondément fédéralistes européens. Et, en Alsace, les gens étaient très divisés là-dessus. Il y avait la fascination pour De Gaulle, d'une part, mais aussi ce courant centriste, démocrate-chrétien, très pro-européen, et cela formait un vrai clivage. Je me rappelle des discussions familiales, et la question autour de ça, c'était l'Europe. Il y avait De Gaulle « le sauveur », « le commandeur », d'un côté, mais, de l'autre, d'autres le disaient trop nationaliste.

Il y a eu différentes étapes dans la construction européenne : CECA, CEE, etc. Qu'évoque pour vous ce processus, quels en sont pour vous les tournants ?
Pour moi, avant la chute du Mur [de Berlin], la construction européenne était, en tout cas on le sentait ici, un désir, quelque chose d'excitant. On avait l'impression que l'histoire avançait. Actuellement, ce n'est plus excitant. Pour moi, c'est un rêve, mais pour les gens, c'est synonyme de Bruxelles qui nous empêche de pêcher les poissons que l'on veut, des régulations sur l'eau, etc. C'est connoté négativement. Alors que, pour moi, j'ai le souvenir qu'à mon époque c'était différent et formidable dans le cours de l'humanité. C'était quelque chose d'excitant qui

l'est de moins en moins paradoxalement avec la chute du Mur. Car le sentiment que j'ai, c'est que les pays de l'ex-bloc soviétique qui ont intégré l'UE l'ont fait non pas par désir, mais plutôt par nécessité : ils voulaient, d'un point de vue géopolitique, tourner le dos à l'ex-Union soviétique et sentaient qu'ils devaient trouver un nouvel espace non imaginaire. Car, pour moi, c'était un espace imaginaire, et donc positif, excitant ! Pour eux, non, c'était un espace stratégique pour la construction d'infrastructures lourdes, etc., c'est-à-dire pour bénéficier de la PAC [politique agricole commune], etc. On le voit bien, c'est évident : la Hongrie est rentrée dans l'UE pour cette raison, la Pologne aussi. D'ailleurs, ils affirment de temps en temps qu'ils ne veulent pas de Bruxelles à la place de Moscou. C'est pourtant quelque chose de totalement différent. Quand j'entends cela, je me dis que rien ne les obligeait à entrer dans l'UE. Bref, ce manque de désir d'Europe « plombe » la construction européenne. D'un point de vue maintenant franco-français, le non au référendum [en 2005, sur le traité constitutionnel européen] a été pour moi également quelque chose d'absolument catastrophique. J'ai été déprimé suite à cela car mon identité personnelle, intime, je la vois comme une espèce de « fusée à trois étages ». Mon identité ici d'Alsacien, avec ma langue maternelle. J'écris en alsacien, je suis d'ici et content de l'être, sans pour autant être nationaliste « alsaco » ! J'aime mon pays, j'aime mon dialecte, ma langue, parler dans ma langue maternelle, voilà ! Ensuite, j'ai mon identité française, tout à fait déterminante, dans mon cursus, dans ma manière de voir le monde. Je suis très content d'être Français, je me sens très à l'aise dans mon identité d'Alsacien comme de Français. Et le dernier étage, c'était l'Europe. Il y avait pour moi quelque chose de très excitant que de dire : « Je suis "Alsaco", Français et je suis Européen ! » Je suis ces trois choses à la fois, et il y en a une qui nourrit l'autre, et non l'une contre l'autre. Dire que je suis « Alsaco » et que j'aime ma langue ne signifie pas être contre Paris, ou dire que je suis Européen, ce n'est pas dire que j'en ai marre d'être Français. Ce sont des identités qui s'emboîtent les unes dans les autres. Le non au référendum a été pour moi comme une claque, j'ai eu le sentiment de vivre dans un pays où les gens n'ont pas ce désir d'Europe. Cela a été très dur pour moi, j'étais fou de rage ! Le désir est renié, je dirais, ces dernières années, depuis la chute du Mur...

Que signifie ce projet d'Europe pour vous ? Qu'est-ce que cela représente concrètement ?
L'histoire européenne est passionnante, du point de vue culturel, du point de vue des idées. Voir quelle unité spirituelle on peut tirer de là, c'est quelque chose de formidable, du point de vue de l'histoire, de la culture, de l'histoire des langues, des idées. Cette richesse que l'on a, les échanges en Europe, malgré les nationalismes, c'est quelque chose de formidable. Cela va puiser dans l'histoire : le fait, par exemple, que tous les intellectuels allemands allaient pendant des siècles en Italie pour se nourrir de la culture latine, le fait que les intellectuels, malgré les guerres, maintenaient toujours des échanges entre eux. Erasmus, par exemple, c'est l'humanisme rhénan du Moyen-Âge. C'est dans ces échanges que se construisent les identités individuelles et collectives. Cela, c'est le côté plus historique

de la chose. Mais l'avenir aussi : que sommes-nous, Français, dans ce monde ? Du point de vue de la population, du point de vue du PIB, etc. ? On n'est rien. La France n'est rien, même l'UE ne va être que peu de chose... Sauf si on tire une force de notre histoire, ce qu'on on peut faire valoir en tant qu'Européens, pas en tant qu'Allemand, Français ou Italien.

Que pensez-vous du déficit démocratique de l'Europe que l'on évoque parfois ?
Je pense que la démocratie est de toute façon un idéal, un absolu. L'Europe, comme toutes les institutions, peut toujours être davantage démocratique. Mais ceux qui disent cela sont ceux qui ont voté non au référendum sur la constitution. Cette constitution n'était pas parfaite, aucune constitution n'est parfaite, mais enfin, elle donnait plus de droits aux Européens. Alors oui, l'Europe pourrait être plus démocratique, mais on ne peut pas ensuite voter non à un texte qui donne plus de démocratie. Quand les gens parlent de la technocratie bruxelloise, oui, bien sûr, il y en a, mais il y a aussi une technocratie nationale ! Et il faut bien statuer collectivement sur les grands problèmes abordés à Bruxelles : la pêche, l'eau, etc. Toutes les directives européennes reposent sur une pensée collective de l'espace européen.

Que pensez-vous du Parlement européen, de son rôle ? Celui-ci est-il à revoir ?
Le Parlement a tout de même prouvé que c'est un vrai contrepoids à Bruxelles. Pour moi, le problème, c'est l'exécutif qui parle au nom de l'Europe et que l'on ne connait qu'à peine. Cela ne devrait pourtant pas être une figure négative et liée à « l'Europe veut ceci » ou « l'Europe veut cela ».

Qu'évoque pour vous l'institution du Conseil de l'Europe ?
Pour moi, c'est le premier embryon d'institution européenne, et cela m'évoque la démocratie. C'est, pour moi, l'institution de référence en Europe, elle signifie une exigence démocratique, et se rapporte donc à la Cour européenne des droits de l'Homme évidemment, qui statue sur des affaires extrêmement importantes. En tant qu'avocat, lorsqu'elle statue sur des sujets tels que les prisons en Europe, ou les durées de procédure en France, et condamne la France par exemple, j'en suis très content. Ce sont des décisions qui font autorité. Donc, pour moi, le Conseil de l'Europe, c'est la démocratie et la Cour européenne des droits de l'Homme.

Que pensez-vous de l'euro ?
Je me souviens que, lorsque mes enfants étaient petits, je ne sais plus en quelle année exactement, nous étions en vacances au Royaume-Uni en voiture et nous sommes revenus par la Belgique, puis les Pays-Bas et l'Allemagne. Nous avions donc quatre monnaies, ce qui est ridicule ! Maintenant, quand on parle de supprimer l'euro, je me dis que chaque pays reprendrait sa monnaie, et je me dis donc : « Bonjour les dégâts ! » Aux frontières, c'était incroyable : on achetait du chocolat, on faisait un plein d'essence... Nous avions fait le trajet en une journée et c'était le Moyen-Âge ! Donc je vois dans l'euro cette chose tout à fait pratique. Mais c'est sûr que la crise de la zone euro montre bien que la monnaie unique doit entrainer à terme une Europe plus fédérale et un pouvoir politique. Ceux qui ont dit dès le début que cela ne marcherait pas faute d'un pouvoir politique avaient

raison. L'Europe, dans un premier temps, se portait bien, mais on voit bien actuellement que le problème se pose avec la crise des dettes souveraines. Je pense que, pour sauver l'euro, il faut plus de fédéralisme en Europe. Mais, de fait, le problème est que sans un minimum de désir d'Europe, avec le repli sur soi de chaque pays qui veut défendre sa position, je ne sais pas s'ils sont prêts à plus de fédéralisme.

Comment définiriez-vous la coopération transfrontalière ?
Pour moi, la coopération transfrontalière, je la vis en tant qu'acteur culturel de manière assez régulière. Depuis longtemps, parce que ma langue maternelle est le dialecte et que j'ai animé des spectacles en dialecte qui suscitaient de l'intérêt de l'autre côté de la frontière, car nous partageons la même langue. C'est ainsi que j'ai commencé depuis très longtemps à avoir des contacts de l'autre côté de la frontière, à travers le théâtre. Dans les années 1970, post-68, il y a eu de forts mouvements de contestation contre des projets d'implantation de centrales nucléaires dans la pleine du Rhin. Fessenheim, que l'on va bientôt fermer [*in fine* effective en 2020], était en construction lorsque j'avais entre vingt-cinq et trente ans. Et il y avait beaucoup de contestations, du fait qu'il s'agisse d'une zone sismique, etc. Et, à l'époque, à Wyhl, près de Fribourg, il y avait également un projet de centrale nucléaire, qui a suscité de fait un mouvement de contestation de part et d'autre du Rhin contre l'implantation de ces centrales et aussi contre l'ouverture d'industries chimiques extrêmement polluantes, notamment à Marckolsheim [Haut-Rhin]. Pour le coup, les Badois et les Alsaciens étaient réunis pour mener ces luttes ensemble. Et je pense qu'un jour, quand on parlera de l'histoire du Rhin supérieur, on dira que c'est la première fois qu'on s'est battu ensemble… D'ailleurs, cela continue. Il y avait en plus pendant cette période un mouvement culturel renaissant. Nous étions très à gauche et en lien avec des mouvements contestataires allemands. Tout cela pour vous dire que cela fait longtemps que j'ai des contacts transfrontaliers et ces contacts ont perduré. J'ai toujours eu des amis dans les villes en face.

Les décideurs parlent souvent du Rhin supérieur comme un « laboratoire » de l'Europe, qu'en pensez-vous ?
Je trouve qu'il pourrait l'être beaucoup plus. Il y a l'Eurodistrict, mais on pourrait aller beaucoup plus loin. Le problème ici, dans le Rhin supérieur, c'est la langue. Ma génération d'Alsaciens, c'est-à-dire née dans les années 1950, était encore majoritairement dialectophone, donc l'allemand ne posait pas de problème. Maintenant, les enfants dialectophones ne représentent plus que 2 ou 3% des enfants, c'est même plus symbolique. Et, du coup, il y a une barrière de la langue que je trouve très préoccupante. Avant, il y avait la barrière nationale : le Rhin était une frontière, bien que nous parlions la même langue. Cette barrière-là est tombée, ce qui est bien, mais maintenant il y a une frontière linguistique. Quand j'étais au barreau et que nous avions des dossiers binationaux, en droit commercial par exemple, certains de mes confrères, lorsqu'ils ne parlaient pas allemand, parlaient donc en anglais. Je n'ai rien contre l'anglais, mais voir des gens issus des deux côtés du Rhin, dans cette région, se parler en anglais, c'est triste. C'est un des

problèmes de la coopération transfrontalière, car il y a peu de personnes bilingues français-allemand, et elles sont souvent issues de couples mixtes. À l'école primaire, les initiatives d'enseignement de l'allemand marchent peu, ils ne sont pas vraiment bilingues. Donc dire que cela serait un laboratoire de l'Europe, c'est aller un peu vite.

Le Rhin supérieur a-t-il été un temps ce laboratoire de l'Europe, même s'il ne le serait plus ?
Je vais scinder cette question en deux. Moi je fais mon petit laboratoire à moi tout seul, avec mes expériences en Allemagne : je vois comment la littérature est gérée là-bas, je vois comment elle est gérée ici, et j'en tire mes conclusions et je dis aux gens ici : « Regardez ce qui se passe de l'autre côté ! ». Pour moi, cela est un laboratoire personnel. Mais, d'un point de vue plus général, je trouve que cela pourrait avancer beaucoup plus vite. L'Eurodistrict, d'accord, mais on pourrait faire beaucoup plus de choses comme cela. Pour moi, il n'y a qu'un discours de façade.

Pensez-vous que cela contribue à la construction européenne ?
Oui, quand même. Je pense que c'est irréversible. Cela pourrait être mieux, mais des barrières psychologiques tombent. Par exemple, on est une région frontalière et beaucoup de personnes achètent à Kehl en ce moment. Je crois que 40 ou 50% des transactions immobilières dans le secteur de Kehl, ce sont en fait des Français qui achètent. Mais cela, dans les années 1970 ou 1980, était inimaginable. L'autre jour, j'ai vu un ami de ma génération qui a acheté à Kehl, je lui ai demandé pourquoi. Il m'a répondu : « Il y avait un bon rapport qualité-prix et cela me plaisait… ». À la rigueur, je lui aurais demandé pourquoi il avait acheté à Illkirch ou à Schiltigheim [communes françaises jouxtant Strasbourg], il m'aurait dit la même chose. Et il m'a dit : « Ah, si mon père savait ça ! », car son père avait été élevé dans un contexte très différent : « Soit, on a fait la paix avec les Allemands, mais bon, il ne faut pas exagérer, on ne va pas aller habiter là-bas ! ».

Qu'a changé pour vous la construction européenne dans votre quotidien ? Cela a-t-il facilité quelque chose ?
Oui, je pense qu'à notre insu, ce qui se passe autour de nous change. Il ne s'agit pas de se dire maintenant qu'il y a l'Europe, je vais aller de l'autre côté du Rhin. Mais le fait que les gens circulent aussi facilement d'un côté à l'autre, c'est qu'il y a quelque chose qui avance, malgré tout. Donc, s'il faut répondre par oui ou non, je réponds oui. Mais il est difficile de mesurer, dans la construction d'un individu de manière générale, ce qui vient de vous de manière intime de ce qui vient du politique et du social. C'est-à-dire ce qui vient du discours ambiant, de ce qui est culturel en somme : des conversations que vous avez avec les gens, de ce que vous lisez, de comment vous vous construisez votre personnalité de manière intime, personnelle. C'est un mélange entre les deux.

Quelle place trouve aujourd'hui le citoyen en Europe ? Connaissez-vous des initiatives qui visent à renforcer son rôle ?
Je pense que, dans le rapport concret à l'UE, le citoyen ne « touche » pas beaucoup l'UE, sauf s'il est agriculteur avec la politique agricole commune : là, il

touche évidemment de l'argent de l'UE ; ou s'il travaille sur des projets cofinancés par l'UE, si c'est un élu par exemple. Mais pour le citoyen de base, comme moi en tant que tel – je n'ai jamais monté de projet ou eu affaire à l'UE –, c'est quelque chose de lointain. Mais finalement notre gouvernement français est lointain aussi pour moi, je n'ai jamais affaire au préfet. C'est à la fois dans le réel, mais abstrait et lointain. Dans ce sens, les institutions européennes n'existent pas vraiment dans ma vie, mais pas plus ni moins que celles de l'État ou même le département dans lequel je vis. Je pense que le rapport à l'Europe est imaginaire, que les rapports identitaires sont des rapports imaginaires, comme le fait d'être Français ou d'être de cette région. Ce rapport à l'Europe, c'est aussi : est-ce que je me projette dans l'avenir, dans l'espace et dans l'histoire comme Européen ? Oui, absolument. Et cette projection est rendue possible car il y a un cadre juridique, je pense. Si c'était comme avant le traité de Rome, je n'arriverais sûrement pas à me projeter imaginairement dans un ensemble européen. Car, institutionnellement, actuellement, ça existe : il y a des frontières, des institutions, un rapport entre les institutions dans le temps, un rapport entre les institutions et les citoyens. [Pierre] Legendre et d'autres personnes ont beaucoup travaillé sur les institutions.

Quelle est la place de l'État, de l'État national, dans cette Europe ?
C'est un intermédiaire, un passage obligé entre le citoyen et l'« entité Europe ». Je pense que l'État va rester, que c'est un maillon qui va rester, sans rentrer dans le débat fédération ou confédération. L'État français a sa place, car c'est le reflet d'une histoire avec ses bons et ses mauvais côtés. C'est le produit d'une histoire et on ne peut pas dire qu'il n'a plus de raison d'être, car il a une légitimité. Je n'imagine pas bien que cela puisse disparaître.

Quel rôle imaginer pour l'État plus tard ?
On pourrait imaginer une Europe des régions, avec une espèce de fédération des régions : avec la Flandre, la Wallonie, l'Alsace. On pourrait imaginer une telle situation, mais j'avoue que je n'aime pas beaucoup cela. Car je crains les micro-nationalismes en Europe, je trouve que ce que l'on voit en Flandre, en Catalogne, au Pays basque, en Italie du Nord, etc., même s'il y a des raisons historiques à cela, ce sont des micro-nationalismes, disons les choses telles qu'elles sont. J'ai une espèce d'allergie par rapport à cela, que ce soient des nationalismes de grands États ou de petites régions. « Nous, les Alsaciens, sommes les meilleurs ! » : cela me met en colère. Quel que soit le nationalisme, il est idiot. Même si c'est un petit nationalisme, il est aussi débile que le nationalisme français ou allemand des années 1930 ! Qu'on en vienne à des micro-régions nationalistes, cela n'a pas de sens. En Alsace, nous sommes « vaccinés ». Nous n'avons pas de nationalisme, d'autonomisme, du type de celui que l'on trouve en Bretagne, et cela pour une raison historique assez simple : car les mouvements autonomistes des années 1920 et 1930 ont pour la plupart rallié le nazisme. Donc, après la guerre, on ne pouvait plus se dire autonomiste, tout cela est resté. Il y a eu de temps en temps des petits partis autonomistes en Alsace, mais, Dieu merci, ils font des scores ridicules aux élections.

Souvent, les citoyens sont plus attachés à leur région qu'à l'État ou à l'Europe...
Je trouve que les gens jouent très souvent une identité contre l'autre. Cela a notamment à voir avec le problème des immigrés. C'est le cas des Turcs vivant en Alsace, par exemple : on peut se sentir Turc, Alsacien, Européen, tout à la fois ! Pourquoi faudrait-il faire jouer une identité contre l'autre ? Je n'ai jamais eu cette envie : le fait de revendiquer une certaine identité culturelle alsacienne ne m'a jamais fait renier mon identité française. Les identités se construisent et s'enrichissent en se confrontant aux autres. Il n'y a pas que du négatif dans le retour aux identités régionales, c'est plus compliqué. Si c'est un repli identitaire, évidemment c'est catastrophique, mais si c'est une interrogation sur comment vivre dans la pensée du « Penser global, agir local », alors c'est positif. C'est-à-dire que j'agis local, je suis dans les associations et je participe aux initiatives de la région, mais je sais aussi que je suis citoyen du monde et que je suis Européen. Je sais que ce que je fais ici dans mon village, dans mon quartier ou dans mon canton, cela n'a un sens que si je le projette dans une vision plus globale. Si cela consiste à dire : « Je suis Alsacien, nous sommes les meilleurs », là, c'est la frustration et la fermeture. Je comprends qu'avec la mondialisation, la globalisation, les gens veulent se retrouver dans leur petit *Heimat*. Ce n'est pas négatif en soi, sauf s'ils se referment comme des huîtres et rejettent les autres. Par exemple, c'est le cas des Catalans qui rejettent fortement tout ce qui est espagnol : l'espagnol, par exemple, alors que c'est la troisième langue parlée au monde et une langue superbe !

Que pensez-vous de la religion en Europe ? Peut-elle devenir une source de tensions ?
Historiquement, la religion a joué un rôle extrêmement fort en Europe, elle a structuré les sociétés. Ce n'est pas pour rien que De Gaulle et Adenauer ont célébré en 1962 la réconciliation franco-allemande devant la cathédrale de Reims. Mais c'est clair qu'aujourd'hui, la religion catholique a perdu beaucoup de son influence. Si on regarde le nombre de pratiquants, il y en a peu.

Quel avenir pour l'Europe avec la crise ?
Eh bien, le risque, c'est justement le repli sur soi. Cela me fait penser au livre de Daniel Cohn-Bendit, *Debout l'Europe,* qui dit qu'il faut plus d'Europe. Mais le problème, c'est qu'il faut que les Européens le pensent. Il y a en plus sûrement beaucoup de travail à faire au niveau politique pour qu'ils se sentent concernés par l'UE et s'intéressent aux enjeux européens. Et puis, évidemment, il faut aussi faire de la pédagogie à l'école. Il faut que l'on sensibilise les enfants dès leur plus jeune âge à l'Union européenne.

Michel Krieger

Comment définissez-vous la construction européenne ?
Les questions que j'avais abordées dès le début, c'était cette frustration par rapport à une réalité, qui était la réalité de tous les jours, de chaque citoyen, en tout

cas de ceux qui j'ai pu croiser, avec ceux avec qui j'ai pu avoir des rapports dans le cadre de ma profession d'artiste. En faisant le travail de création que je faisais, mon travail n'était à aucun moment limité à une nationalité. Donc, pour moi, que ce soit un Allemand, que ce soit un Italien, que ce soit n'importe qui d'autre en Europe, on avait dans ce cadre-là les mêmes besoins d'ouverture et de rencontre avec d'autres personnes pour essayer d'ouvrir le plus loin possible des espaces de dialogue de langage, se confronter à des situations. C'est ma démarche, et donc ma démarche, elle est tout à fait singulière, et cette singularité, elle fait partie aussi de l'expérience que j'ai pu en retirer.

On dit fréquemment que l'Europe est une œuvre de paix entre les nations. Qu'en pensez-vous ?
Je pense qu'effectivement, ça a été une des toutes premières aspirations. Quand on se limite au regard qui fut le nôtre, de notre région, dans tout ce qui s'est passé, qui a généré le conflit et ensuite après le conflit, on a été toujours en première ligne pour voir que, très souvent, les situations sociales d'une région à l'autre, d'un pays à l'autre, les gens aspiraient aux mêmes ouvertures, au même espace de liberté. Souvent ils étaient en avance sur les responsables politiques qui étaient coincés dans leur propre certitude et dans la contradiction, et c'est ce qui empêchait effectivement cette évolution. Et puis, il y a aussi les cadres géopolitiques des différents pays. On était encore à défendre non plus des frontières géographiques, mais… où la frontière de la pensée était omniprésente, et avait du mal à être libérée par ces gens-là-mêmes qui avaient comme rôle de faciliter ces ouvertures. Alors, dans le monde curieux qui était celui des artistes, on avait moins ces contraintes, pour la bonne raison qu'effectivement on ne défend pas une nationalité, mais plutôt une forme de créer qui n'a en elle-même pas de frontière. Et que notre intérêt, c'était effectivement de pouvoir dialoguer avec un autre public et un autre public ayant bien souvent une autre culture, une autre approche de ce qu'est l'art en général, et c'est dans ça que finalement on arrivait très bien à brouiller ces limites qui nous empêchaient d'aller plus loin, beaucoup plus vite.

Est-ce que vous vous souvenez d'un moment déclencheur dans votre vie, où vous avez commencé à vous intéresser aux enjeux européens ?
Oui, effectivement, il y a eu des éléments très précis, qui étaient dans un premier temps de l'ordre du symbole. Le travail sur les limites, sur les frontières, et, en tant qu'élu, on commençait à avoir sur ces questions un regard beaucoup plus juste, beaucoup plus pertinent. Alors, moi, dans mon domaine, puisque j'étais élu à la ville de Strasbourg, je crois que c'était en 1989, une des premières missions qu'on avait, et que j'ai prise en compte, c'était l'ouverture vers l'Est de l'Europe. C'était la chute du Mur de Berlin qui a été un élément déterminant. Et puis il s'est concrétisé d'une manière très symbolique, mais aussi d'une manière concrète. Et, pour nous, l'Europe, c'est quand même les territoires, c'est tout le conglomérat des pays qui se touchent physiquement et qui sont délimités par la frontière. Avec cette circulation qu'on a anticipée, tout à fait au début, on a considéré que les populations étaient similaires, même si elles avaient leurs spécificités, leurs différences grâce à la culture, à la situation géographique de ces pays. Et donc l'idée

d'ouvrir cet espace européen, d'un seul coup, d'Ouest en Est jusqu'à la Russie, était pour nous un challenge assez extraordinaire. La première chose pour mettre ça à notre manière en application, ça a été aussi un défi. On s'était dit : « il y a la Perestroïka, pour la première fois on peut aller en Russie avec moins de difficultés que par le passé », on allait saisir cette chance-là. L'idée, c'était de monter une régate de voiliers de l'Europe occidentale et des pays scandinaves, des voiliers qui venaient de tous ces pays-là pour aller à Saint-Pétersbourg, qui était encore à l'époque un port non-accessible aux navires occidentaux, en tout cas aux voiliers de plaisance. On avait ici à Strasbourg armé un bateau, avec un petit équipage, avec des élus, on était tout fraîchement intronisés. On avait très peu de temps, quelques mois pour lancer cette opération, et voyant qu'on n'arriverait sans doute pas dans les délais, on a appris qu'un groupe des Verts au Parlement à Bonn était parti sur une idée similaire, donc on s'est rapprochés, je me suis rapproché d'eux et puis on a monté une opération commune. Donc on a réussi à mobiliser une soixantaine de voiliers et notre voilier aux couleurs de la ville et de l'Europe est parti de Strasbourg, a remonté le Rhin, est sorti dans la mer du Nord et puis ensuite a navigué jusqu'à Saint-Pétersbourg, sans savoir si, effectivement, on allait pouvoir être accueilli dans cette ville. Et puis, entre temps, ça a duré 6 ou 7 mois, les choses se sont complètement ouvertes, tous les freins sont tombés, les uns et les autres, sans qu'on y soit pour quelque chose. C'était simplement la situation qui voulait ça, on a eu de la chance, on s'est greffés là-dessus. Et puis une fois à Saint-Pétersbourg, en Union soviétique, c'était tout à fait autre chose. Il y avait toujours le port de plaisance avec beaucoup de bateaux et les bateaux n'appartenaient pas à des particuliers, mais à des entreprises. Et les entreprises les mettaient à la disposition des ouvriers méritants. Et donc ces ouvriers méritants avaient comme récompense la possibilité d'utiliser le voilier de l'entreprise pour pouvoir naviguer notamment dans les eaux de la mer baltique, mais toujours limité aux eaux territoriales de la Russie. Nous, on avait été accueillis sur ces voiliers, on logeait là-dessus pendant une quinzaine de jours, et puis après on repartait pour la régate vers l'Ouest, et là on emmenait les Russes, ceux qui avaient été choisis pour naviguer sur ces bateaux et qui venaient pour la première fois en Europe occidentale. Et donc, c'est nous qui assumions en contrepartie leur voyage à eux, ici en Europe occidentale, dans les différents pays : l'Allemagne, les pays du Nord, la Suède, la Norvège, lors des escales. Donc ça c'était un des premiers projets. J'avais aussi à l'époque organisé les premières expositions d'artistes russes qui avaient été censurés sous l'époque de Brejnev, et dont on ne pouvait voir les œuvres que très rarement mais jamais officiellement. Et c'était la toute première fois et, notamment, ici à Strasbourg, ça coïncidait avec l'époque où Gorbatchev avait été reçu au Conseil de l'Europe : ça remonte donc aux années 1989–1990. C'était une des premières actions que j'avais entreprises, ça a été vraiment un moment très fort de cette ouverture, de ces échanges qu'on a initiés et qui furent les premiers dans ce contexte-là.

Est-ce que, pour vous, il existe une Europe ou plusieurs Europe ?
Pour moi, à l'époque, c'était certainement une Europe, mais qu'il fallait avant toute chose comprendre et définir à travers les spécificités des uns et des autres, de quelle manière les dialogues et les ouvertures peuvent se concrétiser. L'un des premiers éléments, ça a été effectivement les rencontres. Par la suite, tout le reste est venu s'accumuler là-dessus, et il y a eu tellement de choses... Mais est-ce que ça a fonctionné toujours comme on le souhaitait ? Ce n'est certainement pas comme cela que je le verrais. Mais ça ne nous a jamais empêché d'essayer et de faire des choses concrètes pour voir si effectivement on pouvait améliorer quelque chose là-dessus, puisque les spécificités, d'un pays à l'autre, sont quand même très grandes, et il fallait avant tout les connaître un peu mieux puisqu'il ne s'agit pas de vampiriser l'un au détriment de l'autre, et qu'on était là pour essayer de comprendre. Ça a été un des grands freins à ce que les choses évoluent d'une manière plus forte.

On a parlé de la Communauté économique européenne, ensuite de l'Union européenne. Que retenez-vous de ces évolutions ?
On a été confrontés d'une manière très précise à toutes ces situations-là. C'était un peu plus tard puisqu'avec la réélection de Catherine Trautmann et de toute son équipe, ça mijotait depuis un bout de temps : donner à Strasbourg une visibilité très forte au niveau de son rôle dans l'Europe et en tant que capitale. C'est parti d'une idée toute simple : avant de vouloir faire passer des idées, il faut déjà que la situation de Strasbourg soit fermée par rapport à toutes ces interrogations qu'on peut avoir par rapport à l'Europe : comment elle se construit ? Est-ce forcément au niveau économique ? Chacun avait des raisons pour privilégier l'un au détriment de l'autre. Mais, en tant que citoyen, ça ne nous touche pas, d'autant qu'on n'avait aucune prise là-dessus. Et donc, l'autre initiative que j'ai prise, c'est effectivement de s'intéresser à la notion de frontière, les raisons pour lesquelles un pays est séparé d'un autre. Et comment ces questions sont partout en Europe, dans toutes les régions, entre tous les pays d'Europe... il y a toujours la question de la frontière. Chez nous, elle est omniprésente, cette frontière. Dans les années 1960, pour franchir le Rhin, en tant que citoyen français vivant ici en Alsace, on avait la carte d'identité ou le passeport à montrer à la douane pour aller en Allemagne, pour les Allemands qui venaient de chez eux pour venir ici à Strasbourg. Il fallait montrer un papier administratif et c'est avec ça qu'on arrivait à rentrer d'un pays à l'autre. Donc il y a eu dans un premier temps l'Europe des Neuf, avec la disparition des frontières et la libre circulation entre les pays de l'Ouest. Par contre, ça c'était un acte politique, la question des frontières n'avait pas pour autant disparu. La frontière était peut-être effacée sur un document administratif, mais, dans la tête des citoyens, donc proches de cette frontière, des deux côtés de ces frontières, les frontières existaient toujours. Et même aujourd'hui, les frontières mentales n'ont pas été complètement effacées, loin de là. C'est là que j'ai pris cette initiative de symboliquement travailler sur la frontière, de permettre aux gens de se l'effacer de leur propre paysage beaucoup plus facilement. Alors, effectivement, la frontière, je dirais la frontière naturelle, c'est le Rhin. Cette frontière, on ne

l'effacera pas. Par contre, ce qu'on peut faire, c'est comment réagir sur cette frontière naturelle pour essayer de faire dialoguer davantage les deux rives. C'était juste après la réélection de notre équipe à la tête de la ville de Strasbourg que j'avais fait la proposition d'intervenir sur les deux rives en tout premier lieu en créant un jardin, un jardin qui soit commun à la ville de Strasbourg et à la ville de Kehl, et que le Rhin ne soit plus perçu comme une séparation mais comme une centralité. Et de créer, par la même occasion, à travers ce jardin, un nouvel espace de la citoyenneté européenne. Là, on allait rentrer dans le concret dans tous ses détails. Et le concret, c'était déjà pouvoir entamer dans ce but-là un dialogue avec nos amis allemands pour d'abord leur faire partager l'idée. Ça n'a pas été d'une grande difficulté : Catherine Trautmann, avec son homologue, le maire de Kehl, s'était investie, ensuite il y a eu les régions : la région Alsace, le Land Baden-Württemberg, le cercle s'est très vite agrandi. Et puis après, il fallait effectivement rentrer dans les détails, et c'est là que les choses deviennent très compliquées, parce qu'on n'a pas le même espace juridique. Pour illustrer un peu l'absurdité de la situation : par exemple, le pont de l'Europe, il a un garde-corps et je l'ai fait faire pour, je ne me souviens plus... c'était le 50e anniversaire de la création du Conseil de l'Europe : il y avait à l'époque 40 pays membres du Conseil de l'Europe, et donc j'avais eu l'idée de demander à 40 personnalités européennes, dans chacun des pays, une personnalité du monde culturel, du monde artistique..., je leur ai demandé de me faire un court texte sur la notion de frontière, dans leur propre langue. Ils ont fait leur texte, et ces 40 textes jalonnent la traversée du pont de l'Europe, de part et d'autre, c'est incrusté sur les garde-corps. Ce projet a failli ne pas se faire, tout simplement parce que la hauteur du garde-corps en France, elle est de quatre-vingt-dix centimètres, en Allemagne d'un mètre vingt. Et donc il a fallu pendant des mois et des mois négocier pour savoir qui allait avoir raison et celui qui laisserait sa prérogative à l'autre. Cela a duré des semaines et des semaines de négociations. [Mais] ça a été fait, le jardin a été réalisé aussi, en 2004 il a été inauguré, et avec ça il y a eu aussi la réalisation d'une passerelle pour piétons de Marc Mimram, qui accentue ce lien qu'est devenu le Rhin entre la France et l'Allemagne. C'est rien d'autre qu'un paysage qui rejoint un autre paysage qui est le même, vu qu'il est des deux côtés du Rhin, et c'est ce qui était important à découpler et à s'approprier à nouveau. C'est une situation géographique qui, dans le temps, a été commune à nous tous et qui, par les vicissitudes de l'histoire, s'est séparée.

Vous assumiez le rôle de conseiller municipal à Strasbourg. Avec quelles institutions avez-vous été le plus régulièrement amené à travailler ?
Déjà dans le domaine culturel, puisque j'étais complétement impliqué que ce soit pour la ville de Strasbourg, mais aussi au niveau de son ouverture. Et puis ensuite avec le Conseil de l'Europe beaucoup, et notamment une structure qui a été créée il y a quelques années : ce sont les Itinéraires culturels du Conseil de l'Europe, qui siègent au Luxembourg, qui ont une structure autonome et qui partageaient entièrement cette philosophie de mettre en place des structures transfrontalières sur des thèmes, par exemple les mouvements de l'immigration, des choses très concrètes,

mais qui se révèlent, en fin de compte dans cette idée un peu empirique de la création de l'Europe, très pertinentes, puisque ça concerne chaque citoyen. Et c'était important de le noter, de mettre en valeur ces notions de rencontre, où on se parle non pas d'aujourd'hui, mais aussi de notre passé, et qui remettent en mémoire tout ce qu'on a connu, tout ce qui a fait l'Europe, cette particularité. C'est quand même assez extraordinaire comme défi de vouloir construire quelque chose en commun avec plus de quarante pays différents.

Quel est, selon vous, le rôle et la place du Conseil de l'Europe dans l'architecture européenne ?
Je pense qu'elles doivent être surtout avec l'ouverture vers l'Est avec les besoins qu'ont les pays : Bulgarie, Roumanie, Pologne, de reconnaissance de la valeur de leur patrimoine spécifique. On se rend compte de plus en plus actuellement parce que les pays s'ouvrent, les gens circulent, se déplacent. Et puis, il y a un tel potentiel, que ce soit au niveau du patrimoine ou que ce soit aussi au niveau du paysage, et puis, pour que cela ne s'efface pas avec la société de consommation, il faut garder, mettre en valeur ces vues qui sont l'authenticité de chaque territoire. Donc, dans tout cela, tout ce qu'effectivement l'Europe peut faire pour accentuer le mouvement, pour le faire reconnaître, je pense que c'est l'essentiel pour donner une certaine âme à ces territoires.

Quel est votre avis sur la place et le rôle du Parlement européen ?
Bien sûr, comme n'importe qui j'aimerais qu'il soit plus présent pour défendre le citoyen, la citoyenneté de l'Europe, de l'Européen où qu'il se trouve, et pour des choses qui ne soient pas forcément spectaculaires et qui fassent partie du quotidien des uns et des autres. On est toujours frustré, plus ou moins frustré. C'est peut-être une bonne chose, ça veut dire qu'on aspire à plus, à quelque chose de plus grand.

Quelles sont les autres institutions européennes importantes, selon vous ?
Les droits de l'Homme, tout ce qui fait que la citoyenneté soit prise en compte, c'est important de pouvoir, quand on n'est plus en accord avec les lois de son pays, avoir un recours qui soit autonome.

Comment définissez-vous la coopération transfrontalière ?
À l'époque, quand on a lancé le projet du Jardin des Deux Rives, je savais comment ça fonctionnait tout cela. Il y avait des possibilités pour faire des études transfrontalières sur des projets urbains. La première motivation de ma démarche, c'était de voir comment on pouvait travailler sur un point précis, sur la symbolique et sur la notion de frontière, de limite, de séparation, et ensuite, derrière tout cela, il y avait quand même un enjeu beaucoup plus vaste et beaucoup plus important et qui est en train de se réaliser sans qu'on fasse des choses tout à fait particulières ou un effort particulier. C'est un processus qui a été lancé, voilà. On voit aujourd'hui les deux rives du Rhin sur cette hauteur mais je pense aussi plus vers le Nord, vers Karlsruhe, ou vers le Sud, sur le pays des trois régions, les rives se rejoignent, s'urbanisent, les infrastructures se mettent en place. À l'époque, quand j'ai parlé pour la première fois du Jardin des Deux Rives, je leur ai dit que ce qui

était important, au-delà du projet, c'est que des quartiers, des populations puissent s'installer sur un territoire qui fut après la guerre un véritable *no man's land*, tout ce territoire était laissé à l'abandon. Du côté français, je me souviens bien que ça servait de dépôt d'ordures, et puis on avait mis sur la rive française deux rangées de peupliers pour que de l'autre côté on ne puisse pas voir ça de manière trop crue. C'était la réalité. Aujourd'hui, il y a un quartier qui sort des deux côtés. […] Donc ça veut dire que rien que par ce biais-là, au niveau de la territorialité européenne, c'est du bénéfice plus grand. Et c'est comme cela que je crois qu'il faut voir les opérations de proximité, voir ce qu'elles peuvent générer dans les temps qui viennent, dans les mois, dans les années qui viennent. Et c'est comme cela qu'on y arrivera, je pense, en tout cas, j'en suis persuadé.

Selon vous, ce processus de coopération transfrontalière, c'est plutôt un processus européen ou un processus interlocal ?
Eh bien, les deux sont intimement mélangés. J'ose toujours penser que ce soit une idée qui aille au-delà du local et que le local vienne effectivement concrétiser la citoyenneté, mais que l'idée première, ça soit une idée politique européenne qui dégage le processus, parce que ça me semble difficile uniquement de se dire qu'on va laisser faire le local, ça ne suffira jamais assez.

Pouvez-vous citer des effets de la construction européenne dans votre quotidien ?
Déjà les déplacements, j'imagine qu'on ne pourrait plus vivre comme on vivait à un certain temps avec une frontière pratiquement hermétique. J'ai des souvenirs de l'époque où on allait en Allemagne pour aller chercher de l'essence parce que le prix était moins cher en Allemagne. Aujourd'hui, il y a beaucoup d'habitants d'ici qui vont se fournir dans les supermarchés allemands parce que la nourriture y est moins chère.

Qu'est-ce que vous pensez du fonctionnement de l'Eurodistrict Strasbourg-Ortenau ?
Je n'ai pas l'impression que ça fonctionne des masses… Je sais que l'idée a émergé à l'époque du Jardin des Deux Rives. Alors, pourquoi le Jardin des Deux Rives a pu se réaliser alors qu'une idée comme [l'Eurodistrict] ne se construit absolument pas ? Là, à l'époque, moi j'avais une petite équipe autour de moi, donc on était archi-motivés et on avait une idée très claire. On ne voulait pas changer la face du monde mais il y avait des idées bien précises, le travail sur la symbolique, sur la frontière, retrouver de l'altérité… L'Eurodistrict, on ne sait pas. Moi, je me souviens qu'au tout début, c'était sur le téléphone mobile. Il y avait une idée assez saugrenue qui consistait à avoir un réseau spécifique à l'Eurodistrict pour téléphoner alors que la distance dans laquelle on travaillait avec le téléphone n'a aucun rapport avec une petite région qui ne ressemble même pas à une tête d'une épingle dans le monde. Et puis ce n'est jamais allé très loin ce truc-là. Mais je pense tout simplement que notre regard doit être ouvert sur des espaces beaucoup plus grands, là au contraire on a délimité des espaces de plus en plus petits, alors comment ça peut marcher ?

Au sein de la municipalité, vous avez certainement abordé les questions transfrontalières ?
Quand moi j'étais à la ville de Strasbourg, quand j'étais élu, mon objectif ne s'arrêtait pas avec l'élection. J'avais effectivement plein d'autres idées pour poursuivre l'engagement, qu'on apportait avec la réalisation du Jardin des Deux Rives. Il y a effectivement, à travers ce projet, des liens à perpétuer, et puis certainement à accentuer avec une ouverture plus forte vers d'autres régions européennes qui sont des régions qui ont des situations similaires à celle qu'on a eue ici à Strasbourg et que là il y avait effectivement une idée à poursuivre, à faire grandir et surtout à faire partager avec d'autres régions d'Europe. Et, pour moi, c'était aussi une façon d'étendre cette pensée et de la faire fructifier à travers les spécificités de toutes ces régions. Il y a eu un moment d'ailleurs où on a été souvent assailli par d'autres régions qui s'interrogeaient pour faire. Il y a eu un moment donné, en Europe centrale, l'histoire des Balkans avec les religions qui s'étaient eux-mêmes enfermés dans des limites, dans des frontières, comment aider à ouvrir les carcans de pensée de tout cela. Ça, c'était un travail superbe.

Pensez-vous qu'il existe une identité européenne ?
Oui, je pense qu'avec la proximité des pays, on ne peut plus revenir en arrière, donc forcément il y a un processus qui est engagé de ce côté-ci et qui se consolidera dans le temps. On est quand même dans un espace relativement petit, donc la circulation se fait beaucoup plus rapidement. Par exemple, dans le cadre universitaire et au niveau étudiant, c'est extraordinaire de pouvoir aller dans d'autres pays, pas uniquement et forcément européens, mais dans d'autres pays dans le monde. C'est peut-être vers cela que la mission européenne devrait davantage s'engager parce qu'on a tous à apprendre même des pays moins développés que nous, et que c'est ça qui est assez extraordinaire.

Pensez-vous qu'il existe une « Europe des régions » ?
Une « Europe des régions », elle pourrait exister, ça ne me fait pas peur, au contraire. Toutes les régions, c'est un enrichissement pour tout le monde. C'est bien qu'il y ait cette diversité. Maintenant, il faut voir de quelle manière on peut la maintenir sans que ça devienne forcément quelque chose de nostalgique. Il faut que nous puissions évoluer avec, mais en essayant quand même de ne pas forcément tout effacer, perdre, ce serait encore pire. Donc là, les régions, je pense que c'est bien, tout en mettant des garde-fous pour que ça ne devienne pas une nostalgie.

Sur la question de l'adhésion de la Turquie, est-ce qu'il s'agit d'un pays européen et où s'arrête l'Europe, selon vous ?
Oui, bien, oui. Je trouve que c'est un pays qui est fabuleux, c'est la porte d'entrée vers l'Europe et je pense qu'on a tout à intérêt effectivement à faire cette porte avec la Turquie et non pas avec la Turquie à l'extérieur.

On parle souvent de la question des traditions. Est-ce, selon vous, une variable importante en Europe, ou un facteur de tensions ?
Par rapport à mon expérience avec l'Alsace par exemple, je ne me revendique pas en tant qu'artiste comme Alsacien. Par contre, tout ce qui fait la spécificité de cette région, je trouve ça bien, et que cela puisse être maintenu, oui. J'ai aussi beaucoup d'affinités avec une autre région qui est similaire un peu à l'Alsace, c'est la Bretagne. J'y vis quand même une bonne part de chaque année, là-bas. C'est beaucoup plus intense que chez nous en Alsace mais ça ne me pose pas de problèmes non plus.

Quel avenir imaginez-vous pour l'Europe ?
Il faudrait que l'avenir soit plein d'espérance et que l'Europe arrive à y contribuer, en ayant un regard vers tous ses citoyens mais aussi ceux qui font partie des minorités, et qui permette aussi à la société d'évoluer encore davantage qu'aujourd'hui. Et donc c'est important que tous ces petits groupes qui souffrent dans leur enfermement puissent aussi être pris en compte quand il y a des revendications, quand il y a des secteurs qui les empêchent de s'exprimer, c'est grave et j'aimerais que l'Europe soit plus présente sur ces questions-là.

Hans-Christian Krüger

Wie würden Sie die europäische Einigung mit drei Schlagwörtern definieren?
Ich würde sagen, Europa bedarf der Einigung. Nicht nur in wirtschaftlicher, sondern auch in politischer Hinsicht. Die wirtschaftliche Einigung hat sich weitgehend erfolgreich gestaltet. Die politische Einigung bisher nicht. Zweitens gibt es meines Erachtens keine Alternative zur europäischen Einigung. Es ist undenkbar, dass sich die einzelnen Mitgliedstaaten Europas weiterhin als Einzelstaaten darstellen und nicht zur einer Einigung zusammenfinden. Den Beweis dafür sehe ich darin, dass sich die europäischen Staaten weiterhin darum bemühen, Mitglied der Europäischen Union zu werden. Drittens würde ich sagen, dass man versuchen muss, die europäischen Institutionen in irgendeiner Weise in eine Harmonie zu bringen. Wobei ich immer noch daran denke, dass der Europarat die älteste europäische Institution ist, unter anderem einberufen von Winston Churchill, der sogar von den Vereinigten Staaten von Europa gesprochen hat. Dennoch ist der Europarat eine sehr traditionelle europäische Institution geblieben und hat keinerlei supranationale Eigenschaften – bis auf eine Institution vielleicht, nämlich den Europäischen Gerichtshof für Menschenrechte. Aber auch der ist nicht klassisch supranational. Mit anderen Worten: Die Urteile sind nicht automatisch in den Mitgliedstaaten vollstreckbar; sie müssen durch die Mitgliedsstaaten umgesetzt werden. Der Europarat ist daher eine Institution, die sich als klassische völkerrechtliche Institution darstellt, während die EU mit eigenen Machtbefugnissen, ausgestattet ist und insofern auch anders und wirksamer ist als der Europarat. Wobei ich aber in keiner Weise die Wirkung des Europarates schmälern möchte.

Er wirkt, aber er ist vielleicht nicht im selben Maße wirksam wie die Europäische Union.

Man sagt oft, Europa sei das Werk des Friedens zwischen den Nationen. Was denken Sie darüber? Sie haben den 2. Weltkrieg erlebt und sind in Berlin aufgewachsen. Wie haben Sie als Kind und Jugendlicher den Beginn der europäischen Einigung wahrgenommen? Hätten Sie es für möglich gehalten, dass dieses Projekt eine solche Größe annimmt?

Europa hat 1949 begonnen. Natürlich hat der Krieg – für uns Deutsche der verlorene Krieg – eine besondere Bedeutung gehabt. Für einen Menschen, der 1935 geboren wurde, also zehn Jahre alt war, als der Krieg zu Ende war, wurden die Schrecken des Naziregimes erst nach dem Krieg bewusst; und dies waren wirklich schreckliche Verbrechen – durch den Staat, nicht durch einzelne Bürger. Da hat man tatsächlich das Gefühl gehabt, dass man das für alle Zeiten unmöglich machen muss. Das darf nicht wieder geschehen. Besonders ist allen Deutschen bewusstgeworden, dass der Neuanfang nach dem totalen Zusammenbruch ein Anfang war, der nicht alleine ohne Mithilfe anderer Staaten zustande kommen konnte. Die Amerikaner haben sehr viel geholfen, aber schließlich war es doch die europäische Zusammenarbeit: 1949 wurde der Europarat gegründet, hat mit den Menschenrechten seine erste große Konvention geschaffen. Die Schrecken des Krieges haben dazu geführt, dass die Europäer sich mehr und mehr zusammentaten. Dabei war die deutsch-französische Freundschaft, die sich in erster Linie durch Konrad Adenauer und Charles de Gaulle entwickelt hat, die sich untereinander verstanden haben, von besonderer Bedeutung. Diese Freundschaft zwischen Franzosen und Deutschen, die vielleicht nicht von jedem Einzelnen getragen wird, aber von den Staaten, ist von besonderer Bedeutung. Heute kann ich mir ein Leben, sei es in Straßburg, Berlin, Hamburg oder Paris nicht vorstellen, ohne an die europäische Zusammenarbeit denken.

Was halten Sie davon, dass die EU mit dem Friedensnobelpreis ausgezeichnet wurde?

Ich bin mir nicht sicher, was das angeht. Was ich für richtig halte, ist, dass die Bürger der EU einen solchen Preis verdient haben. Ob man das nun Institutionen gleichzeitig auch zurechnen kann, d.h. der Kommission, dem Ministerrat, dem Parlament – das ist mir nicht so klar. Aber die Bürger haben einen solchen Preis verdient. Wer bekommt den Preis? Wenn ich mich recht erinnere, sind es immer die Bürger gewesen, einzelne Bürger und nicht Institutionen. Ich sehe die Europäische Union als eine Art staatliches Gebilde. Für mich ist das – Ich sage Ihnen ganz offen, was ich denke, aber das denken viele Deutsche – eine Art von Föderation. Im Gegensatz zu den Engländern, die darin eher eine Gemeinschaft besonderer Art sehen. Ich sehe eine Föderation, eine Institution und bin mir nicht sicher, ob der Nobelpreis in Zukunft an Staaten verliehen werden soll. Aber ich drücke mich vorsichtig aus. Denn es hat etwas Positives, den Bürgern insofern zu helfen, diese Gemeinschaft weiter zu entwickeln und auch als eine Anerkennung dafür, was bisher geschehen ist. Und insofern bin ich völlig einverstanden.

Sie haben im Sekretariat der europäischen Menschenrechtekommission gearbeitet. Ist der Respekt der Menschenrechte notwendig, um Frieden zu wahren?
Die Europäische Menschenrechtskonvention hat ihre Bedeutung insbesondere darin, dass sie dem Bürger eine Möglichkeit gibt, gegen den Staat zu klagen. Das ist ansonsten im Völkerrecht nicht üblich. Staaten können gegen andere Staaten klagen. Aber das ist die einzige Möglichkeit, dass ein Bürger gegen einen Staat klagen kann. Und insofern, weil der Staat sich gegenüber einem internationalen Gericht auf die Klage eines Bürgers hin verantworten muss, hat das für den Frieden eine besondere Bedeutung. Ich will Ihnen sagen, dass es nach 1989 unterschiedliche Meinungen über die Aufnahme ehemaliger Ostblockstaaten in den Europarat gegeben hat. Die Frage war: Können diese Staaten als demokratische Staaten angesehen werden? Erfüllen sie die Bestimmungen oder die Voraussetzungen für die Aufnahme in den Europarat? Und da hat es unterschiedliche Meinungen gegeben. Es gab die, dass insbesondere Russland keineswegs vollständig genug demokratisch ausgerichtet war, um dem Europarat beitreten zu können. Ich habe immer die Meinung vertreten, dass man, auch wenn die Staaten noch nicht vollständig Demokratien sind, sie doch aufnehmen soll und habe insbesondere den Beitritt zur europäischen Menschenrechtskonvention als wesentlichen Punkt dafür bezeichnet. Denn die Aufnahme in den Europarat, das heißt in eine demokratische Gesellschaft, bedeutet gleichzeitig die Ratifizierung, die Anerkennung der europäischen Konvention für Menschenrechte und die Zurverfügungstellung dieses Instruments an den Bürger. Und das war für mich ein wesentlicher Grund, warum ich für eine frühzeitige Aufnahme dieser Staaten in den Europarat plädiert habe. Im Gegensatz zu anderen, die sagten, dass man warten müsse, bis die Staaten demokratischer sind, um aufgenommen zu werden.

Könnten Sie bitte kurz präzisieren, was Sie mit dem Europarat verbinden und welche Wandlungsprozesse Sie seit seiner Gründung im Laufe der Jahre haben feststellen können, auch hinsichtlich des Verhältnisses zur Europäischen Union?
Der Europarat ist Vater oder Mutter, vielleicht Großvater oder Großmutter der Europäischen Union. Daran besteht kein Zweifel. Er war der erste europäische Zusammenschluss von Staaten. Das war ein wichtiger Schritt, der 1947 begonnen hat und 1949 am 5. Mai seinen Abschluss fand. Der Europarat bildete insofern eine Plattform für den Zusammenschluss von den sechs Staaten, die die Europäische Gemeinschaft für Kohle und Stahl dann gegründet haben. Danach kam die Europäische Gemeinschaft, die EG, dann die Europäische Union und der Europarat hat weiterbestanden. Aber er ist, im Gegensatz zur Union, als klassische Völkerrechtsgemeinschaft nicht so wirksam wie eine Union, in der Hoheitsrechte auf die Gemeinschaftsorgane übertragen werden. Der Europarat arbeitet mit den klassischen Mitteln eines Völkerbundes, nämlich Resolutionen, Entscheidungen, Direktiven. Aber alles muss durch die nationalen Parlamente oder Regierungen umgesetzt werden. Und das ist ein Unterschied. Und wenn man heute an Europa denkt, dann denkt man an Europa im Rahmen der Europäischen Union und nicht an das Europa im Rahmen des Europarates. Unterschiedliche Mitgliedschaften sind allein dafür sehr bezeichnend, aber auch die Art und Weise, wie die Resolu-

tionen, Verträge, Konventionen usw. umgesetzt werden, wie die beiden europäischen Organe arbeiten. Also bedeutend für die europäische Einigung sehe ich die Europäische Union als das Instrument, das diese Einigung eines Tages hoffentlich herbeiführen wird.

Würden Sie sich denn wünschen, dass dem Europarat mehr Beachtung zu Teil kommt?
Natürlich wünsche ich mir das, aber es ist nicht der Fall. Die Staaten haben ihr Augenmerk auf andere Dinge gerichtet. Sicherlich spielt der Europarat nach wie vor eine Rolle in der Promotion von Menschenrechten, Demokratie und Rechtsstaatlichkeit. Und er ist von Bedeutung, wenn man das „größere" Europa einschließen will. Immerhin sind 47 Staaten eine beachtliche Anzahl von Mitgliedstaaten. Und die besondere Bedeutung des Europarates wird bestehen bleiben: Das sind die Menschenrechte, die es in dem Maße nicht woanders gibt. Es gibt zwar die europäische Menschenrechtscharta der Europäischen Union, aber die Bemühungen, die jetzt im Augenblick im Gange sind, dass die Europäische Union Vertragspartei der Europäischen Menschenrechtskonvention wird, also der europäischen Menschenrechtskonvention beitritt, ist meiner Auffassung nach ein sehr wichtiger Schritt. Und es muss geschehen. Es wird auch geschehen, denn der Artikel 8 des Lissaboner Vertrages sieht genau das vor. Und zwar nicht in dem Maße „kann" oder „möge", sondern „soll" beitreten. Die Europäische Union „soll" die Konvention ratifizieren und dann Mitglied der europäischen Konvention werden. Dass das im Augenblick noch nicht der Fall ist, liegt daran, dass man die einzelnen Bedingungen aushandeln muss. Aber der Europarat hat nach wie vor meines Erachtens nach eine Bedeutung und wird sie in gewissen Bereichen immer haben. Aber es müsste eine bessere Verbindung geben. Für meine Begriffe müsste man versuchen, eine Verbindung zwischen dem Europarat und der Europäischen Union herzustellen. Man hat darüber schon gesprochen, dass zum Beispiel das Parlament des Europarates, zumindest die Mitglieder der Europäischen Union, als eine Art von Kammer vom Europäischen Parlament angesehen werden können – als eine Art von Bundesrat oder Senat oder wie man das sehen will. Das ist mit Sicherheit nicht realisierbar. Aber man kann ohne weiteres in diesem Sinne weiterdenken und sich überlegen, inwieweit der Europarat im Rahmen der Europäischen Union eine besondere Rolle spielen kann.

Ich würde gerne auf die EU zurückkommen. Sie haben vorhin schon angedeutet, dass es im Laufe der Zeit verschiedenen Namen gab, die sich dann entwickelt haben: Europäische Wirtschaftsgemeinschaft, Europäische Gemeinschaft und jetzt die EU. Was verbinden Sie mit diesem Prozess, auch mit diesem Namensgebungsprozess? Was würden Sie sagen, sind die größten Errungenschaften, die man in diesem Prozess gewonnen hat?
Das Wichtigste ist, dass durch eine Wirtschaftsgemeinschaft eine politische Gemeinschaft entstanden ist. Daher auch die Namensänderung. Europäische Gemeinschaft war noch damals der Ausdruck, den man verwandte, nachdem man die Europäische Gemeinschaft für Kohle und Stahl als erste supranationale Institution schuf. Das ist eben der Unterschied zwischen dem Europarat und den anderen

Institutionen. Supranational heißt, dass Hoheitsrechte übertragen wurden. Aber das Wesentliche ist, dass die Europäische Union durch den Vertrag von Maastricht als politische Union entstand und jetzt durch den Vertrag von Lissabon, nach dem bedauerlichen Scheitern des von Giscard d'Estaing geführten Versuchs, einen Verfassungsvertrag entwickelt hat. Daraufhin hat man diesen Vertrag ziemlich unverändert übernommen und hat ihn den Lissaboner Vertrag genannt. Aber er ist kein Verfassungsvertrag mehr und ich finde, man sollte wieder anfangen sich zu überlegen, inwiefern man eine Verfassung für Europa schaffen kann.

Man hört oft die Kritik von einem „Wirtschaftseuropa" oder einem „Europa der Finanzen" mit einem „Demokratiedefizit". Was denken Sie bezüglich dieser Kritiken?
In diesen Dingen muss man immer versuchen, Kompromisse zu schaffen. Man schafft keine Lösung im Staatsbereich wenn man nicht bereit ist, Kompromisse zu schließen. Und die Kompromisse werden sowohl das finanzielle als auch das demokratische Momentum im Auge haben. Die Wirtschaft eines Landes ist von besonderer Bedeutung, d.h. wie viele Arbeitsplätze und Arbeitslose. Das Demokratieverständnis muss immer vorhanden sein. Wir schimpfen manchmal, es gäbe nicht genug Demokratie, aber sie ist doch da. Wir leben in demokratischen Staaten. Wenn Sie bedenken, wie das früher war. Ich habe seinerzeit oft mit meinem Vater gesprochen und gesagt: „Wie konntet ihr zulassen, dass Hitler an die Macht kam und dass eine solche Gruppe von Leuten die Macht übernahm?" Und da sagte er mir immer: „Du hast eben nie in einer Diktatur gelebt, du hast nie in einem terroristisch orientierten Staat gelebt". Und das ist heute nicht der Fall. Wir können frei reden... Jeder kann was sagen. Man kann auf die Straße gehen. Man kann gegen Dinge protestieren. Und es geschieht einem nichts, wenn man dabei nicht ausfällig wird.

Aber dennoch gibt es einen hohen Enthaltungssatz bei den Wahlen zum Europäischen Parlament. Wie erklären Sie sich, dass die europäischen Bürger nicht wählen gehen? Sind die Bürgerrechte, die man in der EU hat, nicht bekannt genug?
Über viele Jahre hinweg hatte das europäische Parlament keine großen Befugnisse. Heute ist es anders. Heute hat es mehr und mehr Befugnisse bekommen. Aber lange Zeit war das nicht der Fall. Wahrscheinlich wird es sich auch bei der nächsten Wahl ändern, wenn das Parlament mehr und mehr Autorität erhält. Die ganze Entwicklung zu einer politischen Union ist noch nicht zu Ende. Sie ist im Gange. Und sie wird auch noch eine ganze Weile im Gange sein. Nie wird man sagen können: „Jetzt ist alles erreicht". Insofern bin ich ein Faust-Anhänger, Goethes Faust. „Werd ich zum Augenblicke sagen: Verweile doch! Du bist so schön! Dann magst Du mich in Fesseln schlagen, dann will ich gern zugrunde gehen". Es wird immer so sein, dass man sich weiterentwickelt. Da bin ich sehr zuversichtlich, dass man auch weiterhin zusammenwächst.

Wie definieren Sie den Begriff "grenzüberschreitende Kooperation"? Wenn möglich wieder mit drei Schlagwörtern.
Persönlich bin ich begeistert vom Schengener Abkommen. Schengen ist eine wesentliche Errungenschaft, sodass man jetzt frei über die Grenzen gehen kann und nicht mehr kontrolliert wird. Sie brauchen hier nur nach Kehl zu gehen. So etwas hat es noch nicht gegeben. Und ich werde auch nicht vergessen, wie Herr Gauck hierherkam. Vor einem Jahr hat er hier einen Preis von einer Kulturstiftung bekommen – und da hat er seine Rede begonnen, dass er sich das nie hat träumen lassen, über eine Grenze zu gehen, ohne kontrolliert zu werden, dass man ohne den Pass vorzeigen zu müssen herübergehen kann. Und das ist heute der Fall. Also ich finde das Grenzüberschreitende ist für den Bürger eine sehr wichtige Maßnahme. Ich erinnere mich noch, wie es war, als wir z.B. große Schwierigkeiten hatten mit dem Geldumtausch. Der war nicht frei. Der französische Franc war nicht frei konvertierbar. Es gab eine gewisse Begrenzung, wenn man nach Deutschland hinüberging und dort Mark kaufen musste. Der Geldfluss war nicht frei. Und man kann über den Euro sagen, was man will, aber er hat es geschafft, dass wir in Europa frei sind. Also die grenzüberschreitende Verbindung, sowohl was die tatsächlichen Übergänge betrifft, als auch die Kooperation, die stattfindet, sind von erheblicher Bedeutung. Ich sehe im grenzüberschreitenden Verkehr seit 1950 eine enorme Entwicklung.

Inwiefern unterstützt diese Kooperation den Prozess europäischer Einigung? Ist diese Kooperation nur eine lokale Erscheinung oder sehen Sie mehr dahinter?
Ich sehe in allem, was zwischen den verschiedenen europäischen Völkern geschieht, einen Austausch, sei es der kulturelle Austausch oder zu Studienzwecken oder auch wirtschaftlich. Wenn einer mehr Arbeitsplätze anbieten kann als der andere, sodass dann bspw. Spanier nach Deutschland kommen, um dort zu arbeiten, weil sie dort mehr Chancen haben als in Spanien, dann sehe ich das sehr positiv. Ich sehe, dass sich das weiterentwickelt und auch entwickelt hat. Ich sehe immer eine Entwicklung. Aber wie gesagt eine Entwicklung, die im Gange ist und die nicht aufgehört hat. Und auch nicht aufhören wird. Oder sich auch verändern wird. Aber ich sehe da große Chancen. Der kulturelle Austausch geht meines Erachtens über Europa hinweg. Es gibt viele Amerikaner, die hier in Europa ihre Bilder ausstellen, singen oder musizieren.

Wenn man an das Elsass denkt und auch insbesondere an Straßburg, wird häufig auch von einem „Laboratorium" von Europa gesprochen. Glauben Sie, dass an dieser Behauptung etwas daran ist?
Straßburg ist eine Symbolstadt. Ob das heute noch eine so große Rolle spielt, ist eine andere Frage. Eine uralte Stadt, die diese beiden Kulturen, die deutsche und die französische Kultur, in sich vereint. Politisch ist Straßburg französisch, aber kulturell ist es eine Stadt, die sicherlich viel, nicht vom Germanischen, sondern vom Alemannischen hat. Damit finden Sie hier auch eine Verbindung zur Schweiz, weil es ein alemannisches Volk ist, das auf der anderen Seite des Rheins gelebt hat und das hier im Elsass gelebt hat. Aber Straßburg ist zweifellos eine alte Kulturstadt. Nicht umsonst waren Goethe, Herder, Klopstock und alle mögli-

chen Leute hier. Aber auch für die europäische, für die deutsch-französische Einigung ist die Stadt von großer Bedeutung. Wissen Sie, ich sehe keine Hauptstädte mehr. Dafür bin ich ein zu starker Föderalist, auch in meinem eigenen Lande. Berlin ist die Hauptstadt Deutschlands geworden, weil es einfach Tradition war und weil es auch so vorgesehen war. Es wäre auch undenkbar gewesen, dass man die beiden Teile Deutschlands zusammengeführt hätte und man hätte dann Bonn weiterhin als Hauptstadt behalten. Aber in Deutschland gibt es so viele wichtige Städte: München, Stuttgart, Frankfurt ist die Finanzhauptstadt. Die Deutschen empfinden heute viel mehr ihre lokale Zugehörigkeit als ihre nationale Zugehörigkeit. Und das hat auch der Krieg bewirkt. Ich bin in Wilmersdorf geboren, in Berlin. Aber es ist eben ein Teil der Föderation. Durch die Föderation haben die Deutschen endlich aufgegeben, ihr Glück woanders zu suchen. Nämlich bei den Franzosen, im Elsass. Wir können doch nicht sagen „Das gehört zu uns". Sie werden heute keinen Deutschen mehr finden, der sagt „Das Elsass ist deutsch". Das hat das bewirkt, dass man eben nicht mehr daran denkt, sich Land anzueignen – was die Deutschen immer gemacht haben, weil sie im Zentrum lebten. Weil sie im Zentrum lebten, haben sie immer gedacht „Wir müssen uns irgendwie ausweiten. Wir haben nicht genug in unserem Land". Aber das stimmt nicht.

Jetzt kommt der letzte Teil unseres Interviews über die gemeinsame europäische Identität. Denken Sie überhaupt, dass es eine europäische Identität gibt? Und wenn ja, wie würden Sie diese definieren?
Ich glaube, dass es eine europäische Identität gibt. Im Gegensatz zu einer asiatischen oder amerikanischen Identität gibt es eine europäische Identität. Wie würde ich sie definieren? Was macht den Europäer aus? Was ist die Hauptcharakteristik des Europäers? Ich glaube, dass Europa eine besondere kulturelle Rolle gespielt hat. Sehen Sie die großen Musiker, die kamen alle, jedenfalls in den vorigen Jahrhunderten, aus Europa. Heute vielleicht nicht mehr. Heute haben Sie sicherlich große Musiker in Amerika, in den USA und in Lateinamerika. Aber die große klassische Musik stammt doch eigentlich aus Europa. Die große Literatur und auch die Philosophie stammt aus Europa. Es hat sicherlich auch eine große chinesische philosophische Entwicklung gegeben, aber ich weiß nicht, ob sie doch so bedeutend für die Menschheit war wie die aus Europa.

Sie haben uns schon gesagt, Sie bezeichnen sich als Berliner. Meine Frage war eigentlich, ob Sie sich als Europäer fühlen.
Ja, auch als Europäer. Als ich das beantwortet habe, habe ich mich mehr innerhalb von Deutschland befunden. Aber ich bin ein Deutscher und Europäer. Aber sicherlich ist das eine europäische Identität, die ich mir angeeignet habe. Sie war nicht von vornherein da. Aber man hat sie sich angeeignet. Und heute bin ich bestimmt ein Europäer, European, Européen.

Also ist das etwas für Sie, was man auch lernt, was ein Entwicklungsprozess ist?
Ja sicherlich, denn dadurch, dass man Sprachen lernt, fängt man an, eine europäische Identität zu entwickeln. Damit entwickelt sich erst das Europäische. Aber es ist eine Kultur. Man muss es erwerben. Es wird einem nicht geschenkt. Auch da

wieder Goethe: „Was du ererbt von deinen Vätern hast, erwirb es, um es zu besitzen". Das gilt für Vieles. Das wird Ihnen nicht in den Schoß gelegt. Man muss es suchen. Man muss auch sehen, dass man die europäische Identität entwickelt. Es gibt immer wieder nationale Reaktionen. Sie finden zum Beispiel in Großbritannien im Augenblick eine starke Reaktion, die sich auf das Nationale konzentriert, was man auch nicht verurteilen soll. Denn es hat dann irgendwelche Entwicklungen gegeben, die in diese Richtung gegangen sind. Man kann dann nicht sagen, dass das alles schlecht ist. Aber es darf nicht zu stark werden. Für mich ist es von größter Bedeutung, dass man das Nationale in einen Rahmen stellt, der eben bei uns ein europäischer Rahmen ist. Und dass man auch an der europäischen Einigung weiterarbeitet. Dass man bspw. die Europäische Union an die Europäische Menschenrechtskonvention bindet, und zwar auch formell, nicht nur in Gedanken.

Mich würde jetzt interessieren – Sie haben gerade schon von nationalen Reaktionen gesprochen, die dann und wann auftreten können. Und gerade jetzt im Kontext der Eurokrise, wie sie oft genannt wird. Stellen Sie da für sich fest, dass es vermehrt nationale Reaktionen gibt? Oder stellen Sie fest, dass diese ganze Krise einen Einfluss auf die Dynamik der europäischen Einigung hat?
Ich glaube, dass die Eurokrise nur einen Stopp in der europäischen Entwicklung bewirkt, aber nicht eine Rückkehr zu den nationalen Interessen. Sie bewirkt nicht, dass den nationalen Interessen Vorrang eingeräumt wird. Ich glaube, dass man an sich sehr bemüht ist, auf politischer Ebene die europäische Einigung weiterzubringen. Und der Gedanke, dass man ein Budget abstimmen lässt, dass man gewisse finanzielle Entscheidungen in die Hände europäischer Instanzen legt, ist von Bedeutung. Also wie immer, wenn eine Krise eintritt, haben Sie einerseits einen gewissen Stopp in der Entwicklung, aber gleichzeitig einen neuen Gedankengang, eine neue Initiative, die vielleicht in eine leicht andere Richtung geht, aber sich für die europäischen Gedanken einsetzt. Deswegen sehe ich die Eurokrise nicht als eine fatale Katastrophe an, sondern als eine bedauerliche Entwicklung. Aber sie wird dazu führen, dass man Europa entwickelt und weitere europäische, neue Gedanken einbringt – wenn auch im Augenblick auf dem finanziellen, weniger auf dem kulturellen Sektor.

Wie sehen Sie denn die Zukunft Europas?
Ich sehe es als unausweichlich an, dass Europa eine staatliche Funktion einnimmt, d.h. eine Art von Föderation. Man spricht von Föderation der Nationalstaaten. Man spricht von einer Vereinigung von Nationalstaaten. Man sieht das nicht so föderalistisch wie in den USA oder Deutschland, aber man strebt doch eine gewisse zentrale Politik, eine gemeinsame Außenpolitik an. Und dabei liegt natürlich der stärkere Einfluss bei den Nationalstaaten und nicht beim Bund. Aber gewisse Befugnisse werden doch an den Bund übertragen. Ich glaube, dass die Konzeption von Europa immer wieder im Fluss bleiben wird. Aber man muss die Föderation trotzdem einmal schaffen. An irgendeiner Stelle muss man einen Bund schaffen. Genau wie in den USA. Im Augenblick sehen Sie in den USA, hauptsächlich bei den Republikanern, eine starke Rückbeziehung auf die Kompetenzen der einzelnen Staaten. Denn sie wollen, dass der Bund so wenig wie möglich ent-

scheiden darf. Dasselbe kann auch in Europa geschehen. In Europa wird es immer einen deutschen Bundestag und eine Bundesregierung geben. Und eine französische Regierung in Paris. Aber ob es darüber hinaus etwas gibt, was diese nationalen Staaten verbindet und für sie in gewissen Bereichen entscheidet? Zum Beispiel im Bereich der Finanzhoheit. Ob es da nicht eine gewisse Einheit geben muss? Wie man die Wirtschaft koordiniert? Wie man die Finanzen koordiniert? Ob es da nicht irgendetwas geben muss? Aber ich bin fest davon überzeugt, dass man innerhalb Europas eine größere Koordinierung herbeiführen muss. Nicht eine Konzentrierung auf Brüssel. Das wäre ein Riesenfehler, wenn man das machen würde. So wie die Franzosen sich auf Paris konzentrieren, sollten wir Europäer uns nicht auf Brüssel konzentrieren. Deswegen bin ich eigentlich ganz zufrieden darüber, dass es diese drei Institutionen gibt. Dass in Brüssel eine Regierung sitzt, dass in Luxemburg der Gerichtshof sitzt. Das ist typisch für eine Föderation. Und dass Straßburg das Parlament hat. Und ich meine, Straßburg wird das Parlament immer streitig gemacht, weil es viel Geld kostet. Das ist richtig. Es kostet den Bürger Geld, diese Institutionen an verschiedenen Orten zu unterhalten. Aber in einer Föderation ist das eben gut so. In Europa würde ich immer sagen: In Straßburg werden die großen Reden gehalten und die großen Entscheidungen getroffen, in Brüssel wird die tägliche Arbeit gemacht, also die Kleinarbeit. Aber wenn man seine Gedanken zu Europa vortragen möchte, wird man das in Straßburg tun.

Catherine Lalumière

Selon vous, les études que vous avez menées correspondent-elles aux fonctions que vous avez eues durant votre carrière ?
Durant toute ma jeunesse et mes études, ainsi qu'au début de ma carrière universitaire, je n'étais pas du tout branchée sur les questions européennes. Pas du tout. C'est un problème de génération. J'ai commencé ma licence en 1952, le traité de Rome est de 1957, j'ai donc des circonstances atténuantes. Par ailleurs, j'étais étudiante, puis ensuite j'ai enseigné à la faculté de droit de Rennes, faculté de droit très traditionnelle, et ce n'était que les branches du droit français que l'on étudiait. Et puis, il s'agissait de Rennes, en Bretagne, ce n'était pas Strasbourg. L'Europe, c'était loin, la région n'était pas frontalière de l'Allemagne, de la Belgique, de l'Italie, etc. On ne peut pas dire que j'ai fait mes études avec l'idée de devenir un jour ou fonctionnaire ou élu européen, absolument pas, pas du tout.

C'est donc à partir de quel moment que vous vous êtes intéressée aux questions européennes ?
Vous savez, c'est les hasards de la vie. En réalité, progressivement, sous l'influence de mon mari. En le suivant, je suis entrée au Parti socialiste, j'ai été dans les coulisses. Au début, je n'avais pas du tout de responsabilité, puis, lorsque François Mitterrand a pris la tête du Parti socialiste, là j'ai trouvé que cela commençait à devenir plus intéressant. Il m'a confié quelques responsabilités dans l'appareil dirigeant du parti, ce qui fait qu'en 1981 j'ai été dans l'équipe gouver-

nementale, mais pas du tout sur des questions européennes. Simplement, à un moment donné, j'ai été ministre de la Consommation, il s'agissait de la protection des consommateurs et des relations entre les consommateurs et les grands secteurs d'activités industriels, les services, la distribution, la grande distribution, etc. À cette époque-là, sous l'impulsion de l'Allemagne, a été instauré un conseil des ministres qui s'est appelé le conseil « Marché intérieur ». On était alors en 1981-1982-1983 et on se plaignait de ce que le marché, l'unification du marché tarde. Il y avait encore beaucoup d'obstacles et on n'avait pas trouvé comment les surmonter. Les Allemands s'impatientaient donc et se sont dit que pour accélérer les choses il fallait consacrer un conseil uniquement à l'accélération du marché intérieur. C'est à ce moment-là que l'on a parlé de marché unique. Puis Jacques Delors a lui aussi voulu accélérer les choses et, hasard de la vie, les ministres qui devaient y aller étaient tous surchargés. Alors, vous aviez donc le ministre des Affaires européennes surchargé, le ministre des Affaires étrangères qui n'avait pas le temps, le ministre des Finances dont il n'était pas question, et on s'est finalement dit que le marché et la consommation étaient plus proches... Je crois qu'il y avait derrière cela une idée du marché, du genre que c'est la ménagère qui va acheter ses poireaux pour faire le potage, j'ai l'impression que c'est pour cela qu'ils... enfin bref. On s'est dit que Catherine Lalumière s'occupait de la consommation et qu'elle irait suivre les travaux du marché intérieur, notamment au premier semestre 1984 où la France était à la présidence tournante. J'ai donc présidé des conseils « Marché intérieur ». On ne peut pas dire que j'étais très rodée, mais cela s'est bien passé et, vous savez, dans le microcosme – surtout à l'époque où on n'était pas très nombreux – les réputations se font très vite et, semble-t-il, j'ai eu la réputation d'avoir vite appris les leçons et de m'être pas trop mal débrouillée. À la fin de l'année 1984, lorsqu'il y a eu un remaniement ministériel, Claude Chesson a quitté les Relations extérieures et il a été remplacé par celui qui à ce moment-là avait le portefeuille des Affaires européennes, Roland Dumas, et Roland Dumas a proposé à François Mitterrand que je le remplace aux Affaires européennes. Ce qui s'est produit. Vous voyez donc que c'est un peu le hasard, et c'est vrai qu'en débarquant à Bruxelles dans les années 1982-1983, je ne connaissais vraiment rien. Je n'avais jamais eu les cours que vous avez actuellement sur les institutions européennes etc., moi, c'était zéro. En plus, je ne m'y étais pas vraiment intéressée, donc comme débutante on ne pouvait pas faire plus, mais j'ai très vite trouvé que c'était passionnant, et le virus, je l'ai attrapé à cette époque-là. Et il ne m'a pas quittée après. Voilà comment on devient europhile ou acteur en Europe, c'est le hasard. Ma jeunesse, ma scolarité ne m'avaient pas du tout préparée à cela, pas du tout.

Qu'est-ce que l'Europe pour vous aujourd'hui ?
L'Europe, c'est essentiellement des manières de penser, des manières de vivre, une culture, une civilisation. Pour moi, le concept d'Europe, c'est un continent et ce n'est pas l'aspect géographique qui me semble le plus caractéristique, c'est que, au fil des siècles, trois millénaires presque, l'Europe représente pour moi cela : une civilisation essentiellement.

Et que représente pour vous le projet européen ?
Le projet européen, c'est un changement de paradigme énorme, évidemment. Il est né d'un changement énorme car, pendant tous ces siècles qui ont bâti la civilisation européenne, on a malheureusement constaté que c'étaient des siècles où les peuples d'Europe ont été constamment en concurrence, en rivalité et en compétition, en conflit. Souvent, il s'agissait de conflits armés et, à partir de 1945, il y a ce changement incroyable d'optique : au lieu de cette compétition perpétuelle, cette Europe décide de s'unir, de se rassembler. C'est vraiment quelque chose de révolutionnaire, dans le sens de la révolution copernicienne, où l'on inverse complètement l'attitude et on se rassemble pour faire des choses ensemble, pour avoir un projet commun. Et quel est ce projet ? En réalité, c'est celui de faire vivre la civilisation européenne, ce modèle de société que nous avons forgé et qui est un modèle de société qui était original. Car il a un équilibre, c'est un équilibre entre trois grandes exigences : des exigences économiques, le bien-être, le niveau de vie, des exigences de justice sociale. On dira que l'Europe est insuffisante, oui, mais c'est quand même moins mal que les autres, et ce projet, dès le départ, donne une place importante à la justice sociale, à la solidarité. Puis, il y a une troisième composante de ce modèle de société à l'européenne qui sont les valeurs humanistes, les droits de l'Homme, la démocratie, l'État de droit. Dès le départ, il y a donc ce changement de paradigme, changement d'attitude. Au lieu de se combattre, on s'unit et on va s'unir pour préserver, améliorer, faire rayonner ce fruit de siècles et de siècles d'efforts qui est un type de société. Ce type de société, je suis de ceux qui l'aident. C'est donc cela ma motivation. Je m'intéresse à l'Europe parce que ce modèle de société – qui a aussi fait beaucoup d'erreurs dans le passé et qui est loin d'être parfait aujourd'hui –, cette organisation de la société avec des prolongements vis-à-vis d'autres parties du monde, ce modèle européen – j'emploie le mot « modèle » non pas pour dire qu'il est parfait et que tout le monde devrait le copier, ce n'est pas dans cet esprit-là –, où il y a des préoccupations matérielles, des préoccupations sociales et des préoccupations d'ordre humaniste, c'est pour moi le type de société qui est le plus désirable.

Quelles frontières donneriez-vous à l'Europe ?
Il est évident que les frontières telles qu'elles sont tracées par les géographes ne sont pas très utiles, elles sont au mieux indicatives. La frontière entre Istanbul et l'Anatolie, le Bosphore, n'est pas une frontière, on le franchit tous les jours, cela n'a pas de sens. Pour définir les frontières de l'Europe, le critère historique est important. Avoir une histoire commune, avoir eu des échanges au fil des siècles, cela crée et engendre des ressemblances. Même lorsqu'on se fait la guerre, on apprend à se connaître et il y a un patrimoine commun qui résulte de tout cela, et on retombe sur la culture. Le projet européen, qui est un projet politique, en fait politique au sens le plus noble du mot, je dirais que c'est tous ceux qui feront le choix de construire ensemble. Et les frontières résulteront de cela. À partir de là, c'est extrêmement difficile de dire qu'il y a une frontière définitive, qui ne bougera pas. D'ailleurs, dans les premiers textes de l'après-guerre, aussi bien ceux du Conseil de l'Europe que, par la suite, les textes concernant la Communauté ou

l'Union européenne, les fondateurs n'ont jamais tracé les frontières. Ils n'ont d'ailleurs jamais défini ce qu'étaient pour eux l'européanité, il n'y a pas de mot là-dessus. On parle des peuples européens, on parle des États européens et on ne dit pas ce qui caractérise l'européen, ils s'en sont bien gardés.

Si vous deviez dépeindre l'Europe au début de sa construction et ce qu'elle est aujourd'hui, diriez-vous que c'est la même chose ?
Je pense que c'est pareil. Simplement, ce n'est pas au même degré de réalisation. Mais je pense que, pour les pères fondateurs, dès le départ ils avaient un projet. En fait, au tout début, ils voulaient la paix, mais c'est un projet qui est d'abord contre et ensuite pour. Contre plusieurs choses : contre l'hyper-nationalisme d'abord, car toute cette génération a vu ce à quoi la montée du nationalisme au XIXe siècle a abouti au XXe, deux guerres mondiales épouvantables. Ils sont contre, car c'est pour eux la source de tous les maux, mais ils ne sont pas contre les nations. Ils sont contre les totalitarismes, car cette génération a été marquée par les années 1930 et ce qui a suivi. Il faut imaginer, pour ces hommes et ces femmes imprégnés de cette culture européenne et qui voient alors l'Europe engendrer le nazisme, le fascisme en Italie, le stalinisme en Russie, le franquisme en Espagne, Salazar au Portugal, et qui se disent qu'ils sont devenus fous. À l'inverse, ils vont être pour la démocratie, pour les droits de l'Homme, pour l'État de droit et tout ce qui va avec. Il ne faut jamais oublier que le premier texte qui a été adopté après la Seconde Guerre mondiale au niveau européen a été la Convention européenne des droits de l'Homme. En fait, ils ont commencé par cela, car dès 1950 ils la rédigent. On dit souvent qu'on a commencé par l'économie et par le marché commun : c'est faux. C'est venu après. Le projet européen, ils en ont donc une conception, ils ont déjà la première composante de tout ce projet, qui est celle de rétablir en Europe la démocratie, les droits de l'Homme et tout ce qui va avec : l'esprit de réconciliation, le respect de l'autre, etc. Ce sont des valeurs. Par la suite, ils vont compléter ce projet avec l'économie, parce qu'il faut reconstruire après la destruction de la guerre, et puis aussi parce que, en gens intelligents, ils ont compris qu'en faisant travailler ensemble des gens sur des chantiers très matériels, la reconstruction véritablement, on allait souder des solidarités. Et c'est ce qu'ils ont inauguré avec la CECA [Communauté européenne du charbon et de l'acier].

Vous sentez-vous Européenne ?
Ah oui ! Incontestablement. Mais cela ne m'empêche pas de me sentir Française ou très attachée à ma Bretagne natale. Autrement dit, je suis à l'aise avec plusieurs identités. Ce n'est pas l'une ou l'autre, c'est l'une et l'autre, et même une pluralité.

Comment définissez-vous la construction européenne ?
La construction européenne, c'est un effort pour rassembler des États, pour rassembler des peuples et les faire travailler ensemble, et mener à bien un projet. Ce n'est pas un projet limité dans le temps, ni un petit projet, c'est un projet de civilisation. Enfin, il y a une ligne directrice avec un certain nombre d'objectifs. La

construction européenne est donc un instrument, un outil. L'architecture institutionnelle est au service de ces objectifs et la construction européenne est l'outil qui manquait. En effet, on avait uniquement des institutions nationales qui ont engendré des États-nations – on n'a jamais eu la volonté de les supprimer – et on va les inscrire à l'intérieur d'une coquille plus vaste qui sera celle de la construction européenne.

Êtes-vous satisfaite des buts que se donnait la Communauté européenne ?
L'Union européenne risque d'être tentée d'emprunter le chemin, qui est un peu une erreur, qui est celui de se focaliser trop exclusivement sur l'économie, en perdant de vue les valeurs, la philosophie politique qui avait été privilégiée au tout début. Entendons-nous bien, la Communauté, Bruxelles, n'a pas renié la démocratie et les droits de l'Homme, pas du tout. Simplement, elle ne s'en est pas vraiment occupée pendant très longtemps, et elle a confié ses valeurs au Conseil de l'Europe, que j'aime beaucoup, mais qui, malgré tout, à cette époque-là, n'avait pas grande réputation. Il faut se rappeler la phrase du général De Gaulle qui, en parlant du Conseil de l'Europe, évoquait « cette organisation qui dort au bord du Rhin ».

Que pensez-vous du prix Nobel de la paix attribué à l'Union européenne ?
Je sais un petit peu l'amertume qu'ont ressenti les gens du Conseil de l'Europe, en se disant : « Quand même, c'est nous ! C'est nous qui avons les vraies valeurs pacifiques ». Moi, j'interprète ce prix comme un prix qui est donné à l'Europe. Cela a été attribué à l'Union européenne parce qu'elle est plus connue que le Conseil de l'Europe dans le monde entier. Ce qui compte, c'est l'Europe, en fait. Le Conseil de l'Europe, en réalité, est inclus dans le prix donné à l'Union européenne. C'est toutes ces organisations créées après la guerre qui ont fabriqué la paix, qui ont fait la paix, et c'est la raison pour laquelle je me réjouis. Ne faisons pas de querelle de boutique entre l'Union européenne et le Conseil de l'Europe. Ce sont deux organisations qui sont très proches, qui ont les mêmes objectifs et qui reposent sur la même philosophie politique. Le succès principal des Européens est qu'ils ont su pacifier leur continent. Le prix Nobel de la paix, c'est aussi une piqûre de rappel pour les Européens : il n'y a pas que l'économie qui compte, il y a aussi cette valeur, cette philosophie politique. Et puis, c'est aussi un signal pour d'autres parties du monde : pourquoi ne faites-vous pas ce qu'ont réussi à faire les Européens, en enterrant la hache de guerre ?

À partir du moment où vous avez travaillé autour des questions européennes, pensez-vous que c'était une période favorable pour cela ?
J'ai connu le trio Kohl-Delors-Mitterrand avec des profils différents, des personnalités différentes, mais en commun une foi dans l'Europe très grande et une bonne entente entre les trois. Et cela, c'était très favorable. Évidemment, l'équation personnelle des gens compte. À partir de 1989, j'étais au Conseil de l'Europe, et la chute du Mur de Berlin a bouleversé le paysage dans lequel nous étions et évoluions. Il faut avoir connu l'Europe coupée en deux pour s'en rendre compte. Enfin, je dirais que maintenant il semble y avoir une baisse de régime. Les diffi-

cultés de cette crise importante ne me rendent pas pessimiste, je pense qu'on les surmontera, mais disons que les chantiers sont nombreux et pas faciles.

À quoi faites-vous référence plus précisément ?
Je pense qu'il y a des problèmes économiques, c'est évident, qu'il faut arriver à surmonter. Ces problèmes économiques impliquent tout ce qu'ils composent : la finance publique, la monnaie, tout cela est à revoir pour que cela marche correctement. Vous avez des conséquences sociales qui sont dramatiques. Nous sommes dans une période de profonde crise : crise économique, financière, monétaire, tout le monde le voit. Mais je dis aussi crise morale, car les repères fondamentaux vacillent et les gens en souffrent. Ils souffrent à leur portefeuille quand ils sont au chômage, etc., mais ils souffrent aussi de manquer de repères, d'avoir l'impression que la société perd pied.

Quel impact a eu la construction européenne dans le domaine politique national ?
Je pense que c'est vraiment tous les secteurs qui ont été touchés. Les produits que nous avons, que vous avez, c'est très probable qu'ils soient aux normes européennes, harmonisés par l'Europe. Le papier qu'on a doit être fait avec de la pâte à papier importée selon les règles du commerce international de l'Europe. C'est absolument partout qu'on retrouve l'influence européenne.

Le traité de Rome, l'Union douanière, le traité de Maastricht, tous ces traités, pour vous, quels impacts ont-ils eu ?
La construction européenne est un processus, c'est une courbe, d'évolution plus ou moins rapide selon les périodes, mais cela ne peut pas être quelque chose de définitif. C'est un être vivant.

Y aurait-il plusieurs Europe, selon vous, avec des réalités différentes d'un pays à l'autre ?
Il y a l'Europe agricole, l'Europe de tel secteur, l'Europe de l'énergie, etc. En ce sens, oui, il y a plusieurs Europe. Mais il y a un autre sens, et c'est à ce sens-là que vous faites allusion, il me semble, c'est celui selon lequel, si on prend les différents pays qui sont membres ou qui sont candidats à le devenir, ceux-ci ne sont pas tous d'accord sur le degré d'intégration à consentir à l'Europe. Ils veulent plus ou moins garder leur souveraineté, d'où l'idée de cercles concentriques ou de plusieurs cercles. Nous avons, par exemple, en ce moment un cercle fortement intégré qui est celui de la zone euro : les pays qui ont la monnaie unique. Vous avez l'accord de Schengen qui concerne également un certain nombre de pays et pas d'autres. En fait, il y a des États qui n'ont pas tout à fait la même conception de leur souveraineté et qui ne sont pas forcément tous d'accord pour déléguer à l'Union européenne les mêmes compétences. Je suis assez favorable à cette formule, parce qu'il y aura des avant-gardes et d'autres trainent un peu la jambe, mais à la condition que l'objectif soit que l'arrière-garde rejoigne l'avant-garde. Autrement dit, je pense que c'est une bonne chose que de ne pas ralentir le mouvement en attendant que le dernier de la classe le rejoigne. Il faut qu'une avant-garde puisse avancer, mais l'objectif reste que la main soit tendue à ceux qui ont un petit peu trainé afin qu'ils essaient de revenir.

Que pensez-vous de la place du Parlement européen, notamment lorsqu'on parle du déficit démocratique de l'Europe ?

Je crois que le Parlement européen, élu au suffrage universel direct, est une très bonne institution démocratique. Les Parlements nationaux ont conquis leur pouvoir à la force du poignet car ce n'était pas évident. Le Parlement européen suit cette ligne-là, il grignote des pouvoirs supplémentaires. C'est bien, il est dans son rôle. Alors, en effet, il y a quand même quelques bémols. D'abord, quant au lien entre les gouvernants et les gouvernés – et, dans les gouvernants, je mets le Parlement européen –, ce lien n'est pas satisfaisant. Il y a des tas de raisons à cela : les circonscriptions sont trop grandes, le parlementaire n'a pas le temps de s'occuper de ses électeurs, le député européen est constamment une valise à la main, il se réunit ici, il se réunit là et il ne peut pas se couper en rondelles, ce n'est pas possible. Mais le résultat est que les électeurs se sentent parfois, même très souvent, frustrés. Ils ont l'impression de ne pas connaître le parlementaire européen et de ne pas pouvoir l'influencer. Je prends toujours le cas français. Les partis politiques qui y choisissent leurs candidats n'ont pas vraiment le souci de l'Europe. Ils désignent les candidats qui vont porter les couleurs de leur parti, parfois pour donner un lot de consolation à quelqu'un qui n'a pas été élu sur le plan national. Ce n'est pas le critère le plus stimulant ! L'Union européenne, dans les grands dossiers, a fait des choix politiques qui ont toujours été présentés comme le résultat de compromis aussi bons que possibles. On vous les a enseignés en disant « c'est ainsi », que cela ne pouvait pas être autrement. Par exemple, au sujet de la grande politique de la concurrence, qui est un bloc juridique absolument énorme maintenant et qui a été élaborée par la commission de la direction de la concurrence pendant de nombreuses années et par la Cour de justice. Ce droit de la concurrence, monument juridique qui fait le régal des juristes, pour l'étude du droit économique, c'est très beau, mais en fait d'inspiration ultralibérale. C'est-à-dire qu'ils ont pris des décisions qui ne sont pas neutres du tout. Par exemple, ils ont appliqué le principe du contrôle des concentrations d'entreprises d'une manière tellement poussée qu'ils sont en partie responsables de la désindustrialisation de l'Europe, ce qui n'est quand même pas rien. Ils ont examiné la concurrence dans un État, quelque fois à l'intérieur de l'Union, mais pas à l'échelle mondiale. Résultat, l'Europe manque de grandes entreprises capables de résister à la concurrence des énormes Gazprom russe, Mittal d'Inde, etc., c'est-à-dire des géants. Aujourd'hui, on en pleure et on dit que c'est affreux, qu'on est désindustrialisé, mais il fallait peut-être s'en rendre compte un peu plus tôt ! Loin de moi l'idée que toutes les décisions prises à Bruxelles ne sont pas bonnes. Il y en a beaucoup qui sont très bonnes, mais il faut quand même regarder qu'il y a eu des dérapages, à certains moments, dangereux. Et je fais partie des gens qui considèrent qu'il faut réorienter – je ne suis pas la seule en ce moment à parler de ce concept de réorientation –, car il y a eu des décisions qui ont été prises, certainement de bonne foi, mais sans se rendre compte qu'en réalité on engendrait à côté des conséquences qu'aujourd'hui on regrette.

Que pensez-vous de l'euro ?
Je pense que l'euro était une très bonne décision qui nous a rendu beaucoup de services. C'est un véritable succès que l'euro. C'est une idée, au départ que l'on disait pas crédible, que personne ne voudrait avoir des euros dans sa poche, etc. Or, c'est aujourd'hui l'une des monnaies les plus fortes. Ce n'est pas l'euro qui est malade, mais c'est la gouvernance de l'euro qui était insuffisante. À ce jour, la Banque centrale européenne, avec ses deux directeurs successifs qui sont Trichet d'une part et Mario Monti de l'autre, a bien été défendue par ces derniers.

Que pensez-vous de la dualité qui est souvent avancée entre approfondissement et élargissement de l'Union européenne et du Conseil de l'Europe ?
Les choses ne se sont pas présentées d'une façon limpide. Si l'on n'approfondit pas, on ne va pas élargir. Cela ne s'est pas présenté ainsi, on avait un enjeu politique énorme avec la fin de la guerre froide, les pays d'Europe centrale avaient reconquis leur liberté. À vrai dire, ils avaient conquis une double liberté : une liberté idéologique par rapport au communisme, mais aussi une liberté politique par rapport à l'empire de Moscou. En réalité, je pense qu'il fallait le faire, élargir, et c'aurait été une faute énorme que de leur claquer la porte au nez.

Comment définissez-vous la coopération transfrontalière ?
C'est que je ne l'ai pas vécue véritablement. Cette coopération transfrontalière, je la souhaite, bien sûr. Je dirais que les régions qui sont proches de frontières sont d'une certaine manière une avant-garde dans la construction européenne. Forcément une avant-garde, parce que les échanges y sont beaucoup plus faciles, le travail en commun est beaucoup plus facile également par rapport à des régions très éloignées les unes des autres. On peut presque dire que la coopération transfrontalière est le laboratoire qui doit précéder ce que l'on fera ensuite avec des régions plus éloignées.

Connaissez-vous l'Eurodistrict Strasbourg-Ortenau ?
Non, je ne connais pas son fonctionnement, mais j'en ai entendu parler.

Votre rapport à la frontière a-t-il évolué au cours de votre vie ?
J'ai sans doute considéré pendant de nombreuses années la frontière comme une séparation et parfois une barrière, sinon infranchissable, tout au moins difficile à franchir, avec l'obligation de faire des formalités, etc. La frontière, c'était une séparation et, de plus en plus, j'y vois au contraire une sollicitation à se rapprocher. C'est aujourd'hui la frontière qui relie, au lieu de la frontière qui sépare.

Comment abordez-vous les identités régionales et nationales en Europe ?
D'abord, des identités, qu'est-ce que c'est ? Ce sont des caractéristiques d'un individu, d'un groupe. Et, essentiellement, ces caractéristiques sont culturelles. Nous avons la chance en Europe d'avoir des groupes et des cultures très diverses, les identités sont donc très diverses. C'est une richesse. Il y a énormément de langues différentes, parfois il s'agit de dialectes. C'est une mosaïque de langues, une mosaïque de cultures, une mosaïque d'identités. Et cela me semble une très bonne chose, une richesse. Ceci étant, le concept d'identité peut aussi être dange-

reux. Si on considère que ce qui doit primer est le groupe seul, qui possède telles caractéristiques et qui se replie sur lui-même en repoussant avec une force plus ou moins grande les autres groupes, il s'agit alors de l'identité fermée. Cela, c'est terriblement dangereux. Ce qui m'intéresse, je crois que cela existe, c'est qu'au niveau européen nous amenons des traits, des caractéristiques essentiellement culturelles, communes. Nous avons également des histoires communes, y compris lorsqu'on s'est fait la guerre, ce qui a laissé des souvenirs communs. Je pense que, de toutes ces raisons, on peut parler d'une identité européenne.

Que pensez-vous de la Turquie et de son avenir dans l'Europe ?
En fait, le plus important n'est pas tellement de savoir quand la Turquie va rentrer ou non dans l'Union européenne, mais c'est de savoir ce que nous pouvons faire avec la Turquie. Nous avons besoin de la vitalité de la Turquie. Nous sommes en train, nous les Européens de l'Ouest, de devenir un pays de vieux, à démographie déclinante. Ce n'est pas bon ni sain. La Turquie est en train de voir sa courbe de natalité baisser. Il n'empêche qu'il s'agit tout de même d'un réservoir de vitalité. En plus, ce sont des gens – il faut aller à Istanbul, c'est incroyablement actif – hyperactifs dans tous les domaines. Nous avons besoin de cette jeunesse, nous avons besoin de cet esprit d'entreprise, nous avons besoin de tout cela. Et puis, sur le plan géopolitique, ce n'est pas la Bulgarie, ce n'est pas la Grèce qui nous défendront de l'Iran ou de l'Irak ou de tout ce qui se passe là-bas. Nous avons besoin d'une Turquie forte et qui soit notre amie. Oui, je ne plaide pas pour qu'elle rentre dans l'Union européenne, il est possible qu'elle y renonce. Ce sur quoi je ne transige pas, c'est sur la nécessité pour nous d'avoir de très bonnes relations avec la Turquie.

Karl-Heinz Lambertz

Herr Lambertz, wir werden zuerst mit Ihnen über Ihre Erlebnisse mit der europäischen Einigung sprechen. Wie definieren Sie die europäische Einigung in drei Schlagwörtern?
In drei Schlagwörtern würde ich sagen: Frieden, Wohlstand und Solidarität. Das sind drei Grundbegriffe des europäischen Einigungsprozesses.

Wodurch haben Sie ein Interesse für Fragen bezüglich Europa entwickelt?
Ich habe mich bereits in jungen Jahren für Europa interessiert. Das Interesse hat sich aus der territorialen Situation meiner Heimat ergeben, die eine Grenzregion zwischen Deutschland und Belgien ist, wo sich im Laufe der Geschichte die Grenzen mehrmals verändert haben. Das hat mein europäisches Bewusstsein in besonderem Maße geprägt. Darüber hinaus befand sich während meiner Schulzeit die Europäische Wirtschaftsgemeinschaft im Aufbauprozess. Daher konnte ich im Laufe der Jahrzehnte die Erfolge, aber auch Misserfolge, miterleben.

Man sagt oft, Europa sei das Werk des Friedens zwischen den Nationen. Was denken Sie dazu?
Das ist eine wichtige Dimension Europas. Eine Lehre aus dem zweiten und sicher auch aus dem ersten Weltkrieg auf dem europäischen Kontinent. Der Kontinent kann sich nur entwickeln, wenn an die Stelle der kriegerischen Auseinandersetzungen eine gemeinsame Zukunftsgestaltung tritt. Das ist die grundlegende Erkenntnis der Väter der Europäischen Union, aber auch derer, die dann den Europarat geschaffen haben, der eine noch kontinentalere Perspektive der europäischen Integration hat. Für mich ist es dabei sehr wichtig beide Prozesse gleichermaßen im Auge zu behalten. Sehr oft verdrängt die Europäische Union die Arbeit des Europarates etwas. Aber beide sind parallel zueinander zu sehen und beeinflussen sich auch in vielfältiger Weise.

Und was halten Sie davon, dass die EU mit dem Friedensnobelpreis ausgezeichnet wurde?
Ich finde das eine sehr gute Idee zu einem guten Zeitpunkt. Erstens ist es die Würdigung einer historischen Leistung. Zweitens ist der europäische Integrationsprozess weltweit die wichtigste politische Errungenschaft der zweiten Hälfte des 20. Jahrhunderts. Es ist auch eine Motivation für die Fortsetzung dieses Prozesses zu einem Zeitpunkt, wo er mit Schwierigkeiten kämpft und ins Stocken gerät. Da ist der Friedensnobelpreis eine sehr willkommene Gelegenheit, nochmal die Bedeutung dieser Integration für die Geschichte und für die Zukunft Europas deutlich zu machen.

Denken Sie, dass die Jugendlichen von heute diese Bedeutung noch verstehen?
Ich denke, dass für viele Menschen, die den zweiten Weltkrieg nicht mehr persönlich miterlebt haben, die bisherigen Errungenschaften der europäischen Integration so selbstverständlich geworden sind, dass sie sie gar nicht mehr als Errungenschaft, sondern als ein normales Element des Alltagsleben empfinden. Wir leben in einer Zeit, wo Europa von vielen sogar als eine Bedrohung gesehen wird und nicht mehr als eine Chance zur Verbesserung der Lebensbedingungen. Das hängt mit der Krise und mit der Art und Weise zusammen, wie diese Krise von Europa angepackt wird und mit den Konsequenzen, die diese Krise für die Menschen hat. Und da hat sich erwiesen, dass der europäische Integrationsprozess auf halbem Wege stecken geblieben ist. Deshalb kommen auch unbefriedigende Antworten von Europa auf die Krise, was wiederum zu einer gewissen Europaverdrossenheit bis hin zu einer Europafeindlichkeit führt. Gewisse Leute predigen dann ein falsche Überzeugung z.B. dass man aus dieser Krise besser mit nationalen Alleingängen herauskäme, was aber meiner tiefsten Überzeugung nach ein fataler Irrtum ist. Wenn man das Ganze aus der historischen Perspektive betrachtet, dann sieht es etwas „prozesshafter" aus. Dann stellt man fest, was bereits alles geschehen ist und man sieht auch, was noch alles geschehen muss, damit Europa die Herausforderungen des 21. Jahrhunderts genauso meistern kann wie die Herausforderungen der zweiten Hälfte 20. Jahrhunderts. Aber das setzt voraus, dass der Prozess der europäischen Integration weiterentwickelt, aber auch neu positioniert wird und

dass man auch an Europa, seiner Funktionsweise und seinen politischen Schwerpunkten einige Dinge ändern muss.

Diesen Aspekt der europäischen Dynamik würde ich gerne aufgreifen. Und zwar hat man in der Geschichte zunächst von der Europäischen Gemeinschaft für Kohle und Stahl, dann von den Europäischen Gemeinschaften gesprochen und jetzt spricht man von der Europäischen Union. Was verbinden Sie mit diesem Prozess und mit dieser Namensgebung, die sich im Laufe der Jahre wiederholt gewandelt hat? Und welche Faktoren waren Ihrer Meinung nach bei diesem Prozess besonders entscheidend?

Dieser Prozess ist bei der Namensgebung Kennzeichen für die Entwicklung. Man hat zuerst mit Kohle und Stahl angefangen, dann sind wir zur Europäischen Wirtschaftsgemeinschaft gekommen. Die Integration in eine globalere Gemeinschaft ist dann durch die Umwandlung in die Europäische Union entstanden. Bislang hat man jedoch nicht genug Politikbereiche integriert, um auch erfolgreich zu sein. Eine wirkliche Europäische Union muss den Integrationsprozess noch bedeutend vorantreiben. Wir brauchen in vielen Bereichen mehr Europa, um Politik betreiben zu können. Probleme müssen angepackt werden, die man nur auf kontinentaler oder Weltebene lösen kann. Und um auf Weltebene auch ein Faktor zu sein, nicht nur der größte Markt, sondern eine politische Kraft, muss diese Einigung auch vorangetrieben werden. Und da steckt hinter dem Namen Europäische Union noch sehr viel unerledigte Arbeit. Es hat zwei Entwicklungen gegeben, die das Ganze erschwert haben. Einerseits ist der Nizza-Vertrag gescheitert, der eine bedeutende Integration, eine Veränderung, eine Anpassung an die neuen Gegebenheiten enthielt. Und dann ist ohne diese angepassten Strukturen die EU-Erweiterung von 15 auf 27 geschehen. Das hatte natürlich eine Menge von negativen Effekten auf der Ebene des operationellen Handelns zur Folge. Hätte man in Nizza damals die EU richtig reformiert und auf diese neuen Herausforderungen vorbereitet, dann sähe es heute in Europa ganz anders aus. Darüber hinaus hat es den Prozess der europäischen Verfassung gegeben, mit dem Konvent, der sehr hoffnungsvoll gestartet war. Aber dann eine unangenehme Bauchlandung hingelegt hat und letztlich zu dem Kompromiss des Vertrages von Lissabon geführt hat, der eine ganze Menge von Fragen unbefriedigend gelöst oder aber auf die lange Bank geschoben hat. Parallel dazu haben wir eine europäische Währung für eine gewisse Anzahl von Mitgliedstaaten eingeführt und da hat sich erwiesen, dass die Währungsunion zwar ein wichtiger Schritt ist, auch viele positive Elemente hat, aber dass sie sehr verletzbar bleibt, solange ihr nicht eine wirkliche wirtschaftliche und politische folgt. Denn man kann eine gemeinsame Währung nur in einem Wirtschaftsraum erhalten, der auch vergleichbare Wirtschaftskraft aufweist. Und um das zu erreichen, muss man eine Reihe von Dingen integrieren. Vor allem wenn man in der Währungspolitik auf das Instrument der Abwertung verzichtet. In den letzten 20 Jahren ist man in vielen Bereichen auf halbem Wege stecken geblieben. Das wurde anlässlich der von Amerika ausgehenden internationalen Bankenkrise sehr deutlich. Diese Krise ist sehr schnell zu einer Wirtschaftskrise geworden ist und hat sich am Ende dann zu einer Krise der Staatsverschuldung entwickelt. Jetzt muss man sich davon lösen und eine neue politische Strategie entwickeln, die uns erlaubt, die Belange Europas effizienter zu verwalten und gleichzeitig auch die Position Europas weltweit zu stärken. Wenn man das in Verbindung setzt mit den Entwicklungen, die ohnehin in Europa und auf der Welt geschehen bspw. mit Verlagerungen aus demographischen Gründen oder aus Gründen der wirtschaftlichen Entwicklung, dann hat sich in der Zeit, wo Europa mit sich selbst beschäftigt war, weltweit vieles geändert. Das schadet Europa und führt zu einer „multipolareren" Welt. Ein Grund mehr, ein starkes Europa zu haben, um sich als einer unter mehreren zumindest vernünftig behaupten zu können.

Gerade in der Krise gibt es häufiger Kritik an einem Europa, das unter einem Demokratiedefizit leidet. Die Bürger fühlen sich abgehängt. Inwiefern finden Sie die Kritik eines bürgerfernen Europas berechtigt?
Europa hat sicherlich noch Demokratiedefizite, da die Strukturen noch nicht komplett durchdemokratisiert sind. Wir haben das Europäische Parlament, dessen Position durch den Lissabon-Vertrag gestärkt worden ist. Das ist ein positives Element. Aber trotzdem hat es noch nicht die Kraft eines nationalen Parlamentes. Wir haben die Kommission, die auch noch keine richtige Regierung ist. Und wir haben den Ministerrat – das Machtzentrum – der einen großen Teil der Gesetzgebungsarbeit erledigt. Und dieses besondere Verhältnis ist nicht sehr befriedigend. Da müssten klarere Verhältnisse geschaffen werden, die mehr Demokratie im klassischen Sinne beinhalten. Man müsste das Parlament und die Kommission stärken oder aus dem Ministerrat eine zweite Kammer machen. So könnte ein mögliches Modell aussehen. Was die Finanzkrise betrifft, so handelt es sich um ein weltweites Phänomen, da sich die Finanzwirtschaft sehr weit von der Realwirtschaft entfernt hat. Und da haben wir es mit einem allgemeinen politischen Problem zu tun: Was hat die Politik überhaupt noch für Einflussmöglichkeiten auf die Finanzwelt, wenn diese sich weiter so globalisiert wie bisher und zu sehr starken Konzentrationen führt. Die Finanzwelt ist damit in der Lage, Staaten unter Druck zu setzen. Das ist in einem vernünftigen Demokratieverständnis undenkbar. Dass man gegen Staatsschuld spekulieren kann, ist eine Ungeheuerlichkeit. Das ist ein Defizit des jetzigen weltweiten Systems der Finanzwirtschaft, das man dringend abbauen muss. Bezüglich dessen wurden nach der ersten Krise 2008 sehr große Erklärungen abgegeben, aber im Rahmen des G20 oder sonstiger Gipfel ist bisher relativ wenig geschehen. Dass man es nicht schafft eine weltweite Finanztransaktionssteuer hinzukriegen, ist ein Skandal. Dass man es nicht schafft auch die Finanzflüsse etwas mehr zu kontrollieren und zu ordnen, ist auch ein Skandal. Und dass im Wirtschaftsleben die Finanzen nicht mehr der Realwirtschaft dienen, sondern diese stark beeinflussen und zum Teil sogar verhindern, dass wirtschaftliche Entwicklung entsteht und sogar wirtschaftliche Entwicklung zerstören, ist auch ein Skandal. Aber da läuft weltweit etwas völlig falsch. Und wenn man das in den Griff bekommen möchte, kann man national kaum noch etwas machen. Auf europäischer Ebene bestehen Handlungsmöglichkeiten, aber vieles muss weltweit gemeinsam gelöst werden. Wenn man sich dann auch noch die Ungleichheit bei der Verteilung von Reichtümern ansieht und viele Menschen mit zwei Dollar oder

weniger pro Tag auskommen müssen, dann läuft in dieser Welt etwas fundamental schief. Und wenn wir daran etwas ändern wollen, dann brauchen wir auf jeden Fall ein starkes Europa, das sich diese Veränderungen mit auf die Fahnen schreibt. Die Eurokrise ist eine sehr komplexe Angelegenheit. Sie ist auf jeden Fall bezeichnend dafür, was schiefläuft. Das Thema Euro hat von Anfang an auf wackeligen Füßen gestanden, aber es war ein wichtiger Fortschritt. Es hätten viel schneller weitere wirtschaftliche Integrationen stattfinden müssen. Auch im Bereich der Fiskal- und Abgabenpolitik müssen gewisse Rahmenbedingungen geschaffen werden, wenn man mit einer gemeinsamen, starken Währung arbeiten will. Der Euro an sich ist nicht die Schwäche. Die Schwäche sind die Rahmenbedingungen. Und insbesondere der Verzicht auf Abwertung kann viele Staaten in eine ganz böse Falle bringen. Denn wenn die Währung für sie zu stark ist, geraten sie immer weiter in den wirtschaftlichen Abschwung. Und wenn nicht genügend Solidaritätsmechanismen, Kontrollmechanismen und Interventionsmöglichkeiten vorhanden sind, dann kann das nur scheitern. Das ist die große Herausforderung für die Eurozone. Wir werden sicherlich eine gewisse Form von Eurobonds brauchen, um Solidarität und Mitverantwortung für das Ganze zu schaffen. Der Zugriff darauf dürfte aber nur unter sehr strikten Bedingungen erfolgen. Denn wir benötigen einen Abbau der Defizite in den betroffenen Staatshaushalten. Und wir kommen nicht ohne eine Verbesserung der Wirtschaftsstärke überall in der Eurozone aus, wenn wir einen starken Euro wollen. Das können nicht alle Staaten für sich alleine schaffen. Das Dilemma liegt zwischen Austeritätspolitik einerseits und der Wachstumspolitik andererseits, die die EU implementieren will und wo wir bisher noch nicht zu befriedigenden Lösungen gekommen sind.

Vielleicht wäre es auch im Zusammenhang mit dem Demokratiedefizit interessant, sich zu fragen, welche Rolle der Ausschuss der Regionen im Rahmen der europäischen Integration künftig einnehmen könnte. Glauben Sie, dass transnationale oder grenzübergreifende Kooperation auf regionaler Ebene eine wichtige Rolle spielen kann?
Das sind drei Konzepte miteinander in einer Frage verwoben, die man unterschiedlich beantworten muss. Ich hab das zu Beginn gesagt: Wir brauchen zugleich mehr und weniger Europa. Dann sind wir bei der Frage, wie man eine erneuerte Multi-Level-Governance (auf dt. Mehrebenensystem) in Europa einführen kann. Die Aufgabenteilung zwischen Europa, den Staaten, den Regionen und den Kommunen muss genau geklärt werden. Momentan gibt es zu viele Details, die Europa klärt und die man besser den Staaten oder den Regionen selbst überließe. Man muss das Gesamtgefüge neu ordnen und nach dem Subsidiaritätsprinzip zu einer effizienteren Verteilung der Aufgaben kommen. Dabei macht jede Ebene das, was sie am besten machen kann. Im Einzelnen ist es eine sehr schwierige Frage. Nun zu der Rolle der einzelnen Ebenen. Ich bin strikter Gegner der These, dass die Staaten abschafft geschafft werden und es nur noch Europa, die Regionen und die Kommunen gibt. Jede dieser vier Ebenen hat eine Rolle zu spielen, die neu gewichtet und definiert werden muss. In dem Zusammenhang gelangen wir zum Ausschuss der Regionen und der Rolle der Regionen und Kommunen, also

der Gebietskörperschaften. Diese haben in Europa eine sehr wichtige Rolle zu spielen, sowohl innerhalb der Staaten, als auch im Verhältnis zur europäischen Ebene. Dezentralisierung, Regionalisierung, Föderalisierung von Staaten ist grundsätzlich etwas sehr Positives. Das hat unter anderem in der Schaffung des Ausschusses der Regionen seinen Niederschlag gefunden. Dort hat man den Regionen und Kommunen die Möglichkeit gegeben, sich zu treffen und gemeinsam Einfluss auf die Gestaltung der europäischen Politik auszuüben und den europäischen Entscheidungsträgern als Bindeglied zu den Regionen und Gemeinden zu dienen. Denn Europa kann am ehesten auf der Ebene der Kommunen erlebbar gemacht werden, mehr noch als auf der Ebene der Staaten. Und wenn das funktionieren soll, dann muss eine sehr intensive Wechselbeziehung zwischen der europäischen Ebene und der Ebene der regionalen und lokalen Gebietskörperschaften entstehen. In diesem Prozess spielt der Ausschuss der Regionen eine konkrete Rolle und trägt dazu bei, dass die europäischen Entscheidungen mit mehr Blick auf ihre Umsetzung vor Ort getroffen werden und die Bedürfnisse der Bevölkerung den europäischen Entscheidungsträgern bewusstgemacht werden. Dadurch kann bei der Gesetzgebungsarbeit auf Ebene der Kommission, des Parlaments und des Ministerrates Rücksicht genommen werden, was zu einer Beeinflussung der europäischen Rechtstexte im Entstehungsprozess führen kann. Bedeutend ist aber auch die Zusammenarbeit mit dem europäischen Parlament und dem Ministerrat, wobei das wahrscheinlich das Komplexeste ist. Und dann gibt es eine weitere Dimension, in der der Ausschuss der Regionen eine Bedeutung hat: Wenn wir uns diese Multi-Level-Governance vergegenwärtigen, dann sehen wir eine vertikale Struktur von Europa bis zur Kommune. Es muss aber auch eine horizontale Dimension vorhanden sein d.h. die Staaten müssen untereinander kooperieren, da sie das wichtigste Entscheidungsgremium in Europa sind. Im Rahmen dessen ist die grenzüberschreitende Zusammenarbeit maßgeblich, d.h. Gebietskörperschaften, die aneinandergrenzen, müssen zusammenarbeiten. Aber auch nicht aneinandergrenzende Gebietskörperschaften müssen im Rahmen der interregionalen Zusammenarbeit gemeinsame Projekte und Initiativen ins Leben rufen. Dies ist von besonderer Bedeutung in Europa und dafür ist der Ausschuss der Regionen ein wunderbarer Austauschplatz. Ich bin seit meiner Jugend davon überzeugt, dass der europäische Gedanke in der Wertehierarchie eine ganz große Rolle zu spielen hat und dass man viele fundamentale Dinge gemeinsam in Europa machen muss, wenn man eine nachhaltige Entwicklung forcieren will. Das gilt für klassische Sachen von Frieden über Wohlstand bis hin zu sozialer Gerechtigkeit. Es gilt aber zunehmend auch für Dinge wie Klimaschutz, Initiativen auf dem Arbeitsmarkt oder Initiativen zur Reaktion auf Folgen des demographischen Wandels. Gleichermaßen haben neben den Staaten auch die Gebietskörperschaften eine besondere Stellung. Erfolgreich kann nur gearbeitet werden, wenn man in seiner Gemeinde und in seiner Region verankert ist. Gleichzeitig muss man aber sehr gut vernetzt sein. Und davon hängt nach meiner Überzeugung erfolgreiche Politikgestaltung zu Beginn des 21. Jahrhunderts entscheidend ab.

Sie haben über grenzüberschreitende Kooperation geredet. Wie würden Sie den Begriff definieren? Wieder mit drei Schlagwörtern, wenn möglich.
Grenzüberschreitende Kooperation lässt sich mit einem Begriff beschreiben: Zusammenarbeit zwischen Nachbarn. Aber ich kann Ihnen drei Begriffe geben, die für den Erfolg grenzüberschreitender Zusammenarbeit entscheidend sind: Dürfen, Wollen und Können. Dürfen heißt, dass es erlaubt sein muss, über die Staatsgrenze hinaus zu kooperieren. Das ist gar nicht so evident, wie wir aus der Vergangenheit wissen, und existiert in manchen Städten heute noch, wenn sie z.B. an grenzüberschreitende Kooperation in Weißrussland und der Ukraine denken. Wollen heißt, dass man es nicht nur in Worten, sondern auch in Taten wollen muss. Das ist eine schwierige Angelegenheit und dort kann auch ein Konflikt entstehen. Etwas Gemeinsames benötigt Zeit zum Wachsen und das beschreibt das dritte Niveau der Integration: Das Können. Dafür ist viel Interkulturelle Kompetenz notwendig. Man muss nicht nur die Sprache des Nachbarn kennen, sondern auch seine Situation, seine Mentalität. Das ist so, als ob Sie mit einem anderen Menschen zusammenarbeiten. Das kann funktionieren oder auch nicht. Und wenn das ein Fremder ist, ergeben sich daraus besondere Schwierigkeiten. Und manchmal sind Nachbarn sehr viel fremder, als man auf den ersten Blick erkennen kann. Und dann kommen die drei Generationen von grenzüberschreitender Zusammenarbeit: der Abbau von Grenzhindernissen. Das können Schlagbäume oder fehlende Brücken und Tunnel sein. Aber auch ein Todesstreifen wie beim Eisernen Vorhang. In der nächsten Phase muss Kompatibilität geschaffen werden. Wenn man auf auf einmal kooperiert und Austausch zwischen den beiden Ländern besteht, dann entstehen Probleme z.B. dass unterschiedliche Rechtssysteme aufeinanderstoßen. In der letzten Phase spricht man dann von einem gemeinsamen, integrierten Verflechtungsraum.

Und auf der europäischen Ebene. Inwiefern unterstützt diese Zusammenarbeit den Prozess europäischer Einigung? Ist diese Zusammenarbeit nur eine lokale Erscheinung oder inwiefern sehen Sie mehr dahinter?
Also wenn Sie sich die Karte der bestehenden, grenzüberschreitenden Kooperationen in Europa anschauen, die die Arbeitsgemeinschaft der europäischen Grenzregionen herausgibt, dann werden Sie sehen, wie eng viele Sachen schon verwachsen sind. Und man kann diese Bedeutung für das Gesamte auch an einem Bild festmachen. Wenn Sie eine Europakarte auf den Tisch hier legen, dann werden Sie sehr viele Grenzen sehen. Wenn Sie die Weltkarte danebenlegen, werden Sie sehen, das es in Europa im Vergleich zu anderen Kontinenten sehr viel mehr Grenzen gibt. Und wenn das Zusammenwachsen soll, dann ist das so wie mit jedem anderen zusammengesetzten Gegenstand. Das Gesamte ist immer nur so stark wie die schwächste Stelle und das ist die grenzüberschreitende Zusammenarbeit. Deshalb hat sie eine entscheidende politische Bedeutung. Hinzu kommt, dass für die europäische Integration sehr oft feststellbar ist, dass das, was an europäischen Initiativen oder Gesetzgebungen in einer Grenzregion gut funktioniert, auch anderswo in Europa gut funktioniert; und das, was da nicht gut funktioniert, auch anderswo nicht gut funktioniert. Darin kann man einen gewissen Laboratori-

umseffekt sehen. Aus all diesen Gründen ist grenzüberschreitende Zusammenarbeit nicht nur für die Nachbarn selbst, sondern auch für andere von großer Bedeutung, weil es oft einen Paradigmenwechsel bedeutet, dass man nicht mehr nur zur eigenen Hauptstadt schaut, sondern sich umdreht und den Nachbarn wiedersieht. Dann verändern sich die Konstellationen und die Synergiemöglichkeiten. Aber es ist auch für die Gesamtheit sehr wichtig, weil sie ein starkes Element der territorialen Kohäsion ist. Das gilt, wenn auch etwas anders, für die interregionale Kohäsion. Heute arbeiten wir im Ausschuss der Regionen an einer Stellungnahme zum Thema interregionale Zusammenarbeit. Unter anderem wird sich dort die Frage stellen, inwieweit Erkenntnisse, die man aus der grenzüberschreitenden Zusammenarbeit ziehen kann, Lehren für die interregionale Zusammenarbeit beinhalten.

Wir würden mit Ihnen gerne über Europa und Identität reden. Und speziell zu Ihrer Person würde uns interessieren, wie Sie die Grenzen erleben. Sie sind Ministerpräsident der deutschsprachigen Gemeinschaft in Belgien. Erleben Sie diese sprachliche Barriere zu Ihren Mitbürgern intensiver als die Landesgrenze zu Deutschland, wo dieselbe Sprache gesprochen wird?
Identität hat immer eine Ambivalenz. Dafür muss man sich selbst definieren und von anderen abgrenzen. Und die brutalste Form davon ist Ausländerhass. Je mehr ich mich auf die Ausländer beziehe, desto mehr kann ich einer Gruppe versuchen klarzumachen, dass sie eine andere Identität hat. Aber diese Vorgehensweise ist ambivalent und gefährlich. Identität steht immer in einem Spannungsverhältnis zwischen Verankerung und Öffnung. Wenn ich mich regional verankere mit meiner Eigenart, mit meiner regionalen Identität, aber gleichzeitig öffne, verändere ich meine Identität. Das ist ein dynamischer Prozess, weil man nicht zwei Identitäten in einem Körper haben kann. Dann müsste man zum Psychiater. Es gibt drei Etappen, die für die Identität einer Region entscheidend sind. Das kann sehr kompliziert sein, je nachdem mit welcher Art von Struktur man es zu tun hat. Erstens müssen genügend Gemeinsamkeiten vorhanden sein, um überhaupt sagen zu können, dass dies eine Region ist. Erst dann kann die regionale Identität Einfluss auf den Einzelnen nehmen. „Was ist das Gemeinsame der Menschen, die diese Regionen bewohnen, das die Region identifiziert?" Und dann kommt das letzte Element: Identität kann nur Bestand haben, wenn sich die Menschen auch mit der Region identifizieren. Das ist ein sehr willensabhängiges Problem. Mit diesem Analyseraster kommt man relativ weit, wenn man sich die Dinge so anschaut. Hat eine Region eine starke Identität oder eine schwache? Ist sie im Aufbau? Ist sie am Bröckeln? Da kann man mit den drei Begriffen immer sehr viel anfangen. Entscheidend ist dann, ob das zu Interrelation oder zu Gegnerschaft führt. Das ist sicherlich nicht a priori geregelt. In der Krise bspw. festigen reichere Regionen ihre Identität z.T. dadurch, dass sie sagen: „Wir haben keine Lust, für die Ärmeren zu bezahlen". Das ist ein Teil der Diskussion, die man in Katalonien und Flandern miterlebt. Die deutschsprachige Gemeinschaft Belgiens ist eine sehr kleine Region, die ihre Existenz aus dem Versailler Vertrag ableitet, wo man die Staatsgrenze zwischen Deutschland und Belgien verschoben hat und aus diesem Gebiet ein Stück Belgien gemacht hat, nachdem es früher zu Deutschland-Preußen gehört

hatte. Und dieses Gebiet ist auch eine Grenzregion in vielfältiger Hinsicht. Es ist Staatsgrenze und hat drei Nachbarn: Niederlande, Deutschland mit zwei verschiedenen Bundesländern, nämlich Rheinland-Pfalz und Nordrhein-Westfalen und Luxemburg. Zum Innern des Landes ist der unmittelbare Nachbar das französische Sprachgebiet, also die Wallonie. Aber die Flamen sind auch nur ein paar Kilometer entfernt. Und Brüssel ist auch nicht weit weg. Diese innerbelgischen Grenzen spielen auch eine große Rolle. Und deshalb ist dieses Gebiet sehr stark mit dem Phänomen „Grenze" konfrontiert. Daher sage ich sehr oft, dass es kaum einen Bereich der Politikgestaltung gibt, wo es nicht einen grenzüberschreitenden Effekt gibt. So ist man konfrontiert mit vielen Grenzen und einer kleinen Oberfläche sowie wenigen Kilometern, die man vom einen zum anderen Punkt zu fahren braucht, um an der nächsten Grenze zu sein. Sei es eine Staatsgrenzüberschreitung, sei es eine Sprachgrenzüberschreitung. Da hat das Phänomen Grenze und der Umgang damit in der gesamten Geschichte der deutschsprachigen Gemeinschaft, sowohl vor der Autonomie, als auch in den letzten vierzig Jahren immer eine große Rolle gespielt. Und das wird in Zukunft sicherlich noch mehr der Fall sein.

Denken Sie, dass es eine gemeinsame europäische Identität gibt?
Es gibt gemeinsame Werte in Europa und die prägen die Menschen. Es gibt auch das Leben auf einem gemeinsamen Kontinent und je mehr es globale Gefährdungen gibt, umso deutlicher wird das. Aber das Markante an Europa ist seine Vielfalt. Und wahrscheinlich ist das das prägende Element der europäischen Identität. Das kann man besonders gut verstehen, wenn man aus Belgien kommt, wo sich zwei große Identitäten und Sprachen gegenüberstehen. Und da kommt dann dieses von mir eben angesprochene Vernetzen, Austauschen, voneinander Lernen und sich gegenseitig Beeinflussen ins Spiel. Das nenne ich europäische Identität. Wenn ich mit einem Schweden oder einem Griechen spreche, dann steht auf keinen Fall eine Identität im Raum, die so wäre, dass sie meine nationale oder regionale Identität eines Tages verdrängen würde. Aber ich fühle doch etwas Gemeinsames mit einem Schweden, wenn ich neben einem Chinesen sitze. Und ich glaube die Verknüpfung zwischen dem Ganzen ist das Konzept der Verankerung, der Öffnung und Vernetzung. Das ist meine Theorie zu den Erfahrungen, die ich da im Laufe der Jahrzehnte gemacht habe.

Wie sehen Sie persönlich die Zukunft von Europa?
Man muss, um auf diese Frage zu antworten, vielleicht durch die Brille der Geschichte in die Zukunft schauen. Die geschichtliche Leistung der europäischen Integration mit dem Hintergrund von zwei Weltkriegen und der Lage in den einzelnen Staaten, des Wohlstandes, der Demokratisierung von Bildung ist eine enorme Leistung. Und die gilt es in die Zukunft zu katapultieren und zu projizieren, indem man aus den Stärken der Vergangenheit, aber auch aus den Schwächen und Fehlern lernt. Wir brauchen auf jeden Fall mehr Integration in Europa. Aber wir brauchen auch ein anderes Europa mit vielen Veränderungen. Wir müssen eine neue Kursbestimmung haben, sowohl inhaltlich als auch strukturell. Inhaltlich eben auf diese Ziele, die wir eben schon besprochen haben: Erhalt des Euro-

päischen, der Wirtschaftsstärke, des Sozialstaatsmodells, die Bekämpfung und Überwindung der negativen Folgen des demographischen Wandels, Klimaschutz, Friedenssicherung usw. Und dann brauchen wir auch strukturelle Veränderungen, damit dieses Europa handlungsfähig wird: Eine strukturelle Verbesserung und Demokratisierung der europäischen Institutionen.

Kai Littmann

Comment définissez-vous la construction européenne ?
Pour moi, il y a plusieurs Europe, il y a l'Europe humaniste des valeurs démocratiques, qui est plutôt l'Europe de Strasbourg, et une Europe technocratique, qui est l'Europe de Bruxelles. Les deux ne sont pas tout à fait compatibles. Je crois que la construction européenne à Bruxelles est quelque chose d'extrêmement éloigné des préoccupations des 500 millions d'Européens, alors que la construction européenne à Strasbourg est quelque chose qui donne véritablement un sens à cette Europe.

À quelle Europe vous identifiez-vous, celle de Bruxelles ou de Strasbourg ?
J'ai du mal à m'identifier à l'Europe de Bruxelles, qui est une Europe pas démocratique, qui n'a aucune institution européenne démocratiquement élue, hormis le Parlement. Bruxelles, pour moi, c'est l'Europe de 5 000 lobbyistes accrédités professionnellement, chose qui n'existe pas à Strasbourg, c'est l'Europe de Barroso, c'est l'Europe des négociations derrière des portes fermées, c'est l'Europe qui n'a pas grand-chose à voir avec les citoyens. Or, je pense que l'Europe ne peut pas fonctionner sans les citoyens.

Croyez-vous que l'Europe est une œuvre de paix entre les nations ?
C'est déjà un garant de paix, c'est quelque chose de tout à fait évident. Nous vivons actuellement une période de paix extrêmement prolongée pour ce continent et je crois qu'on le voit mieux que nulle part, justement à Strasbourg. Par exemple, entre la France et l'Allemagne, il y a toujours eu des guerres fratricides extrêmement violentes, et maintenant, depuis soixante-dix ans, on a la paix dans le noyau de l'Europe. Même si, on le sait bien, il y a des guerres à la périphérie européenne, il y avait la guerre de Yougoslavie également. Je sais aussi que la guerre a changé de physionomie, elle est aujourd'hui plus économique que militaire, mais je crois effectivement que l'idée européenne, c'est l'idée de la paix sur ce continent.

Qu'est-ce qu'évoque pour vous ce qu'a pu vivre l'Europe pour devenir l'Union européenne d'aujourd'hui ?
L'extension européenne a été beaucoup trop rapide, nous n'avons pas eu la possibilité de construire des règles de fonctionnement commun avant cette extension à vingt-huit pays[6]. C'était beaucoup trop rapide, et aujourd'hui on se retrouve dans

---

6   Vingt-sept en 2020 après le *Brexit*.

une situation légèrement paralysée dans sa démarche. Je comprends pourquoi on a commis cette erreur, c'est comme la réunification allemande qui a été très mal organisée, qui a été beaucoup trop rapide, mais qui partait d'un bon sentiment. On peut effectivement commettre des erreurs en voulant bien faire.

Que pensez-vous des critiques sur une certaine Europe de la finance ?
Je pense que l'Europe a totalement oublié sa vocation sociale, on est en train de sacrifier à l'Europe humaniste une Europe bancaire.

Quel est votre avis sur la place du Parlement européen ?
Elle devrait être beaucoup plus importante. En tant que seule institution démocratiquement élue par tous les Européens de l'Union européenne, elle devrait en principe être le seul pouvoir décisionnel de l'Europe. Par contre, aujourd'hui, dans le fonctionnement européen, je trouve que son rôle est toujours trop limité. Par exemple, le Parlement ne peut pas proposer de textes de loi, cela ne peut l'être qu'uniquement par la Commission, qui, elle, n'est pas démocratiquement élue.

Pensez-vous que, dans un futur proche, le Parlement puisse jouer un rôle plus important en Europe ?
Bruxelles fera tout son possible pour ne pas renforcer le rôle du Parlement. C'est une raison de plus pour laquelle je suis pour un Parlement en siège unique, pas à Bruxelles, mais à Strasbourg.

Qu'est-ce qu'évoque pour vous le Conseil de l'Europe ?
Malheureusement, le Conseil communique très mal, et d'ailleurs la plupart des gens ne connaissent même pas la différence entre le Conseil de l'Europe et le Conseil des ministres. C'est vraiment dommage, cette institution devrait être beaucoup plus valorisée.

Y a-t-il d'autres institutions européennes qui ont pour vous un rôle important ?
Ce que je dis par rapport au Conseil de l'Europe vaut aussi, malheureusement, un peu pour la Cour des droits de l'Homme. Ce sont des institutions qui ont des communications extrêmement techniques, voire presque ennuyeuses. Il faut vraiment déchiffrer dans leurs communiqués ce qu'ils font de bien pour le relater. Par exemple, je connais un grand nombre de journalistes, des collègues, qui ne se donnent plus la peine de déchiffrer les messages de ces institutions européennes, car ils jugent cela trop compliqué, et que cela n'intéressera pas le lecteur. Ceci est vraiment dommage parce que, d'après moi, ce sont ces institutions qui représentent l'Europe démocratique et l'Europe des valeurs humaines, exactement le contraire de cette Europe froide et financière.

Comment définissez-vous la coopération transfrontalière dans le Rhin supérieur ?
Il y a une sorte de mille-feuille administratif dans le Rhin supérieur. Il y a aujourd'hui à peu près mille fonctionnaires ou employés administratifs qui ont marqué sur leur carte de visite le titre de transfrontalier, il y a des chargés de mission, des responsables de service, etc. Chacun fait semblant de travailler pour le transfrontalier, mais je crois que pour deux tiers de ces personnes il y a un problème linguistique, car ils ne parlent pas notre langue, ce que je trouve déjà très compli-

qué lorsqu'on est transfrontalier. Je pense qu'il y a un trop plein d'organisations, je constate depuis un certain nombre d'années que la qualité de fonctionnement de ces institutions dépend non pas de la qualité des institutions, mais de l'engagement personnel des responsables. Vous avez des structures comme les Eurodistricts, il y en a cinq entre la France et l'Allemagne. Certains fonctionnent très bien, car vous avez à la tête des gens qui sont vraiment convaincus de cette idée du transfrontalier, et vous en avez d'autres, comme par exemple à Strasbourg, où pendant dix ans il ne s'est rien passé, car soit les responsables ne s'entendaient pas très bien entre eux, soit les responsables n'avaient pas la connaissance de la langue. Il y avait des présidents, ici dans cet Eurodistrict, qui ne parlaient qu'une langue. Mais comment voulez-vous qu'on puisse faire du transfrontalier lorsqu'on n'est même pas capable de discuter correctement avec ses confrères ? Maintenant, on a créé une structure, la région métropolitaine du Rhin supérieur, qui est totalement virtuelle, qui n'a pas de bureau, qui n'a pas de visage, qui n'est pas palpable. Par exemple, si vous appelez la mairie de Mulhouse en France ou la mairie de Freiburg en Allemagne et que vous leur demandez de parler du Rhin supérieur, eh bien les gens ne sauront même pas de quoi vous parlez. Il n'y a pas de point de chute pour les citoyens, qui ne peuvent pas identifier cette région métropolitaine à quelque chose. C'est une occasion loupée énorme. On entend depuis dix ans qu'il faudrait que ce soit fait pour les citoyens, mais ce sont vraiment des belles paroles qui n'ont jamais été remplies par un véritable sens. Par contre, moi, connaissant beaucoup d'organisations de la société civile, cela fait longtemps que des associations tendent la main aux institutions publiques, mais échouent. Il n'y a pas vraiment d'intérêt pour une véritable coopération. Nous sommes dans une région trinationale, avec l'Alsace, donc la France, le pays de Bade, de l'Allemagne, et le nord-ouest de la Suisse, et dans ces trois pays le terme de « société civile » évoque des choses complètement différentes. Cela débute donc à un niveau aussi basique que cela. Afin d'approfondir le transfrontalier, il faudrait nécessairement passer par un travail de définition pour que les gens comprennent de quoi on parle.

Pensez-vous que cette coopération transfrontalière est le fruit de la construction européenne ?
Oui, je pense que, sans ce travail préalable des pères fondateurs de l'Europe, ici, à l'interface entre la France et l'Allemagne, nous n'aurions jamais eu ce degré d'échange.

Les décideurs parlent fréquemment du Rhin supérieur comme un « laboratoire » de l'Europe, comment voyez-vous cela ?
Je pense que cela serait la vocation de la capitale européenne de Strasbourg, de créer dans ce périmètre-là un véritable laboratoire. Par contre, pour créer un laboratoire, il faut être courageux, il faut innover, et malheureusement le terme « innovation » est quelque chose qui, dans les milieux politiques, est très mal vécu. Les gens sont élus pendant un laps de temps relativement court, et, tout de suite après les élections, la première préoccupation est celle de la réélection. Pour les projets qui demandent plus de temps, on ne s'en occupe pas, on les laisse de côté. C'est dommage, on pourrait faire un peu plus. D'ailleurs, dans les documents de

création de ces Eurodistricts par Chirac et Schröder en 2003, il n'y a que cinq laboratoires européens, et cela n'a été jamais mis en œuvre. On fait des coopérations entre administrations, on fait des manifestations sportives, on fait des événements qu'on pourrait parfaitement avoir fait sans un Eurodistrict, par exemple.

Pouvez-vous revenir sur l'Eurodistrict Strasbourg-Ortenau en particulier, qu'en pensez-vous ?
Je pense que c'est une histoire de dix ans de ratés. […] Aujourd'hui, il y a de bonnes têtes dans l'Eurodistrict, mais je pense qu'il faudrait mettre en œuvre des structures qui puissent fonctionner même lorsqu'il n'y a que des responsables peu intéressés. Ce n'est pas le cas aujourd'hui, la faute à qui ? À toutes les personnes en place auparavant, de droite ou de gauche. Je crois qu'il n'y avait personne qui avait compris l'impact européen de ces Eurodistricts. Il y a quarante-quatre structures semblables à l'Eurodistrict Strasbourg-Ortenau en Europe et ce n'est pas l'Eurodistrict de cette région qui est le plus visible, le plus innovateur, il y en a d'autres qui travaillent mieux. C'est dommage car on aurait pu ici, dans cette région, servir d'exemple pour les autres régions, mais on ne s'est limité qu'à administrer l'administration.

L'Eurodistrict est-il un « laboratoire » de l'Europe ?
Ce que je dis avec un laboratoire, c'est qu'on peut tenter des choses. Si jamais on constate que cela ne comporte pas les résultats escomptés, on peut le retirer, le modifier. Dans aucun laboratoire chimique dans le monde tout marche du premier coup ! C'est ça l'expérimentation dans un laboratoire. On essaie de créer quelque chose de nouveau, à la fin, on le module, et on arrive à quelque chose de bien !

Croyez-vous qu'il y a une peur d'essayer ?
Je crois que c'est une peur inhérente dans le fonctionnement politique. L'innovation, c'est quelque chose qui *peut* marcher. Faire une carrière politique, si cela ne marche pas, cela peut vite finir ! Parfois, on a l'impression que les hommes et les femmes politiques sont des gens altruistes qui sont là pour le bien dans le monde. Pour beaucoup d'entre eux, c'est un boulot, quand ils ne sont plus dans le mondain, ils n'ont pas de revenus. Donc ils se battent pour une échéance, une échéance afin de sauvegarder leur boulot, et ce n'est pas du tout de belles idées altruistes.

Connaissez-vous le jardin des Deux Rives ?
Oui, je le connais très bien. On s'est battu avec une bande de copains pour que la passerelle des Deux Rives soit construite. À l'époque, on avait des sacrées rixes avec le « tandem » Keller-Grossmann à Strasbourg. J'ai organisé à l'époque des tables rondes pour le festival des Deux Rives, pour les associations françaises. Je les ai organisées en Allemagne, parce qu'à Strasbourg on ne voulait pas que les associations participent. C'étaient des trucs archi-politiques. Je me souviens que les débats à l'époque, avec cette action de ne pas permettre aux associations françaises de participer avec leurs propres productions de programmes, leurs manifestations, étaient très mal vécus du côté strasbourgeois, et pendant très longtemps cela ne m'a pas fait de grands amis à la mairie de Strasbourg.

Trouvez-vous cela compliqué de faire de la coopération dans le Rhin supérieur ?
C'était extrêmement difficile à mes yeux, où, sans le savoir, vous marchez sans arrêt sur les plates-bandes de quelqu'un, vous marchez sur les pieds de tout le monde sans le savoir. Vous avez entraîné une très belle manifestation franco-allemande et vous vous dites : « Mais tout le monde doit être d'accord, c'est super ! ». Du coup, vous vous rendez compte qu'il y a quelque part, quelqu'un dans un bureau, dans une administration, qui se dit : « Attendez, mais la culture, c'est dans mon domaine ! Vous n'avez pas le droit de le faire… ». Et vous vous rendez compte que ce n'est pas la qualité de votre action, mais l'implication politique qui régit la chose transfrontalière. On a vécu, pendant ces dix ans d'Eurodistrict, d'innombrables exemples où des organisations de la société civile nous disaient de faire quelque chose, et elles se sont adressées aux institutions publiques pour savoir comment bien faire et se sont fait rejeter, sans vraiment comprendre pourquoi. Au fur et à mesure des années, on comprend du coup que là, vous avez une maire adjointe des affaires internationales et lorsque vous exercez une activité internationale qui se fait sans l'impliquer, vous devenez alors l'ennemi de cette personne. Et vous ne le savez même pas, vous ne le comprenez même pas. C'est pour cela que, malheureusement, organiser la vie transfrontalière est quelque chose qui demande un effort énorme au niveau personnel. Vraiment, il faut même être prêt à subir des comportements carrément hostiles de la part des institutions.

Qu'est-ce que l'Europe pour vous aujourd'hui ?
Aujourd'hui, pour moi l'Europe est vraiment à un carrefour : soit l'Europe devient obsolète, soit l'Europe devient vraiment l'Europe des citoyens, l'Europe humaniste, l'Europe des valeurs. C'est exactement maintenant que cela se décide. Si jamais l'Europe devenait cette Europe financière, l'Europe des marchés… mais parmi les 500 millions d'Européens, les gens s'en fichent des banques, ils ne veulent pas vivre et travailler pour elles. Si aujourd'hui on arrive à renforcer le Parlement européen, à renforcer cette Europe sociale, humaniste, moi je pense que l'Europe aura un super avenir. Si, par contre, on continue à sacrifier le social pour la construction d'un système financier qui est totalement corrompu, totalement malsain, là je crois que les Européens risquent de se désintéresser totalement de la question européenne, et ce sera le début de la fin de l'Europe !

Connaissez-vous des initiatives pour renforcer le rôle du citoyen ?
Malheureusement, il y a très peu d'initiatives, c'est le grand vide. J'ai ma lecture personnelle là-dessus. Déjà, je m'étonne que dans certaines associations on y trouve des élus, des fonctionnaires, dans la direction de ces associations citoyennes. Je me demande toujours si ces personnalités ne s'impliquent pas dans ces associations pour mieux les contrôler, voire à certains moments les étouffer dans certaines émergences de mouvements.

Quelle est la place de l'État aujourd'hui en Europe, selon vous ?
Je pense que l'État est toujours très important. J'aimerais beaucoup qu'on se dirige vers les États-Unis d'Europe, j'aimerais beaucoup que des compétences nationales soient cédées à l'Union européenne démocratique, mais je n'aimerais pas

que des compétences nationales soient cédées à la Commission, car personne ne sait comment la Commission fait sa politique. Je rêve de ces États-Unis d'Europe, avec un gouvernement européen, élu par les Européens, avec des représentants dotés de compétences, avec des couleurs politiques... C'est un rêve !

Pourquoi ?
Déjà par mon vécu personnel. J'ai vécu dans différents pays européens, je suis Allemand, j'ai fait mes études en France. J'étais dans d'autres pays, j'ai travaillé dans d'autres pays, je ne peux que me sentir Européen. Quand je traverse aujourd'hui une frontière, je n'ai plus l'impression d'en traverser une. Je me sens autant chez moi en Belgique, qu'en Allemagne ou qu'en France. Pour moi, c'est plus une question linguistique. Je me sens chez moi partout en Europe, je peux me faire comprendre et les gens me comprennent. Pour moi, l'Europe, c'est chez moi. Je crois que c'est un acquis énorme. Cette intégration européenne, c'est la liberté de mouvement, la liberté de s'installer partout où on le souhaite, et tout cela fait qu'aujourd'hui il n'y a plus de guerre.

Croyez-vous que ce sentiment européen soit partagé ?
Quand on vit dans le Rhin supérieur, vous êtes un Européen très présent, vous réfléchissez : « Vais-je faire mes courses en Allemagne parce qu'il y a ça et ça qui est moins cher ? » ou « vais-je chercher mon fromage en France parce qu'il est meilleur qu'en Allemagne ? ». Vous êtes déjà dans une Europe vécue dans le quotidien. Aujourd'hui, il y a le bus qui va à Kehl [puis l'extension du tramway depuis 2017]. Je pense que les gens ici se sentent Européens, parce qu'ils vivent très bien cette Europe du quotidien. Si vous posez la même question à quelqu'un de Hambourg, il va dire qu'il est de Hambourg, qu'il est Allemand, que l'Europe est un concept sympa, mais qu'il ne le vit pas dans le quotidien. C'est pour cela que j'aimerais beaucoup que l'Europe se dépoussière, communique mieux, positivement, moins techniquement. Les gens, ils n'ont pas envie de regarder les défauts : « Aujourd'hui, le ministre des Finances a augmenté le taux d'intérêt de 0,5% ». Les gens, ils ne comprennent pas cette Europe-là, ils voudraient avoir une Europe plus sympa, les gens veulent avoir des informations comme, par exemple, celle de la baisse du taux de chômage des jeunes en Espagne en l'espace de six mois grâce à tel ou tel programme.

Que pensez-vous du débat sur la Turquie en Europe ? Où s'arrête l'Europe ?
Je dirais que la Turquie est en Europe. Même si, géographiquement, ce n'est une petite partie de la Turquie qui se trouve sur le continent européen. Je crois que personne ne se pose la question « la Turquie peut-elle faire partie de l'OTAN ? ». Il y a des intérêts géopolitiques qui entrent en jeu pour l'OTAN, personne ne pose le moindre problème pour la Turquie dans cette organisation. Maintenant, pour l'UE, vous avez d'autres raisons qui poussent les gens à avoir une attitude presque hostile envers la Turquie. On repense en effet à la Pologne, qui, avec son christianisme presque fondamentaliste, voulait faire figurer dans la Constitution européenne une préface qui disait que l'Europe était basée sur les valeurs du christianisme.

La religion semble-t-elle donc un facteur à considérer en Europe ?
Si vous regardez l'ensemble de l'Europe, vous avez tout un mélange de religions pratiquées. […] Je pense qu'il faut de la tolérance culturelle, religieuse. Sans la tolérance, on ne peut plus organiser notre société.

Léon Nisand

Comment définissez-vous la construction européenne, comment l'avez-vous vécue ?
J'allais au lycée Fustel de Coulanges, un lycée de Strasbourg, et j'étais en seconde, deuxième, quand la guerre a éclaté, en 1939. Cette entrée en guerre était un véritable bouleversement. La construction européenne à la suite du conflit mondial était donc une façon de sortir de cette situation. On n'osait même pas rêver ce qui était en train d'être tenté à ce moment-là. C'est-à-dire une Europe unie en un bloc économique, politique, culturel, humain, avec une recherche humaine de la vie. On n'osait pas rêver de ces conceptions, encore actuelles, autour de l'Homme. Aujourd'hui, avec notamment la construction de l'Europe, nous allons vers la création d'une humanité non concurrentielle, qui recherche par tout moyen l'unification de la famille humaine et son enrichissement.

Qu'évoque pour vous le processus de la construction européenne, quel élément en a été le plus déterminant ?
Je suis né dans les milieux juifs, et ça ce n'est pas quelconque. Le Juif porte en lui une bombe à retardement qui peut éclater à tout moment. Il suffit d'un vote défavorable des autres. Nous avons derrière nous le nazisme, les pogroms, la destruction, les enfants qui sont pris pour être élevés par d'autres gens que par leurs parents, comme au Portugal. On en a tué six millions… en Europe ! C'est pour cela que j'en parle. Parce que vous pensez à l'Europe. Moi aussi j'y pense… et cela n'a pas le droit de se reproduire.

Que pensez-vous de l'euro, la monnaie unique ?
L'euro, c'est une très bonne chose. À l'heure actuelle, l'euro est là, mais le continent européen comme le continent américain sont en pleine crise, et cela se traduit par une unification, des unions politiques. Désormais, il faut politiquement unir ce qui a été désuni. Je suis pour une Europe, mais pour une Europe modifiée. Et non pas une Europe qui risque à tout moment de retomber dans le nazisme d'Hitler, ou celui de Mussolini, ou contre quoi que ce soit qui risquerait de la détruire. Il faut trouver la valeur humaine et mon souci n'est pas tellement le combat de l'Europe contre x ou y, mais celui d'unir l'humanité. Il y a plusieurs façons de voir la vie spirituelle des humains. Quand, en Europe, le catholicisme luttait pour la suprématie catholique en Europe et provoquait la guerre contre les protestants, contre les musulmans, contre les juifs, n'en parlons pas – en oubliant que Jésus était lui-même un juif –, on se détruisait gaillardement.

Selon vous, existe-t-il toujours des frontières dans l'espace du Rhin supérieur ?
Le terme de frontière ne signifie plus ce qu'il signifiait dans mon enfance, c'est-à-dire il y a presque un siècle. Quand je traverse la frontière aujourd'hui, je suis dans un autre pays, tout m'intéresse et les gens sont semblables à moi ! Ils ont la même anatomie, la même physiologie, les mêmes besoins et les mêmes aspirations !

Aujourd'hui, qu'est-ce que l'Europe pour vous ?
C'est un immense espoir pour le monde de demain. Il faut réussir l'Europe où il y a eu des dizaines et des dizaines de nations nationalistes auparavant. Aujourd'hui, il faut que l'Europe puisse sauver l'humanité et montrer que le manque de civilisation humaine, par rapport à une civilisation nationaliste, amène la guerre.

Selon vous, l'État a toujours une importance aujourd'hui dans l'Europe ?
Bien sûr ! L'État est un organisme absolument fondamental. Il se charge de tous les problèmes de la vie humaine jour après jour, comme l'immigration, la production, jusqu'au traitement des ordures, en passant par la gestion des retraites, de la santé et du vieillissement de la population.

Vous sentez-vous plus attaché à une région, à une nation ou à l'Europe ?
Là n'est pas la question. Aujourd'hui, nous sommes de plus en plus amenés à coopérer d'une nation à l'autre, d'une région à l'autre. Nous fonctionnons comme cela, nous fonctionnons hors de nos frontières qui sont devenues trop petites ! La planète est devenue trop petite !

La religion est-elle une barrière importante selon vous ?
La religion n'a rien à voir avec la politique. Si la religion veut gouverner sur terre, c'est la guerre. Parce qu'on peut commander l'homme par ses croyances, il n'est pas libre de choisir, car il a peur de l'après mort. Vous pouvez avoir un voisin musulman, un voisin juif, un voisin chrétien : il faut vivre ensemble. Si la religion dit autre chose, elle est facteur de guerre, et elle l'a déjà été.

Lucienne Schmitt

Que représente pour vous la construction européenne ? De quand la dateriez-vous ?
De la fin de la Première Guerre mondiale. Parce que c'est à ce moment-là qu'elle a été envisagée comme un moyen d'empêcher toute guerre de se refaire et donc d'instaurer un processus de paix.

Quel rôle a joué, selon vous, la construction européenne dans le processus de paix ?
Il s'est passé pour la construction européenne à peu près ce qui s'est passé avec les droits de l'Homme, c'est-à-dire qu'au départ il y avait une sorte d'union sacrée autour des uns et autour des autres parce que, […] en gros après la guerre, nous avons constaté depuis lors et surtout récemment que cet enthousiasme baisse petit

à petit, également pour les droits de l'Homme d'ailleurs, et qu'il y a une sorte de repli des nations sur elles-mêmes, des régions sur elles-mêmes, on a l'impression que ça ne se construit pas vraiment en ce moment. Je ne dis pas que par le passé il n'y a pas eu de progrès, les différents traités, les réunions, mais au niveau des nations, au niveau des États plutôt, je n'ai pas l'impression que la paix est l'essentiel ou du moins le phare, ce qui devrait être. Ce qui est le phare en ce moment, c'est l'euro, c'est l'argent, c'est les finances et la rivalité entre les pays : l'Allemagne qui ne veut pas payer ou se mettre à nu pour la Grèce... Il y a quand même cette idée qu'il y a des pays travailleurs et des pays profiteurs, comme il y a l'idée parmi la population qu'il y a des personnes qui travaillent et d'autres qui vivent de leurs allocations sans travailler volontairement. Malgré les explications qu'on donne continuellement sur les raisons du chômage qui s'accroît, il y a toujours des gens qui pensent qu'il y a des paresseux qui ne cherchent qu'à vivre de ce que rapportent ceux qui travaillent. Cette méfiance existe également entre les États – pourvu qu'on ne soit pas sollicité plus qu'un autre État. Et ça, je pense que c'est peut-être un frein pour la paix. On n'est pas sur le point de déclarer la guerre à qui que ce soit en Europe, mais on voit quand même dans les révoltes de certains pays – je pense particulièrement à la Grèce – que cela pourrait être, sous l'influence de certains groupes, une tendance à se réorienter vers des États belliqueux. C'est ce qui me semble du moins. On sent la montée de l'extrême droite du nord au sud, peut-être plus au nord qu'au sud d'ailleurs, et ceci non plus ne laisse pas indifférent.

Quel rôle pourrait effectivement jouer le Parlement européen ?
Ce qui est un peu crispant quand on parle du Parlement, c'est l'installation des lobbies de n'importe quel pays avec leur carte d'accréditation. Parce que nous sommes ici des rêveurs idéalistes, nous pensons – à tort – que tout cela devrait pouvoir s'arranger paisiblement, sans cette intervention du Parlement dans les finances, mais c'est peut-être impossible parce que dans d'autres États libéraux – notamment aux États-Unis – ça se passe exactement de la même manière, peut-être multiplié par mille.

Est-ce que vous pensez qu'il y a un déficit démocratique aujourd'hui ?
Il y a peut-être pour une grande partie un déficit démocratique. On ne croit plus tellement à la démocratie juste et efficace, mais, d'autre part, nous avons des associations qui se mobilisent pour se faire entendre sur des sujets : je pense à l'égalité de tous les citoyens, le traitement des Roms par exemple, en France ou autre.

Quel rôle a joué pour vous la monnaie unique dans le processus d'intégration ?
Là, je vais encore vous donner une réponse personnelle, parce que j'ai une fille qui était sportive, qui a été championne de France en natation et qui voyageait beaucoup, en Europe, même en Europe de l'Est, et chaque fois qu'elle partait dans un pays, on avait du mal à obtenir la monnaie du pays et on s'est dit « Mais qu'est-ce qu'ils attendent pour créer une monnaie unique ? » Et quand cette monnaie unique est apparue, on a trouvé que c'était extrêmement sympathique. De la

même manière, on voudrait une justice unique pour tous les pays d'Europe. On entend souvent dire que tout a beaucoup augmenté avec l'euro, mais je pense que ce n'est pas la faute de l'euro, c'est la faute des personnes. Là j'ai un souvenir d'enfant, très lointain : quand les Allemands en 1940 sont entrés en Alsace, impressionnants avec leurs uniformes impeccables et leurs bottes brillantes, et qu'ils entraient dans nos magasins, ils étaient éblouis par tout ce qu'ils trouvaient encore chez nous, qui ne se trouvait plus à l'époque en Allemagne, et les commerçants leur changeaient les Marks : 1 Franc contre 1 Mark, ce qui n'était pas du tout le taux de change légal, mais ils ne protestaient pas. Ils auraient pu le faire remarquer parce que, voyez-vous, ce sont de petites choses à grande portée, et je pense que le commerce a eu un comportement similaire quand on a passé du Franc à l'Euro, peut-être pas dans tous les pays, mais il y a des cas assez manifestes d'augmentations. Donc la monnaie unique est une bonne chose en soi mais il faudrait un contrôle très rigoureux pour que cet euro fonctionne comme ses concepteurs l'ont pensé. Et là je ne sais pas qui opère le contrôle et s'il y a assez de vigilance. Mais, indéniablement, la monnaie unique rapproche et facilite l'intégration.

Comment définiriez-vous la coopération transfrontalière ?
Je vous parle de notre Centre international des droits de l'Homme [CIDH]. Là vous avez cette exposition « Liberté d'association dans les pays de l'Union européenne ». Elle a été précédée par une exposition sur les droits fondamentaux dans les pays de l'Union européenne. Plusieurs pays ont dû modifier leur constitution pour se mettre en conformité avec les textes de l'ONU et de l'Europe. La coopération transfrontalière est facilitée de ce fait. Je ne parlerai pas des travailleurs transfrontaliers, ni des échanges de services et de marchandises, ni des jumelages, leur rôle est manifeste. Je n'oublie pas pour autant que la première coopération transfrontalière dans notre famille était la participation de notre sportive à une rencontre de natation à Waldkirch, en Allemagne. Par la suite, il y eut une rencontre à Sélestat. Actuellement, les programmes d'échanges scolaires permettent une vraie fraternisation. Les programmes européens – Erasmus, Comenius – sont une réussite. Ils n'empêchent pas les rencontres transfrontalières telles que nous en avons organisées pour le « Chemin de la mémoire et des droits de l'Homme ». Au CIDH, nous faisons de la coopération transfrontalière, mais toujours dans l'esprit des droits de l'Homme. Nous avons réalisé un film « Chemin de la mémoire et des droits de l'Homme » et un site Internet pour le chemin. Cette réalisation transfrontalière englobe Sainte-Marie-aux-Mines – où il y a un tunnel dans lequel des détenus ont fabriqué des armements pendant la guerre –, il y en a un autre à Urbès, également dans le Haut-Rhin, on a réuni des lieux de mémoire. Nous avons le triste privilège, en Alsace, d'avoir le seul camp de concentration et d'extermination, qui était Natzweiler, et nous l'avons donc inclus dans ce « Chemin de la mémoire et des droits de l'Homme », ainsi que des lieux de travail forcé, des lieux de rétention, des cimetières, et puis, pour finir de façon optimiste, j'ai mis Sélestat et Rastatt, qui sont des lieux d'information, parce qu'il faut aussi dans la mémoire ne pas considérer continuellement que le tragique. On a organisé dans le passé des séminaires sur l'holocauste avec des responsables actuels de ces lieux mémoriaux,

c'est-à-dire aussi bien les directeurs des camps de concentration en France, au Luxembourg et en Belgique. On a invité des Allemands bien sûr, et les Allemands ont dit : « Dans la région d'Offenburg, il y avait beaucoup d'endroits où les détenus ont travaillé, il y avait des dizaines de sous-lieux des grands camps, où ils sont intervenus ». Donc on a travaillé la mémoire avec eux et ils veulent aussi installer chez eux des pierres, des souvenirs. Nous avons fait une erreur, en nommant ce trajet un « chemin », on aurait dû mettre « route ». Donc nous nous rencontrons pour ce genre de réflexion, il y a une coopération pour l'avenir du « chemin ». Mais ce que j'ai trouvé le plus intéressant, c'est Rastatt. Quand la capitale allemande était encore Bonn, un des présidents allemands, Gustav Heinemann, a tenu à ce qu'on fasse humer la liberté à Rastatt, parce que Rastatt, Frankfurt, Offenburg sont les grands lieux de la révolution badoise de 1848. L'exposition de la *Erinnerungsstätte für die Freiheitsbewegungen in der deutschen Geschichte* ne commence pas en 1848, mais avec la guerre des paysans, et donc inclut l'Alsace qui n'était pas encore française à l'époque ! À Rastatt donc, ils ont réalisé un musée qui montre les mouvements vers la liberté, depuis la guerre des paysans jusqu'à nos jours. Seulement, il y a pour nous un problème. Ce qui nous avait frappé, c'était la salle consacrée à la « Rose Blanche », « die Weiße Rose », mouvement de jeunes contre le nazisme. Hans et Sophie Scholl étaient parmi les plus jeunes de ces résistants qui ont été décapités. Le problème, c'est que la période nazie a disparu du Musée afin de laisser la place à la lutte pour la liberté en Allemagne de l'Est. Pour le moment du moins. Nous sommes deux responsables du CIDH à avoir adhéré à l'association de Rastatt, et, inversement, le fondateur de l'association pour la promotion du Lieu de mémoire du château baroque a adhéré au CIDH, et nous nous rencontrons le plus souvent possible. Vous voyez que la culture et l'histoire aussi peuvent jouer un rôle dans le rapprochement des peuples et la construction d'une Europe de paix.

Pensez-vous que le Rhin supérieur peut être défini comme un « laboratoire » de l'Europe ?
De toute façon, il y a beaucoup d'Alsaciens qui travaillent en Allemagne, et les deux régions sympathisent. Mais quant à être un laboratoire, cela me paraît excessif. Il faudrait, comme dans un laboratoire, des possibilités d'expérimentation et de mesures, conditions difficiles à réaliser dans la conjoncture actuelle.

Est-ce que, selon vous, les frontières nationales restent quand même vivaces ?
Je pense que, du point de vue de la population, elles ne sont plus très vivaces : on passe d'un pays à l'autre vraiment sans problème. Je crois que ce sont certains États qui sont en train de fortifier les frontières, au lieu de les dissoudre. Vous ne trouvez pas qu'on est tenté de refermer un peu les frontières ? Je ne l'espère pas, mais on y voit quand même un certain danger.

Concernant l'identité européenne, est-ce que vous vous sentez Européenne ? Et quel rapport peut-il y avoir entre citoyenneté européenne et identité nationale ?
Est-ce qu'on se sent Européen ? Oui, mais là encore il faut se méfier parce qu'on peut se sentir Européen et distinguer les bons Européens et les mauvais non-

Européens. Si quelqu'un n'est pas originaire d'Europe, qu'il vienne d'Asie, d'Argentine, du Golfe ou des USA, s'il a de la fortune, il n'y a pas de problème. S'il n'en a pas, ou surtout s'il est à la charge de la société qui le reçoit, on pense que c'est quand même l'Europe qui est bien et les autres pays, non ! Les droits de l'Homme exigent l'égale dignité et un traitement équitable et humain de tous les hommes. Même si l'Europe était unifiée, unie et harmonieuse, elle ne devrait pas être une forteresse fermée aux autres continents. D'ailleurs, la mondialisation le rendrait impossible. Et une citoyenneté européenne aussi, mais pour qu'il y ait une citoyenneté européenne, il faudrait une Europe fédérale. Moi, je fais partie de cette association européenne des enseignants, qui est fédéraliste. Mais le fédéralisme ne se réalise pas, parce qu'il y a toujours des oppositions très sérieuses, les gens tiennent quand même beaucoup à leur pays, même s'il ne va pas bien, et puis on a des esprits un peu mesquins. Voyez, Sélestat, vous vous promenez, vous voulez savoir dans quelle rue vous êtes, dans les trois-quarts des rues de la vieille ville, vous avez les noms en Alsacien en plus. Donc, non seulement on est Franco-Français, mais en Alsace on n'est pas tout à fait Franco-Français, on est encore Alsacien, et chez les Alsaciens il y a trois groupes : ceux qui parlent l'alsacien, ceux qui ne parlent pas l'alsacien et ceux qui parlent le patois. Donc, déjà entre eux, ce n'est pas la même citoyenneté, mais ils ont les mêmes institutions. Cette revendication identitaire de l'alsacien, on sent quand même que, comment dire, ce n'est pas du fanatisme, mais cela peut être une semence de discorde. Donc il faudrait qu'on puisse faire un coup de force pour déclarer l'Europe unie, mais on ne peut pas le faire démocratiquement, le coup de force démocratique, ça n'existe pas encore !

Concernant l'élargissement de l'UE, est-ce qu'il y a des limites, selon vous ? Où sont les frontières de l'Europe ?
L'ensemble du pays de la Turquie désire entrer dans l'Europe et je pense que l'ensemble de l'Europe ne désire pas que la Turquie entre. Elle aime bien que la Turquie fasse tampon entre le Moyen Orient et l'Europe actuelle. On aime bien les Turcs en Turquie. Alors, où sont les limites, il faut de grands efforts des uns et des autres, j'ai bien peur que les limites actuelles ne restent pour un bon moment, mais il peut y avoir des surprises. Peut-être que M. Poutine demandera à entrer ! La difficulté est aussi, bon je parle de la Russie, si vous prenez un pays qui était autrefois, aussi bien sous les Tsars que sous le régime communiste, tout à fait dictatorial, les personnes ne réagissent pas de la même manière. Le même phénomène peut s'observer dans d'autres pays de l'Est de l'Europe. Donc même dans les pays qui font partie de l'Europe, il reste beaucoup à harmoniser, sans pour autant égaliser, évidemment. Intégrer des pays d'autres cultures, cela a été fait, mais généraliser n'est pas possible.

Est-ce que la religion, selon vous, joue un rôle dans la définition des frontières ? Est-ce que pour l'avenir il peut y avoir des tensions ?
C'est assez étonnant parce qu'on sait bien que la fréquentation des églises – qu'elles soient catholiques ou protestantes chez nous – a beaucoup baissé. Ce n'est pas le cas d'autres religions Il y a eu des efforts de rapprochement entre les

religions, en vue de la paix. Le pape s'en préoccupe, les protestants aussi, des imams, des rabbins. Donc on a l'impression que la religion est en train de baisser dans sa pratique et peut-être aussi dans le fanatisme. Vous avez la liberté de conscience, d'expression. On n'entrevoit plus une agression de religions ennemies malgré des actes isolés. Un massacre de protestants, c'est impensable, mais on n'entrevoit pas non plus qu'en Europe, une des religions prenne le dessus. Alors, évidemment, pour la Turquie, le problème, c'est la religion en partie. Je pense que c'est parce que la religion musulmane est presque aussi développée dans le monde que les religions chrétiennes. Mais, comme dit, d'une part, il y a une désaffection des Églises, un regain du paganisme, selon certains écrits qui paraissent, et, d'autre part, il y a ce qu'on n'appellerait peut-être plus la religion mais la culture. Donc comment trouver le juste milieu entre la liberté de conscience, la liberté de manifester sa religion, et une citoyenneté qui demanderait un retour en arrière ? Je ne sais pas. Moi, je ne vois pas d'autre citoyenneté que laïque, c'est-à-dire tolérante et où toutes les religions peuvent coexister dans la sphère privée. Car quand il y a une mosquée qui se construit, un peu trop visible, beaucoup estiment qu'elle ne fait pas partie du paysage ! Quand c'est discret, ça va, alors que nos églises n'ont pas besoin d'être discrètes, la cathédrale de Strasbourg, le dôme de Cologne, Milan ou Saint-Marc à Venise. Les tensions sont toujours latentes et l'impérieux besoin de domination, du rabaissement de l'autre, n'est pas près de disparaître.

Est-ce que vous pensez que la crise actuelle a des impacts sur le dynamisme européen ?
Sur la production et le commerce, c'est sûr, mais sur la volonté politique de s'unir, on ne peut pas le dire encore. Je trouve qu'on manque encore de distance pour en juger.

Que pensez-vous du passage de la Communauté européenne à l'Union européenne ?
Il s'agit d'un accord économique qui laisse la place à un autre accord, plus vaste d'esprit. Je trouve que l'Union, par rapport à la CEE, c'est un grand gain d'humanité.

Peut-être avez-vous des choses à ajouter ?
On peut souhaiter qu'il y ait une bonne gouvernance, que le Parlement soit efficace – c'est lui qui incarne la démocratie plus que la Commission et le Conseil –, qu'il ne se laisse pas trop manipuler par l'économie en ce moment. Que ce soient des gens probes et pleins d'imagination et qu'ils réussissent à s'entendre au point qu'ils nous donnent envie d'une fédération. Ensuite, que les relations entre la Commission et le Parlement soient un peu différentes, parce que de loin – ce n'est peut-être pas vrai de près –, de loin, on a l'impression que la Commission est toute puissante et que le Parlement joue un peu le rôle de figurant. C'est peut-être tout à fait faux, mais il y a quand même une prévalence, mais le Parlement ce sont nos représentants à nous, et donc je lui confierais volontiers un peu plus de pouvoir.

Donc vous voyez une fédération des États européens ?
Oui, absolument, comme but, et peut-être, comme au début, pour la CECA, on a commencé en s'associant à six – nous, en Alsace, on rejoindrait bien Mme Merkel par exemple, et aussi l'Italie, pourquoi on ne s'associerait pas, il n'y a pas de raisons. Pour sortir de la crise en tant qu'Europe, il faudrait qu'une Europe unie existe !

Klaus Schumann

Qu'est-ce qui vous a poussé à aller vers l'Europe ?
Cela fait partie de mon éducation. Et puis s'ajoute probablement le fait que je viens d'une région qui était quand même relativement sensible à l'évolution d'après-guerre et surtout des relations franco-allemandes, parce que j'ai encore un bon souvenir du bombardement de ma ville natale [Freiburg im Breisgau]. Je vois encore aujourd'hui le ciel noir, le ciel rouge parce que la ville brûlait… Bon, l'Alsace c'était très proche, vous pouvez circuler dans la région et voir l'évolution. Au début des années 1950, si vous alliez de l'Allemagne en Alsace, du côté de Breisach vers Colmar, et que vous demandiez la route en allemand, bien que tout le monde vous comprenait, personne n'était prêt à vous répondre en allemand. On a vu ensuite que cela s'est calmé. Je crois qu'il n'y a jamais eu une véritable haine, mais quand même une attitude un peu plus réticente et sceptique à l'égard du voisin. Mais, avec l'évolution, cela a changé et, de toute façon, et c'est mon avis personnel, je suis certainement en premier lieu Européen, mais je suis aussi régionaliste.

Vous êtes pour une Europe des régions ?
Pour moi, la région où je suis né est un ensemble, cela va de Bâle jusqu'à Mayence et Francfort, et cela va de la Forêt-Noire jusqu'aux Vosges. Si vous regardez l'histoire, c'était un ensemble culturel. Regardez Erasme de Rotterdam, le grand humaniste, il était à l'université de Strasbourg, à l'université de Fribourg, à l'université de Bâle. Sous l'Empire, jusqu'à la guerre de trente ans, cette région était une espèce de patchwork.

Plus largement, pour vous aujourd'hui, qu'est-ce que l'Europe ?
Disons qu'il y a eu plusieurs étapes. L'Europe des pères fondateurs, c'était l'Europe d'après-guerre, c'était le « plus jamais ça », le refus de refaire les bêtises du passé. Vous avez tous les mouvements, vous avez le fameux discours de Churchill à Zurich, vous avez le Congrès de La Haye, qui donnaient déjà tous les ingrédients pour créer les États-Unis de l'Europe. Mais, à l'époque, c'était trop tôt, les gouvernements n'étaient pas prêts à s'engager là-dedans. Le grand compromis, c'était un an plus tard, avec la création du Conseil de l'Europe, qui reprenait une grande partie de ce que vous trouvez dans les actes de La Haye, surtout ce qui concerne la « base » d'aujourd'hui. Les ingrédients de la démocratie européenne, vous les trouvez dans les statuts du Conseil de l'Europe : démocratie pluraliste, défense des droits de l'Homme et État de droit. Cela, c'est la trilogie créée et an-

crée dans les statuts du Conseil de l'Europe, qui sont devenus des obligations pour tous ceux qui voulaient rejoindre ce projet. Après les premières réunions de l'Assemblée parlementaire du Conseil de l'Europe, qui se réunissait ici à Strasbourg, au mois d'août 1949, la Grèce et la Turquie ont rejoint les dix pays fondateurs. Alors, la Turquie fait partie de l'Europe, depuis 1949, depuis toujours. Même si vous allez encore plus loin, le plan Marshall, l'aide américaine aux Européens pour la reconstruction recouvrait aussi la Turquie. La Turquie faisait partie des pays européens, qui, en 1948, peuvent profiter du plan Marshall. Dans un discours politicien, cela s'oublie vite, hein ? Alors, là, vous avez le début et les bases, et après il y a évidemment l'initiative de Monnet et de Schuman pour la CECA. Au Conseil de l'Europe, c'était trop tôt pour une Europe d'intégration, c'était la base d'une Europe de la coopération intergouvernementale. La Convention européenne des droits de l'Homme date de 1950. Cela aussi, c'est quelque chose. Imaginez-vous aujourd'hui qu'un tel nombre de pays doivent élaborer un texte contraignant comme la Convention européenne des droits de l'Homme. Cela n'arrivera plus jamais. C'était possible à ce moment-là parce qu'il y avait encore le souvenir du passé, et l'actualité à l'époque : la guerre de Corée. C'était plus ou moins le danger d'un autre conflit mondial. Alors, tout le monde avait peur et cela a aussi contribué à ce que les dix pays ou douze pays européens soient prêts à ne pas seulement élaborer – parce que vous aviez déjà eu la déclaration des droits de l'Homme au niveau des Nations Unies –, mais à s'engager, à faire que cela devienne une obligation pour la coopération future. C'est quand même quelque chose d'unique, vous ne le trouvez pas ailleurs dans le monde. Il y a eu des essais par la suite, comme la Cour interaméricaine qui s'est créée, mais qui n'est pas aussi contraignante, ou aujourd'hui, en Afrique, des tentatives de créer un système de protection des droits de l'Homme similaire, mais très loin du nôtre. Ce qui a été créé à ce moment-là, au début des années 1950, nous sert encore aujourd'hui et a surtout servi – je fais un grand saut – en 1989–90, pour l'ouverture de l'Europe après l'écroulement du système soviétique. Le Conseil de l'Europe, c'était un peu l'alliance pour la coopération civile et pour la démocratie. Il y avait quand même un lien, une alliance à l'Ouest qui s'est fortifiée parce qu'il y avait un danger potentiel. Cela a aidé pour créer d'abord le Conseil de l'Europe, et après la CECA. L'idée unique de Monnet et de Schuman était de convaincre un nombre limité – mais tout de même six – pays de créer une union dans le domaine du charbon et de l'acier. Aujourd'hui, c'est un peu vite dit, mais cela signifiait d'avoir l'industrie de l'armement sous contrôle, parce qu'à l'époque, l'armement était moins sophistiqué qu'aujourd'hui. C'était avec l'acier qu'on faisait les canons, cette industrie-là était stigmatisée d'être l'industrie de la guerre. Alors, de la mettre dans un pool ensemble et sous contrôle, c'était un pas important. Si on parle un peu de l'histoire des différentes institutions européennes, il y avait une espèce de schisme à l'intérieur du Conseil de l'Europe. Parce qu'il y avait toujours parmi les pays membres du Conseil de l'Europe, surtout parmi les parlementaires, les fédéralistes qui voulaient aller au-delà du statut du Conseil de l'Europe, c'est-à-dire pousser vers une union politique européenne. Et il y a eu des grands débats et, à l'époque, il y avait des initiatives de certains parlementaires de l'Europe des six qui voulaient pousser le Conseil de l'Europe à aller au-delà de la coopération, vers l'intégration politique.

Au final, cela s'est fait dans une autre institution ?
Oui, parce que la création du Conseil est un acte politique de réserve. C'est-à-dire coopération d'accord, mais on garde notre souveraineté nationale et surtout les pays scandinaves et les Anglais n'étaient pas prêts. Le Conseil de l'Europe, ce sont les gouvernements, et parmi les gouvernements il n'y a pas eu à ce moment-là une majorité pour aller plus loin. Alors, c'est la CECA qui a relancé la machine qui s'était arrêtée, et après, en 1957–58, il y a eu la création du marché commun, d'Euratom, etc.

Le Conseil de l'Europe est uniquement une organisation intergouvernementale ?
Non, parce que l'Assemblée du Conseil de l'Europe était le premier forum ouvert. Si vous faites un peu l'historique de cette assemblée, vous trouvez tous les débats pour l'initiative Schuman pour la Communauté de défense, et toutes les autres initiatives européennes sont à un certain moment sorties de l'Assemblée parlementaire du Conseil de l'Europe, parce que c'est là que l'on pouvait les discuter publiquement. Ce n'est pas comme des conférences diplomatiques qui sont derrière des portes fermées.

Diriez-vous que c'était une période particulièrement favorable pour la construction européenne ?
Ah oui ! Parce que c'était un bouillonnement d'idées, d'initiatives, et tout le monde se sentait encore plus ou moins concerné, parce que c'était toujours avec le mauvais souvenir de la guerre. Disons que l'ancienne génération réfléchissait encore un peu. Parce qu'ils avaient les expériences de ces situations, de ces réactions et ces contre-réactions après le conflit. Aujourd'hui, c'est différent. Il y a le prix Nobel de la paix pour l'Union européenne. D'un côté, on peut le comprendre, c'est évidemment un bel hommage, mais j'ai lu la réaction des médias en Croatie par exemple : « Non, ce n'est pas du tout mérité, parce qu'elle n'a pas été capable d'empêcher la guerre des Balkans », ce qui est vrai. Et cela, c'est seulement en 1990–91, à ce moment-là tout le monde croyait encore que des conflits, des vrais conflits guerriers européens n'étaient plus possibles. Et pourtant, c'était possible et l'Europe organisée au niveau de la Communauté européenne n'était pas capable de l'arrêter parce qu'ils étaient encore prisonniers de leur propre position, de leur positionnement. Ce fut un peu la défaillance du soi-disant géant Europe, qui était un géant économique à ce moment-là, oui, mais du point de vue politique ou de la sécurité et de la défense, zéro. On n'est pas beaucoup mieux aujourd'hui, parce que si vous faites aussi un peu l'historique, il y a presque dix ans qu'on a décidé – d'ailleurs à la suite de la guerre des Balkans – de créer une force d'intervention européenne de 60 000 hommes. Avez-vous regardé si aujourd'hui ils sont capables en dix jours de rassembler 60 000 hommes pour intervenir quelque part ? Non. On voit la faiblesse encore des structures qui ont été créées, et maintenant, ce qui est un peu pervers, les souverainistes ou les eurosceptiques ou les anti-européens sortent cela en plus comme un argument contre l'Europe. Donc, c'est

toujours Bruxelles et la technocratie bruxelloise, et nous sommes des prisonniers et des victimes, des gens irresponsables, etc. Il faut arrêter. D'abord, si vous prenez la technocratie bruxelloise et si vous prenez la CUS [Communauté urbaine de Strasbourg, aujourd'hui Eurométropole], elle a 6 000 fonctionnaires, et à Bruxelles, même si vous en avez 30 000 ou 40 000, c'est pour presque 500 millions européens, c'est rien du tout ! Et tout ce qui est décidé à Bruxelles a eu le feu vert des différents comités ministériels au niveau de l'Union. Et les soi-disant irresponsables, les commissaires européens, ils ont été tous envoyés par leur propre pays. Un autre des slogans habituels que vous trouvez dans les médias est celui que le Parlement européen et la Commission de Bruxelles n'ont plus d'avenir politique, ce qui n'est pas très encourageant pour l'Europe.

Même pour le Parlement européen ?
Il y a quand même des ténors au Parlement européen et le traité de Lisbonne leur donne un peu plus de pouvoir. Disons, de plus en plus de compétences dans le processus législatif. Mais tout cela est actuellement en mauvaise posture, parce que tout ça est mélangé avec la crise économique, et la seule solution semble au final être moins d'Europe. C'est un nationalisme ou un patriotisme économique de chaque pays qui va sauver chaque pays. Mais si l'Europe ne devient pas une unité au plan économique, elle va être écrasée dans cette nouvelle configuration. C'est un peu le développement après 1989-90, parce que jusqu'en 1989 où il y avait les bons ici et les mauvais là, la division Est-Ouest était une situation un peu privilégiée pour l'Europe. D'abord, l'Europe de l'Ouest pouvait tranquillement évoluer sous la protection nucléaire américaine. Dans le reste du monde, il y avait une espèce de patchwork : certains pays qui suivaient l'Ouest, certains pays qui suivaient l'Est. Tout cela est fini et, aujourd'hui, ce qui est juste, il y a un monde multipolaire, où chacun essaie d'avoir sa part du gâteau d'une manière équitable. Il y a la Chine qui a évolué, il y a l'Inde qui a émergé, le Brésil, l'Afrique du Sud, l'Indonésie, tous ces pays, ces pôles, sont là maintenant. Il faut trouver sa place, trouver notre place.

Où s'arrête l'Europe, selon vous ? L'Ouzbékistan, le Tadjikistan, le Kirghizstan, le Kazakhstan et le Turkménistan, est-ce trop loin de l'Europe ?
Ah mais non ! Ce n'est pas trop loin de l'Europe ! L'Europe veut bien de leur gaz et de leur pétrole, non ? Et il y a les cinq de l'Asie centrale, mais il y a aussi les trois du Caucase : la Géorgie, l'Arménie et l'Azerbaïdjan. Les trois caucasiens sont, par exemple, reconnus comme pays européens. À un certain moment, au Conseil de l'Europe, à l'Assemblée parlementaire, on s'est demandé : « L'Europe, jusqu'où va-t-elle ? » Il y a la fameuse phrase de De Gaulle qui disait « L'Europe va de l'atlantique à l'Oural ». Le général est devenu président de la République et il a fait une visite en Union soviétique. Il y a eu également une visite au-delà de l'Oural quelque part en Sibérie où il a donné sa conférence de presse finale avant de repartir à Paris. Un petit malin journaliste lui a posé la question : « Jusqu'où va donc l'Europe, mon général ? » Et alors le général De Gaulle a réfléchi un petit peu et avec un petit sourire, parce qu'il voyait venir l'autre, il a répondu : « Monsieur, vous savez, l'Europe, ça va d'un bout à l'autre ». Et ça va jusqu'à Vladivos-

tok aujourd'hui. Pourquoi pas ! La Russie fait partie du Conseil de l'Europe, maintenant on peut avoir toutes les discussions sur pourquoi la Russie est ou ne devrait pas être au Conseil de l'Europe, comme on peut avoir une discussion pourquoi la Turquie est ou ne devrait pas être au Conseil de l'Europe. Mais ça, c'est l'Europe.

Selon vous, l'Europe recouvre-t-elle des réalités différentes ?
Oui. Mais d'abord, l'Europe, disons en tant que communauté des peuples et même des individus. La Russie fait partie de l'Europe, si la Russie veut bien faire partie de l'Europe. Dans le Caucase, la Géorgie, l'Arménie certainement, et l'Azerbaïdjan, on peut en discuter, mais étant donné que l'on a la Turquie, il faut aussi donner le droit aux Azerbaïdjanais d'en faire partie. Disons que c'est cela l'Europe. Après, comment doit-on, comment peut-on articuler tout cela ? Évidemment, ensemble cela semble difficile, là. Vous avez le Conseil de l'Europe et s'il faut se concentrer sur le noyau dur, on revient à la Communauté européenne. À partir de 1989-90, il fallait une stratégie pour savoir comment gérer tout cela. Il fallait rester ferme sur le noyau dur, c'est-à-dire sur l'Union européenne : approfondissement ou élargissement ? Et là, évidemment, les voix britanniques et autres disaient : « Ah ! Nos frères, en Europe orientale, il ne faut pas les abandonner, il faut les inclure », au lieu de dire « Non, on termine d'abord notre approfondissement et après on ouvre la porte ». Mais, entre temps, on les aide évidemment, on met en place les relations économiques et sociales nécessaires pour développer les économies. Pour le reste, on avait le Conseil de l'Europe qui couvre toute la partie droits de l'Homme, démocratie, État de droit. Vous savez, à l'époque, en 1990, il y a eu une initiative de Mitterrand : la Fédération européenne. Mitterrand voulait voir cela se profiler et Mme Lalumière, la secrétaire générale du Conseil de l'Europe à cette époque-là, qui était socialiste et qui sortait du même cercle intérieur du président, entend cela à la radio et téléphone à Paris et dit « Mais hé ! Qu'est-ce que c'est que ça ? C'est moi ! C'est le Conseil de l'Europe ! ». Ce qu'il proposait, c'était à peu près ça. Il voulait proposer, en dehors de l'Union européenne, une autre structure pour accueillir les pays des nouvelles démocraties. Évidemment, ils lui ont dit « Non, non, non ! » et Mitterrand a fait le pèlerin pendant un an, un an et demi, pour convaincre les pays d'Europe de l'Est de créer cette Fédération européenne, et, eux, ils s'en méfiaient. Ils voyaient là-dedans une façon de les évincer de la construction européenne, qui était là depuis 1949, qui avait cette fonction et qui l'avait même déjà à ce moment-là. Parce que tout le monde faisait la cour au Conseil de l'Europe pour y devenir membre, parce que c'était indispensable de l'être avant de pouvoir être entendu à Bruxelles. C'était la première étape d'avoir le label du Conseil de l'Europe, ce l'est encore aujourd'hui. Et alors, évidemment, pour le Conseil de l'Europe, c'était une claque de savoir qu'on ne voulait pas l'utiliser. C'est toujours ainsi avec les politiques. Vous savez, les politiques, ils veulent faire quelque chose qui est lié à leur nom, ils ne veulent pas prendre quelque chose qui existe déjà et l'améliorer ou lui donner une nouvelle impulsion, mais ils veulent créer quelque chose. Et ça, c'était la seule raison ! Mitterrand, il avait le culot après onze ans et demi – et cela n'a pas mar-

ché et Havel, président tchèque, lui a dit à un certain moment : « On ne veut pas de ta fédération » – de venir faire un discours à l'Assemblée du Conseil de l'Europe avec son « J'ai toujours pensé au Conseil de l'Europe ». Mais là, le Conseil de l'Europe, politiquement, il était déjà mort, parce que la suspicion dans les pays de l'Est était toujours la même. Ils veulent nous exclure ou tenir en dehors de l'Union européenne. Ce n'était pratiquement plus récupérable. À ce moment-là, il aurait fallu dire clairement : voilà, l'Europe est devant une nouvelle situation, on a maintenant toute cette partie de l'Europe orientale qu'on doit intégrer aussi vite que possible, nous avons tel ou tel instrument pour le faire. Et si cela avait été clairement dit : le but définitif est l'Union européenne, mais, à l'Union européenne, nous devons d'abord faire notre propre devoir, c'est-à-dire l'approfondissement... Au lieu de cela, on a préféré s'engager dans le processus de l'élargissement. Toute la complémentarité et la coordination entre les trois organisations est resté dans un flou artistique. On a utilisé le Conseil de l'Europe quand cela semblait évident ou indispensable, pour l'OSCE [Organisation pour la sécurité et la coopération en Europe] également, mais on a continué d'ouvrir la porte, et on est arrivé aux vingt-sept, avec la Croatie bientôt vingt-huit[7], avec tous les problèmes que l'on a. Mais, maintenant, on ne peut pas exclure, alors il faut gérer, mais on est très loin de l'idée de la première période.

Pensez-vous que nous sommes passés d'une Europe « œuvre de paix » à une Europe « des finances » aujourd'hui ?
C'est un peu cliché. Disons « œuvre de paix », je crois que c'est toujours valable, il faut le rappeler. L'Europe des finances, oui, comme je l'ai dit, ce n'est pas seulement l'Europe des finances, c'est l'Europe aujourd'hui dans le cadre de la globalisation, dans le cadre du monde multipolaire. Cela n'était pas évident jusqu'en 1989–90, parce qu'à ce moment-là, le monde n'était que bipolaire, et l'Europe était dans un des pôles, relativement protégée. Aujourd'hui, elle n'est ni protégée politiquement et militairement, ni protégée du point de vue économique. Aujourd'hui, l'Europe doit se faire son identité, son unité afin qu'elle puisse jouer son rôle dans ce monde pour devenir un de ces nouveaux pôles. Parce que, pour le moment, les pôles restent de loin les États-Unis évidemment, mais il y a aussi la Chine, et un pays comme l'Inde, avec plus d'un milliard d'habitants, a du potentiel. L'Europe, en dehors de la nécessité d'avoir une politique commune dans le domaine économique, monétaire, des finances, etc., doit être harmonisée pour arriver à cela.

L'euro est-il une bonne chose, selon vous ?
Ah oui, bien sûr ! En Europe, il y a deux choses qui sont encourageantes : la Convention européenne des droits de l'Homme, avec la Cour de Strasbourg, et l'euro. Parce que l'euro, c'est quand même symbolique. Dans notre région, au Moyen-Âge, chacun avait sa monnaie, et c'était la fierté de chaque petit duc, roi, comte,

---

7   À nouveau vingt-sept en 2020, après le *Brexit*.

d'imprimer sa propre monnaie ou ses coins d'argent. On a réussi à élaborer une monnaie unique, c'est important, non ?

Quel est votre avis au sujet du Parlement européen et du déficit démocratique qui est souvent critiqué en Europe ?
Au moins, dans le traité de Lisbonne, il y avait un nouvel élan qui donnait plus de pouvoir au Parlement européen, ça c'est indispensable ! Il faut aussi que les élections européennes deviennent quelque chose qui ne touche peut-être pas tout le monde – on ne peut jamais rallier tout le monde –, mais que l'on dépasse au moins les 50% de participation. Le drame de la construction européenne, c'est qu'elle se soit faite un peu en catimini, et les gens ne s'en occupaient que lorsqu'elle était encore liée à un certain progrès, un progrès économique. Mais, aujourd'hui, la situation commence à se craqueler et on cherche des boucs émissaires, et c'est à ce niveau-là qu'il manque l'information sur ce qu'est l'Europe, ce que fait l'Europe, ce qu'a fait l'Europe, sur le fait que le quotidien que l'on vit est le résultat de l'Europe. Et cela, c'est quelque chose qui a été négligé, et je ne sais pas si c'est rattrapable, mais au moins on doit faire l'effort.

Comment définissez-vous la coopération transfrontalière ?
La coopération transfrontalière, notre région en est un peu un modèle. C'est ici dans la région du Rhin supérieur que la coopération transfrontalière a pris son essor avec la *Regio Basiliensis*, qui a été lancée à la fin des années 1950, dont l'inspiration venait tout de même de la société civile et de certains maires courageux. Il n'y avait pas « d'en haut », au contraire, parce que l'Allemagne et la Suisse avaient l'avantage d'être des systèmes fédéraux. C'est-à-dire qu'il y a plus d'autonomie et de responsabilités pour les communes, pour les petits maires, qu'en France. Paris regardait cela d'un œil noir au début, mais on ne pouvait pas être contre l'Europe, ils ne pouvaient pas intervenir. Mais c'est grâce à l'initiative locale et régionale que cela s'est développé et est devenu un modèle, d'abord en Europe occidentale, le long du Rhin, puis dans d'autre régions frontalières : les Pyrénées, en Italie, etc. Et c'est devenu après 1989-90 le nouveau modèle pour l'Europe centrale et orientale. Par exemple, prenez la politique de la Pologne qui a, grâce à l'effondrement de l'Union soviétique, doublé son nombre de pays voisins – parce que ce qui était avant l'Union soviétique est devenu la Lituanie, le Bélarus, l'Ukraine, la Russie, la République slovaque, la République tchèque. Ils ont eu au lieu de trois voisins sept voisins. La Pologne a été tout de suite très réceptive et même activiste pour développer des coopérations transfrontalières, des Eurorégions sur toute la frontière. C'est devenu tout de suite une partie importante de leur politique extérieure et on en voit bien l'importance. L'Europe commence par le dialogue avec le voisin, et après avec la coopération bilatérale, multilatérale dans une Eurorégion. Par exemple, lors de la création de l'Eurorégion des Carpates, au début des années 1990, c'était assez délicat parce qu'ils étaient auparavant tous des « frères » sous le système soviétique, mais des frères « ennemis » et dès qu'ils furent indépendants, ils n'étaient plus tellement frères. Surtout, si vous prenez par exemple la Roumanie et la Hongrie, il y a tout de suite eu le problème des minorités : la minorité hongroise en Roumanie, en République slovaque, et la

Hongrie qui jouait de nouveau un peu la mélodie de « Tous les hongrois, réunissez-vous ». Et les voisins disaient : « Vous parlez de onze millions de Hongrois, la Hongrie a seulement 6 millions d'habitants, alors comment arrivez-vous à onze ? » Cela signifiait qu'ils englobaient les Hongrois de Roumanie, de Tchéquie, de Yougoslavie, etc. La situation était très tendue, lorsqu'on est arrivé à cette Eurorégion des Carpates. Certains pays y étaient prêts, mais d'autres y voyaient « une ruse hongroise ». Aujourd'hui, ils sont champions de la coopération transfrontalière. Mais, à l'origine, ils étaient plus que réticents. Finalement, ils ont compris que c'est quand même un moyen efficace de coopération. Surtout, le Conseil de l'Europe leur a offert sur un plateau des textes dans le domaine des droits des minorités.

Que pensez-vous de l'Eurodistrict Strasbourg-Ortenau ?
L'Eurodistrict est pour moi un flop complet. On fait de la bonne coopération transfrontalière, ce qui est bien, mais vous n'avez pas besoin d'une structure telle, cela se fait de toute façon. Cela se fait entre communes et maires de bonne volonté, il n'y a pas besoin de conseil de l'Eurodistrict avec des élus qui ne font rien ou qui distribuent un peu de subventions à des initiatives qui sont prises par des associations. C'est bien mais, pour cela, on peut faire sans eux. L'Eurodistrict, c'était l'idée de faire l'union, un modèle de l'union dans un territoire bien délimité, transfrontalier. Mais un de mes copains qui construit des verres, des fenêtres, des portes, fait 50% de son business avec les Français non pas parce que les Allemands sont plus performants, mais parce que, pour le double vitrage, il y a des normes différentes ici et à deux kilomètres de l'autre côté. Et alors, on va défendre les différentes normes, juste pour se protéger. Dans le domaine de la santé, pour l'Eurodistrict, depuis sept ans ils travaillent pour une carte de santé, ce qui serait normal, que vous ayez votre carte verte et que vous puissiez aller à Offenburg ou à Kehl si vous y trouvez un médecin qui vous semble plus fiable. Depuis sept ans, ils ne sont pas capables de la faire, mais là aussi il y a différents intérêts qui sont là, c'est triste. On pourrait aussi parler d'une politique de protection de l'environnement, parce que la pollution elle est identique ici comme à Kehl. Il y a une agglomération portuaire industrielle Strasbourg-Kehl, c'est la même pollution, mais les règlements sont différents de l'autre côté comme ici. Alors il faut se mettre ensemble, il faut harmoniser, mais il n'y a pas de politiques qui ont le courage de le faire.

Pensez-vous que les coopérations transfrontalières sont un véritable processus de construction de l'Europe ?
Oui ! C'est un des piliers. Parce que cela consolide, parce que normalement, malheureusement, les conflits éclatent souvent sur la frontière. D'ailleurs, pour revenir aux pères de l'Europe, ceux qui ont lancé toute la machine à la fin des années 1940-début des années 1950, Schuman, Adenauer et Gasperi, c'étaient des hommes des frontières, qui y sont nés et qui y ont vécu. Schuman était Lorrain, il est né à Luxembourg parce que sa mère ne voulait pas accoucher sous l'Empire allemand, car à l'époque la Lorraine faisait partie, comme l'Alsace, de l'Allemagne. Gasperi, c'était un homme du Tyrol du Sud, la zone conflictuelle entre

l'Italie et l'Autriche. Adenauer était de la Rhénanie et a connu l'occupation par la France après la Première Guerre mondiale. Il s'agissait de gens qui ont été imprégnés par les problèmes conflictuels de leur région et qui voulaient les dépasser. C'est pour cela que les coopérations transfrontalières sont effectivement indispensables, afin de consolider l'idée européenne.

Voyez-vous la région du Rhin supérieur comme un « laboratoire » de l'Europe ?
Oui, c'est ce que je disais. Il faut le faire, parce que je parlais de l'Eurodistrict, mais vous avez également la région métropolitaine avec l'Alsace, le pays de Bade, une partie du Palatinat et les cantons du nord de la Suisse, qui représentent six millions d'habitants avec un PIB comparable à l'Irlande ou à la Finlande. Cela représente quelque chose ! Mais, évidemment, c'est plus compliqué parce qu'il y a la Suisse là-dedans. Ce n'est pas seulement franco-allemand, il y aussi les Suisses, et il faut être encore plus habile et malin. Bon, il y a des choses qui sont faites, mais il y a aussi beaucoup de déclarations, mais c'est un idéal.

Voyez-vous dans votre quotidien les effets de la construction européenne ?
Je ne sais pas. Moi, je suis marié à une Française qui est moitié française moitié polonaise, son père était même officier polonais. Je suis né au moment où la guerre a commencé, mon père a fait la guerre contre la Pologne. Mon beau-père a été expulsé par les Allemands et il s'est sauvé en France et a rejoint l'armée française et, trois mois plus tard quand les Allemands ont bougé vers l'ouest et ont envahi la France, il a été fait prisonnier des Allemands et a passé cinq ans dans un *Stalag* [camp pour les soldats et sous-officiers] dans les Vosges. Et, après la guerre, il est allé en Bretagne où il y a une académie militaire française. Il y a trouvé sa petite bretonne et il s'est marié. Ma femme est moitié française, alors j'ai fait la réconciliation avec l'Est, et j'ai deux filles qui sont alsaciennes. Je me considère comme citoyen du Rhin supérieur, comme Européen, citoyen du Rhin supérieur.

Estimez-vous que l'Eurodistrict associe le citoyen à la construction européenne ?
Cela devrait être le cas, oui. Ça devrait, mais là aussi je suis un peu sceptique. Bon d'abord, parce qu'on parle toujours qu'il faut impliquer les citoyens, mais d'autre part je dois aussi dire, où sont les citoyens ? Qui monte sur les barricades, qui demande plus ? Il n'y en a pas. Surtout lorsqu'on passe le Rhin, on fait ses achats, on va dans la Forêt-Noire, on se balade et on est très content, mais davantage, on n'en veut pas. Alors, aussi longtemps que les politiques ne sentent pas que c'est un sujet avec lequel ils pourraient peut-être attraper plus de voix, ils n'en voudront pas non plus. La génération comme la mienne, elle n'existe plus. Il y avait ici un président de région [Alsace], Adrien Zeller, qui travaillait encore pour cela en tant que politique. Les autres, aujourd'hui, ils font des déclarations, mais pour moi c'est des gestionnaires, des gestionnaires politiques.

Comment abordez-vous les identités régionales et nationales en Europe ?
L'Europe, c'est tout de même une histoire commune, une culture commune, et il y a la grande richesse de la diversité qu'il ne faut pas toucher. Je crois que n'importe quelle forme que l'Europe prendra n'entamera cette richesse.

Quel est l'avenir de l'Europe, selon vous ?
L'avenir, c'est tout ce que j'ai dit. Maintenant, il faut gérer. Je parle de l'Union, il faut gérer pour le mieux, mais il faut gérer à différentes vitesses. On revient aux vieilles propositions : les différents cercles, les différentes vitesses que l'Europe avait déjà lancées il y a pas mal de temps. Il faut commencer avec les coopérations renforcées, avec des intégrations spécifiques, comme Schengen, comme l'euro, etc. Ceux qui sont prêts à aller de l'avant dans tel domaine, il faut le faire, et les autres rejoindront quand ils seront prêts.

Anne Sforza

Comment définiriez-vous la construction européenne ?
Vous savez, elle est à deux vitesses. Lorsque vous êtes à Strasbourg, vous vous imaginez que c'est le Conseil de l'Europe, qui a une grande valeur éthique, puisque son originalité, c'est la Cour européenne des droits de l'Homme, et puis la construction de la démocratie dans les pays nouvellement européens. Ils ont été les précurseurs. Beaucoup de ces thèmes extrêmement valables et précieux sur lesquels le Conseil de l'Europe a travaillé sont passés davantage à l'Union européenne, de sorte qu'on peut se poser des questions sur le futur du Conseil de l'Europe. Cela, c'est l'évolution que je peux vous dire en cinquante ans. Donc je vous dis que c'est une construction à deux vitesses. C'est-à-dire qu'avec la création de ce qu'on appelait les Communautés et ensuite l'Union européenne, et les moyens que possède l'Union par rapport au Conseil de l'Europe, c'est forcément plus difficile. Le Conseil de l'Europe, malheureusement, n'a jamais bénéficié d'une grande emprise médiatique, c'est cela aussi le problème.

Comment qualifieriez-vous l'évolution de cette construction européenne ?
Le Conseil de l'Europe reste extrêmement précieux dans l'établissement de la démocratie, non seulement dans les pays qui sont devenus démocratiques après la chute du Mur [de Berlin], mais aussi comme gardien de la démocratie dans les anciens pays du Conseil de l'Europe. Et puis il y a l'importance de la Cour européenne, à tel point qu'elle n'arrive plus à travailler vraiment correctement vu le nombre de requêtes qui lui sont présentées. Ce sont deux domaines qui sont vraiment spécifiques. Quant au reste, en ce qui concerne l'Union européenne, vous voyez vous-même : à l'heure actuelle, les difficultés sont immenses ! Les États qui sont dans l'Union, pour beaucoup, leurs premières prérogatives sont leurs intérêts nationaux. Ils n'ont plus vraiment conscience qu'ils doivent travailler pour une unité européenne. [...] C'est très difficile d'arriver à trouver une union en ce qui concerne les intérêts économiques et financiers. [...] Je dirais qu'on est vraiment dans une crise profonde.

Cette unité, comment l'envisagez-vous ?
Je voudrais que les pays membres de l'Union s'entendent sur un certain nombre – ce que je pourrais appeler *grosso modo* un dénominateur commun – et cela, pour l'instant, on en est loin. On peut espérer que peut-être la crise va amener une

sorte de nouvelle énergie, qui devrait pour l'instant essentiellement se concentrer sur tout ce qui est du domaine de la législation fiscale.

Vous envisagez donc une Europe interétatique ?
Je ne le préconise pas du tout. Mais je pense que, pour le moment, on ne peut pas les contourner. Regardez un petit peu : lorsque vous voyez M. Barroso en train de faire ses commentaires, qu'est-ce qui compte, pour lui ? C'est d'avoir une entente entre les différents États, pour l'instant. Ce n'est pas ce dont je rêve ! Mais on est loin d'une union des peuples. Regardez, la Hongrie, par exemple, à l'heure actuelle : elle défend ses propres intérêts. Il y a des pays qui sont presque à l'entrée pour l'adhésion à l'Union et qui hésitent – ils n'ont plus du tout tellement envie. Parce qu'ils ont peur de la crise, ils ont peur d'être obligés de participer au sauvetage économique de l'Europe.

Que faudrait-il faire pour impliquer plus les citoyens ?
Il faudrait que les citoyens européens prennent leur sort en main. Comment ? C'est à eux de voir. Il faut voir dans les pays quelles sont les générations montantes qui ont un cœur ! Cela ne peut se faire qu'avec des personnalités issues de la jeune génération qui prennent le sort de leur pays en main.

Vous avez parlé de « dénominateur commun » : pensez-vous qu'il existe déjà ou qu'il doit être trouvé, ce dénominateur des peuples européens ?
Je parlais de dénominateur commun pour ce qui concerne les problèmes politiques de l'Union. Je ne me référais pas au dénominateur commun pour les jeunes. Mais je crois que les jeunes sont foncièrement pro-européens. Rares sont ceux qui ne veulent pas ou qui ont des doutes. Mais je le mets plutôt dans l'idée de générosité naturelle. Ils ne sont plus fixés sur leur pays. Ils voient plus large, plus loin.

Il y a justement tout un mouvement de jeunesse : les Indignés, par exemple. Ils critiquent énormément l'Union européenne pour ses liens avec l'industrie, avec la finance. Cela vous semble-t-il être une critique légitime ?
Oui, je pense. Le mouvement des Indignés concerne les lourds sacrifices que les citoyens doivent faire pour régler les questions de dette des États. Donc il y a les deux choses chez les Indignés. Ce qu'ils voudraient, c'est qu'on n'ait pas besoin de faire de sacrifice. Ce dont ils se plaignent, c'est que c'est toujours sur les gens qui ont de faibles pensions, de faibles retraites, de faibles revenus qu'on fait peser les sacrifices.

Quant au déficit démocratique, au manque d'implication, comment le résoudre, selon vous ?
Je ne sais pas. Il y a quelques années, je vous aurais répondu autrement. Mais là, il faut faire la part des choses. Par exemple, une chose qui est monstrueuse, c'est que l'aide de l'Union européenne pour les programmes Erasme a été supprimée ! Donc cela n'aide pas les jeunes à aller continuer leurs études en équivalence dans un autre pays. C'est très désolant de voir ça.

Quand une majorité de Français rejette le traité de 2005, ou d'Irlandais, n'y a-t-il pas un décalage entre la façon dont l'Europe avance et les peuples ?
Cette faillite du vote sur la Constitution européenne – je parle de la France, maintenant –, c'est une catastrophe ! Je trouve que ça a été vraiment un déni de l'Europe. Je suis vraiment un peu découragé, si vous voulez. Si vous regardez, on n'a pas avancé à grands pas – je parle de l'Union maintenant. Au Conseil de l'Europe, les choses sont beaucoup plus généreuses, je dirais. Mais ce ne sont que des recommandations. Elles n'engagent pas les pays. Dans les conventions, oui : lorsque les États les souscrivent et les ratifient, elles passent dans la législation des différents pays. À l'Union, cela reste entre les mains des gouvernements, il faut bien le dire.

À l'échelle de l'UE, quelle institution est la plus représentative, selon vous ?
Ce devrait être le Parlement, dont les pouvoirs ont été augmentés, surtout les pouvoirs budgétaires. Quand vous avez la clé du budget, vous êtes plus puissant. Donc, ce devrait être le Parlement et la Commission.

Au sujet de la coopération transfrontalière, avez-vous une expérience transfrontalière, notamment avec l'Allemagne ?
Écoutez, quand je pense qu'accéder à la frontière est devenu une entreprise hors du commun – bon, les travaux qui ont lieu à l'heure actuelle pour ouvrir Strasbourg vers la frontière, j'ose espérer qu'un jour au moins cela, que ce soit en voiture ou en train, se passe bien. Il y a toujours encore des problèmes. L'autre jour, les gens étaient bloqués avec le petit train qui fait la navette entre Strasbourg et Kehl. Il était arrêté pendant cinq heures sur les voies parce que le contrôleur allemand et le contrôleur français ne parlaient pas la même langue. Cela s'est passé tout récemment !

Connaissez-vous la passerelle du jardin des Deux Rives ?
Oui, bien sûr. Elle est bien, elle est très belle esthétiquement, mais elle n'est pas très fréquentée, parce qu'elle est un peu trop loin pour le commun des gens qui veulent traverser. D'abord, il faut qu'ils y aillent à pied ou à bicyclette, tant mieux – évidemment ils ne pouvaient pas faire une passerelle où les voitures passent. Sauf si vous allez vous promener dans le parc des Deux Rives, où il y a actuellement des constructions qui sont faites. Peut-être que, plus tard, lorsqu'il y aura des gens qui vont habiter dans ce quartier, elle sera plus fréquentée, je l'espère.

Comment définiriez-vous la coopération transfrontalière idéalement ?
Au point de vue physique, que l'accès soit plus facile ! J'ose espérer qu'avec le tram que nous espérons tous [réalisé en 2017, pour rejoindre Kehl], ce soit très facile.

C'est donc essentiellement une question d'infrastructures ?
À mon avis, oui. Je pense qu'on y travaille. Si vous interrogez le maire de Strasbourg, il vous répondra que tout cela va être fait. Je pense qu'en effet, ils font de gros efforts. Mais il faut attendre encore quelques années jusqu'à ce que, l'idée absurde – mais bon, ils ont certainement des raisons économiques avec la mairie

de Kehl – est que le futur tram s'arrête à la gare de Kehl, là où personne ne va. Quand vous êtes à la gare de Kehl, vous n'êtes toujours pas à Kehl, parce que tout se passe au-delà. Ça se passe au *Marktplatz*, ça se passe au centre de Kehl – ça ne se passe pas à la gare. Alors j'ai lu qu'éventuellement un jour, ce sera l'extension [ouverte en fait en novembre 2018, jusqu'à la mairie de Kehl]. Mais peut-être que je ne le verrai plus. Je trouve que c'est essentiellement une question d'infrastructures et d'entente entre les deux mairies. Je crois qu'avec l'actuelle administration et avec le maire de Kehl, il y a plus d'entente qu'il y a quelques temps.

Pensez-vous que cela ait un rapport avec la construction européenne, cette coopération ?
Non, je crois que c'est vraiment la volonté régionale qui fait que. Très simplement, j'ai toujours eu une attitude – même dans les ONG –, je veux toujours savoir d'où ça part, la base concrète. Souvent quand nous avions de grandes discussions, je revenais en arrière pour fixer le point de départ. Des grandes idées, tout le monde en a. Mais il faut d'abord que les instances suivent. Ce n'est pas la peine de commencer par le haut. C'est vraiment ma conviction profonde.

Quand situez-vous le point de départ de la construction européenne ?
Vous connaissez toute cette histoire : après la guerre, la réconciliation franco-allemande, c'était basé là-dessus. C'était certainement très nouveau et très courageux à l'époque. Moi, je ne me rends pas compte parce que, pour moi, cela semblait évident. Mais pour les gens qui avaient vécu les drames de la guerre, parler et tendre la main aux Allemands, cela n'a pas dû être facile, et ils l'ont fait. Et là, la pierre angulaire, c'était Pierre Pflimlin. C'était vraiment l'œuvre de sa vie. C'était absolument, du premier au dernier jour, l'œuvre de sa vie. Il n'y a que lui qui ait compris ça. Il avait aussi une formation double, franco-allemande. Cela a beaucoup compté et il y a consacré sa vie. Tout cela a bien fonctionné. Pour ce qui est de l'installation des bâtiments du Parlement européen, s'il n'y avait pas eu lui, on ne l'aurait jamais vu.

Comment défendre le Parlement européen à Strasbourg ?
Je crois que c'est mal parti. J'ai entendu l'autre soir à la télévision une chose incroyable : un journaliste qui était dans l'émission d'Arte – pourtant Arte a son siège à Strasbourg – a repris tous les thèmes disant que cela coûte trop cher, trente camions qui doivent venir, etc. C'est tout à fait faux ! De nos jours, le secrétariat qui vient du Parlement avec les députés travaille entièrement sur ordinateur ! On ne transporte plus sur trente camions des documents, c'est fini ! C'est quelque chose d'absurde de dire une chose pareille. Il y a des idées toutes faites. Et puis, il y a surtout l'opposition, depuis des années, des Anglais contre. Ils veulent être près de Londres. Évidemment, Bruxelles, c'est à deux pas de Londres. Du même coup, ils en ont entraîné beaucoup avec eux. C'est vrai, vous le savez, les communications avec Strasbourg sont désastreuses. On n'a toujours pas un vrai TGV qui, de Bruxelles, vient à Strasbourg en 3h. Il vous faut toujours 6h ! Le système ferroviaire et le système d'aéroport sont franco-français. On ne s'en sort pas ! Si

vous voulez aller, je ne sais pas où, vous devez d'abord consulter sur Internet les liaisons à partir de Bâle-Mulhouse, pas celles d'Entzheim. Avec ça, vous n'irez pas loin.

Vous sentez-vous Européenne ?
Oui, totalement. Oui, avant d'être Française. […] Je veux dire, je suis fière d'être Alsacienne, pour commencer. Moi, je parle encore le dialecte d'origine. Je trouve que cela m'a permis, quand j'étais toute jeune, d'avoir déjà deux langues, en fait. Parce qu'avec le dialecte, l'allemand, pour moi, c'était très facile. À partir de là, je trouve que les Alsaciens, s'ils réfléchissent, cela vous donne une ouverture supplémentaire. Peut-être parce que nous sommes une région frontalière. Pendant longtemps – maintenant ce n'est plus le cas, heureusement – quand nous étions en Italie, ils croyaient que *Strasburgo* était en Allemagne, ils ne savaient même pas que c'était en France. Donc là, les choses ont énormément changé. Vous avez à la télévision italienne, tous les jours, quand le Parlement siège, vous avez des nouvelles de ce qui se passe au Parlement – à la télévision italienne nationale, pas une petite chaîne spécifiquement européenne. C'est étonnant ! Vous n'avez pas cela, ici à Strasbourg, en France.

Délimitez-vous l'Europe, et si oui, dans quelles limites ?
Alors là, je vais vous étonner, j'inclurais la Turquie. Parce que nous avons travaillé au Conseil de l'Europe avec la Turquie depuis quarante ans. Il vaudrait mieux l'avoir dedans que dehors. Parce qu'actuellement, elle s'islamise. Ce n'était pas le cas avant. Actuellement, tout ce qui concerne les droits de l'Homme, c'est en danger. S'ils étaient davantage impliqués dans l'Europe, ils seraient obligés de reconsidérer leur attitude.

Pensez-vous qu'il y ait un fondement religieux à l'Europe ?
Les fondements religieux, je ne les exclus pas du tout. Je ne voudrais pas que cela devienne un pôle solidifié, que l'on fasse constamment référence aux religions. Mais l'Europe occidentale – j'inclus l'orthodoxie là-dedans – est basée sur des fondements religieux.

Des fondements religieux chrétiens ?
Chrétiens, oui. Et nous devons avoir le courage, au moins, de l'assumer. Je ne dis pas qu'il faut en faire un porte-drapeau, loin de là. Mais justement, par rapport à l'islam, qui est revendiqué fortement, je ne pense pas que nous devrions rester comme ça.

Comment voyez-vous l'avenir de l'Europe ?
Je le vois pour l'instant avec beaucoup d'appréhension et de tristesse. Tant que l'on n'aura pas de personnalités – par exemple, Jacques Delors, c'était quelque chose – qui prennent à cœur d'un point de vue idéologique et qui ont les moyens de faire progresser l'Europe, l'avenir de l'Europe est trouble. À vrai dire, je n'en vois pas pour l'instant, je n'en vois aucun.

Roger Siffer

Quel est votre rapport à l'Europe ?
Déjà il y a vingt ans, j'ai fait une chanson sur la gloire de l'Europe parce que j'ai eu le bonheur d'avoir un père qui a été incorporé de force sous les nazis, qui a été blessé en Russie, etc., qui avait donc toutes les raisons d'en vouloir à l'Allemagne, pas aux Allemands mais à l'Allemagne. Et il a tout de suite, depuis mon plus jeune âge, parlé d'amitié franco-allemande, de construction européenne. Ainsi, c'était chez moi, pas dans les gênes, mais en tout cas dans la famille. Et le fait de vivre depuis quarante ans avec une Allemande m'a aussi fait voir les choses tout à fait différemment.

Comment définiriez-vous la construction européenne ?
Il y a deux Europe. Cela, je l'avais déjà mis dans ma chanson. Moi, je suis pour l'Europe des gens et pas pour l'Europe de la TVA. Il y a donc une Europe économique, qui est en train de s'effondrer d'ailleurs avec les problèmes d'argent qu'il y a en Grèce, au Portugal, etc. Ça c'est une des choses, mais ce qui est pour moi le plus important, c'est une Europe de l'Humain, c'est-à-dire du voisin qui fatalement fut nourri avec ce qu'il a de différent et que tu peux nourrir avec ce que tu as de différent. C'est cette Europe-là qui m'intéresse, j'ai une sainte horreur de toutes les frontières, pas seulement les frontières politiques, mais les frontières que les gens peuvent avoir dans la tête, l'intolérance, le non-respect du droit à la différence. Chacun a le droit d'être différent.

Que pensez-vous de l'Europe « œuvre de paix » ?
J'ai travaillé avec un comédien, qui est mort maintenant, et qui n'avait pas de carte d'identité parce qu'il ne voulait pas avoir la possibilité d'aller en Allemagne tellement il était haineux contre les Allemands. J'ai joué la semaine dernière à Buchenbach, en Allemagne, où un type après le spectacle m'a dit que son père après la guerre n'était jamais revenu en France. Il refusait même de boire du vin français tellement il détestait les Français. Cette Europe de paix, pour moi, on l'a derrière nous. Moi, j'ai des enfants, ils en ont strictement rien à faire des différences d'un pays à l'autre. Donc, maintenant, parler d'Europe de paix, c'est aussi se poser des questions sur la position de l'Europe par rapport, par exemple, au conflit israélo-palestinien ou par rapport au Mali, où l'Europe n'intervient pas officiellement mais en tout cas envisage de fournir des armes ou des choses comme cela. Donc la paix, c'est quelque chose d'un peu subliminal, c'est un petit peu relatif, c'est un petit peu difficile à cerner.

Que pensez-vous de l'euro ?
J'en suis évidemment tout à fait content, j'ai applaudi cette initiative des deux mains. Être obligé de changer de l'argent pour aller en Allemagne… En plus, dans mon métier, c'était extrêmement difficile puisque j'étais amené à travailler avec des institutions, des radios, des télés en France ou en Allemagne. Mais l'euro n'a pas tout réglé ! Pour ce qui est des charges sociales, par exemple, en Allemagne les artistes les payent eux-mêmes. En France, c'est l'employeur qui les paye.

Donc, quand je travaille en Allemagne, je ne suis pas couvert socialement. Pour les virements d'argent, à l'époque où il y avait encore des Marks, j'avais dû ouvrir et j'ai toujours un compte en Allemagne, de même qu'à Bâle pour que les institutions puissent virer l'argent dans leur pays sans qu'il y ait de pertes à la sortie et afin que cela ne soit pas trop compliqué. L'Europe, au niveau des salaires entre autres du monde artistique, est encore à la traîne.

Diriez-vous que la coopération transfrontalière correspond à un processus de construction de l'Europe ?
Il faut commencer par là. Je veux dire, il faut commencer par le premier voisin, c'est plus simple, il est à cinq minutes d'ici... Avant d'aller en Hongrie, en Roumanie, en Espagne ou au Portugal, qui est quand même plus loin, d'une part, et culturellement très différent. Je veux dire, entre un Alsacien et un type du pays de Bade, la différence n'est quand même pas énorme. C'est pratiquement le même dialecte, c'est la même nourriture, c'est la même construction de maison. C'est donc le plus facile. Il faut commencer par là pour ensuite augmenter la dose.

Les décideurs parlent souvent de l'espace du Rhin supérieur comme un « laboratoire » de l'Europe. Qu'en pensez-vous ?
Oui, je trouve qu'il y en a pas mal de laboratoires. C'est un laboratoire, un petit peu petit dans la mesure où utiliser le Rhin supérieur comme préfiguration européenne, c'est la réaliser entre cousins... Comme je l'ai dit, la différence, elle n'est pas grande, c'est facile. Faire un laboratoire entre le Portugal et je ne sais pas quoi, la Serbie, serait beaucoup plus compliqué. Mais c'est toujours bon à prendre.

Quel est votre avis sur l'Eurodistrict Strasbourg-Ortenau ?
Cela me désespère un peu parce que cela n'avance pas. Cela fait maintenant je ne sais pas combien d'années qu'il existe mais rien ne se passe. Il faudrait réaliser un sondage dans la rue pour demander aux gens ce qu'ils pensent de l'Eurodistrict. Ils ne savent même pas ce que c'est parce que ce n'est pas lisible, ce n'est pas visible. Il y a sûrement des choses administratives qui se font, mais je sais que le maire de Strasbourg, Roland Ries, avait parlé quand il avait été réélu pour son deuxième mandat, qu'il voulait vraiment booster cette histoire-là parce que c'est un Européen convaincu. Mais visiblement il n'y arrive pas, cela piétine.

Cet Eurodistrict serait-il pour vous un projet de nature à associer les citoyens à la construction européenne ?
Oui, bien sûr. Mais les Alsaciens, ils font déjà l'Eurodistrict. Ils vont tous acheter à Kehl, au moins leurs cigarettes. Nous le vivons donc, ce côté transfrontalier au quotidien. C'est peut-être pour ça que les Alsaciens, ils n'en ont pas vraiment besoin, car il existe déjà. Cela n'existe pas dans la structure ni dans l'administration, mais ça existe dans le quotidien.

Comment pensez-vous les identités régionales et nationales en Europe ?
Les identités régionales, il faut pour moi de toute manière les préserver, parce que c'est un luxe en plus, c'est un plaisir en plus. Quant aux identités nationales, j'en

suis moins convaincu. J'avais une espèce d'image en disant que je suis pour une région Alsace, mais à condition qu'on sépare le Bas-Rhin du Haut-Rhin, que dans le Bas-Rhin on sépare le val de Villé, d'où je suis originaire, du reste, que dans le val de Villé on sépare le village de Dieffenbach, que dans le village de Dieffenbach on sépare ma maison des autres maisons, et que dans ma maison on me laisse m'asseoir où je veux m'asseoir. Ma démarche est donc plutôt au niveau de l'individu qu'au niveau du groupe d'individus. Enfin, je me méfie des groupes d'individus. Je ne sais pas ce que c'est que l'Alsace, je ne sais pas ce que c'est, ni ce que c'est qu'un Alsacien. Qu'est-ce que c'est un Alsacien ? C'est quelqu'un qui parle alsacien ? Pas forcément. On peut très bien vivre ici et ne pas forcément parler alsacien. On peut être noir de peau et parler alsacien au Congo. Tous les cas de figure sont possibles. Dès qu'on est plus que deux, moi, comme le disait Brassens, cela m'inquiète.

Comment voyez-vous alors le vivre ensemble en Europe ?
Le vivre ensemble, pour moi, c'est l'addition des individus et pas l'addition des groupes. Parce que l'addition des groupes, cela donne fatalement du nationalisme, et du chauvinisme, cela donne fatalement des voix à Marine le Pen alors que l'addition des individus ne donne rien du tout, juste du vivre ensemble.

Quelles frontières donneriez-vous à l'Europe ?
Pour moi, l'Europe, c'est un strapontin pour l'escalier du monde. Je sais qu'il y a des gens qui disent : « Ceux-là ils ne sont pas dans l'Europe, ceux-là ils sont trop loin ». C'est le problème de la Turquie. Est-ce que la Turquie peut intégrer l'Europe ou non ? Alors, rien à faire : moi, c'est le monde qui m'intéresse.

Comment voyez-vous l'avenir de l'Europe ?
Moi, je suis un optimiste. Je pense que l'économie va céder face à la force de l'idée européenne, c'est-à-dire que je ne pense pas que les banquiers vont gagner. Enfin, j'espère que non.

Marcel Spisser

Comment définissez-vous la construction européenne ?
Étant né en 1939, pour moi la construction européenne, c'est d'abord ne plus se faire la guerre entre Européens. C'était un peu l'esprit de Schuman lorsqu'il a créé la CECA, la première sensibilité de l'Europe. Ayant connu la fin de la guerre et ayant été élevé dans un milieu très européen, je me souviens de mon père rentrant un soir, il avait assisté à un discours de Churchill à l'Université de Strasbourg, où Churchill disait qu'il fallait faire les États-Unis d'Europe, qu'il n'y aurait plus de guerre en Europe, un peu comme le fameux texte de Victor Hugo, c'était tout à fait cela. Mon père était fou de joie, parce qu'ils avaient tous souffert de l'occupation. Mon père était toujours pour la réconciliation européenne à une époque où, en Alsace, beaucoup de gens en voulaient toujours aux « Boches ». J'avais un copain qui avait une tante à Kehl et à dix-sept ans, il n'avait toujours

pas le droit d'aller à Kehl la voir. Elle avait le droit de venir, mais il n'était pas question pour ses parents que leur fils aille en Allemagne, traverse le pont du Rhin. C'est pour dire l'ambiance de l'époque... Aujourd'hui, on a de la peine à le comprendre. Je suis donc né là-dedans. Par conséquent, l'Europe, pour moi, c'était d'abord ne plus se faire la guerre entre Européens. Puis, progressivement, quand j'ai grandi, j'étais adepte de l'Union économique. Je trouvais d'ailleurs que cela n'allait pas assez vite. À l'époque, c'était en effet essentiellement une Europe économique : on voulait faire l'Europe par le marché commun. Progressivement, en étant enseignant et en ayant des contacts avec des professeurs allemands, je suis arrivé à l'idée que l'Europe se formait sur les bancs de l'école, qu'il fallait d'abord commencer par rencontrer des étudiants et des élèves d'autres pays afin de voir ce qu'on pouvait faire ensemble. Ainsi, progressivement, ma vision de l'Europe s'élargissait. Je pensais qu'on pouvait avoir un ministre des Affaires étrangères européennes ou une chose dans le genre, qui est encore un peu utopique. Voilà comment je vois l'Europe, je trouve que maintenant cela va très lentement, qu'il y a même parfois des retours en arrière. Bon, quand on a un ministre des Affaires étrangères qui a voté « non » à la Constitution européenne, cela me met hors de moi. C'est-à-dire, je trouve qu'on manque de personnes comme Schuman, comme Monnet ou aussi comme Delors. Delors, c'était à mon avis le dernier Français qui était un grand Européen.

À votre avis, à partir de quel moment y a-t-il eu une certaine rupture ?
C'est peut-être également dû au fait qu'on n'avait plus de personnalité vraiment décidée à se battre. Le dernier, c'était Delors. Cela nous ramène à l'époque de Mitterrand. C'est peut-être aussi dû au fait que cela marchait bien à l'époque des Trente glorieuses ; là c'était l'euphorie. Puis, quand la crise a commencé, on est devenu beaucoup plus frileux.

Pour vous, quand a donc été le moment le plus déterminant ?
Je mettrai cela vers la fin des années 1980. Au moins ! À cette période, je pense que l'Europe commençait à avoir du plomb dans l'aile. Essentiellement, quand il y a une crise économique, les nations redeviennent plus égoïstes. Il y a un peu le « chacun pour soi ». Le dernier grand moment européen, c'était la création de l'euro. Ça, c'était encore un grand moment. Puis, après, les problèmes ont commencé à arriver. Je ne dis pas que ça va à la dérive. Je suis convaincu qu'on va de nouveau se resserrer, qu'on va quand même finir par avoir une constitution, une vraie.

S'il y a une crise en ce moment, comment va-t-on arriver à un consensus pour une constitution ?
Les crises sont passagères. Je pense qu'un jour on va en sortir... En histoire, on apprend qu'il y a des cycles d'une trentaine d'années généralement. À mon avis, on va redémarrer et cela arrivera un jour ou l'autre. Bon, pour le moment, on est encore au creux de la vague.

L'Europe recouvre-t-elle, selon vous, des réalités différentes ?
Il y a la forme économique – c'est ce qu'on sait le mieux faire. Il y a une Europe économique, c'est évident. J'ai personnellement milité pour qu'on arrive à une Europe culturelle. C'est un autre versant qu'on a longtemps négligé. Une Europe culturelle qui commence sur les bancs de l'école. Je pourrais vous parler de choses comme les partenariats des écoles, l'Abibac, etc. Vue avec du recul, la chose la plus intéressante que j'ai pu faire, c'est de participer à une équipe qui faisait un manuel d'histoire commun, le même pour les Français et les Allemands. Ce devait être l'embryon d'un manuel européen. Vous vous rendez compte si on enseignait l'histoire de la même façon en Allemagne, en Pologne, en Italie, etc. ? En 2004, il y a eu une réunion d'élèves de Terminale à Berlin pour le quarantième anniversaire du traité de l'Élysée, donc aux alentours du 22 janvier, où il y avait des élèves de l'Abibac, allemands et français. Étaient présents le chancelier Schröder et le président Chirac, et il y avait une jeune fille très véhémente qui disait aux deux hommes d'État, à toute l'assemblée qui était là : « Nous vous supplions. En Abibac, nous avons déjà un programme analogue dans les deux pays. Nous voulons un manuel d'histoire commun aux deux pays ». C'est tellement rare que l'on écoute ce que disent les étudiants. J'étais très content parce que Chirac et Schröder se sont dits quelques mots à l'oreille puis se sont levés tous les deux et chacun a dit dans sa langue : « Nous nous engageons à faire un manuel d'histoire commun entre la France et l'Allemagne ». Tout le monde s'est dit « Ce n'est pas possible, c'est du bluff ». Certains ont même insinué que les deux chefs d'État avaient trop bien mangé à midi et trop arrosé leur repas. Bref, ils se sont engagés. Et, contrairement à toute attente, c'est allé très vite : deux ou trois mois. On s'est mis au boulot avec des réunions tantôt à Berlin, tantôt à Paris. C'était passionnant. Il y avait deux points à prendre en compte pour faire ce manuel commun : il fallait un même programme et des mêmes méthodes pédagogiques. Qui dit même méthodes pédagogiques dit mêmes épreuves au bac puisque les méthodes préparent au bac. Au début, les discussions étaient assez houleuses. Nous, on avait un programme qui était national, les Allemands avaient dix-sept programmes différents : un pour chaque Land et le dix-septième pour les lycées allemands à l'étranger. Il fallait que l'on trouve une entente, au début c'était houleux. Je prends un petit exemple qui n'a l'air de rien : lorsqu'on a parlé des « invasions barbares ». Quand j'ai prononcé le mot d'invasions barbares, j'ai vu en face de moi un Bavarois sauter sur sa chaise et dire : « Alors, les Barbares, c'est nous ? » Je lui ai dit : « Attention, barbares, dans le sens qui ne sont pas romains, barbares n'a pas de sens péjoratif ». Alors l'autre me répond du tac au tac : « C'est pour cela que vous parlez de la "barbarie nazie", cela signifie des gens qui ne sont pas romains, qui ne sont pas bien méchants ? ». Vous voyez, on a discuté pendant une journée sur les invasions barbares. Les Allemands, dans leur programme, appellent ça *Völkerwanderung*, c'est-à-dire « déplacement de peuples », souvent de façon pacifique. Nous, on parle d'invasions barbares. C'est là qu'on a pris une décision valable pour la suite : si on n'était pas d'accord sur un point, on ajoutait à la fin du chapitre une rubrique qui s'appelait « regards croisés » où on disait que pour les Français, il s'agit d'une « invasion barbare » et pour les Allemands un « déplacement de

peuples », on donnait les deux points de vue. C'était pour dire aux élèves : « Sur ce point, on n'était pas d'accord, mais vous avez les données du problème, vous pouvez faire un jugement ». Donc, après cette réunion mémorable sur les invasions barbares, c'est allé beaucoup mieux. Car au départ, on s'était attendu à ce qu'il y ait des discussions sur la Deuxième Guerre mondiale, mais alors là : aucun problème, les Allemands ont exactement la même vision sur les horreurs de la guerre que nous, ils admettent que leurs ancêtres ont fait des camps, etc. On n'a eu aucune discussion sur le problème de la Deuxième Guerre mondiale. Contrairement à toutes les attentes, on a fait le premier manuel, on a commencé par Terminale et on est allé à rebours. Le manuel de Terminale a été un grand succès, mais avec celui de Seconde, ça a été la catastrophe. Entre temps, on avait changé de ministre en France. Le nouveau ministre n'avait qu'un objectif, celui de supprimer des cours, il a eu l'idée de supprimer l'histoire en classe de Terminale. Par ricochet, tous les programmes de Première et de Seconde ont changé. Alors, quand le bouquin de Seconde est sorti, en Allemagne, il n'y avait pas de problèmes, mais chez nous, il n'était absolument plus conforme au programme et donc inutilisable. Par ricochet, l'année d'après, celui de Première n'était plus valable, et l'année d'après, celui de Terminale non plus. Alors cela, c'est ma honte, si vous voulez, vis-à-vis des Allemands. Ils n'ont pas compris. En plus, on s'était engagé. Je me souviens encore que le représentant du ministre allemand, quand on a commencé à faire le programme commun, avait dit : « Si nous, Allemands, nous changeons nos programmes pour les aligner sur les vôtres, pouvez-vous vous engager à ce que ces programmes restent quelque temps ? ». Le représentant du ministre français a répondu avec un petit sourire : « Aucun risque, chez nous, les programmes sont gravés dans le marbre ». Gravés dans le marbre... deux ans après, ils changeaient. Depuis, je n'ose même plus aller chez mes collègues allemands.

Pensez-vous que la coopération culturelle dans l'Union européenne se crée à ce niveau-là, dans les initiatives locales, franco-allemandes, par exemple ?
Oui, parce que cela s'étend ensuite. La preuve, c'est que quand les Espagnols ont su qu'on faisait ce manuel commun, ils sont venus nous trouver pour travailler avec nous. On parlait de manuel européen. Je me souviens, Peter Müller, qui était le délégué allemand, nous avait dit lorsque le manuel de Terminale est paru : « C'est le plus grand événement européen depuis la création de l'euro ».

L'Alsace serait-elle, selon vous, un « laboratoire » de l'Europe ?
Un peu, oui, parce qu'en Alsace le livre a été très vite adopté. Par exemple, le Conseil régional a acheté trente bouquins pour chaque lycée d'Alsace – ce qui n'a pas été fait dans les autres régions –, pour que tous les professeurs de lycée aient suffisamment d'exemplaires pour travailler avec une classe et pour se rendre compte de ce que c'était qu'un manuel franco-allemand. Car parallèlement, tous les autres manuels purement français, purement allemands, continuaient d'exister, les profs ayant le choix de prendre le franco-allemand ou de prendre un autre manuel. Nos politiques régionaux se sont beaucoup impliqués et, après le président Zeller, le président Richert suit cela de très près et soutient la chose. L'Alsace

était la plus intéressée, parce que le franco-allemand y est beaucoup développé par des partenariats, par l'option « Langues et cultures régionales ».

Percevez-vous des impacts réels de l'Eurodistrict ?
Oui, pas tellement dans le milieu enseignant, mais il y a beaucoup de partenariats d'échanges d'élèves. Il y a des gens de Kehl et d'ailleurs qui viennent ici et inversement. Il y a des échanges de documentation entre professeurs. Autrefois, ils s'envoyaient des bouquins ; maintenant, tout passe par internet. Dans l'Eurodistrict, cela va quand même un peu plus loin.

Pensez-vous que cette zone forme une entité identitaire pour les citoyens ?
Il y a une identité que j'appellerais rhénane. Souvent, quand on discutait pour le manuel, le délégué venant de Fribourg me disait : « Nous, nous sommes quand même des Rhénans, on va essayer de se réconcilier les uns les autres », c'est donc une mentalité que d'être Rhénan, on y a un grand passé commun.

Ici, l'identité serait-elle plus alsacienne, nationale, européenne ?
Pour moi, c'est plutôt transnational, mais je crois que dans l'ensemble de l'Alsace, on se sent quand même plus Français encore. Assez curieusement, la frontière existe encore dans nos mentalités alsaciennes, notamment chez les gens de mon âge, même si économiquement la frontière n'existe plus en réalité. Pour eux, il y a encore des séquelles de leur jeunesse, de la guerre.

Que signifie le jardin des Deux Rives pour vous ?
C'est un symbole très fort. Quand je pense que, dans ma jeunesse, on ne pouvait pas traverser le pont de Kehl sans des formalités énormes après la guerre, et que maintenant vous prenez votre vélo et vous allez en Allemagne... D'ailleurs, j'organise un colloque « Mémoire et réconciliation » à Strasbourg. On a pris en symbole de ce colloque le pont des Deux Rives et cette statue qui se trouve du côté allemand et qui s'intitule « Réconciliation ». On a trouvé que c'était un symbole très fort.

Quelle place l'État doit-il avoir en Europe ?
Je pense à une Europe fédérale, je pense qu'il faudrait un gouvernement central, au moins un ministre des Finances et un ministre des Affaires étrangères européennes. Mais, dans les domaines comme l'éducation, la culture, chaque pays garde sa spécificité. Même dans le domaine économique, mais en respectant les lois que l'on met en place pour sauver l'euro.

Avez-vous des critiques à l'égard de l'Union européenne ?
D'abord les lourdeurs, la lenteur, le manque de conviction des hommes politiques, l'opinion publique qui n'est pas toujours favorable. Les politiques veulent être réélus, donc il ne faut pas non plus qu'ils soient trop européens quand ils voient que leurs électeurs ne suivent pas. Ils défendent les eurosceptiques... On a quand même voté « contre » au référendum ! [sur le traité constitutionnel en 2005].

Pourquoi, selon vous, cette opinion est-elle négative ?
D'abord, c'est aussi dû à nos politiques en ce sens que, dès que quelque chose ne marche pas, on dit : « C'est la faute à l'Europe ». Les paysans, qui pourtant ont des subventions de l'Europe – sans les subventions européennes, l'agriculture serait dans un piteux état –, ils disent : « On n'arrive pas à vendre, il y a les quotas et tout ça ». Car les politiques leur disent bien : « C'est à cause de l'Europe ». À force d'accuser l'Europe d'être la cause de tout cela, les gens finissent par le croire. C'est souvent une excuse facile pour le politique : « Moi, j'avais de bonnes réformes, mais je ne pouvais pas les faire à cause de l'Europe, c'était contraire aux directives de Bruxelles ». Alors, on parle des technocrates de Bruxelles.

Cela expliquerait donc le déficit démocratique de l'Europe ?
En partie. Il y a des choses qui sont idiotes de la part de l'Europe, mais ce sont souvent des détails. Par exemple, quand j'étais en Normandie, il y avait une directive européenne qui imposait comment il fallait faire le camembert. Ils ont réussi à imposer un camembert fade, qui n'avait plus de saveur. Alors les Normands ont continué à faire du camembert au lait cru, un délice, mais ils n'avaient pas le droit de le vendre en Europe parce qu'il n'était pas conforme aux normes européennes. Ben ça, c'est idiot ! Il y a un côté technocrate qu'il faudrait balayer, mais ce n'est pas pour cela que je remets en cause l'ensemble de la construction européenne.

Par exemple, le fait d'avoir une monnaie unique et des économies divergentes ne vous fait pas dire qu'il faudrait revenir au franc ?
Surtout pas, par contre, ce qui est dommage, c'est qu'au traité de Maastricht, l'Europe a défini des règles pour que l'euro reste une bonne monnaie. Malheureusement, on n'a pas respecté ces règles. À part les Allemands qui y sont parvenus – et encore –, les Français ont dépassé le déficit, sans même parler des Grecs. Il y a encore l'égoïsme des différentes nations, qui pensent encore pouvoir se débrouiller mieux sans respecter les directives. L'euro est un très bon exemple. Revenir au franc serait une catastrophe, mais il faut bien avouer que la plupart des pays n'ont pas respecté le jeu défini à Maastricht. Et l'euro peut avoir du plomb dans l'aile à cause de ça.

Il est difficile de définir une culture européenne. On a pensé mettre les racines judéo-chrétiennes et grecques de l'Europe dans le projet de constitution. Que pensez-vous de la tradition européenne ?
J'étais contre le fait qu'on supprime les « racines », c'est un non-sens, parce que ces racines, c'est un fait historique qu'on ne peut pas nier. L'Europe a des racines judéo-chrétiennes et grecques. Par ailleurs, je vais peut-être vous choquer, mais je suis pour l'entrée de la Turquie en Europe. Ils ont quand même des racines grecques, puisqu'ils ont occupé l'Asie mineure, qui était grecque auparavant et encore judéo-chrétienne ! Le Coran s'inspire de la Bible et de l'Ancien Testament, puisque Mahomet est le dernier prophète. Je pense que les pays européens ont des racines judéo-chrétiennes, mais il y a aussi eu d'autres apports, que j'accepte. Je suis très tolérant. Mais on ne peut pas refuser un fait historique. Et l'idéal, ce serait d'arriver dans tous les pays européens à une laïcité à la française, c'est-à-dire

laisser à chacun le droit de pratiquer la religion qu'il veut, sans vouloir l'imposer aux autres par un enseignement, par des pratiques.

Vous avez évoqué la Turquie, où s'arrête l'Europe pour vous ?
L'Europe s'arrête à l'Oural et aux détroits du Bosphore et des Dardanelles, et donc, en principe, dans l'Europe géographique, il n'y a pas la Turquie, ni la Russie. Ceci étant, j'exclus la Russie pour le moment parce qu'elle n'a nulle envie de faire partie de l'Europe, donc on ne peut pas la forcer. Bien que De Gaulle, quand on était encore sous la guerre froide, disait : « L'Europe, de l'Atlantique à l'Oural », puis il prévoyait plus loin. Non, l'Europe, je l'arrêterais à la frontière russe. Pour l'instant, ils ne sont pas prêts. Alors, évidemment, je serais prêt à faire une exception pour la Turquie, parce que géographiquement elle n'est pas dans l'Europe, mais elle a une partie dans l'Europe, Istanbul. Ensuite, elle a un énorme héritage européen du fait qu'elle a succédé à l'Empire byzantin, qui a succédé à l'Empire grec. Ensuite, il y a chez les Turcs une volonté de faire partie de l'Europe. Économiquement, c'est un atout pour nous. Sur la question des droits de l'Homme, ce n'est pas au point, mais il faut des efforts énormes pour arriver à respecter les droits de l'Homme. Le jour où les Turcs les respecteront, je pense qu'ils pourront faire partie de l'Europe, mais ce n'est pas dans l'air du temps. Auparavant, il faudrait qu'ils trouvent une solution au problème de Chypre. À Chypre, il y a encore un mur. Je crois que c'est le seul mur qui subsiste en Europe depuis la chute du Mur de Berlin. Évidemment, la Turquie, si elle arrive à régler le problème des droits de l'Homme et le problème de Chypre, je ne vois pas pourquoi elle n'entrerait pas. Alors, ceux qui ont peur de la Turquie, ils disent que l'Europe deviendrait musulmane. C'est cela la vraie raison. Par contre, plus systématiquement, ils risquent de virer à l'islamisme, si vraiment on continue à les rejeter. Ils font quand même partie de l'OTAN, militairement, politiquement. Tout ceci sont autant de raisons qui font qu'on peut les considérer avec un peu de sympathie.

Quelle institution européenne est la plus importante de votre point de vue ?
Pour le moment, c'est la Commission qui est la plus importante. À mon avis, c'est le Parlement qui devrait pleinement avoir des pouvoirs pour arriver à une Europe démocratique. Cependant, le Parlement a très peu de pouvoirs pour le moment, et c'est vraiment la Commission qui est toute puissante.

Antoine Spohr

Pouvez-vous définir la construction européenne ?
Je sais que dans ma famille, par exemple, l'idée européenne était très bien accueillie, comme une évidence et ce, pour une raison : cela partait du haut, or le *haut* en Alsace-Moselle, c'était la démocratie chrétienne, c'était Robert Schuman, qui était ministre, président du Conseil, etc. C'est la personnalité qui, dans nos régions, a, de toute évidence, fait passer le projet comme quelque chose de noble, de serein. Je crois que cela, c'est à la fois local et international. Encore que, un grand ras-le-

bol de la guerre y a largement contribué. Même du côté allemand, du côté sarrois, ce n'est certainement pas l'idée d'Europe qui nous opposait. Ils, ces voisins, avaient de leur côté une priorité, qui était celle du retour à l'Allemagne, mais ce n'était certainement pas antieuropéen, c'était davantage antifrançais, car nous étions considérés comme des occupants.

L'Europe recouvre-t-elle, selon vous, des réalités différentes ?
Ce qui me surprend un peu à ce sujet, c'est qu'à Strasbourg aujourd'hui on ait nommé le poste d'un adjoint au maire, « Adjoint aux questions internationales et européennes ». Je considère que les questions européennes sont des questions intérieures. Tant que l'on considérera que c'est l'étranger, on n'aura pas progressé dans la prise de conscience d'appartenir à une entité réelle.

Pouvez-vous dire un mot sur le déficit démocratique et l'Europe de la finance ?
Si l'économie a été la première manière de résoudre le *casus belli* de la concurrence dans des secteurs clés, elle a pris le pas maintenant sur les aspects plus civilisationnels. C'est l'économie qui l'emporte dans l'Union européenne désormais, au détriment de tout ce qui touche au domaine de l'humain, entraînant nécessairement un déficit démocratique. Parce que c'est des questions d'experts, de *business*, alors que le peuple, lui, réagit davantage à des symboles. L'euro, c'est une excellente chose, mais dans le principe seulement, pour le moment. Car dès qu'on aborde l'idée même de constituer une entité politique, avec des règles économiques sinon identiques, au moins proches, naissent les réticences. Il faut qu'il y ait une monnaie commune vraiment et à terme une armée commune. Là, c'est mal parti, mais j'y crois quand même. Peut-être pas de mon vivant. Pour moi, c'est le Conseil de l'Europe qui méritait le prix Nobel de la paix. C'est lui qui s'occupe de l'union entre les peuples, de justice, de droits de l'Homme, de questions sans lesquelles il n'y a pas de paix. J'ai publié le jour de l'annonce du prix, un article intitulé « Erreur de rive ». Il s'agissait de l'Ill, bien sûr.

Pouvez-vous nous décrire votre travail au Conseil de l'Europe ?
J'y suis en tant que journaliste, accrédité. Il y a une telle profusion, une abondance de communicants. C'est tellement bien fait que, par rapport au jeune journaliste que j'étais au sortir des études de Sciences politiques et d'Histoire, il y a fort longtemps, je n'aurais presque plus rien à faire ! En réalité, tout ce qui s'y passe est mâché. Vous avez des communiqués de dix pages, vingt pages… Ce travail, fait avec beaucoup de compétence par les communicants du Conseil de l'Europe, permet en réalité à de nombreux journalistes qui obtiennent ces documents, de ne pas être présents. Or, ce n'est pas la même chose. C'est comme un cours à la télé ou un bouquin par rapport à un cours professoral. Je trouve qu'à ce niveau-là, il y a même presque trop de communications, trop de communications faites pour faciliter la tâche. Cela rend paresseux. Mais, d'un autre côté, je comprends les services du Conseil : si on veut une couverture « presse », il faut en tenir compte, de cette paresse. Permettez-moi de vous signaler que la salle de presse est surtout fréquentée par des journalistes studieux venus de l'Est. Des pays qui ne sont pas dans l'UE surtout.

Quelle est votre approche des espaces transfrontaliers ?
Aujourd'hui, je n'ai pas cessé d'être militant, parce que je pense que le traitement des espaces transfrontaliers, particulièrement entre la France et l'Allemagne, est la préfiguration d'une possibilité d'intégration européenne politique, je veux dire d'une Europe fédérale. On montre déjà qu'on est capable de le faire là où on est côte à côte. Moi, je me sens vraiment binational, voire plus ! En Allemagne je suis comme un poisson dans l'eau. Cela ne m'empêche absolument pas d'aimer la France – je suis même officier de réserve – et, comme on le dit souvent, on est les plus Français des Allemands et les plus Allemands des Français [en Alsace]. Cela me va car je suis Européen. Voilà la préfiguration transfrontalière dont je parlais. Je milite ainsi pour le Rhin supérieur, *der Oberrhein*, que je considère comme une entité humaine, sociologique, presque économique, avec tant de similitudes et de migrations « réciproques » constantes. Il n'est pas nécessaire d'abandonner ma nationalité, à laquelle je tiens, pour adhérer à cette idée. J'aimerais bien que cette idée-là soit creusée car il y a préfiguration là où il y a une interface, avec la Suisse aussi. Si parfois les gens sont antieuropéens c'est parce que les gouvernements de la plupart des pays d'Europe accusent toujours Bruxelles quand quelque chose ne va pas. Or c'est faux, faux, faux ! De toute façon, tout ce qui a été légué, cédé comme souveraineté des États européens, c'est avec le consentement des gouvernements légitimes et des traités. Certes, des technocrates font leur job, mais qui leur donne les directives ? Et puis tout ce que l'on diffuse comme vision négative de l'Europe, c'est les gouvernements nationaux qui en sont souvent responsables, pour la simple raison que, quand cela ne va pas, l'alibi est Bruxelles et pas nous. C'est un alibi, pourquoi ? Parce qu'on veut être élu, réélu et réélu. C'est d'une lâcheté, surtout pour ceux qui ont bénéficié d'un parachute doré. On est très injuste avec la pauvre Europe, même avec la Commission. Il faut en revenir à une Europe communautaire et non intergouvernementale à géométrie variable, comme c'est le cas.

Il est en permanence nécessaire d'être militant pour l'Europe ?
Je ne crois pas qu'il y ait encore quelqu'un qui soit honteux d'être Européen. Même les partis nationalistes en France ne sont déjà plus totalement contre l'Europe. Le Front National est maintenant pour une Europe confédérale, pour l'Europe des nations avec un nationalisme fort. C'est incompatible. La gauche extrême de type mélenchoniste n'est pas contre non plus, mais elle revendique une Europe plus sociale, très sociale, uniformément sociale. C'est difficile. L'idée a fait son chemin. La plupart du temps, lorsqu'on dit que l'Europe va mourir, que l'euro est foutu, les gens n'y croient pas trop. C'est devenu presque impossible. Il en restera toujours quelque chose. L'Europe est un consensus peut-être mou, de vingt-huit peuples – UE –, quarante-sept peuples – Conseil de l'Europe – et pourtant un des peuples qui devrait être écarté s'il le souhaite [départ effectif avec le *Brexit* en 2020], c'est les Anglais, qui ont du mal à renoncer à la nostalgie de l'Empire, qui n'ont pas souscrit à la Charte des droits fondamentaux, ne sont pas dans l'euro ni dans Schengen, etc. Catherine Ashton… Pourquoi attribue-t-on aux Anglais de telles responsabilités, à eux qui ne sont pas dans la Charte des droits

fondamentaux de l'UE parce que ça ne rentre pas dans certains règlements des lois non écrites du *United Kingdom* ? C'est bizarre et c'est eux qui s'attaquent au siège où, le cas échéant, ils n'auront plus de députés à envoyer. C'est pour cela que je leur en veux de semer ainsi le doute.

Que représente l'Eurodistrict Strasbourg-Ortenau pour vous ?
L'Eurodistrict, cet exemple en sommeil... On a créé une espèce d'entité politique très partielle, approuvée par les États et tout ça... bien ficelée. Mais c'est toujours confisqué par les gens parfois avides d'un pouvoir, même un petit, qui, une fois installés, laissent retomber leur enthousiasme, ne militent plus vraiment, ne sont plus ardents. Et la société civile, c'est nous, nous on est toujours un peu sur la touche dans ces histoires-là, car on parle en notre nom, mais il n'y a pas d'élection à la base, c'est un peu dommage.

Malgré ou grâce à la diversité, est-on capable de forger une identité commune ?
Il y un truc qu'on oublie un peu trop souvent, c'est qu'il faut que les Européens prennent conscience de leur « européanité ». Ils la sentent, mais inconsciemment. C'est bizarre, mais c'est vrai. Alors, quels sont les autres moyens de la forger que les élections du Parlement européen ou les projets de référendum politique ? Il y a une chose importante : vous avez entendu parler de l'art africain, asiatique, amérindien, américain ? Certainement. Et l'art européen ? Il y a une culture européenne avec des nuances selon la proximité des influences ! Chez les Slaves, on fera plus d'icônes que chez les Anglais. Mais il y a un fond commun, partagé. Il y a une culture européenne, dans la musique, la peinture, etc., et cette culture a rayonné ! L'Europe de la culture a beaucoup plus rayonné sur la planète et migré dans le monde entier que le TGV ou EADS. Concernant l'aspect civilisationnel, il y aussi l'aspect en Europe des systèmes sociaux, qui sont fantastiques ! Surtout en France : cinq semaines de congés, la maternité, les indemnités... Allez expliquer cela à un Américain ! Quand on pense qu'il n'y a pas de fric pour Erasmus ! Qu'est-ce qu'ils font Hollande et ses homologues : Priorité Europe... Vivre l'Europe. Les jeunes, bon sang ! On devrait étendre Erasmus à l'apprentissage. Des mots, des mots... Pourquoi les Turcs veulent-ils être Européens et pourquoi peut-on difficilement le leur refuser ? C'est parce qu'ils ont été intégrés dans l'OTAN, traité de l'Atlantique Nord, pendant la guerre froide, pour contenir les avancés du communisme. On impliquait les Turcs qui se sont sentis Européens. Ils ont été aussi dans la première fournée du Conseil de l'Europe. Mais il y a la Turquie d'Europe et la Turquie d'Anatolie. Le problème, c'est ce raidissement religieux généralisé. L'un entraîne l'autre, toutes religions confondues.

Comment percevez-vous l'avenir de l'Europe à travers le prisme de la crise grecque, qui a débuté en 2008 ?
Paradoxalement, c'est une chance ! Car à un moment donné, il faut mettre les pendules à l'heure. La crise met l'Europe face à ses responsabilités, à ses ambitions : est-ce qu'on veut ou est-ce qu'on ne veut pas. Ici, maintenant, il faut voir ce qu'on fait et il y a une prise de conscience des réalités. Il ne faut pas que ce soit à nouveau un *casus belli* entre les États, à savoir Merkel – qui ne veut rien donner

– et les gentils Grecs qui sont si pauvres. Ma nièce a épousé un Crétois, dont la sœur a été six ans à plein traitement sans n'avoir jamais mis les pieds à son poste et payée à 100% ! Authentique, mais compliqué à expliquer. Il faut profiter de cette crise pour mettre les choses à plat, se dire les choses. On n'aurait pas de refuge favorable fiscalement en Belgique, si l'on avait fait une vraie Europe. Tous les peuples qui adoptent l'euro auraient dû adopter telles règles minimales en matière de législation fiscale, de législation entrepreneuriale, de droit du travail, etc.

Gérard Traband

Comment définissez-vous la construction européenne ?
C'est une œuvre tout à fait originale, générée par la volonté commune de différents États de coopérer. C'est quelque chose de très innovant dans l'histoire de l'humanité, où jusque-là les rapports avec les autres États étaient fondés sur des conquêtes et des rapports de force souvent violents. Cette construction correspond à un travail de reconnaissance mutuelle entre les nations, dans lequel il est décidé de mettre en commun un certain nombre de préoccupations. La meilleure preuve à cela est le prix Nobel de la paix accordé à l'Union européenne.

Vous estimez donc que l'Europe est une œuvre de paix entre les nations ?
L'Europe n'est pas seulement un marché, c'est également beaucoup de droits. La Charte des droits fondamentaux de l'Union européenne est quelque chose d'extraordinaire, aussi bien que la Cour européenne des droits de l'Homme. C'est un marché, bien sûr, par la construction du marché commun, du « grand marché » de 1993, et par la mise en circulation de l'euro. Cette dimension est certes importante, mais il ne faut pas être naïf. L'Europe, c'est beaucoup de droit pour le respect le droit des personnes. C'est essentiel et vecteur de paix.

À quel moment avez-vous été amené à vous intéresser aux questions européennes ?
Je suis né en 1948. Mon enfance s'est déroulée dans une ambiance encore très marquée par l'après-guerre. Lors de nos repas de famille notamment, tôt ou tard nous tombions toujours sur le problème de la guerre. L'Europe, pour nous, était une utopie fantastique. Il y avait quelques personnes qui y croyaient et le Conseil de l'Europe venait effectivement de s'installer à Strasbourg. Cette institution représentait pour nous un idéal. Dans le cadre de son travail, mon père allait régulièrement faire des enquêtes en Allemagne et, de temps en temps, il m'emmenait. À cette époque, nous avions des passeports et nous avions également besoin d'un visa, ce qui aujourd'hui paraît complètement délirant. À la frontière, le niveau d'essence dans le réservoir était également surveillé. Je me souviens des dégâts sinistres à Mannheim. J'ai notamment été très impressionné par les ruines du château et de l'opéra de Karlsruhe. J'ai tout cela en mémoire. Pour nous, l'Europe était une nécessité. Il fallait qu'elle se construise. Le problème de la guerre était une évidence. Aujourd'hui, chez les jeunes générations, elle n'a plus lieu d'être. Mais, pour nous qui avions vécu l'après-guerre et qui étions confrontés en perma-

nence à l'expérience de nos parents, il était évident que la guerre ne devait pas se reproduire. Mon oncle était dans l'armée allemande, mon père l'était également du côté français, puis réfugié dans le Limousin. Il ne fallait plus que cela se reproduise.

Cette Europe recouvre-t-elle, selon vous, plusieurs réalités différentes ?
Au départ, il y eut le Conseil de l'Europe. Il constitue en quelque sorte l'antichambre de l'Europe. La Turquie était au Conseil de l'Europe dès les années 1950. Vous aviez là un processus qui réunissait un nombre de pays européens assez considérable. À l'intérieur, un noyau s'était mis en place, formé des six pays fondateurs signataires du traité de Rome, qui donnera naissance au marché commun. Nous sommes passés ensuite à l'Union européenne, étant donnée la dimension politique supplémentaire représentée par le Parlement européen élu au suffrage universel. Pour mon père, c'était quelque chose d'incroyable ! Je me souviens de ses campagnes en Allemagne. Nous trouvions incroyable le fait que des Européens se rassemblent en un jour J pour aller voter. J'ai vécu cette première élection comme un évènement très important, même si, comment dirais-je, l'engouement a sérieusement diminué depuis, si on regarde le taux de participation actuel. Cette dimension politique est essentielle, portée par des représentants élus au suffrage universel, et non par des délégués, des assemblées ou, comme au Conseil de l'Europe, des représentants de divers gouvernements.

Que pensez-vous des critiques de « déficit démocratique » portées à l'Union Européenne ?
Tout système peut être critiquable et est critiquable, comme le système européen dans lequel nous vivons. Mais il faut considérer le chemin parcouru, et regarder ce que l'Europe nous a apporté. L'Europe a longtemps été considérée comme une protection. Eh bien, pour beaucoup de nos concitoyens actuellement, ce n'en est plus une. Ce raisonnement est erroné. S'il n'y avait pas eu d'Europe, ce serait en effet bien pire. Alors, bien sûr, il y a des eu des fautes, à l'exemple de la monnaie unique, réalisée sans la mise en œuvre parallèle d'une politique économique et budgétaire commune. L'Europe a toujours avancé par crises. Je trouve effectivement qu'en ce sens, il y a eu un certain nombre de décisions qui ont été prises. Le rôle de la Banque centrale européenne a changé. Il y a là des avancées qui étaient inimaginables il y a encore cinq ans ! Il y a encore du travail, tout n'est pas encore parfait. L'union bancaire reste un projet encore en débat.

Toujours sur les critiques portées à l'Europe, on parle de déficit social ou encore d'une « Europe de la finance ». Qu'en pensez-vous ?
L'Europe sociale ? Au départ, il était clairement entendu que le social reste l'affaire des États. Il y a quelque chose d'infiniment contradictoire. Nous souhaitons, d'un côté, que les nations aient encore un rôle à jouer et puissent s'exprimer, et, d'un autre côté, nous désirons une Europe qui s'occupe de tout. Après, nous oserons reprocher à l'Europe de s'occuper de tout sans place possible aux nations. Considérez le système social français, composé de mailles très fines par rapport à d'autres systèmes européens. Faudrait-il donc accepter le système allemand ?

Non, je ne crois pas. Il est un besoin nécessaire de savoir exactement ce que nous voulons. Au niveau européen, cela signifie au préalable de se rendre compte que nous associons des pays, des systèmes administratifs et institutionnels assez différents les uns des autres. Il y a des manières d'aborder des problèmes universels, le problème social en est un, mais il n'y a pas un seul chemin, il y en a plusieurs. On veut tout faire dans le même moule, cela ne marche pas.

Que pensez-vous de la place actuelle du Parlement européen ?
Les députés élisent le président de la Commission européenne et ont également un rôle décisif quant au budget. Ils ont pris politiquement un poids toujours plus important. Le problème reste pourtant celui de leur représentativité. En France, nos parlementaires européens profitent de toutes les occasions qui se présentent à eux, en termes de fonctions nationales, pour quitter ce Parlement européen.

Et que pensez-vous de l'euro à l'heure actuelle ?
C'est une monnaie pratique qui est acceptée partout. La comparaison des prix s'en trouve extrêmement simplifiée. Auparavant, les banques prenaient des commissions lors de chaque acte de change. Et enfin, il n'existe plus de course à la dévaluation, courses qui se révélaient être systématiques, ni de réévaluation : ré-évaluation du Mark, dévaluation du Franc ou de la Lire… L'euro reste une très bonne chose, qui simplifie considérablement le quotidien lorsqu'on traverse la frontière. Alors, bien sûr, il manque une politique budgétaire. Qu'elle soit commune, j'ose à peine y penser, mais encadrée avec un certain nombre de repères communs, c'est envisageable et souhaitable.

Qu'évoque pour vous le Conseil de l'Europe ?
Il constitue l'antichambre de l'Union européenne. Tout d'un coup, il y eut une vingtaine de pays supplémentaires, dont les pays de l'Est, qui sont venus au Conseil de l'Europe. Des consulats se sont ouverts à Strasbourg et nous sommes passés d'une vingtaine à une quarantaine de membres. C'était assez extraordinaire.

Les conventions du Conseil de l'Europe sont peu connues du grand public…
En effet, ces conventions servent de base juridique afin de permettre l'approfondissement de la coopération transfrontalière. Au départ, l'association des relations transfrontalières avait comme seul porte-parole le Conseil de l'Europe. Ce n'est qu'après 1975 que l'Union européenne commença à se mêler de cela. Elle créa par l'intermédiaire de son fonds de soutien FEDER le programme Interreg. Auparavant, seul le Conseil de l'Europe promouvait ce type de coopération. Le Conseil de l'Europe, c'est aussi la Cour européenne des droits de l'Homme, des programmes culturels, ce sont près de deux mille fonctionnaires.

Ainsi, comment définiriez-vous la coopération transfrontalière ?
D'après moi, la coopération transfrontalière concerne des zones limitrophes aux frontières. C'est là où nous ressentons les aspects les plus négatifs liés à ces dernières. La coopération transfrontalière est là pour gommer ces points négatifs et établir des solidarités entre deux territoires. Je parle de solidarité au niveau des problèmes environnementaux, au niveau des transports, etc. Il est évident qu'il

doit y avoir des connexions, les plus intenses possibles, de part et d'autre de la frontière. La coopération transfrontalière concerne, de manière générale, l'aménagement du territoire. Il s'agit d'éviter les doublons. Nous en avons eu un récemment avec l'aéroport de Karlsruhe Baden-Baden, qui a été construit à quelques dizaines de kilomètres à vol d'oiseau de l'aéroport de Strasbourg-Entzheim !

La coopération transfrontalière joue-t-elle un rôle décisif dans le processus de la construction européenne ?
Elle est devenue peu à peu une préfiguration de ce que pouvait être l'Europe, dans la mesure où il s'agit de faire travailler ensemble des systèmes qui n'ont pas les même normes, pas les mêmes méthodes de travail, pas les mêmes cultures ni les mêmes représentations. Il n'existe rien de plus complexe. La prise de décision peut parfois être longue et est sans cesse soumise au compromis. Il est nécessaire de décoder chez l'autre ce qui relève de ses méthodes de fonctionnement, de son système administratif, etc.

Les décideurs parlent fréquemment de l'espace du Rhin supérieur comme d'un « laboratoire » de l'Europe. Qu'en pensez-vous ?
Je crois qu'il ne faut pas exagérer. Les premières coopérations transfrontalières ont été l'œuvre des décideurs à la frontière germano-hollandaise. Eux seuls sont en mesure de considérer leur région comme un « laboratoire », du fait qu'historiquement ils aient été les premiers. Le phénomène transfrontalier prend des proportions considérables à Genève et Bâle. Il est pour ainsi dire plus violent dans cette région avec 95 000 frontaliers, vous rendez-vous compte ? C'est, à n'en pas douter, énorme. Cette situation va même jusqu'à avoir des répercussions politiques : les partis politiques « anti-frontaliers » y ont obtenu un nombre très respectable de voix. Cependant, nous pouvons également nous considérer comme « laboratoire », car il y a une à la fois une ancienneté et une volonté politique. Nous avons superposé toute une série d'institutions, qui fait que le citoyen *lambda* n'y comprend plus rien. Entre la Conférence du Rhin supérieur, le Conseil rhénan, le Congrès tripartite, les agences à destination des frontaliers : l'Euro-Institut, les INFOBESTs, le Centre européen des consommateurs, etc.

Considérez-vous les frontières au sein du Rhin supérieur comme encore vivaces ?
Le Rhin supérieur est totalement intégré au niveau économique et nombre d'investisseurs allemands agissent en Alsace. Le poids des Suisses, et même des Américains, venus justement en raison de la dimension internationale de la région, est non négligeable. L'intégration est ainsi presque complète, notamment grâce à l'euro. Les consommateurs comparent les prix. Le marché du travail est lui aussi intégré, avec 60 000 frontaliers qui passent la frontière chaque jour. Mais la frontière psychologique persiste néanmoins, à l'exemple de l'écho que prit la soi-disant « invasion » des poids lourds qui parcouraient auparavant l'Allemagne, avant que ce pays ne mette en place des taxes. Je pourrais vous donner mille exemples très concrets de cette frontière mentale. J'ai eu l'occasion de participer à la création d'un manuel transfrontalier d'histoire-géographie à l'intention des écoles primaires, et dont le chef de projet était l'ADIRA [Agence de développe-

ment économique du Bas-Rhin]. Dans ce manuel, l'Histoire apparaissait très peu et ne se préoccupait que de quelques considérations sur l'époque médiévale. Dans le transfrontalier, c'est exactement le même problème. Nous préférons faire silence sur un problème, plutôt que de le soulever. Au final, nous progressons encore plus lentement. Comme la règle d'or est celle de l'unanimité, eh bien le compromis est maximal. Les décisions s'en trouvent indubitablement bancales et affaiblies, en raison de cette recherche absolue du compromis. Mais, soyons réalistes, il est en effet très difficile de faire autrement.

Que pensez-vous de l'Eurodistrict Strasbourg-Ortenau ?
Il fut initié en 2004, et rencontra tout d'abord des difficultés à démarrer. Chirac et Schröder s'étaient rencontrés sans concerter les communes et sans accorder aucun budget. À cette époque, Mme Keller et M. Grossmann étaient aux manettes à la communauté urbaine et à la mairie. Ce dernier n'était pas le plus disposé envers les Allemands ! Cela a été un long chemin de croix. Il y a eu le jardin des Deux Rives, engagé par l'équipe précédente. Ensuite, le gros projet du tram, qui eut beaucoup de mal à passer auprès du conseil municipal de Kehl. Ce dernier avait fait l'expérience de la passerelle Mimram et du jardin des Deux Rives, projets pour lesquels les sommes qui avaient été annoncées ont été très largement dépassées. Mais cela s'est fait.

Connaissez-vous le président de cet Eurodistrict Strasbourg-Ortenau ?
Je ne crois pas, non. Peut-être est-ce l'homme qui représente l'arrondissement d'Offenburg ? [Frank Scherer]

Que pensez-vous du dualisme souvent évoqué entre approfondissement et élargissement ?
Pour le traité de la Constitution européenne, j'ai trouvé qu'avoir attendu les pays d'Europe de l'Est était une bien grossière erreur. Nous aurions pu les associer à la rédaction, mais non les intégrer avant une éventuelle ratification. Bon… Désormais, c'est chose faite avec le traité de Lisbonne. Avant toute poursuite de l'élargissement, il faut à l'heure actuelle déjà gérer la situation. La Grèce est très mal en point. La Bulgarie et la Roumanie ne sont pas encore pleinement intégrées. Beaucoup de choses doivent être réglées au sein de l'Union avant d'accepter de nouveaux pays, ne serait-ce qu'au niveau financier. Il s'agit d'être raisonnable et ensuite seulement est-il envisageable de poursuivre l'intégration.

La Turquie est-elle pour vous un pays européen ?
Elle ne l'est pas. Les Turcs sont toutefois très associés à l'Europe. Et puis quels intérêts aurions-nous à avoir des frontières communes avec l'Iraq ou la Syrie ? Et Israël ne serait-elle pas en droit de demander à son tour l'intégration à l'Union européenne ? Et le Maroc, qui a joué un rôle essentiel dans la civilisation espagnole ? Les États-Unis tenaient beaucoup à l'entrée de la Turquie dans l'Europe, en raison de son rôle essentiel au sein de l'OTAN. Ce pays avait une position géostratégique très intéressante.

Catherine Trautmann

Que pensez-vous de la construction européenne ?
Pour moi, la construction européenne est une réalité très ancienne puisque j'avais hérité, comme enfant d'après-guerre, d'un certain ressentiment, par rapport au fait que, comme mon père était résistant... s'il avait été déporté, il ne serait pas revenu et cela je le savais pertinemment. Donc, pour moi, les Allemands étaient restés des ennemis. Et dans la famille de ma grand-mère qui s'était divisée en deux, la moitié pour les Allemands, la moitié francophile, c'était un problème. Donc moi, je suis née dans ce contexte difficile pour une partie de ma famille alsacienne. Mon père s'était pourtant battu pour qu'après la guerre vienne la paix. Il m'avait même emmenée sur le chantier du Conseil de l'Europe pour m'expliquer que c'est là que cela allait se passer. Et j'ai ainsi commencé très vite à comprendre qu'il y avait là autre chose. Il y avait des drapeaux, j'ai vu que cela correspondait à des pays différents. Cela m'a beaucoup intéressée, à la fois comme solution, mais aussi comme projet. Pour moi, la construction européenne reste un défi. Un défi politique, c'est-à-dire qu'en fait aujourd'hui on en a pris l'habitude et on s'en détache parce que c'est une réalité. En même temps, une réalité n'est jamais réelle indéfiniment, donc il faut en permanence la travailler. Pourquoi ? Parce que c'est un projet démocratique, c'est une construction démocratique qui repose sur le système parlementaire et donc sur les citoyens comme point de départ. On traite l'organisation, l'unité et la convergence des politiques à l'échelle des gouvernements, mais en réalité c'est pour rassembler les peuples. Ce qui, aujourd'hui, est un peu la quadrature du cercle, parce que les citoyens ont besoin d'être impliqués pour être partie prenante dans le projet. Le Parlement européen reste une assemblée tout à fait exceptionnelle, mais en même temps différente de ce à quoi les gens sont habitués. Et donc ils ont un peu de mal à se projeter dans un système et dans un espace qu'ils ne comprennent pas forcément. C'est la faiblesse de l'Union, la faiblesse de la construction, mais quand on voit le peu de temps dans lequel s'est construite l'UE telle qu'elle est aujourd'hui, je pense qu'on a trouvé la manière d'éviter les conflits, la manière de construire un avenir partagé avec un marché, avec une monnaie et surtout une construction politique qui est tout à fait originale et qui repose sur des valeurs. Ce n'est pas un projet uniquement matériel, c'est aussi un projet politique, au sens où la politique est une forme de civilisation et de culture. Voilà pourquoi je pense profondément qu'on sait ce que l'on a, on ne sait pas ce qu'on perdrait si l'Union venait à exploser. Ce serait une désagrégation.

Est-ce que la construction européenne est une œuvre de paix ?
Sur la paix, ce qu'on peut en dire, c'est que, précisément, l'expérience européenne avait un défaut, c'est que cette construction a fait l'impasse sur l'Europe de la défense. Le général De Gaulle n'en a pas voulu et a également fait l'impasse sur le social. Non à la défense, parce qu'il y avait une indépendance française par rapport aux États-Unis qu'il fallait conserver, et on n'était pas partie prenante dans l'OTAN. Le général De Gaulle refusait une tutelle, donc on avait notre

propre force de dissuasion. C'était au fond l'expérience de la guerre, à supposer que la France s'arme et se défende par elle-même, même dans la construction européenne. C'était peut-être assez difficile de juger, ce sont des choix stratégiques, mais le fait de ne pas prendre la compétence, ne pas travailler sur la défense commune, a été peut être une faiblesse. Cela nous a obligés à être très inventifs sur l'aspect institutionnel, sur le « mécano institutionnel », peut-être moins performants dans les conflits – je pense à ce qui s'est passé dans l'ex-Yougoslavie et en Bosnie – mais aussi dans l'influence diplomatique et militaire sur le plan international. C'est la raison pour laquelle j'ai accueilli ici avec plaisir l'Eurocorps, qui a d'abord été le corps de l'armée franco-allemande puis de l'armée européenne. J'espère que cette armée deviendra une vraie armée, c'est-à-dire une force de défense, une force d'intervention pour le maintien de la paix, ce qu'elle est aujourd'hui, mais qu'elle puisse aussi avoir un rôle offensif. Et cela, ça veut dire que l'on avance sur la diplomatie européenne et que l'on ait une stratégie commune. C'est plus difficile à vingt-huit[8] que ça l'aurait été à moins.

Y a-t-il un déficit démocratique en Europe ?
Je pense qu'on ne s'est pas donné le temps, mais c'est la force des évènements, et l'Histoire n'attend jamais. Pouvions-nous ne pas agir par rapport à ces pays qui basculaient, qui sortaient du bloc communiste ? Il fallait leur proposer d'entrer. Je pense qu'il n'y avait pas d'autres choix. Ce que je regrette, c'est qu'on n'a pas une articulation suffisante par exemple avec le Conseil de l'Europe, c'est-à-dire avec l'instance qui a été l'instance d'accueil de ces pays qui se tournaient vers l'Europe et qui y sont rentrés. Le Conseil de l'Europe est une machine à produire des règles de droit et une culture, une pratique démocratique, à la fois sur le plan local avec le Conseil des pouvoirs locaux, mais aussi sur le plan des fondamentaux : la culture, le social, etc. Le Conseil de l'Europe a une charte culturelle, une charte sociale, ce que nous n'avons pas à l'Union européenne, c'est même un peu l'inverse. Et c'est cela qui est intéressant, on devrait beaucoup plus rapprocher ces institutions. Cela vaut sur le plan économique, c'est-à-dire l'examen de croissance et l'implication des parlements nationaux et européen dans le processus budgétaire européen et national, cela va changer la donne, c'est évident. Il faut que l'on ait une coopération plus large et sur un certain nombre de sujets, par exemple sur la protection des mineurs, sur la gouvernance de l'internet, sur d'autres sujets liés à la criminalité, par exemple. On a intérêt à ce que les conventions du Conseil de l'Europe, que l'on relaye souvent dans des directives, soient au fond des bases de l'édifice puisqu'en somme le Conseil de l'Europe traite directement de l'application de la Convention européenne des droits de l'Homme. Nous, on a la Charte des droits fondamentaux, donc on est compatible, mais évidemment la Convention européenne des droits de l'Homme est plus reconnue, plus ratifiée, donc très opérationnelle. Moi je l'ai faite rentrer dans le paquet sur les télécommunications, dans la directive cadre, j'ai indiqué le lien avec la Convention européenne des droits de l'Homme en matière de liberté sur internet. C'était intéressant de le faire

---

8   Vingt-sept en 2020 après le *Brexit*.

puisque les États membres ne voulaient aucune mention des droits de l'Homme ou des droits fondamentaux et on a réussi à les faire changer de position par la citation de la Convention européenne des droits de l'Homme. Ce qui fait qu'aujourd'hui, dans un texte tout à fait important du point de vue de l'évolution du marché des technologies, de l'internet et des services, on a une référence à la Convention européenne des droits de l'Homme. C'est intéressant parce que les États-Unis se sont mis beaucoup plus tard à considérer la question des droits de l'Homme dans le commerce international. C'est nous Européens qui avons commencé. Mais, en général, les gens ne mesurent même pas en quoi on est en avance. Pourquoi ? En fait parce que ce qu'on y travaille et avant que cela rentre dans le droit national, il y a un certain temps qui passe, avant que cela ne soit dans l'actualité, parce que c'est mal relayé lorsqu'on en parle au Parlement, et quand cela arrive dans le débat national, c'est un débat national, ce n'est pas un débat européen. C'est la raison pour laquelle je travaille avec mes collègues à l'Assemblée pour arriver à faire en sorte d'anticiper, d'avoir un calendrier commun et de pouvoir traiter les sujets de manière beaucoup plus intégrée, pour éviter cette espèce de distance et de distorsion du temps qui est proprement incompréhensible pour le citoyen. Le citoyen est victime – comme nous, d'ailleurs, les parlementaires européens – de ce décalage.

Il y a donc un déficit démocratique, qu'on n'arrive pas à combler ?
Les traités ont été très difficiles à négocier dans la période de l'élargissement parce qu'il fallait faire beaucoup de choses. Il fallait à la fois amener les pays candidats à rentrer dans l'Union, il fallait les amener à se transformer pour être conformes aux acquis communautaires et aux critères fixés par le traité d'Amsterdam, on était de ce fait dans un processus qui était lourd pour les pays entrants. On les a alors accueillis, on a travaillé pour qu'ils puissent entrer le mieux possible, au lieu d'avoir deux temps en fait : un temps pour l'élargissement, et une action pour la simplification de notre procédure et le travail sur la gouvernance européenne. C'est cela qui nous a manqué. C'était tout le débat du : « Faut-il approfondir avant d'élargir, faut-il élargir avant d'approfondir ? ». Moi, cela m'a profondément exaspérée parce que, comme je vous disais, à un moment il y a un impératif historique, et , face à un impératif historique, on prend des décisions. Et il faut savoir justement : si on joue la paix sur le continent, on élargit. On ne peut pas tout faire. Maintenant, je dirais que la réussite de l'élargissement, c'est un processus long, alors que pour les pays de l'élargissement, pour eux, une fois qu'ils étaient rentrés, ils étaient rentrés. « On était dehors, on est dedans, c'est bon ». Non, ce n'est pas bon. La démocratie, cela s'apprend. Et cela se travaille en continu. C'est cela qui est passionnant, c'est que la démocratie comprend une part de risque. On n'est jamais certain qu'un gouvernant soit conforme à l'idéal lors d'une élection. On a des expériences : le nazisme, Hitler a émergé d'un scrutin, pas d'une dictature, donc il peut y avoir des pièges. Mais, en même temps, ce qui est important, c'est de savoir qui a la définition sur le leadership de l'intérêt commun des Européens ? Qui a le pouvoir de contrôle ? Puisqu'en démocratie, il y a toujours un pouvoir de contrôle, qui est un contre poids par rapport aux gouvernants. Il faut articuler cor-

rectement la gouvernance et donner évidemment au Parlement européen les moyens de son contrôle. Si le citoyen n'est pas assuré que son député a les moyens de contrôler l'action du gouvernement, ou de la Commission à l'échelle européenne, cela ne marche pas. Notre problème, aujourd'hui, il est simple. Enfin, il est simple et compliqué, parce qu'on est nombreux, mais aussi parce que les États membres préfèrent la méthode intergouvernementale à la méthode communautaire, ce qui est une dérive qui, au fond, aujourd'hui nuit à l'équilibre de l'édifice et à son efficacité, parce que quand on n'utilise pas la même méthode, on ne construit pas, on travaille en parallèle et donc on affaiblit finalement. Aujourd'hui, ce que le Parlement européen dit dans tous ses partis, ses groupes, c'est qu'au fond, le Conseil, c'est-à-dire les États membres, les gouvernements, affaiblissent l'Union par leur méthode intergouvernementale. Mais comme ils n'arrivent pas à se mettre d'accord de manière cohérente ensemble, on risque d'arriver à une sorte d'« Europe à la carte ». Ce qui serait la pire des choses. Mais, si on a systématiquement des pays qui veulent profiter des moyens de l'Union sans partager ses règles et sans apporter leur contribution positive, c'est clair qu'au bout d'un moment, ce n'est plus supportable. C'est le cas du Royaume-Uni, qui exerce sa présence comme un chantage. Et là, on a une différence de modèle et c'est la question à laquelle Jacques Delors, pendant qu'il était président de la Commission, a donné une orientation et a proposé des moyens. Les politiques de cohésion, c'était chercher l'équilibre territorial pour ne pas avoir uniquement un équilibre au niveau des gouvernants, donc permettre aux régions d'évoluer et de trouver un niveau d'égalité et d'équité territoriale avec les autres. Cela a très bien fonctionné, c'est une des politiques les plus claires et les plus appréciées par les Européens. Il a également fixé la règle de subsidiarité dans les deux sens, c'est-à-dire qu'on fait au plus haut niveau ce qui peut y être le mieux fait, ce qui ne peut pas être fait par les niveaux inférieurs, mais ce qui veut dire aussi *a contrario* que la subsidiarité se lit à partir du bas, à partir du quartier, de la ville et en remontant l'échelle. Il faut agir avec la plénitude de ses compétences pour être le plus articulé, le plus conséquent jusqu'en haut. La vision de la subsidiarité de Delors, c'est qu'on organise l'harmonisation, on fait converger progressivement les pays sur les sujets les plus difficiles, toujours en prenant l'exemple le plus avancé, et on tire les autres. C'est un processus plus lent que celui de décision, d'imposer des choix, mais c'est un processus qui ne laisse personne sur le bord du chemin. Certains ont trouvé que c'était trop lent, trop compliqué, que cela donnait trop de pouvoir à la Commission. Pourtant, aujourd'hui, ce n'est pas possible autrement puisqu'on a quand même une monnaie, un espace économique et qu'on a des interdépendances économiques et sociales. Il faut évidemment que la Commission ait les moyens de vérifier que les États membres respectent les règles communes. Si elle ne veut pas les vérifier, si elle ne veut pas agir, elle n'a aucun sens. En conséquence, on est aujourd'hui à un moment où tout le monde est en train de constater qu'il faut opérer des choix, et que ces choix touchent la question de la souveraineté. La souveraineté nationale, la souveraineté européenne. Jacques Delors me disait : – moi, je suis sur cette thèse et j'essaie de le traduire dans la coopération avec les parlements nationaux – : « Je pense que nous devons construire une souveraineté partagée, cela se construit, une souveraineté partagée ». Cela ne se décrète pas. Il faut évidemment l'établir, il faut le justifier par la loi, on ne peut pas le faire par une constitution. Si on avait pu le faire par une constitution, c'aurait été plus facile. On avait au fond la règle de base à laquelle il fallait se conformer. Maintenant, c'est plus compliqué. Et ceux qui ont combattu le traité constitutionnel réclament des bases qui étaient dans le traité constitutionnel. C'est un peu paradoxal. On est aujourd'hui à la croisée des chemins, sur le plan européen, c'est-à-dire dans ce constat d'un déficit démocratique, mais qu'il faut qualifier. Il est évident dans le processus de décision, dans la manière dont les États membres n'appliquent pas et sont les premiers à ne pas appliquer le bon fonctionnement des institutions européennes en court-circuitant le mécanisme communautaire et en basculant sur l'intergouvernemental, mais aussi par exemple en nous imposant de plus en plus des décisions en première lecture au Parlement européen. Ce qui évite la négociation avec le Parlement. C'est une mise sous contrat du Parlement européen par l'urgence et par la crise. Ce qui dans un processus législatif est particulièrement désagréable, parce que cela ne permet pas d'aller jusqu'au bout du travail parlementaire. Or, comme le Conseil constitue une forme de deuxième chambre législative, puisqu'on est en codécision avec le Conseil, il faut normalement que l'on ait la possibilité de ce cheminement itératif jusqu'à la fin de la discussion. Car si on ne procède pas de cette façon, on arrive effectivement à une impasse au bout d'un moment, et l'impasse elle est dans la manière d'utiliser le fonctionnement démocratique. Il faut que chacun joue son jeu dans son domaine. Ce qu'on souhaiterait, nous, au Parlement européen, c'est que le Conseil ait aussi cette démarche qui consiste à se demander où est l'intérêt européen, où est le bien commun. Eh bien nous décidons d'agir dans ce sens. Plutôt que d'être à table et de se demander où je vais voir d'abord pour récupérer mon petit bout de gras. Parce qu'à l'heure actuelle les États membres sont dans une démarche totalement égoïste, totalement nationale, et ça c'est la mort de l'Europe. Voilà. Le déficit démocratique, il est là, il est parfaitement cernable, il est dans le fait que le niveau européen n'est plus traité correctement, même dans le cadre des traités existants. Le comportement des États membres est un comportement national d'abord, et non pas un comportement qui permet d'équilibrer l'intérêt national et l'intérêt commun des Européens. On a tendance à sortir de la vision pro-active de ce qu'exige la construction européenne, c'est-à-dire de continuer à bâtir en permanence. Qu'est-ce que je bâtis aujourd'hui, qu'est-ce que j'ajoute au processus ? On essaie de sauver ses propres meubles et on ne regarde pas si la maison tient…

Quel est votre vécu de la coopération transfrontalière ?
Pour moi, c'est un outil européen par excellence, parce que je considère que la coopération franco-allemande permet d'agir à la dimension européenne. Bon, d'abord on a tellement de différences entre nos deux pays qu'on a encore beaucoup de choses à régler. Par exemple, on voit qu'il y a une distorsion de concurrence sur les marchés publics parce que les Allemands n'hésitent pas à avoir recours à des savoirs variés, polonais ou d'autres nationalités. En l'occurrence, il y a des marchés qui ont été gagnés à cause de prix de salaires plus bas par rapport aux

entreprises françaises. Donc on sait qu'on a des divergences, parfois des confrontations de points de vue, mais aussi une vraie complémentarité. J'ai toujours considéré, depuis que je suis élue, que la région du Rhin supérieur est un laboratoire européen. Et d'ailleurs on l'a affirmé dans la feuille de route économique de l'agglomération. Je l'ai traduit dans le passé par ce petit accord entre l'Allemagne et la France pour pouvoir échanger les administrateurs entre le port de Kehl et le port de Strasbourg. On s'est retrouvé, maintenant que j'ai repris la présidence du port autonome, pour avancer, on a avec la maison de l'emploi un partenariat pour travailler à l'échelle du bassin de vie. Maintenant, on est en train de travailler avec les syndicats, les entreprises, avec les services publics de l'emploi, les collectivités, et on voit par là que cette complémentarité est excellente. On travaille sur le plan culturel, sur le plan étudiant, la carte culture commune dans le Rhin supérieur, les projets communs de recherche, des diplômes, des écoles trinationales. Il y a beaucoup de choses qui ont été faites et on voit que ce qu'on a commencé il y a vingt ans maintenant comme le bureau info consommateurs – on avait monté un bureau de renseignements pour les consommateurs, puisqu'on avait beaucoup de gens qui traversaient la frontière pour aller de l'autre côté, on s'était dit que c'était vraiment un sujet très intéressant –, aujourd'hui, c'est une agence européenne. Parce que cette agence a produit une connaissance unique en Europe. Ce dont je suis convaincue, c'est que la coopération franco-allemande fait grandir l'Europe et lui donne des moyens de performance, de compétence, de compréhension. Et une fois qu'on a résolu un problème à l'échelle de ces deux pays, qui sont les deux premiers pays contributeurs, on a rendu service aux autres. La coopération, pour moi, ce n'est pas seulement une coopération pour être tranquille avec ses voisins. Non, c'est véritablement un axe de l'action politique majeur, parce que je le vis depuis que je suis au Parlement européen, on a tellement de sujets divergents, sur l'énergie par exemple, sur l'organisation du travail, sur la démocratie sociale, sur les choix et les options économiques : l'Allemagne a choisi de bloquer les salaires et de jouer le commerce extérieur plutôt que le pouvoir d'achat et le marché intérieur… Les premiers à le payer, c'est nous, donc on a la preuve qu'à un moment donné, si on diverge entre Français et Allemands, il y en a un qui payera. Mais nous, on sait aussi qu'à terme, avec la crise démographique, l'Allemagne peut se retrouver en difficultés, à moins qu'elle profite de la mauvaise situation de l'Espagne, du Portugal ou de la Grèce en attirant les jeunes qui viendraient travailler chez elle. Donc, aujourd'hui, on a un vrai sujet qui est la solidarité et la mutualité des moyens et des charges. C'est l'enjeu. Et cela commence aussi dans l'équilibre franco-allemand.

Hans Martin Tschudi

Wie würden Sie den Aufbau Europas definieren, umfassen, wie verstehen Sie das?
Ich kann nur beschreiben, wie ich es als Schweizer erlebt habe. In der Grenzregion Basel haben wir immer eine offene Haltung Europa gegenüber gehabt. Denn wir wissen, dass um diese Metropole Basel herum ein Drittel der Schweiz gehört,

ein Drittel Frankreich und ein Drittel Baden-Württemberg/Deutschland. Aus dieser Sicht sind wir immer darauf aufgewiesen gewesen, eine gute Kooperation mit Europa zu haben, mit Deutschland und mit Frankreich. Nach dem 2. Weltkrieg, als Frankreich und Deutschland am Boden lagen, aber die Schweiz Gott sei es gedankt von Hitler verschont geblieben ist, haben wir begonnen, mit Deutschland die grenzüberschreitende Zusammenarbeit aufzurollen. Das erste Produkt war der heutige Euroairport Mülhausen-Basel-Freiburg. 1947/48/49 wurden die Staatsverträge zwischen Frankreich und der Schweiz entschieden. Man hat dort abgemacht, dass die Schweiz das Geld bringt und Frankreich das Land. Wir haben diesen ersten Flugplatz, der ganz klein ist, gebaut. Das „Miracle de Blotzheim" hat es geheißen, weil das Dorf so heißt. Seitdem ist es ein großer Flughafen geworden, binational aber faktisch trinational, da die Deutschen im Verwaltungsrat sitzen. Der hat über fünf Millionen Passagiere und entwickelt sich wunderbar. Wir waren immer auf gute Beziehungen zu dem europäischen Umland angewiesen. Wir haben immer gearbeitet nach dem System „Bottom up", als föderaler Staat. Die unterste Ebene ist die wichtigste Ebene, in Frankreich genau umgekehrt, da ist die wichtigste Ebene Paris. In Deutschland ist es ähnlich „Bottom up". Und wir haben aufgrund dieser Einstellung immer versucht, mit unseren Nachbarn gute Kooperation zu haben. Vor zwanzig Jahren haben wir in der Schweiz eine wichtige Abstimmung zum Europäischen Wirtschaftsraum [EWR] gehabt. Das war eine ganz wichtige Etappe, weil die Schweiz ein neutraler Staat ist, der sich aus Konflikten heraushält, aber immer die guten Dienste über Vermittlung, humanitäre Hilfe etc. anbietet. Das sind übrigens typische schweizerische Eigenschaften: Neutralität, aber starkes Engagement bei der Friedensförderung und bei der Aufrechterhaltung der Menschenrechte. Vor zwanzig Jahren haben wir also über den EWR abgestimmt und leider ganz knapp abgelehnt. 50,34% haben es abgelehnt, sonst wären wir heute im EWR. Stellen Sie sich vor, dass die Schweiz 26 Kantone hat, und dass davon 15 eine internationale Grenze haben. Was man innerhalb der Schweiz erlebt, ist unterschiedlich als hier in Basel an einer internationalen Grenze. Ich wohne zum Beispiel 200 m an der deutschen Grenze, in der Nähe von Lörrach. Für uns ist Frankreich und Deutschland das natürliche Hinterland. Wir zirkulieren ganz normal, unter anderem viele Arbeitskräfte. Heute, 15 bis 20 Jahre später, sind wir in der Schweiz wieder etwas zurückgefallen, weil Europa uns demonstriert hat, dass das Zusammenspiel schwer ist. Wenn man die Entwicklung von Europa aus der Sicht der Schweiz anschaut, dann spürt man eine gewisse Öffnung, die heute ins bremsen gekommen ist, weil Europa selbst etwas krank ist mit Griechenland, Spanien, Italien, Frankreich, England usw. Gott sei Dank gibt es noch Deutschland. Es ist also etwas schwierig geworden für die Schweiz, den Menschen zu erklären, dass wir, ein starkes Land, mit einer starken Exportwirtschaft, sehr stark abhängig von Europa sind. Nehmen wir das Beispiel der Großpharmaindustrie: Alle Weltfirmen sitzen hier und produzierten 40 bis 50 Arbeitsplätze in dem Land. Die Großpharmaindustrie hat einen kleinen Markt von 2% in der Schweiz, der Rest Europas ist der große Markt, also sehr wichtig für die Großpharmaindustrie. Mit der Großpharmaindustrie sieht man sofort, wie verbunden wir mit Europa sind und wieso wir an Europas Wohlstand interessiert sind.

Die Schweiz leistet freiwillig sogenannte Kohäsionszahlungen, z.B. Kohäsionsfond für Osteuropäische Länder. Das Volk muss in der Schweiz wegen der direkten Demokratie immer darüber abstimmen. Die Letzte Abstimmung war für zwei Milliarden Euros. Das leisten wir, weil wir an einer guten Entwicklung in Europa Interesse haben.

Wann und wie hat Europa Ihr Leben geprägt?
Das Wichtigste ist, wie man in der Kindheit oder in der Jugend geprägt wird. Wir sind an der Grenze aufgewachsen und damit haben wir gemerkt, dass wir dieselbe Kultur haben. Interkulturelle Kooperation spielt auch deswegen eine große Rolle. Wir sind im Elsass oder in Baden-Württemberg und in Basel alle Alemannen. Wir sprechen alle denselben Dialekt. Wir haben diesen kulturellen Vorteil, der uns miteinander verbindet, aber er verschwindet. Die jungen Generationen haben nach dem Krieg wegen einer falschen Politik, die ich aber verstehe, den Elsässern verboten, Deutsch zu sprechen. Jetzt kommt es langsam wieder, weil die Arbeitslosigkeit im Elsass bald bei 10% der Bevölkerung ist. Wir haben hier früher die Leute aus dem Elsass immer mit offenen Armen in die große Pharmaindustrie aufgenommen, weil sie dieselbe Sprache gesprochen haben. Das sprachliche Handicap ist ein Nachteil geworden. Ich habe ganz früh realisiert, dass wir Grenzen haben, aber dass wir offen sind, dass wir dieselbe Kultur haben, dieselbe Sprache. Wir lieben das Elsass aufgrund der Eigenart, aufgrund der Natur, den kulinarischen Eigenarten, der Weinstraßen etc. Wir sind ein Dreiland, das eine große kulturelle Vielfalt hat und deshalb einzigartig ist.

Was umfasst „Europa" für Sie?
Die EU ist etwas angeschlagen, weil die Mitglieder nicht diszipliniert sind. Sie halten die Maastrichter Verträge und deren Kriterien nicht ein und das hat eine gewisse uferlose Problematik ausgelöst. Anderseits stelle ich fest, dass die EU sehr gute Programme macht: Interreg ist das beste Beispiel dafür, aber auch Erasmus für Studenten, usw. Die Frage ist immer, wie nachhaltig solche Programme sind. Also, ob die Wirkung dieser Programme nach zehn Jahren immer noch weitergeht. Das ist die große Kunst. Da bin ich mir nicht so sicher, ob das immer so ist. Ich habe den Eindruck, es seien für viele Länder die Millionen von Brüssel willkommen, um ihre eigenen Probleme zu lösen. Dann kommt Nationalismus und die Disharmonisierung. Es ist schwierig, die Balance zu finden zwischen den Aufgaben der EU und denen des Nationalstaates. Als Schweizer müssen wir nur bei bilateralen Verträgen eine Balance mit der EU finden. Wir werden „Rosinenpieker" genannt. Wir nehmen nur das Beste. Wir versuchen, eine gute Beziehung mit der EU aufzubauen und passen auf unseren Status auf. Als zentrales Land sind wir trotzdem interessiert an guten, vernünftigen Verträgen. Zurzeit finden Sie aber keine Mehrheit in der Schweiz für eine weitere Annäherung an Europa, weil die Menschen, die hier leben eher ein negatives Bild Europas haben. Sie erleben die 28 Regierungschefs, die sich nicht einigen können. Die Angst vor der EU kommt auch daher, dass immer mehr vergemeinschaftlicht werden soll. Erst die Eurozone, dann die geplante Bankenüberwachung, die GASP usw. Brüssel wird immer zentraler und das ist für einen Schweizer schwierig.

Zu den unterschiedlichen Etappen des Europäischen Aufbaus, was war entscheidend?
Die EU hat einen Trend zu immer mehr Zentralisierung und gleichzeitig habe ich durch die grenzüberschreitende Kooperation realisiert, dass die Regionalisierung oder Dezentralisierung, die Stärkung der regionalen Ebene, eine große Bedeutung hat. Der vorletzte Ministerpräsident von Baden-Württemberg hat immer gesagt, dass die EU von starken Regionen lebt, von Bürgernähe. Man muss Europa Bottom-up organisieren. Aber der Reflex der Nationen ist immer noch der Schutz des eigenen Landes. Je größer Europa wird und je kulturell unterschiedlicher, desto schwieriger wird es, alle Themen zu zentralisieren. Zum Beispiel bei den Griechen: Ist es überhaupt sinnvoll, trotz der kulturellen Unterschiede, die Griechen wie die Deutschen zu erziehen? Das kann meiner Meinung nach nicht funktionieren. Dazu kommt auch, dass es schwierig ist, sich zu einigen. Das wird wahrscheinlich der Schlüsselpunkt für die Entwicklung Brüssel sein: Wie weit die Mitgliedsländer bereit sein werden, Kompetenzbereiche abzugeben.

Was denken Sie über die Rolle der unterschiedlichen Institutionen?
Das Europäische Parlament ist aufgewertet worden. Ich finde es auch gut, dass der Sitz in Straßburg ist und nicht alles in Brüssel zentralisiert ist. In der Schweiz haben wir es auch so dezentralisiert, nicht alles ist in Bern. Zwar kostet die Reise viel Geld, aber es ist der Ausdruck der Verteilung der „Macht". Als Schweizer freue ich mich, dass das Parlament eine größere Bedeutung bekommt. Bei uns ist das Parlament die oberste Gewalt. Also das Volk und dann das Parlament und als letztes die Regierung. Das Parlament muss einen großen Platz haben, weil es die Vertretung der Bürger ist. Der Europarat ist lange vor der EU gegründet worden und hat Themen wie Menschenrechte, Regionalisierung, kommunale Selbstverwaltung, Schutz der Minderheiten usw. Dazu gibt es den EGMR. Jeder Bürger in Europa, das heißt auch ein Schweizer, kann sich auf den EGMR berufen. Das ist der große Gewinn des Europarats. Im Europarat sind Staaten zusammengekommen, die eher mit sozial orientierten Menschenrechtsfragen arbeiten. Dort wird nicht die tägliche Politik gemacht. Es ist eher eine Beobachtertätigkeit, die dann im Parlament, im Außenministerrat und auf nationaler Ebene ausgeübt wird. Es passiert auch viel über grenzüberschreitender Kooperation innerhalb des Europarates. Es ist eine gute, nützliche Institution, die ich nicht als obsolet ansehe.

Grenzüberschreitende Kooperation: welchen Unterschied gibt es in Bezug auf interlokale Kooperation?
Es ist eine klassische Zusammenarbeit mit einem unmittelbaren Nachbarn. Da spielt die Ebene gar keine Rolle. Wenn eine Gemeinde mit einer anderen Gemeinde zusammenarbeitet, ist es auch grenzüberschreitende Zusammenarbeit, genauso zwischen Kanton und Land. Einen Unterschied gibt es mit der Zusammenarbeit zwischen zwei Nationen. Es gibt Staatsverträge, d.h. völkerrechtliche Verträge. Aus Erfahrung kann ich sagen, dass seit dem 2. Weltkrieg im Oberrheingebiet viel gemacht und strukturiert wurde. Kommunal haben wir die Eurodistrikte, die unmittelbar miteinander arbeiten – Basel-Colmar-Mülhausen-Lörrach, etc. – mit einer klaren Struktur: Ein Quasi-Parlament und eine Exekutivebene. Bei der Ober-

rheinkonferenz ist es genau dasselbe: Wir haben 1975 das Bonner Abkommen unterschrieben und eingesetzt. Wir haben ein Generalsekretariat in Kehl: vier Sekretäre, die dort koordinieren, zwölf bis dreizehn Ausschüsse. Alle Themen der täglichen Politik, sobald sie eine grenzüberschreitende Bedeutung haben, werden besprochen: Naturschutz, Soziales, Kultur, Wirtschaft, Bildung usw. Das Ergebnis sind dann grenzüberschreitende Projekte, kleine oder große Projekte. Die Augenfälligsten sind die Regio S-Bahn, der trinationale Flughafen, die trinationalen Ausbildungen: Architektur, Wirtschaft, usw.

Ist die Region des Oberrheins ein Labor für Europa?
Es ist eine Pionierregion, weil wir früh begriffen haben, dass man aus dieser Region noch viel mehr machen könnte, uns ganz früh für diese Kooperation organisiert haben und dieselbe Sprache haben. Wir präsentieren den Touristen den gemeinsamen Raum. Die einzelnen Orte der Region sind nicht bekannt, aber die Region selber, da sie größer ist. Wir verkaufen diese Region gemeinsam als eine starke Region im Herzen Europas. Es ist die sogenannte „blaue Banane". Heute ist es egal, wo eine große Firma in der Region stehen soll. Die Hauptsache ist, dass sie in der Region steht. Es gibt dann neue Arbeitsplätze und Bewegung über die Grenzen. Es ist eine „win-win" Situation.

Sehen Sie noch nationale Grenzen?
Die sind kaum noch spürbar. Jetzt wo wir in Schengen sind, gibt es keine Kontrolle an den Grenzen mehr. Das ist aber ein großes Problem für die Kriminalität. Zugenommen hat die Einbruchsrate an den Grenzen, weil es keine Kontrolle mehr gibt. Weil die Polizei sich an den Grenzen total reorganisieren muss und das ist ganz schwierig. Für die Menschen ist es aber ganz angenehm.

Wie ist Ihre Erfahrung vom Eurodistrikt?
Auf kommunaler Ebene gibt es vier Eurodistrikte am Oberrhein und ich kenne den im Süden gut. Früher hieß es TAB und wurde von Brüssel in Eurodistrikt umbenannt. Ich habe mit solchen Namen immer Mühe gehabt. Denn Politik sollte durchsichtig und erkennbar sein. Bürgernähe ist das eine, aber sie müssen auch begreifen, was sich da abspielt. Bei solchen Namen wie „Metropolitan-Konferenz" ist es ganz schwierig, weil „Metropolitan" für die drei Länder was Anderes heißt. Die Leute fragen mich „was ist Metropolitan?", denn bei uns ist es eine unterirdische Bahn. Die Namen sind zu akademisch. Die Babylonische Sprachverwirrung ist etwas problematisch. Ich habe mich immer eingesetzt für einfache Strukturen, auf jeder Ebene. Diejenigen die sagen, die „coopération transfrontalière" sei überflüssig, denen sage ich genau das Gegenteil. Man muss sich noch näherkommen, besser kennenlernen. In der grenzüberschreitenden Zusammenarbeit beginnt diese gute Arbeit mit dem Willen der Politiker. Das Wichtigste ist, dass die Politiker das machen wollen. Den Karlsruher Vertrag haben wir wegen der Franzosen gemacht. Wir haben hohe Kompetenz durch den föderalen Staat, um Verträge zu unterschreiben, die Deutschen auch. Die Franzosen müssen aber immer Paris fragen. Mit diesem Vertrag hat das Elsass mehr Autonomie gewonnen, um lokale Zweckverbände zu machen. Es ist ein gutes Instrument, leider zu

wenig benutzt, weil die Franzosen doch immer nach Paris rennen. Diese Dezentralisierung funktioniert also immer noch nicht. Es ist schade, dass nicht verstanden wird, dass es Grenzregionen gibt, die sich selber organisieren müssen. Das dezentralisierte Frankreich kann man nur anfangen, wenn die Politiker es wollen. Übertragen auf supraregionale Gremien ist das dann ganz schwierig. Deshalb können eine Oberrheinkonferenz und eine Eurodistrikt-Konferenz immer im Sinne einer Empfehlung an die drei Partner entscheiden. Wir entscheiden, eine S-Bahn zu bauen, aber dann müssen wir immer in den Kanton oder den Landtag Baden-Württemberg oder das Département du Haut-Rhin zurückgehen. Die Oberrheinkonferenz hat keine direkte Entscheidungsgewalt.

Was ist Europa für Sie?
Europa ist eine große Vielfalt der Nationen und der Kulturen, aber auch ein Friedenspakt. Dank dieser Bemühung von Europa, zusammen zu gestalten, hat man immerhin fast alle Konflikte verhindern können. Das ist einer der treibenden Motoren, um weiter an Europa zu arbeiten. Historische Spannungen haben aber ein langes Gedächtnis. Wir sind fast alle nach dem Krieg geboren. Deshalb erfahren wir die deutschen Partner immer noch so, dass sie den Eindruck haben, sie müssten als ehemaliger Träger des Nationalsozialismus in Europa eine spezielle friedensfördernde Rolle spielen. Dieses lange Gedächtnis ist immer noch ein Faktor, auch wenn ich mir manchmal wünschte, dass es jetzt normaler wird. Europa ist mit der Konstruktion der EU friedensstiftend. Ich frage mich manchmal bei Europa, wo die natürliche Grenze ist. Bei der Türkeifrage gibt es keine abschließende Meinung. Ich kann mich erinnern, als Kohl Bundeskanzler war und er noch in die Diskussion geworfen hat, ob nicht auch noch Nordafrika in Europa hinein soll. Wenn man sieht, was dort in den letzten Jahren passiert ist, kann man sich es kaum vorstellen. Ich weiß nicht, ob das der richtige Weg ist. Ob ein kleineres Europa nicht versprechender ist als ein immer noch größeres Europa, das dermaßen groß und kulturell unterschiedlich ist, in der Religion, der Sprache, der Kultur und in dem Verständnis, wie die Menschen die Politik sehen. Man kann sich immer neue Probleme aufbauen. Es müssten erst die Probleme der EU geregelt werden. Es gibt schon viele Länder und Kroatien steht vor der Tür. Europa muss sich auf seine Stärken zurückbesinnen und darf seine kulturellen Wurzeln nicht vergessen. Wir kommen von den Römern, den Griechen, wir haben eine humanistische Tradition, wir sind den Menschenrechten verpflichtet, wir sind immer noch innovativ und wirtschaftlich stark. Europa sollte sich in seiner Geschichte wiederfinden und diese Trümpfe ausspielen.

Wie sehen Sie das Thema Erweiterung und Vertiefung Europas?
Ich würde eher nicht die Erweiterung, sondern die Vertiefung als Ziel sehen. Das zusammenführen, was bereits vorhanden ist. Beim Europarat spielt es gar keine Rolle. Da sind wir alle dabei. Bei diesen Themen hat man die territoriale Erweiterung längst durchgeführt. Bei der EU, die andere Führungsansprüche erhebt, zusammen mit den Mitgliedern, würde ich eher vertiefen.

Welche Rolle spielt der Bürger heute in Europa?
Der Bürger in der Schweiz hat einen hervorragenden Status, weil er vier bis sechs Mal im Jahr abstimmt. Er entscheidet in direkter Demokratie, wer an der Regierung und wer im Parlament ist. Für richtige Mitwirkung müsste man eigentlich die Rechte des Europäischen Bürgers erweitern, aber ob sich das organisieren lässt, ist schwer zu sagen. Es sind zu viele Menschen. Jetzt ist das noch nicht notwendig, da relativ wenig Themen zur Wahl stehen. Die Bevölkerung hat ungefähr so viel zu sagen: „Wollen wir zur EU gehören?" und dann delegiert man automatisch gewisse Kompetenzen nach Brüssel. Das Einzige, was möglich wäre, ist wenn sie austreten wollen. Es ist wichtig, dass die europäischen Parlamentarier ihren Leute erklären können, was sie machen. Sie müssten sie gut informieren.

Welche Rolle spielt der Staat in Europa?
Eine große Rolle. Die EU ist ein Zusammenschluss von Nationalstaaten. Die müssen die Balance finden zwischen ihren ureigenen Interessen und den Interessen, die sie in Brüssel vertreten. Die Staaten und die EU müssen zwischen „zentral" und „dezentral" die Balance finden.

Welche Vorstellung haben Sie von der Zukunft Europas?
In einer europäischen Verfassung müsste man definieren, was zentral gemacht wird und wo die Nationalstaaten mit ihren Regionen gestellt werden, sodass der Bürger das begreift. Man sieht, dass Ungarn gerade ein ganz konservatives Gesetz erlassen hat und die Presse manipuliert. Da hat Brüssel sofort reagiert, um zu sagen, dass es nicht mehr geht. Es gibt einen Rückfall von konservativen Regierungen: Hier sieht man die Konflikte zentral-dezentral. Diese Nationen sagen: „Wir sind erst Nation und dann EU".

Föderaler Staat oder Staatenbund?
Ich glaube nicht an eine EU wie die Vereinigten Staaten von Amerika. Es wird bei einem gut organisierten Staatenbund bleiben, in dem man versucht, gemeinsames Interesse abzudecken.

Robert Walter

Que représente pour vous la construction européenne ?
La construction européenne, je pense que c'est d'abord un refus de la guerre. Cela a été la plupart des pères de l'Europe, qui ont vécu ce drame, que ce soit Churchill, Robert Schuman, Spaak et d'autres. C'est l'intégration des pays européens pour qu'ils ne puissent plus se faire la guerre. Dès 1949, on choisit Strasbourg comme siège du Conseil de l'Europe. Alors, c'est vrai que si tout le monde positive cette décision, en disant : « Voilà, on a voulu faire de Strasbourg le pôle européen, ville symbole de l'Europe », il y en a d'autres qui ont étudié les textes, et ce de très près, pour se rendre compte que si on n'a pas voulu mettre l'Union européenne à Paris ou dans une grande capitale européenne, c'est parce que justement on voulait minorer le rôle de l'Union. Ces États se sont dit, une petite ville,

Strasbourg, voilà, ça ne va pas manger trop de pain, on va faire quelque chose de gentil, mais cela ne va pas prendre de l'ampleur.

Justement, que pensez-vous de la polémique autour du siège du Parlement européen à Strasbourg ?
Si la France avait d'autres sièges, on pourrait en discuter, mais étant donné qu'il n'y a que le siège du Parlement, il ne sera pas remis en question, tant que les autres sièges ne seront pas eux-mêmes remis en question. Et je pense que peu de pays veulent rouvrir la discussion. […] C'est un combat à mener, je suis persuadé que le Parlement doit rester à Strasbourg, d'autant plus que l'argument des coûts est de moins en moins valable. Tout est numérisé, tout est dématérialisé, donc l'argument qu'il faut déplacer des tonnes de papier ne tient plus.

Que représente l'Europe dans votre quotidien ?
Pour moi, l'Europe aujourd'hui, c'est d'abord un contrepoids important aux États-Unis et au monde émergent comme la Chine ou l'Inde. La Chine surtout, l'Inde moins, n'a aucune morale en politique. Ils écrasent l'Afrique, ils ont une politique de conquête des marchés, d'établissement dans les pays pauvres, où ils exploitent ces pays. À ce niveau-là, il y a des erreurs monumentales de la Commission, qui libéralise le marché et désarme l'Europe face au protectionnisme chinois ou américain. Il faudra un jour que les Européens attaquent quelque peu la Commission et demandent à leurs députés de faire une législation plus protectionniste, pour protéger le marché européen.

Comment analysez-vous la transformation des institutions européennes ?
Moi je suis content que le Parlement ait pris du poids. Il en a pris, oui, mais il est tout de même encore assez faible par rapport aux parlements nationaux. Évidemment, ils ont parfois pris des décisions un peu malheureuses, concernant le bon fromage français… Je pense qu'il y a des décisions qui doivent ne pas être du ressort malgré tout du Parlement européen. Comme, par exemple, refuser les fromages qui sont fermentés.

On parle aujourd'hui de l'« Europe de la finance » ou de « déficit démocratique ». Y a-t-il une remise en cause de l'Europe ?
Disons que la crise qui secoue actuellement l'UE, elle montre aussi l'obligation de contrôler les fonctionnaires européens. Je veux dire que, peut-être, il y a eu une bureaucratie européenne qui s'est permise tout et n'importe quoi. Il y a beaucoup de choses à parfaire dans ce domaine. Mais, au niveau de la monnaie unique, on sait tous que beaucoup de choses en Europe, sans les relations franco-allemandes, n'auraient pas eu lieu. On sait tous que cette monnaie unique, les Allemands n'étaient pas pour. Puis cela a été la monnaie d'échange de la réunification. Donc, elle existe.

Que représente pour vous le terme transfrontalier ?
Le transfrontalier, pour moi, c'est de mettre des choses en commun, d'utiliser la proximité pour mieux se connaître et monter des projets binationaux ou trinationaux plus facilement. C'est vrai que j'ai monté énormément de projets, avec des

artistes, avec des acteurs, avec des festivals de musique, et je crois qu'il y a des fois une erreur de vouloir balayer les frontières. Il faut qu'on reste tout d'abord nous-mêmes. C'est comme au niveau de la personne, ce n'est pas la peine de se pousser dans un moule uniforme. Il faut que chacun, que les Alsaciens restent des Alsaciens, que les Badois restent des Badois, que les Suisses restent des Suisses. Et ensuite, on travaille ensemble et on monte des projets. Ce sont des projets d'autant plus enrichissants. Maintenant, il y a des choses très pratiques où on a intérêt à coopérer, pour diminuer les coûts, des hôpitaux par exemple. Pourquoi un habitant de Kehl n'utiliserait pas les services d'urgence des hôpitaux de Strasbourg, ou un habitant de Wissembourg, les hôpitaux de Karlsruhe ? Pour éviter des doublons. Après, on va toujours argumenter sur le problème de la langue. Mais, justement, je pense qu'aujourd'hui on doit pouvoir malgré tout s'en sortir, au-delà des problèmes linguistiques. C'est vrai que le plus grand handicap dans tous les programmes interrégionaux, comme Interreg, c'est la langue qui est le premier problème. Le deuxième handicap restant tout de même la méconnaissance totale des systèmes de fonctionnement du pays voisin. Ils sont totalement différents.

Est-ce qu'il y a pour vous une place spécifique de l'Alsace dans la construction européenne ?
Je pense qu'il y a une place très spéciale pour l'Alsace dans l'Europe. D'abord, c'est une région qui a énormément souffert, plus que les autres pays, du dernier conflit mondial, du fait même des Malgré-nous. D'abord les sièges du Parlement européen et du Conseil de l'Europe donnent par définition un rôle dans l'accueil de tous ces Européens, de tous ces élus européens. Je pense qu'à ce niveau, il y a encore beaucoup de choses à faire, au niveau de la Région Alsace et au niveau de la ville de Strasbourg. Il y a des choses absurdes, comme lorsque le Tour de France est passé à Strasbourg, il y a quelques années, et que le ministère de l'Intérieur avait refusé que les secouristes français et allemands, donc les Strasbourgeois et ceux de Kehl ou de l'Ortenau, travaillent ensemble. Tout simplement parce que les règles étaient différentes dans chaque pays. Donc voilà un côté absurde, et voilà un côté qu'on pourrait réguler et initier.

Est-ce que la notion d'espace du Rhin supérieur vous parle ?
Va-t-il de Bâle jusqu'à Karlsruhe, jusqu'à Mannheim ? Voilà, les contours sont assez flous... Quand on parle du Rhin supérieur, c'est toujours des définitions assez floues. Alors, l'Eurodistrict, ça m'intéresse parce je me sens Strasbourgeois et je me sens impliqué dans l'Eurodistrict, comme tout ce qui est franco-allemand m'intéresse. J'ai assisté à travers les médias à sa mise en place. C'est vrai que c'est un accouchement très difficile, qui s'est fait par forceps. Il est vrai que cette ville de Strasbourg n'a jamais vraiment soigné son côté franco-allemand. Catherine Trautmann était trop intéressée par son poste de ministre de la Culture à Paris, Roland Ries, premier régime, avait une politique intéressante avec l'Allemagne, et je pense que c'est le maire le plus ouvert qu'on ait eu sur la coopération germano-française. Comme Adrien Zeller a été le président de Région le plus ouvert aussi.

Serait-il possible selon vous de construire une identité européenne ?
Je crois qu'on y arrivera, de la même façon que l'Alsace a un drapeau. On n'a pas encore d'hymne, mais on pourra peut-être un jour le faire avec le *Hans im Schnokeloch*. Et, de la même façon, certaines régions ont un hymne, le pays de Bade a le *Badnerlied*, tout autant viable, crédible, à côté d'un hymne national ou fédéral, ou à côté d'un drapeau national ou fédéral. Le même processus est possible pour un drapeau, un hymne européen. Alors, même s'il y a des députés qui ont refusé le drapeau et l'hymne européens, je crois qu'il faudra y revenir. Un jour tout le monde verra que c'est bien.

Pensez-vous que l'avenir de l'Europe aille vers davantage d'approfondissement ou alors dans l'élargissement, avec d'autres pays, comme la Turquie ?
Je suis, comme beaucoup de gens, contre l'adhésion de la Turquie. Je crois que ça représente un danger pour nous. […] Je crois que le droit de vote aux Européens est bon, mais l'approfondissement est nécessaire auparavant, même si cela est vrai qu'il y a beaucoup d'Européens qui rêvent d'une Europe fédérale, d'une vraie délégation de pouvoir au niveau européen. Je crois qu'il faudra y arriver un jour. Ce sera sûrement très dur pour certains nationalistes, mais si on n'y arrive pas, on sera mangé, soit par la Chine, soit par d'autres pays.

Jean-Marie Woehrling

Comment définissez-vous la construction européenne ?
Pour moi, l'Europe, c'est d'abord une tradition, une culture, un certain nombre de valeurs, et ces valeurs, pour qu'elles aient des chances de se maintenir dans le monde actuel, elles ont besoin d'un cadre, un cadre politique. Ce cadre politique, il faut le forger, parce que les différents États européens ne sont plus en mesure, chacun dans son coin, de porter et d'assurer l'avenir de ces valeurs. C'est la construction d'un cadre politique, d'un système institutionnel qui permet de sauvegarder ces valeurs.

On dit fréquemment de l'Europe que c'est une œuvre de paix entre les nations, que c'en est le projet premier, qu'en pensez-vous ?
C'est vrai que j'ai toujours connu la paix en Europe sauf peut-être le conflit yougoslave que j'ai suivi de loin, donc je dois dire que, pour moi, c'est presque un acquis. Bien sûr, c'est important qu'il n'y ait pas de conflit en Europe, et c'est vrai aussi, comme l'a montré l'affaire yougoslave, il faut être attentif à ce qu'il n'y ait pas de nouveaux éléments de litiges armés qui renaissent au sein de l'Europe, mais ça ne me paraît plus être suffisant comme définition de l'Europe. La paix, c'est important, mais on va considérer que maintenant on a dépassé le stade de la simple préservation de l'affrontement, il faudrait avoir une vision plus ambitieuse de l'Europe.

Est-ce que vous vous souvenez d'un moment précis qui vous a amené à vous intéresser aux enjeux européens ?
Il y a d'abord cette position ici en Alsace. L'Alsace a quand même été au milieu des conflits entre la France et l'Allemagne. Quand on est quelqu'un qui a une certaine conscience de cette identité régionale, c'est évident que seule l'Europe peut être le moyen de surmonter cette opposition qui a existé au niveau de cette région. Par ailleurs, dans mes activités professionnelles, notamment lorsque j'étais magistrat, c'était aussi une évidence pour moi que la façon de faire progresser mon travail de magistrat, ma contribution à l'évolution du droit, passait par l'ouverture européenne, l'enrichissement réciproque des différents systèmes nationaux de droit. Par exemple, le droit français, ou du moins celui dont je me suis occupé, le droit administratif, me paraissait complètement figé, et la construction européenne était le moyen de faire sauter un certain nombre de blocages pour ouvrir ce droit à des choses nouvelles, non pas pour remettre en cause le droit administratif français mais pour le moderniser, le faire avancer, le faire sortir d'un certain nombre d'impasses dans lesquelles il s'était enfoncé et dont il n'aurait pas pu sortir sur un chemin proprement national.

Est-ce que vous avez eu le sentiment de faire évoluer le droit allemand également ?
Oui, bien sûr. Disons que j'ai toujours considéré mon rôle comme celui d'un passeur, c'est-à-dire d'expliquer aux Allemands les avantages du droit français, d'expliquer aux Français les avantages du droit allemand, et que chacun regarde ce qui se passe de l'autre côté de manière critique. Critique d'abord par rapport à son propre système, mais bien sûr aussi critique par rapport à l'autre système.

Quelle est la place de l'Europe dans le droit ?
Mon secteur professionnel, c'était le droit public. Encore plus que le droit privé, le droit public était un droit nationalisé, enfermé. Chaque État prétendait avoir son génie juridique propre, incompatible avec des influences extérieures. Pour moi, la construction européenne, c'est aussi s'ouvrir à toutes ces influences des autres pays et essayer de faire émerger une nouvelle tradition juridique : une tradition proprement européenne. J'ai travaillé en ce sens, j'ai notamment écrit sur l'européanisation du droit administratif.

Qu'est-ce que l'Europe pour vous aujourd'hui ? Existe-t-il une Europe ? Plusieurs Europe ?
Je dirais qu'il y a une seule Europe, mais avec plusieurs visages, plusieurs réalités, plusieurs niveaux. Pour reprendre, sans m'y enfermer, l'exemple du droit, il y a bien sûr ce que j'ai appelé l'européanisation du droit, c'est-à-dire le développement d'un droit européen au sens strict du terme, c'est-à-dire ce qu'on appelait le droit communautaire, le droit de l'Union européenne. Mais à côté, il y a d'autres institutions européennes qui, elles aussi, font un travail d'harmonisation, de rapprochement, comme le Conseil de l'Europe. Là, ça n'est pas un droit supérieur qui viendrait se superposer aux droits nationaux, mais ce sont les droits nationaux qui ensemble réfléchissent à un développement en quelque sorte harmonisé. Je peux

prendre l'exemple des travaux auxquels j'ai participé au Conseil de l'Europe : on a élaboré des conventions-cadres pour des lignes communes, par exemple la Charte de l'autonomie locale. Là, ce n'est pas l'Union européenne qui impose un modèle aux États, mais ce sont les États qui, ensemble, dégagent ce qui leur est commun et s'engagent à le mettre en valeur d'une manière concertée. C'est une autre dimension que le droit de l'UE. Ensuite, il y a l'échange intellectuel entre les professionnels dans tous les domaines. Pour moi, c'est le droit, mais on pourrait parler des pharmaciens, des architectes, des urbanistes, etc. Là, c'est l'échange, la création d'associations de professionnels, les colloques européens, la confrontation des expériences. C'est, à mon sens, très important aussi, parce que, finalement, c'est l'Europe à la base, les citoyens européens qui se rencontrent chacun dans son domaine de prédilection et qui recréent, revivifient un esprit européen commun. C'est comme ça aussi que se dégagent des idées communes, qui ne sont pas inventées au sommet, mais qui viennent de la base pour remonter vers le haut. Ça c'est aussi une autre dimension de l'Europe, mais tout ceci c'est la même Europe, avec des institutions, des processus, des mécanismes différents.

Vous semblez distinguer le droit de l'Union européenne et celui du Conseil de l'Europe. Est-ce que ce serait une sorte de critique de la facture du droit de l'Union européenne tel qu'il se fait aujourd'hui ?
En tout cas, elle ne peut pas être la seule façon de construire l'Europe. C'est une des façons, elle est nécessaire, il faut qu'il y ait un processus plus directif qui fonctionne, parce que justement l'UE a eu des déconvenues, parce que ces processus de rapprochement plus *soft* ne sont pas suffisants, ne fonctionnent pas. Il faut donc qu'à un moment donné, il y ait une majorité qui dise : « Voilà, maintenant, c'est comme ça », et puis tout le monde va suivre. Je ne critique donc pas du tout cette façon de faire, je pense simplement qu'elle ne peut pas être exclusive. J'ai par ailleurs des critiques à l'égard de l'appareillage communautaire, qui sont des critiques non pas sur le principe mais c'est une insatisfaction de l'usager parce que je trouve que souvent ça ne fonctionne pas bien, ou que c'est devenu une énorme machine bureaucratique. On le dit tout le temps et c'est vrai : à défaut de pouvoir décider des choses importantes, on décide de choses totalement secondaires. On pratique la subsidiarité à l'envers : au lieu d'avoir les choses importantes au niveau européen et les détails au niveau local, on a les détails au niveau européen et tout ce qui est important reste au niveau local. Mais ça, c'est aussi dû à la résistance des États nationaux. Mais le résultat est quand même là : on a une machine énorme, qui brasse souvent beaucoup de vide, qui est souvent contreproductive et qui donne une mauvaise image de l'Europe. On a parfois dit que les États nationaux ont mis trois siècles pour dégénérer, quand la Communauté européenne a pris trente ans. C'est le processus d'accélération de l'histoire. Souvent, dans mon deuxième métier qui était la Commission centrale pour la navigation du Rhin, j'ai travaillé avec des institutions européennes, et j'ai souvent eu l'impression que c'est une grosse machine qui produit très peu.

Justement par rapport à la complexité de l'architecture européenne : on a parlé de la Communauté économique européenne, des Communautés européennes puis de l'Union européenne. Quelles sont les différences entre ces termes ?
C'est bien sûr un processus historique. On a commencé par créer plusieurs communautés européennes, ensuite on les a édifiées, ensuite on est passé au terme « Union européenne ». Ça, c'est le juriste qui sait qu'il y a eu plusieurs appellations qui se sont succédées. Aujourd'hui, on ne sait plus trop parfois comment utiliser certains termes puisque « droit communautaire » est encore utilisé, alors que théoriquement il faudrait maintenant dire « droit de l'Union européenne ». Mais c'est du vocabulaire, ça n'a pas de grand contenu. Le projet de construction au niveau communautaire, lui, a été permanent, il y a quand même une unité, du début à la fin, de tous les grands principes. Je ne vois pas de trahisons ou de changements dans les orientations. Ce que je vois, c'est une difficulté grandissante dans la mise en œuvre, parce qu'on n'a pas pu faire le grand saut qu'on aurait dû faire, notamment au moment de l'adoption des traités de l'Union. On s'est contenté de rajouter une couche, de replâtrer, d'essayer de peaufiner, sans faire de saut qualitatif. Aujourd'hui, on est face à cette situation d'avoir une grosse machine qui donne l'impression de ne pas être capable de résoudre les problèmes. On l'a vu avec la crise économique : dans un premier temps, il y a eu une absence totale de réaction efficace des institutions de l'Union européenne, au point qu'on était au bord de l'effondrement du système monétaire européen et, au dernier moment, il y a quand même eu des réactions, mais qui sont davantage le fait de responsables nationaux ou de personnalités, comme le président de la Banque centrale européenne. Ça n'a pas été un mécanisme de l'Union, ce n'est pas elle qui, par ses propres institutions, a apporté une solution à la crise. La Commission, notamment, est quasiment absente de tout ce processus. Voilà un des signes très inquiétants d'obsolescence du système.

Selon vous, quelle est la place du Conseil de l'Europe au sein de cette architecture européenne et vis-à-vis de l'Union européenne ?
Vu de l'extérieur, il y a effectivement un problème de complémentarité entre deux institutions qui semblent quand même un peu se marcher sur les pieds à certains égards. Cette complémentarité, on a essayé de la faire progresser mais on ne l'a pas tellement réalisée. Il y a des relations entre les responsables des deux institutions, des programmes communs, des cofinancements sur ces programmes communs, on s'est un petit peu partagé le travail. Par exemple, au moment de l'élargissement vers l'Est, l'Union européenne s'est appuyée sur le Conseil de l'Europe pour traiter des sujets qui n'entraient pas bien dans le cadre de l'Union, comme par exemple la protection des minorités, les droits de l'Homme, etc. Il y a donc bien des choses qui ont été faites qui sont positives en ce sens. Il y a aussi, et on est là encore face à une montagne qui va peut-être accoucher d'une souris, la question de l'adhésion de l'Union européenne à la Convention européenne des droits de l'Homme. Globalement, quand même, je dirais c'est plus du bricolage qu'une véritable coordination approfondie. On aurait pu aller plus loin à mon sens. Je prends l'exemple du Congrès des pouvoir locaux et régionaux de l'Eu-

rope. Il aurait été à mon sens raisonnable de ne pas créer un Conseil des régions au niveau européen et de simplement dire : « On va prendre ce Conseil-là et on va en faire une institution commune ». Évidemment, le Conseil de l'Europe et l'Union européenne, c'est un peu le pot de terre et le pot de fer. L'Union a essayé en quelque sorte de piquer au Conseil de l'Europe des sujets qui marchaient bien, pour s'en prévaloir. Je pense, par exemple, à ce qui a été fait dans le domaine de la coopération transfrontalière, où le Conseil de l'Europe a fait beaucoup. Comme il a réussi à développer beaucoup de choses dans ce domaine, l'Union européenne est venue voler au secours de la victoire et a fait un règlement européen sur la coopération, qui n'a strictement rien amené. Je pense donc qu'il y a une complémentarité qui est tout à fait possible, il n'y a pas un double emploi, mais il y a des ajustements à réaliser qui ne l'ont pas été autant que cela aurait été souhaitable.

Vous parliez de rivalités, est-ce que vous ne pensez pas que certaines rivalités sont impossibles à éviter ? Par exemple, entre la Cour européenne des droits de l'Homme et la Cour de Justice de l'Union européenne ?
Oui, encore que je trouve que là les choses sont restées à peu près dans un cadre raisonnable. On a plusieurs institutions judiciaires – la Cour européenne des droits de l'Homme, la Cour de Justice des Communautés – et le risque était qu'on aille dans des directions divergentes. Mais par des ajustements pragmatiques, chacun est attentif à ce que fait l'autre. On peut dire que les juges ont été raisonnables et n'ont pas fait de surenchères réciproques. Globalement, ça fonctionne bien. Bien sûr, les spécialistes trouveront sur tel point de détail des différences, des contradictions, mais globalement, c'est quand même très cohérent. Il y a des mécanismes qui sont purement empiriques de coordination, d'échange de vues, etc. Ça fonctionne à peu près correctement, même si bien sûr on n'est pas satisfait sur le plan intellectuel d'avoir deux institutions qui, d'une certaine manière, sont en concurrence. La question de la Convention européenne des droits de l'Homme, c'est de savoir si l'adhésion de l'Union va améliorer cette coordination ou, au contraire, va la dégrader, la casser par un processus de bureaucratisation relative. On ne sait pas trop en réalité ce que va signifier cette adhésion. Est-ce que c'est l'Union qui fait un hold up sur la Convention européenne ou bien est-ce que c'est la Cour européenne qui va devenir l'autorité suprême au-dessus de la Cour de Justice ? Aucune des deux solutions ne serait favorable, et c'est pour cela que le projet avance si lentement, parce que tout le monde est conscient des risques.

Quel est votre avis sur la place du Parlement européen et que pensez-vous de son fonctionnement ?
L'impression que j'ai est une impression un peu double. Aujourd'hui, l'autorité du Parlement est reconnue, les décisions qui sont prises au sein de ses commissions sont prises en compte, ne laissent personne indifférent au sein de la Commission ou du Conseil, qui jouent le jeu : le Parlement a certainement une influence, une autorité. Mais, d'un autre côté, on est inquiet d'un fonctionnement parlementaire qui reste quand même très amateuriste. Finalement, pourquoi, dans un domaine très technique, comme dans mon petit domaine de la navigation fluviale, le Parlement va s'intéresser à tel article d'une directive ou d'un règlement ?

Il aurait très bien pu ne pas le faire. Mais il se trouve que, dans un dîner en ville, on a réussi à mettre le grappin sur un député qui a envie de se défoncer, de se faire un nom là-dessus, qui va aller au turbin et faire bouger les choses, dans un bon ou dans un mauvais sens. Mais on n'a pas vraiment l'impression que le Parlement est vraiment organisé de manière à ce qu'il ait une vision vraiment globale des problèmes. Pour les grands sujets, le Parlement n'est pas vraiment très efficace parce que le système d'alliances et de partis fait qu'il n'a pas été capable de vraiment imposer quelque chose à la collectivité des États. Le fonctionnement du Parlement est, de ce point de vue-là, tout à fait défaillant parce qu'il devrait être capable, en réalité, de contrôler le gouvernement européen, nommer le Premier ministre européen, etc. Tout cela, il ne le fait pas. On en parle régulièrement et moi je pense que ce serait tout à fait faisable sans changer les institutions, simplement par une sorte de convention entre les institutions, de dire : « Voilà, les différents partis ont des candidats pour la présidence de la Commission et c'est le parti qui l'emporte qui va nommer le président de la Commission ». Ce n'est pas les petits chefs d'État dans un dîner en commun, mais vraiment le Parlement. On n'a pas besoin de changer les institutions pour le faire. On pourrait ainsi donner beaucoup plus de poids aux élections au Parlement européen, dont on sait qu'elles n'ont pas beaucoup de signification pour les citoyens, justement parce que l'enjeu politique est faible. Je pense qu'il faudrait vraiment donner au Parlement ce pouvoir de nommer le gouvernement européen, c'est-à-dire la Commission, et, en même temps, ce serait au président de la Commission d'être aussi le président du Conseil. Tout cela, on pourrait en convenir sans modifier les traités, et à ce moment-là on aurait un personnage qui serait d'une tout autre ampleur que le président actuel.

Le Conseil européen, qu'en pensez-vous ? Quelle est sa place ?
En soi, il n'y a pas de mal évidemment à ce que les chefs d'État travaillent ensemble. Mais c'est toute la discussion sur la place de l'intergouvernemental et du communautaire. Aujourd'hui, si l'intergouvernemental, c'est-à-dire les décisions des chefs d'État ensemble, prend de plus en plus d'importance par rapport aux décisions proprement de l'Union, aux décisions communautaires, c'est parce que ces dernières ne sont pas suffisantes. Dès qu'il faut prendre des décisions importantes, on voit que la machine du processus décisionnel de l'Union est trop lent, trop compliqué, insusceptible de déboucher sur quelque chose d'un peu fort. Il faut alors que les gens se retrouvent entre eux, en disant : « Maintenant, on passe au-dessus de la tête de tout cet appareil et on décide directement d'un certain nombre de choses ». L'importance du Conseil, c'est l'illustration de la déficience du reste de l'appareil. Le reste de l'appareil est déficient, parce qu'il n'a pas été rénové comme il aurait dû lors des grandes discussions qui ont eu lieu, où on a tout simplement tout gardé en l'état et seulement mis un peu de peinture par-dessus.

Vous parliez tout à l'heure de la Commission européenne...
Disons que c'est un appareil vraiment très compliqué qui produit la décision, avec de très nombreux centres décisionnels et c'est ce qui fait sa lourdeur et son inefficacité relative, alors que ça devrait être une garantie de qualité. Une décision eu-

ropéenne est d'abord un travail au sein de la Commission, donc des fonctionnaires de la Commission qui élaborent un projet avec l'aide d'experts, de lobbys, de suggestions de délégués nationaux. Ceci est ensuite discuté avec les représentants des États membres à Bruxelles, qui représentent d'énormes structures qui jouent déjà ce travail à ce stade préliminaire. On a aussi tout le processus des lobbys, qui est considérable. Toutes les décisions passent à travers le filtre de multiples associations, représentations, syndicats, et on en arrive au stade de la décision formelle au Conseil. Après, il faut encore consulter des organismes annexes comme le Conseil économique et social, puis ça va au Parlement. C'est un processus très lent et on en ressort toujours avec une décision très diluée où subsiste énormément d'éléments de compromis pour faire plaisir à tout le monde et ne faire de la peine à personne. En fin de compte, cette multiplicité des interventions ne garantit pas une plus grande cohérence, mais plutôt augmente le caractère aléatoire de la décision. Pour donner un exemple dans mon domaine, pour montrer l'absurdité de la chose : la Commission pour la navigation du Rhin est compétente pour le Rhin. Comme c'est le fleuve le plus important, le plus moderne, le plus développé, elle a développé des réglementations très poussées, alors que les autres fleuves européens se sont internationalisés beaucoup plus tardivement, leur activité est plus faible, etc. À l'évidence, nous sommes les leaders de la navigation internationale : c'est nous qui donnons le « la » en la matière. Lorsqu'on a créé un grand marché de la navigation intérieure de l'Union européenne, composé quand même à 70% du Rhin et à 30% du reste, deux choses se sont produites. Tout d'abord, la Commission européenne voulait absolument faire des règlements à notre place, puisqu'il fallait que ce soient des règlements communautaires, pour montrer qu'elle faisait des choses, alors qu'en réalité elle ne faisait que du copier-coller de ce qu'on avait fait nous. Par ailleurs, elle nous a expliqué que ça ne pouvait plus être nous qui décidions, parce que nous étions 6 États et que l'Union, c'est 27 États et que ce n'était pas démocratique si 6 décident à la place de 27 et que, par conséquent, il fallait remplacer ce qu'on faisait déjà très bien, pour le faire fonctionner dans le système communautaire, pour que ça devienne plus légitime, plus démocratique. Une fois cette étape réalisée, on s'est rendu compte qu'en réalité l'Union était incapable de faire fonctionner tout cela, parce que sur les 27 États, il n'y en a que 6 – les 6 que nous représentons – qui s'occupent de ces problèmes-là. Quand on fait une réunion pour 27 États, il n'y en a que 6 qui sont là, ça ne représente pas le quorum, on ne peut pas prendre de décision. En plus, ce sont des sujets très techniques qui n'intéressent que les secteurs en question, donc il est difficile d'obtenir des interprètes qui vont, par exemple, traduire en grec des textes de navigation intérieure, alors qu'il n'y a pas un mètre linéaire de fleuve ou de canal en Grèce. On s'est donc rendu compte que tout cela ne fonctionnait pas, et maintenant on est en train de revenir en arrière. Ils nous disent : « Faites-le vous-mêmes » et puis on va prendre un règlement qui consistera à dire que ce que fait la Commission centrale vaut pour l'ensemble de l'Europe. C'est une illustration un peu cynique et sarcastique du fonctionnement, mais c'est la réalité du train-train ordinaire du fonctionnement des institutions européennes. Bien sûr, les grandes décisions qu'il faudrait prendre, même si l'Union n'est pour l'heure pas capable de les prendre, ce serait faire évoluer le prix du transport, augmenter les taxes sur le transport pour qu'on transporte moins. Actuellement, on transporte du beurre de Normandie en Bavière, alors que les deux produisent de l'excellent beurre, mais comme ça ne coûte pas cher, les Normands vont faire de la concurrence aux Bavarois, les Bavarois aux Danois, et le beurre circule partout en Europe, alors que ce n'est pas utile. Il faudrait taxer davantage le transport, le taxer de manière différenciée pour que le transport par route, dans lequel tout le monde étouffe, soit freiné, et que le transport par chemin de fer ou par voie navigable soit promu. Tout le monde est d'accord là-dessus, mais ça fait partie des décisions importantes que l'Europe est incapable de prendre. Elle n'en a d'ailleurs pas vraiment totalement la compétence juridique; beaucoup de choses restent de la compétence des États, et même ce qui est déjà de la compétence communautaire, ce sont des sujets qui sont tellement sensibles politiquement que de toute façon on n'y arrivera pas.

Quelles ont été, selon vous, les moments déterminants dans le processus d'intégration européenne ?
Il y a toute une série d'étapes et toutes ont leur rôle. On a souvent dit que l'élargissement vers l'Est était une erreur. Moi, je pense que c'était nécessaire, que c'était une bonne chose. De toute façon, on ne pouvait pas laisser ces pays à l'extérieur. Mais maintenant à 27, les choses sont différentes de l'époque où on était 6. Peut-être, effectivement, était-ce une erreur de laisser entrer le Royaume-Uni alors qu'il n'est pas du tout convaincu. C'est un peu le même problème, je dirais, avec un pays tout à fait différent : la Turquie. Je pense que ne devraient faire partie de l'Union européenne que des États qui veulent vraiment réaliser l'idée européenne. À l'évidence, les Turcs ne veulent pas réaliser l'idée européenne. Ils veulent profiter d'un certain nombre d'avantages des institutions européennes. Même chose pour le Royaume-Uni, c'est leur intérêt personnel qu'ils ont cherché dans la construction européenne, alors qu'on a besoin que les États membres acceptent de s'effacer devant une construction qui les dépasse. Je pense que les États qui ont à l'origine créé l'Union ont vraiment cette volonté. Même la France, dont on dit souvent qu'elle est nationaliste, est tout à fait d'accord pour dire qu'on doit se fondre dans quelque chose de plus vaste. Ça ne veut pas dire que la France disparaîtra, mais disons qu'il y a plus important que nous et qui réalisera les choses fondamentales que nous-mêmes ne sommes pas capables de réaliser. On accepte en France, en Allemagne, en Italie, que l'Europe est un objectif plus important que le niveau national, même si celui-ci a sa légitimité par ailleurs. Mais je n'ai pas l'impression que du côté de certains membres comme le Royaume-Uni on ait cette idée-là. Pour eux, l'Europe est un endroit où acheter ce qui leur plaît et laisser ce qui ne leur plaît pas. Et ça ne va pas.

Donc vous ne considérez pas l'UE comme une construction ayant pour but premier la prospérité européenne et sa force sur la scène internationale ?
Non, je pense qu'il s'agit vraiment de faire prévaloir notre vision de ce qu'est la culture européenne, au sens fort du terme, c'est-à-dire un certain nombre de valeurs, de solidarités. La solidarité, c'est quelque chose de fondamental. On voit

bien, par rapport au système américain, où l'individualisme est primordial, que nous en Europe n'avons pas cette vision-là. On est les héritiers finalement de l'Empire romain, avec cette *res publica*, la chose publique qui est quelque chose d'important. On a une conception de ce qui est public, commun, de l'intérêt général. C'est une tradition depuis l'Empire romain, à travers l'Église catholique, jusqu'à aujourd'hui, qui est une profonde tradition européenne et qu'on retrouve par ailleurs : c'est cette idée de solidarité, de communauté dont on fait partie. Ça me paraît être le plus fondamental. On a une certaine morale publique également, une philosophie publique. Bien sûr, l'Europe doit servir à défendre des intérêts économiques communs, des avantages communs. Mais c'est là d'ailleurs où elle a échoué. Elle devait être un cadre économique commun, avec des règles communes et donc aussi une frontière qui marque cette spécificité. Or, on s'est lancé à corps perdu dans une certaine conception du libéralisme, qui fait que l'Europe aujourd'hui, sur le plan économique, n'a plus tellement d'existence. Du point de vue des échanges, que vous soyez en Europe ou pas, ça ne fait pas de différence. Le Canada échange pratiquement aussi librement avec l'Allemagne que l'Italie avec l'Allemagne. Alors, cette idée d'avoir des règles communes a été en partie vidée de son contenu au plan économique par le développement d'un marché libre au plan mondial. C'est un grand échec de l'Union européenne, parce qu'au lieu de faire prévaloir ses idées, elle a emprunté celle des autres, évidemment des Américains, pour les appliquer avec encore plus de diligence que les Américains, pour un résultat qui est aujourd'hui assez catastrophique. On a pensé qu'on allait vendre nos produits aux Chinois, et en réalité ce sont eux qui nous ont vendu les leurs, et aujourd'hui on a environ 4 000 milliards de dettes envers la Chine.

Que pensez-vous des critiques sur une « Europe de la finance » ou sur la monnaie européenne dans le contexte de la crise économique actuelle ?
Il n'y a pas, justement, d'Europe financière, et c'est celle-là qu'il faut construire. Mais le résultat, c'est que les financiers ont fait leur business tout seuls, sans l'Europe. C'est un des phénomènes qui illustrent la crise. En ce qui concerne la monnaie, je continue à croire effectivement à la monnaie européenne. On s'est effectivement trompés sur un certain nombre de points, on pensait que la monnaie allait d'elle-même rapprocher les économies, ce qui n'a pas été le cas. On a sous-estimé un certain nombre d'instruments qui étaient nécessaires pour organiser ce rapprochement et éviter les déséquilibres. Mais il n'empêche qu'à mon sens, la monnaie unique doit continuer à rester un objectif et, si on en sortait, ce serait la mort de l'Europe. J'ai montré qu'il y a déjà des choses qui ne marchent pas bien en Europe, s'il y avait cet échec-là, à mon sens, ce serait la fin pour longtemps d'une construction européenne.

Est-ce que la Banque centrale européenne est une institution efficace ?
Disons qu'elle n'est pas idéale, mais qu'elle a quand même à peu près fait son travail. Ces douze derniers mois [crise de la dette grecque, etc.], on a réorganisé les choses de manière à ce que ça ne soit pas trop catastrophique. Auparavant, on peut dire qu'elle était bloquée parce que les États ne voulaient pas lui donner un rôle trop important. On peut comprendre aussi la difficulté puisqu'en Europe on

avait, d'un côté, des prêteurs et, de l'autre, les emprunteurs, et évidemment prêteurs et emprunteurs n'ont pas les mêmes intérêts et préoccupations. Il fallait alors mettre en place un système qui recrée la solidarité, ce qu'on a finalement compris : les prêteurs n'avaient pas d'intérêt à ce que les emprunteurs fassent faillite et les emprunteurs avaient intérêt à ce que les prêteurs aient des garanties quant à leurs prêts. Une fois qu'on a compris ça, ça a mieux fonctionné. Mais il y a des choses qui, à l'évidence, n'ont pas été encore comprises, à savoir notamment qu'à raison de 70%, l'économie extérieure des différents pays européens se fait entre les pays européens. Ça veut dire qu'à chaque fois que quelqu'un a un excédent, il doit y avoir ailleurs un déficit. C'est un jeu à somme nulle. L'idée que tout le monde puisse faire des progrès en productivité, en efficacité, baisser ses coûts… Tout le monde ne peut pas être plus efficace que son voisin ! On se fait une sorte de guerre qui ne peut déboucher que sur l'appauvrissement des salariés, la dégradation des garanties sociales, puisque, pour être plus efficace que son voisin, il faut diminuer les coûts de production chez soi. Et, comme le voisin fait la même chose, on arrive à une sorte de surenchère qui n'en finit pas. On est en train de se raconter des histoires, en se disant qu'il faut à tout prix être compétitif… Tout le monde ne peut pas être compétitif, il y a forcément les uns qui sont plus compétitifs que les autres, et donc, dans ce système-là, il y a nécessairement des perdants et des gagnants. Or, l'Europe devrait être un système où il n'y a pas de perdants et de gagnants, mais où tout le monde gagne. Ce problème-là, on ne l'a pas résolu.

Que pensez-vous alors des dynamiques d'approfondissement et d'élargissement ?
Comme je l'ai dit, l'élargissement était inévitable, on avait le choix entre se voiler la face et laisser se développer à côté de l'Europe des situations ingérables, ou bien les intégrer et essayer de les gérer au mieux au sein de l'Europe. La Roumanie, par exemple, est bien sûr un pays où la corruption pose beaucoup de problèmes. Mais qu'est-ce qui est le mieux ? Avoir la Roumanie comme une sorte de verrue à l'extérieur de l'Europe ou avoir la Roumanie malade à l'intérieur de l'Europe ? Si c'est à l'intérieur de l'Europe, on a quand même plus de moyens de pression, de contraintes, des influences positives, des aides… Je pense donc que c'était la meilleure solution. De toute façon, avec le système d'ouverture des marchés, la Roumanie à l'extérieur de l'Europe aurait pratiquement eu la même intensité de relations avec l'Europe au niveau économique, des mouvements de populations, simplement on aurait eu moins de moyens d'action sur elle. Donc l'élargissement était absolument indispensable. Ensuite, je ne pense pas qu'il y ait vraiment un antagonisme entre l'élargissement et l'approfondissement puisqu'on voit que les pays qui font le plus problème à l'approfondissement, ce n'est pas ces nouveaux pays. Quand il y a des problèmes pour faire l'Europe bancaire, ce n'est pas la Pologne, la Roumanie ou la Slovaquie qui font des problèmes, ça se passe entre la France et l'Allemagne. Ce sont ceux qui étaient déjà dans l'Europe au moins depuis 1972, qui sont toujours ceux qui font la musique et font des blocages. Ce n'est pas les petits pays qui créent le plus de difficultés. Y a les pays qui ont quelque chose à jeter dans la balance et les pays qui ne sont que demandeurs. Ils ne peuvent pas jouer sur le même registre.

Est-ce que vous pensez que la crise économique peut avoir des impacts sur ces dynamiques d'approfondissement et d'élargissement ?
On voit bien que cela va en avoir, mais évidemment toujours avec la même lenteur, la même lourdeur, etc. Mais je suis convaincu que la crise va forcer à approfondir, à renforcer un certain nombre de mécanismes de coordination. Mais elle va le permettre au niveau un peu technique, c'est-à-dire au niveau des mécanismes, des institutions, des processus. Le fond du problème, lui, est plus général. D'abord, bien sûr, il est au niveau planétaire pour commencer. On le voit bien, les Américains ont, en matière d'endettement, des problèmes encore bien supérieurs aux nôtres. Il y a un problème de déséquilibre, un essoufflement du système économique planétaire. Et, par rapport à cela, l'Europe toute seule, même si elle fonctionnait mieux, aurait beaucoup de peine à trouver une solution. Ce serait bien sûr beaucoup mieux si on avait une Europe plus intégrée, où il y aurait quelqu'un qui parlerait au nom de l'Europe et qui dirait : « Maintenant, nous on a décidé ça, et si ça vous plaît pas, on fera sans vous ». On pourrait s'imposer, mais l'Europe est un ventre mou qui n'est pas capable de taper sur la table. Cette dimension supplémentaire-là, on n'est pas encore prêt à la réaliser, il faudra peut-être une crise encore plus grave pour qu'on y arrive. Et même si on arrivait, c'est-à-dire si on avait un président de l'Europe représentatif, démocratique, qui peut parler au nom de l'Europe, encore faudrait-il savoir ce qu'il déciderait. La grande question est de savoir si l'Europe peut décider de suivre une voie autonome par rapport aux autres, c'est-à-dire de déclarer par exemple : « Nous, on prend au sérieux les problèmes écologiques, et les produits qui ne correspondent pas à ce que nous avons décidé ne pourrons plus venir en Europe ». D'abord, est-ce que c'est possible, est-ce que c'est souhaitable ? En tous les cas, on en est encore très loin, et surtout il n'y a pas de consensus au sein de l'Europe pour ça. Le préalable nécessaire, et c'est sans doute là qu'il y a la plus grosse difficulté, c'est que, pour qu'il puisse y avoir une politique européenne, il faut qu'il y ait une opinion publique européenne, des médias européens, un processus beaucoup plus profond de rapprochement entre les élites, les cadres européens. Mais on en est encore très loin au niveau des opinions publiques dans leur ensemble. Je suis toujours frappé, quand j'allume la télévision de temps en temps, ou la radio, et que j'écoute les nouvelles allemandes et les nouvelles françaises, j'ai l'impression qu'on parle de deux planètes différentes. Comment veut-on avoir une politique européenne quand chacun dans son pays entend des choses qui sont à dix lieues de ce qu'entend le citoyen dans un autre pays ? Ça, c'est sans doute le problème le plus fondamental.

Qu'est-ce, pour vous, que la coopération transfrontalière ?
La coopération transfrontalière, pour moi, a d'abord été la coopération transfrontalière des autorités publiques. Mais il y avait un problème : comment faire pour que les autorités publiques de part et d'autre de la frontière, les communes, les administrations, les écoles, les services de pompiers, puissent travailler ensemble ? Il y avait à l'origine une problématique juridique : on nous expliquait que ce n'était pas faisable, qu'il y avait des obstacles juridiques. Moi, je me suis beaucoup battu pour démontrer que ces obstacles juridiques étaient en partie fic-

tifs, qu'on pouvait en tout cas les surmonter. J'ai donc participé à beaucoup d'initiatives en ce sens. Aujourd'hui, je pense que le message est à peu près passé, en tout cas pour l'essentiel : à savoir que, techniquement, c'est faisable. Mais ça ne se fait toujours pas beaucoup. C'est-à-dire qu'en réalité, si on regarde ce qui se fait concrètement au niveau des autorités publiques, des collectivités territoriales, des services publics, pour travailler plus étroitement ensemble, ça reste essentiellement des choses anecdotiques. On en parle beaucoup et il y a aussi des sommes considérables qui sont investies là-dedans, notamment par Interreg, mais concrètement, ça reste des bribes et rien de véritablement fondamental, structurel, ce qui fait que les gens entre Strasbourg et Kehl ne pas vont de l'autre côté pour autre chose que pour aller faire des courses. Vous regardez au niveau des associations, des différentes activités publiques; on a très peu de choses : un Eurodistrict qui tourne à vide, la coopération entre les écoles qui est toujours encore embryonnaire, la coopération entre les radios publiques qui représentent une émission tous les six mois à peu près. Il y a beaucoup de littérature, de l'imagination, mais concrètement, sur le terrain, il y a très peu de choses. Au fur et à mesure que la frontière a disparu sur le plan politique, elle s'est recréée sur le plan culturel. Aujourd'hui, vous avez une frontière qui est à certains égards plus opaque qu'elle ne l'était, mettons en 1930. On avait deux États ennemis l'un en face de l'autre, mais, du côté alsacien, on avait des Alsaciens et, du côté badois, des Badois : ils parlaient la même langue, ils avaient le souvenir d'une histoire commune de 400 ans. Aujourd'hui, il n'y a plus de frontières, tout le monde est ami, mais vous avez, d'un côté, des Français moyens qui ne savent plus rien de l'Allemagne, et, de l'autre, des Allemands moyens qui ne savent plus rien de la France. C'est ça la réalité de la coopération transfrontalière. On multiplie bien sûr des initiatives en tout genre mais qui ne représentent rien de concret. On est effarés de voir certaines choses. Par exemple, une des initiatives dans le cadre de la coopération transfrontalière, c'est la création d'un site internet qui répertorie les spectacles dans les principaux théâtres du Rhin supérieur. D'abord, on a dépensé un million d'euros pour un simple site. Et, finalement, ce n'est pas ce site que personne ne connaît qui fera que des gens iront de Strasbourg à Freiburg pour aller au théâtre. D'abord, s'ils ne veulent pas prendre la voiture, il faudrait qu'il y ait des trains qui circulent, ce qui n'est toujours pas le cas. Aujourd'hui, pour aller de Strasbourg à Freiburg, il n'y a pas de train direct : il faut changer à Offenburg et, à partir de 22 heures, vous rentrez à 4 heures du matin. Je dirai qu'on est toujours encore au début de la coopération transfrontalière. Elle est devenue de plus en plus une sorte de rêve, avec quelques éléments marginaux, qui s'imaginent qu'entre Strasbourg et l'Ortenau, on devrait quand même avoir des éléments en commun. La réalité, c'est qu'on n'a même plus une langue en commun, les gens doivent parler anglais ensemble pour se comprendre et les intérêts ne sont pas les mêmes. En dehors de la question de la langue, la conception même de ce que c'est que le théâtre, la façon dont on travaille ensemble, etc., tout cela, c'est la culture, et la culture n'est plus la même de part et d'autre.

Selon vous, la coopération transfrontalière doit-elle être assimilée à un processus européen ou plutôt un processus interlocal ?
Je pense que c'est une fausse opposition. Le processus européen est en grande partie une multiplicité d'interlocal. L'européen, c'est justement la disparition des frontières et le fait qu'on circule d'un endroit à l'autre, qu'il n'y ait plus ces cicatrices des frontières. La construction européenne se fait ici à la base, c'est là son vrai fondement.

On dit souvent du Rhin supérieur qu'il est une sorte de « laboratoire » de la coopération transfrontalière. Êtes-vous d'accord avec cette idée ?
Non, je ne suis pas d'accord, ce sont des choses qu'on se raconte pour se faire plaisir. Mais, au niveau du Rhin supérieur, on n'a pas un bilan considérable. On a effectivement, si vous regardez le nombre d'articles, le nombre de rapports, le nombre de réunions, de conférences qui sont faites sur le sujet, on est peut-être effectivement les champions, mais au niveau des résultats, de la réalité de l'intégration, du rapprochement, de la communauté de vues, d'intérêts et de projets, on n'est pas bons. On est probablement moins bons qu'ailleurs : je pense notamment à la frontière germano-polonaise, où il se passe beaucoup plus de choses. Je ne parle pas de la frontière entre les Pays-Bas et l'Allemagne, où l'intégration est vraiment très avancée. Ici, on continue à avoir des blocages fondamentaux, qui ne sont pas d'ordre institutionnel, puisqu'il n'y pas de difficultés à ce niveau-là, mais qui sont de l'ordre de la mémoire, de la culture, de la conception-même qu'on se fait du voisin. La langue commune continue à se perdre, l'histoire commune n'est pas connue, les échanges sont faibles. Regardez les échanges entre universités du Rhin supérieur : vous avez une idée du nombre d'étudiants qui profitent effectivement de ces possibilités ? Il doit y en avoir une centaine en tout et pour tout, pour les huit universités toutes incluses. Et je trouve qu'ici en Alsace tout particulièrement, on est coupables, nous continuons à entretenir le souvenir de la guerre d'une manière totalement négative. Quand vous avez un rayon des Alsatiques dans une librairie, les trois-quarts des bouquins sont consacrés à la Deuxième Guerre mondiale et continuent à présenter une image du voisin comme étant l'ennemi.

Si on vous demandait de citer des effets de la construction européenne dans votre quotidien, que diriez-vous ?
Il y a tellement de choses qu'on ne s'en rend même plus compte. Je me souviens encore quand on traversait la frontière, on était intimidé par des douaniers qui vous faisaient comprendre que c'était déjà le début quasiment de la haute trahison simplement que d'aller dans le pays voisin. Quand vous reveniez, on vous suspectait de revenir avec des produits interdits. On vous demandait ce que vous aviez fait à l'extérieur... Aujourd'hui, tout cela n'existe plus. Les gens traversent librement. On fait vraiment partie d'un ensemble et ça, c'est la vie quotidienne. Tout ça nous paraît être une évidence, si bien que, parfois, on se demande ce que nous apporte l'Europe parce qu'on ne se rend pas compte que sans l'Europe tout ça n'existerait pas.

Quelle réalité concrète l'Eurodistrict Strasbourg-Ortenau évoque pour vous ?
Je suis pour cet Eurodistrict. Sauf que, pour le moment, on est encore à attendre que quelque chose se fasse dans ce cadre. C'est la commande publique qui manque de part et d'autre. D'ailleurs, cet Eurodistrict, on n'a pas voulu en faire une affaire des citoyens, alors que c'était d'abord une affaire de citoyens. Si on m'avait consulté là-dessus, j'aurais dit qu'il faudrait organiser des élections au Conseil de l'Eurodistrict, qui soient des élections à la base. Les gens des deux côtés auraient voté pour des représentants communs. Là, il se serait passé des choses ! Il existe des associations qui sont en faveur de l'Eurodistrict qui font des choses. Mais elles ont été tenus à l'écart parce que les politiques officiels de part et d'autre ont voulu que ça reste une affaire de politiques. C'est le principal problème.

Vous avez dit précédemment vous sentir Européen : en quoi ?
Je dirais d'abord que, pour moi, en tant qu'Alsacien, la définition de l'Alsace, de la culture alsacienne, c'est la rencontre entre la culture française et la culture allemande. Il n'y a rien de spécifiquement alsacien en dehors du fait qu'on est entre la France et l'Allemagne. À partir de là, j'ai un modèle qui me dit ce qu'est l'Europe, puisque j'élargis ça encore à quelques pays. Pour moi, être Européen, c'est avoir cette envie de partager l'ensemble des cultures de l'Europe, de bénéficier de cette richesse commune. C'est, quand on est à Florence, à Édimbourg, à Breslau, se sentir chez soi dans tous ces pays-là et se sentir une connivence avec ces différentes expressions de ce qui est une identité commune.

Pensez-vous qu'il existe une identité européenne ?
L'identité est toujours une construction. Elle n'est jamais quelque chose qui existe dans l'abstrait, comme il existerait une catégorie de métal qui existait avant que l'homme ne le découvre. C'est toujours donc une construction, que l'on réalise, qui est déjà avancée, mais n'est pas achevée. Il faut continuer à dessiner cette identité européenne tout comme, dans les siècles passés, on a construit une identité française, une identité allemande ou une identité polonaise. L'identité européenne est une œuvre d'architecture commune. On met des choses là-dedans, on choisit parce qu'on y croit, on trouve ça bien, ça va servir à nos objectifs, etc. Dans cette construction qui est un choix, qui est une œuvre humaine, qui n'est pas quelque chose de prédéterminé, pour moi, il y a un certain nombre de choses qui touchent à la manière dont on est les uns par rapport aux autres, la solidarité, une certaine vision de l'ordre, une certaine façon de faire prévaloir l'intérêt général sur l'intérêt particulier, des choses qui me paraissent être la base de l'identité européenne. Évidemment, l'histoire commune, des valeurs qui sont en grande partie des valeurs, disons, de notre histoire religieuse aussi. Je ne suis pas pour qu'on inscrive une référence chrétienne dans la constitution [européenne], mais il faut bien reconnaître que bien évidemment la première institution européenne, c'était l'Église catholique. Cette histoire-là, ou bien on la rejette, ou bien on l'accepte, et moi je pense qu'il faut l'accepter, non pas y rester coincé, mais construire là-dessus pour aller vers autre chose. Ça, c'est bien sûr la manière dont nos prédécesseurs ont échangé. À l'époque où l'Europe n'avait aucune consistance poli-

tique, elle existait au plan de la musique, au plan de la littérature, au plan des juristes également déjà. Donc cet échange a toujours existé et cette volonté d'enrichissement aussi. C'est comme cela que je vois l'Europe.

Quelle est la place du citoyen dans cette construction ?
Le terme de « citoyen » fait référence à quelque chose d'autre que la construction de l'identité. L'identité est un processus de création avant tout par des personnes qui ne sont pas des citoyens, mais des créateurs de valeurs, d'idées, de produits culturels. Par exemple, Victor Hugo a fait des choses pour l'idée européenne, non pas en tant que citoyen, mais en tant qu'écrivain développant une idée. Le citoyen est une définition abstraite et instrumentale, qui définit un processus politique. On l'a vu tout à l'heure, l'identité européenne n'est pas l'affaire de citoyens mais d'abord de militants, de personnes qui créent des choses pour l'Europe. Le citoyen, lui, est celui qui met son bulletin dans une urne, ce qui est une chose très importante, mais tout à fait autre.

Est-ce qu'il existe, selon vous, une « Europe des régions » ?
L'Europe des régions est pour le moment un terme, un slogan, ce n'est pas encore une réalité. Il y a bien sûr des institutions qui représentent des régions : l'Assemblée des régions d'Europe [ARE] ou d'autres associations des régions, il y en a plusieurs. Mais l'idée de l'Europe des régions, c'est que les États cèdent une partie de leur rôle aux régions, et que ce soient ces régions qui forment alors l'Europe. Pour les éléments les plus radicaux, c'est vraiment la dissolution des États au profit des régions. Certains s'imaginent qu'on pourrait faire éclater les États, qu'on aurait après une cinquantaine de régions qui pourraient construire l'Europe, et que ça marcherait mieux que l'Europe des États. Ça me paraît un peu théorique, même si l'idée est jolie. Ce qu'on peut dire, c'est que cette idée d'un rôle éminent des régions dans la construction européenne, même si ça ne passe pas par cette forme radicale, ne s'est pas tellement concrétisée. Il y a eu des tentatives en ce sens, mais c'est resté quelque chose de marginal. L'Europe des régions est un effort, une idée, un projet qui est resté à un stade non-achevé. Il y a bien sûr des relations directes entre régions, des stratégies des régions avec des projets communs, mais ça reste marginal. Il y a même eu un projet d'avoir une charte régionale pour l'Europe, mais cette charte n'a jamais abouti parce que les États étaient contre, d'une part, et, d'autre part, parce que la conception même de ce qu'est une région en Europe est tellement différente d'un pays à l'autre qu'on n'a pas réussi à en faire quelque chose. Ceci dit, au moins pour certaines régions, ça a une grande importance et avec celles-là, on essaie, au-delà et par-delà les États, d'avoir des transferts d'informations, de pratiques, etc., pour avoir un autre niveau de réalisation de l'Europe. Il ne faut pas le voir comme une concurrence, comme une alternative mais plutôt comme une autre scène sur laquelle il se passe autre chose.

Et quelle est alors la place de l'État ?
Alors, il y a les institutions qu'on appelle les États qui existent. Mais l'État lui-même, c'est quelque chose de plus abstrait, qui existe déjà au niveau européen. On peut dire qu'il y a déjà un État européen, puisqu'il existe une population euro-

péenne, des institutions européennes, un droit européen, etc. L'État, c'est une organisation politique. On peut dire que les États fédérés sont aussi des États : même en Suisse, les cantons se considèrent comme des États. Il faut d'abord être sensible à la multiplicité du concept d'État. À mon sens, il y a également, d'une certaine manière, un État alsacien : bien sûr moins bien développé que l'État français, de même qu'il existe un État européen, qui n'est pas encore aussi développé que l'État français. L'État, c'est cette idée d'une construction, d'une organisation de la vie commune, et il faudrait en quelque sorte ne pas laisser aux États nationaux le monopole de ce terme. En France, par exemple, une des difficultés de la décentralisation est due au fait qu'on oppose l'État central aux collectivités territoriales. Les collectivités territoriales, ce sont aussi l'État. L'État, c'est la chose publique, j'en reviens à mes traditions romaines, c'est la *res publica*, la chose commune qui s'exprime à différents niveaux. Alors, pour faire fonctionner l'Europe de demain à différents niveaux, il faut déjà accepter qu'il y a légitimement de l'État aux différents niveaux, et que ces choses-là doivent être bien sûr organisées, elles sont compliquées, mais elles sont légitimes et ne sont pas antagonistes. Pour en venir maintenant aux États traditionnels en Europe, il faudrait qu'ils acceptent de céder encore plus de leur compétence au niveau européen. En échange, ils doivent récupérer des compétences. Actuellement, il n'y a pas forcément seulement une centralisation des pouvoirs qui doit se faire au niveau européen, il y a également beaucoup de choses qui se font au niveau européen qui ne devraient pas s'y faire et qui devraient être rétrocédées aux États.

L'adhésion de la Turquie à l'UE est une question qui soulève de nombreux débats à l'échelle européenne. Ou s'arrête l'Europe, selon vous ?
La Turquie fait déjà partie du Conseil de l'Europe, elle est associée à l'Union européenne, donc loin de moi l'idée de dire que la Turquie n'est pas un pays européen. Mais faudrait-il qu'il fasse partie de l'Union européenne, c'est peut-être ça la question qu'on se pose. L'Union européenne, c'est d'abord un projet européen où les membres se mettent en retrait par rapport à ce projet commun. Si la Turquie voulait dire : « Moi, ce qui m'importe, ce n'est pas la Turquie, c'est l'Europe », je serais partisan de l'adhésion de la Turquie, mais ce n'est manifestement pas leur vision. Les Turcs ont une très forte identité nationale, ils ne veulent adhérer à l'Europe que pour servir leur identité nationale et donc, à mon sens, ils ne sont pas des bons candidats pour l'Europe. Il y a bien sûr aussi, du point du vue européen, une insuffisance des capacités d'absorption. Ça, c'est un argument technique, c'est-à-dire si on voulait intégrer la Turquie en Europe, il faudrait d'abord consolider considérablement les institutions européennes pour que ça puisse fonctionner. Voilà les deux choses qui me paraissent fondamentales du point de vue de l'adhésion de la Turquie à l'Union. Mais, comme dit, l'Union n'est pas la seule forme de l'expression de l'européanité et la Turquie adhère à beaucoup d'initiatives européennes par ailleurs. Elle est déjà membre du Conseil de l'Europe : qu'elle fasse déjà son travail, à savoir appliquer la Convention européenne des droits de l'Homme. Il y a bien sûr aussi la dimension stratégique qui est très importante, à savoir que la Turquie est un acteur très important au plan mondial, et

plus particulièrement au Moyen-Orient, dans la relation Europe-Asie, avec la Russie et différents autres pays au sud de la Russie. Bien évidemment, on a tout intérêt à avoir de très bonnes relations avec la Turquie et à travailler ensemble, car nos intérêts de ce point de vue-là sont communs. Il n'y a pas de divergence d'intérêts entre la Turquie et l'Europe, je vois simplement une inadéquation par rapport à son adhésion à l'Union européenne.

Dans cette optique-là, la religion est-elle, selon vous, une variable importante des rapports en Europe ?
Oui, c'est important. Ceci dit, je ne suis pas du genre naïf, à dire : « L'islam fait partie de l'histoire européenne ». [Mais] je ne vois pas d'impossibilité que se développe un islam européen, en symbiose avec la culture européenne. On a encore beaucoup de chemin à faire, mais il n'y a pas d'impossibilité. En tout cas, c'est une variante, une variable importante. Ou bien ça se fera de cette manière-là ou bien on aura effectivement un conflit, des contradictions, des problèmes. C'est donc absolument important pour la construction européenne, indépendamment de l'adhésion ou non de la Turquie, que les populations musulmanes qui sont déjà en Europe puissent développer un islam européen. C'est vrai d'ailleurs aussi pour les chrétiens, puisque tout n'est pas réglé du côté chrétien non plus. Et c'est vrai pour les agnostiques puisque qu'eux aussi doivent concevoir une Europe qui reconnaisse son héritage religieux. Chacun a son travail à faire donc, mais cette dimension religieuse ou spirituelle, elle est un élément important de la construction européenne. Ceux qui disent qu'il faut simplement l'ignorer et c'est comme ça qu'on réglera tout, sont totalement dans leur tort. Il faut l'aborder, la travailler, et que chacun évolue dans son domaine, pour que cette identité européenne qui est faite d'une tradition religieuse forte, puisse fructifier vers quelque chose qui est partagé ensuite par tous.

En conclusion, quel avenir pour l'Europe, selon vous ?
Pour répondre simplement, le pire n'est jamais sûr. Mais, pour le moment, il y a beaucoup de choses qui sont plutôt négatives. Si je devais donner un pronostic, il serait plutôt négatif, mais il n'est pas nécessaire d'être optimiste pour travailler et faire des choses. Je pense que les prochaines années seront plutôt sombres pour l'Europe, mais l'histoire continue et, à chaque époque, il faut faire ce qu'on peut, et on verra bien ce qu'il adviendra. Mais disons que je ne suis pas très optimiste... Non, je pense qu'on a de gros problèmes, qu'on est très loin même de débuts de solutions sur beaucoup de plans, mais simplement il faut continuer.

Karl von Wogau

Wie würden Sie die europäische Konstruktion definieren?
Das ist eine Institution sui generis, die irgendwo zwischen einem Bundesstaat und einem Staat im Bund angesiedelt ist.

Es wird oft gesagt, dass Europa ein Friedensakt zwischen den Nationen sei. Wie sehen Sie das?
Ich glaube, dass es außerordentlich wichtig ist, dass zwischen Europa und Frieden ein Zusammenhang besteht. In den vergangenen Jahrhunderten wurden zahllose Kriege geführt zwischen den europäischen Völkern und wir haben jetzt, seit 1945, Frieden zwischen den Ländern, die zur europäischen Gemeinschaft gehören. Infolgedessen ist die europäische Gemeinschaft in erster Linie ein Friedensprojekt. Das ist der Frieden nach innen – ich glaube, dass sie aber auch ein Friedensprojekt nach außen werden muss und dass wir zur Erhaltung des Friedens in der Welt als Europäer einen gemeinsamen Beitrag leisten müssen und deswegen bin ich der Auffassung, dass es außerordentlich wichtig ist, dass wir die europäische Sicherheits- und Verteidigungspolitik weiterentwickeln, denn die trägt dazu bei, dass in unserer Nachbarschaft und draußen in der Welt Frieden herrscht. Ich glaube, dass man oft vergisst, dass in der Zeit als wir innerhalb von Europa Frieden hatten, draußen in der Welt… mehr als hundert Kriege stattgefunden haben. Jeder der sich morgens das Fernsehen ansieht, kann schon feststellen, wie viele Kriege es heute noch auf der Welt gibt und ich glaube, dass es etwas ist das wir Europäer schätzen müssen, dass uns das heute nicht mehr betrifft.

Können Sie sich persönlich an einen ausschlaggebenden Moment in Ihrem Leben erinnern, der Sie dazu geführt hat, sich wirklich für Europa zu interessieren bzw. später als Abgeordneter beim Europaparlament zu kandidieren?
Für mich war Europa schon von Anfang an außerordentlich wichtig, schon von meiner Herkunft her, weil ich geboren wurde an der deutsch-französischen Grenze, also nur 10 km von Frankreich entfernt und ich in meiner Jugend noch mitbekommen habe, dass es außerordentlich schwierig war von Deutschland nach Frankreich zu gelangen. Unmittelbar nach dem Krieg war es fast unmöglich, dort die Grenze zu überschreiten, in jedem Fall war es außerordentlich kompliziert und gleichzeitig hat man das Bewusstsein, dass diese Landschaft zwischen dem Schwarzwald und den Vogesen eine Landschaft ist, die zusammengehört und deswegen war es für mich auch aus regionalen Gründen sehr wichtig, dass wir schrittweise die Grenzen zwischen den Mitgliedsländern der Gemeinschaft und speziell zwischen Frankreich und Deutschland abgeschafft haben.

Qu'est-ce que l'Europe, pour vous, d'un point de vue institutionnel. Peut-on parler d'une seule Europe ou de plusieurs Europe ?
Je crois qu'il y a une Europe, une Europe avec une civilisation commune, qui a des expressions différentes dans les différentes nations de l'Europe, mais il y a tout de même une identité européenne. Et en ce qui concerne la géographie, je parle aussi d'une Europe. Naturellement, dans la vie quotidienne, il y a aussi une Europe à plusieurs vitesses. Donc, il y a le marché intérieur à 27 et puis, il y a Schengen, à moins de 27, puis il y a la monnaie européenne où c'est aussi à plusieurs vitesses, mais il doit être clair que dans la perspective de l'avenir, on va finalement arriver à une institution avec tous les pays membres de la Communauté, avec les mêmes projets communs.

Vous parliez de la monnaie. Quel est votre point de vue sur l'euro ?
J'ai vu de très près l'installation de l'euro parce qu'à l'époque j'étais président de la Commission économique et monétaire du Parlement européen. Et donc, j'ai commencé à m'occuper de la question de la monnaie unique en 1984–1985 quand nous avons dit que, si nous avons un marché intérieur commun, il faut aussi une monnaie commune, car un marché intérieur doit aussi avoir une monnaie commune, sinon les différentes monnaies sont des obstacles à la libre circulation. J'ai longtemps travaillé là-dessus mais, pour moi, la journée la plus importante a été le 2 mai 1998 quand les décisions finales sur la monnaie européenne ont été prises. C'était un samedi, parce que le samedi, les bourses sont closes et, le matin, il y avait la décision du Parlement européen, où j'étais rapporteur, qui a dit « oui ». Puis, à midi, on voulait décider qui serait le chef de la Banque centrale, Duisenberg ou Trichet, et c'était le déjeuner le plus long de l'histoire car ça a commencé à midi et ça a terminé à quatre heures du matin... À l'époque, cette nuit-là, j'ai téléphoné toutes les heures pour me renseigner chez un des participants où on en était, et j'avais téléphoné la dernière fois à trois heures du matin, disant qu'on négociait encore entre Jean-Claude Juncker, Chirac et Helmut Kohl. Et puis, à quatre heures du matin, j'ai retéléphoné encore une fois, j'ai dit « Où en sommes-nous ? », l'homme de l'autre côté me disait « Moi, je suis le portier ». Et puis je disais « Il y a encore quelqu'un d'autre qui est là ? ». « Non ». Et puis, à six heures du matin, j'ai entendu à la radio qu'on avait pris la décision que c'était Duisenberg et, à ce moment, la monnaie européenne était devenue irréversible. Et je crois qu'on a fait de bonnes dispositions avec la Banque centrale indépendante, une Banque centrale qui a surtout le but de la stabilité de la monnaie, et aussi avec des règles pour les États qui participent. Et je dois dire une chose qui est encore plus importante. À l'époque, il y avait tous les six semaines une réunion chez le chancelier allemand à la chancellerie où les conseillers d'Helmut Kohl délibéraient sur la façon d'introduire la monnaie européenne. Et on disait toujours « Nous autres Allemands, nous sommes prêts à aller dans la direction de la monnaie mais en même temps il faut faire une union politique ». Et l'union monétaire, on l'a faite. L'union politique n'est pas encore là. Et je crois que c'est une erreur de dire que l'union politique, c'est l'harmonisation totale de l'industrie et de l'économie. Je crois que l'union politique, c'est la politique étrangère et de sécurité commune, c'est ça que les pères de l'Europe voulaient en 1952 et en 1954, commencer par la sécurité extérieure, parce que le but principal de l'Union européenne, ce n'est pas l'économie, c'est la paix.

Selon vous, quelle est la place du Parlement Européen dans l'architecture européenne ?
Je crois que le rôle principal du Parlement européen, c'est de représenter les citoyens de l'Union européenne. Et c'est pourquoi je suis convaincu qu'il est important que les députés européens aient des circonscriptions... Et je crois que l'important au Parlement, c'est que le parlementaire, au moins tous les weekends, il est chez lui, il doit rendre compte à ses électeurs de ce qu'il a fait, il doit chercher des contacts avec des personnes à l'intérieur de sa circonscription. C'est ce

qui différencie le Parlement de la Commission. On dit aux députés, tous les week-ends et parfois toutes les semaines où on visite sa circonscription, ce qui va mal en Europe. Et c'est ça qui est important, c'est avoir le contact direct avec les citoyens.

Qu'est-ce que vous pensez de la critique souvent faite à l'Union européenne au niveau du déficit démocratique ?
Je crois que c'est exagéré parce que c'était vrai au commencement, c'était vrai en 1979, mais aujourd'hui, le Parlement européen exerce la codécision en ce qui concerne le budget, et le budget, c'est le pouvoir principal d'un parlement. Et, deuxièmement, le Parlement est devenu législateur. De jour en jour, on voit beaucoup de règles qui sont faites maintenant et qui s'appellent directives mais qui, en vérité, sont des lois européennes. Je crois que, même encore aujourd'hui, le pouvoir budgétaire et législatif du Parlement européen est sous-estimé.

Qu'est-ce que vous pensez du Conseil européen, de son rôle au sein des institutions européennes ?
Je crois que le Conseil européen est devenu une institution très importante parce que les chefs d'État et de gouvernement doivent être ceux qui ont un pouvoir de décision et aussi d'initiative pour les choses nouvelles, et je crois qu'on peut comparer le Conseil européen avec, disons, un Élysée collectif, que le Conseil européen doit donner la direction puis les autres institutions sont plus responsables pour le détail.

Depuis les années 1980 et jusqu'à une période plus récente, est-ce que vous avez constaté des évolutions marquantes des institutions européennes ?
En ce qui concerne les institutions en général, le Parlement est devenu plus fort, la Commission est devenue plus faible et le Conseil est en train de se développer. Et le Conseil européen, c'est une institution qui est nouvelle, qui est devenue très importante. […] Je crois [aussi] que la Banque centrale est une institution qui est très forte parce qu'elle est indépendante.

Que pensez-vous aujourd'hui de la crise que l'on évoque, des critiques face à une « Europe de la finance », par exemple ?
Oui alors, en ce moment, nous sommes dans la crise de la dette, une crise qui est internationale et qui a certainement aussi une partie importante en Europe. Et en ce qui concerne l'euro et cette crise, je dois dire que j'avais toujours pensé que, dans les premières années de l'euro, il y aurait des difficultés, des maladies d'enfance de l'euro. Je n'avais pas pensé que ce serait aussi fort, comme c'est le cas aujourd'hui. Mais je crois qu'il faut travailler là-dessus et je suis confiant qu'on va maîtriser cette crise. Mais surtout, il faut progresser vers l'Europe politique. Je crois que si on reste avec ce qu'on a maintenant, avec une union monétaire qui n'est pas une union politique, on va toujours avoir de telles difficultés.

Il y a les deux concepts d'approfondissement et d'élargissement : selon vous, est-ce que ce sont deux dynamiques qui sont plutôt complémentaires ou est-ce qu'il y a une dualité entre les deux ?
Moi j'ai toujours été en faveur de l'approfondissement avant l'élargissement parce qu'à 27, 28, 29, ça devient de plus en plus difficile. Personnellement, j'avais toujours l'opinion qu'il fallait d'abord faire une Europe qui fonctionne et l'élargir ensuite. Ça ne s'est pas passé comme cela mais je crois qu'il faut être prudent en ce qui concerne les élargissements aujourd'hui et il faut surtout travailler sur l'approfondissement.

Et est-ce que vous pensez qu'il faut peut-être être plus rigoureux par rapport aux critères d'adhésion, par exemple à l'euro ou à l'espace Schengen ?
Oui, vu après coup, on doit dire que c'était trop tôt pour la Grèce. Je dois avouer qu'à l'époque, je crois que j'ai voté pour parce que le grand argument, c'était que la Grèce, c'est 1 ou 2% du produit intérieur brut de l'Union européenne, et donc ce serait quelque chose qui serait gérable même si tous les chiffres ne tiennent pas debout. Donc c'était une erreur, et je crois aussi, en ce qui concerne le traité de Schengen, il faut être très prudent en ce qui concerne les élargissements parce qu'il faut qu'on soit sûr que les frontières extérieures de l'Union européenne sont bien protégées. Si ce n'est pas le cas, si les frontières ne sont pas bien gardées, on verra des choses comme, par exemple, les Danois qui voulaient recommencer à introduire des contrôles entre les pays membres de la Communauté. Et donc je crois que là, il faut être très prudent.

Est-ce que vous pensez que la crise actuelle aura des impacts sur les dynamiques d'élargissement et d'approfondissement ? Par exemple, on a beaucoup reproché à l'Union européenne de vouloir intégrer la Croatie aussi rapidement...
Oui, la Croatie notamment, comme vous le savez, n'entre pas dans l'euro, donc là... il y aurait encore un pas additionnel à faire. Et je crois qu'à long terme, les Balkans feront partie de l'Union européenne. Je pense surtout à la Turquie, je crois que là ce serait un pas additionnel parce que, si on prend la Turquie, dans une grande partie, elle n'est pas en Europe mais elle est en Asie, on verra que tous les autres pays qui environnent la Méditerranée vont recommencer à poser leur candidature. J'ai vécu une initiative du Maroc, les Marocains disaient « Nous voulons rejoindre l'Union européenne », et puis on disait « Mais, écoutez, le Maroc ne fait pas partie géographiquement de l'Europe », et on nous disait « Mais tout de même, alors Gibraltar, c'est un accident géographique ? ». Donc, d'une certaine façon, ce serait aussi un précédent, c'est une question fondamentale qu'il faut avoir à cœur.

Est-ce que, pour vous, la crise est d'abord économique ou également une crise d'identité, peut-être, de l'Union, ou une crise globale ?
Oui, je crois que c'est surtout une crise économique, une crise internationale de la dette. Si vous regardez les États-Unis, si vous regardez le Japon, si vous regardez le monde entier, on a plus dépensé qu'on ne recevait, et si cela dépasse 100% du PNB, ça peut devenir compliqué. Et je crois que ça peut être très dangereux et

qu'il faudra beaucoup d'intelligence politique pour gérer la crise d'une façon qui n'approfondit pas les différences entre le Nord et le Sud.

Comment est-ce que vous définissez la coopération transfrontalière ?
La coopération transfrontalière, pour moi, a été un élément très important du travail que j'ai fait au Parlement européen, parce que, si l'on regarde notre région, il y a le transfrontalier entre l'Allemagne et la France, et, d'autre part, aussi la Suisse. Et avant de devenir parlementaire européen, je travaillais pour une entreprise suisse à Bâle, Sandoz. Le matin, je me levais pour aller en Allemagne et puis je passais en Suisse. Ensuite, mon parking était en France, et quand je commençais à travailler, j'avais déjà fait deux pays de la Communauté et un pays tiers. Donc j'ai vu de très près quelles sont, disons, les difficultés qui sont causées par les vieilles frontières. Parfois, je trouve que les vieilles frontières commencent à exister dans les cerveaux des gens et je trouve que tout ce que nous avons fait pour ouvrir les frontières entre les pays membres de la Communauté, du fait que la Suisse, d'une façon ou d'une autre, appartient au traité de Schengen, tout le travail que nous avons fait là-dessus est extrêmement important pour notre région. En théorie économique, on dit très souvent que l'État a la tâche de faire les règles et puis les acteurs économiques doivent jouer à l'intérieur de ces règles-là, mais changer l'environnement change aussi la possibilité de travailler des entreprises. Je crois que c'est ça qui est la grande importance, d'une part, de ce qui a été fait à Strasbourg et à Bruxelles et, d'autre part, dans la région.

Selon vous, est-ce que la coopération transfrontalière peut être assimilée à un processus européen ou est-ce qu'elle reste inter-locale ?
Je crois que les deux choses sont importantes. D'un côté, si vous regardez ce qui s'est passé pour les petites et moyennes entreprises dans notre région, je vous donne un petit exemple : une entreprise de Freiburg qui vendait du fromage, et aussi du fromage français, et le chef de cette petite entreprise m'a décrit que c'était extrêmement difficile de le faire. Alors, Colmar choisissait les fromages et ensuite il passait une demi-journée à remplir des paperasses parce que pour chaque fromage les règles étaient différentes. Donc faciliter ce commerce entre les deux pays était une chose qui devait être faite à Strasbourg et à Bruxelles parce que c'était changer les règles qui fait en sorte qu'on a maintenant aboli ces contrôles aux frontières et donc on peut acheter du fromage avec la même monnaie et sans les paperasses du passé. De l'autre côté, je crois que si vous regardez les gens qui ont travaillé surtout à Bonn, Berlin et Paris pour le rapprochement des deux pays, c'est des gens qui vivaient à la frontière. Si vous prenez des personnalités comme Pierre Pflimlin, c'était toujours ou très souvent des gens qui connaissaient aussi les difficultés, les déchirements qu'il y avait dans le passé dans cette région frontalière et donc là, il y a des choses qui sont très régionales et qui sont surtout plus importantes pour notre région que pour d'autres.

Est-ce que vous considérez cette région du Rhin supérieur comme une sorte de « laboratoire » de la coopération transfrontalière ?
Oui, bien sûr. Alors, comme avec une loupe, on voit tous les problèmes qui existent dans les régions frontalières, on les voit de tout près. Donc le petit commerçant qui achète du fromage, disons à Berlin, n'a pas le même problème que celui qui vit près de la frontière. Donc je crois qu'en vérité, c'est un laboratoire, et aussi la connaissance l'un de l'autre. Il y a plus d'Allemands qui parlent français dans la région frontalière et vice versa. Aussi, on a fait de grands efforts dans ce domaine, on a aussi les jumelages entre des communes de la frontière, des maires qui se rencontrent très régulièrement. Donc je crois que ce sont des éléments très importants aussi pour garder cette amitié entre la France et l'Allemagne, qui n'est pas quelque chose qui va de soi-même. Pierre Pflimlin, qui avait vraiment vécu de près tout ce qui se passait dans le passé, parlait souvent d'un miracle. Il disait que l'amitié franco-allemande, c'est un miracle, et je me rappelle d'un ami allemand, qui avait 80 ans à l'époque, qui me disait « Quand j'étais jeune, j'ai haï les Français » et un sénateur français du même âge qui me disait « À l'époque, quand j'étais jeune, j'ai haï les Allemands ». Entendre ça aujourd'hui est presque incompréhensible et je crois que c'est ça le grand progrès.

Est-ce que, selon vous, aujourd'hui, dans les régions frontalières, on peut ressentir encore ces frontières psychologiques ?
Ce n'est pas encore un grand espace ouvert. Je crois que la langue fait encore une différence et je crois qu'il y a encore la frontière, parfois elle existe encore dans le cerveau. Par exemple, une chose tout à fait simple : un Allemand de Freiburg, est-ce qu'il prend l'autoroute française ou le train français ou, quand c'est plus proche, préfère-t-il prendre l'autoroute en Allemagne ? Je crois que, très souvent, avec un certain automatisme, les Français choisissent un côté et les Allemands l'autre côté. Pour moi, la gare de Mulhouse, c'est une gare TGV, donc une gare qui est proche et très importante, et qui n'est pas vraiment utilisée par les gens de l'autre côté de la frontière. Donc je crois que là il y a encore un apprentissage à faire. Je crois que c'est très important, parce qu'il faut voir que les mentalités sont différentes. Je crois qu'il faut un travail continuel, il faut se rencontrer pour comprendre ce que font et comment font les autres.

Si on vous demandait de citer des effets concrets de la construction européenne dans votre quotidien, que diriez-vous ?
Par exemple, ce matin, quand je me suis levé, j'ai pris l'autoroute allemande d'abord, et ensuite je suis passé en France. Il n'y avait pas de contrôle à la douane. Et puis je suis arrivé ici [à Strasbourg], je viens au restaurant et je paie sans avoir changé la monnaie, donc c'est très visible, n'est-ce pas.

Que pensez-vous du fonctionnement des institutions transfrontalières comme par exemple l'Eurodistrict ?
L'Eurodistrict, malheureusement, c'était une idée qui existe depuis longtemps, qui n'a pas abouti. Je me rappelle des négociations que nous avions dans les années 1980 pour créer un Eurodistrict, et je crois que Pierre Pflimlin avait prévu le siège

de l'Eurodistrict, un Eurodistrict avec des règles spéciales, et aussi de l'espace pour les autres institutions européennes. Il avait prévu un espace où on pouvait intégrer la Commission et le Conseil, et malheureusement cela n'a pas abouti, et de temps en temps, il y a de nouvelles initiatives. Je crois que l'Eurodistrict peut être utile si vraiment ça se passe des deux côtés de la frontière pour faire des choses pratiques comme le tramway. Donc maintenant, il faut aller pas à pas pour peut-être plus tard arriver à un vrai Eurodistrict, parce qu'en ce moment ce n'est pas encore ce qu'on a voulu dans le passé.

Est-ce que d'autres organisations de coopération transfrontalière actives vous viennent à l'esprit et qu'est-ce que vous pensez de leur travail ?
Il y a beaucoup d'organisations transfrontalières qui sont certainement utiles. Moi personnellement, j'ai encore beaucoup de contacts avec les gens du même parti européen qui se rencontrent deux fois par an, il y a une rencontre entre les hommes politqiues du pays de Bade de la CDU et de l'UMP en Alsace, et c'était très important pour faire des initiatives à Berlin et des initiatives communes à Paris. Et je crois que ce qui manque parfois, c'est un grand projet. Je crois que, par exemple, un grand projet qui pourrait être utile pour toute la région frontalière, ce serait un TGV qui passerait de l'Italie, Bâle, Luxembourg, Bruxelles et puis jusqu'en Angleterre. Donc c'est toute notre région transfrontalière qui serait impliquée dans un tel projet.

Quelle est la valeur pour vous de cette coopération à un niveau micro ?
Je crois que c'est très important parce que c'est cela qui est vu par les hommes et les femmes. Je crois que ce sont des microprojets qui concernent les écoles pour l'apprentissage de la langue, et, d'autre part, les jumelages parce que je suis toujours très touché quand je participe à un jumelage où parfois, par les différences de la langue, les gens ont des difficultés à comprendre ce que l'autre dit, mais tout de même on sent un effort, une volonté, européenne, qui est très importante.

Est-ce que vous vous sentez Européen ?
Pour moi, j'ai toujours senti l'Europe comme ma patrie, ce qu'on appelle la Heimat [en allemand]. La Heimat, c'est quelque chose de très proche, donc je considère ma Heimat, tout lieu où l'on peut voir la *Erentrudiskapelle*, parce que j'ai toujours habité à Munzingen, c'est un petit village près de la frontière. Derrière, il y a une petite montagne avec des vignes et, dans ces vignes, il y a une chapelle qui est là, la *Erentrudiskapelle*, et on peut la voir si on est en Forêt-Noire et on peut aussi voir la *Erentrudiskapelle* de l'Alsace. J'ai toujours trouvé que tout l'espace où on pouvait la voir, c'était ma Heimat. Quand j'étais jeune, j'ai considéré que je suis Badois et Européen. Donc, pour moi, l'identité européenne est très importante. Je suis Fribourgeois, je suis Badois, Allemand et Européen. Et, pour moi, la partie européenne est importante. Je crois que nous avons différentes couches de l'identité. On a une identité régionale et une nationale et aussi européenne. Alors il y en a où l'Europe c'est 2%, il y en a d'autres où c'est beaucoup plus. Je crois qu'il faut être conscient du fait que, nous autres Européens, nous avons une identité commune, et je crois aussi qu'il y a des symboles qui sont im-

portants : le drapeau européen, c'est un signe, un symbole, l'hymne européen est un symbole qui est important, et aussi l'euro. Quand j'ai commencé à travailler sur l'euro, je pensais que c'était une question cérébrale, donc une question de mathématiques. En vérité, la monnaie qu'on a dans sa poche, c'est un élément d'identité. Alors, si on a une monnaie stable, c'est un élément de sécurité. Les réticences de mes compatriotes contre l'abandon du Deutsch Mark m'ont démontré que c'était une question qui était très profondément émotionnelle. Et donc la monnaie, c'est un symbole important aussi.

Quel est, pour vous, le rôle des citoyens dans la construction européenne ?
Je crois qu'on a maintenant la citoyenneté européenne dans le traité. C'est une chose qui est importante. Et je crois que la citoyenneté passe par l'appartenance à un pays membre de la Communauté. Il faut voir qu'en Allemagne, ce n'était pas tellement différent, parce que mon grand-père est né en Russie, puis il a fait des études à Freiburg et, en 1907, il a acquis la nationalité badoise. Parce qu'à l'époque, la nationalité était une question, pas de Berlin mais une question de Karlsruhe, donc le pays de Bade avait sa nationalité. Donc c'est quelque chose qui se développe et je crois que le citoyen européen acquiert aussi des droits qui sont garantis dans les traités. Je crois que cette citoyenneté est quelque chose qui doit se développer.

C'est vraiment quelque chose qui a été amené par les institutions, par les gouvernements jusque dans les mentalités des citoyens allemands, français ?
Oui, naturellement, l'initiative venait de la part des gouvernements et des institutions européennes, mais aussi aujourd'hui vous avez un passeport qui n'est pas un passeport européen mais qui est le passeport des nationalités. Le passeport rouge de tous les pays membres de la Communauté est fait presque de la même façon dans tous les pays membres de la Communauté. Ou le permis de conduire européen : on a le droit de conduire dans tous les pays membres de la Communauté. Ce sont des choses qui se développent et, permettez-moi de le dire, la France n'a pas été inventée par les citoyens de la Bretagne ou de la Corse ou de l'Alsace, mais c'était une volonté politique qui était au commencement de cette nation qui s'est développée.

Est-ce qu'il faut donner plus de pouvoir au Parlement européen ?
Je crois que maintenant il y a la possibilité de faire un plébiscite européen. C'est une nouvelle possibilité qu'il faut utiliser, et je crois que tout ce qu'on a fait quand on a fait les traités au fur et à mesure, ce sont des initiatives que nous avons prises il y a longtemps. Il y a, par exemple, si on regarde le marché intérieur, la monnaie, c'était le rapport Tindemans qui était au commencement, c'était fait par les chefs d'État et de gouvernement, mais des entreprises comme les fédéralistes européens et d'autres ont travaillé là-dessus pour remplir ce vide qui venait après ce traité. Les initiatives sur lesquelles j'ai travaillé jusqu'alors, c'était dans l'ouverture de la frontière entre Colmar et Neuf-Brisach, c'était l'initiative première pendant des années, c'était un succès.

Est-ce que pour vous il existe une « Europe des régions » ?
Oui, je crois que, pour les citoyens des grands pays, l'Europe de la région est très importante. Si vous prenez le Luxembourg, c'est un petit pays qui est quand même une nation et une région. Mais pour l'Allemagne et pour la France, je crois que la région est très importante parce que la région est plus proche du citoyen. Donc si toute décision doit passer par Berlin ou par Paris, ça devient plus lent et c'est parfois senti comme trop éloigné du citoyen. Et donc je crois que cette idée régionale, aussi en connexion avec l'idée de subsidiarité – qui veut que les décisions sont prises aussi proches du citoyen que possible – que ces deux idées sont très importantes.

Quelle est pour vous la place de l'État aujourd'hui en Europe ?
Je crois d'abord que les nations sont importantes et que les États-nations restent importants. C'est une réalité qui s'est développée dans les centaines années passées et c'est un achèvement, une chose qui restera importante. De l'autre côté, le système du traité de Westphalie, disait que les nations sont tout à fait autonomes, il n'y a rien au-dessus des nations, mais les nations peuvent décider souverainement. Je crois que ça c'est quelque chose qui n'est plus la réalité d'aujourd'hui. Il y a la Communauté internationale qui a des règles et qui doit voir que ces règles soient appliquées, il y a les droits de l'Homme qui sont une chose internationale, et il y a l'Union européenne qui est aussi une réalité où, dans certains domaines, on a décidé non pas d'abolir la souveraineté nationale mais d'exercer cette souveraineté nationale en commun.

Comment vous positionnez-vous sur le débat relatif à l'intégration de la Turquie dans l'Union européenne, ce qui amène la question des frontières de l'Europe ?
Je crois que, d'abord, il faut faire l'Europe telle qu'elle est aujourd'hui, il faut approfondir avant d'élargir, et je trouve que la Turquie est un allié de l'Europe qui est très important, qui a un rôle stabilisateur qui est extrêmement important pour le Proche et le Moyen-Orient. Mais la Turquie peut mieux exercer ce rôle si elle n'est pas membre de la Communauté européenne.

Quelle est la place de la religion en Europe ?
Je crois que la civilisation européenne est une civilisation chrétienne. Si, par exemple, je passe dans ma région, déjà si je regarde les noms des villes et des villages, c'est Sankt Peter, c'est Sankt Ulrich, donc partout, nous voyons que la civilisation européenne est une culture qui s'est développée autour de la religion chrétienne. Et, de ce fait, je crois que notre tradition européenne c'est la tradition grecque, la tradition de la loi romaine, la tradition de l'ère chrétienne qui est extrêmement importante, la tradition du siècle des Lumières, de la Réforme, ce sont des développements que nous Européens avons vécu ensemble. Si vous regardez la peinture, c'était Florence, c'était la Flandre, c'étaient les peintres espagnols, donc ce sont des développements – la Renaissance – des développements européens communs, et c'est quelque chose qu'il faut tenir, ces traditions, il faut les tenir en considération, et qui sont importantes aussi pour l'avenir de l'Europe. Ce qui ne veut pas dire que, par exemple, nous n'aurons pas beaucoup de musulmans

qui sont des citoyens européens, par exemple un jour, quand le Kosovo – qui est majoritairement musulman – fera partie de l'Union européenne. Mais, tout de même, en ce qui concerne notre identité, je crois que cette identité, ce passé et aussi le présent chrétien est un élément très important.

Comment est-ce que vous voyez le futur de l'Europe ?
Quand j'ai commencé à travailler à Strasbourg, j'ai fondé une organisation qui s'appelle le *Kangaroo Group*. Et le *Kangaroo Group* avait toujours cette idée de base de développer l'Europe autour de projets concrets et communs, et de la développer au fur et à mesure, pas avec un seul pas de géant mais avec parfois de petits pas qui vont dans la bonne direction. Et je crois que là-dessus, il faut travailler à réaliser le marché intérieur qui ne fonctionne pas encore partout, il faut renforcer la monnaie européenne et garantir la stabilité de la monnaie européenne. Il faut, au fur et à mesure, développer la politique extérieure et aussi la politique de sécurité et de défense européenne, peut-être un jour en renforçant l'Eurocorps et le rôle que joue l'Eurocorps dans la conception de sécurité de l'Union européenne. Donc, si on travaille ensemble à ce développement pas à pas, je crois qu'en dix ans nous serons plus avancés que nous le sommes aujourd'hui.

CHAPITRE 5 :
BIOGRAPHIES

Ulrich Bohner

Ulrich Bohner est né en Allemagne, à Birkenfeld/Nahe en 1944. Entre 1963 et 1972, il mène des études de droit à Sarrebruck et à Berlin. Il occupe différentes positions au sein des Jeunesses européennes fédéralistes en Allemagne, avant d'intégrer le Conseil de l'Europe en 1972, dans différentes fonctions. De 1989 à 1994, il travaille au cabinet du Secrétaire général du Conseil de l'Europe. De juin à décembre 1999, il est le représentant du Secrétaire général du Conseil de l'Europe au Kosovo. Élu Secrétaire général du Congrès des pouvoirs locaux et régionaux du Conseil de l'Europe, il exerce cette fonction de 2003 à 2009. Il est aujourd'hui président d'honneur de la Maison de l'Europe Strasbourg-Alsace (MESA).

Paul Collowald

Paul Collowald est né en 1923 à Wissembourg. À la fin des années 1940, il débute comme journaliste. Sa carrière européenne commence en 1958 au service commun d'information des Communautés européennes à Luxembourg. Il devient par la suite le porte-parole du commissaire européen aux affaires économiques, Robert Majolin en 1959, puis de Raymond Barre en 1967, alors vice-président de la Commission européenne. En 1973, il prend la tête de la direction générale de l'Information de la Commission. À partir de 1984, il est à la tête de la direction générale de l'Information et des Relations publiques du Parlement européen, jusqu'à la fin de sa carrière en 1988. De 1986 à 1987, il est également directeur de cabinet du président du Parlement européen, Pierre Pfimlin.

Jean-Paul Costa

Jean-Paul Costa est né à Tunis en 1941. Il étudie le droit public à Sciences Po Paris puis intègre l'ENA, dont il est diplômé en 1966. Il débute sa carrière professionnelle au Conseil d'État et sera tour à tour professeur de droit à l'Université Paris 1 Panthéon-Sorbonne et directeur de cabinet ministériel. En 1985–1986, il préside la délégation française pour la négociation de la ligne fixe Transmanche. Il est élu juge à la Cour européenne des droits de l'homme de Strasbourg en 1998. Il en devient le président pour deux mandats successifs (2006 et 2009), et préside aujourd'hui l'Institut international des droits de l'homme, depuis 2012.

René Eckhardt

René Eckhardt est né en 1947 à Strasbourg. Bilingue français/allemand dès sa naissance, il commence ses études à l'Institut Supérieur de Marketing à Paris. Il travaille d'abord dans le domaine des assurances puis du management d'entreprises dans différents pays d'Europe, particulièrement en France et en Allemagne. À la fin de sa carrière, il travaille comme conseiller indépendant en relations franco-allemandes. Il prend sa retraite en 2006. Son engagement européen se retrouve également dans ses activités extra-professionnelles et associatives. Il a notamment été vice-président de l'AFAPE (Association Franco-Allemande pour l'Europe). Il est toujours président fondateur de l'AFDEE (Association Française des Dirigeants d'Entreprises en Europe) et président de l'association Initiative Eurodistrict.

Norbert Engel

Norbert Engel est né en 1949 à Strasbourg. D'abord professeur de philosophie (1976–1990), il est également auteur, traducteur, puis adjoint au maire aux Affaires culturelles à Strasbourg de 1989 à 2001. Il est tour à tour vice-président de la Communauté urbaine de Strasbourg, président de l'Opéra du Rhin, de divers organismes culturels ainsi que du Conseil d'administration de Gaz de Strasbourg. Il devient conseiller spécial du ministre de la Culture et de la Communication de 1997 à 1998, puis conseiller culture au Haut conseil de la coopération internationale. Représentant français du groupe d'action international pour la mémoire de la Shoah, il en est le président de 2000 à 2002. Depuis 1998, il est inspecteur général de la Culture (aujourd'hui à la retraite).

Stéphane Grimaldi

Stéphane Grimaldi est né en 1959 à Paris. Diplômé d'une maîtrise en droit de l'Université Paris 1 Panthéon Sorbonne, il est membre co-fondateur du programme transdisciplinaire « Memory and Memorialization » (CNRS, New York University). Il est membre de plusieurs conseils scientifiques, comme la Fondation Yahad–In Unum, le Musée des Alliées de Berlin ou l'Institut Mémoires de l'édition contemporaine. Depuis octobre 2005, il est directeur général du Mémorial de Caen.

René Gutman

René Gutman, né le 6 décembre 1950 à Rouen, a étudié à la Yechiva de Hébron à Jérusalem en Israël, puis à l'INALCO et à Paris III (Sorbonne Nouvelle), ainsi qu'à l'EPHE (IVe section) où il a soutenu une thèse de doctorat en sciences religieuses. Au Séminaire israélite de France (SIF) à Paris, il suit une formation de rabbin et, parallèlement, des études universitaires. Il obtient son diplôme de rabbin en 1977 et remporte le prix du grand-rabbin Maurice Liber (1974) ainsi que le prix André-Weil trois années consécutives. C'est durant cette période qu'il se joint au mouvement de jeunesse religieux Yechouroun sous la direction de Henri et Liliane Ackermann, parmi plusieurs des futurs cadres du rabbinat français. Il est successivement rabbin de Reims, Besançon, grand-rabbin de Bruxelles, et de 1987 à 2017 grand-rabbin de Strasbourg et du Bas-Rhin. Il a également été membre du Conseil scientifique du Forum européen de bioéthique et représentant permanent de la Conférence des rabbins européens auprès du Conseil de l'Europe. Il s'est investi dans le dialogue inter-religieux (Religions for Peace, Hommes de parole, Congress of Leaders of World and Traditional Religions, Doha Interfaith Conference, Japan conference of Religious Representatives Projet Aladin de l'UNESCO, etc.). Membre du Comité inter-religieux de la région Alsace, il a reçu en 2012, avec Mgr Jean-Pierre Grallet, Driss Achayour et Jean-François Collange, le prix Marcel-Rudloff de la Tolérance. Il a pris sa retraite en août 2017.

Bruno Haller

Bruno Haller est né en 1938 à Majunga (Madagascar). Il obtient une maîtrise en sociologie et en droit à l'Université de Strasbourg parallèlement à sa fonction de maître auxiliaire dans l'Éducation nationale. Par la suite, il est directeur d'hôpital puis directeur du Centre de formation pour le développement (1964 à 1972). En 1972, il est engagé en tant qu'adjoint du directeur du Centre européen de la jeunesse du Conseil de l'Europe. Il en est le directeur pendant un an puis devient directeur de cabinet du Secrétaire général du Conseil de l'Europe de 1984 à 1988. En 1995, il est élu Secrétaire général de l'assemblée du Conseil de l'Europe. Il effectue un second mandat à ce poste de 2000 à 2005.

Jean-Paul Heider

Jean-Paul Heider est né à Strasbourg en 1939. Après des études à la Faculté de droit et à l'Institut d'Enseignement Commercial Supérieur à Strasbourg, il commence sa carrière dans le commerce international. Il débute en politique dans le Bas-Rhin en 1974 en tant que secrétaire départemental des mouvements gaullistes successifs, puis à l'UMP jusqu'en 2007. Il est aussi député européen de 1993 à 1994. Dans le domaine du transfrontalier, il devient premier vice-président de l'Association des régions transfrontalières européennes (ARFE). Il préside le groupe de travail Interreg de 1994 à 2010. Enfin, de 2004 à 2014, il occupe le poste de vice-président du Conseil régional d'Alsace, où il est également responsable pour les affaires européennes et internationales.

Robert Hertzog

Robert Hertzog est né en 1941 à Colmar. Il étudie les lettres, le droit et les sciences politiques à Strasbourg. Après un doctorat en droit obtenu en 1972 et l'agrégation en droit public en 1974, il enseigne à la Faculté de droit puis à l'Institut d'études politiques de Strasbourg jusqu'en 2010. Ses responsabilités universitaires et objets de recherches concernent notamment l'administration locale en Europe. Il dirige entre 1977 et 1980 le Centre d'Études et de Recherches sur les Collectivités Locales en Europe (CERCLE). Dans le domaine de la coopération transfrontalière, il préside la Communauté de travail « Centre » de 2003 à 2006. Enfin, il intervient en tant qu'expert auprès du Conseil de l'Europe.

Jean-Marie Heydt

Né dans la commune de Roggenburg dans le canton suisse de Bâle-Campagne, Jean-Marie Heydt possède la double nationalité franco-suisse. Venu vivre à Schiltigheim, il y a été conseiller municipal. Il a poursuivi ses études en France et est diplômé d'un DEA d'études européennes sur la mutation des sociétés et cultures en Europe, ainsi que d'un doctorat en Sciences de l'éducation comparée, respectivement obtenus à Paris et à Lyon 2. Par la suite, sa carrière se distingue clairement par son attrait pour les affaires sociales et le milieu associatif. Il a été entre autres administrateur au Centre communal d'action sociale de Strasbourg, nommé plusieurs fois expert auprès du Conseil de l'Europe autour de questions relatives à la pauvreté ou à l'exclusion sociale, et administrateur des Hôpitaux universitaires de Strasbourg. En 2009, il devient président de la Conférence des OING (Organisations internationales non gouvernementales) au Conseil de l'Europe, dont il demeure aujourd'hui président d'honneur. Il a également enseigné depuis 2002 les politiques sociales européennes à l'Université de Haute-Alsace, et a été directeur général de l'AGF 67, une organisation d'utilité publique regroupant salariés et bénévoles et intervenant auprès de familles dans tous les domaines de la vie.

Michel Hoeffel

Michel Hoeffel est né à Strasbourg en 1935. Il a connu la période de l'occupation et a suivi le processus de paix et d'échange qui prend place par la suite. Il s'engage dans la vie ecclésiale à partir de 1960. Il est d'abord pasteur à Lembach et Munster en Allemagne puis à Strasbourg Sainte Aurélie. Il occupe les fonctions d'inspecteur ecclésiastique de l'Inspection de Colmar de l'ECAAL, de secrétaire général du Directoire de l'ECAAL de 1977 à 1984, puis de président du Directoire de 1987 à 1997. Il exerce des responsabilités ecclésiales sur le plan national et international, en tant que vice-président de la Fédération protestante de France et membre du Comité exécutif de la Fédération luthérienne mondiale.

Alain Howiller

Alain Howiller est né en 1939 à Strasbourg. Il fait des études à l'Institut d'études politiques ainsi qu'à la faculté de droit et de sciences économiques de l'Université de Strasbourg. Il a été conférencier du Forum International de Burg Liebenzell sur les problèmes d'organisation en Europe de 1957 à 1958, puis il entre à la rédaction du journal régional *Dernières nouvelles d'Alsace* (*DNA*) en 1962. Durant sa carrière de journaliste, il effectue nombre de reportages et enquêtes aux États-Unis, en Chine, en Europe et au Japon. Il devient directeur et rédacteur en chef des *DNA* mais aussi administrateur du Centre universitaire d'enseignement supérieur du journalisme de Strasbourg. Il occupe, en 2004, le poste de président du Forum Européen de la Culture – Régions Rhénanes.

Jean Hurstel

Né à Forbach (Moselle) en 1938, Jean Hurstel a fait des études de philosophie et une formation à l'École nationale supérieure d'art dramatique de Strasbourg. Durant ses études, il fonde le théâtre universitaire. Intéressé par la question de la relation au public et de l'insertion du théâtre dans la cité, il entreprend des expérimentations dans les usines Alstom à Belfort, dans les quartiers ouvriers de Montbéliard et dans les bassins houillers lorrains. De 1992 à 2003, il dirige la Laiterie, Centre européen de la jeune création à Strasbourg. Aujourd'hui, il est président-fondateur du réseau culturel européen Banlieues d'Europe. Il est expert depuis 2003 dans le programme Urbact de la Commission européenne et depuis 2006 président des Halles de Schaerbeek à Bruxelles.

Claude Keiflin

Claude Keiflin a été pendant quarante ans journaliste politique au quotidien régional *Dernières Nouvelles d'Alsace*. Il a étudié au Centre universitaire d'enseignement du journalisme (CUEJ) à Strasbourg, où il réside. Il a notamment été responsable de la rubrique politique (1986–2002) et chroniqueur de la page « Chuchotements » du lundi. Il est auteur de plusieurs livres : *L'été 36 en Alsace : des grandes grèves aux premiers congés* (1995), *Gens de Bruche* (1997), *La Campagne d'Alsace* (1998) et la biographie *Adrien Zeller : une vie au service de l'Alsace* (2012).

Pierre Kretz

Pierre Kretz est né en 1950 à Sélestat. Il mène des études de droit en France et en Allemagne. Il intègre le milieu associatif et milite au sein des mouvements sociaux des années 1970. Il exerce ensuite la profession d'avocat à Strasbourg. Il y a une quinzaine d'années, il arrête cette activité pour se consacrer à l'écriture. Il publie des ouvrages en France et en Allemagne, des romans, mais également des pièces de théâtre, et s'intéresse aussi à la mise en scène. Parlant l'alsacien, il défend et développe une culture régionale qui perdure aujourd'hui. *Quand j'étais petit, j'étais catholique* est paru en 2005 et *Le gardien des âmes* en 2009.

Michel Krieger

Michel Krieger est né dans le Bas-Rhin, à Obernai, en 1944. Il est avant tout artiste peintre. Impliqué en politique dans le débat autour de la peine de mort, il poursuit cet engagement en 1989 lors de la campagne électorale municipale de Strasbourg, aux côtés de Catherine Trautmann. Élu en tant que représentant de la société civile, on lui doit notamment les œuvres le long du parcours de la première ligne de tramway de Strasbourg, inaugurée en 1994, et le long de la ligne C, inaugurée en 2000. Michel Krieger est à l'origine en 1995 du parc transfrontalier entre Strasbourg et Kehl, projet qui aboutit en avril 2004 avec l'inauguration du jardin des Deux Rives.

Hans-Christian Krüger

Hans-Christian Krüger est né en 1935 à Berlin. Il fait des études de droit à Hambourg et au Michigan. Il rejoint le Conseil de l'Europe en 1966. De 1976 à 1997, il occupe la poste de commissaire de la Commission Européenne des droits de l'Homme. En 1997, il est élu secrétaire général adjoint du Conseil de l'Europe. Il est actuellement en charge du département Droits de l'homme d'un cabinet d'avocats auquel il s'est associé en 2002. Il parraine également le Club Europe fondé par le Centre d'information sur les institutions européennes.

Catherine Lalumière

Catherine Lalumière est née en 1935 à Rennes. Elle obtient un doctorat après des études de droit. Elle commence ensuite une carrière politique qui l'amène à devenir députée et secrétaire d'État, puis ministre à plusieurs reprises. De 1981 à 1983, elle est ministre de la Consommation. En 1984, elle est nommée Secrétaire d'État chargée des Affaires européennes. Puis, à partir de 1989, elle occupe la fonction de secrétaire générale du Conseil de l'Europe. Depuis 2003, elle est à la tête de la Maison de l'Europe de Paris et de la Fédération française des Maisons de l'Europe. Catherine Lalumière préside également, jusqu'en 2018, l'association européenne des Écoles d'études politiques du Conseil de l'Europe.

Karl-Heinz Lambertz

Karl-Heinz Lambertz est né à Schoppen (Belgique) en 1952. Licencié en droit à l'Université catholique de Louvain-La-Neuve (Belgique), il suit une formation complémentaire en droit allemand à l'Université de Heidelberg. Engagé en politique dans le socialisme, il est ministre-président de plusieurs portefeuilles. Depuis 2017, président du Comité des régions de l'Union européenne, où il entre en 1999, il est également vice-président du Congrès des pouvoirs locaux et régionaux du Conseil de l'Europe depuis 2017. Il est président de l'Association des régions frontalières européennes, ainsi que de l'Euregio Meuse-Rhin en 2013–2014.

Kai Littmann

Kai Littmann est né en 1960 à Bonn. Diplômé d'anglais à Nice, il travaille comme traducteur pendant plusieurs années avant de devenir journaliste à Offenburg, et rédacteur en chef du quotidien franco-allemand en ligne *EuroJournal*. Président fondateur du Forum Citoyen Eurodistrict, il est engagé dans différents cercles de réflexion français et allemands.

Léon Nisand

Léon Nisand est né à Strasbourg en 1923. Fils de commerçants juifs, sa famille est contrainte de quitter l'Alsace au moment de l'annexion par l'Allemagne, se réfugiant à Toulouse. En 1942, Léon Nisand entre dans la résistance. Il est nommé aumônier des enfants juifs cachés, puis en 1943 des camps d'internement de Juifs de la zone sud-ouest. En 1950, il obtient un doctorat de médecine et part en mission humanitaire en Israël. En 1954, il rejoint la banque du sang, puis dirige de 1955 à 1965 plusieurs laboratoires d'analyses médicales. Enfin, en 1960, il est cofondateur du Mouvement pour un Planning familial, dont il devient vice-président jusqu'en 1971. Il est décédé en 2014.

Lucienne Schmitt

Lucienne Schmitt est née en 1930 à Kaysersberg, dans le Haut-Rhin. D'abord institutrice, elle mène des études de philosophie et valide le CAPES et l'agrégation. Elle est professeur de philosophie à l'École normale d'institutrices de Sélestat. Bilingue, elle entre dans l'association européenne des enseignants et assure les relations avec ses homologues allemands. Chargée d'un cours d'éthique à l'École normale, elle choisit les droits de l'Homme comme thème de recherche avec ses étudiants. Elle crée le Centre international d'initiation aux droits de l'Homme à Sélestat. Elle co-organise et rédige les actes du séminaire franco-allemand des droits de l'Homme en 1989. Elle organise ou participe à des séminaires dans de nombreux pays, surtout européens. En 2004, lui est attribué le prix Gustav Heinemann. En 2005, c'est le prix Europe de l'Académie Rhénane qui lui est décerné. De 2004 à 2006, elle porte le projet de création transfrontalière du Chemin de la Mémoire et des Droits de l'Homme.

Klaus Schumann

Klaus Schumann est originaire de Fribourg, en Allemagne, où il est né en 1940. Il étudie les sciences sociales et économiques dans les universités de Fribourg, Vienne et Cologne. Il est auteur d'une thèse sur le système politique suisse. Il travaille en même temps comme assistant à l'Institut de sciences politiques et questions européennes à Cologne. Pendant trois ans, Klaus Schumann travaille dans l'administration de l'Alliance atlantique au poste de directeur adjoint, et comme directeur des comités d'études au secrétariat de l'assemblée de l'Atlantique Nord, à Bruxelles. Entre 1974 et 2005, il est en fonction au Conseil de l'Europe en tant que directeur général des affaires politiques, avant de prendre sa retraite.

Anne Sforza

Née en 1937 à Strasbourg, elle a travaillé au Conseil de l'Europe de 1960 à 1967 sur des missions de traduction et terminologie, et auprès de ministres européens de l'Éducation. Elle est l'épouse de Sforza-Galeazzo Sforza, Secrétaire général adjoint du Conseil de l'Europe. Elle a été Secrétaire générale adjointe de l'Institut international des droits de l'Homme, militante et dirigeante dans plusieurs ONGs européennes et locales, et membre du Bureau de la Commission de liaison des OINGs au Conseil de l'Europe.

Roger Siffer

Roger Siffer est né dans le Bas-Rhin, à Villé, en 1948. Il devient chanteur après des études de philosophie. Après une formation à l'école du Barabli du cabaret de Germain Muller, il anime un groupe de chanteurs, comédiens et chansonniers autour de thèmes d'actualité. Dans ses chansons, il reprend le folklore traditionnel. Régionaliste, humoriste et cabaretier, il propose en 1979 dans *L'Alsace* une analyse approfondie de l'Alsace et de l'Alsacien d'hier à aujourd'hui. Il possède aujourd'hui le restaurant, cabaret et salle de spectacle « La Choucrouterie » à Strasbourg, ouvert depuis 1984, où sont présentés des spectacles satiriques. Des tournées politico-comiques sont également organisés en Alsace, en Lorraine, mais aussi en Allemagne. Son œuvre transmet l'art de se moquer et l'intérêt du métissage.

Marcel Spisser

Marcel Spisser est né en 1939 à Strasbourg. Il obtient le CAPES et l'agrégation d'histoire-géographie. Professeur, il a travaillé sur la mise en place des ZEP (Zones d'éducation prioritaires). Chercheur à l'Institut national de recherche pédagogique à Paris, il est également inspecteur d'académie à Caen et Strasbourg. Il a participé à la mise en place de l'*Abibac* (délivrance simultanée de l'*Abitur* allemand et du baccalauréat français). Il a été membre de la commission scientifique pour la rédaction d'un manuel d'histoire franco-allemand. En retraite, il organise des « cafés d'histoire » à Strasbourg et Mulhouse. Il est également président de l'AMAM, Association des amis du mémorial d'Alsace-Moselle.

Antoine Spohr

Antoine Spohr est né en 1939. Troisième enfant d'une famille de commerçants de Metz, il a fait des études supérieures en sciences politiques, en histoire et en allemand et est d'abord entré en journalisme à la presse quotidienne régionale au *Républicain Lorrain* à Metz. Il a été attaché parlementaire et chef de cabinet de Jean-Éric Bousch, sénateur-maire de Forbach, puis professeur d'histoire-géographie dans le secondaire au lycée Kléber à Strasbourg, Par ailleurs, il a enseigné les sciences humaines aux étudiants de la Licence pluridisciplinaire à l'Université Louis Pasteur. Depuis 2017, il est doyen et fondateur de l'association Vision Strasbourg qui a pour objet de favoriser la participation citoyenne et la libre expression des habitants de Strasbourg. Il est rédacteur en chef du blog « Eurolatio ».

Gérard Traband

Gérard Traband est né en 1948 à Haguenau (Bas-Rhin). Il a fait ses études universitaires à l'Institut de géographie de Strasbourg et est devenu professeur certifié d'histoire et de géographie en 1972. Il a ensuite été nommé professeur à l'École normale de Strasbourg en 1988. Il a été adjoint au maire de la municipalité de Haguenau en 1989, puis conseiller régional en 1998, pour ensuite devenir président de la commission culture du Conseil régional d'Alsace en 2004. Gérard Traband est décédé en 2014.

Catherine Trautmann

Catherine Trautmann est née à Strasbourg en 1951. Après des études à la faculté de théologie protestante de Strasbourg, elle obtient une maîtrise en théologie protestante. Elle est d'abord députée du Bas-Rhin de 1986 à 1988 et parallèlement membre de la délégation française du Conseil de l'Europe. Elle exerce ensuite des fonctions gouvernementales : secrétaire d'État, ministre de la Culture et de la Communication, porte-parole du gouvernement. De 1989 à 2001, elle est maire de Strasbourg. Au niveau européen, elle est élue députée européenne de 1989 à 1997, puis à nouveau de 2004 à 2014. Elle a été présidente de la délégation socialiste française au Parlement européen, et jusqu'en 2020 vice-présidente de l'Eurométropole de Strasbourg. Elle est également présidente d'« Eurimages ».

Hans Martin Tschudi

Hans Martin Tschudi est né à Grabs (Suisse) en 1951. Il étudie le droit à l'Université de Bâle et obtient son doctorat en 1979. Il a travaillé dans des cabinets d'avocats et en tant que maître de conférence invité aux universités de Saint-Gall en Suisse et de Strasbourg en matière de coopération transfrontalière, jusqu'en 2019. Engagé en politique, il est entre 2000 et 2005 membre de la délégation suisse du Congrès des pouvoirs locaux et régionaux du Conseil de l'Europe, dont il a été vice-président en 2002. Il intervient en tant que consultant depuis septembre 2018.

Robert Walter

Robert Walter est né en 1951 à Strasbourg. Après des études de théologie catholique, il devient professeur d'histoire-géographie en France et en Algérie. Il est chargé de la coopération culturelle à l'Institut français de Hambourg et à l'ambassade de France à Madrid. Il travaille pour l'amitié franco-allemande dans différentes fonctions. Il est directeur de la *Culture Bank* de l'artiste alsacien et européen Tomi Ungerer. De 1995 à 2018, il est directeur de la Fondation centre culturel franco-allemand de Karlsruhe. Il est également dirigeant et membre de nombreuses associations, surtout en Alsace.

Jean-Marie Woehrling

Jean-Marie Woehrling est né à Mulhouse en 1947. Il commence des études de droit à Strasbourg, puis à Paris, avant d'intégrer Sciences Po puis l'ENA, dont il est diplômé en 1974. Il est juge au Tribunal administratif de Strasbourg de 1975 à 1998. Il effectue parallèlement plusieurs missions. De 1981 à 1982, il part en République Fédérale d'Allemagne étudier le système de la Cour fédérale. En 1984, il est commissionné par le ministère de l'Environnement pour ce qui concerne les problèmes européens. Il est élevé à la distinction de président du Tribunal administratif de Strasbourg en 1993. Aujourd'hui, il préside le Centre culturel alsacien et est un expert-consultant régulier du Conseil de l'Europe.

Karl von Wogau

Karl von Wogau est originaire de Fribourg, en Allemagne, où il est né en 1941. Il obtient un doctorat d'études juridiques sur l'histoire constitutionnelle de l'Autriche après des études de droit et de sciences politiques. Il est élu pour la première fois député au Parlement européen, au sein du Parti populaire européen (PPE) en 1979, et y siège jusqu'en 2009. Il occupe la fonction de rapporteur du Parlement européen à l'occasion de la séance extraordinaire sur la décision de l'introduction de l'Euro. Depuis 2009, il a créé la Fondation pour la Sécurité Européenne et il est secrétaire général du Kangourou Group, dont le but est d'œuvrer pour la stabilité économique et la sécurité en Europe.

AUTEURS

Philippe Hamman

Philippe Hamman est professeur de sociologie à l'Institut d'Urbanisme et d'Aménagement Régional, Université de Strasbourg. Assesseur scientifique de la Faculté des Sciences sociales et responsable du master Ville, environnement et sociétés, il coanime l'axe Dynamiques territoriales, villes et mobilités du Laboratoire Sociétés, Acteurs, Gouvernement en Europe (UMR CNRS 7363). Ses recherches, reconnues par une chaire Jean Monnet, interrogent les interactions entre ville et environnement et entre ville et frontière, suivant des comparaisons nationales, franco-allemandes et européennes. Parmi ses publications : *Sociologie des espaces-frontières. Les relations transfrontalières autour des frontières françaises de l'Est*, Strasbourg, Presses universitaires de Strasbourg, 2013 ; *Quelle mise en œuvre de la directive européenne contre les discriminations raciales ? Une comparaison France, Espagne, Royaume-Uni* (avec Cécile Frank), Bruxelles, De Boeck, 2014 ; *Sustainability Governance and Hierarchy* (ed.), Abingdon, New York, Routledge, 2019.

Birte Wassenberg

Birte Wassenberg est professeure d'histoire contemporaine à Sciences Po, Université de Strasbourg. Ancienne attachée territoriale à la Région Alsace responsable de la coopération transfrontalière (1993–2006), titulaire d'une chaire Jean Monnet et directrice adjointe du Centre d'excellence franco-allemand Jean Monnet à Strasbourg, elle consacre ses recherches à la construction européenne, aux frontières, espaces de voisinage et aux relations franco-allemandes. Parmi ses publications récentes : *L'approche pluridisciplinaire de la coopération transfrontalière. Les jalons pour un travail de recherche pluridisciplinaire, Cahier FARE*, n°5, 2015 ; *La coopération territoriale en Europe. Une perspective historique*, Luxembourg, Office de publication de l'Union européenne, 2015 (avec Bernard Reitel), *Castle-Talks on Cross-Border Cooperation. Fear of Integration? The Pertinence of the Border*, Stuttgart, Steiner Verlag, 2018.

RÉSUMÉ

Quelle épaisseur acquise, quelle actualité et quel avenir du projet européen, dans un contexte où l'on évoque fréquemment l'Europe sur le registre de la crise économique ou encore de l'éloignement des citoyens, et non plus tant d'une œuvre historique de paix ?

Afin de répondre à cette question, cet ouvrage mobilise un dispositif original, à la fois pluridisciplinaire et ancré dans les territoires, au concret, notamment à travers la présence des institutions européennes à Strasbourg. Pour cela, les deux auteurs, spécialistes en sociologie et en histoire contemporaine, donnent la parole à des « grands témoins » des constructions transfrontalières et européennes, tant par leurs trajectoires que leurs vécus personnels et professionnels, en Alsace et plus largement dans l'espace trinational du Rhin supérieur. Cette publication est le résultat d'un projet, initié par la Maison de l'Europe Strasbourg – Alsace (MESA), qui a consisté en la conduite de 33 entretiens, réalisés par des étudiants de Sciences Po Strasbourg durant l'année 2012–2013. Ces restitutions *in extenso* de mémoires d'Europe, dans un style vivant et direct, forment la matière à une analyse incarnée, qui associe les points de vue complémentaires de l'historien et du sociologue sur ces enjeux.

Ce projet de « Mémoire d'Europe : Mémoire de paix » part de trois constats fondamentaux. Premièrement, de nombreux témoignages existent et ont été largement exploités sur la Deuxième Guerre mondiale, ses aspects militaires et civils, ses horreurs, la montée du nazisme, la Shoah et les camps de concentration. Deuxièmement, l'histoire ne s'arrête cependant certainement pas en 1945. Basée souvent sur la réflexion menée au cours de la Résistance, de nombreux hommes et femmes, citoyens ordinaires comme responsables politiques, se sont trouvés devant un nouveau défi : construire, sur les ruines de l'Europe totalitaire, une Europe pacifique, solidaire, respectueuse des droits de l'homme et de la démocratie. Beaucoup moins de témoignages existent sur cette période, de 1949 à nos jours – qui a vu certains succès de la construction européenne, mais aussi des vicissitudes, des retours en arrière, et les dangers d'un nouveau nationalisme, d'une nouvelle exclusion de tout ce qui est différent, d'un populisme appelant aux sentiments xénophobes plutôt qu'à la réflexion, d'une renationalisation des concepts politiques, au détriment du désir d'Europe, de la volonté de construire une Europe solidaire pour tous. Troisièmement, devant cette situation, il nous a paru intéressant de recueillir et d'analyser des témoignages de ceux qui ont vécu cette époque, au moins en grande partie, pour en garder une trace. Car on constate que, de plus en plus, la jeune génération qui n'a pas vécu le passé difficile de notre Europe, a tendance à prendre pour acquis la paix et les progrès de notre mode de vie : l'euro comme monnaie unique, la liberté de voyager, le droit d'élire, depuis 1979, un Parlement européen au suffrage universel qui tend à conquérir plus de compétences. Nous pouvons aujourd'hui échanger librement au-delà de nos frontières. La Cour européenne des droits de l'homme et d'autres institutions européennes veillent au respect des droits de l'homme. La faim a largement disparu de notre société européenne, même si la crise économique a engendré l'augmentation de la pauvreté et de la précarité. Le service militaire obligatoire et les sacrifices qu'il a souvent engendrés ont disparu dans un grand nombre des États-membres de l'Union européenne (UE). Les témoignages ainsi récoltés devraient permettre aux plus jeunes de mieux comprendre ces évolutions positives en Europe et les mettre en garde contre des retours en arrière, toujours possibles, mais qui pourraient avoir des conséquences catastrophiques.

L'idéal aurait été de pouvoir collecter ainsi un grand nombre de témoignages, permettant de comprendre comment « l'homme de la rue », le citoyen ordinaire qui habite dans l'espace rhénan a vécu cette période au cours des dernières décennies, à travers des anecdotes de la vie quotidienne, et les perceptions – positives et négatives – des étapes de la construction européenne et de la coopération transfrontalière. Mais avec des ressources limitées en personnel et en temps, cela n'était pas possible. Nous avons donc construit une autre approche, partielle certes, mais qui nous a paru néanmoins intéressante. C'est celle de mener des interviews avec un certain nombre de ce que nous avons appelé des « grands témoins », des personnes qui, engagées dans la vie publique comme acteurs politiques ou administratifs, comme acteurs du monde associatif, culturel, universitaire ou économique, ont vécu consciemment la période de la construction européenne depuis 1945 et en rapportent des souvenirs, bons ou mauvais. Nos ressources ne nous ont pas permis, et de loin, de solliciter toutes les personnalités qui auraient pu, légitimement, apporter leur témoignage sur cette époque. Le choix est donc nécessairement subjectif. Nous espérons néanmoins qu'il apportera au lecteur quelques éclaircissements sur l'esprit dans lequel les dernières décennies ont été vécues dans l'espace rhénan. Dès lors, ce volume se veut une contribution modeste, un début de réflexion à un débat qu'il conviendra d'approfondir et de poursuivre au cours des années à venir : celui sur la mémoire de paix en Europe.

L'approche du livre est basée sur deux grilles d'analyse : historique et sociologique. Mais il s'agit surtout d'une aventure humaine, dans l'esprit de l'humanisme rhénan. Le fait même que de jeunes étudiants ont mené le dialogue avec 33 personnalités qui ont, à des degrés divers, façonné la vie alsacienne pendant la période de la construction européenne constitue une belle aventure humaine intergénérationnelle. Notre étude n'a pas la prétention de répondre à toutes les interrogations. Elle se limite à trois questions principales : Que pensent les témoins qui ont vécu presque soixante-dix ans de paix en Europe, y compris en termes de démocratie et de droits de l'homme ? Quel est leur vécu de la coopération transfrontalière ? Et, enfin, comment s'identifient-ils à l'Europe et à la région transfrontalière de l'espace rhénan ? Ce livre souhaite apporter quelques réflexions par rapport à ces questions et constituer ainsi un premier recueil de la mémoire d'Europe comme mémoire de paix. Car beaucoup de nos grands témoins, le lecteur le constatera, sont en effet animés par un véritable « désir d'Europe ». C'est cette idée et l'engagement qu'elle peut susciter que nous aimerions transmettre aux futures générations.

La première partie de l'ouvrage livre une analyse croisée, historique et sociologique, du vécu des grands témoins de la construction européenne. L'idée européenne s'est développée et affirmée comme un nouveau niveau d'organisation sociétale. Les témoins montrent dans cette étude qu'il s'agit d'une construction dynamique, non linéaire et toujours renouvelée, qui fait la balance entre les différents cadres institutionnels et les usages régionaux et nationaux. La lecture des entretiens dévoile que les acteurs interviewés se sont intéressés à la construction européenne à différents degrés d'implication personnelle ou professionnelle et avec une intensité variable, et qu'ils montrent une certaine propension à l'européanité. Ce, tout en considérant un rapport primordial au temps, comme contexte et comme processus durable. En fonction de leur fonction professionnelle dans l'une ou l'autre organisation européenne, ils attachent plus d'importance au Conseil de l'Europe ou à l'Union européenne. Et en fonction de leur expérience personnelle et/ou professionnelle, ils identifient différentes étapes clés de la construction européenne. Globalement, deux périodes majeures ressortent néanmoins auprès de la plupart des grands témoins : celle du début de la construction européenne à la fin des années 1940/début des années 1950 et la mise en place des premières organisations européennes (le Conseil de l'Europe et la Communauté européenne du charbon et de l'acier…) ; et celle de la fin de guerre froide en 1989, lorsque la réunification de l'Europe de l'ouest et de l'est devient possible. Par ailleurs, la construction européenne est aussi définie comme une réalité vécue, celle d'une culture européenne, difficile à déterminer. Elle consiste également en un projet, le projet européen. Enfin, il s'agit de marquer une rupture avec le passé, belliqueux, par l'établissement de nouvelles institutions européennes qui sauvegardent la paix.

En effet, l'objectif de paix revient continuellement chez les interviewés, faisant de la guerre et de la réconciliation franco-allemande les moteurs de socialisation à l'Europe. Néanmoins, la vision de cette construction européenne fondamentalement inédite dans le cadre des Relations internationales après la Deuxième Guerre mondiale n'est pas mythifiée : il s'agit d'un chemin pris parmi d'autres possibles, non parvenus. Évidemment, l'expérience personnelle de ceux qui ont connu la guerre leur fait voir l'idée européenne comme une entreprise essentielle. Mais l'objet de la construction européenne n'est pas univoque. Son développement s'interprète à travers une configuration sociopolitique et historique mouvante et évolutive. Dès lors, les témoins avancent que le dessein pacificateur, devenu symbolique, n'est plus aujourd'hui aussi vivace qu'il ne l'a été précédemment. L'évolution des Relations internationales entre 1945 et 2012 a fait se modifier le répertoire d'action de la guerre, davantage économique désormais, tout comme le registre de la paix, menant à une nécessaire prise en compte de nouvelles problématiques, plus sociales et politiques.

La construction *sui generis* que constitue l'intégration européenne a abouti, selon les grands témoins, à plusieurs Europes, ou du moins à la perception de deux Europes. Une première opposition est faite entre l'UE et le Conseil de l'Europe. Une deuxième, couramment présentée, est celle entre l'Europe humaniste et l'Europe économique. Ce qui est certain chez les interviewés, c'est que cette pluralité entraîne des difficultés et qu'il n'existe pas de schéma simplifié explicatif de cette construction, dont il faut considérer la longue durée tout comme les temps rapprochés de la « petite histoire ». Une perception est toutefois récurrente, selon laquelle l'économie a triomphé. Ce, en contraste avec la faiblesse du fonctionnement démocratique des institutions européennes de l'UE. La monnaie unique est ainsi chaleureusement accueillie par les témoins, tandis qu'à l'inverse, l'appel à une Europe plus « citoyenne » n'est pas tant plébiscité. Les témoins craignent en effet un manque d'intérêt de la part des citoyens pour la cause européenne. Néanmoins, ils saluent le symbole que représente l'élection directe de représentants au Parlement européen, malgré des travers nationaux et électoralistes relevés. Quant au Conseil de l'Europe, celui-ci est jugé important, avec notamment le travail réalisé au niveau de la Cour européenne des droits de l'homme. Identifiée par certains comme « antichambre » de l'UE, le Conseil de l'Europe est dépeint, à regret, comme méconnu par la population, malgré sa haute dimension symbolique, sa signification comme construit social et son apport de visibilité pour Strasbourg sur la scène internationale.

Dans la deuxième partie de l'ouvrage sont analysés les vécus des espaces transfrontaliers de « proximité », c'est-à-dire comment sont perçus les rapports à l'Europe au niveau local, alors même que les politiques européennes modèlent ces territoires, essentiellement dans les régions transfrontalières. L'étude se concentre sur la région du Rhin supérieur, aux frontières de l'Allemagne, de la France et de la Suisse. Mais il est frappant de constater que, pour les grands témoins, l'histoire de la coopération transfrontalière institutionnelle de l'espace rhénan est soit mal connue, soit considérée comme un élément qui n'est pas si essentiel. Plus importantes sont, d'après leurs témoignages, la qualité et l'intensité des relations avec les voisins, et celles-ci dépendent largement du principe de la libre circulation. Pour les interviewés, c'est donc plus l'histoire de l'Europe sans frontières qui compte que l'histoire de la coopération transfrontalière.

D'une part, les frontières entre États sont liées à une analyse en termes d'échelles. L'échelle d'appréhension de ces frontières, cadres de l'action publique territoriale et des coopérations transfrontalières, est à appréhender comme un construit social. Les échelles, tout comme les frontières, ne sont pas naturelles. L'effectivité de ces coopérations ne peut donc pas s'interpréter comme quelque chose d'immuable, mais d'évolutif. En effet, depuis les débuts de la coopération transfrontalière dans les années 1960, des changements de standards et de procédés ont été apportés (c'est le cas par exemple avec la décentralisation en France en 1982), affectant dès lors le régime des coopérations interinstitutionnelles et transfrontalières. Par ailleurs, on note chez les témoins que cette coopération avec les voisins repose sur un principe fondamental pour son bon fonctionnement : celui d'une taille critique nécessaire à sa réalisation, à savoir l'échelon local et régional. De même, les pratiques administratives et politiques différentes d'un pays à l'autre ne sont pas à considérer comme des obstacles tout à fait infranchissables. Il s'avère du reste que la coopération transfrontalière conduit à une multiplicité de perceptions possibles chez les individus. La frontière (et ce qu'elle implique) peut en effet être considérée comme un frein ou comme une région en bordure du périmètre national et donc délaissée, mais cette frontière peut également être le moteur d'une collaboration essentielle transfrontalière. C'est en ce sens que l'UE a inspiré les relations aux frontières – véritables constructions sociales –, afin de notamment éviter les doublons d'un bord à l'autre et aboutir à une économie assainie. Ces coopérations transfrontalières passent par l'établissement processuel d'Eurorégions, dont la définition est plurielle. Ce travail commun est perçu par les interviewés comme une dynamique positive favorisée par le cadre local du Rhin supérieur (malgré certaines réserves émises au niveau de ses réalisations pratiques), bien que des difficultés institutionnelles de coopération puissent exister. Or, la perception de ces initiatives transfrontalières n'est pas univoque chez les témoins, qui y voient soit un dessein fédéraliste, soit une simple coopération interlocale ou un entre-deux. Quant à la place du citoyen dans ce processus, aucune prise de conscience d'un quelconque impact européen n'est clairement présumée, étant peu associé à ces structures, ce qui serait même la volonté des élus locaux – dont les initiatives transfrontalières seraient un moyen de s'auto-légitimer, tout du moins de gagner en reconnaissance politique. Au niveau plus spécifique de l'Eurodistrict Strasbourg-Ortenau, le constat est identique, malgré un discours officiel tout autre. Dans sa forme institutionnelle, cet Eurodistrict est regardé avec méfiance et la plupart des témoins pensent qu'il s'agit d'un affichage politique plus que d'une réalité d'espace intégré. Plusieurs témoins avouent d'ailleurs ne pas en connaître les subtilités. En revanche, le vécu personnel de cet espace transfrontalier est plutôt positif, et reflète, selon eux, une histoire réussie de la réconciliation franco-allemande au niveau local. Les coopérations transfrontalières sont donc variées et pas toujours accessibles. Il s'agit de mécanismes inachevés : leur réussite et leur viabilité dépendent du tissu humain et social environnant dont un meilleur développement est nécessaire. L'histoire de la coopération transfrontalière de l'espace rhénan n'est donc pas encore terminée, elle continue en parallèle et en appui au processus de construction européenne.

La dernière partie de l'analyse des entretiens s'intéresse à une potentielle identité européenne à travers les expériences diverses des individus et des acteurs qui la font exister. À l'étude des retranscriptions établies, on dénote une identification européenne duale : celle vis-à-vis des institutions et des dirigeants, et celle provenant du territoire lui-même, avec la participation des frontières comme constructions identitaires. On remarque également une différenciation entre l'identification de l'Europe et de ses limites géographiques et culturelles, d'une part, et l'identification personnelle régionale, nationale et européenne, d'autre part. Les témoins s'interrogent sur les mêmes limites de l'Europe que l'Assemblée parlementaire du Conseil de l'Europe en 1992 : une Europe qui va de l'Atlantique à l'Oural, comme le disait le général de Gaulle ? Une Europe avec ou sans la Russie et les pays du Caucase ? Mais ils s'interrogent aussi sur les limites culturelles et le partage d'un héritage judéo-chrétien commun : une Europe avec ou sans la Turquie ? Dans l'histoire de la construction européenne, ces questions ne sont pas nouvelles, elles reviennent à l'ordre du jour chaque fois qu'un élargissement des organisations européennes (Conseil de l'Europe, UE) se dessine à l'horizon.

En ce qui concerne l'identité européenne par rapport à l'identité nationale, l'européanisation a revisité la place des États, par leur déterritorialisation, tout en leur permettant de gagner en visibilité sur la scène internationale. D'ailleurs, les entretiens montrent que cette prégnance de l'État est toujours perceptible, parfois même jugée trop importante. De plus, la critique d'une Europe « bouc émissaire » est redondante. D'autres témoins ambitionnent l'établissement des États-Unis d'Europe. S'agissant de l'identité européenne par rapport à l'identité régionale, il ressort que la région a gagné en importance grâce à la construction européenne, nécessitant des adaptations sur les plans économique, politique et culturel. Ces différents niveaux de référence possibles (région, État, Europe) entraînent aussi quelques difficultés, alors même que les témoins affirment ne pas souhaiter hiérarchiser ces affiliations. Pour eux, une identification à plusieurs échelles – régionale, nationale et européenne – est possible et même souhaitable. La plupart des témoins alsaciens, allemands ou suisses s'identifient d'ailleurs largement avec l'espace rhénan ; une identité alémanique transfrontalière est soulignée comme un trait d'union entre les populations frontalières, même si certains facteurs de cette union, notamment le dialecte alsacien, sont considérés en perte de vitesse. S'identifier à la région et à l'Europe ne veut pas dire favoriser la création d'une Europe des régions, où les États s'effacent, mais plutôt construire une Europe à plusieurs échelles, avec une gouvernance à multiples niveaux, en respect du principe de subsidiarité.

Cependant, une identification européenne multiple et harmonieuse s'avère être, les témoins le reconnaissent, quelque chose de difficilement palpable. L'identification grâce aux frontières est plurielle et hétéroclite, d'autant que les frontières (internes comme externes) de l'Europe ne sont définies qu'abstraitement. L'étude du cas de la Turquie est alors emblématique : les témoins ont des difficultés à lui reconnaître un caractère européen. Sont alors évoqués des impératifs comme ceux de la position géographique, du contexte géopolitique et des droits fondamentaux, tout en évitant de mentionner la dimension religieuse. En somme, la question reste sensible, à l'image des débats actuels quant à l'élargissement de l'UE aux pays balkaniques. D'ailleurs, les interviewés penchent prioritairement vers une nécessaire amélioration de la coopération au sein de l'Union avant de possibles élargissements. Il s'agit d'un débat connu dans l'histoire de la construction européenne, celui entre approfondissement et élargissement, qui a marqué l'UE depuis les années 1990, lorsque l'élargissement à l'Est est venu à l'ordre du jour. Ainsi, la conséquence reconnue par les témoins est celle d'une Europe à plusieurs vitesses. Toutefois, les critiques ambiantes relatives à l'intégration européenne sont fréquemment minimisées par les acteurs interviewés, la ramenant au long terme, même s'ils reconnaissent des résistances quant à ce processus. La maîtrise des langues bénéficierait ainsi positivement au sentiment européen. La religion également aurait un rôle à jouer dans ces mécanismes et les témoins évoquent tous une essentielle tolérance. Enfin, cette Europe est dépeinte comme trop coupée du citoyen, élitiste. Quand est alors posée la question de l'avenir de l'Europe, la crise traversée en 2012 – notamment suite à la « crise de la dette » autour des difficultés de la Grèce – est perçue comme un moment propice à une mise à plat des problématiques européennes. Ce qui a été construit jusqu'alors est considéré comme solidement ancré, mais une nécessaire « réorientation » est souhaitée par les témoins, tout en restant optimistes sur le futur d'une Europe en perpétuelle construction.

ZUSAMMENFASSUNG

Welche Erfahrungsdichte, welche Aktualität und welche Zukunft für das Projekt Europa, in einem Kontext, in dem Europa oft im Zusammenhang mit der Wirtschaftskrise erwähnt wird, oder als fern vom Bürger anstatt als ein historisches Werk des Friedens?

Um diese Frage zu beantworten, mobilisierte diese Publikation ein originelles Material, das sowohl multidisziplinär als auch territorial verankert war, und sehr konkret, dank der Präsenz der Europäischen Institutionen in Strasbourg. Zu diesem Zweck erteilten die beiden in Soziologie und in Zeitgenössischer Geschichte spezialisierten Autoren das Wort an sogenannte „Schlüsselzeugen" der grenzüberschreitenden und Europäischen Konstruktion, durch das Sprachrohr ihrer Laufbahn und ihrer persönlichen und beruflichen Erlebnisse im Elsass und im weiteren tri-nationalen Oberrheinraum. Diese Publikation ist auch das Ergebnis eines Projektes, das von der *Maison de l'Europe Strasbourg – Alsace (MESA)* initiiert wurde und aus 33 Interviews bestand, die von Studenten der *Sciences Po* Strasbourg im akademischen Jahr 2012–2013 durchgeführt wurden. Die ausführliche Rekonstitution dieser „Erinnerungen an Europa", in einem sehr lebhaften und direkten Stil, bildeten die Materie für eine fundierte Analyse, die die komplementären Gesichtspunkte einer Geschichtswissenschaftlerin und eines Soziologen zu diesen Fragen miteinander verknüpft.

Das Projekt „Erinnerungen an Europa: Erinnerungen des Friedens" ging von drei wesentlichen Feststellungen aus: Erstens gibt es zahlreiche Erfahrungsberichte über den Zweiten Weltkrieg, die weitreichend analysiert wurden, über dessen militärische und zivile Aspekte, die Gräueltaten, den ansteigenden Nationalsozialismus, den Holocaust und die Konzentrationslager. Zweitens endete die Geschichte natürlich nicht 1945 und so haben sich, gestützt auf Überlegungen, die während der Resistance angestellt wurden, viele Frauen und Männer, gewöhnliche Bürger aber auch angesehene Politiker, einer neuen Herausforderung gestellt: auf den Ruinen des totalitären Europas ein neues friedliches und solidarisches Europa aufzubauen, in dem Menschenrechte und die Demokratie respektiert wurden. Es gibt jedoch weit weniger Erfahrungsberichte über diese Periode von 1949 bis heute, die viele Erfolge der Europäischen Konstruktion aufweisen konnte, aber auch Gegenströme, Rückschläge und die Gefahr eines neuen Nationalismus, einer neuen Abgrenzung gegen all das was anders ist, eines Populismus, der fremdenfeindliche Gefühle schürt anstatt an die Vernunft zu appellieren, einer Renationalisierung politischer Konzepte zum Leidtragen des Wunsches nach mehr Europa, nach dem Willen, ein solidarisches Europa für alle aufzubauen. Drittens erschien es uns in Anbetracht dieser Situation interessant, Erfahrungsberichte all derer, die diese

Periode erlebt haben – oder zumindest eine große Anzahl – zu sammeln und zu analysieren, um ihre Erinnerungen festzuschreiben. Denn man stellt zunehmend fest, dass die junge Generation, die diese schwierige Vergangenheit unseres Europas nicht durchlebt hat, tendenziell den Frieden und die Fortschritte unser Lebensweise als selbstverständlich ansehen: den Euro als gemeinsame Währung, die Freiheit zu reisen, das Recht, seit 1979 ein Europäisches Parlament direkt zu wählen, das immer mehr Kompetenzen erhält. Wir können uns heutzutage frei über die Grenzen hinweg austauschen. Der Europäische Gerichtshof für Menschenrechte und andere Europäische Institutionen wachen über den Respekt der Menschenrechte. Es gibt in unserer Europäischen Gesellschaft keinen Hunger mehr, auch wenn die Wirtschaftskrise zu einem Anstieg von Armut und Prekarität geführt hat. Der obligatorische Wehrdienst und die blutigen Opfer, die dieser so oft mit sich brachte, sind in einem großen Teil der Mitgliedstaaten der EU abgeschafft worden. Die so gesammelten Erfahrungsberichte ermöglichen es daher den Jüngeren, die positiven Entwicklungen in Europa besser zu verstehen und sie vor Rückschritten zu warnen, die immer möglich sind, die jedoch katastrophale Folgen haben könnten.

Idealerweise hätten daher eine große Anzahl von Erfahrungsberichten gesammelt werden sollen, die es ermöglicht hätten, zu verstehen, wie die Menschen „auf der Straße", der gewöhnliche Bürger am Oberrhein, diese Periode der letzten Jahrzehnte erlebt hat, über Anekdoten aus seinem täglichen Leben und den – positiven oder negativen – Wahrnehmungen der Etappen er Europäischen Integration und der grenzüberschreitenden Zusammenarbeit. Unsere begrenzten Zeit- und Personalressourcen haben uns dies leider nicht erlaubt. Wir haben daher einen – wenn auch partiellen – Ansatz gefunden, der uns trotz alledem als interessant erschien: d.h. Interviews mit einer bestimmten Anzahl von Personen zu führen, die wir als „Schlüsselzeugen" bezeichnen, die im öffentlichen Leben engagiert sind wie z.B. politische Akteure oder Akteure aus der Verwaltung, aus dem assoziativem oder kulturellen Bereich, den Universitäten oder der Wirtschaft, die die Periode der Europäischen Einigung seit 1945 bewusst erlebt haben und dazu ihre positiven oder negativen Erinnerungen berichten konnten. Unsere begrenzten Mittel haben es uns bei Weitem nicht ermöglicht, alle Persönlichkeiten zu kontaktieren, die legitim ihre Erfahrungsberichte zu dieser Periode hätten beitragen können. Wir hoffen dennoch, dass der Leser so einige Eindrücke über den erlebten Zeitgeist dieser letzten Jahrzehnte am Oberrhein gewinnen kann. Somit versteht sich diese Publikation auch als Anfang einer Reflexion über eine Debatte, die in den folgenden Jahren noch vertieft und weitergeführt werden sollte: die Debatte über die Erinnerungen an den Frieden in Europa.

Der Ansatz des Buches basiert auf zwei Analysen, eine historische und eine soziologische. Aber es handelt sich auch um ein menschliches Abenteuer, im Sinne des rheinischen Humanismus. Schon allein die Tatsache, dass junge Studenten einen Dialog mit 33 Persönlichkeiten geführt haben, die in unterschiedlicher Weise das elsässische Leben im Laufe der Europäischen Einigung geprägt haben, ist ein schönes intergenerationelles Abenteuer. Unsere Studie hat nicht den Anspruch, auf alle Fragestellungen eine Antwort zu finden. Sie ist auf drei grundsätzliche Fragen begrenzt: Was denken und sagen die Zeitzeugen zum Frieden in Europa, die sie fast siebzig Jahre lang, gekoppelt mit der Demokratie und dem Respekt von Menschenrechten, erlebt haben? Was sind ihre Erlebnisse der grenzüberschreitenden Zusammenarbeit? Und, letztendlich, wie identifizieren sie sich mit Europa und der grenzüberschreitenden Region am Oberrhein? Dieses Buch möchte einige Überlegungen zu diesen Fragen beitragen und somit eine erste Sammlung der Erinnerungen an ein Europa des Friedens konstituieren. Denn viele unserer Schlüsselzeugen werden, wie der Leser feststellen wird, von einem „Wunsch nach Europa" getragen. Es ist diese Idee und das Engagement, das sie hervorruft, was wir den zukünftigen Generationen übermitteln möchten.

Der erste Teil der Publikation liefert eine gekreuzte historisch-soziologische Analyse der Erlebnisse der Schlüsselzeugen zur Europäischen Einigung. Die Europäische Idee hat sich als neue Ebene der gesellschaftlichen Organisation entwickelt und behauptet. Die Zeitzeugen zeigen in dieser Studie, dass es sich um eine dynamische Konstruktion handelt, die nicht linear war, sondern sich immer wieder erneuerte, um die unterschiedlichen institutionellen Rahmenbedingungen sowie regionalen und nationalen Gewohnheiten auszubalancieren. Die Lektüre der Interviews deckte auf, dass die befragten Zeugen in unterschiedlich eingebundener Weise und mit unterschiedlicher Intensität persönlich oder beruflich an der Europäischen Einigung interessiert waren und dass sie eine gewisse Neigung zu einer „Europeanität" zeigten. Dabei wurde immer ein vorrangiges Verhältnis zu der Zeit als Kontext und als dauerhafter Prozess berücksichtigt. Abhängig von ihrer beruflichen Funktion in der einen oder anderen Europäischen Organisation legten sie mehr Wert auf den Europarat oder die Europäischen Union (EU). Und abhängig von ihrer persönlichen und/oder beruflichen Erfahrung identifizierten sie unterschiedliche wesentliche Etappen der Europäischen Einigung. Insgesamt stachen jedoch zwei Hauptperioden bei fast allen Schlüsselzeugen heraus: die des Beginns der Europäischen Einigung am Ende der 1940ger/Anfang der 1950ger Jahre, als die ersten Europäischen Organisationen gegründet wurden (Europarat, Europäische Kohle- und Stahlgemeinschaft (EKSG)) und die am Ende des kalten Krieges im Jahre 1989, als die Wiedervereinigung von West- und Osteuropa wieder möglich wurde. Zudem wurde die Europäische Einigung auch als eine erlebte Realität definiert, als eine Europäische Kultur, die schwer zu bestimmen ist. Sie wurde auch als Projekt verstanden, als das „Europäische" Projekt. Zuletzt handelte es sich darum, einen Bruch mit der kriegerischen Vergangenheit zu markieren, durch den Aufbau neuer Europäischer Institutionen, die den Frieden erhalten.

In der Tat trat bei den Zeitzeugen kontinuierlich das Ziel des Friedens immer wieder auf, das den Krieg und den darauffolgenden deutsch-französischen Versöhnungsprozess zu Motoren der Europäischen Sozialisierung machte. Dennoch wurde diese neue Vision der Europäischen Einigung im Rahmen der Internationalen Beziehungen nach dem Zweiten Weltkrieg nicht mystifiziert: es handelte sich um einen Weg unter vielen anderen möglichen, die nicht begangen worden waren. Natürlich führte die persönliche Erfahrung derjenigen, die den Krieg erlebt hatten, dazu, dass sie den Prozess der Europäischen Einigung als essentielles Unterfangen empfanden. Aber die Europäische Einigung an sich war nicht selbstverständlich.

Ihre Entwicklung wurde als bewegliche, evolutive soziopolitische und historische Konfiguration interpretiert. Daher betonten die Zeitzeugen auch, dass das Friedensprojekt, das zum Symbol geworden ist, heutzutage nicht mehr so gegenwärtig sei wie in der Vergangenheit. Die Entwicklung der Internationalen Beziehungen zwischen 1945 und 2012 haben dazu geführt, dass sich das Repertoire der Aktionen des Krieges verändert hat, es ist wirtschaftsorientierter geworden, so wie sich auch das Register des Friedens geändert hat, was dazu führte, dass notwendigerweise neue, mehr sozial und politisch ausgerichtete Problematiken berücksichtigt werden mussten.

Die *sui generis* Konstruktion, die die Europäische Einigung ausmacht, hat nach Ansicht der Schlüsselzeugen dazu geführt, dass es mehrere Europas gibt oder zumindest eine Wahrnehmung von zwei Europas. Eine erste Gegenüberstellung wurde zwischen der EU und dem Europarat gemacht. Eine zweite, die häufig vorkam, war die zwischen einem humanitären und einem wirtschaftlichen Europa. Das, was bei einigen Zeugen als sicher galt, war, dass diese Pluralität Schwierigkeiten mit sich bringt und dass es kein vereinfachtes Schema gäbe, nach dem man die Einigung erklären könnte, da sie sowohl in ihrer langfristigen Entwicklung, als auch gemäß den zeitlich aufeinanderfolgenden „kleinen Geschichten" betrachtet werden müsste. Eine Meinung trat jedoch dabei immer wieder auf: die, dass die Wirtschaft triumphiert hat, was im Kontrast zur Schwäche der demokratischen Funktionsweise der EU Institutionen stand. Die gemeinsame Währung wurde demnach von den Zeugen herzlich willkommen geheißen, so wie im Gegensatz dazu der Appell an ein Europa der Bürger nicht laut verkündet wurde. Die Zeitzeugen, die sich dazu geäußert haben, fürchteten nämlich einen Mangel an Interesse von Seiten der Bürger für die Europäische Sache. Dennoch begrüßten sie das Symbol, welches die Direktwahl der Repräsentanten des Europäischen Parlaments hervorrief, trotz aller beklagten nationalen und wahlpolitischen Widrigkeiten. Was den Europarat betraf, wurde dieser als sehr wichtig eingestuft, vor allem durch die von Seite des Europäischen Gerichtshofes für Menschenrechte geleisteten Arbeit. Von manchen Zeugen als „Vorkammer" der EU bezeichnet, wurde der Europarat mit Bedauern als von der Bevölkerung wenig bekannt beschrieben, trotz seiner hohen Symbolfunktion, seiner Bedeutung als soziales Konstrukt und einem Beitrag zur Sichtbarkeit Strasbourgs auf internationaler Ebene.

Im zweiten Teil der Publikation wurden die Erlebnisse der nahegelegenen Grenzräume analysiert, d.h. wie das Verhältnis zu Europa auf lokaler Ebene empfunden wurde, auch wenn Europäische Politik diese Räume modelliert, vor allem in den Grenzregionen. Die Studie konzentrierte sich auf die Region am Oberrhein an der Grenze zwischen Deutschland, Frankreich und der Schweiz Aber es war erstaunlich zu bemerken, dass für die Schlüsselzeugen die institutionelle Geschichte der grenzüberschreitenden Zusammenarbeit am Oberrhein entweder wenig bekannt war oder als ein für sie als nicht wesentlich eingestuftes Element empfunden wurde. Wichtiger waren nach ihren Erfahrungsberichten die Qualität und die Intensität der Beziehungen zu den Nachbarn und diese wiederum hingen größtenteils vom Prinzip der freien Bewegung ab. Für die Schlüsselzeugen war es daher mehr die Geschichte des Europas ohne Grenzen als die Geschichte der grenzüberschreitenden Zusammenarbeit, die zählte.

Einerseits waren die Grenzen zwischen den Staaten mit einer Analyse im Sinne von Ebenen verbunden. Die Ebene der Wahrnehmung von Grenzen als Rahmen für die Aktivitäten der territorialen öffentlichen Gebietskörperschaften wurde als soziales Konstrukt verstanden. Die Ebenen, so wie die Grenzen wurden als nicht natürlich empfunden. Die Effizienz der Zusammenarbeit konnte daher nicht als etwas Unveränderbares interpretiert werden, sondern als etwas, das sich entwickelt. In der Tat haben seit den Anfängen der grenzüberschreitenden Zusammenarbeit in den 1960ger Jahren Veränderungen in den Standards und den Prozeduren stattgefunden (dies war z.B. der Fall der Dezentralisierung in Frankreich 1982), die das Regime der interinstitutionellen, grenzüberschreitenden Zusammenarbeit seitdem verändert haben. Zudem bemerkte man bei den Zeugen, dass diese Kooperation mit den Nachbarn auf einem fundamentalen Prinzip basierte, um gut funktionieren zu können: dem der kritischen Größe für ihre Realisierung, d.h. die lokale und regionale Ebene. Auch die unterschiedlichen politischen und Verwaltungspraktiken von einem Land zum anderen wurden nicht als unüberwindbare Hindernisse angesehen. Es stellte sich andererseits heraus, dass die grenzüberschreitende Zusammenarbeit zu einer Vielzahl von möglichen individuellen Wahrnehmungen führte. Die Grenze und was sie bedeutet konnte somit als Bremse oder als eine Region am Rand des nationalen Perimeters und daher als verlassen angesehen werden, aber auch als Motor einer essentiellen grenzüberschreitenden Zusammenarbeit. Es war in diesem Sinne, dass die EU die grenzüberschreitenden Beziehungen – als echte soziale Konstruktionen- inspiriert hat, um Doppelabrieit auf der einen und auf der anderen Seite zu verhindern und eine gesunde Wirtschaft zu erzeugen. Diese grenzüberschreitende Zusammenarbeit verwirklichte sich mithilfe des Prozesses der Gründung von Euroregionen, deren Definition variierte. Diese gemeinsame Arbeit wurde von den Zeitzeugen als eine positive Dynamik empfunden, die vom lokalen Rahmen des Oberrheins favorisiert wurde (trotz einiger Reserven, die im Bezug auf die praktischen Realisierungen vorgebracht wurden), obwohl auch interinstitutionelle Schwierigkeiten bei der Zusammenarbeit vorkommen konnten. Die Wahrnehmung dieser grenzüberschreitenden Initiativen war jedoch nicht einheitlich bei den Zeugen: teils wurden sie als föderalistisches Design angesehen, teils als eine einfache interlokale Zusammenarbeit oder als etwas, das dazwischenliegt. Was den Platz der Bürger innerhalb dieses Systems betraf, gab es kein Bewusstsein irgendeines Europäischen Einschlages, nicht einmal was den Willen der lokalen Politiker betraf. Diese würden die grenzüberschreitenden Initiativen eher als ein Mittel zur Selbstlegitimierung ansehen, oder um Ansehen zu erwerben. Auf der mehr spezifischen Ebene des Eurodistriktes Strasbourg-Ortenau gab es dieselbe Feststellung, trotz eines gänzlich anderen offiziellen Diskurses. In seiner institutionellen Form wurde dieser Eurodistrikt mit Argwohn betrachtet und die meisten Zeitzeugen dachten, dass es sich eher um ein politisches Etikett als um die Realität eines integrierten Raumes handelte. Viele Zeugen gaben sogar zu, dass sie dessen Subtilitäten gar nicht kannten. Im Gegensatz dazu war die persönliche Erfahrung dieses grenzüberschreitenden Raumes eher positiv und spiegelte den Zeugen zufolge eine gelungene Geschichte der deutsch-französischen Versöhnung auf lokaler Ebene wieder. Die grenzüberschreitende Zusammenarbeit war demnach variabel und nicht immer leicht zugänglich, aber es handelte sich um einen nicht vollendeten Mechanismus, dessen Erfolg und Nachhaltigkeit von den Menschen und der sozialen Umwelt vor Ort abhing und für den eine bessere Entwicklung notwendig sei. Daher sei die Geschichte der grenzüberschreitenden Zusammenarbeit am Oberrhein noch nicht fertig geschrieben und liefe parallel und in Unterstützung zum Europäischen Einigungsprozess weiter.

Der letzte Teil der Analyse der Interviews interessierte sich für eine potentielle Europäische Identität, die durch die verschiedenen Erfahrungen der Personen Gestalt annahm. Die Untersuchung der vorliegenden Transkriptionen ergab, dass eine duale Europäische Identifizierung stattfand: die über die Institutionen und die leitenden Persönlichkeiten und die, die aus dem Gebiet selbst hervorging, mit dem Beitrag der Grenzen als identitätsbildende Konstruktionen. Man bemerkte außerdem eine Differenzierung zwischen einer Identifizierung mit Europa und dessen geographischen und kulturellen Grenzen einerseits und einer persönlichen, regionalen, nationalen und Europäischen Identifizierung andererseits. Die Zeitzeugen stellten sich zu denselben Grenzen Europas Fragen wie die Parlamentarische Versammlung des Europarates im Jahr 1992: ein Europa, das vom Atlantik bis zum Ural reicht, wie es der General de Gaulle sagte? Ein Europa mit oder ohne Russland und die Kaukasusländer? Aber sie fragten auch nach den kulturellen Grenzen und das geteilte gemeinsame jüdisch-christliche Erbe: ein Europa mit oder ohne die Türkei? In der Geschichte der Europäischen Einigung sind diese Fragen nicht neu, sie kamen jedes Mal auf die Tagesordnung, wenn sich eine Erweiterung der Europäischen Organisationen (Europarat, EU) am Horizont profilierte.

Was die Europäische Identität im Bezug zur nationalen Identität betraf, hat die Europäisierung die Stellung des Staates neu definiert, durch deren Deterritorialisierung, die es ihnen auch ermöglichte, auf internationaler Ebene sichtbarer zu werden. Im Übrigen zeigten die Interviews, dass dies Prägnanz des Staates immer noch spürbar war und manchmal sogar als zu wichtig eingestuft wurde. Außerdem kam immer wieder die Kritik an einem Europa als „Sündenbock" auf. Andere Zeitzeugen strebten die Gründung der Vereinigten Staaten von Europa an. Was die Europäische Identität im Bezug zur regionalen Identität betraf, hat die Region auf jeden Fall durch die Europäische Konstruktion mehr Gewicht erhalten, was Anpassungen auf wirtschaftlicher, politischer und kultureller Ebene notwendig machte. Die verschiedenen möglichen Bezugsebenen (Region, Staat, Europa) brachten auch einige Schwierigkeiten mit sich, obwohl die Zeitzeugen betonten, dass sie diese Affiliationen nicht hierarchisieren wollten. Für sie war eine Identifizierung auf mehreren Ebenen – regional, national und Europäisch – durchaus möglich und sogar erstrebenswert. Die meisten elsässischen, deutschen oder schweizerischen Zeugen identifizierten sich im Übrigen sehr stark mit dem Oberrheinraum: eine grenzüberschreitende alemannische Identität wurde als eine Verbindungseinheit zwischen der Grenzbevölkerung betont, auch wenn einige Faktoren dieser Einheit schwächer wurden, vor allem der elsässische Dialekt. Sich mit der Region und mit Europa zu identifizieren bedeutete nicht, die Gründung eines Europas der Regionen zu favorisieren, in dem die Staaten verschwinden würden, sondern ein Europa auf mehreren Ebenen zu konstruieren, in dem das Prinzip der Subsidiarität respektiert würde.

Dennoch gaben die Zeitzeugen zu, dass eine harmonische, multiple Europäische Identifizierung nur schwer greifbar wäre. Die Identifizierung dank der Grenzen war plural und heterogen, umso mehr, da die (internen, sowie externen) Grenzen Europas nur abstrakt definiert wurden. Die Fallstudie der Türkei war in diesem Sinne bezeichnend: die Zeitzeugen hatten Schwierigkeiten, diesem Land einen Europäischen Charakter anzuerkennen. Es wurden Imperative wie z.B. die geographische Position oder der geopolitische Kontext und die Grundrechte genannt, wobei es weitgehend vermieden wurde, die religiöse Dimension zu erwähnen. Insgesamt blieb die Frage eine sensible, wie auch die aktuelle Debatte zur EU-Erweiterung in Bezug auf die Balkanstaaten zeigt. Dabei waren die Zeitzeugen eher geneigt, eine notwendige Verbesserung der Zusammenarbeit innerhalb der Union anzustreben, bevor sie Erweiterungen in Betracht zogen. Es handelte sich um eine in der Geschichte der Europäischen Einigung bekannte Debatte, die zwischen Vertiefung und Erweiterung, die die EU seit den 1990ger Jahren gezeichnet hat, als die Osterweiterung auf die Tagesordnung kam. So war die von den Schlüsselzeugen anerkannte Konsequenz die eines Europas unterschiedlicher Geschwindigkeiten. Allerdings wurde auch die bestehende Kritik am Europäischen Einigungsprozess von den interviewten Akteuren minimisiert, indem sie diesen auf lange Sicht hin projizierten, auch wenn sie gewisse Widerstände gegen diesen Prozess einräumten. Die Beherrschung von Fremdsprachen wurde als ein sich auf das Europäische Gefühl positiv auswirkender Aspekt angesehen. Die Religion würde auch bei diesen Mechanismen eine Rolle spielen und die Zeitzeugen erwähnten hierbei alle die Notwendigkeit von Toleranz. Zuletzt wurde dieses Europa als elitär und vom Bürger weit entfernt beschrieben. Als die Frage nach der Zukunft Europas gestellt wurde, wurde die Krise im Jahr 2012 als guter Ausgangspunkt angesehen, um über die Europäischen Problematiken neu nachtzudenken. Was bis dahin konstruiert worden war, wurde als solide verankert betrachtet, aber eine notwendige „Neuorientierung" wurde von den Schlüsselzeugen erwünscht, die sich trotz alledem optimistisch über die Zukunft eines Europas äußerten, das sich ihrer Meinung nach perpetuell in Konstruktion befand.

SUMMARY

How rich is the experience, what is the relevance for today and what is the future of the European project in a context where Europe is often mentioned in relation with the economic crisis or the estrangement of the citizens and not so much as a historical achievement of peace?

In order to answer this question, this publication mobilizes an original approach, both multidisciplinary and territorialized, and very concrete, mainly thanks to the presence of European institutions in Strasbourg. To this end, the two authors, who are specialized in Sociology and Contemporary History, give the floor to "key witnesses" of European integration and cross-border cooperation, via their biographies, their personal and professional experience in Alsace and more largely in the tri-national Upper Rhine Region. The publication is the result of a project initiated by *the Maison de l'Europe Strasbourg – Alsace (MESA)*, which consisted in 33 interviews, which have been conducted by students of Sciences Po Strasbourg during the academic year 2012–2013. The extensive transcription of these memories of peace in a very lively and direct style, forms the material for a profound analysis which associates in a complementary way the perspective of a historian and of a sociologist on these issues

This project of "European Memories: Memories of peace", is based on three fundamental observations: First, many testimonies exist and have been largely exploited on the Second World War, its military and civil aspects, its horrors, the rise of Nazism, the Shoah and the concentration camps. Second, nevertheless, history has not stopped in 1945. Often based on discussions held within the Resistance, many men and women, ordinary citizens as well as policymakers faced a new challenge: building, upon the ruins of the totalitarian Europe, a peaceful Europe which would show solidarity and be respectful of human rights and democracy. Barely any testimonies exist of this period, from 1949 to nowadays – a period which saw some successes of European integration, but also vicissitudes, setbacks and the threat of a new nationalism, of an exclusion of all that is different, a populism advocating xenophobic sentiments instead of reflection, leading to a renationalization of political thought to the detriment of the desire for Europe, of the will of constructing a solidary Europe for all. Third, in view of this, we thought it would be interesting to collect and analyze testimonies of those who experienced this period, at least a substantial part, in order to keep a record of it. Because one realizes more and more that the young generation who did not experience the difficult Past of our Europe, tend to take peace and the progresses of our way of life for granted: the euro as the single currency, the freedom to travel, the right to vote, since 1979, by universal suffrage for the European Parliament which tends to gain more and more competences. Nowadays, we can freely exchange across borders. The European Court of Human Rights and other European institutions ensure the respect for human rights. Hunger has largely disappeared in our European society, even if the economic crisis has generated an increase in poverty and job insecurity. The military service and the bloody sacrifices it often implied has been abolished in a large number of the European Union (EU) Member States. Thus, these collected testimonies should permit young people to better appreciate these positive developments in Europe and alert them to the dangers of setbacks, unfortunately always possible, but which would have devastating consequences.

The ideal scenario would have been to be able to collect a large number of testimonies allowing to understand how "the man in the street", the ordinary citizen who lives in the Upper Rhine area, has experienced this time over the last decades, through anecdotes of the daily life and the – positive and negative – perceptions of the periods of the process of European integration and cross-border cooperation. But with our limited resources in personnel and time this was not possible. Therefore, we found an approach, albeit incomplete, that seemed to us yet interesting. This approach consisted of conducting interviews with a certain number of what we have called, perhaps in a slightly awkward way, "key witnesses", persons who were engaged in public life as politicians or administrative actors, as actors from civil society, from the associative, cultural, academic or economic world, who have lived consciously through the period of European integration since 1945 and who reported their good or bad memories. Our resources did by far not allow us to contact all personalities who could have legitimately witnessed on this period. Our choice was therefore necessarily subjective. We still hope that it will give the reader some clarification on the spirit with which the last decades have been lived in the Upper Rhine area. So this volume is thought as a humble contribution, as the beginning of a reflection on a debate that needs further development and to be carried on in the years to come: the debate on the memory of peace in Europe.

The overall approach is then based on two analyses: historical and sociological. But it is above all about a human adventure, in the spirit of the "Rhine Humanism". The very fact that young students talked directly with 33 personalities, who, to varying degrees, have shaped the Alsatian life during the period of European integration constituted a true human intergenerational adventure. Our study does not pretend to answer all the questions. It is focused on three main topics: What do the witnesses think and say, having lived about seventy years of peace in Europe, coupled with democracy and the respect for human rights? What has been their experience of cross-border cooperation? And, finally, how do they identify themselves with Europe and the cross-border region of the Upper Rhine? This book seeks to provide some answers on these issues and constitute a first collection of the Memory of Europe as a Memory of Peace. For, many of our key witnesses, as the reader may notice, are indeed marked by a true "desire for Europe". It is this idea and the commitment it can inspire that we would like to pass on to future generations.

The first part of this book presents a crossed analysis, historical and sociological of how the key witnesses have lived the European construction process. The European idea developed and asserted itself as a new level of societal organization. The key witnesses in this study show that this is a dynamic construction, not linear and always renewed, which balances out the different institutional frameworks, as well as the regional and national practices. Reading the interviews reveals that the interviewed actors did take an interest in the European construction at different levels of personal or professional involvement and with different intensity and that they inclined to claim a certain "Europeanity". All this, by attaching an essential importance to the sense of time, as a context and as a long-lasting process. Depending on their professional occupation in one or the other European Organization, they attached more importance to either the Council of Europe or the European Union (EU). And depending on their personal and/or professional experience, they identified different key periods of European integration. Globally, however, two main periods were highlighted by almost all of our key witnesses: the starting point of the European construction process at the end of the 1940s/

beginning of the 1950s with the setting-up of the first European Organizations (the Council of Europe and the European Coal and Steel Community (ECSC)) and the end of the Cold War in 1989, when the reunification of Western and Eastern Europe became possible. Besides, European integration was also defined by them as a lived reality, that of a European culture, which is difficult to determine. It also consisted of a project, the European project. Lastly, it necessitated to make a break with the past, a belligerent past, through the establishment of new European institutions which maintain peace.

Indeed, the goal of achieving peace continually comes up in the interviewees' statements, making of the war and the reconciliation between France and Germany the engine of socialization to Europe. Nonetheless, the fundamentally novel view of this European integration process in the framework of post-World War II International Relations has not been turned into a myth: it was one specific path which was chosen among many others. Obviously, the personal experiences of those who had faced the war increase their positive appreciation of the European idea. But European construction was not seen as self-evident. Its development has instead been interpreted according to a changing and evolving socio-political and historical configuration. From then on, the witnesses claimed that the pacifying intention has become symbolic and was no longer as enduring as it was before. The evolution of International Relations between 1945 and 2012 has modified the set of actions available for war, more economic from now on, as well as the peace register leading to the necessity to take into account newly emerging issues, more social and political.

The nature *sui generis* of the European idea has led, according to our key witnesses, to several Europes, or at least to the perception of two Europes. A first opposition has been identified by them between the EU and the Council of Europe. A second, commonly expressed, was that of a humanist Europe against an economic Europe. One sure assertion among all interviewees was that this plurality has caused difficulties and that there existed no simplified scheme explaining this European construction of which one had to consider the long-term duration as well as the closer up collected times of the "small history". The argument that the economy has triumphed was recurrent though in contrast with the weakness of democratic functioning of the EU institutions. The single currency has however been given a warm welcome, whereas conversely, the call for a Europe of citizens was regarded with more skepticism. Witnesses who spoke out on this feared indeed a lack of interest by the citizens in the European cause. Nonetheless, the witnesses greeted the symbol that the direct election of representatives to the European Parliament represents, despite its national derives and vote-catching foibles. Regarding the Council of Europe, it was considered important, with notably the work accomplished at the level of the European Court of Human Rights. Identified by some as the "antechamber" to the EU, the Council of Europe was regrettably depicted as unknown to the population despite its highly symbolic significance, its importance as a social construct and its impact for an increased visibility of Strasbourg on the international stage.

In the second part of the publication, the personal experiences of "local" cross-border areas were examined, i.e. how the relations with Europe were felt at a local level. For this, however, it has to be taken into account that European policies model these areas, especially in cross-border regions. This study was focused on the Upper Rhine Region at the borders between Germany, France and Switzerland. It was striking to realize that for our key witnesses, the institutional history of cross-border cooperation in the Upper Rhine area was either not well known or not considered as essential by them. Instead, judging from their experiences, the quality and intensity of relations with their neighbors was more important and the latter largely depended on the principle of free circulation. Therefore, for the key witnesses, it was rather the history of Europe without border which counted than that of cross-border cooperation.

On the one hand, borders between States were linked to an analysis of scales. The scale of comprehension of these borders, both as a framework for public territorial action and cross-border cooperation, was to be understood as a social construct. But neither the scales nor the borders were seen as natural. The effectiveness of cooperation could therefore not be interpreted as something unchangeable, but rather as something evolving. Indeed, since the beginning of cross-border cooperation in the 1960s, changes in standards and processes had taken place (this was the case for example with the French decentralization in 1982), thereby affecting the inter-institutional cross-border cooperation regimes. Besides, one remarks that the witnesses noticed that this cooperation with the neighbors depended on a fundamental principle for its good functioning: the critical size necessary for its implementation, i.e. the local and regional level. Likewise, the different administrative and political practices in each of the national States were not considered as obstacles impossible to overcome. On the other hand, it turned out that cross-border cooperation led to multiple possibilities of individual perceptions. The border and what it implied could indeed be considered as a deterrent, as an area on the edge of the national perimeter and thus as deserted, but this same border could also be the engine of essential cross-border collaboration. The latter was what the EU supported in cross-border relations – which were regarded as real social constructions – in particular in order to avoid unnecessary duplication at one side or the other and to lead to a healthy economy. Cross-border cooperation went through the step-by-step process of establishing Euroregions of which the definition was plural. In the eyes of interviewees, this common work was seen as a positive dynamic facilitated by the local setting of the Upper Rhine (despite some reserves put forward with regard to the level of its practical realization) even if some institutional difficulties of cooperation could exist. But the perception of these cross-border initiatives was not always the same among the witnesses, some interpreting them as a federalist design, others as a simple "inter-local" cooperation or as something in-between. Regarding the place of citizen in this process, clearly, no awareness of any European impact was presumed, they were said to be hardly associated to the institutional cooperation, which was even thought to be intended by the local elected officials. For the latter, the cross-border initiatives were indeed a way of self-legitimization or at least of distinguishing themselves.

The same observation could be made at the more specific level of the Strasbourg-Ortenau Eurodistrict, despite a quite different official discourse. In its institutional form, this Eurodistrict was seen with mistrust and the witnesses thought it was rather a political label than a reality of a truly integrated space. Several witnesses even admitted not to know its subtle details. Cross-border cooperation was thus variable and not always accessible, but it was an unfinished mechanism and its success and viability largely depended on the surrounding human and social fabric, of which a better development was necessary. And the history of cross-border cooperation in the Upper Rhine Region was therefore not finished, it continued in parallel and in support of the process of European integration.

The third and final part of the analysis of the witnesses took an interest in a possible European identity formed through the different people's experiences that made it exist. After studying the transcriptions, a dual European identification could be noted: one with institutions and leaders and one that originated from the territory itself, with borders featuring as identity constructs. One also realized a differentiation between an identification of Europe and its geographical and cultural limits on the one hand, and a personal identification – at regional, national and European scales –, on the other hand; The witnesses were doubting about the same limits as the Parliamentary Assembly of the Council of Europe in 1992: a Europe from the Atlantic to the Ural as the General de Gaulle had defined it? A Europe with or without Russia and the Caucasian States? But they also doubted about its cultural limits and the shared Judeo-Christian heritage: a Europe with or without Turkey? In the history of European integration, these questions are not a novelty, they were at the order of the day each time that an enlargement of European Organizations (the Council of Europe or the EU) took shape on the horizon.

Concerning European identity with regard to national identity, the place of the national State has been revisited by a process of Europeanization, by their de-territorialization, while allowing them to gain visibility on the international stage. Besides, the interviews have shown that this persistence of the State was still perceivable, sometimes even considered to be too weighty. In addition, the criticism of Europe as a scapegoat was redundant. Other witnesses aspired to the establishment of a United States of Europe. Concerning European identity with regard to regional identity, in any case, the region has gained importance, thanks to European integration, requiring adaptations in economic, political and cultural terms. These different reference levels (region, State, Europe) caused also some difficulties, even though the witnesses maintained that they did not want to rank these affiliations. For them, a multi-level identification – regional, national and European – was possible and even desirable. Most of the Alsatian, German and Swiss witnesses identified themselves indeed largely with the Upper Rhine area; an Aleman cross-border identity was emphasized as common, unifying trait between the border population, even if some elements of the union, especially, the Alsatian dialect, were decreasing. To identify themselves with the region did not mean to strive for the creation of a Europe of the regions, where the States would disappear, but rather to construct à multi-level Europe with a multi-level governance, in accordance with the principle of subsidiarity.

However, a harmonious multiple European identification was admitted as something hardly palpable. Identification thanks to borders was plural and heterogeneous, especially as Europe's borders (internal as well as external) were only assessed in an abstract way. The examination of the case of Turkey was in this sense emblematic: witnesses had difficulties to admit that it had European traits. Specific requirements were then mentioned like those of geographic location, geopolitical context and fundamental rights, whilst avoiding to refer to religion. As a matter of fact, the issue remains sensitive, as prove the current debates regarding the accession of certain Balkan States to the EU. Moreover, the witnesses regarded the necessary deepening of cooperation within the Union a priority before envisaging possible future enlargements. It is a well-known debate in the history of European integration, that between deepening and enlargement, which has marked the EU ever since the beginning of the 1990s, when the enlargement to the East was on the agenda. For the witnesses, the acknowledged consequence that of a Europe at different speeds. However, by taking on a long-term perspective, the witnesses minimized prevailing criticisms on European integration even if they admitted that resistances to this process still existed. Language fluency was regarded as a positive influence fostering European identity. Religion would also play a role in the mechanisms of identification, but every witness talked about tolerance as being essential in this respect. Finally, in general Europe was being depicted as cut off from its citizens, as elitist. When the question of the future of Europe arose, the crisis in 2012 was perceived as the right time for a full review of European issues. What had been achieved so far was considered to be firmly grounded, but most witnesses hoped for an indispensable "reorientation", while remaining optimistic about the future of Europe, which was constantly under construction.

STUDIEN ZUR GESCHICHTE DER EUROPÄISCHEN INTEGRATION
STUDIES ON THE HISTORY OF EUROPEAN INTEGRATION
ÉTUDES SUR L'HISTOIRE DE L'INTEGRATION EUROPÉENNE

Herausgegeben von / Edited by / Dirigé par Jürgen Elvert.

Franz Steiner Verlag   ISSN 1868–6214

1. Marie-Thérèse Bitsch (Hg.)
   Cinquante ans de traité de Rome 1957–2007
   Regards sur la construction européenne
   2009. 365 S. mit 5 Abb., kt.
   ISBN 978-3-515-09313-2
2. Michel Dumoulin / Jürgen Elvert / Sylvain Schirmann (Hg.)
   Ces chers voisins
   L'Allemagne, la Belgique et la France en Europe du XIXe au XXIe siècles
   2010. 309 S. mit 14 Tab., 4 s/w- und 11 Farbabb., kt.
   ISBN 978-3-515-09807-6
3. Éric Bussière / Michel Dumoulin / Sylvain Schirmann (Hg.)
   Économies nationales et intégration Européenne
   Voies et Étappes
   2014. 192 S., kt.
   ISBN 978-3-515-10795-2
4. Jürgen Nielsen-Sikora
   Europa der Bürger?
   Anspruch und Wirklichkeit der europäischen Einigung – eine Spurensuche
   2009. 451 S. mit 1 Tab. und 1 Abb., kt.
   ISBN 978-3-515-09424-5
5. Birte Wassenberg (Hg.)
   Vivre et penser la coopération transfrontaliére. Vol. 1: Les régions frontalière françaises
   Contributions du cycle de recherche sur la coopération transfrontalière de l'Université de Strasbourg et de l'Euro-Institut de Kehl
   2010.416 S. mit 29 Abb., kt.
   ISBN 978-3-515-09630-0
6. Urban Vahsen
   Eurafrikanische Entwicklungskooperation
   Die Assoziierungspolitik der EWG gegenüber dem subsaharischen Afrika in den 1960er Jahren
   2010. 424 S., kt.
   ISBN 978-3-515-09667-6
7. Michel Dumoulin / Jürgen Elvert / Sylvain Schirmann (Hg.)
   Encore ces chers voisins
   Le Benelux, l'Allemagne et la France aux XIXe et XXe siècles
   2014. 256 S. mit 6 Abb., kt.
   ISBN 978-3-515-10931-4
8. Arnd Bauerkämper / Hartmut Kaelble (Hg.)
   Gesellschaft in der europäischen Integration seit den 1950er Jahren
   Migration – Konsum – Sozialpolitik – Repräsentationen
   2012. 192 S., kt.
   ISBN 978-3-515-10045-8
9. Jens Kreutzfeldt
   „Point of return"
   Großbritannien und die Politische Union Europas, 1969–1975
   2010. 650 S., kt.
   ISBN 978-3-515-09722-2
10. Jan-Henrik Meyer
    The European Public Sphere
    Media and Transnational Communication in European Integration 1969–1991
    2010. 361 S. mit 41 Tab. und 26 Abb., kt.
    ISBN 978-3-515-09649-2
11. Birte Wassenberg / Frédéric Clavert / Philippe Hamman (Hg.)
    Contre l'Europe? Anti-européisme, euroscepticisme et alter-européisme dans la construction européenne de 1945 à nos jours. Vol. 1: Les concepts
    Contributions dans le cadre du programme junior de la Maison interuniversitaire des sciences de l'homme d'Alsace MISHA (2009–2010)
    2010. 496 S. mit 4 Tab., 5 Abb., 1 Kte., kt.
    ISBN 978-3-515-09784-0
12. Joachim Beck / Birte Wassenberg (Hg.)
    Grenzüberschreitende Zusammenarbeit leben und erforschen. Bd. 2: Governance in deutschen Grenzregionen
    Beiträge aus dem Forschungszyklus zur grenzüberschreitenden Zusammenarbeit

der Universität Straßburg und des Euro-Institutes
2011. 367 S. mit 11 Tab. und 19 Abb., kt.
ISBN 978-3-515-09829-8

13. Birte Wassenberg / Joachim Beck (Hg.)
Living and Researching Cross-Border Cooperation. Vol. 3: The European Dimension
Contributions from the research programme on cross-border cooperation of the University Strasbourg and the Euro-Institute
2011. 343 S. mit 5 Tab. und 11 Abb., kt.
ISBN 978-3-515-09863-2

14. Birte Wassenberg / Joachim Beck (Hg.)
Vivre et penser la coopération transfrontalière. Vol. 4: Les régions frontalières sensibles
Contributions du cycle de recherche sur la coopération transfrontalière de l'Université de Strasbourg et de l'Euro-Institut de Kehl
2011. 323 S. mit 21 Abb., kt.
ISBN 978-3-515-09896-0

15. Philip Bajon
Europapolitik „am Abgrund"
Die Krise des „leeren Stuhls" 1965–66
2011. 415 S., kt.
ISBN 978-3-515-10071-7

16. Oliver Reinert
An Awkward Issue
Das Thema Europa in den Wahlkämpfen und wahlpolitischen Planungen der britischen Parteien, 1959–1974
2012. 430 S. mit 3 Abb., kt.
ISBN 978-3-515-10112-7

17. Christian Henrich-Franke
Gescheiterte Integration im Vergleich
Der Verkehr – ein Problemsektor gemeinsamer Rechtsetzung im Deutschen Reich (1871–1879) und der Europäischen Wirtschaftsgemeinschaft (1958–1972)
2012. 434 S. mit 3 Abb. und 12 Tab., kt.
ISBN 978-3-515-10176-9

18. Sven Leif Ragnar de Roode
Seeing Europe through the Nation
The Role of National Self-Images in the Perception of European Integration in the English, German, and Dutch Press in the 1950s and 1990s
2012. 272 S., kt.
ISBN 978-3-515-10202-5

19. Alexander Reinfeldt
Unter Ausschluss der Öffentlichkeit?
Akteure und Strategien supranationaler Informationspolitik in der Gründungsphase der europäischen Integration, 1952–1972
2014. 332 S., kt.
ISBN 978-3-515-10203-2

20. Jürgen Nielsen-Sikora
Das Ende der Barbarei
Essay über Europa
2012. 148 S., kt.
ISBN 978-3-515-10261-2

21. Maria Gainar / Martial Libera (Hg.)
Contre l'Europe? Anti-européisme, euroscepticisme et altereuropéisme dans la construction européenne, de 1945 à nos jours. Vol. 2: Acteurs institutionnels, milieux politiques et société civile
2013. 363 S., kt.
ISBN 978-3-515-10365-7

22. Joachim Beck / Birte Wassenberg (Hg.)
Grenzüberschreitende Zusammenarbeit leben und erforschen. Bd. 5: Integration und (trans-)regionale Identitäten
Beiträge aus dem Kolloquium „Grenzen überbrücken: auf dem Weg zur territorialen Kohäsion in Europa", 18. und 19. Oktober 2010, Straßburg
2013. 353 S. mit 23 Abb. und 7 Ktn., kt.
ISBN 978-3-515-10595-8

23. Kristin Reichel
Dimensionen der (Un-)Gleichheit
Geschlechtsspezifische Ungleichheiten in den sozial- und beschäftigungspolitischen Debatten der EWG in den 1960er Jahren
2014. 273 S., kt.
ISBN 978-3-515-10776-1

24. Kristian Steinnes
The British Labour Party, Transnational Influences and European Community Membership, 1960–1973
2014. 217 S., kt.
ISBN 978-3-515-10775-4

25. Yves Clairmont
Vom europäischen Verbindungsbüro zur transnationalen Gewerkschaftsorganisation
Organisation, Strategien und Machtpotentiale des Europäischen Metallgewerkschaftsbundes bis 1990
2014. 505 S. mit 18 Tab und 2 Farbabb., kt.
ISBN 978-3-515-10852-2

26. Joachim Beck / Birte Wassenberg (Hg.)
Vivre et penser la coopération transfrontalière. Vol. 6: Vers une

cohésion territoriale?
Contributions du cycle de recherche sur la coopération transfrontalière de l'Université de Strasbourg et l'Euro-Institut
2014. 377 S. mit 38 Abb., kt.
ISBN 978-3-515-10964-2

27. Patrick Moreau / Birte Wassenberg (Hg.)
European Integration and new Anti-Europeanism I
The 2014 European Election and the Rise of Euroscepticism in Western Europe
2016. 212 S. mit 33 Tab. und 21 Abb., kt.
ISBN 978-3-515-11253-6

28. Patrick Moreau / Birte Wassenberg (Hg.)
European Integration and new Anti-Europeanism II
The 2014 European Election and New Anti-European Forces in Southern, Northern and Eastern Europe
2016. 239 S. mit 99 Tab. und 5 Abb., kt.
ISBN 978-3-515-11455-4

29. Wolfgang Schmale
Gender and Eurocentrism
A Conceptual Approach to European History
2016. 214 S., kt.
ISBN 978-3-515-11461-5

30. Martial Libera / Sylvain Schirmann / Birte Wassenberg (Hg.)
Abstentionnisme, euroscepticisme et anti-européisme dans les élections européennes de 1979 à nos jours
2016. 246 S. mit 18 Tab. und 19 Abb., kt.
ISBN 978-3-515-11251-2

31. Partrick Moreau / Birte Wassenberg (Hg.)
European Integration and new Anti-Europeanism III
Perceptions of External States on European Integration
2017. 184 S. mit 5 Tab., kt.
ISBN 978-3-515-11252-9

32. Birte Wassenberg (Hg.)
Castle-talks on Cross-Border Cooperation
Fear of Integration? The Pertinence of the Border
2018. 452 S. mit 23 Abb. und 6 Tab., kt.
ISBN 978-3-515-12008-1

33. Wolfgang Schmale
For a Democratic "United States of Europe" (1918–1951)
Freemasons – Human Rights Leagues – Winston S. Churchill – Individual Citizens
2019. 195 S., geb.
ISBN 978-3-515-12464-5

34. Peter Pichler
Metal Music, Sonic Knowledge, and the Cultural Ear in Europe since 1970
A Historiographic Exploration
2020. 192 S. mit 14 Abb, kt.
ISBN 978-3-515-12787-5